LA CIVILISATION DE L'ÉGYPTE PHARAONIQUE

DU MÊME AUTEUR

LES MOYENS D'EXPRESSION DU GREC ET DE L'ÉGYPTIEN COMPARÉS DANS LES DÉCRETS DE CANOPE ET DE MEMPHIS, 302 P., in-8°. Le Caire, 1952.

AMOUR DE LA VIE ET SENS DU DIVIN DANS L'ÉGYPTE ANCIENNE (Essai sur la littérature mystique égyptienne), dans *Etudes Carmélitaines*, « Magie des Extrêmes », p. 93-141. Paris, 1952.

LES MAMMISIS DES TEMPLES ÉGYPTIENS, 537 p., XIV pl., in-8°, Paris, 1958.

LES MAMMISIS DE DENDARA, XXXVI + 303 p. de textes hiéroglyphiques, 111 pl., in-4°. Le Caire, 1959.

Introductions et notes au DE VITA CONTEMPLATIVA de Philon d'Alexandrie, « trad. du R. P. Miguel. » Paris, 1964.

LE TEMPLE DE KALABCHA. Ed. du Centre Documentation. Le Caire, 1961.

LES DIEUX DE L'ÉGYPTE, *Que sais-je ?* P. U. F., Paris, 1965.

En collaboration avec E. Chassinat :

LE TEMPLE DE DENDARA, t. VI, XXX + 174 p. de textes hiéroglyphiques, 140 pl., in-4°. Le Caire, 1965.

COLLECTION LES GRANDES CIVILISATIONS

DIRIGÉE PAR RAYMOND BLOCH

FRANÇOIS DAUMAS

LA CIVILISATION DE L'ÉGYPTE PHARAONIQUE

ARTHAUD

AVERTISSEMENT DE L'EDITEUR

Ce livre reprend le texte de l'ouvrage de François Daumas, La Civilisation de l'Egypte pharaonique, *publié en 1965 par les Editions Arthaud, souvent réédité et qui a connu de nombreuses traductions étrangères. Il reproduit exactement la dernière édition révisée par l'auteur en 1982, à l'exception de l'atlas photographique en noir et des illustrations photographiques en noir et blanc et en couleur qui ont été supprimés de cette édition ; on pourra s'y reporter ainsi qu'à leurs légendes détaillées en consultant le volume relié de la collection « Les Grandes Civilisations ».*

ISBN 2-7003-0667-8. Imprimé en France

INTRODUCTION

Le visiteur qui entre dans la salle hypostyle du temple de Philae est frappé par la destruction systématique des bas-reliefs inférieurs, surtout dans toute la partie droite de l'édifice. Il remarque bientôt des croix inscrites dans des cercles gravés profondément sur les murs. Un autel marque encore la place du chœur, vers l'est. Visiblement, cette partie de la demeure d'Isis a été transformée en église et, tout à côté, sur le montant de la porte de l'ancien sanctuaire, on lit en grec : *Et cette bonne œuvre s'est produite sous notre Très Saint Père l'évêque Apa Théodore. Que Dieu le conserve très longtemps!* Cette bonne œuvre, nous savons que c'est la transformation du temple d'Isis en église. Elle eut lieu sous Justinien, vers l'an 535. Le général Narsès emprisonna les prêtres de la déesse et envoya à Constantinople les idoles saintes. A notre connaissance, Philae fut le dernier refuge de la vieille religion égyptienne en territoire proprement égyptien. Quel était le niveau intellectuel des prêtres que fit emprisonner le Basileus? Nous l'ignorons. Mais ce qui est sûr, c'est que ce furent sans doute les derniers à lire encore les inscriptions qui couvraient les parois des temples et à conserver tant bien que mal la tradition de leurs ancêtres. Une fois ces représentants de l'antique culture disparus, au VIe siècle de notre ère, la pensée de la vieille Egypte est plongée dans la nuit, conformément à la prédiction de l'Asclepios : *O Egypte, Egypte, il ne restera de tes cultes que des fables, et tes enfants, plus tard, n'y croiront même pas; rien ne survivra que des mots gravés sur des pierres qui racontent tes pieux exploits.*

Ce silence de l'Egypte antique n'était pas tout à fait absolu. Les Grecs avaient bien conservé un certain nombre de traditions. Mais quelques-unes des œuvres les plus importantes qui lui avaient été consacrées furent perdues elles aussi. Le livre du prêtre égyptien hellénisé Manéthon, écrit directement d'après les sources, sombra dans la nuit. Et, surtout, la langue égyptienne cessa d'être lue. Sans doute, elle se survivait dans le copte, mais sous une forme extrêmement évoluée et écrite en caractères grecs. Or, le copte est plus différent de l'égyptien des pyramides que ne l'est le français du latin. Et, de surcroît, il ne transcrit plus que la pensée chrétienne. Il ne nous est guère connu que sous sa forme liturgique ou littéraire. La langue familière, parlée à l'époque où l'on ferma le temple de Philae, nous échappe à peu près totalement. Enfin, sans doute au XVIIIe siècle, les derniers sujets parlant le copte disparurent à leur tour en Haute-Egypte. La langue arabe avait tout submergé.

Depuis le VIe siècle, en tout cas, la culture de l'Egypte païenne semblait engloutie à jamais. Personne n'était en état de contrôler les renseignements que nous avaient conservés Hérodote, Strabon ou Diodore. Aussi, c'est une image singulièrement décolorée que nous offre un Bossuet, par exemple, quelle que soit sa perspicacité, dans son *Discours sur l'histoire universelle*. Fort heureusement, les Grecs avaient tant insisté sur les dettes qu'ils avaient contractées envers l'Egypte que les historiens ne cessaient d'examiner le problème. Leur attention était soutenue par les récits des voyageurs qui, depuis le XVIIe siècle, décrivaient les ruines imposantes des monuments qu'ils avaient admirés dans la vallée du Nil. Le Père Vansleb, puis le Père Sicard, qui fut sans doute le premier à repérer les ruines de l'antique Thèbes, entretinrent l'attention des orientalistes européens sur le pays. La *Description de l'Egypte* du consul Benoît de Maillet, publiée en 1735 par l'abbé Le Mascrier, puis, tout à fait à la fin du siècle, le voyage de Sonnini, permettaient aux érudits de se rendre compte qu'il existait encore sur place des documents capitaux.

Mais l'engouement qui se manifeste à la fin du XVIIIe siècle et au début du XIXe pour tout ce qui touche l'Antiquité fut favorisé par deux faits très importants. Le premier, ce fut l'expédition d'Egypte de Bonaparte. Le génie du jeune général apparut d'emblée lorsqu'il adjoignit à son expédition militaire une expédition scientifique dont le succès fut couronné par la publication de la *Description de l'Egypte*. Cette fois, les monuments eux-mêmes, leurs plans, leurs reliefs étaient à la disposition des chercheurs. Il y manquait une chose pourtant, la possibilité de les entendre. Couverts de la base au sommet par des textes qui en commentaient l'usage ou racontaient leurs fastes, ils demeuraient toujours muets pour leurs visiteurs, et l'on pouvait se demander encore si le temple de Dendara était antérieur aux pyramides! C'est alors que se produisit l'étincelle qui suffit à éclairer à nouveau toute l'histoire de l'ancienne Egypte : Jean-François Champollion communiquait le 27 septembre 1822, à l'Académie des inscriptions et belles-lettres, la fameuse *Lettre à M. Dacier... relative à l'alphabet des hiéroglyphes phonétiques employés par les Egyptiens pour inscrire sur leurs monuments les titres, les noms et les surnoms des souverains grecs et romains.* Il s'était, c'est vrai, préparé jeune, puisqu'il avait commencé à rédiger sur les bancs du lycée de Grenoble son *Egypte sous les Pharaons*, publiée en 1814. Lors de sa prodigieuse découverte, il avait trente-deux ans. Usé par un labeur extraordinaire, il mourut dix ans après, sans avoir pu former d'élève. Il s'en fallut de bien peu que son travail ne demeurât vain. Heureusement, ses publications suscitèrent des disciples enthousiastes : Lepsius en Allemagne, Birch en Angleterre et, en France, E. de Rougé. Puis ce fut une pléiade de savants qui tirèrent de l'oubli les monuments égyptiens : Chabas, Mariette, Brugsch, Maspero, Erman, Griffith, pour nous en tenir aux plus célèbres parmi les morts, ressuscitèrent avec un bonheur égal les vieilles formes de la civilisation égyptienne et l'histoire ancienne du pays.

D'abord influencés par les écrivains grecs tardifs qui nous ont parlé de l'Egypte, les Horapollon ou les Jamblique, puis par les néoplatoniciens de Plutarque à Porphyre, les pionniers de l'égyptologie créèrent une civilisation égyptienne d'un syncrétisme compliqué et d'un symbolisme excessif. Sous l'influence de Maspero, en particulier, une réaction très vive se produisit. La fin du siècle dernier, jusqu'en 1914, fut positiviste. C'était l'époque où Loisy, pour résumer sa pensée, un peu vivement peut-être, mais avec exactitude, reprochait à la Bible de ne pas nous présenter la révélation en termes de philosophie hégélienne. Cette attitude, disons-le tout de suite, eut du bon. Elle s'accompagna d'abord d'un effort chronologique considérable. Erman déterminait les différentes étapes de la langue égyptienne, ce qui permettait de dater exactement les œuvres. Maspero publiait les *Textes des Pyramides* et nous donnait accès au plus ancien état de la religion. Devant l'abondance des animaux sacrés, il n'hésita pas à faire de la religion, au moins aux hautes époques, un fétichisme. La seule manifestation de l'ancienne culture, dont le prestige ne fit que croître, fut l'art. Lorsqu'on découvrit les premières grandes pièces amarniennes, un peu avant 1914, ce fut un émerveillement qui devint un engouement presque maladif entre les deux dernières guerres. Peu à peu se formait l'image d'une civilisation qui avait atteint, artistiquement, les plus hauts sommets, mais qui, pour la vie intellectuelle, comptait peu ou ne comptait pas. Les emprunts des Grecs à l'Egypte étaient une de ces fables inventées par l'hellénisme tardif pour donner à ses propres créations, que la raison n'arrivait plus à éclairer, les lueurs douteuses de la magie orientale.

Pourtant, de temps à autre, des documents nouveaux apparaissaient, ou d'autres, déjà connus, étaient interprétés plus correctement, mais ils ne cadraient guère avec cette image. Un papyrus chirurgical donnait une méthode d'exploration des blessures, de diagnostic et de traitement absolument inattendue et purement rationnelle. Des fragments d'un traité philosophique sur la création nous révélaient les linéaments d'une théorie de la connaissance. La sagesse d'Aménopé apportait la preuve d'une très haute tenue morale. Dans d'autres domaines aussi l'attitude changeait. Marcel Griaule, qui faisait des enquêtes ethnographiques dans la boucle du Niger, chez une des populations les plus attardées peut-être du globe, les Dogons, se vit révéler par le vieux sage Ogotemmêli, à qui il avait su inspirer confiance, la « métaphysique » des Dogons. Même si, dans les détails, Griaule, qui ne connaissait pas les finesses de la langue, a pu se tromper, l'ensemble demeure, et c'était une révélation extraordinaire, complétée d'ailleurs par des expériences totalement indépendantes. Un missionnaire catholique, le Père Tempels, s'apercevait qu'au fond ses ouailles bantoues ne comprenaient que superficiellement ses prêches. Il s'avisa alors que les mots qu'il employait ne recouvraient pas les mêmes choses pour lui et pour ses auditeurs, et il en vint à découvrir une « philosophie bantoue ». Comme pour les Dogons, pour les Bantous le monde est une grande unité organique dont l'homme fait partie, et tout un système d'explication des phénomènes, extrêmement cohérent et poussé, permet à l'homme d'insérer son action dans l'univers.

Décidément, une leçon d'humilité s'imposait. Nous avions été trop pressés et trop présomptueux sans doute. Devant l'image du bélier d'Amon, quelle était l'attitude d'un Egyptien cultivé? Adorait-il une bête? Avant de répondre, entrons dans une église catholique. Quand nous y voyons représentés une colombe, un agneau, quel est celui d'entre nous, fût-il des moins instruits, qui imagine un instant autre chose qu'un symbole? Pour un croyant, la question se pose encore moins. Sans doute la zoolâtrie égyptienne est-elle plus complexe. Mais disons, au moins, qu'il y a lieu de l'examiner de près avant de donner une explication. Comprendre importe plus que tout. Et, pour comprendre, il faut un minimum de sympathie pour son sujet et une attitude de soumission à l'objet. Si nous jugeons, même inconsciemment, du haut de ce que nous croyons être la supériorité de notre propre civilisation, nous ne pourrons jamais rien saisir.

Il faut laisser parler les documents eux-mêmes et ne pas se lasser de les interroger. La patience, ici, est de rigueur. Un auteur qui paraît dire une sottise et qui, quelques lignes plus loin, écrit quelque pensée profonde et belle a peut-être été mal interprété. Il faut y revenir et, parfois, la difficulté se dénoue d'elle-même. Dans d'autres cas, ce seront nos successeurs seuls qui, avec des parallèles nouveaux, y verront plus clair. Pour nous, la prudence s'impose chaque fois qu'on a la tentation de minimiser, d'amoindrir.

Le but ultime d'une histoire de la Civilisation serait de faire approcher l'âme de ceux qui l'ont créée, le foyer ardent d'où ont jailli les créations sociales, littéraires et artistiques d'un monde qui, bien que disparu depuis deux mille ans, nous fascine encore par ses réussites et ses prestiges! Il vaut au moins la peine de le tenter. Il nous faudrait, avant de l'essayer, dire encore quelles sont les difficultés qui s'y opposent.

La première est une difficulté linguistique. Un mot, même traduit exactement, peut n'avoir pas du tout la même capacité d'évocation dans deux langues que séparent deux millénaires. Les mots désignant des objets matériels peuvent être assez vite définis. Une image, au besoin, aidera à comprendre. Pour ceux qui recouvrent des réalités intellectuelles, ce sera beaucoup plus difficile. Pour la vie spirituelle, ce sera plus ardu encore. Comment parlerons-nous d'une âme à propos d'un Egyptien? Il n'en avait pas. Ou plutôt, il en avait tant que nous ne savons laquelle est la bonne. Nous ne savons pas donner une définition du KA, du BAÏ, de l'ombre... Les mots « magie », « religion », « dieu », « roi », n'ont pas le même sens, ou plutôt leur sens se colorait, dans l'intelligence et le sentiment de l'Egyptien, de toute une série de nuances qu'ils n'ont pas pour nous qui n'y mettons qu'un contenu sec et abstrait. Ainsi, des livres entiers sont nés de contresens de base qu'on rattrape par cent cinquante pages d'explications. Pour faciliter au lecteur, dans la mesure du possible, cette intelligence en profondeur, nous avons rassemblé dans l'index les notions fondamentales qui permettent d'établir en quelque sorte l'*aura* sémantique des termes employés dans l'exposé. Mais ce n'est qu'un pis-aller. Il faudrait qu'une familiarité constante avec les documents finisse par remplacer ce qu'aurait été pour nous une conversation avec l'Egyptien antique.

Mais, ici encore, que de déceptions! L'interruption de la transmission littéraire a été fatale pour nous. Que l'on imagine un instant ce que serait à nos yeux la littérature grecque si, au XVe siècle, les Lascaris et les Pléthon n'avaient apporté des bibliothèques de Constantinople les grands auteurs dans ces beaux manuscrits enrichis de scolies qui nous transmettaient souvent, avec les textes, la tradition critique des grammairiens d'Alexandrie. D'Aristote, nous connaîtrions essentiellement *la Constitution d'Athènes*. Nous aurions l'*Oraison funèbre* d'Hypéride, des pièces de Ménandre, une quantité de fragments d'Homère, bien moins de morceaux des Tragiques et de Platon... et c'est tout! Voilà la situation dans laquelle nous sommes pour l'Egypte. Le hasard des fouilles nous a rendu sans doute des œuvres fort importantes, mais que l'on suppute seulement l'énormité des lacunes en examinant le cas des Annales royales. Elles étaient rédigées au moins depuis l'Ancien Empire! Or, nous n'en possédons pas un seul fragment, à l'exception de l'extrait qu'en fit graver Thoutmosis III près du sanctuaire de la barque, à Karnak , pour commémorer les conquêtes faites afin d'étendre le règne de son père Amon-Rê. Des documents aussi importants que le *Dialogue du Misanthrope avec son âme-baï* sont connus par un seul papyrus mutilé, ce qui en rend l'interprétation plus délicate encore.

Conclure, dans ces conditions, que la littérature égyptienne est à peu près dénuée d'intérêt, ou que les sciences étaient dans l'enfance et n'avaient pas atteint le degré d'abstraction nécessaire pour mériter ce nom, c'est dépasser largement les prémisses. Nous devons, au contraire, à partir des fragments les plus remarquables que nous possédons, essayer de reconstruire la pensée disparue. Il ne s'agit pas d'extrapoler et d'inventer ce que nous ne savons pas positivement, mais d'interpréter correctement et sans minimiser ce que nous possédons. C'est la seule méthode raisonnable et juste. C'est à des conclusions analogues que nous conduit M. Marrou pour l'histoire ancienne classique dans son beau livre sur la connaissance historique.

Les difficultés pourtant ne manquent pas. La langue égyptienne * est un idiome chamito-sémitique, très tôt détaché du tronc commun aux langues sémitiques, chamitiques et kouchitiques. Même son état final, le copte, nous est encore imparfaitement connu. Et il est très éloigné de la langue ancienne. Pour cette dernière, nous ne possédons que très peu d'inscriptions bilingues nous permettant d'interpréter sûrement un texte à l'aide d'une traduction exacte dans une langue dont nous connaissons précisément le mécanisme, comme le grec. Pour comble d'infortune, l'ancien égyptien est écrit avec un système graphique tout à fait déroutant qui ne transcrit que le squelette consonantique des mots. Ces derniers sont souvent comme travestis pour nous et peuvent donner lieu aux pires méprises. Une simple comparaison nous aidera à comprendre les sources d'erreur possible : l'hébreu, comme l'égyptien, n'était écrit anciennement qu'avec des consonnes. Si les massorètes n'avaient muni le texte biblique de tout un système permettant de le vocaliser, pour un mot comme *spr*, toutes les traductions suivantes seraient possibles : « il compta, compter, comptant, scribe, énumère, il a été raconté, lettre, livre, cuivre ». Bien sûr, peu à peu, en s'aidant de la syntaxe, des rédactions parallèles, on arrive à rétablir le sens; mais on ne sera pas étonné que ce soit long, et que nous ne soyons encore qu'au début du travail.

Il faut tenir compte aussi du temps nécessaire pour que nous redevenions sensibles, par tâtonnement, aux finesses de la langue. L'égyptien, cela ne fait aucun doute, a employé des moyens stylistiques très précis pour obtenir une expression adéquate à sa pensée. Balancement des propositions, retour de mêmes termes, disjonctions jouent un rôle important dans les œuvres littéraires. Nous le pressentons à peine. Il a usé aussi abondamment d'images et de métaphores. Leur interprétation est des plus délicates. Quand nous disons de quelqu'un qu'il est un sybarite, nous n'imaginons pas un instant qu'il a un rapport quelconque avec un habitant de la vieille cité grecque, autre que celui d'une vie voluptueuse et raffinée. A plus forte raison si nous disons qu'il est un dieu. Le pire des mécréants même emploiera l'expression. Pour un Ancien, la perspective est radicalement différente. Un mot porte en lui l'essence de la chose qu'il désigne. Nous pourrions presque dire qu'il la crée. Il faudra donc prendre garde au sens des figures. Mais jusqu'à quel point faut-il les prendre à la lettre? C'est une question de nuances souvent bien difficile à trancher.

Il était important de mettre le lecteur bénévole au courant de toutes ces difficultés. On croit trop souvent que, telle Aphrodite, la civilisation égyptienne a jailli de l'océan sombre où dorment les nations mortes et que, intacte et bien vivante, nous la connaissons maintenant à peu près exactement. On peut être sûr du contraire. Et nous ne parlons pas seulement des curieux un peu naïfs qui demandent s'il y a encore quelque chose à découvrir en Egypte. Combien de spécialistes, absorbés par leur technique particulière, finissent par croire qu'avec un peu de temps et de travail on arriverait facilement au bout! Pour nous, notre but est plus modeste. Nous tâcherons de présenter une image aussi cohérente que possible d'une des cultures les plus brillantes que connut le monde antique, telle que le hasard de la conservation, puis des fouilles, nous l'a gardée. Criblée de lacunes énormes, injuste peut-être par suite de notre ignorance, mais non de notre orgueil, incomplète ici, trop développée là, elle montrera, en tout cas, ce que le travail des archéologues nous a rendu et ce que les anciens Egyptiens surent faire. Systématiquement, nous insisterons sur les réussites. On juge un homme sur ce qu'il a pu construire. Il suffit de signaler les échecs qu'il a eus en d'autres domaines.

Nous développerons un peu plus peut-être certaines parties lorsque nous aborderons des sujets sur lesquels nous croyons que l'Egypte a fourni à l'héritage moral de l'Humanité un apport plus considérable. Au contraire, nous passerons plus rapidement sur les aberrations : superstition et sorcellerie. Au siècle de Louis XIV, l'Affaire des poisons n'a, qu'on le veuille ou non, qu'un intérêt épisodique. Sur d'autres points, quelles que soient les raisons que nous avons de croire à une originalité et à une valeur certaine, le domaine juridique en particulier, ou le domaine économique, nous serons plus bref, soit que le manque de documents nous y contraigne (nous ne connaissons directement à peu près aucune loi égyptienne), soit que l'étude en demeure encore à ses premiers débuts.

Enfin, nous ne nous arrêterons qu'avec la fin de la civilisation indigène en Egypte. Sans doute, depuis 330 avant Jésus-Christ, l'Egypte n'est plus qu'une province du monde hellénistique d'abord, puis du monde romain. Son histoire politique appartient à ces domaines. Mais sa civilisation propre subsiste largement jusqu'au IIIe siècle de notre ère et ne s'éteint guère qu'au VIe. Nous la suivrons donc jusqu'à ses dernières manifestations. Les derniers éclats qu'elle jette, nous le verrons, ne sont pas indignes de la lumière plus vive qu'elle répandit à son apogée.

PREMIÈRE PARTIE

L'ÉVOLUTION HISTORIQUE

CHAPITRE I

LE PAYS ET LES ORIGINES

L'ÉGYPTE forme du nord au sud une longue bande de terrain à l'extrémité nord-est du continent africain. Il faut avoir une idée de sa formation géologique qui, seule, explique la variété de ses ressources et la possibilité de leur exploitation rapide. A l'aspect très ancien qu'elle revêtait à l'ère primaire, lorsqu'elle faisait partie du monstrueux continent de Gondwana, elle doit les roches métamorphiques des montagnes arabiques qui séparent la vallée actuelle de la mer Rouge : gneiss, granits, schistes, brèches vertes, porphyres et diorites qui fournirent des éléments à son architecture, mais plus encore à sa statuaire. Au début du secondaire, aux périodes dites triasique et liasique, se forment les grès nubiens qui sont comme l'ossature de son sous-sol et constitueront un matériau précieux de construction. Mais des effondrements, à la fin de cette ère géologique, provoquent un retour des eaux dans le golfe allongé qu'occupe aujourd'hui la vallée. Elles y déposent des sédiments calcaires qui, depuis Gébelein jusqu'au Caire, apparaissent, par endroits, en bancs de roche tendre, d'un grain fin et d'un blanc laiteux, qui permettront au ciseau du sculpteur de donner la sensation du volume en se jouant sur des profondeurs de quelques millimètres seulement. Le très ancien fleuve qui descendait des plateaux d'Ethiopie semble, primitivement, s'être déversé dans le Sahara après avoir heurté la barre gréseuse du Gebel Silsileh . C'est à la fin du tertiaire, au pliocène, que ce barrage cède et que le Nil prend le cours que nous lui connaissons encore, au moment où se forme la Méditerranée, tandis qu'un vaste effondrement à l'est ouvre la mer Rouge et la fosse où ira se loger la mer Morte.

La mer se retire par à-coups du golfe pliocène, remontant peut-être jusqu'à Esna, et les dernières terrasses qu'elle constitue en se retirant sont contemporaines de l'homme qui a laissé au fur et à mesure, aux différents niveaux, les traces de son industrie. Les silex taillés, abandonnés sur le plateau devenu ensuite désertique, ont pris cette couleur chaude bien connue que les préhistoriens ont appelé la « patine chocolat ». Leurs formes ne sont en rien caractéristiques et s'apparentent aux faciès, communs ailleurs, du paléolithique ancien : chalossien, chelléen et moustérien.

Lentement, le pays devient semblable à celui que nous connaissons et auquel le Nil donne son caractère exceptionnel. Il convient de suivre ce dernier depuis son origine pour le comprendre, bien qu'il ne baigne l'Egypte proprement dite que sur ses douze cents derniers kilomètres. Il se forme à Omdurman, près de Khartoum, par l'union du Nil blanc venant des lacs Albert et Victoria et du Nil bleu descendu des hauts plateaux d'Abyssinie. On peut voir, au confluent, les eaux continuer leur course sans se mêler et garder longtemps leur couleur propre. Puis le fleuve élargi roule sud-nord jusqu'à Atbara où, se heurtant à un éperon montagneux ancien, il revient en quelque sorte sur ses pas du nord-est au sud-est et rejoint, près de l'actuelle Kareima (l'antique Napata, capitale des rois kouchites, dits éthiopiens), la dépression le long de laquelle il reprend sa première direction.

A la hauteur de Qéna, il contournera à nouveau la falaise arabique par un trajet d'est en ouest jusqu'à Girga. Mais les Anciens — et les fellahs modernes ont hérité d'eux! — étaient si habitués à fixer le nord par le sens du courant que leurs points cardinaux sont changés d'un quart de cercle dans la région de Dendara par exemple et qu'ils appelleront l'Euphrate, comparable au Nil par son volume, « cette eau qui rebrousse chemin et descend en remontant ».

Arrivé dans les terrains bas qui avoisinent la mer, le Nil s'étale en un delta « à la pointe duquel son cours se divise », selon une heureuse expression de Platon (*Timée* 21e). Des terrains gras et humides s'y développent sans cesse, propices à la chasse, à la pêche et à la culture. Cette partie du pays est vraiment un « don du fleuve ». Mais les ports n'y sont pas bons.

L'importance de ce cours d'eau merveilleux s'accroît par le fait qu'il n'alimente pas seulement les terres de la vallée, mais qu'il est navigable. C'est une incomparable voie de communication et de pénétration. Sans doute, par cinq fois, les granits polis et noircis par les tourbillons des eaux réapparaissent sous les grès nubiens désagrégés en sable d'or et créent cinq cataractes qui gênent plus qu'elles n'interrompent la navigation, car leur longueur est bien limitée et aucune n'est infranchissable. La première d'entre elles, à Assouan, marque la vraie limite de l'Egypte. Au-delà, vers le sud, c'est la Nubie*, plus sauvage et plus sèche encore autour du fleuve. Il est vrai que le barrage a appauvri, en notre siècle, ces régions désolées. Après la deuxième cataracte à Ouadi Halfa, la brousse soudanaise commence, mais c'est seulement au sud d'Abou Hamed qu'elle s'étend loin des rives et qu'y apparaissent des végétaux tropicaux, qu'on voit plus rarement en Egypte : différentes espèces d'acacias, le *selem* des Arabes dont les fleurs ressemblent à celles de nos mimosas, et le *samr*, le *toundoup*, du genre Capparis, et les calotropes au suc laiteux. Les chèvres et les chameaux les broutent aussi haut qu'ils peuvent, et il pleut parfois au sud de Abou Hamed, comme en témoignent les gouttières des maisons indigènes.

Au nord d'Assouan, le paysage revêt un aspect plus riant, qu'il conservera, malgré des différences de climat importantes, jusqu'à la mer. Une plaine très verte s'allonge tout au bord du fleuve entre les montagnes absolument désertiques de l'Est et de l'Ouest, aux teintes ocres ou cuivrées, et presque seuls, palmiers-dattiers, doums, tamaris et acacias du Nil, ces *sandt* dont les Arabes ont hérité le nom des anciens Egyptiens, ombragent la campagne. Mais aux environs du Caire, les cultures ont plus d'un mois de retard sur celles de la région thébaine. Parfois la vallée est étroite : à Thèbes, elle n'a que sept ou huit kilomètres de large, et, au Gebel Silsileh, les falaises viennent surplomber le fleuve qu'elles rétrécissent, facilitant ainsi l'exploitation des carrières de grès. A partir de Deirout au contraire, élargi par le Bahr Youssouf qui se détache du Nil à l'ouest et va se jeter dans le Birket Qaroun, au centre de la dépression fertile du Fayoum, elle atteint une largeur de plus de vingt kilomètres. Quelques riches villes remontant aux plus anciens temps, comme Assiout ou Akhmim, s'y élèvent, presque toujours à la lisière des terres cultivées, à l'endroit que n'atteint pas l'inondation.

C'est, dans cette vallée, le spectacle le plus extraordinaire que celui de l'eau qui monte régulièrement à partir de mai, d'abord verdie par les algues et les débris végétaux emportés des grands lacs grossis de pluies torrentielles, puis fauve, couleur des limons arrachés aux plateaux abyssins. Cette inondation bienfaisante, parce que régulière, était le don du dieu Hâpy , sorte d'hermaphrodite, coiffé de joncs, les mamelles grasses et pendantes, le ventre replet et les bras chargés d'offrandes, qui apparaît souvent sur les soubassements des temples dont il faisait la richesse. Cependant, ses grandes eaux venues de l'océan primordial, chargées de vie, n'étaient fécondes que si l'effort humain les dirigeait, les conservait, les faisait circuler jusqu'aux limites extrêmes de la vallée. Le pays requérait le travail pour produire et, comme les grandes civilisations des fleuves, celles du fleuve Jaune, de l'Indus ou de la Mésopotamie, la civilisation égyptienne est née de l'effort de l'homme pour profiter d'une situation particulièrement favorable. Ici, en effet, pas de pluies torrentielles comme en Mésopotamie ni de crues désordonnées et violentes comme dans les autres grands bassins asiatiques. Il est rare que le niveau atteint par les eaux dépasse la cote d'alerte et détruise au lieu de fertiliser.

Mais à l'est du fleuve, c'est le désert absolu. On compterait facilement dans l'aride montagne arabique les minces sources vives comme celle où saint Antoine, dans l'ouadi Araba, à une cinquantaine de kilomètres de la mer Rouge, vint chercher la solitude et la contemplation. Les puits mêmes son trares et les Egyptiens, qui organisaient des expéditions dans l'ouadi Hammamat pour y exploiter la pierre-*bekhen*, se vantent, comme d'une prouesse, d'avoir ramené tout leur monde. Et pourtant, sans cesse ces routes ont dû être sillonnées, car les roches dures ainsi que l'or abondent en ces lieux arides, et il faut les franchir pour atteindre les ports de la mer Rouge, Qoseir ou Bérénice, qui donnaient accès au fabuleux pays d'Oponé, situé près du ras Hafoun actuel, sur la côte de Somalie.

A l'ouest c'est pire encore. Le Sahara, que les premiers hommes ont parcouru au milieu d'une végétation tropicale, est peu à peu devenu un désert effrayant. Tout au nord, en bordure de la côte, sur quelques kilomètres, une maigre végétation de graminées, de cistes, de bruyères permet une vie de type pastoral. Une espèce de jujubier, des acacias, quelques tamaris apparaissent dans les rares creux formant ouadi. Un seul port jusqu'à Solloum que domine la falaise du Catabathme Majeur, Marsah Matrouh, l'antique Paraetonium. Puis, au sud, c'est une hamada pierreuse et sèche où, à 550 kilomètres de la vallée et à 350 kilomètres au sud de Matrouh, se trouve, à 134 mètres au-dessous du niveau de la mer, la dépression de Siouah, la fameuse oasis * où Zeus-Ammon * rendait ses oracles et où Alexandre, après une expédition épique, s'entendit saluer du titre de fils d'Ammon. Les sources y sont abondantes, et les dattes particulièrement bonnes. L'olivier et le citron doux y viennent bien. Mais pour atteindre les autres oasis moins célèbres qui jalonnent une longue fosse parallèle au cours du Nil, il faut franchir plus de 300 kilomètres dans des solitudes parfois sableuses, qui rendent la marche encore plus difficile. On rencontre successivement Baharya, Farafra, Dakhla, et enfin Kharga, la grande oasis où l'on voit encore, à Hibis, un beau temple d'Amon. Elle fut florissante à l'époque copte, comme en témoigne l'immense nécropole de Bagawat, mais elle semblait si bien être située aux confins du monde que, lorsqu'on y eut exilé Nestorius, on ne sut bientôt plus s'il était vivant ou mort. Entre ces rares points d'eau et la vallée, ce ne sont que plateaux pierreux ou dangereuses dunes de sable doré qui, sans être infranchissables, opposaient à l'homme de sérieux obstacles, accrus encore par la terreur qu'inspirait la légende. De sorte que la seule partie habitable — mais riche, susceptible la même année de cultures successives et sans cesse amendée par le limon fertilisant de l'inondation — n'excédait pas la superficie du terrain baigné par le Nil (33 239 km^2).

La population qui vécut dans ce pays commence à nous apparaître, et encore avec beaucoup d'incertitude, au néolithique seulement. Elle ne semble pas avoir présenté les mêmes caractéristiques que la population du prédynastique. Cette dernière est très mêlée déjà. En grosse majorité dolichocéphale, elle appartient surtout à des types négroïdes et méditerranéens auxquels se mélangent des individus apparentés à l'antique race dite de Cro-Magnon et des métis. Quelques brachycéphales, venus d'Asie antérieure, apparaissent aussi et deviendront bien plus nombreux à la période historique. Malheureusement, nous sommes encore incapables de préciser quelles couches ethniques représentent ces types anatomiques. Et pourtant, à prendre les choses en gros, et sans descendre dans un détail encore trop controversé parce que trop obscur, on voit bien apparaître un double aspect dans la formation humaine du pays. Un substrat nilotique et africain ancien et un apport que nous nommerons chamito-sémitique.

Les acquisitions du néolithique se précisent au Fayoum et dans une station située à la partie inférieure du Delta, au bord du désert occidental : Mérimdé Béni Salamé. On y voit apparaître, comme ailleurs, avec les outils de pierre polie, la poterie, la vannerie, les arts du tissage, du cuir, du bois et de l'os. L'emploi des fards et des bijoux est déjà un luxe. Bœuf, chèvre, mouton, porc surtout et chien sont domestiqués. La culture de l'orge et du blé est d'autant plus intéressante pour nous que la variété de blé utilisée croît spontanément en Palestine et paraît provenir de ce pays. A Mérimdé, de plus, une véritable organisation sociale se devine à travers les restes d'une agglomération où la disposition des cases et des greniers permet de reconstituer une vie communautaire.

•

Les civilisations qui font suite au néolithique ne révèlent aucun signe apparent d'apport étranger. Elles sont marquées seulement par l'emploi, d'ailleurs très restreint, du cuivre et correspondent au chalcolithique. Les deux premières, celles de Badari et d'El Amrah, continuent en les perfectionnant les industries plus anciennes de la pierre, de l'ivoire et de la poterie. Mais on y voit apparaître aussi des innovations dont la moindre n'est pas l'essai de sculpture en ronde-bosse et la création d'un émail bleu clair que l'on retrouvera à travers toute l'histoire égyptienne. Plus tard les Amratiens (ainsi nommés du site d'El Amrah) créent une céramique qui, sur fond rouge poli, présente un décor géométrique peint en blanc. Ils font aussi progresser la technique des vases de pierre dure et ajoutent à leur actif le travail plus intense de l'or et de l'argent. Pourtant, ces cultures successives ne diffèrent pas fondamentalement de ce que l'on avait déjà vu naître dans la vallée. Elles sont particulières à la Haute-Egypte, et on ne les a pas retrouvées au nord d'Assiout. Elles étaient certainement en rapport avec l'étranger : l'Abyssinie, la Méditerranée, la Mésopotamie. Mais, avec les éléments de comparaison encore assez primitifs qu'elles présentent, on ne peut guère parler d'influence. De sorte que l'on pense, au moins provisoirement, qu'elles sont des produits nilotiques et africains. Ce qui est fort probable, en tout cas, c'est que les diverses populations qui ont créé ces modes de vie constituèrent, à travers les âges, et malgré les apports nouveaux, l'élément ethnique fondamental de l'Egypte.

C'est qu'en effet, à l'époque guerzéenne qui les suivit, tout avait changé. La poterie, de couleur claire, est lissée et décorée de dessins multiples sur l'interprétation desquels on n'est pas toujours d'accord, mais qui représentent des éléments de la nature et de la société : arbres et animaux, monuments, barques, hommes et enseignes. Et surtout apparaissent deux sortes de faits nouveaux qui sont très significatifs, de notre point de vue, et doivent retenir notre attention. La taille du silex qui, jusque-là, même dans les meilleures pièces amratiennes, ne dépassait pas la belle technique des couteaux trouvés dans nos dolmens, atteint tout à coup une perfection extraordinaire, qui n'a, semble-t-il, jamais été signalée ailleurs. De grandes lames de silex blond, généralement incurvées du côté tranchant, bifaces, ont été amincies avec un art tel que chaque trace d'éclat est régulièrement disposée de part et d'autre d'une nervure médiane épousant la forme de l'objet. De fines retouches, denticulant très légèrement le bord convexe, en affilent le tranchant. Ici l'artisan est devenu un artiste. Le goût du beau, du parfait a prévalu sur l'utile et a créé un véritable objet d'art. Et ces artistes ont été conscients de leur œuvre. Ce n'étaient point là des instruments vulgaires, mais des armes d'apparat ou des exemplaires votifs, car leurs manches, souvent d'ivoire ou plaqués d'or, nous disent à quel point on les tenait pour précieux.

Et nous atteignons, du coup, le second fait qui révèle, à ce moment de l'histoire, l'éclosion d'un grand peuple dans la vallée du Nil : la technique du bas-relief. Chose curieuse, les statuettes de l'amratien, encore informes, ont maintenant disparu, mais les artistes savent tailler dans l'ivoire d'admirables figures humaines et animales. Sur le manche du couteau de Gebel el-Arak, conservé au Louvre, on voit des hommes à peu près nus, portant seulement l'étui phallique, en train de se battre. La proportion des figures est bonne; les muscles de la cuisse, du mollet, les fossettes du genou sont souvent rendus avec beaucoup de bonheur. Un mouvement extraordinaire règne dans la composition d'ensemble et, autant qu'on puisse s'en rendre compte en des temps si anciens, aucune convention ne vient, comme cela se produira plus tard, durcir les détails et donner à l'ensemble cette rigidité à laquelle parfois n'échappera pas l'art égyptien. La musculature des animaux est peut-être moins étudiée, mais leur forme générale et leurs mouvements sont justes et les caractéristiques de chacun d'eux très bien rendues. Si l'on compare le bouquetin de Nubie ployant sa patte antérieure gauche aux représentations schématiques peintes sur les vases amratiens, on sera frappé du naturel et de l'aisance avec lesquels est dessinée cette pose difficile, et du sens plastique extraordinaire dont fait preuve l'artiste guerzéen.

Si nous pouvions connaître l'origine de la civilisation guerzéenne, nous aurions une idée de celle même de l'Egypte. Mais on ne peut que se livrer à des hypothèses. On pense qu'elle a vu le jour dans le Delta dont la population, au contact d'éléments asiatiques, surtout mésopotamiens, parvenus à travers l'isthme de Suez, aurait acquis un développement remarquable. En tout cas, elle est bien représentée au nord de la Haute-Egypte, alors que le Delta, trop remué en tous sens, ne nous a encore rien livré d'elle. Les motifs mésopotamiens que l'on relève dans ses œuvres d'art, génie barbu retenant par le cou des lions affrontés, lion attaquant un bovidé par-derrière, témoignent de ses rapports avec l'autre civilisation des fleuves.

Sans doute déjà les Guerzéens parlaient-ils un idiome qui est l'ancêtre de l'égyptien historique. L'analyse de la langue, en effet, révèle à la fois une étroite parenté avec le sémitique et avec les langues chamitiques (libyen et berbère) ou kouchitiques (bédaouy, somali, galla). Il faut donc admettre, semble-t-il, que, du tronc chamito-sémitique primitif, l'égyptien s'est détaché avant que le sémitique commun n'évolue pour son propre compte. Ceux qui le parlaient, venant très vraisemblablement d'Asie, ont sans doute imposé par la conquête leur autorité et leur langue. Cette dernière, dans une civilisation en plein développement, a dû évoluer très vite et, comme les motifs d'art, elle a été à son tour conquise par le « style » du pays. Le substrat nilotique lui a donné son génie particulier, et on ne peut s'empêcher d'imaginer que c'est à lui qu'elle doit, en particulier, l'étrange évolution de sa conjugaison passant du type synthétique au type analytique absolu, par dissociation du radical verbal, réduit à deux formes invariables, et de l'auxiliaire. Cet état final de la langue, en copte, est comparable à la conjugaison de la plupart des langues africaines.

Déjà aussi le pays connaissait une organisation rappelant celle qu'il aura à l'époque historique. Parmi les enseignes représentées sur les peintures de vases, on en voit beaucoup de semblables à celles des nomes futurs du Delta. On imagine donc d'abord des groupements locaux, se faisant sans doute la guerre, et aboutissant finalement à deux unités : un royaume du Sud et un royaume du Nord. Ce n'est pas ici pure déduction tirée de la dualité postérieure de la monarchie, car d'antiques annales, transcrites sous la Ve dynastie, sur un bloc de diorite, dans un sanctuaire memphite, nous donnent d'abord des noms de rois de Haute et de Basse-Egypte régnant séparément, puis toute une série de rois du Double-Pays, bien avant le règne de Ménès. On suppose donc, avec beaucoup de vraisemblance, une conquête préhistorique de la Haute-Egypte par le Delta et une longue unité du pays.

Les croyances et les rites religieux et funéraires s'apparentent aussi à ceux de l'Egypte historique. Dans des villes importantes, on adorait le Soleil, le faucon d'Horus, Isis, et sans doute Thot, l'ibis sacré. On vénérait les morts que l'on enterrait avec grand soin en disposant autour d'eux des offrandes nécessaires à l'entretien de la vie future.

Mais ces traits, on le voit, ne distinguent pas beaucoup les Egyptiens d'un certain nombre d'autres peuples contemporains. Pourtant ils nous permettent de passer sans à-coup du terrain de la préhistoire à celui, plus sûr, de la protohistoire, puis de l'histoire véritable.

CHAPITRE II

L'AUBE THINITE

Il y a toujours, dans la reconstitution des origines, une part d'incertitude à laquelle l'Egypte ne saurait échapper. Voici ce qui paraît, actuellement, le plus probable.

Au cours du IVe millénaire, il se forme d'abord deux royaumes dans la vallée. L'un, septentrional, avait pour dieu principal Horus; sa capitale a dû être Behoudit du Nord, l'actuel Tell Balamoun. L'autre, méridional, adorait Seth d'Ombos , aujourd'hui Kom Belal. Les septentrionaux conquirent le Sud et imposèrent leur dieu Horus. Puis, de nouveau, le royaume se scinda. Et cette fois, la conquête, vers le début du IIIe millénaire, vint du Sud. Le roi Narmer s'empara du Delta et consacra une palette votive en schiste, pour commémorer cet exploit, dans le temple de la déesse Nekhbet à Hiéraconpolis, près d'Edfou. Mais celui qui devait consommer à nouveau l'unité du pays, au début des temps historiques, est le roi Ménès. Connu par Hérodote et par Manéthon , son nom nous est transmis par la grande liste royale d'Abydos et par le papyrus de Turin . Il était originaire de This, dont la localisation exacte n'est pas encore acquise, mais qui se trouvait dans le voisinage de l'actuelle Balyana. Ménès comprit qu'il n'arriverait pas, du Sud où il résidait d'abord, à gouverner la Basse-Egypte. Il fonda donc à la pointe du Delta, à la jonction des deux anciens royaumes, une nouvelle résidence royale, le Mur-Blanc, qui devait devenir plus tard Memphis .

Ses successeurs ne sont guère pour nous que des noms dont l'ordre même est peu sûr. Nous les appelons, d'après Manéthon qui les classe en deux dynasties, les rois thinites . C'est de leur temps que date, dans ses grandes lignes, la structure fondamentale de la civilisation pharaonique. On voit d'abord se cristalliser autour du roi les différents aspects de son pouvoir par la constitution d'un protocole. Il était dès le début une incarnation du dieu Horus et protégé par les deux déesses des limites sud et nord du pays. Au temps d'Oudimou s'ajoute le titre de *roi de la Haute et de la Basse-Egypte*. Nous étudierons plus tard le sens qu'il faut donner à ces divers éléments du nom royal.

Nous essayons de deviner, en étudiant noms et protocoles des rois, ce qui a pu se passer. Une révolution importante eut lieu, semble-t-il, sous la IIe dynastie. L'ancien dieu dynastique Seth fait une brusque apparition. Peribsen, en effet, n'est plus un Horus, mais un Seth. Son nom est écrit dans le double palais surmonté de l'animal du dieu d'Ombos et non plus du faucon d'Horus. La réaction de ce dernier dut être vive. Le deuxième successeur de Peribsen fut sans doute contraint de s'appeler Khasekhemoui : *Les-deux-puissants-apparaissent*, et son nom s'écrit dans le double palais surmonté cette fois du faucon et de l'animal de Seth face à face. Mais bientôt le faucon d'Horus, seul, reprend sa place, et plus jamais Seth ne redeviendra dieu dynastique.

Déjà, sans aucun doute, les rois thinites construisent des temples et des palais. Cependant, seules leurs deux nécropoles d'Abydos * et de Saqqara ont été retrouvées. Ils ont guerroyé contre les Libyens, les Asiatiques et les Nubiens. Mais nous sommes incapables de donner un récit des faits tant soit peu suivi.

Nous devons, tout de suite, essayer de voir quels furent les traits essentiels que la vie égyptienne, dans tous les domaines, revêtit sous leur égide; c'est avec eux, en effet, que commence l'histoire proprement dite, car c'est d'eux que nous possédons les premiers documents écrits.

•

C'est l'écriture qui crée l'histoire. Grâce à elle se conserve le souvenir des actes passés et, mieux encore, le reflet, dans la littérature, des croyances, des connaissances, de la vie spirituelle des hommes d'autrefois. Or c'est certainement à l'époque qui précède les dynasties thinites que cette invention merveilleuse s'est produite. Que nous révèle l'archéologie à son sujet?

Avant d'examiner les documents, il nous faut savoir quand nous pouvons parler d'écriture* proprement dite. Il est clair en effet qu'un pêcheur n'aura pas écrit parce qu'il aura dessiné un poisson sur un rocher surplombant une rivière pour indiquer ensuite aux gens de sa famille ou de son groupe qu'à cet endroit le cours d'eau est particulièrement poissonneux. On ne peut même pas lire ce signe « poisson ». C'est une simple figuration mnémotechnique destinée à rappeler tout un comportement possible. Des signes de cette espèce ont existé, c'est fort probable, depuis une époque très ancienne se perdant dans la nuit du paléolithique. Il y a écriture à partir du moment où l'on dispose d'une notation phonétique, c'est-à-dire où l'on peut lire dans une certaine langue des images données. Comparons le couteau de Gebel el-Arak du Louvre à la palette de Narmer*. Sur le manche du premier est figuré un combat. Pourtant aucun mot ne se lit dans cette scène; c'est un épisode sans nom des luttes préhistoriques. Au contraire, sur le monument de Narmer une innovation considérable s'est produite. C'est déjà un événement parfaitement historique qui nous est narré. Que le roi s'avance pour inspecter le trophée de victoire, précédé de ses enseignes ou qu'il assomme un prisonnier, son nom est écrit près de sa tête. Nous n'avons pas à lire : Narmer assomme un prisonnier. La représentation se suffit à elle-même. La valeur d'une image se dégage parfaitement pour qui la regarde; elle n'a pas besoin d'une lecture. Elle éternise en quelque sorte le fait qu'elle raconte. Mais les éléments d'écriture que renferme le tableau lui donnent sa valeur historique. Ce n'est pas seulement le nom du roi que nous connaissons, mais aussi celui de son ennemi . Mieux encore, le personnage qui marche devant le roi, coiffé d'une énorme perruque est un haut fonctionnaire appelé T̠T, tandis que le « porte-sandales », derrière son maître, s'avance, chargé de vêtements royaux qu'il a tirés du magasin (D̠BꜣT), figuré au-dessus de lui avec son nom. Le nom de la ville détruite par le taureau royal, ceux des fuyards asiatiques et celui du lieu où fut dressé le trophée sont également inscrits près d'eux. Et ces inscriptions, même si nous sommes encore incapables de les lire toutes ou de les interpréter avec sécurité, sont constituées à la manière de l'écriture postérieure. Tout nous invite donc à penser qu'à l'époque protohistorique le système d'écriture était constitué, puisqu'il permettait de préciser à ce point le tableau commémoratif d'un fait aussi important.

Pouvons-nous étayer par d'autres documents cette constatation capitale? Avant de répondre à cette question, remarquons tout de suite le petit nombre de vestiges écrits sur lesquels nous pouvons compter : quelques monuments votifs, comme les palettes ou les têtes de massues; mais les temples qu'ils ornaient ont disparu avec leurs figurations et leurs rituels. Nous possédons aussi des sceaux qui nous rendent seulement, la plupart du temps, le nom de leur possesseur et ses fonctions. Retrouverons-nous un jour des textes complets de l'époque thinite? Souhaitons-le, mais les monuments de pierre n'étant pas encore à cette époque couramment employés, nous sommes réduits à espérer un fragile papyrus, ou un rouleau de cuir à peine plus solide, que l'exceptionnelle sécheresse du pays aurait conservé plus de cinq mille ans!

Pourtant, bien des indices nous amènent à penser que l'écriture remonte à une période notablement antérieure aux dynasties historiques. En effet, dès la seconde dynastie, nous connaissons des exemplaires du signe qui représente le rouleau de papyrus scellé : —. Et cela dans un titre, le *Chancelier méridional de tous les écrits*, qui montre, à cette époque, l'importance des textes administratifs dans l'organisation royale. Il est bien difficile d'admettre que le rouleau de papyrus ou de cuir fasse son apparition aussi tard. Des témoignages explicites d'époque postérieure viennent renforcer cette déduction : la fameuse pierre de Palerme , sorte d'abrégé des annales memphites, gravée à la Ve dynastie, conserve le nom de nombreux rois ayant régné avant Ménès sur une Egypte d'abord divisée puis unie. Il faut donc que les rédacteurs aient eu à leur disposition des listes royales anciennes datant d'une époque où, la pierre n'étant pas employée, on les avait écrites sur des matières plus périssables. Il était réservé à une inscription très récente du temple d'Hathor à Dendara , sculptée dans la crypte des archives, de nous apprendre que les traditions du temple faisaient remonter les cérémonies du mois d'Epiphi, durant lesquelles Hathor se rendait à Edfou voir le dieu Horus son mari, à un rituel écrit antérieur aux dynasties historiques : *L'organisation générale vénérable dans Dendara*, y est-il dit, *a été trouvée dans des écrits anciens, écrits sur un rouleau de cuir de l'époque des Serviteurs d'Horus, trouvé à Memphis dans un coffre du palais royal, au temps du roi de Haute et Basse-Egypte, Seigneur du Double-Pays, Méryrê, fils de Rê, Seigneur des couronnes, Pépi, doué de toute vie, durée et stabilité, comme Rê éternellement.* Il ne fait aucun doute que, pour les prêtres de Dendara, dès le temps des Serviteurs d'Horus, c'est-à-dire des rois antérieurs à Ménès sur la pierre de Palerme, on écrivait sur des rouleaux de cuir des livres religieux.

Sans pouvoir reconstituer cet état très ancien de l'écriture, nous pouvons l'imaginer du moins à partir de documents tout à fait inattendus. Le hasard avait conservé, dans les parties souterraines de la pyramide de Djéser à Saqqara, deux galeries inviolées dont l'une était remplie d'un amoncellement de vases en pierre. Ceux-ci portaient, tantôt gravés pour durer, tantôt écrits à l'encre pour disparaître à l'usage, des hiéroglyphes donnant des noms royaux et privés et des titres ou des mesures. Comme le fondateur de la IIIe dynastie avait puisé une bonne partie de ce précieux dépôt dans le trésor accumulé par ses prédécesseurs, les échantillons d'écriture s'échelonnent sur toute la durée des deux premières dynasties. Nous pouvons ainsi constater d'abord que l'écriture est déjà constituée comme elle le sera à l'Ancien Empire. On y trouve la notation phonétique de certains suffixes grammaticaux. Le pluriel est indiqué par la triple répétition du signe-mot marquant le singulier et, déjà, le déterminatif, c'est-à-dire le signe symbolique employé pour désigner un groupe général de mots, y apparaît : dans ce cas précis, le signe de la ville pour déterminer des noms de cités. Mais ce qui est le plus significatif, c'est l'emploi, dans les inscriptions cursives tracées à l'encre, de formes déjà très stylisées constituant une écriture d'usage courant analogue à ce que sera plus tard le hiératique : les signes de l'écheveau, de la main et du bélier sont très clairs à cet égard. Cela permet d'imaginer avant ce stade un long développement encore totalement inconnu mais dont l'existence paraît sûre.

Maintenant que nous avons déterminé, dans la mesure du possible, l'époque de sa formation, essayons de voir quels étaient les traits essentiels de cette écriture, qui a beaucoup évolué sans doute durant les trois millénaires de son histoire, mais dont les principes fondamentaux sont demeurés les mêmes. Tout d'abord on a représenté l'objet lui-même 𓏏, une galette de pain, lu T, un pot 𓏌, lu NW; une étoile 𓇼, lu SBꜣ; ou bien une action : 𓌝, une herminette qui entaille un morceau de bois, et on lira STP, « couper ». Mais beaucoup de noms ou d'actions ne se pouvaient représenter ainsi. Il fallait donc trouver un moyen de les noter par l'image. On y arriva par le procédé du rébus. Ainsi le nom « père » ne peut se distinguer par une simple image du mot « homme » ou du mot « fils ». Aussi écrit-on ce mot égyptien comportant deux consonnes, ỈT, par 𓇋𓏏, ỉ + T, le panicule de roseau et le pain, exactement comme si, pour écrire en français « orange », on dessinait une pièce d'or et un ange. Pour beaucoup de mots, enfin, il fallut préciser la lecture. Soit le signe 𓊌; il n'est pas assez clair en lui-même parce qu'il peut désigner « la pierre » (ỈNR) ou « la brique crue » (ḎBT) ou même tout autre objet de cette forme. On écrira donc devant lui soit le panicule de roseau 𓇋 = ỉ, le filet d'eau 𓈖 = N et la bouche 𓂋 = R, pour avoir le mot pierre 𓇋𓈖𓂋𓊌; soit la huppe dont le nom présentait les mêmes consonnes que le mot brique, et on aura 𓆓𓃀𓏏𓅡𓊌

Enfin, très tôt, contrairement à ce que l'on a dit souvent, des signes furent utilisés pour ranger certains mots dans une classe déterminée. Les noms d'agglomérations, par exemple, sont suivis, dès les premières dynasties, par le signe de la ville 𓊖. Ainsi cette invention admirable, grâce au système du rébus et à celui du déterminatif, permet, dès une époque très ancienne, de noter phonétiquement telle phrase donnée en langue égyptienne.

On l'assouplit encore pour lui permettre de préciser les catégories grammaticales. Il est très probable qu'à l'origine on ne nota pas le féminin, mais, très rapidement, on y pourvut par l'adjonction d'un 𓏏, T, au singulier, puisque, en égyptien comme en sémitique ou en chamitique, le féminin était exprimé par une finale (A)T. Pour écrire le duel, on doubla le signe du singulier : 𓁹 ÌRT, « l'œil », donne 𓁹𓁹 ÌRTY, « les deux yeux ». Le pluriel s'écrivit par la triple répétition du signe : 𓊨 ST, « le trône », fait 𓊨𓊨𓊨 SWT, « les trônes ». Pourtant, cela entraînait des complications. Lorsqu'on voulait écrire « les huppes », par exemple, on avait simplement 𓅚𓅚𓅚 ḎBWT. Mais si l'on voulait dire « les oiseaux » en général, ꜣPDW, sans préciser, ou « les poissons », RMW, on dessinait trois oiseaux ou trois poissons d'espèces différentes : 𓅬𓅭𓅮, 𓆛𓆜𓆝. Ces mots étaient aussi bien des collectifs à forme de pluriel. Aussi fut-on amené à écrire phonétiquement la caractéristique consonantique du pluriel -W : 𓄿𓊪𓂧𓅱 ꜣPDW : « oiseaux ». Plus tard, on plaça trois traits ou trois points après le mot écrit au singulier.

Ces quelques indications suffisent à donner une idée du système qu'employèrent les Egyptiens pour noter les sons de leur langage. On remarquera, en passant, qu'ils n'en écrivent que les consonnes. Cette pratique qui nous prive d'une foule de précisions grammaticales importantes provenait du fait que l'ancien égyptien, à l'instar du sémitique, procédait, pour exprimer les catégories grammaticales, par modifications en majorité vocaliques d'une racine composée la plupart du temps de trois consonnes. Voici, par exemple, la racine arabe KTB et les changements de sens qu'elle acquiert en changeant de voyelles : KATABA, « il a écrit »; KUTIBA, « il a été écrit »; KĀTABA, « il a été en correspondance avec »; KATIB, « secrétaire »; KITAB, « livre », etc. Dans un contexte donné, un sujet qui a l'habitude de parler la langue mettra immédiatement entre les consonnes les voyelles convenables. Mais pour nous, qui devons retrouver le sens perdu de l'ancien idiome, on voit à quelles apories nous expose cette manière d'écrire. A l'inverse, le système accadien, pourtant sémitique, fut noté avec son vocalisme parce qu'il héritait du système d'écriture inventé par les Sumériens dont la langue signifiait les particularités grammaticales par des affixes parfois purement vocaliques et qui n'eût pas été compréhensible si on l'eut représentée seulement par son squelette consonantique.

Une dernière question relative à l'écriture reste encore à poser. Les Egyptiens en sont-ils les inventeurs ou bien leur a-t-elle été transmise par le peuple conquérant qui, à l'époque guerzéenne, semble avoir imposé sa langue chamito-sémitique à une population nilotique? Un fait demeure troublant : c'est que, vers le même temps à peu près, naissait, en Mésopotamie, l'écriture sumérienne qui use dans l'ensemble des mêmes principes fondamentaux. Détail encore plus curieux, des rapports indéniables, qu'on peut discerner dans certains motifs d'art que l'on retrouve de part et d'autre, ont existé entre les deux pays. D'étranges coïncidences de vocabulaire viennent encore s'ajouter à ces présomptions : la houe par exemple, invention capitale, qu'on trouve très tôt en Egypte, a dû, à un moment de la préhistoire, s'appeler MR, puisque le signe qui la représente, 𓌸, a conservé à l'époque historique cette valeur phonétique. Or, en sumérien aussi cet outil s'appelait MAR. Le mot MAÂT, « vérité, justice, norme », ressemble au sumérien ME, « règle ».

Et pourtant, malgré ces constatations, on ne peut guère penser à une origine mésopotamienne de l'écriture égyptienne. Tout d'abord, les signes égyptiens ne représentent jamais des syllabes comme en cunéiforme, mais seulement des groupes consonantiques. Et c'est là une opposition fondamentale entre les deux systèmes. Ensuite, aussi haut que nous remontions dans le répertoire des signes des deux premières dynasties qui a pu être dressé, nous trouvons toute une collection d'images typiquement nilotiques : oiseaux, poissons et plantes en particulier. Il semble donc qu'on doive plutôt penser à un développement parallèle et à deux créations voisines mais indépendantes. Les inventions, à certaines époques, sont, comme on dit, dans l'air.

•

Les monuments peu nombreux qui nous sont parvenus nous permettent d'inférer que cette écriture servit, dès les Thinites, à rédiger des actes administratifs comme le titre de *Chancelier méridional de tous les écrits* le montre; mais leur nature nous échappe encore en grande partie. En effet, tandis qu'en Mésopotamie les plus anciennes tablettes sumériennes en argile, celles qui nous ont rendu l'aspect pictographique primitif des signes dits cunéiformes, ne sont pas très rares, en Egypte, les papyrus ou les cuirs à peine moins fragiles qui constituaient le support matériel de ces documents n'ont pas survécu à tant de millénaires; en tout cas on n'en a pas encore retrouvé un seul. Ce sont aussi des monuments postérieurs, comme la fameuse pierre de Palerme, qui nous obligent à admettre qu'on écrivait des sortes d'annales royales. Pour que tant de rois y figurent avant Ménès, il faut que leur nombre d'abord, et ensuite leur nom, enfin leurs hauts faits aient été notés. Mais si, en gros, la chose est claire, ici encore le détail demeure impalpable, aucune de ces œuvres ne nous étant connue directement. Enfin, on dut coucher sur rouleau de cuir ou même de papyrus, dès l'époque prédynastique, des rituels divins particulièrement importants. Si cela est attesté pour le rituel d'Hathor au mois d'Epiphi, le même procédé est infiniment probable pour les rituels royaux de couronnement. Si, peut-être, pour des raisons d'ordre magique, on s'abstint de mettre par écrit des compositions religieuses, du moins un certain nombre de détails concernant le déroulement et l'ordre des cérémonies dut être consigné très tôt. Nous verrons même tout à l'heure que des sources grecques de bon aloi permettent d'aller plus loin encore.

Une invention, beaucoup plus obscure pour nous, doit encore sans doute être portée à l'actif des Thinites : c'est celle du calendrier astronomique. Comme nous ne possédons aucun document ni sur son origine, ni sur les phénomènes qui auraient servi à l'établir, on en est réduit aux conjectures. On a cru longtemps que l'observation du lever héliaque de l'étoile Sothis, notre Sirius, avait permis aux Egyptiens de découvrir le temps exact que dure une année. Mais que ce soit seulement une série de notations concernant le retour périodique de la crue du Nil ou la moyenne des jours que totalisait une cinquantaine d'années lunaires, le moyen employé importe peu. Il est certain qu'au début du IIIe millénaire, ils possédaient ce comput merveilleux d'une année de 365 jours. Il suffisait — ce qui ne fut du reste pas toujours fait! — de lui ajouter un jour tous les quatre ans pour la faire coïncider exactement avec l'année solaire. Ils conservèrent malgré tout leurs vieux mois lunaires et les deux systèmes coexistèrent jusqu'à l'époque grecque et même romaine, au moins dans l'usage liturgique. Au temps de Périclès, il convient de le remarquer, les Athéniens n'utilisaient pas encore le calendrier solaire de 365 jours!

●

Les rois créateurs de l'unité égyptienne héritaient d'une organisation sociale extrêmement ancienne qu'ils ont sans doute beaucoup modifiée. S'il nous est impossible de la décrire avec une entière certitude, faute de documents suffisants, il convient du moins de faire l'exégèse des monuments et des rares inscriptions qui nous permettent une approximation suffisante.

C'est uniquement pour les besoins de l'analyse que nous séparons l'étude de la structure sociale et celle des conceptions religieuses. En réalité, l'image dans laquelle l'ancien Egyptien reflétait l'univers était profondément une. L'organisation de la terre reproduisait celle du ciel, et une symbolique subtile permettait d'identifier chaque élément à un autre, de sorte que l'homme réduisait dans la mesure du possible l'hétérogénéité du cosmos. Même si nous arrivons à discerner, dès les plus anciennes constructions théologiques, des éléments ayant appartenu à d'autres représentations ou d'autres systèmes, ils sont toujours réinterprétés en fonction d'un ensemble bien lié, de façon qu'aucune fissure ne soit une porte ouverte à l'impression d'altérité absolue. Lorsque nous pourrons décrire ces fissures du système, qu'elles apparaîtront au plein jour de l'histoire, nous verrons pour la première fois se dérouler sous nos yeux le drame par lequel l'humanité a pris conscience de sa propre nature et des aspirations qui la différencient radicalement du milieu dans lequel elle baigne. Mais nous n'assisterons à aucune des péripéties de ce drame avant la fin de l'Ancien Empire. Tout au plus pourrons-nous en déceler l'existence un peu plus tôt. Pour l'instant, contentons-nous de décrire les éléments de la sociologie royale sous les deux premières dynasties, en essayant de percevoir leur développement.

Dans les deux cent cinquante premières années du IIIe millénaire, au moment où l'Egypte, de nouveau unifiée, reconstruit son organisation monarchique, il ne fait aucun doute qu'une évolution rapide, au prix même de luttes violentes, n'ait marqué les étapes d'une ascension vers la stabilité.

Dès l'aube de l'histoire, toute la société repose sur le roi. Celui-ci, après l'union des deux parties du pays, porte le titre, aussi bien dans le canon royal de Turin et les listes des temples que sur les monuments contemporains, de 𓇓𓏏 𓆤𓏏. On a interprété ce titre par *Celui-qui-appartient-au-roseau-et-à-l'abeille*. En supposant qu'à une époque donnée la Haute-Egypte ait eu pour emblème le roseau, et la Basse-Egypte l'abeille, le roi était donc désigné comme *Celui-des-deux-Pays*, avec une prééminence accordée à l'Egypte du Sud nommée la première. Il faut mettre ce détail en rapport avec la conquête du Nord par Narmer, roi de Haute-Egypte; le fait est raconté par l'image sur la fameuse palette de ce roi. En tout cas, cette dualité qui paraît d'origine historique devient rapidement une dualité quasi métaphysique, tout comme des détails architecturaux, qui ont dû leur apparition à des raisons techniques dans un monument religieux ou funéraire, se chargent d'un sens sacré et deviennent par la suite essentiels à l'édifice. Cette dualité, qui n'a plus qu'un rapport lointain avec les faits dans la suite de l'histoire, régnait encore dans l'esprit des Egyptiens de l'époque macédonienne, qui traduisaient soigneusement le vieux titre par *Roi du Haut et du Bas-Pays.*

En tout cas, la première partie du mot servira toujours à désigner *le roi de Haute-Egypte* 𓇓𓏏𓈖, et la deuxième, *le roi de Basse-Egypte* 𓆤𓏏. Le premier portait pour coiffure spéciale *la couronne blanche,* 𓋑. Le second se distinguait par la couronne rouge 𓋔. Lorsque les deux parties du pays eurent été réunies, le roi porta à la fois les deux couronnes 𓋖. L'ensemble fut appelé *les deux puissantes,* et les Grecs transcrivirent le mot égyptien précédé de l'article par PSCHENT, que nous avons gardé.

Chacune de ces deux couronnes* était elle-même un être divin protégé par la déesse locale des villes saintes extrêmes, et, par là même, représentatives de chaque portion du pays : Hiéraconpolis, en égyptien Nekhen, très anciennement à la pointe méridionale de l'Egypte civilisée, avait pour déesse Nekhbet incarnée en un vautour, et Bouto, l'*ultima Thule* du Grand Nord, adorait Outo, incarnée en un cobra. Religieusement, le roi du pays unifié appartenait donc à ces deux déesses, maîtresses symboliques de chaque partie du pays : il était *Celui-des-deux-Maîtresses.* On discerne déjà ici l'élaboration théologique qui fonde en droit religieux la royauté. Or ce titre devint partie intégrante du protocole royal, de même que le précédent.

Le pharaon* unissant sous son sceptre les deux parties de l'Egypte comme il portait à la fois le nom de *Roi du Sud* et celui de *Roi du Nord,* était protégé par les deux déesses extrêmes du pays qui lui donnaient ainsi qualité pour régner sur l'ensemble de leurs possessions. Son pouvoir de fait était donc légitime en droit. Il l'était d'autant plus que ce roi, de toute antiquité, était l'incarnation même de l'ancien dieu universel qui avait conquis le pays : Horus, Seigneur du ciel, représenté par le faucon dominateur aux ailes éployées. Son KA, sa personnalité divine incarnée, justement, c'était Horus lui-même, comme nous pouvons l'inférer, par exemple, de la stèle du roi Ouadji, au Louvre. Le dieu faucon est posé sur une image du palais royal, le SEREKH, qu'il domine de ses serres étalées : il en est le maître et seigneur. A l'intérieur du palais à double porte, celle du Sud et celle du Nord, réside le roi, dont le nom d'Horus, Ouadji, est écrit par le serpent. Plus tard seulement, à l'Ancien Empire, cet antique Horus sera assimilé au fils d'Isis et d'Osiris, ce qui lui donnera un droit supplémentaire à la couronne de son père. Dès cette époque ancienne, cependant, ce nom du ka royal, ce nom d'Horus, montre bien que le roi n'a pas seulement reçu son pouvoir des dieux, il est dieu lui-même. La dualité de l'Egypte est maintenant cosmique; la terre où règne le pharaon n'est qu'une sorte de décalque du ciel où règne Horus. Le dieu terrestre, le roi, est, par sa dignité même, apte à gouverner le monde. Sans doute beaucoup de changements, des additions, des accroissements théologiques et liturgiques viendront au cours des âges modifier les conceptions que nous pouvons induire dès maintenant, mais, fondamentalement, elles demeureront identiques à elles-mêmes jusqu'à la fin de l'histoire égyptienne, et, pour notre part, nous sommes convaincu qu'elles survivent dans les conceptions des monarchies hellénistiques puis des empires romain et byzantin, jusqu'aux grandioses constructions de Dante ou à l'étonnante théologie du pouvoir divin élaborée par Bossuet.

Tous les rois ont donc porté ces trois noms dans leur protocole*. Mais celui-ci n'avait pas encore la rigidité et la fixité qu'il acquerra au cours de l'histoire. On peut se demander par exemple si les deux faucons placés sur un pavois qui précèdent le nom du roi Andjib, de la première dynastie, ne sont pas un essai sans lendemain pour traduire une nouvelle idée royale. Le roi serait l'incarnation des « deux dieux », Horus et Seth, premier essai pour faire une part au rival d'Horus et apaiser un dieu qui finira par fomenter des révolutions et troubler l'ordre social. Il est certain en tout cas que « la grande titulature, établie lors de l'accession au trône du souverain, contenait une profession de foi et souvent un programme » (Junker). Il suffisait que le souverain eût une véritable personnalité religieuse ou que la faction politique sur laquelle il s'appuyait eût sur lui-même une forte influence pour que des révolutions, sans doute violentes, s'ensuivissent. Bien que d'autres explications, qui nous paraissent moins plausibles, aient été données, nous croyons deviner sous le roi Peribsen, à la IIe dynastie, des drames qui ne sont plus perceptibles qu'à travers les protocoles conservés. Très anciennement, Horus avait eu à soutenir des luttes tout à fait acharnées contre le dieu Seth, incarné dans un animal sans doute fabuleux : 𓃩. L'issue des combats avait été favorable à Horus. Pourtant Seth, vaincu mais non anéanti, continuait à guetter, dans l'ombre, son rival et à le menacer. Quelle que soit la signification originelle du mythe et l'origine de Seth (problèmes encore trop controversés), à plusieurs reprises les partisans de Seth essayèrent de donner le pouvoir à leur maître. Or, c'est l'étude de simples sceaux d'argile datant de ces temps reculés qui nous permet de reconstituer à grands traits un drame religieux et social : un roi qui portait tout d'abord, comme ses prédécesseurs, un nom d'Horus : Sekhemib, le change, à un moment donné, pour un nom de Seth : Peribsen; et finalement seul l'animal de Seth est sculpté au-dessus du serekh sur les stèles plantées à Abydos près de son tombeau. Il proclamait, par là, qu'il était l'incarnation de Seth et non plus celle d'Horus. Les désordres durent être graves. Horus ne reconquit pas d'un seul coup son pouvoir puisque le successeur de Peribsen, Khasekhemoui, dont le nom signifie *Les-deux-puissants-apparaissent*, semble avoir eu pour programme de réintroduire Horus dans la vie du pays comme dans sa titulature, mais sans supprimer Seth. Et sur son serekh, le faucon et l'animal séthien se font face. La victoire séthienne pourtant fut de courte durée et, par la suite, plus jamais Seth ne reparaîtra en seul maître.

Pourtant, bien longtemps après, les Egyptiens, toujours au courant de cette ancienne histoire, continuaient à attacher une grande importance à l'élimination du dieu maudit; aussi ont-ils supprimé des listes royales qui nous sont parvenues le nom de Peribsen et de ses deux successeurs qu'ils ont remplacés par d'autres. C'était enlever à ces rois la personnalité qu'ils avaient voulu assumer et leur en imposer de force une autre, plus conforme à l'orthodoxie. Une vengeance plus grave encore aurait consisté à supprimer radicalement leur nom, et par là même la personne de ceux qui l'avaient porté. Nous reviendrons plus tard sur des faits de ce genre à propos des révolutions religieuses que nous connaissons mieux.

Cette description de l'institution royale à l'époque thinite suffit à en faire ressortir l'importance. C'est déjà une construction sociale fort élaborée et qui sait s'enrichir de l'expérience que les siècles lui procurent. Sa jeunesse la rend capable d'adaptation. On voit comment le vieux titre d'Horus ne suffisant plus aux monarques unificateurs, ils ont assumé les titres nouveaux de *Roi du Double-Pays* et *Celui-qui-appartient-aux-deux-Dames*. Conformément à une attitude de pensée qui n'est plus la nôtre et que nous aurons l'occasion de retrouver et d'étudier plus longuement par la suite, les Egyptiens ne suppriment jamais radicalement une conception ancienne. Ils lui en juxtaposent une nouvelle qu'ils expliquent comme un autre aspect de la précédente. La loi d'identité chez eux ne fait pas obstacle à cette façon de procéder parce qu'ils admettaient qu'une même réalité peut être assumée par deux apparences distinctes et que deux êtres ou deux personnalités peuvent être fondamentalement identiques. Jamais ils n'ont exprimé, aussi clairement que nous le faisons, cette façon de voir ou, du moins, s'ils l'ont fait, rien de leurs explications ne nous est parvenu. Mais cela ressort à l'évidence de toutes leurs constructions aussi bien sociales que métaphysiques, et il importait de le noter dès le début.

•

Le dieu-roi, pour gouverner, s'appuie sur toute une série de fonctionnaires. C'est la sagacité des archéologues qui nous permet de restituer dans une certaine mesure la structure sociale du pays. Les seuls documents sont des inscriptions tombales très concises, des sceaux apposés sur les bouchons d'argile des vases destinés aux provisions d'outre-tombe, et enfin de courtes indications sur vases en pierre dure maintenant connues en grand nombre. En comparant soigneusement ces maigres données, on peut arriver à se faire une idée de l'administration.

On supposait autrefois que la fonction de vizir datait de la IVe dynastie parce que ce nom n'apparaissait dans aucun titre antérieur. C'était encore trop tirer du silence des documents : les vases de la pyramide de Djéser nous ont rendu un *juge suprême et vizir* du nom de Menkaï. Fut-il contemporain du premier roi de la IIIe dynastie ou de l'un de ses prédécesseurs dont beaucoup de vases portent les noms ? Il est difficile de le préciser, mais il y a bien des chances pour que ce titre remonte à l'époque thinite. Les rois créateurs de l'unité ont dû avoir près d'eux un fonctionnaire qui leur servit d'intermédiaire auprès de leur administration. Porta-t-il toujours le titre de vizir que nous lui voyons au moins dès le début de la IIIe dynastie ? Nous ne pouvons encore pas répondre. Pourtant, sur la palette de Narmer, au recto, le personnage qui précède le roi et que distinguent de tous les autres sa taille, son costume et sa perruque serait particulièrement indiqué pour avoir représenté un fonctionnaire analogue. Qu'on en fasse un « rejeton » du roi ou un « commensal », il paraît bien jouer un rôle de premier ministre. Et le titre même semble se retrouver dans les inscriptions d'Aha ou d'Oudimou.

D'ailleurs, quoi qu'il en soit du vizir, les souverains thinites possédaient des administrateurs bien attestés par les documents. Sans pouvoir les classer avec certitude, on imagine facilement que le *chancelier du roi de Basse-Egypte* avait un rôle important et élevé dans l'administration puisqu'il contrôlait toute la partie nord, la plus riche, du pays. Bien que nous n'en ayons aucune preuve formelle, il dut bien exister un équivalent de ce haut fonctionnaire pour le Sud. Sous le roi Peribsen, en tout cas, on connaît, à côté d'un *chancelier des tributs du Nord* — ce qui pourrait laisser supposer une nouvelle guerre du Sud contre le Nord — un *sceau de tout document du Sud* qui suggère au moins la fonction afférente. A défaut de titres, nous savons — parce qu'ils sont nommés — qu'il existait des départements au sein du gouvernement. Pour recueillir les contributions du Sud, on avait institué un organisme spécialisé à la couleur emblématique du Sud : la *Maison Blanche*, qui équivaudra plus tard simplement au Trésor. Un *président de la Maison Blanche* le dirigeait. Mais, à l'époque ancienne où nous sommes, il existe la contrepartie septentrionale, maintes fois attestée dans les documents : *la Maison Rouge*. C'est l'équivalent d'une sorte de ministère des Finances sans lequel la richesse exceptionnelle que nous révèlent les tombes royales n'eût pas été concevable.

Toute cette organisation centrale reposait sur une armée d'employés subalternes. Si nos documents ne nous font pas encore connaître le nom du scribe avant la IIe dynastie, nous avons du moins retrouvé sa palette à godets dans les tombes des plus anciens rois.

Par la précieuse pierre de Palerme, nous apprenons que, à partir du roi Andjib, eut lieu tous les deux ans un recensement. Ce détail nous permet d'imaginer comment s'établissait l'assiette de l'impôt, évidemment payé en nature. C'est déjà de sa juste répartition que dépendait le bon fonctionnement du pays. On profitait sans doute de ces recensements pour rétablir avec précision les limites des terrains détruites par l'inondation. Des fonctionnaires spéciaux sachant calculer les superficies y étaient employés, les fameux *harpédonaptes* des Grecs, que Démocrite se vantait de dépasser par sa science de la géométrie. Un vieux titre fait sans doute allusion à cet entretien du pays : le *surintendant des levées de terre*.

Le palais lui-même était le centre du gouvernement. C'était la *Maison du roi de Haute-Egypte* à laquelle présidait un *surintendant du palais*. Elle comprenait bien la partie privée, le harem, auquel était préposé un fonctionnaire, mais aussi l'administration générale de l'Etat. Un *directeur de la salle centrale* pourrait avoir été une sorte de maître du protocole introduisant le personnel administratif auprès du monarque. Toute une série de bâtiments dont nous connaissons les noms propres étaient dirigés par des agents spécialisés; mais leur destination, la plupart du temps du moins, demeure pour nous très obscure. Nous devinons autour du roi une cour où figuraient des *amis*, sans que nous puissions définir le degré d'intimité impliqué par ce nom. Les ressources du palais étaient-elles distinctes du trésor public? Il paraît avoir existé, en tout état de cause, un *comptable des vases et de l'or de l'Horus*. C'est que les vases de pierre dure, au même titre que les métaux rares, étaient une richesse très appréciable. Peut-être existait-il une *demeure des étoffes*. On devine au moins une organisation agricole royale pour les produits qui n'étaient pas de consommation courante, comme le vin. Le vignoble de la *Maison du roi* comme celui de la *Maison Rouge* étaient dirigés par des préposés. On connaît un *surintendant des vivres de la Maison Rouge et des jardins et vignobles du roi de Haute et Basse-Egypte*.

Toute une légion de fondeurs, d'ébénistes, de sculpteurs et d'ouvriers, nécessaires à la fabrication du mobilier et des « images », qui joueront dans la vie spirituelle du pays un rôle si prodigieux, entourait la résidence royale et y formait des écoles qui donnaient le ton de la cour. Nous connaissons l'existence d'une armée par le titre de *chef des soldats*, équivalant au grade de général, gravé dans la plus ancienne inscription du Sinaï (IIIe dynastie) et, dès le roi Ouadji, apparaît également le *portier* d'une forteresse, c'est-à-dire un commandant de garnison dans une place forte. Plus tard on rencontre souvent un *commandant de forteresse*. Faut-il leur rattacher les *chefs du pays étranger*, chargés de l'administration de régions limitrophes soumises au pouvoir du roi?

Une organisation des cultes se dessine avec une certaine précision. Les titres sacerdotaux peuvent être portés par le personnel de l'administration civile, mais ils sont soigneusement distincts. Les *vénérables de tribus* sacerdotales, les *prophètes*, les *porteurs de rouleaux*, ceux qui étaient surtout chargés de l'exécution des cérémonies religieuses et probablement aussi de l'élaboration théologique, les prêtres-ZEMATY du Sud et du Nord formaient un corps qui fait déjà pressentir celui des âges suivants. Chose plus curieuse encore, on lit sur un vase du roi Ouadji le nom d'une *maison du Siège de Vie*. Serait-ce déjà l'ébauche de ce que deviendra cette fameuse Maison de Vie qui eut une importance capitale dans l'Egypte pharaonique?

A l'échelle provinciale, nous sommes moins bien renseignés qu'au niveau gouvernemental, l'arrière-pays étant plus avare encore d'inscriptions que les cimetières royaux d'Abydos et de Saqqara. On sait pourtant qu'une position importante était confiée aux *administrateurs* des différentes provinces du pays que nous connaissons, aussi haut que nous puissions remonter dans le passé. Nous avons pris l'habitude de leur conserver le nom de *nome* que les Grecs leur avaient donné. Il existait aussi des *régents*, terme qui sera par la suite réservé au roi, ou mieux encore aux princes et rois étrangers.

Ne nous leurrons pas trop pourtant sur nos connaissances. Le contenu de toute cette organisation nous échappe en majeure partie, et nous sommes forcés de l'interpréter d'après les formes évoluées qui nous deviendront familières par la suite. Comme, d'ailleurs, nous devons laisser dans l'ombre toute une série de titres que nous ne lisons pas ou que nous sommes incapables de traduire, il se peut que nous demeurions insensibles à une bonne part de l'originalité qui caractérisait cette admirable administration thinite. C'est en tout cas, au début du IIIe millénaire, la plus considérable et la plus ancienne des créations politiques que l'histoire nous propose. Elle porte en germe la grandeur future d'une civilisation qui se développera pendant trois mille ans.

De ces siècles lointains, seules les matières impérissables comme la pierre se sont conservées en assez grande abondance. Ce fait et aussi les caprices imprévisibles d'une transmission si longue nous donnent l'illusion que le domaine où les Thinites ont particulièrement brillé est celui de l'art. Tombeaux, objets mobiliers, statues même ou stèles, vaisselle précieuse nous sont parvenus en grand nombre. Mais pour les étudier et les bien interpréter, il serait nécessaire de connaître à quels besoins ils correspondaient, quelles conceptions en ont guidé la construction et l'exécution. Or, cela, nous devons le faire à la fois d'après les documents eux-mêmes et aussi en nous aidant des faits ou des textes postérieurs qui, par leur clarté, permettent de jeter un peu de lumière sur ce qui est, à notre point de vue, commencement encore obscur. Qui oserait se flatter de comprendre le Greco sans connaître l'école vénitienne et le mouvement de la Contre-Réforme?

Il n'est pas douteux qu'une architecture civile importante existait. Afin de loger ce corps complexe de fonctionnaires dont se servait le roi pour gouverner le pays, il fallait au moins une vaste résidence, servant de capitale. Elle fut fondée par Ménès au Mur-Blanc, qui devait devenir Memphis, l'actuelle Mit-Rahina, à quelques kilomètres au sud de la pointe du Delta. Si nous ne pouvons plus rien en connaître directement, il nous est loisible d'imaginer ce que put être cet immense palais d'après d'autres documents contemporains. Tout d'abord, aucun des détails ne dut en être laissé au hasard. Pour loger le ka d'Horus, le roi vivant, personnalité divine, qui avait uni le Double-Pays, il fallait un édifice qui fût une image à la fois du monde où régnait le dieu et de la dualité de sa royauté. Sur une stèle aussi soignée que celle du roi Ouadji, au Louvre, on voit bien les deux portes symboliques du palais où résidait la personne divine et royale, le ka même du roi. On y devine ses redans, que nous connaissons par les édifices funéraires et qui supposent toute une construction fragile de pisé, de briques crues, de bois, de roseaux et de nattes. Mais le détail de tout cela nous demeure inconnu et nous le demeurera probablement toujours. Ces édifices périssables ont à jamais disparu et les représentations que nous en avons, comme celles des serekhs royaux, sont trop schématisées pour nous permettre une véritable restitution.

Peut-être aurons-nous plus de chance un jour, pour l'architecture religieuse ou militaire. L'emplacement des sanctuaires change rarement. De même que nous observons en Europe des lieux où sanctuaire paléolithique, lieu de culte néolithique, celtique puis romain et enfin chrétien se sont succédé, de même nous savons que des temples célèbres à l'époque tardive et au Nouvel Empire, tel Médamoud , ne furent pas moins honorés au Moyen et même à l'Ancien Empire, comme l'ont montré des fouilles magistralement conduites. Il y a des lieux où souffle l'esprit. Peut-être un jour une exploration heureuse — et minutieuse — nous rendra-t-elle, sous les débris ravagés des temples récents, dans le Delta par exemple, des traces infimes des murs thinites qui enserrèrent les sanctuaires de Neïth ou de Outo. En attendant, seules des images nous en rendent l'aspect primitif, et leur interprétation est sujette à caution : une cour rectangulaire, entourée d'un clayonnage de roseaux, protège l'emblème de Neïth. Aux angles d'une extrémité, deux étendards gardent le péribole sacré. De l'autre côté, un édifice, formé de quatre poteaux entre lesquels des murs de roseaux défendent l'intérieur des regards et des intempéries, est recouvert d'un toit natté de forme arrondie. Mais il paraît bien probable que c'est là une représentation déjà archaïque d'un édifice datant des Serviteurs d'Horus. Même si le détail est controversé, il nous offre un exemple de ce que durent être ces constructions en matériaux légers qui surprennent tellement nos habitudes d'une Egypte aux temples immenses bâtis en pierres indestructibles... *Nec fuit opprobrio facta sine arte casa!*

Pourtant des temples archaïques, même détruits comme celui de

Khentamentyou à Abydos, sont déjà en briques. Bien plus, sous Khasekhemoui, dont le règne paraît avoir eu une importance considérable, on avait dressé à Hiéraconpolis, dans le sanctuaire de Nekhbet, une porte en granit déjà décorée, à la manière des édifices postérieurs, d'une scène de fondation. On voit poindre là, à son aube première, la grande architecture égyptienne.

Mais à ce matériau léger, on devait substituer la brique crue employée en masses compactes pour les forteresses à enceinte crénelée ou les tours. Si ces monuments ont disparu ou ne nous ont pas encore été rendus par les fouilles, du moins les tombeaux nous ont livré de semblables constructions. Le désir de rendre ces monuments durables, c'est peu douteux, a conduit à remplacer boiseries et nattes de l'époque protodynastique par de la brique. Mais aussi la nécessité de faire plus grand. La tombe du roi n'est pas seulement celle du souverain, mais l'image, figée instantanément, de la résidence royale passée à l'éternité. Ces deux hypothèses seules permettent d'expliquer l'apparition et le développement de l'architecture funéraire royale des deux premières dynasties. Mais elles ne suffisent pas. C'est qu'en réalité un grave problème se pose ici. Depuis qu'Amélineau et Petrie, à la fin du siècle dernier, avaient fouillé, près d'Abydos, au lieu dit Oum el Gaâb, une nécropole royale des Ire et IIe dynasties, on avait admis sans difficulté que les premiers rois avaient été enterrés là, tout près de leur capitale, This, dont l'emplacement exact n'est pas connu, mais ne saurait en être très éloigné. Or les travaux d'Emery à Saqqara, commencés en 1935, ont mis au jour une série de grandes tombes de la même époque. Les toutes premières furent attribuées aux ministres memphites des rois thinites. Mais, devant le nombre imposant de ces monuments, leurs dimensions et leur richesse, on demeure perplexe. Comment des particuliers, fussent-ils ministres, eussent-ils pu se construire des tombeaux plus importants que leurs souverains ? Il est donc raisonnable de penser que nos rois eurent deux sépultures. Cette coutume, bien établie par la suite, remonterait ainsi à l'aube des temps historiques.

Les tombeaux d'Abydos étaient-ils de purs cénotaphes, comme on le dit quelquefois ? C'est peu probable. La personnalité du roi, à l'instar de celle des dieux, était beaucoup plus complexe pour un Egyptien que pour nous, comme nous aurons l'occasion de le voir. Et, pour des temps plus récents, les divers éléments de la personne peuvent provenir de lieux différents. Le *akh* d'Osiris résidait à Busiris ; son *prestige* à Héracléopolis. Ces idées permettent d'imaginer comment le roi, participant des composantes multiples de l'individualité divine, pouvait, après sa mort, regagner divers lieux. Or, le roi mort était sans doute, même à cette époque ancienne, assimilé à Osiris, et un très ancien texte des pyramides précise :

Il monte au ciel.
Les pointes de ses ailes sont celles du grand oiseau.
Ses entrailles sont lavées par Anubis, tandis que les soins d'Horus sont pris dans Abydos : l'emmaillotement d'Osiris. (§ 1122)

La seconde partie, en prose, est une rubrique indiquant ce qui se passe à Abydos, tandis que le faucon Horus gagne le ciel, sans doute à Memphis. On peut donc imaginer qu'on ensevelissait le corps à Saqqara, à l'ouest de Memphis, tandis que les entrailles, qui seront placées plus tard dans les vases canopes, auraient été enterrées à Abydos, où elles étaient censées être lavées par Anubis et soignées par Horus. Cette hypothèse permettrait d'expliquer la multiplicité des tombeaux, très claire dans la suite, comme nous le verrons.

Quoi qu'il en soit, ces tombeaux comportent, pour les rois comme pour les particuliers, deux parties bien distinctes : l'une, en substructure, destinée au défunt, l'autre, en superstructure, qui permettait aux vivants d'accomplir le culte funéraire. A Abydos, à la fois parce que le site était plus mal conservé et parce que les premières fouilles ont été mal faites, toutes les superstructures ont disparu. Celles de Saqqara n'en sont que plus précieuses et intéressantes. Le type le plus courant consiste en une vaste construction quadrangulaire en briques crues présentant sur ses quatre côtés des niches séparées par des saillants à angle droit. La paroi continue est ornée de saillants et de rentrants qui lui ont fait donner le nom de mur à redans, très caractéristique de cet âge ancien. Les parties les mieux conservées montrent qu'ils étaient enduits de stuc blanc sur lequel étaient peints des motifs de nattes et de tentures représentant le matériau de la construction originelle. Le centre même de la niche, occupé par la porte, était passé à l'ocre rouge foncé, couleur qui figure le bois. La hauteur de l'ensemble atteignait, dans certains cas au moins, 10 coudées antiques, c'est-à-dire 5,24 m. Détail notable, on trouve une méthode de construction très semblable en Mésopotamie, à Tello ou à Ourouk, à peu près à la même époque.

Mais ces tombeaux offrent quelque variété, et l'un d'entre eux, datant du roi Andjib, était composé d'un massif quadrangulaire de 22,70 m de long et 10,55 m de large auquel on accédait sur trois côtés par sept degrés, dans un premier état au moins du monument. Or nous possédons peut-être le nom du tombeau royal, inscrit dans un rectangle, placé justement sur une sorte de socle à degrés. Il est gravé sur des vases destinés, primitivement, au trésor qui devait accompagner le roi dans l'autre monde. On aurait là une curieuse confirmation de la destination royale des sépultures de Saqqara.

La tombe du roi Ouadji présentait la structure normale à redans, mais offrait une particularité unique : tout autour du mastaba courait une banquette d'argile sur laquelle étaient modelées des têtes de taureaux fixées sur la masse par des chevilles de bois. Ces têtes portaient de véritables cornes de bovidés et formaient autour du massif monumental une étrange décoration et certainement une protection puissante dont il convient de rapprocher le monument orné de bucrânes, gravé sur une défense d'éléphant trouvée à Hiéraconpolis.

Enfin, le complexe funéraire de l'Horus Qâ, dernier roi de la première dynastie, présente sur sa face nord, mais ouvert à l'est, un véritable temple dont l'économie générale rappelle déjà celui, bien postérieur, du roi Djéser .

Autour du monument central, se trouvait, la plupart du temps, toute une série de tombes dont certaines ont été utilisées, d'après Emery du moins, en même temps que le sépulcre principal. Ce fait, s'il est exact, supposerait l'usage des mises à mort rituelles au moment de l'enterrement du roi, comme le fait a été constaté dans les fameuses tombes royales d'Our, en Mésopotamie.

Il faut aussi remarquer la présence de grandes barques enterrées près des tombeaux des particuliers aussi bien que des rois. Elles devaient contenir, c'est du moins une induction assez raisonnable, les bateaux qui avaient servi ou auraient dû servir au défunt pour le pèlerinage aux villes saintes du Delta : Saïs , Bouto , Busiris. On voit, par ces exemples, combien il est difficile de séparer l'exposé des conceptions architecturales des idées religieuses.

La substructure du monument était destinée uniquement au défunt roi et à ceux qui devaient continuer à l'entourer dans l'autre monde. En étudiant soigneusement tout ce qui nous est parvenu de ces tombes, les spécialistes, à la suite de l'archéologue américain Reisner, distinguent plusieurs types : d'abord une simple chambre aux murs en brique crue à laquelle on accède par un puits. Le toit était formé de poutres rapprochées sur lesquelles reposait un plancher couvert de nattes destinées à empêcher la terre ou le sable d'envahir l'intérieur par les fentes. Un second type présente l'adjonction d'un escalier conduisant au caveau, généralement sur le côté nord. On devine, à ce trait, sinon l'évolution des conceptions concernant la survie, du moins leur traduction dans l'architecture, car déjà le roi tourne sa *sortie au jour* vers les *Impérissables*, c'est-à-dire vers les étoiles circumpolaires qui ne disparaissent jamais à l'horizon. Puis, dans un troisième type, au plafond de bois succèdent des voûtes en encorbellement, c'est-à-dire obtenues en faisant déborder un peu chaque assise sur l'assise inférieure, jusqu'à ce qu'enfin elles se rejoignent et soient calées par la couverture.

Finalement, on obtient un caveau souterrain auquel on accède par une rampe creusée dans le roc, et c'est déjà le plan classique des chambres funéraires sous les pyramides de l'Ancien Empire.

Ce qui est peut-être le plus intéressant pour nous, c'est d'assister peu à peu, à travers les tâtonnements que nous discernons, à la naissance de l'architecture en pierre. C'est sans doute pour empêcher les voleurs de pénétrer, par la descenderie elle-même, dans le caveau où des trésors reposaient auprès du mort, qu'on dresse des herses de pierre dans le couloir d'accès. Parfois, on le couvre avec des dalles. Aux chambres funéraires planchéiées et revêtues de bois, on arrive à substituer, à la fin de l'âge thinite, toujours sous Khasekhemoui, une chambre entièrement revêtue de blocs calcaires de petites dimensions.

Les tombeaux des particuliers, souvent groupés autour des tombeaux royaux dont ils continuent en quelque sorte à former la cour, suivent l'évolution de ces derniers. La nécropole d'Hélouan, admirablement conservée dans l'ensemble, permet des constatations plus importantes encore. On y voit, dès la première dynastie, la chambre funéraire parée de grands blocs d'un seul tenant en calcaire. Puis, d'autres tombeaux présentent, au même endroit, des blocs plus petits, comme si l'on avait voulu prévenir les glissements qui s'étaient produits dans les tombes précédentes, un des monolithes ayant cédé sous la poussée des terres. Enfin on voit apparaître un système de construction avec des dalles irrégulièrement taillées et soigneusement agencées qui paraissent présenter une solidité supérieure. Ce sont donc en quelque sorte les tentatives de la première maçonnerie qui nous sont révélées. Peut-être sont-elles à l'origine de techniques fort curieuses que nous trouverons plus tard dans l'architecture classique égyptienne.

Les documents que nous venons d'examiner suffisent à restituer quelques-unes des idées générales qui domineront tout l'art égyptien par la suite. Jamais la beauté architecturale n'a été recherchée pour elle-même. Il s'agit d'abord de construire, à grand-peine, des monuments utilisables pour les rois ou les dieux auxquels on les destine. Aussi les conceptions psychologiques et théologiques de ces temps anciens permettent-elles, seules, de comprendre cette architecture. La construction de tombeaux royaux multiples, l'emploi de la brique, puis de la pierre pour rendre durables les tombeaux ou les temples ne sont donc pas le fruit de recherches esthétiques, économiques ou sociales. Ils répondent à une idéologie religieuse. La difficulté est qu'à cette époque, pauvre en documents écrits, nous devons l'inférer des restes archéologiques, en nous aidant, avec précaution, des textes postérieurs. Elle n'en est pas moins indéniable.

Cette subordination à l'idée fut un facteur de réussite exceptionnel et, chose étrange au premier abord, de progrès. Les dieux et le roi, leur incarnation terrestre, réclament des demeures parfaites, à l'image de leur création ou de leur gouvernement. Le souci de la perfection marque, dès le début, ces ouvrages, soignés à l'extrême, et dont on calcule les proportions parce qu'elles sont un facteur de durée. C'est en effet à l'œuvre d'éternité, κτῆμα ἐς ἀεί, que vise, dès ses modestes débuts, cet art de bâtir. Chaque fois donc qu'un procédé permet une durée plus grande, on l'emploiera. Chaque fois qu'une mesure permet un angle plus résistant, une poussée mieux répartie, on l'utilisera. On ne reculera devant aucun effort, les lois économiques ou physiques ne jouant que d'une manière négative, pour obtenir la forme la plus adaptée à la pensée qui inspire la construction.

Ce que nous venons d'établir pour l'architecture, il est facile de le constater aussi dans les arts plastiques ou les arts mineurs. De la peinture, il nous est parvenu trop peu de chose, mais nous entrevoyons ce que furent statuaire et bas-relief. Dès l'abord, il faut marquer des différences entre les ateliers. Doit-on penser à un art de capitale d'une part et à un art provincial de l'autre ? Il est difficile de le dire étant donné la rareté du matériel et le petit nombre des monuments qui nous sont parvenus dans un état satisfaisant. Toujours est-il que, d'un côté, on a des statues aussi grossières que le roi et la reine agenouillés d'Hiéraconpolis, où le manque de proportions est encore souligné par les traits mal dégrossis dans le calcaire : yeux à fleur de tête maladroitement rattachés à un nez épaté. Tandis qu'on voit apparaître des créations aussi remarquables que la statuette en ivoire d'Abydos ou les deux Khasekhemoui assis. Malgré son usure, la première évoque un peu, vue de profil, l'Akhenaton du Louvre : sa tête est légèrement inclinée en avant sur les épaules. Pas de prognathisme, mais une expression un peu semblable dans la commissure des lèvres et dans la moue que semble indiquer la bouche. Les oreilles sont perpendiculaires à la tête, et les yeux trop frustes pour avoir encore conservé leur éclat. Des deux Khasekhemoui, celui de l'Ashmolean Museum, dont la tête est bien conservée, est déjà un chef-d'œuvre : la couronne blanche enserre un visage au modelé puissant et sûr. L'angle interne de l'œil, suffisamment creusé, obombre la paupière supérieure globuleuse. Le nez est délicatement rattaché au front, et la bouche modèle avec fermeté l'arrondi des lèvres. Les pommettes finement marquées montrent un sens aigu du volume. La pose était classique. Le roi assis, en costume court de fête-SED, a la main droite posée sur les genoux et tient, de l'autre main ramenée sur le bras droit, un insigne aujourd'hui disparu. Déjà le double désir de traduire la stabilité et la majesté royales a été atteint, et l'on comprend, après avoir contemplé de pareilles œuvres sous les derniers rois thinites, les réussites de la IIIe dynastie.

Dès ce moment aussi les Egyptiens se révèlent excellents animaliers. Des lions et des singes particulièrement bien modelés, tel le lion en terre cuite rouge de Hiéraconpolis ou le cynocéphale de Berlin, témoignent que leur sens du volume n'était pas réservé à la figure humaine et qu'ils s'étaient attachés à reproduire en ronde-bosse ces animaux en qui ils voyaient déjà des réceptacles divins.

Et pourtant nous ne devons pas oublier que nous jugeons sur des dossiers bien incomplets. Nous connaissons, par les vases de Saqqara, l'existence de statues en pied du roi Andjib, de la première dynastie, et, par la pierre de Palerme, nous savons qu'on avait *mis au monde* une statue en cuivre de Khasekhemoui. C'est la preuve que nous ignorons encore en grande partie ce que furent la variété et le degré de perfection de la plastique thinite.

Parmi les arts mineurs, au contraire, il est un domaine sur lequel nous sommes admirablement renseignés, c'est celui des vases en pierre dure. Même brisés par les voleurs, les fragments indestructibles en ont subsisté, et la belle trouvaille des deux galeries inviolées sous la pyramide à degrés nous en a rendu, intacts ou en morceaux, mais complets, environ quarante mille. La grande majorité est en albâtre translucide d'un jaune laiteux veiné de blanc. Mais il y en a en schiste vert ou bleuâtre du ouadi Hammamat, en brèche rouge d'Assiout, en porphyre, en diorite du désert nubien, en cristal de roche ou en granit rose d'Assouan, en dolomite, en marbre, en aragonite, en serpentine... Les formes les plus diverses, parfois fort belles, vont du grand vase presque cylindrique dont les extrémités sont à peine évasées, au petit récipient à anses et à versoir qui fait penser à l'oenochoe grecque. De hautes jarres s'amincissant vers le fond sont décorées de cordes admirablement sculptées dans l'albâtre. On y reconnaît, en matière noble, les vases protégés des porteurs d'eau. D'autres, toujours destinés au transport, sont revêtus de vanneries, comme les fiascos italiens. Parfois, un motif sculpté sur la panse indique le contenu : de l'eau, du confit d'oie. Tantôt c'est le rôle rituel du vase qui est précisé; l'anse d'une sorte d'aryballe en albâtre veiné se continue en un double pavillon de fête-sed que soutient un homme accroupi avec les bras levés qui écrit le mot « millions ». Il y a aussi les imitations en schiste de vases en cuivre à long versoir ou à bords rabattus en pentagone vers l'intérieur; des formes rondes en granit, massives et aplaties, à parois épaisses, ou au contraire légères et presque circulaires à parois minces munies d'anses toujours taillées dans les roches les plus dures; des vases peu profonds à bords rectangulaires s'évasant sur un fond plus étroit, dérivés sans doute de bacs en bois. Des assiettes et des plats de toutes formes et de toutes dimensions. On ne saurait assez insister, tant sur la perfection technique que sur le goût très sûr dont témoigne cette merveilleuse céramique qui ne connaîtra plus au cours de l'histoire l'abondance ni la beauté qui la caractérisent sous les Thinites.

La technique des armes en silex poli ou finement retaillé atteint, en se perpétuant, une perfection ailleurs inégalée : de grands couteaux à lame courbée et à manches munis d'un crochet, des pointes fines et régulières, des grattoirs à dos abattus, des haches triangulaires. Le mobilier que l'on devine, plus qu'on ne le connaît, comprend de remarquables coffres marquetés. Les ornements des fauteuils, têtes de lions, genoux ou pieds de taureaux en ivoire, ne sont pas destinés à agrémenter des pièces de valeur mais à mettre la majesté royale en rapport avec le dieu Mahesa ou le Taureau céleste, comme plus tard le souligneront les *Textes des Pyramides* :

Il est assis sur ce trône solide,
Dont les protubérances sont des lions,
Dont les pieds sont les sabots d'un grand taureau sauvage.
(§ 1124)

Des disques, probablement des pièces de jeu, taillés dans des roches diverses, schiste, stéatite, calcaire ou albâtre, présentent parfois un curieux travail de marquetterie : pierres de couleurs différentes en forme de losanges ou de cercles enchâssés dans la masse. L'un d'entre eux est un joyau de premier ordre en schiste bleu sombre portant, autour du trou central, deux lévriers poursuivant des gazelles. Un des deux chiens, les cornes et les sabots des gazelles sont sculptés dans le schiste. Les trois autres corps sont constitués par des pièces d'albâtre rapportées, plus claires pour les gazelles, plus sombres pour le lévrier, délicatement rehaussées de couleurs soulignant les côtes ou les taches beiges du pelage. Le dessin a un mouvement très souple et le relief est finement exécuté.

Mais le mobilier des tombes de particuliers, dans la mesure où il nous est parvenu, atteint aussi une grande beauté. Cadeaux royaux provenant des ateliers du palais ou, déjà, d'ateliers privés plus raffinés de la capitale? Nous ne savons, mais on a trouvé à Hélouan une cuillère à fard en bois représentant le nœud d'Isis qui est aussi, en sa simplicité, un chef-d'œuvre. Un fragment de meuble en ivoire figure une colonne formée de huit fleurs de lotus entrouvertes, serrées au-dessus du calice par une corde, prototype de la future colonne fasciculée. De telles pièces donnent une haute idée de la qualité des artistes du temps, et montrent qu'entre les créations sociales et artistiques il y eut un rapport étroit et constant.

Parler de l'aspect spirituel de cette civilisation est chose singulièrement malaisée. Il nous faudrait des textes un peu longs et il n'y en a pas. Force nous est d'inférer à partir de faits matériels ou d'utiliser des mentions très postérieures.

Nul doute pourtant que les scribes, dont on a retrouvé les palettes, les godets à encre rouge et noire, et les titres, n'aient joué un grand rôle dans cette administration fortement centralisée. Mais quelle fut leur œuvre? Se contentèrent-ils de leur technique pour la rédaction des textes administratifs et rituels? Allèrent-ils plus loin et essayèrent-ils déjà, au moins de façon rudimentaire, de créer des œuvres littéraires? Rien de sûr ici ne peut être allégué, et pourtant Manéthon nous apprend que le second roi de la Ire dynastie, Athôtis, cultivait la médecine et avait écrit des livres d'anatomie. Or certains traités de médecine, connus par des copies très postérieures, sont rédigés parfois dans une langue si archaïque qu'on serait bien tenté de les faire remonter à cette époque. Par ailleurs, la pierre de Palerme comme les étiquettes d'ivoire ou de bois retrouvées dans les tombeaux royaux supposent l'existence d'annales* royales régulièrement tenues; ces documents, en effet, constituent des notations schématiques qui impliquent une rédaction plus développée et des classifications exactes sans lesquelles elles n'eussent pas été possibles. Comme, d'autre part, Imouthès*, l'architecte célèbre du roi Djéser, avait composé un recueil de Sentences, demeuré classique en Egypte, on est amené à supposer qu'il n'avait pas créé de toutes pièces le genre mais l'avait porté à sa perfection. Ce serait là déjà de la littérature au sens précis du terme. Mais si nous pouvons pressentir, à juste titre, son existence, nous sommes incapables, pour l'instant, de préciser son contenu.

La vie religieuse nous est plus accessible, au moins dans ses manifestations extérieures. Ni les particuliers ni les rois ne semblent avoir encore gravé sur leur tombeau autre chose que des noms, des titres, des indications d'événements jugés importants. Mais les monuments nous obligent à reconstruire des conceptions compliquées dont le but est d'enfermer le monde dans un réseau qui donne prise à l'homme sur l'univers. Nous avons dû, déjà, pour comprendre l'architecture ou la décoration, montrer que ni l'économie ni l'esthétique n'avaient dicté les formes ou l'emploi des matériaux, mais la pensée religieuse seule. C'est elle qui a créé les deux cérémonies sociales les plus importantes : l'intronisation royale, et le jubilé ou HEBSED .

Lorsqu'il eut réuni les deux fractions du pays, Ménès fonda une forteresse, le Mur-Blanc, aux couleurs de Haute-Egypte, pour y résider à proximité du Delta récemment conquis et pour le tenir plus aisément. Mais pareille action exigeait qu'il se conciliât les forces spirituelles du Nord. Il y revêtit donc les insignes de sa double fonction royale et, désormais, tout le pays fut, de droit comme de fait, sous sa juridiction. C'est certainement là l'origine du couronnement ou de l'intronisation royale qui se célébrait à Memphis encore sous les souverains lagides. Il comportait à l'origine quatre cérémonies distinctes : coiffer la couronne blanche, coiffer la couronne rouge, réunir le Double-Pays, faire le tour du mur. Les couronnes portaient évidemment au roi l'influx divin afférent à chacune d'elles. L'union du Double-Pays consistait sans doute à lier autour d'un signe, qui se lisait « unir », deux plantes symboliques des deux parties du pays, le tout servant de trône au roi. Peut-être était-ce déjà Horus et Seth qui accomplissaient le geste rituel. Enfin, en un rite d'interprétation plus malaisée, le roi courait autour du mur en tenant divers objets. Etait-ce une prise de possession symbolique du pays ?

Plus compliquée, même à cette époque, était la fête-sed du roi ou *jubilé trentenaire*. Le moment capital de ce rite était célébré dans un double pavillon à toit arqué, placé sur une estrade à laquelle on accédait par deux escaliers. Le roi y est représenté assis en costume collant et tenant un fouet, coiffé dans l'un de la couronne blanche, dans l'autre de la couronne rouge. Les enseignes d'Anubis, de Khonsou et des deux faucons qui accompagneront toujours le roi plus tard y figurent. Le roi, portant la double couronne, tenant un fouet et un rouleau contenant l'inventaire du pays, courait également autour de six bornes en forme de demi-cercle. On faisait à cette occasion des hécatombes de bœufs et de chèvres. Des étiquettes de bois ou d'ivoire, attachées à des objets destinés à ces fêtes, ont été retrouvées couvertes d'inscriptions commémoratives qui nous permettent d'en entrevoir les épisodes essentiels. Mais elles ne donnent que des dessins ou des titres, et nullement une séquence exacte et encore moins une explication des cérémonies. Si bien que nous en connaissons pour cette époque seulement quelques épisodes, et que le sens même de cette fête immémoriale, remontant au cœur de la préhistoire, nous échappe encore en grande partie. On a supposé, par comparaison avec des coutumes actuelles pratiquées chez des peuples attardés, que c'était une sorte de renouvellement de la puissance royale. Primitivement, le roi, trop vieux ou précocement malade, y aurait été mis à mort et un successeur lui aurait été donné. Cela correspond bien à l'idée que se faisaient du roi les anciens Egyptiens. Il était, en tant que dieu, en quelque sorte le garant et la mesure de la vitalité du pays. Il importait donc qu'il fût toujours en pleine vigueur. Une objection importante subsiste pourtant : à aucun moment il n'est clair que le roi ou quelque remplaçant ait été tué. Plus les rites sont d'origine ancienne, plus ils sont difficiles à interpréter.

Si c'est pour nous le rite le mieux connu, parce qu'il est évoqué dans les documents funéraires qui nous sont parvenus, ce n'est là pourtant que l'aspect social de la religion. L'essence même de cette dernière, nous tentons de la restituer à l'aide de documents indirects. Laissons de côté les divinités trop exclusivement liées au roi et à la politique : Nekhbet et Outo, les déesses protectrices de la royauté, n'avaient de signification que par rapport à cette dernière, et ne représentaient que les puissances extrêmes du pays, protectrices des couronnes royales. Horus et Seth, dieux royaux anciens du Nord et du Sud, étaient toujours liés surtout à l'institution royale.

La métropole religieuse semble avoir été la ville d'Héliopolis, située au sud du Delta, près de l'actuelle Mataria, faubourg du Caire. Déjà son dieu Atoum avait grande importance parce que le génie de son école théologique avait su, sous l'égide de ce dieu, ployer le pouvoir de tous les autres. Non seulement, comme tous les anciens dieux locaux, Atoum avait créé le monde, mais il était à l'origine de tous les autres. Son nom fut alors interprété dans le sens de « dieu universel », bien qu'anciennement il ait peut-être signifié autre chose. Pour résoudre le difficile problème de faire sortir la multiplicité d'un être unique, le clergé d'Héliopolis avait inventé des procédés qui nous paraissent brutaux mais qui constituent une explication cosmogonique : par masturbation, Atoum avait créé Chou et Tphénis , l'élément *vide*, c'est-à-dire l'air, et l'élément *humide*. Ceux-ci avaient alors mis au monde Geb * et Nout *, le dieu de la Terre et la déesse du Ciel. Le fait seul que le genre des dieux soit celui des substantifs désignant les réalités cosmiques correspondantes montre bien qu'il s'agit là de spéculations physiques sous forme de mythe. C'est seulement après qu'apparaissent des divinités locales qui, par ce système, étaient subordonnées à Atoum : Osiris, Seth, Isis, Nephthys et l'ensemble des créatures d'Atoum formaient l'Ennéade d'Héliopolis.

Que les grandes lignes de cette théologie remontent au moins à l'époque thinite, sinon plus haut, nous pouvons l'induire du fait qu'elles sont supposées par la fameuse théorie de la création par le verbe, datant vraisemblablement de la IIIe dynastie. On voit par quels moyens l'analyse peut essayer de dater, sans attestation contemporaine, des exposés provenant des pyramides de la Ve et de la VIe dynastie, c'est-à-dire à peu près quatre cents ans plus tard.

Pour d'autres dieux, prenant la suite de leurs ancêtres obscurs de la préhistoire, se constituent déjà ce que seront les grands cultes locaux de l'époque historique : Osiris à Busiris, Horus à Behoudit du Nord, Neïth à Saïs, Min à Coptos , Khentamentyou à Abydos, Seth à Ombos, Isis, Hathor, Khnoum, Anubis, Thot, adorés à différents endroits, apparaissent sur les inscriptions thinites, soit directement, soit à travers l'onomastique privée. Mais leur théologie ancienne nous demeure autant dire inconnue. Seule une étude des épithètes traditionnelles de ces dieux permettrait d'en faire remonter un certain nombre à haute époque et de reconstituer une sorte de mythologie archaïque. Mais ce travail reste à faire, au moins en majeure partie.

La philologie aussi, maniée avec prudence, permet certaines hypothèses qui éclaireraient dans une certaine mesure, si elles se trouvaient confirmées, la zoolâtrie égyptienne. En se fondant sur une finale comportant un *w* consonne, qui apparaît à la fin de certains noms divins, P. Lacau a voulu y voir des adjectifs mettant en rapport tel dieu et tel animal. Ainsi Anoupou serait *Celui-du-chacal*; Khnoumou, *Celui-du-bélier* (le mot *bélier* en sémitique ancien est composé des mêmes consonnes que le mot Khnoum en égyptien); Atoumou *Celui-du-serpent-Atoum* (ou : *de-l'anguille* ?). Certains dieux très anciennement n'auraient donc pas été désignés par des noms propres, mais simplement par l'animal qui les symbolisait. Cette remontée dans la préhistoire montre, en tout état de cause, quel progrès représente la théologie héliopolitaine dont nous avons esquissé plus haut seulement les grandes lignes : création ou réinterprétation de noms divins à sens abstrait, rôle des nombres sacrés dans la constitution des groupes divins : le dieu universel Atoum représente l'unité à la tête du panthéon. Les quatre dieux cosmiques, l'air, l'eau, le ciel, la terre, sont sans doute liés déjà aux quatre points cardinaux dont l'importance sera considérable plus tard, comme nous le verrons, dans le culte héliopolitain. L'élément politique enfin se traduit par les deux couples opposés Osiris-Isis et Seth-Nephthys. Et le tout donne le chiffre sacré 9 qui est trois fois le pluriel 3, donc l'image parfaite de la pluralité.

Il ne faudrait pas croire que ces spéculations sont le fruit de notre imagination. Elles sont parfaitement attestées pour l'époque postérieure, et les combinaisons de nombre qui apparaissent dans la constitution de l'Ennéade héliopolitaine montrent bien que déjà elles jouaient un rôle que l'analyse retrouve.

Il faut mentionner à part le dieu du Mur-Blanc, la future Memphis. Ce dut être un dieu local auquel Ménès confia la garde de la cité nouvelle, et peut-être déjà celle du royaume puisqu'on ne peut guère douter maintenant que la résidence royale ait été, dès les dynasties thinites, aux environs de Saqqara. Il se nommait Ptah . Son nom se lit déjà sur les vases des deux premières dynasties et, comme dieu de la capitale, il dut jouer un rôle dans la réunion du Double-Pays. On l'associa avec une autre divinité chthonienne voisine, Totenen, et ils seront tous deux possesseurs de fêtes-sed sans nombre. Son clergé rivalisa d'émulation avec celui d'Héliopolis dans l'élaboration des doctrines à la fois théologiques et politiques destinées à fonder en droit aussi bien le pouvoir royal que la suprématie de leur dieu devenu dynastique. Nous verrons à quoi elles ont abouti peut-être dès le début de l'Ancien Empire.

Bien sûr, nous conjecturons une bonne partie de ces faits d'après des textes postérieurs, vérifiés pourtant par les précieuses inscriptions des vases, trop laconiques pour nous permettre autre chose que de constater l'existence ou l'importance de tel dieu. Mais ce qui demeure sûr, en dépit des incertitudes inhérentes à toute reconstruction, c'est l'intense travail théologique et politique, parallèle à la recherche artistique que nous avons pu suivre avec plus de sécurité. Visiblement, c'est en tous les domaines que la pensée est en fermentation. L'ère thinite, autant que nous pouvons le deviner, a été celle d'une évolution profonde et rapide. Aux problèmes nouveaux posés par la création d'un grand royaume, il a fallu donner des solutions nouvelles. Elles n'ont pas été, d'emblée, adaptées aux conditions pour lesquelles on les essayait. Il y a eu tâtonnement, mais tâtonnement d'un peuple génial, riche d'avenir et déjà de réalisations. On voit, au-delà de l'architecture passagère que l'on devine, naître peu à peu une construction de brique, puis de pierre, dont les conceptions théologiques déterminent les moindres détails pour en faire, spirituellement comme matériellement, œuvre éternelle. Les conquêtes ne sont plus seulement le fruit de brutales convoitises. On adopte ce que le vaincu a de meilleur et Héliopolis ou Saïs développent leur école théologique, si bien que l'on crée ou l'on adapte des rites destinés à assurer au roi universel, héritier du grand dieu créateur, un pouvoir de droit répondant à son pouvoir de fait.

Sans doute le peuple continue-t-il à mener la vie monotone qu'impose le travail journalier et à croire au même monde spirituel que dans la préhistoire. Mais au-delà de la masse qu'on mène, il faut voir comment se développe la pensée de ceux qui la dirigent. Ils conservent les vieux cadres qui les apparentent aux peuples de l'Afrique — même actuels! — comme les Grecs ont conservé des formes archaïques, même quand un esprit nouveau les eut transformées. Mais on sent, de toutes parts, souffler l'esprit. Les nouveautés ne cessent d'apparaître avec une rapidité aussi grande, pour l'époque, que les découvertes actuelles depuis le siècle dernier. Et ce n'est pas seulement parce qu'il connaît la suite de l'histoire que le chercheur d'aujourd'hui peut apprécier cette étonnante époque, mais parce qu'il nous est, dès maintenant, parvenu assez de témoignages concrets de ses prodigieux progrès dans tous les domaines.

S'il convenait de tracer, dès le début, le tableau de l'histoire et de la civilisation de l'époque thinite, en les détachant nettement de l'ensemble, c'est parce qu'il explique, seul, à la fois l'unité de l'antique Egypte dans tous les domaines et aussi sa diversité, son développement. Les caractères persistants qu'elle présentait avaient fait croire jadis à une uniformité et, en quelque sorte, à un immobilisme. Rien n'est plus faux. La suite de ce livre montrera, nous l'espérons du moins, que, partant toujours des acquisitions originales des Thinites, les Egyptiens surent si bien les exploiter, les modifier et les développer, qu'ils créèrent une des cultures les plus brillantes et les plus durables que l'humanité ait connues. Et, lorsque le christianisme fit tomber ses derniers retranchements, ce qu'elle avait conçu de plus valable était passé dans l'héritage d'Israël et de la Grèce.

CHAPITRE III

TROIS MILLE ANS D'HISTOIRE

L'HISTOIRE politique de l'Ancien Empire nous est bien mal connue. Les annales royales que nous transmet la fameuse pierre de Palerme ne sont que des résumés, souvent obscurs, et le document est affreusement mutilé. Par ailleurs, aucun récit continu ne nous a été transmis. C'est donc à l'aide des tombeaux, des extraits de Manéthon, des inscriptions biographiques des particuliers que nous arrivons à entrevoir ce qui s'est passé. De la IIIe à la IVe dynastie, on assiste à la création et à la croissance prodigieuse d'un empire. La Ve dynastie semble traduire le maintien d'un équilibre que la VIe voit s'effondrer peu à peu jusqu'à la catastrophe finale.

L'ordre même des rois de la IIIe dynastie n'est pas fixé définitivement. C'est le second roi de nos listes, le célèbre Djéser, appelé sur ses monuments Neteryerkhet, qui donna une impulsion vigoureuse au pays. Il eut la chance de trouver un collaborateur génial, Imouthès. Ce dernier fut non seulement administrateur, mais aussi architecte, écrivain et, sans doute, médecin. Sa renommée était telle qu'à l'époque tardive il fut déifié; les Grecs l'identifièrent à leur Asclépios. On lui donna pour père le dieu Ptah de Memphis et on lui éleva des temples jusque dans l'île lointaine de Philae. C'est lui qui dut avoir l'idée de construire en pierre, matériau durable par excellence, le tombeau de son maître à Saqqara. En face de la résidence royale de Memphis, toute de brique, de vannerie et de bois, il édifia sur le plateau libyque, dans le beau calcaire blanc de Toura, une résidence éternelle dont les restes grandioses, sous la patine dorée du soleil, sont une des merveilles de l'Egypte et la plus ancienne architecture en pierre connue jusqu'à ce jour. Il avait d'abord conçu le tombeau lui-même, au centre à peu près de l'enceinte, comme un mastaba , puis, certainement inspiré par des idées religieuses, il le transforma en une pyramide à degrés qui doit symboliser l'ascension royale vers le soleil. Des expéditions eurent lieu au Sinaï et, si l'on en croit la célèbre stèle ptolémaïque de la famine, à Séhel, Djéser aurait aussi gouverné la Haute-Nubie. Le tombeau de son successeur probable, Sekhemkhet, ressemble à celui de Djéser; inachevé et plus détruit encore, il a été retrouvé récemment à Saqqara. Les rois conservaient donc la résidence de Memphis. Mais, de leur histoire ni de celle de leurs obscurs successeurs, nous ne savons plus rien. Seuls l'ampleur et le nombre des pyramides royales à l'époque suivante nous révèlent l'incroyable richesse et l'accroissement du royaume dans tous les domaines.

Snéfrou, le fondateur de la IVe dynastie, acquit, grâce à la gloire de son règne, une célébrité si durable qu'on le voit apparaître plus d'une fois dans les contes et les romans de l'époque postérieure. L'éclat de son histoire n'est pas dû seulement aux constructions qu'il éleva, mais aussi à ses entreprises guerrières ou économiques. Il lança une expédition au ouadi Maghara, dans la péninsule du Sinaï, et en fit ramener du cuivre et de la turquoise. Deux campagnes, une en Nubie, l'autre en Libye, lui rapportèrent prisonniers et bestiaux par dizaines de mille. Un peu au sud de Memphis, à Dachour, il éleva pour lui deux tombeaux. L'un est la pyramide double, dite rhomboïdale, et l'autre, un peu au nord, la première pyramide régulière édifiée par les pharaons.

Son fils, Khéops, constructeur de la grande pyramide de Gizâ, Didoufri, Khéphren, Djedefhor, Baoufrê, Mykérinos, Chepseskaf, dont nous connaissons soit les tombes colossales, soit les traits burinés de main de maître dans la diorite ou la quartzite, ne sont pour nous que des noms. Tous les événements politiques nous échappent. Tout au plus peut-on soupçonner des rivalités personnelles et peut-être idéologiques. La mémoire de Didoufri semble avoir été poursuivie par son successeur. Ses statues furent réduites en miettes, sa tombe abandonnée et presque aucun de ses courtisans ne fut enterré autour de lui. La grandeur du pays et de ces règnes ne se traduit plus que par l'ampleur inégalée des sépultures pharaoniques et par la perfection des sculptures tant royales que privées. Cette étrange ignorance où nous sommes des fastes d'un si grand empire évoque la fière constatation du poète parnassien :

Tout passe; l'art robuste
Seul a l'éternité.
Le buste
Survit à la Cité.

Avec la cinquième dynastie apparaît sinon une famille royale tout à fait nouvelle, du moins le triomphe des théologiens héliopolitains. Un conte postérieur, mais dont le fond est historique, narre l'origine des trois premiers rois de la Ve dynastie. Ils auraient été fils de Rê de Sakhebou, ville située un peu au nord-ouest du Caire actuel, et de la femme d'un de ses prêtres. Ce qui est certain, c'est que le culte du grand dieu solaire prit à cette époque une importance considérable et que les rois ajoutèrent régulièrement, à partir de Neferirkarê, le titre de « Fils de Rê » à leur protocole. Sahourê, Neferirkarê et Niouserrê, qui édifièrent leurs pyramides à Abousir, un peu au nord de Saqqara, élevèrent tout à côté des temples dits solaires qui perpétuaient, auprès de leur tombe, le culte héliopolitain. C'est l'apogée de l'empire et l'équilibre entre les forces de cohésion et de destruction. Les fastes transmis par la pierre de Palerme nous font assister presque uniquement à des constructions de temples. Mais les reliefs du ouadi Maghara attestent que la tradition des expéditions sinaïtiques n'a pas été abandonnée et une tombe de Deshasheh permet d'entrevoir des campagnes asiatiques. Des bas-reliefs du temple funéraire de Sahourê, malheureusement trop fragmentaires, paraissent nous faire assister à l'arrivée d'une mission asiatique sur des bateaux égyptiens et exposent à nos yeux les résultats d'une campagne contre la Libye.

Mais la décadence était proche malgré des apparences encore splendides. Sous le dernier roi de la dynastie, Onnos, on commence à graver dans les chambres souterraines de sa pyramide, à Saqqara, les textes, hymnes, prières et rubriques du rituel qui devait assurer la survie du roi. On continua de le faire dans les pyramides de la VIe dynastie. Et les rédactions parallèles que nous possédons ainsi sont précieuses pour restituer, dans la mesure du possible, le sens de ces formules encore bien obscures pour nous. Pourtant la décomposition sociale et politique dans laquelle sombrera l'Ancien Empire apparaît déjà dans le fait que les fonctionnaires royaux de la province, devenus héréditaires, commencent à constituer une véritable féodalité qui va affaiblir le pouvoir central. Nous ne sommes pas plus renseignés pour ces règnes que pour les précédents par des documents officiels. Mais les inscriptions biographiques laissées par les grands provinciaux nous permettent d'entrevoir quelques faits importants. Si nous ne connaissons rien des deux premiers rois, par contre Pépi Ier, le Phios des Grecs, entre dans la lumière de l'histoire. Ce fut un dévot de la déesse Hathor de Dendara et il envoya à Byblos des vases sur lesquels le nom de sa déesse était gravé près du sien. Cependant ses relations avec l'Asie ne furent pas toutes aussi pacifiques que celles qu'il entretint avec le célèbre port phénicien. Les Asiatiques ayant pillé le Delta oriental ou empêché quelque expédition au Sinaï, Pépi Ier envoya, par cinq fois, son général, Ouni, avec une armée de plusieurs milliers d'hommes pour les battre. La cinquième fois, Ouni, au lieu d'attaquer l'ennemi de face, embarqua ses soldats et les transporta en un point de Palestine que nous ne saurions préciser — peut-être le Carmel —, prit les Asiatiques de dos et les tailla en pièces. Ils semblent s'être abstenus d'hostilités à la suite de cette cuisante leçon.

En Palestine et en Phénicie, Pépi Ier semble n'avoir eu pour but que le châtiment d'incursions hostiles à l'Egypte ou préjudiciables aux relations commerciales. En Nubie, par contre, il a pratiqué déjà une politique de conquête qui se poursuivit sous son successeur Merenrê. Celui-ci, durant son court règne, paraît avoir été un roi énergique. Il envoya des expéditions vers le Sud à la fois sans doute par le Nil et par la route des oasis. Ce fut un nomarque d'Eléphantine, à la frontière de l'Egypte, qui en fut chargé. Il y réussit pleinement et ramena, outre un imposant butin, un fort contingent du pays de Yam qui semble situé entre Assouan et Ouadi Halfa. Les populations qui voulaient lui barrer le passage au retour furent si impressionnées par la seule vue des forces égyptiennes qu'elles firent leur soumission et payèrent tribut. Le roi, lors d'une tournée d'inspection à Eléphantine, reçut la soumission des tribus nubiennes. Mais il mourut peu après.

Ce fut son tout jeune frère, Pépi II, le Phiops des Grecs, qui lui succéda. Il devait mourir centenaire, après le plus long règne connu de l'histoire. Un simple fait divers, survenu sans doute au début du règne, mérite d'être rapporté. Le jeune roi apprit par un message que le nomarque d'Eléphantine, Herkhouf, lui avait ramené du fin fond de la Nubie un nain qui savait danser la danse du dieu; dans sa hâte de voir ce pygmée extraordinaire, il écrivit à son fidèle nomarque une lettre expresse pour le féliciter, lui promettre récompense et surtout lui demander de venir avec son danseur à la capitale dans le plus court délai. Herkhouf fut si fier de la lettre royale qu'il la fit graver dans son tombeau. C'est un des documents officiels les plus anciens de l'histoire.

Mais toutes les entreprises n'avaient pas toujours des résultats aussi heureux. Un groupe d'Egyptiens qui préparait, en un point de la côte, sur la mer Rouge, une expédition vers Oponé, le pays des parfums et des aromates, fut massacré par les populations voisines. Le roi chargea un des nomarques d'Assouan, Pépinakht, qui avait déjà à son actif plusieurs campagnes nubiennes, d'aller chercher les dépouilles des morts et de punir les coupables. Un autre chef d'expédition, Mekhou, dont la tombe nous a été conservée à Assouan, trouva la mort en Nubie. Ce fut son fils, Sabni, qui partit le rechercher pour l'embaumer et le ramener en Egypte. Chose curieuse, Sabni ne

I. LES GRANDES ÉTAPES DE L'HISTOIRE ÉGYPTIENNE

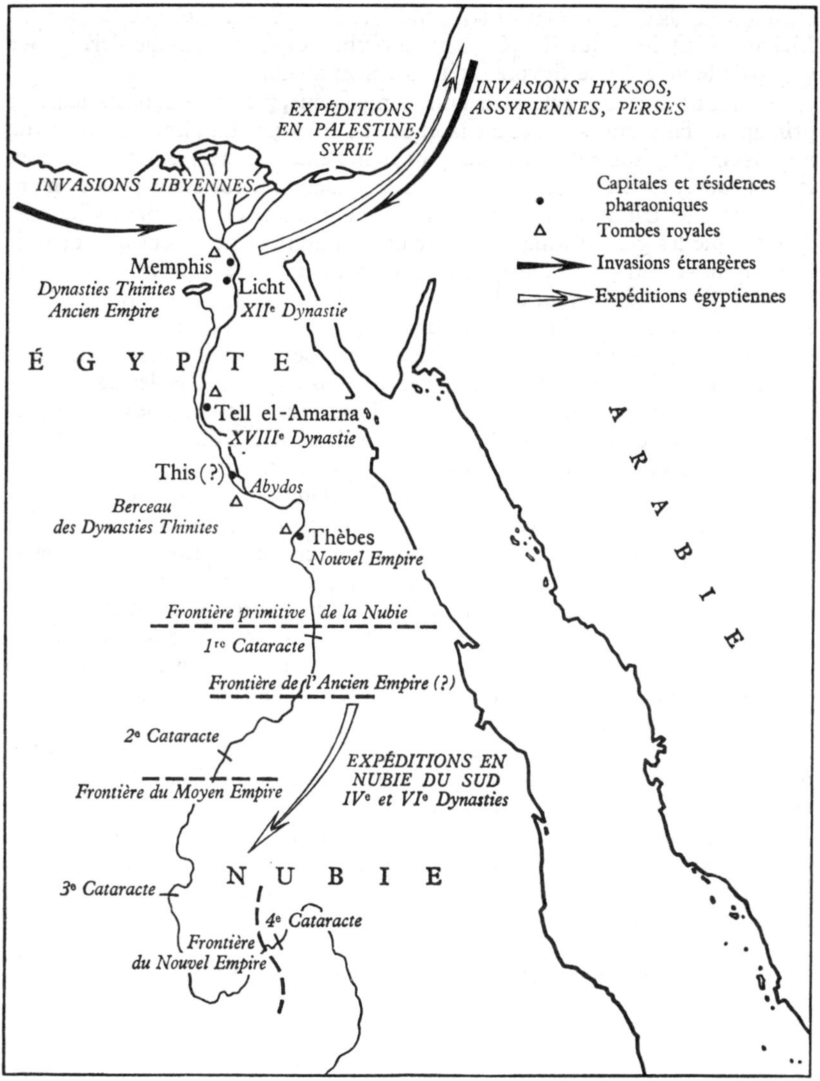

semble rien dire d'une expédition punitive. Faut-il conclure que la mort de Mekhou avait été naturelle? Ou bien la Nubie révoltée avait-elle déjà secoué en partie le joug d'une Egypte intérieurement affaiblie?

Nous ne le savons pas. Mais nous connaissons, par un récit postérieur, les principaux faits qui jalonnèrent la chute de l'Ancien Empire. Le vieux roi, impuissant dans son palais, ne peut plus rien. Pendant ce temps, les nomarques locaux, devenus des seigneurs quasi indépendants, n'obéissent plus et n'envoient plus les tributs au trésor central. Peu à peu tout l'ordre social s'écroule. Tandis que les gens distingués sont dans la misère et ne savent que manger ni de quoi se vêtir, les nouveaux riches étalent un luxe insolent. Les nobles femmes des harems furent obligées de travailler aux plus durs métiers. Puis, avec la famine et les épidémies, apparut l'insécurité; les brigands hantent les chemins. Le pays commence à se dépeupler. Les enfants nouveau-nés sont abandonnés et les naissances se raréfient de plus en plus. Avec les pays étrangers, tout commerce a cessé : sapins du Liban, huiles balsamiques nécessaires aux funérailles, or et produits des oasis pour le culte des dieux n'arrivent plus en Egypte. L'invasion étrangère vient, inévitablement, couronner ce désordre, puisque aucune force ne peut plus contenir l'avidité des Asiatiques.

Ce qui est plus grave encore, c'est la perturbation des fondements mêmes de l'ordre ancien. Les procédures judiciaires, jusqu'alors secrètes, ont été divulguées ainsi que les lois, les archives ont été dispersées dans les rues et foulées aux pieds, de sorte que les titres de propriété ont été perdus. Il est désormais impossible de fixer l'impôt ou de connaître les possesseurs légitimes. Les tombes royales sont pillées et le culte divin interrompu. Et comme aucune réaction apparemment ne se produit, on assiste à l'éclosion d'un scepticisme de mauvais aloi.

Bientôt l'édifice achève de s'écrouler; les fonctionnaires sont chassés de leur poste et la populace se rue sur les richesses : maisons, lits, produits alimentaires, linges fins, bagues, trésors, instruments de musique, greniers, parfums passent entre ses mains tandis que les anciens possesseurs sont réduits à l'extrême misère. Plus encore, elle en vient à usurper les privilèges funéraires et en arrive à violer le mystère de la Résidence royale. Excès de toutes sortes, meurtres même se produisirent sans qu'aucun sursaut vînt d'une royauté épuisée. La révolution avait triomphé sur toute la ligne. Et le vieux prophète qui nous dépeint ces malheurs conclut : les hommes sont un troupeau sans berger.

D'une période aussi troublée, il est normal que nous ne possédions que très peu de documents. Aussi sommes-nous tout à fait incapables de soupçonner ce qui s'est passé durant les VIIe et VIIIe dynasties. Par les listes, nous connaissons encore des rois. Mais ce ne sont que des noms pour nous. Sans doute des nomarques s'emparèrent-ils de privilèges régaliens en Haute-Egypte tandis que le pouvoir central demeurait d'une faiblesse extrême.

•

C'est vers le milieu du XXIIIe siècle avant notre ère que, de nouveau, nous voyons poindre quelque lumière.

Une nouvelle dynastie est fondée par Akhtoès Ier, qui aurait été, d'après Manéthon, extrêmement cruel et, après avoir sombré dans la folie, aurait été la proie d'un crocodile. En tout cas, il établit sa résidence dans la ville dont il était sans doute originaire, Héracléopolis, un peu au sud de l'entrée du Fayoum. Une divinité locale criocéphale, Harsaphès, devint dieu dynastique. Quelques rois des deux dynasties héracléopolitaines, la IXe et la Xe, nous sont un peu mieux connus, car nous avons conservé de cette époque des œuvres littéraires très importantes : l'*Enseignement pour le roi Mérikarê* et *Les plaintes de l'Oasien.* Quelques inscriptions tombales des principautés du Sud, Thèbes et Sioût en particulier, nous permettent de rétablir dans une certaine mesure les faits politiques essentiels.

Les rois héracléopolitains les plus connus, Akhtoès Ier, Akhtoès II Nebkaourê, Akhtoès III, Merikarê, ont certainement soutenu des luttes dans le Delta contre les Asiatiques et les Libyens. Ils sont même parvenus à reconquérir une partie de la côte et à reprendre des rapports commerciaux, indispensables à l'économie égyptienne, avec Byblos. Mais ils ont dû se battre avec les nomarques de Thèbes, les plus puissants de leurs vassaux théoriques, qui avaient de nettes prétentions à l'hégémonie. Ils surent s'allier aux nomarques de l'extrême Sud, comme cet Ankhtifi de Moâlla qui se sentait probablement menacé par l'accroissement de la puissance thébaine. Les dynasties de Sioût leur prêtèrent aussi main-forte.

Mais ce qui fait l'originalité de ces rois, c'est leur essai pour substituer à la force éphémère des armes, celle, plus durable, de la justice. C'étaient de fins lettrés qui écrivirent eux-mêmes, ou peut-être firent écrire, des sortes de mémoires pour la formation de leur successeur, comme Louis XIV rédigea une partie de ses mémoires et fit rédiger l'autre par Pellisson. Nebkaourê se plaisait à la rhétorique et en particulier à l'expression des idées morales. Akhtoès III rédigea cet admirable *Enseignement pour le roi Mérikarê* où il entremêle l'exposé d'une éthique fort élevée à de fines analyses de politique intérieure et extérieure : *La langue est une épée (pour l'homme). Et les paroles ont une force supérieure à n'importe quel combat.* C'est le premier essai connu de l'histoire pour substituer l'intelligence à la violence dans la vie politique en fondant cette dernière sur des bases largement humaines et admises par tous. Nous aurions encore à y apprendre aujourd'hui.

Malheureusement, les rudes dynastes de Thèbes, moins embarrassés sans doute par les scrupules moraux, après un siècle de rivalités, détruisirent la royauté d'Héracléopolis dans un assaut final. C'était Mentouhotep Nebhepetrê qui présidait désormais aux destinées du pays tout entier. A défaut d'autres qualités, il eut du moins l'énergie et la force de pacifier la vallée et d'écarter les étrangers. Il était l'héritier d'une suite de chefs qui forment la XIe dynastie, thébaine, contemporaine de la Xe héracléopolitaine. Son fondateur était un Antef le Grand, connu par la liste royale de Karnak. Du successeur de celui-ci, nous possédons les fragments d'une stèle tombale où il est représenté avec ses chiens dont plusieurs portent des noms libyens. Ces Thébains étaient, semble-t-il, des rustres en comparaison des rois héracléopolitains. Mais ce furent de durs soldats et ils étaient capables de s'affiner. Le tombeau que Mentouhotep III Nebhepetrê se fit élever dans la partie sud du cirque de Deir el-Bahari témoigne d'un grand perfectionnement de la sculpture des ateliers royaux par rapport à ses prédécesseurs. Quoi qu'il en soit, il pacifia peu à peu le pays qu'il avait réunifié et le laissa en bon état à ses successeurs. Aussi quand, au début du second millénaire, le vizir du dernier roi de la XIe dynastie, Amménémès, prit le pouvoir, il se trouva à la tête d'un pays en plein essor et prêt à un nouvel épanouissement. Même si les fastes du premier Empire thébain, que nous appelons communément le Moyen Empire, n'ont pas atteint le degré de puissance et de perfection que nous sommes tentés d'attribuer à l'Ancien Empire, un je ne sais quoi de plus humain, de plus près de notre nature, tempère sa grandeur et nous rend son histoire et sa civilisation plus séduisantes.

On ne saurait sous-estimer l'importance du fondateur de la XIIe dynastie. Longtemps vizir avant de prendre le pouvoir, favorisé de miracles par les dieux propices dans le ouadi Hammamat où il avait conduit des expéditions, plein d'une large et douloureuse expérience humaine, il sut prendre les mesures nécessaires au bien-être général. Intérieurement, il comprit d'abord la nécessité d'asseoir solidement son autorité sur le nord du pays, siège du gouvernement depuis le temps des ancêtres. Il transporta donc sa résidence au niveau de l'actuelle Licht, où se trouve sa pyramide, à quelque vingt-cinq kilomètres au sud de Memphis. Il l'appela Itjtaoui, *Celle-qui-prend-posses-*

sion-du-Double-Pays. Il renouait ainsi avec la tradition de l'Ancien Empire et n'apparaissait plus aux citadins raffinés du Nord comme l'usurpateur à demi civilisé de Thèbes. Il était aussi plus près des frontières asiatiques qui requéraient toute sa vigilance.

Pour soumettre administrativement le pays, il parcourut le Nil avec sa flotte, maintenant en place tous les nomarques soumis et chassant les autres pour les remplacer par ses propres créatures. Les emplois de gouverneur ne sont plus héréditaires mais attribués par le roi. Les limites des nomes et des propriétés sont à nouveau soigneusement fixées par l'administration centrale qui rend impossible toute lutte intestine entre autorités locales ou toute hésitation sur la rentrée des impôts. Un peu partout, dans le pays, s'élèvent des monuments qui portent son nom, taillés surtout dans le calcaire ou le granit.

Enfin, suprême habileté, comprenant par les derniers soubresauts de la XIe dynastie thébaine le danger de la succession au trône, il eut l'idée de s'associer son fils Sésostris, comme corégent une dizaine d'années avant sa mort. Il demeure la tête tandis que le prince est le bras. Un joli passage du *Conte de Sinouhé* définit ainsi la corégence : *C'est Sésostris qui domptait les régions étrangères tandis que son père restait à l'intérieur de son palais. Et il rendait compte quand ce que son père avait décidé était exécuté.*

A l'extérieur, son œuvre ne fut pas moindre. Mentouhotep III avait sans doute reconquis ou conquis une bonne partie de la Nubie qu'il tenait à la fois par la voie sinueuse du Nil et celle, plus difficile mais plus directe, des oasis, Kurkur et Dongol. Amménémès atteint Korosko et peut-être Semna, à la seconde cataracte, ou même, bien plus au sud, Kerma, qui allait bientôt jouer un rôle important. Au nord-est, point névralgique de l'Egypte, il guerroya dans la partie septentrionale du Sinaï, dans le Sud palestinien et construisit, quelque part à l'est du Delta, une ligne fortifiée de défense, appelée le Mur du Prince, destinée à briser les entreprises des Asiatiques. On comprend, après une œuvre pareille, le ton de la prophétie de Neferti dont le finale est un hymne joyeux au roi : *Réjouissez-vous, hommes de son temps ! Le fils d'un homme se fera un renom pour toute l'éternité ! Le droit reviendra à sa place, l'iniquité ayant été poussée dehors. Qu'il se réjouisse celui qui verra cela et qui se trouvera alors au service du roi !* (Trad. Lefebvre.)

Ce n'est pas à dire qu'il ne restât rien à faire pour ses successeurs. Une réussite vivante, quelque degré de perfection qu'elle atteigne, est toujours en équilibre instable et menacée de destruction. Mais, partant de ces bases solides, la XIIe dynastie, on le devine, sut créer et maintenir durant plus de deux siècles un État puissant et riche dont les achèvements artistiques, littéraires et spirituels sont comparables aux grands siècles qu'a connus l'humanité.

Le fils d'Amménémès Ier, Sésostris Ier, n'eut qu'à poursuivre l'œuvre administrative de son père. Il fut un grand bâtisseur tant au Fayoum que dans la Vallée. A Héliopolis, un obélisque de granit portant son nom se dresse encore, mélancolique et unique témoin des grands travaux du roi au temple de Rê. A Karnak, la chance a voulu qu'on retirât des fondations du IIIe pylône un reposoir de barque en calcaire blanc inscrit à son nom. Les blocs étant au complet, l'heureux et habile inventeur, Henri Chevrier, a pu le reconstituer entièrement. C'est un chef-d'œuvre de mesure, de finesse et d'harmonie.

En Nubie, il consolida et étendit sans doute l'œuvre de son père. Au sud de la deuxième cataracte, une route commerciale protégée par des postes fortifiés aboutissait à Kerma. Les mines d'or situées à l'est de Ouadi Halfa sont exploitées. Les carrières de diorite, qu'avaient déjà fréquentées les expéditions de Khéops, à l'ouest de Toshka, sont rouvertes. Du ouadi el-Hudi, au sud d'Assouan, on transporte de nouveau le cuivre vers la Vallée au moyen de traîneaux. L'or et la brèche verte du ouadi Hammamat affluent de nouveau vers Coptos.

A l'ouest, grâce à quelques expéditions répressives contre les Libyens, les communications sont maintenues avec les oasis, surtout d'Abydos à Kharga. Du côté de l'Asie, si le roi ne possède pas d'empire proprement dit, ses relations avec les princes de Palestine et de Syrie sont celles d'un puissant voisin avec de petites principautés beaucoup plus faibles. On parle égyptien à la cour des dynastes asiatiques et les relations avec Byblos sont attestées par des objets exhumés sur le site, portant les cartouches du roi.

Nous n'étudierons pas en détail, dans cette revue rapide, les successeurs de Sésostris Ier, Amménémès II, Sésostris II, Sésostris III, Amménémès III, Amménémès IV et Sebeknéférou. Quelques faits marquants doivent pourtant être retenus : Sésostris II complète et affermit l'œuvre administrative intérieure. On devine qu'il y eut encore, entre les nomes de Moyenne-Egypte, des contestations de frontière. Il les régla avec beaucoup de soin et de précision. Des raids opérés en Nubie maintiennent la crainte du roi et la soumission des populations riveraines du Nil.

Sésostris III est le grand pharaon guerrier de la dynastie. C'est lui qui asservit définitivement la Nubie et guerroya en Asie. Il donna à son nom un lustre tel que les Anciens lui ont fait conquérir le monde connu ou peu s'en faut. Si l'on se fie à ses statues, ce fut un roi à la fois énergique et pessimiste. Il commença, pour faciliter sa mainmise sur le Sud, par creuser un canal dans

le roi leva le siège. Rome place alors sur le trône les deux frères à la fois et leur sœur Cléopâtre II. L'Egypte a trois rois. La lutte civile couve aussitôt. Un Egyptien, Petosérapis, appelé en grec Dionysos, tente de hâter les choses en fomentant une révolte au profit d'Evergète II. Bien qu'il échoue, il faut le poursuivre jusqu'en Thébaïde et assiéger et prendre de vive force Panopolis, aujourd'hui Akhmim. On voit, par ce nouvel exemple, combien les Egyptiens supportent mal le joug macédonien.

Mais en 164, Philométor, chassé par les intrigues de son frère, va, dans l'humiliation, demander secours à Rome qui l'envoie à Chypre. Evergète II, appelé déjà Physcon, « l'Enflé », par le peuple qu'il exaspère, est alors expulsé par les Alexandrins qui rappellent son frère. Les Romains nomment Evergète II roi de Cyrénaïque. Les intrigues se poursuivent, nouées et dénouées par Rome au gré de ses désirs ou de ses besoins. Finalement Philométor, qui a voulu intervenir en Syrie pour laver la honte de ses premières années de règne, se fait blesser à mort sur le champ de bataille (150). Cléopâtre II règne avec Ptolémée VII Néos-Philopator, un des fils de Ptolémée VI, soutenue en particulier par la population juive d'Alexandrie et les généraux Onias et Dosithée. Mais Evergète II, avec l'appui des Romains, finit par revenir à Alexandrie sans coup férir en 145; il tue Néos-Philopator, épouse sa sœur Cléopâtre II, puis la fille de celle-ci et tente des persécutions contre la colonie juive. Il devint bientôt le Kakergète, « le Malfaiteur », et fut balayé par une révolution en 131. Cléopâtre II régna seule quelques mois. Mais Evergète II Physcon remonta sur le trône, on ne sait trop comment, et elle doit s'enfuir en Syrie. Dès lors les tragédies de palais des Séleucides sont mêlées plus intimement à celles des Lagides et ce sont des séries d'assassinats et d'empoisonnements affreux dans le détail desquels il est vain de nous aventurer.

Physcon mourut en 116. Son fils aîné, Ptolémée IX Sôter II Lathyre, c'est-à-dire « Pois chiche », règne avec Cléopâtre III. Mais en 107, cette dernière fait chasser Lathyre par les Alexandrins et appeler au pouvoir son jeune frère Ptolémée X Alexandre Ier. Lathyre fut contraint d'aller régner à Chypre à la place de son frère. Le résultat fut une guerre sans merci entre Lathyre et Alexandre, qui s'allient tour à tour au royaume juif des Hasmonéens.

Cléopâtre III morte, Alexandre, aussi débauché et aussi impopulaire que Physcon, fut détrôné par une émeute et finit par être tué. Lathyre, rappelé, régna avec sa fille Bérénice III. Il eut à réprimer la rébellion qui sévissait maintenant à l'état endémique dans toute la Vallée. Il mit trois ans à mater les révoltés. Mais la répression fut impitoyable et les temples de

Thèbes furent saccagés à un point tel, nous dit Pausanias, qu'aucun souvenir ne demeure plus de leur antique richesse qui dépassait pourtant de beaucoup celle des plus opulents sanctuaires helléniques (88). Quand il meurt sans descendance en 80, c'est Rome qui, désormais, va mener la politique égyptienne, en attendant l'occasion de s'emparer du pays. Sylla expédie à Alexandrie, où Bérénice III régnait seule, un fils d'Alexandre Ier, Ptolémée XI Alexandre II, qui, pris à Cos par les Romains, était devenu un de leurs clients. Mais au bout de quinze jours, il assassine sa belle-mère qu'il avait épousée. Ecœurés, les Alexandrins se soulèvent et le massacrent dans le Gymnase.

Par crainte de Rome, on se hâta de prendre comme roi un bâtard de Lathyre qui épousa aussitôt sa sœur, Cléopâtre VI Tryphaena, et régna sous le nom de Ptolémée XII Néos-Dionysos. On lui donna bientôt le surnom peu reluisant de « Joueur de flûte », Aulète, ce qui équivaudrait pour nous à baladin. Les Romains mirent vingt ans à le reconnaître. Mais il avait été sacré à l'égyptienne dans Memphis par un grand prêtre de Ptah qui nous a laissé le récit du couronnement sur une belle stèle hiéroglyphique. En 66 déjà, l'Egypte faillit être annexée par la République qui, convoitant ses énormes ressources, faisait valoir un soi-disant testament d'Alexandre II; ce dernier aurait légué son pays au peuple romain. Néos-Dionysos essayait d'acheter les bonnes grâces de Rome. Il envoyait à Pompée, déjà vainqueur de Mithridate, huit mille cavaliers contre les Juifs. Finalement César, qui avait besoin d'argent, au lieu de tenter l'asservissement que des manœuvres politiques pouvaient encore faire échouer, reçut 6 000 talents. Ptolémée, en retour, acquit le titre d'Ami du peuple romain (59). Il assiste servilement à l'annexion de Chypre par Rome et à la mort de son frère. Mais son impopularité devint telle qu'il dut partir à Rome, en 58, demander du secours contre ses propres sujets. Les Alexandrins mirent sa fille, Bérénice IV, sur le trône et envoyèrent une députation à Rome. Aulète, qui s'y trouvait déjà, fit assassiner les députés d'Alexandrie. Il finit par se faire rétablir en payant bien : Gabinius, légat de Syrie, gagna les 10 000 talents promis. Mais aussitôt il ordonna la mort de sa fille et de nombreux Alexandrins. Il mourut, haï de tous, en 51.

Seules, les luttes civiles à Rome permirent aux derniers Lagides de survivre une vingtaine d'années. Cléopâtre VII Philopator, la reine célèbre qui devait régner sur le cœur de César puis sur celui d'Antoine, montait sur le trône à 18 ans en épousant son jeune frère qui en avait 13. Elle était fort cultivée et parlait, outre le grec, plusieurs langues orientales. Ni les monnaies, ni le bas-relief conventionnel du Temple de Dendara ne nous permettent d'imaginer son pouvoir de séduction, vanté par les écrivains anciens. Elle fut forcée de livrer aux Pompéiens des navires et des soldats. Mais, en conflit avec son conseil de régence, elle fut contrainte de quitter Alexandrie. Elle revenait avec des troupes reprendre le pouvoir quand Pompée, vaincu à Pharsale, arriva au mont Casion, près de Péluse (9 août 48), où Ptolémée était venu barrer l'entrée de l'Egypte à sa sœur. On sait comment les conseillers du jeune roi firent assassiner le champion du Sénat et comment César, arrivé à Alexandrie en octobre, se conduisit en maître. Conquis par Cléopâtre, il décida que sa cause était juste et fit lire le testament d'Aulète au Gymnase. Pourtant l'émeute grondait et, finalement, l'armée de Ptolémée marcha contre César qui ne disposait que de deux légions. Ce fut la guerre d'Alexandrie. Elle valut au monde civilisé le premier incendie de la riche Bibliothèque fondée par Ptolémée Ier Sôter. Au bout de six mois, César, qui avait risqué pour Cléopâtre sa fortune et sa vie, fut vainqueur. Aussi, avant de repartir contre Pharnace et les Pompéiens, fit-il avec elle un voyage sur le Nil. Le fils qu'elle eut de lui est appelé, dans les inscriptions, Ptolémée César, mais les Alexandrins le surnommaient Césarion. C'est lui qui figure devant la reine, sur les grands bas-reliefs qui ornent la façade sud du temple d'Hathor, à Dendara.

Quand César célébra son triomphe en 46, elle était à Rome, attendant peut-être d'y être couronnée. Mais elle dut repartir en 44, après les ides de mars. Bonne diplomate, elle sut, jusqu'à la bataille de Philippes, ne pas s'engager. Lorsque Antoine, en 42, vint en Orient mettre de l'ordre, Cléopâtre attendit sans se presser. Le général romain finit par lui faire savoir qu'elle n'aurait rien à craindre. Elle mit alors en scène la célèbre entrevue de Tarse où, nouvelle Aphrodite, elle vint subjuguer le nouveau Dionysos. Elle vit bientôt Antoine arriver à Alexandrie où commença ce que Plutarque a appelé *la Vie inimitable*. Les moralistes et les historiens de Rome, en grande partie sous l'influence de la propagande d'Octave, ont transformé uniquement en voluptés et débauches ce qui fut sans aucun doute un essai pour prendre possession du monde selon le mode de la royauté ptolémaïque, hérité lui-même de la vieille théorie monarchique égyptienne.

On connaît la suite des événements. Les Parthes infligèrent une défaite à Antoine. Sa femme, Fulvie, et son frère, Lucius, le brouillèrent avec Octave et la situation fût devenue tragique et eût immédiatement abouti au conflit si, Fulvie morte, Asinius Pollion et Mécène n'eussent ménagé l'entrevue de Brindes et la paix (40). Cependant Antoine, pour sceller sa réconciliation avec Octave, épousait la sœur de ce dernier, Octavie, et s'installait avec sa femme à

Athènes. Ses lieutenants recouvraient l'Asie et la Syrie sur les Parthes et une paix précaire subsistait tant bien que mal dans l'empire. C'est alors qu'en 36, pressé sans doute par les affidés de Cléopâtre qu'il avait dans son entourage, Antoine renvoie Octavie sous prétexte d'une nouvelle campagne contre les Parthes et retrouve à Antioche la reine d'Egypte. Il l'épouse à l'Egyptienne et elle devient sa femme aussi légitime maintenant qu'Octavie. A Alexandrie, on la représente au revers des monnaies d'Antoine. En vain, après ses nouveaux échecs militaires, Octavie lui amène des renforts; il reçoit les soldats mais renvoie la sœur d'Octave sans la revoir. Il arrive alors à vaincre le roi d'Arménie et célèbre à Alexandrie une sorte de triomphe qui se termine aux pieds de Cléopâtre déesse. Césarion, les deux fils et la fille d'Antoine, divinisés à leur tour, reçoivent en apanage les provinces orientales de l'empire. Le mécontentement à Rome est habilement exploité par Octave. La guerre est inévitable. Elle se termine, en 31, par le désastre d'Actium où l'on vit les galères égyptiennes fuir le combat et Antoine suivre la reine et abandonner son armée.

Cléopâtre se mit alors à le trahir pour essayer d'assurer l'avenir de ses enfants. Octave, sibyllin, ne laissa rien percer de ses intentions. Antoine se tue, faussement informé par la reine qu'elle vient de se donner la mort. Mais elle se suicide à son tour, quand elle apprend qu'Octave a l'intention de la faire figurer à son triomphe (30). Ainsi disparaît tragiquement la dernière des Lagides. Il s'en était fallu de peu que l'unité de l'empire et du monde antique ne se fût faite à son profit, sous l'égide des vieilles conceptions pharaoniques.

•

Auguste rattache alors directement la province d'Egypte au Prince. « Son statut paraît singulier » (Jouguet). Elle est dirigée par un préfet d'Alexandrie et d'Egypte, très haut personnage, au faîte des honneurs, et non par un simple procurateur. C'est qu'elle est le grenier de Rome et la clef de l'Orient. Le pays est réorganisé; Alexandrie perd de son autonomie; vingt millions de boisseaux de blé doivent être envoyés chaque année à Ostie ou Pouzzoles et toute une organisation de l'Annone est créée pour cela. Trois légions et des troupes auxiliaires occupent le pays. Une bonne partie des richesses du clergé est supprimée.

Le premier préfet d'Egypte, Cornélius Gallus, dut réprimer une rébellion en Thébaïde et remonta le fleuve jusqu'à Philae où il reçut les ambassadeurs du royaume de Méroë. Il s'est vanté de ses exploits sur une stèle en granit dressée à Philae et gravée en trois langues : égyptien hiéroglyphique, grec et latin (30).

Sous son successeur, Aelius Gallus, une expédition fut entreprise contre l'Arabie méridionale. Mais elle ne réussit pas. Elle eut pour résultat durable de rouvrir au commerce les ports de la mer Rouge où affluèrent les marchandises de l'Ethiopie, de l'Arabie et de l'Inde. Strabon, qui visita l'Egypte sous le préfectorat d'Aelius Gallus, témoigne de sa prospérité. C'est à cette époque que fut institué l'Archiprêtre d'Egypte, destiné à surveiller les agissements du clergé. Mais les Méroïtiques reviennent à la charge et, sous C. Petronius, battent la garnison romaine de Syène, la moderne Assouan, et s'y installent. Pétronius remonte le Nil et poursuit la reine d'Ethiopie, la Candace, dont les Romains ont fait un nom propre, après s'être emparé de la place forte de Primis, aujourd'hui Kasr Ibrim. Lors d'une nouvelle alerte Pétronius, vainqueur une seconde fois, envoie les ambassadeurs éthiopiens auprès d'Auguste et la frontière est fixée à Hiera Sycaminos, c'est-à-dire à peu près à l'actuelle Maharraqa.

Sous Tibère, un hôte illustre parcourut l'Egypte, Germanicus, neveu de l'empereur, héritier présomptif de l'empire. Tacite nous a laissé de sa visite un récit célèbre. Mais il fut blâmé par Tibère pour n'avoir pas respecté l'édit par lequel il était défendu à un personnage de rang sénatorial de se rendre en Egypte sans l'autorisation expresse du Prince. Durant le gouvernement de Tibère le pays fut bien administré et sa richesse permit au clergé de continuer l'embellissement des temples. Il reste des monuments au nom de l'empereur à Philae, à Thèbes, à Dendara.

Caligula, qui paraît avoir emprunté beaucoup à la théorie égyptienne du pouvoir royal, toujours bien vivante, ne put amener les Juifs à reconnaître sa propre divinité. Les Juifs d'Alexandrie s'étaient attiré l'inimitié d'une partie de la population de la ville qui, après une mascarade destinée à ridiculiser le nouveau roi de la Palestine septentrionale, Julius Agrippa, en arrivèrent à un massacre. Le préfet Avilius Flaccus fut destitué et Juifs et Grecs portèrent leur querelle devant l'empereur. C'est à cette occasion que l'écrivain juif Philon alla à Rome et qu'il rédigea son *Ambassade à Gaïus*. Les troubles pourtant continuent à Alexandrie et, en 41, une nouvelle ambassade vient trouver Claude. Un papyrus nous a conservé la réponse modérée de Claude. Nous y discernons une fermentation dangereuse dans les synagogues. On a voulu y voir les premières indications se rapportant à la prédication chrétienne.

Sous Néron, le protectorat romain fut imposé au royaume Himyarite et Aden fut occupé. Ces mesures étaient destinées à freiner le développement du royaume d'Axoum. On pensait même à un protectorat sur le royaume méroïtique, et des légions furent envoyées à Alexandrie.

Mais les troubles, causés à la fois par les antisémites et par les Juifs, les détournèrent de leur destination. En Palestine, la guerre avait éclaté et Vespasien, encore général de Néron, la menait avec vigueur. A Alexandrie, les deux partis en vinrent aux mains dans l'amphithéâtre en 66. Ti. Julius Alexander, Juif renégat et préfet d'Egypte, parent de Philon, n'ayant pu calmer ses anciens coreligionnaires, fit piller leur quartier et laissa leurs ennemis en tuer plus de cinquante mille. Mais ces querelles, quelles que soient la cruauté et l'inhumanité qu'elles manifestent, contrairement à ce qui se passait en Palestine, ne touchaient pas au fond la prospérité du pays. Elles n'atteignaient qu'une fraction de la capitale. Le commerce, par la mer Rouge, continue de rapporter. Les oasis, dans les déserts, se ceinturent de forteresses qui subsistent aujourd'hui encore, presque intactes. Les routes désertiques sont munies de fortins avec des citernes qui témoignent de l'extension et de l'organisation de l'empire.

Dans l'administration, pourtant, se glissent quelques erreurs, qui sont des germes de décadence. Pour peu que l'on exige du paysan plus qu'il ne peut donner en produits ou en corvées, on le réduit à une telle misère qu'il s'enfuit. Les villages vont peu à peu être désertés. Comme les immunités des classes privilégiées ne sont plus respectées, elles commencent à leur tour à se trouver en difficulté, comme nous pouvons l'induire de l'édit de Ti. Julius Alexander gravé au temple d'Hibis dans l'oasis de Kharga. Enfin le principe funeste de la responsabilité collective, par lequel la collectivité à laquelle appartient un fonctionnaire est responsable de ses défaillances, vient couronner les erreurs administratives qui vont accélérer la décadence économique du pays.

Lors des troubles qui suivirent la mort de Néron, Vespasien vint à Alexandrie surveiller les événements et l'approvisionnement de Rome (69), en laissant à son fils Titus le soin de poursuivre le siège de Jérusalem, qui tomba en 70. Les Juifs d'Alexandrie eurent la sagesse de ne pas se révolter, mais le temple d'Onias à Léontopolis fut fermé. Chose curieuse, Domitien, qui reprit les idées de Caligula dans le domaine des théories royales, semble avoir eu pour la religion égyptienne un certain penchant et c'est sous son règne que les monnaies d'Egypte commencent à porter l'effigie des divinités des nomes.

Déjà Titus avait assisté à l'intronisation d'un taureau Apis. Mais cet intérêt que les Romains prennent peu à peu pour la vieille civilisation de l'Egypte ne les empêche pas de pressurer le pays. Trajan doit disgracier le préfet Vibius Maximus qui s'est livré à des exactions. L'agitation des Juifs, pour qui les Romains sont devenus les destructeurs du Temple, entretient un climat d'insécurité. Une famine, provoquée par une crue du Nil anormalement faible, fut secourue par l'envoi de blé d'autres régions de l'empire, ce qui donna à Pline l'occasion de louer le Prince dans son Panégyrique de Trajan. Puis une véritable guerre juive éclate en Cyrénaïque et gagne la vallée du Nil, en 114. Les Juifs arrivent à maîtriser les campagnes, tandis que les Grecs, réfugiés à Alexandrie, y organisent un massacre de la communauté restée dans la capitale. Pour venir à bout des bandes juives, les stratèges durent distribuer des armes aux paysans et un nouveau préfet, avec des renforts, vient définitivement à bout des rebelles.

Mais l'administration sage de l'empire se traduit par la construction d'édifices religieux importants. Le fameux kiosque de Trajan à Philae est une réussite de l'architecture pharaonique et le mammisi romain de Dendara montre que dans les milieux sacerdotaux on continuait à penser et à étudier les problèmes théologiques selon l'antique manière égyptienne. Quelques-uns des bas-reliefs de ce monument dénotent, à défaut d'une inspiration profonde, une perfection dans l'exécution qu'on ne s'attendrait plus à trouver dans l'art égyptien, au IIe siècle de notre ère.

Hadrien s'employa à réparer les dommages que ces guerres avaient causés au pays. Après avoir visité l'Egypte peu de temps après son avènement, il y revient en 130-131 et y passe un an. Il parcourut les sanctuaires et une poétesse de sa cour, Balbilla, a fait graver sur un des colosses de Memnon plus d'un poème de sa composition; elle y vante ses ancêtres ou nous raconte que l'impératrice Sabine a dû revenir une seconde fois à l'aurore, pour entendre enfin Memnon chanter. On continue, sous son règne, à construire ou à orner les temples. Le grand portique qui porte son nom à Philae, s'il ne nous émeut guère par sa valeur artistique, a eu au moins l'avantage de nous conserver des tableaux d'un grand intérêt religieux dont on chercherait en vain ailleurs le parallèle.

Mais le système fiscal, mal équilibré, grossissait toujours le nombre des malheureux qui finissaient par se cacher dans les marais du Delta. Sous le nom de Boucoloi « pasteurs de bœufs », ils se soulevèrent à l'est d'Alexandrie sous Marc-Aurèle, vers 172; ils étaient dirigés par un prêtre, Isidore, et commirent en commun des atrocités pour se lier les uns aux autres. Après avoir vaincu la légion romaine et assiégé la ville, ils furent écrasés par le gouverneur de l'Orient Avidius Cassius. Mais ce dernier entraîna l'Egypte à sa suite lorsqu'il se proclama empereur (175). Marc-Aurèle, magnanime, vint lui-même à Alexandrie et pardonna à la cité. Le préfet d'Egypte fut seulement exilé. Son fils Commode ne l'imita pas et fit périr, quelques années après, les Alexandrins coupables que son père avait épargnés.

De curieux détails caractérisent l'administration du Haut Empire en Egypte. Au IIe siècle, l'Idiologue qui était chargé de la perception des recettes extraordinaires est en même temps chargé des cultes et remplit le rôle jusque-là dévolu au grand prêtre. Mais tous les fonctionnaires sont Grecs ou Romains. Pourtant, lorsqu'il fonde Antinooupolis, en Moyenne-Egypte, Hadrien donne le droit aux citoyens d'épouser des Egyptiennes. Il n'y faut pas voir seulement un moyen de peupler plus vite la ville, mais certainement aussi un désir d'assimilation des populations. Le même empereur tenta de fixer plus équitablement le taux du fermage et même de transformer une partie de la propriété royale en propriété privée pour alléger la misère des humbles. C'était tout le système qu'il aurait fallu changer.

Néanmoins la vie intellectuelle en Egypte se manifestait toujours parmi les milieux indigènes. On recopie, au début du IIe siècle, une composition morale qui est probablement un peu plus ancienne. Comme elle est devenue classique, nous en possédons plusieurs manuscrits, dont l'un, le papyrus Insinger de Leyde, est célèbre. On continue à orner les temples de longs textes et on complique de plus en plus l'écriture hiéroglyphique. Les formulaires magiques se multiplient et la culture de l'Egypte se pare d'une sorte de prestige douteux. Mais, située au carrefour de l'Orient et de l'Occident, elle devient un centre où convergent plus qu'ailleurs sagesses et religions. Christianisme, gnosticisme, hermétisme, manichéisme y apparaissent à partir du IIe siècle, à côté de l'hellénisme qui conserve toujours des fidèles. C'est chez elle que se développent les néoplatoniciens, comme la première école de théologie chrétienne, le Didascalée d'Alexandrie.

L'Egypte prend à peine part à la crise qui suivit l'assassinat de Commode. L'administration des Sévères va achever de la ruiner. En dépit de l'intérêt que Septime Sévère prit à ce pays, en dépit de son voyage organisé sur le modèle de celui d'Hadrien (199), la cause des maux ne fut pas changée. Le système fiscal de responsabilité collective, le poids de plus en plus lourd des redevances qui augmentait avec la ruine de l'empire finissent par amener l'abandon de parties du pays conquises sur le désert et autrefois prospères, notamment au Fayoum. La création d'un sénat à Alexandrie, comme dans les métropoles du pays, ne ralentit pas l'appauvrissement de la classe moyenne. Et lorsque Caracalla donna le droit de cité romaine à tous les habitants de l'empire, il ne semble pas que beaucoup d'Egyptiens de souche en aient profité. L'Egypte était encore restée une propriété personnelle de l'empire qu'on exploitait sans merci et les sentiments d'hostilité des autochtones à l'égard de l'étranger ne furent pas modifiés.

Les soldats, habitués maintenant à donner le pouvoir, entraînés de plus au massacre par Caracalla voulant se venger des Alexandrins qui l'avaient appelé Gétique après le meurtre de son frère Géta, se soulèveront souvent, en particulier à Alexandrie. Pourtant la pensée égyptienne possédait encore une vitalité étonnante. La preuve se trouve inscrite sur les murs du temple d'Esna décoré à cette époque. Le nom de Géta, frère de Caracalla et empereur auprès de lui, est martelé, après sa mort, sur les tableaux où il figurait, tout comme le nom d'Hatchepsout avait été martelé par Thoutmosis III, dix-sept cents ans auparavant. Si le style des reliefs et des hiéroglyphes est devenu franchement mauvais, les textes rituels et théologiques gravés sur les murs ou les colonnes demeurent du plus haut intérêt.

Alexandre Sévère tenta de remédier à l'appauvrissement du pays en supprimant un impôt sur les couronnes. Mais il est aux mains de la soldatesque qui tue tous ceux qui la gênent et bientôt l'empereur lui-même. C'est alors le triomphe de l'anarchie. Les plus longs règnes n'excèdent pas quatre à cinq ans et un peu partout les armées proclament des empereurs simultanés de quelques mois ou même de quelques jours : Maximin, les trois Gordiens, Philippe l'Arabe se succédèrent sans que l'Egypte prît grande part aux menées qui font et défont les maîtres du monde. Décius prit le pouvoir en 249. C'est le dernier empereur dont nous possédions les cartouches écrits en hiéroglyphes sur les parois du temple d'Esna et c'est pour nous un signe. Les Blemmyes, tribus barbares du Sud que n'arrive plus à contenir le royaume de Méroë, ont attaqué l'Egypte et ramené la frontière de l'empire à Philae. Dans vingt ans ils parviendront aux abords de Coptos. Jusqu'à l'avènement de Dioclétien, en 284, la ruine d'Alexandrie est consommée par la part qu'elle tente de prendre aux compétitions pour l'empire. L'épisode le plus curieux est la domination de l'Egypte par l'armée palmyrénienne dont le général, Zaldas, battit le gouverneur d'Alexandrie, Probus. Zénobie devenait ainsi la reine d'un territoire plus vaste que les plus grands conquérants égyptiens n'eussent pu le rêver. Mais ces empires éphémères montrent bien la fragilité de leur cohésion. L'Egypte maintenant sera à celui qui aura la meilleure armée. « Presque toujours cyniquement exploitée » (Jouguet), elle se désintéresse de ses maîtres et n'a même plus la force de les combattre. Mais, chose étrange, ce ne sont pas ses vainqueurs qui ont réussi à mettre fin à sa civilisation millénaire.

•

C'était un ennemi apparemment peu redoutable lorsqu'il s'introduisit, sans doute d'abord dans la juiverie d'Alexandrie : le christianisme. Nous connaissons fort mal ses débuts. Mais nous savons qu'on recopiait le texte grec de saint Jean dans une ville de province, durant la première moitié du IIe siècle. C'est dire que déjà les chrétiens se répandaient en Egypte. Avant 200, Pantène puis Clément, qui devait mourir en 217, enseignaient au Didascalée d'Alexandrie qu'Origène allait illustrer. Et lorsqu'en 249 Décius inaugura sa persécution des chrétiens, qui devait être terrible en Egypte, un fait significatif se produisit : l'évêque Denys ayant été arrêté, alors qu'il essayait de quitter la ville, les soldats le conduisirent à Taposiris. Alors, des paysans réunis pour célébrer une noce se précipitèrent vers le lieu où était gardé l'évêque, mirent ses gardes en fuite et le délivrèrent. La campagne autour d'Alexandrie était donc déjà christianisée en grande partie.

Fait plus grave encore, les Egyptiens qui avaient conservé leur langue tentaient de l'écrire au moyen des caractères grecs. De la fin du Ier siècle, il nous est parvenu des fragments magiques écrits en lettres grecques avec l'addition de quelques signes empruntés au démotique pour transcrire les sons particuliers à l'égyptien. Ces essais s'intensifient avec les années. Mais la littérature de langue égyptienne écrite en ce nouvel alphabet, la littérature copte, est quasi toute chrétienne. Les chrétiens ne faisaient pas acception de personnes. Pour eux, il n'y avait ni indigènes, ni Grecs. Aussi, rapidement, eurent-ils besoin de posséder une traduction copte de l'Ecriture sainte pour pouvoir la lire, durant les liturgies, au peuple assemblé. Il est probable que les premières versions du Nouveau Testament en copte datent des premières années du IIIe siècle. Il nous est parvenu des papyrus du Nouveau et de l'Ancien Testament rédigés aussi bien en dialecte sahidique qu'en dialecte bohaïrique, qui remontent au IVe siècle.

Ce que n'avaient pu cent trente ans de domination perse et six cents ans d'occupation grecque et romaine, le christianisme allait le réaliser en un siècle ou deux. Du dedans, il transforma les esprits. Sans doute les grandes constructions païennes cessent à la fin du IIIe siècle par suite de la crise économique, qui se traduit par l'abaissement constant de la monnaie depuis la fin des Antonins. Mais aussi, une partie de la population s'est détournée des anciens dieux. La religion antique s'était compliquée de plus en plus. Une des méthodes les plus curieuses de la pensée égyptienne consistait à ne jamais rejeter une conception pour la remplacer par une autre qui paraissait meilleure.

On les conservait toutes les deux comme deux traductions également valables d'une même réalité. Si, du point de vue métaphysique, le procédé a peut-être du bon, pratiquement il avait réussi à transformer culte et théologie en une sorte d'amalgame abscons et étrange où seuls les plus doctes se retrouvaient. La simplicité de la religion nouvelle, les espoirs qu'elle apportait aux malheureux conquirent peu à peu les âmes. Mais avec la religion ancienne s'écroulait du même coup toute la prodigieuse culture dont elle était le couronnement à la fois et le plus sûr fondement.

Ces faits trouvent, en quelque sorte, une illustration symbolique dans les temples qui furent transformés en églises. Certains avaient été complètement détruits. Mais dans d'autres, les chrétiens se contentèrent de marteler les bas-reliefs et les inscriptions, de peur que les anciens dieux ne vinssent les troubler, puis ils gravèrent des croix de consécration et peignirent des fresques pieuses à l'emplacement des divinités ravagées. C'est ce qui eut lieu à Philae, dans la salle hypostyle. Ailleurs, ils recouvrirent simplement les reliefs d'un enduit sans les abîmer et peignirent leurs tableaux par-dessus. Si quelque partie du revêtement chrétien finit par tomber, on peut avoir des scènes imprévues, comme cela s'est produit dans l'ancien sanctuaire de Ouadi es Sebouâ. Sur les parois les badigeons chrétiens sont tombés et l'on y voit Ramsès II, revenu au jour, offrir des bouquets à... saint Pierre, qui subsiste encore dans la niche axiale, peint par-dessus les anciennes divinités détruites.

DEUXIÈME PARTIE

TROIS EMPIRES
UNE CIVILISATION

CHAPITRE IV

THÉOCRATIE ET SOCIÉTÉ PHARAONIQUES

Tout l'édifice social de l'ancienne Egypte repose sur le roi. C'est donc par lui qu'il convient de commencer l'examen de la structure sociale du pays. L'élaboration d'une théorie royale a été, pour les Egyptiens, l'objet de soins constants. Ils y sont revenus sans cesse au cours de toute leur histoire et, jusque sous les derniers empereurs romains qui présidèrent théoriquement au culte païen, ils tâchèrent d'accorder leurs conceptions avec les événements politiques qui semblaient, au moins de prime abord, leur donner un démenti. Essayons d'esquisser, malgré les lacunes parfois énormes de la documentation, les grandes lignes d'une évolution de ce qu'on peut appeler leur théologie royale.

Le plus simple, en dépit d'hypothèses différentes, semble d'admettre que le protocole royal ancien, que nous avons analysé, fait du roi un *Horus*, qui commandait sur terre, comme le dieu faisait au ciel; *Celui des deux Dames* qui protégeaient et fondaient en droit son pouvoir; *le roi de Haute et Basse-Egypte*; *l'Horus d'or*, ou peut-être *l'Horus vainqueur du dieu d'Ombos*. Même si ces titres ne sont pas encore sentis comme parfaitement distincts des noms eux-mêmes, ils portent en eux le germe des développements futurs, et leur signification théologique et juridique est grosse de conséquence. Pourtant, cela ne suffit pas aux pharaons. A la Ve dynastie, ils ajoutent à ces qualifications une cinquième, celle de *Fils de Rê*. Pour quelle raison le dieu Horus éprouva-t-il le besoin de devenir, par surcroît, Fils de Rê? Nous ne pouvons que le conjecturer. Mais l'empire, sous la IVe dynastie, avait acquis une prodigieuse puissance dont témoignent seulement aujourd'hui les constructions funéraires. Il fallait rajuster aux faits, déjà, des conceptions qui avaient vieilli. Il ne suffisait pas que Pharaon fût l'incarnation d'un simple dieu dynastique de la Vallée, qu'il fût accrédité par les déesses extrêmes du Sud et du Nord; il lui était nécessaire de fonder en droit des prétentions plus vastes, à l'échelle même du monde. Quel moyen meilleur que de découvrir qu'il était théologiquement fils, donc héritier juridique, du soleil, Rê, créateur du monde entier à l'origine et répandant ses bienfaits sur tout le cosmos ?

Quoi qu'il en soit de cette explication, il est certain qu'on transcrivit dans une liturgie l'extension du dogme. Le clergé d'Héliopolis, probablement, représenta hiératiquement la naissance divine du roi. On est frappé, en effet, de l'aspect rituel que revêt, dans un conte postérieur transmis par le *papyrus Westcar*, la naissance des trois premiers rois de la Ve dynastie. C'est la mise au monde de statuettes divines en or et lapis-lazuli, au milieu de dieux et de déesses : Khnoum, Isis, Nephthys. Malheureusement, nous n'avons aucun détail sur le sens profond du rite, ni sur son étendue à cette lointaine époque.

Apparemment, le développement est achevé à la fin de l'Ancien Empire. Le pharaon assume maintenant, comme héritier du créateur et maître universel, un pouvoir cosmique général. C'est cet aspect grandiose de la royauté égyptienne que traduisent pour nous les statues royales de ce temps lointain, dont le chef-d'œuvre est le Khéphren du Caire. Dominateur, impassible, les yeux fixés vers l'horizon lointain où se lève son père Rê, le roi, par sa personne seule, maintient l'équilibre de la création que menace à tout instant le retour offensif du chaos. Car un danger pesait sans cesse sur le pays : celui des forces hostiles à l'organisation du monde. Elles finirent par tout emporter à la fin de la VIe dynastie. Que devint alors la royauté ?

Nous la retrouvons seulement un ou deux siècles plus tard, assez profondément transformée. La douloureuse expérience des années d'anarchie lui a donné un sentiment plus profond de son humanité. Dans l'*Enseignement pour le roi Merikarê*, témoignage extraordinaire de l'achèvement spirituel des dynasties héracléopolitaines, le pharaon est considéré essentiellement dans son humanité. C'est un roi qui donne des conseils à un autre roi, son fils, et qui utilise la réflexion, l'intelligence et la parole, facteurs capitaux de l'ordre politique. Les enseignements royaux sont devenus une tradition :

Imite tes pères, tes ancêtres;
Ils ont assujetti (leurs gens) par leur savoir.
Voici que leurs paroles demeurent dans leurs écrits.

Ouvre, tu liras et tu imiteras leur savoir.
On ne devient expérimenté qu'après avoir été enseigné.

La royauté s'apprend comme un métier; c'est la dure leçon des révolutions. Elles montrent que le meilleur moyen de faire régner l'ordre est de se conformer à la norme universelle instituée par le Créateur lui-même : MAÂT*, que nous traduisons, faute de mieux, par « justice » ou « vérité ». Mais elle est beaucoup plus que cela : c'est grâce à elle que le monde fonctionne, parce qu'elle maintient chaque chose à sa juste place, depuis les forces de la nature jusqu'au culte que les hommes doivent aux dieux. Le devoir essentiel du roi est de la pratiquer et de la faire respecter, s'il veut que l'équilibre subsiste :

Pratique la justice et tu dureras sur terre.
Apaise celui qui pleure; n'opprime pas la veuve;
Ne chasse point un homme de la propriété de son père.
Ne porte point atteinte aux grands dans leur possession.
Garde-toi de punir injustement.

D'ailleurs le roi devra rendre des comptes. Il sera jugé sur ses actes et puni ou récompensé d'une participation éternelle à la vie divine. La force des armes est détruite par la force des armes. Mais celle de la justice demeure. Et le culte des dieux est nécessaire à la durée de la fonction royale. Est-ce à dire que le dieu de l'Ancien Empire soit devenu, dans cette période anarchique de royautés multiples, un simple mortel ? Si le texte ne parle pas en termes exprès de sa divinité, du moins marque-t-il son caractère exceptionnel.

C'est un savant que le seigneur du Double-Rivage.
Un roi, possesseur d'une cour, n'est point insensé.
Il est plein de sagesse dès qu'il sort du sein maternel,
Et Dieu l'a distingué parmi des millions d'hommes.
C'est une fonction parfaite que la royauté...

Akhtoès ajoute plus loin que Dieu a fait pour l'homme *des Régents dès l'œuf, des Soutiens pour soutenir le dos du faible.* Si la divinité du pharaon est laissée dans l'ombre, ce n'est point qu'on y eût renoncé. Elle était juridiquement nécessaire et il fallait, dès avant la naissance, avoir reçu une distinction divine pour gouverner les hommes. Mais les leçons du vieux monarque voulaient mettre l'accent sur l'effort personnel que devait fournir le jeune roi pour se former. C'est donc son aspect de mortel qui nous apparaît surtout. Il ne fait pas de doute que, de plus en plus, la divinité royale est conçue par les penseurs et par le roi lui-même comme une nécessité purement métaphysique qui ne modifie en rien l'humanité du roi.

Nous aimerions posséder quelque document sur le mystère de la naissance divine datant des royautés héracléopolitaines ou de la XIIe dynastie. Malheureusement, rien ne vient nous éclairer encore. Mais, dans l'*Enseignement d'Amménémès Ier à Sésostris Ier*, malgré le mauvais état dans lequel l'œuvre nous est parvenue, nous discernons très bien la conscience qu'avait le roi de sa divinité et de celle de son fils. Il a échappé à un attentat et nommé Sésostris Ier corégent. Celui-ci est déjà, selon le vieux roi, *Maître de l'univers*, c'est-à-dire Rê lui-même. Et il reçoit l'ordre, aussitôt réalisé, parce que royal, d'*apparaître en dieu*. Vers la fin, encore, il sera désigné comme un *Rejeton divin*. Et il ajoute un certain nombre de traits surprenants que nous devons dès maintenant noter. Non seulement le roi est conquérant — ce à quoi on pouvait s'attendre — mais *il fait l'orge* et est *aimé de Népri*, le dieu du grain. Le Nil l'honore en montant *pour lui*. Ses ordres portent en eux le pouvoir de leur exécution. Il a chassé les bêtes sauvages et vaincu des peuples non civilisés, reculant ainsi les limites du chaos. Son palais est pourvu de toutes les matières prophylactiques qui entretiennent la vie divine. Il est le *Maître universel*.

Sans doute tout cela n'est-il pas l'œuvre personnelle du roi. Il n'a pas à s'y appliquer. Il suffit qu'il soit là pour que tout cela soit. Il est le représentant, le lieutenant indispensable sur terre du dieu créateur. Cela est précisé par une autre série de documents fort curieux. Ce sont des *Enseignements* aussi, mais composés par des particuliers sous forme de panégyriques royaux. Une royauté ferme avait de nouveau tiré l'Egypte du désordre; il était normal que ses sages aient essayé de dégager ce que la fonction royale était pour eux. La royauté est connaissance et lumière pour l'homme, facteur de vie, autant que le soleil et le Nil. *Le Roi, c'est la vie*, s'écrie l'auteur, le noble et prince Séhétépibrê. Non seulement il crée ses fonctionnaires, mais il est comme Khnoum, générateur, au sens propre, de l'humanité. Il est Bastis et Sekhmet, les deux déesses redoutables qui protègent le pays.

Gardons-nous de voir seulement dans ces étranges comparaisons le style ampoulé d'un courtisan qui veut plaire à son maître. Pour un ancien Egyptien, l'assimilation du roi à tel dieu est chose très importante, le langage ayant une force que nous ne lui prêtons plus. Le tout est de bien l'interpréter. Or, dans ce cas, les panégyriques viennent corroborer et compléter les exposés du roi lui-même. Celui-ci, par sa présence seule, parce qu'il est légitimement héritier de son père le dieu créateur, entretient tout ce qui est nécessaire à la vie. La contrepartie se trouve dans les œuvres littéraires qui dépeignent la désolation du pays, lors de l'éclipse de la royauté à la fin de l'Ancien Empire. Le dieu Khnoum ne modelait plus d'hommes et c'était la dénatalité. Il y a entre le souverain et la marche du monde un rapport d'ordre métaphysique qui ne s'exprime par aucun miracle royal personnel. Par essence, le roi est facteur d'ordre et continue l'œuvre organisatrice de la création. Il n'y a aucun autre moyen d'interpréter correctement les textes qui nous sont parvenus, à moins de supposer que les Egyptiens aient été totalement dépourvus de sens.

Les fameux hymnes de Kahoun, composés en l'honneur de Sésostris III, ne font que reprendre, sur le mode lyrique, les idées que nous venons de dégager. Mais le *Conte prophétique*, qui nous peint à la fois la révolution et la restauration de l'Egypte par Amménémès Ier, en une expression très caractéristique, insiste sur la part humaine du souverain dans le rétablissement de l'Etat : *Le fils d'un homme d'importance se fera un renom pour l'éternité et la durée infinie.* Et cette remarque vient rejoindre la pensée pessimiste du vieux roi : Ne compte que sur toi-même. Pas d'amis; pas de gardes; ceux qui avaient mangé son pain l'ont trahi. Quel que soit le sens métaphysique de la royauté égyptienne, la leçon parfois cruelle des événements lui a enseigné le prix de l'effort personnel auquel ne peut se dérober le *fils d'un homme*, au sens plein du terme.

Fondamentalement, la pensée ne changera pas, mais les siècles, en s'accumulant, exigeront l'adaptation du dogme aux conditions politiques nouvelles. Et nous pourrons d'autant mieux suivre ses cheminements que les documents se multiplieront. C'est d'abord le texte même du *Mystère de la naissance divine*, comme l'appelaient les Anciens. On a parfois mis au nombre des sources historiques les dialogues qui nous racontent la naissance divine de la reine Hatchepsout. Mais ce sont les mêmes scènes exactement qui se retrouvent pour Aménophis III à Louxor, à une époque plus tardive mais qu'il est plus difficile de fixer avec précision, dans le temple nord-est de l'enceinte de Mout à Karnak. Sous Ramsès II, des tableaux analogues figuraient au Ramesseum, et nous connaissons l'aboutissement extrême de cette série dans les mammisis de très basse époque. Nous n'avons donc pas à formuler une hypothèse, il nous suffit de constater qu'il s'agit d'une liturgie royale capitale, plus importante peut-être que les cérémonies, épisodiques après tout, du couronnement ou de la fête-sed. Les archaïsmes linguistiques du texte de Deir el-Bahari, le plus ancien, montrent au surplus que nous avons affaire à une institution fort ancienne dont nous avons pu faire remonter l'origine à la Ve dynastie.

Le mystère peut se décomposer en trois temps : la hiérogamie, puis la naissance; enfin la reconnaissance, l'allaitement et l'intronisation du roi. Amon-Rê, qui a succédé au dieu d'Héliopolis, en se l'assimilant si l'on ose dire, annonce d'abord à l'Ennéade qu'il va engendrer un roi. Suit un dialogue d'Amon et de Thot, dieu de toute connaissance, dont la collaboration est indispensable au but divin. C'est ensuite la hiérogamie proprement dite, ou l'union de la reine et d'Amon, qui a revêtu l'apparence du roi régnant. Autour du deuxième épisode, la naissance, se groupent les scènes suivantes : Amon donne à Khnoum, générateur divin, l'ordre de modeler l'enfant sur son tour. Le dieu criocéphale s'exécute aussitôt et sa parèdre, la déesse grenouille Héqet, tend au nez de l'enfant et de son ka, la croix ansée, nom et symbole de la vie. Khnoum et Thot conduisent alors la reine vers le lieu de l'accouchement. Elle met au monde l'enfant divin ainsi que son ka, aidée par des déesses. Cette scène est, partout, muette. Mais elle avait une importance primordiale. Alors l'enfant est reconnu par son père Amon-Rê, et nous entrons dans le troisième acte du drame sacré. Finalement, il est nourri par les vaches célestes, anciennes déesses dont le lait divinise le roi de surcroît et entretient, en tout cas, sa qualité divine. Ensuite le dieu-lait personnifié et le dieu de la protection magique, Heka, portent le roi pour l'introniser devant l'Ennéade, en un tableau qui paraît fort primitif. Thot et Anubis roulant devant lui le disque lunaire, symbole de l'éternel rajeunissement cosmique du roi, interviennent à la fin du drame, en des scènes dont le sens premier est plus difficile à saisir parce que toutes les inscriptions ont été détruites.

Les fragments de dialogues qu'on peut encore lire nous apportent des éléments précieux. Amon définit fort bien le caractère universel de la royauté : *Je lui ai donné* (à la reine) *tous les pays de plaine* (essentiellement l'Egypte) *et tous les pays de montagne* (les pays étrangers). *Elle guidera tous les vivants. J'ai uni pour elle le Double-Pays en paix.* Mais les dieux ont besoin des hommes, et le roi est destiné, par essence, à satisfaire leurs désirs; il est le prêtre par excellence, le seul en droit : *Elle construira vos demeures. Elle rendra auguste vos maisons... Elle fera durer vos pains d'oblation. Elle enrichira vos autels...* Pour cela sa divinité sera garante de la régularité des phénomènes naturels et surtout de l'indispensable inondation : *Elle fera descendre la rosée qui est dans le ciel autour d'elle... Faites que viennent pour elle de très grands Nils en son temps! Tendez votre protection en vie et stabilité autour d'elle!* La vie du roi ou de la reine n'est pas un miracle sans cesse renouvelé. Les données théologiques elles-mêmes précisent bien que ce sont les dieux qui font agir pour lui les causes secondes parce qu'il est fondé en droit à faire prospérer l'héritage de son père.

Il est intéressant de constater au passage que cette théorie du pouvoir royal est grosse de conséquences. Il n'y avait qu'un pas à franchir pour en arriver à l'idée que, si le pays ne prospérait pas, la faute en était au roi qui n'avait pas strictement accompli ses devoirs. Le saut, nous le verrons, a été fait un peu plus tard. A cette époque, les succès prodigieux des pharaons de la XVIIIe dynastie ne donnent pas lieu, durant deux cents ans, à une nouvelle interprétation du dogme. C'est l'euphorie de la croissance, puis de l'apogée de l'empire.

La représentation du mystère de la naissance divine, probablement annuelle, dans les temples de la capitale, peut-être par les membres mêmes de la famille royale, suffisait à entretenir au moyen des rites cette divinité du pharaon, garante de l'ordre du monde et nécessaire à sa prolongation. Cette grandiose construction des penseurs religieux d'Héliopolis puis de Thèbes, l'hérésie d'Aménophis IV va-t-elle la détruire? Le roi à qui s'est révélé l'unique Aton, le disque solaire bienfaisant qui informe et caresse le monde de ses rayons, pourrait-il être encore fils d'Amon?

Il est un fait, c'est qu'il demeure *Fils de Rê*. Sa titulature comporte ce titre jusque dans le grand hymne qu'il a composé pour Aton, mais aussi dans les tombeaux privés de Tell el-Amarna et sur les stèles frontières de la ville. Sans doute le roi s'appuyait-il sur le très ancien clergé d'Héliopolis; mais aussi *Rê* n'était-il pour lui qu'un autre nom du disque solaire; il n'est même pas exclu qu'on ait lu l'image du disque, *Aton*. Le roi se considérait bien d'ailleurs comme le fils de son dieu. Il dit expressément qu'il est sorti de la personne même d'Aton qui lui a donné tous les pays. Loin d'abandonner les prétentions de l'Egypte à l'empire universel, il espéra, après avoir été favorisé d'une expérience religieuse personnelle, unir les populations si diverses que drainait l'Egypte et leur donner une vraie cohésion; il proposa donc à leur adoration un dieu universel dont chacun pouvait connaître l'apparence toujours visible, le disque solaire qui portait la vie à tous. Au surplus, le roi était bien à la fois *Fils de Rê et Fils d'Aton*. Ce n'étaient que deux transpositions imagées d'une même idée fondamentale : il était juridiquement et métaphysiquement l'héritier et le lieutenant du créateur unique. Il est même le seul à pouvoir adorer vraiment son dieu, car celui-ci l'a *informé* lui seul *de ses desseins et de sa puissance*, sans doute lors de l'expérience initiale qui a fixé le sort du règne.

Que ces images se recouvrent et se disjoignent sans cesse, elles n'en laissent que mieux saisir, dans l'intervalle que fait toujours paraître leur impossible superposition, la pensée fondamentale qui les a inspirées. Aménophis III, que le mystère de la naissance divine a manifesté comme fils d'Amon et de Moutemouïa, n'est-il pas proclamé dans sa grande stèle *Fils de Mout* par Amon lui-même, lorsqu'il lui donne l'empire du monde? Il faut lire ce poème où le dieu présente l'univers entier au roi :

Paroles récitées par Amon, roi des dieux :
Mon fils, de mon sein, toi que j'aime, Nimourrya,
Mon image vivante qu'a créée ma personne,
Qu'a mis au monde pour moi Mout,
Dame de l'Achérou dans Thèbes, maîtresse des Neuf-Arcs,
Je t'ai élevé en monarque des peuples ;
Mon cœur est dans une extrême allégresse,
Chaque fois que je vois ta perfection.
Je fais merveille pour ta majesté ;
Tu renouvelles la jeunesse,
Parce que j'ai fait de toi le soleil du Double-Rivage.
Je place mon visage vers le sud et je fais merveille pour toi.
Je fais se tourner vers toi les grands du misérable Kouch,
Portant tous leurs tributs sur leur dos.
Je place mon visage vers le nord et je fais merveille pour toi.
Je fais venir vers toi les pays étrangers, les confins extrêmes de l'Asie,
Portant tous leurs tributs sur leur dos.
Ils s'offrent eux-mêmes à toi avec leurs enfants,
Afin que tu leur donnes le souffle de vie.
Je place mon visage vers l'ouest et je fais merveille pour toi.
Je fais que tu t'empares des Tihenou, sans qu'aucun s'échappe.
Ils travaillent aux constructions dans ce monument au nom de ma majesté,
Entouré d'une grande muraille atteignant le ciel,
Pourvu des enfants des princes des Iountyou.
Je place mon visage vers le levant et je fais merveille pour toi.

Je fais venir pour toi les régions d'Oponé,
Portant toutes plantes suaves de leur pays,
Pour implorer la paix grâce à elles
Et respirer le souffle que tu ne cesses de donner.

Il n'est point douteux que le dieu donne à son fils un pouvoir absolument universel. Le roi exécute la volonté du dieu et la guerre n'est plus qu'un moyen de la faire respecter et de détruire le chaos qui subsiste toujours aux confins du monde. C'est aux pieds d'Amon que Thoutmosis III vient déposer le butin incroyable qu'il a amassé dans ses conquêtes, et c'est sur les murs qui entourent l'effigie sainte qu'il a raconté ses dix-huit campagnes d'Asie. Elles n'étaient que les *gesta Ammonis per Aegyptios.*

Deux points caractérisent la conception de la royauté à partir de la XIXe dynastie : tout d'abord, le foisonnement des transpositions concrètes de la divinité royale, ensuite l'évolution jusqu'à son terme extrême du rapport entre la personne du roi et la prospérité matérielle du monde.

Les théologiens n'ont cessé de réfléchir à la divinité du roi. Et celle-ci a suivi une courbe parallèle à l'idée qu'ils se firent de la divinité elle-même. Bien des textes antérieurs le laissaient pressentir. Mais jamais on n'avait atteint, dans ce domaine, l'ampleur que nous trouvons alors. A Thèbes, les prêtres, approfondissant la nature d'Amon, en étaient arrivés à l'idée qu'il était unique. Sans doute, il possédait d'autres noms, en particulier Rê et Ptah. Quant aux autres dieux, c'était lui qui les avait créés. Ainsi l'apparence polythéiste subsistait et n'avait pas besoin de modification. On ne supprime jamais une représentation traditionnelle. On y superpose seulement le résultat nouveau d'une élaboration intellectuelle qui s'est constamment poursuivie. Le roi était donc fils d'Amon-Rê. Nécessairement, il devait être fils de Ptah, la troisième personne de la triplicité divine, et même de tous les autres dieux. Minephtah n'est-il pas appelé, dans un éloge qui servait de modèle pour les compositions dans les écoles, *Fils de Khépri, descendant du taureau d'Héliopolis..., né d'Isis*? Et l'on trouverait bien d'autres exemples. Quant à Ptah, il méritait, étant donné sa prééminence, un traitement particulier. Il l'a reçu dans une grande stèle du plus haut intérêt, composée d'abord pour Ramsès II, semble-t-il, puis empruntée par Ramsès III. Les procédés théologiques des Egyptiens, tels que nous venons de les dégager, y sont si nets qu'il faut en lire de larges tranches. C'est Ptah qui parle : *Je suis ton père ; je t'ai engendré, si bien que ton corps entier est des dieux ; car j'ai pris ma forme de Bélier, seigneur de Mendès, et je me suis uni à ton auguste*

Mère afin de mettre au monde ta forme comme monarque, parce que je savais que tu étais mon champion pour accomplir des bienfaits pour mon ka. Je t'ai engendré apparaissant comme Rê, et je t'ai exalté devant les dieux (Ramsès II).

Les Khnoums et les Ptahs sont en liesse et ta Meskhenet exulte de joie quand ils te voient ressemblant à mon corps auguste, vénérable et grand. Les grandes déesses augustes de la maison de Ptah, et Hathor de la maison d'Atoum sont en fête ; leur cœur est dans la joie ; leurs mains portent le tambourin. Elles sont en liesse quand elles voient ton apparition merveilleuse. L'amour de toi est semblable à celui de la majesté de Rê. Les dieux et les déesses donnent des louanges à ta beauté, prient mon ka et lui font offrande en me disant : « Tu es notre auguste père et tu as engendré pour nous un dieu semblable à toi-même. » (Ramsès II.)

Puis, en six développements successifs, le dieu de Memphis met en rapport avec le roi tous les éléments de la prospérité, non seulement nationale mais universelle. Et voici le début de la réponse royale : *Je suis ton fils; tu m'as placé sur ton trône et tu m'as confié ta royauté. Tu m'as mis au monde à la ressemblance de ta forme et tu m'as assigné ce que tu as créé. Tu as fait de moi un monarque, comme tu as été, pour établir l'Egypte dans son état normal. J'ai façonné les dieux venus à l'existence de ton corps, selon leurs formes, leurs corps et leurs couleurs. J'ai organisé pour eux l'Egypte selon leur désir et j'ai bâti* [...] *et des temples.*

Si nous ne savions pas qu'on avait fait figurer au Ramesseum le mystère de la naissance divine, nous pourrions inférer de ces lignes que Ramsès II puis Ramsès III en avaient célébré les principaux épisodes dans les temples dont ils avaient orné leur capitale. Tous les thèmes y figurent; toutes les conceptions fondamentales y sont clairement exprimées, mais au moyen d'images nouvelles. Rê n'était autre que Ptah. Les Sept Hathors sont intervenues, et les Khnoums et les Ptahs, qui figuraient à Deir el-Bahari comme à Louxor d'une manière plutôt épisodique sous le lit de la naissance, prennent maintenant une importance plus grande. Nous les retrouverons beaucoup plus tard.

Ajoutons ce chant de joie à l'avènement de Minephtah :

Que vos cœurs soient doux, habitants du Pays tout entier!
Un temps heureux est arrivé.
Un seigneur V.S.F. est apparu-en-gloire dans le Double-Pays tout entier :
L'équité est descendue à sa place...
Tous les gens de maât, venons et voyons :

La vérité a chassé le mensonge.
Les fauteurs d'iniquité sont tombés sur leur face;
Les gens insatiables sont abandonnés;
L'eau monte et ne baisse pas;
L'inondation porte haut;
Les jours sont longs;
Les nuits ont juste les heures voulues;
La lune vient avec régularité.
Les dieux sont gracieux et ont la joie au cœur.
On vit dans le rire un temps merveilleux.

Il nous transmet, en quelque sorte, codifiées cette fois, les indications contenues dans les enseignements du Moyen Empire. La prospérité du pays est fonction de la présence royale. Le roi donne à l'Egypte un temps merveilleux où toute chose, soit naturelle, soit humaine, se produit régulièrement. L'ordre du monde, c'est cela la merveille qui permet de vivre dans le rire perpétuel!

Aussi, en arrive-t-on, à ce moment, à une pratique bien remarquable que nous ont transmise à la fois les monuments de Nubie, à l'extrême sud, et les monuments de Tanis, au septentrion : le roi-prêtre rend un culte aux divinités parmi lesquelles il figure lui-même comme roi-dieu. Ramsès II est placé à plusieurs reprises parmi les divinités d'Abou Simbel, et jusque dans le sanctuaire le plus profond, où il a été sculpté dans le rocher entre ses pères Amon, Ptah et Rê-Harakhtès. Remarquons tout de suite que cette divinité juridique et métaphysique n'avait pas de rapport direct avec la divinité céleste que les dieux de toujours possèdent par nature. Il ne semble pas en effet que Ramsès II ait jamais passé dans leur rang après sa mort comme tel de ses ancêtres, Sésostris III ou Aménophis Ier. Ce serait une preuve de plus, s'il en était besoin, du caractère très intellectuel des théories égyptiennes. Leur formulation dans un langage concret et peu apte à exprimer la pensée abstraite ne doit pas nous tromper. Les images, par leurs contradictions mêmes, et leur complète incohérence si l'on voulait s'en tenir uniquement à elles, nous conduisent, en dépassant les apparences, à saisir la réalité qu'elles essaient de traduire.

Et pourtant, à l'horizon, s'amoncelaient les signes avant-coureurs de la tempête. Les Peuples de la Mer faillirent submerger les armées de Minephtah. Il ne fut vainqueur que de justesse. Comment le créateur pouvait-il abandonner son œuvre en ne soutenant pas le roi? On sent que des questions se sont posées aux théologiens. Et ils ont essayé d'y répondre. Lorsqu'un chef s'oppose à un autre chef, les dieux jugent. Et celui qui s'est conformé à maât est choisi et demeure le vainqueur. C'est bien déjà l'idée qui se dégage d'un passage très important de la stèle de victoire gravée pour Minephtah : *Quant à l'Egypte, dit-on, depuis le temps des dieux, c'est la fille unique de Rê dont le fils est celui qui s'assied sur le trône de Chou. Personne ne peut envahir ses habitants parce que l'œil de chaque dieu est derrière celui qui la pille; c'est lui* (le roi) *qui capture les arrières de ceux qui se rebellent contre elle... Une grande merveille est arrivée pour l'Egypte : il a été donné que sa main* (celle du roi) *l'atteigne* (l'ennemi) *et le fasse prisonnier. Le Roi divin est justifié de ses ennemis en présence de Rê; Mâryay* (le chef des Peuples de la Mer), *le malfaiteur qui a commis des crimes à l'égard de chaque dieu qui est dans Memphis, il a été jugé avec lui* (le roi) *dans Héliopolis, et l'Ennéade l'a déclaré coupable de ses crimes. Le Seigneur universel a dit :* « *Qu'on donne l'épée* (symbole de la victoire) *à mon fils dont le cœur est équitable, qui est bon, bienfaisant, Minephtah, celui qui prend soin de Memphis* » (...) *Ils s'adressent, parmi les seigneurs d'Héliopolis, à leur fils Minephtah :* « *Qu'on lui donne la durée, comme Rê; qu'il soit le défenseur de celui qui est opprimé dans tout le pays* (...) *Mâryay, le misérable, le rebelle de Libye, vint pour envahir les Murs du Souverain qui est le seigneur de la Libye, alors que son fils se levait sur son trône, le roi de Haute et Basse-Egypte, Minephtah.* » *Ptah dit au sujet du rebelle de Libye :* « *La somme de tous ses crimes s'est retournée sur sa propre tête. Qu'il soit livré dans les mains de Minephtah, pour qu'il lui fasse dégorger ce qu'il a avalé, comme un crocodile.* »

Cet exposé revêt une importance extrême à nos yeux parce qu'il rejoint, par-delà une longue période de gloire où les penseurs n'avaient pas été amenés à méditer sur la faiblesse du pouvoir, l'*Enseignement pour le roi Merikarê*. Mais alors que ce dernier écrit insistait sur la part personnelle que le souverain doit prendre au gouvernement, sur les normes qui doivent le guider et la responsabilité qu'il encourt puisqu'il sera jugé sur ses actes après sa mort, au temps de Minephtah, la prospérité du règne qui devrait résulter en quelque sorte automatiquement de la personne royale dépend de la manière dont le roi respecte maât et accomplit ses devoirs envers les dieux. Il est bon de remarquer que cette conception s'exprime clairement près de six cents ans avant la rédaction du *Deutéronome* qui formulera avec tant d'insistance la loi de corrélation entre la réussite politique et le respect de la Loi de Yahweh.

Malheureusement, la pénurie des sources ne nous permet plus de suivre le développement des idées sur la royauté divine jusqu'au début de l'époque grecque à peu près. A ce moment, un livre démotique , dont la méthode exégétique est exactement semblable à celle que l'on retrouvera plus tard dans les commentaires esséniens des textes prophétiques, formule avec beaucoup de netteté la loi que le livre biblique des *Chroniques* exprime si souvent : tous les malheurs des rois, comme ceux du peuple, s'expliquent par le fait qu'ils ont négligé la loi divine ou même ont commis à son égard de graves infractions. *Le troisième prince qui vécut sous les Mèdes fut détrôné. Parce que, apparemment, il abandonna la Loi, on introduisit, lui vivant encore, son successeur... Le quatrième gouverneur qui fut après les Mèdes, à savoir Psammouthis, il ne s'est pas produit : c'est-à-dire, il n'était pas sur le chemin de Dieu. On n'a pas permis qu'il fût longtemps gouverneur... Le cinquième gouverneur qui vint après les Mèdes, à savoir Hakoris, le seigneur des Diadèmes, dont le temps de gouvernement a été rempli, parce qu'apparemment il fut bienfaisant à l'égard des temples, on l'a renversé parce qu'il a abandonné la Loi et ne s'est pas soucié de ses frères.* Ces passages de la prétendue *Chronique démotique* *, qui sont de peu postérieurs à 330, illustrent et précisent l'aboutissement final des conceptions que nous voyons poindre avec l'*Enseignement pour le roi Merikarê* et se développer dans la stèle triomphale de Minephtah.

Qu'était-il donc advenu au juste de la divinité du roi? S'était-elle désagrégée au point de perdre sa signification? Nous sommes renseignés maintenant de toute première main par les mammisis . Ce sont de petits temples que l'on voit apparaître, à notre connaissance du moins, sous la dernière dynastie indigène, aux environs de 370, à côté des temples majeurs, dans plusieurs villes de Haute-Egypte. Leur sanctuaire est orné des mêmes tableaux que les salles de la naissance de Deir el-Bahari et de Louxor. Et nous savons par les listes des fêtes des grands temples qu'on y venait, lors de certaines solennités au cours de l'année, *réciter* le mystère de *la naissance divine*. Il ne fait donc aucun doute qu'on y représentait une sorte de jeu liturgique dont les scènes sont figurées sur les parois de la cella et pourvues d'une partie au moins des dialogues qu'échangeaient les acteurs sacrés.

Toutefois, on voit apparaître un certain nombre de différences importantes entre ce mystère et celui du Nouvel Empire. La naissance divine n'est plus commémorée maintenant seulement dans la capitale, à Thèbes, mais dans des villes comme Dendara, Philae, Edfou, Kom Ombo qui n'ont jamais été des capitales. D'autre part, on ne se contente plus d'utiliser pour le culte royal une salle d'un temple plus grand. C'est tout un édifice composé, dans son état le plus rudimentaire, d'une cella munie de deux chapelles, précédée d'une cour et de propylées. De ces deux remarques il est permis d'induire d'abord que le culte solennel du roi a vu augmenter son importance puisqu'on le célèbre très probablement sur toute l'étendue du royaume; d'autre part, il nécessite un développement plus considérable puisqu'on lui consacre un édifice indépendant qui ne cessera d'ailleurs point de s'accroître jusqu'au IIe siècle de notre ère. Mais un changement plus grand encore s'est introduit dans le rite même. Sans doute c'est toujours le roi qui est mis au monde : Nectanébo à Dendara, Césarion à Ermant, Trajan encore à Dendara. Mais c'est parce qu'il est mystiquement assimilé au dieu-fils des différentes triades divines : il est Ihy, fils d'Hathor à Dendara, Harprê à Ermant, Harpocrate à Philae. Plus jamais la mère du roi n'apparaît parmi les personnages mammisiaques. La mère divine sera Hathor, Isis, Râttaoui ou la Sœur-Parfaite. L'évolution, dont nous percevions les prodromes dans les textes du Nouvel Empire, est maintenant achevée. Le mystère est devenu le prototype divin de ce qui se passe sur terre, une sorte de drame religieux qui se joue dans la sphère spirituelle comme un modèle ou archétype que les actes terrestres ne font que reproduire.

Sans que nous puissions le démontrer, faute de témoignages, nous pensons que le règne de dynasties étrangères au pays, comme celle des Kouchites à la XXVe dynastie, a précipité cette transformation. La théorie du pouvoir royal était devenue essentielle au maintien des structures métaphysiques sur lesquelles reposait tout l'ordre social. Or les rois n'étaient plus des souverains égyptiens. Cela ne les empêchait pas d'avoir été engendrés par Amon-Rê, sculptés par Ptah, modelés par Khnoum dès le sein maternel. Le dieu aux desseins excellents les avait choisis où bon lui avait plu. N'étaient-ils pas d'ailleurs simplement la réplique terrestre du jeune dieu des triades qui s'étaient constituées partout pour assurer en quelque sorte, en un monde divin qui vieillissait lui aussi, un rajeunissement éternel, un retour constant de l'ordre nécessaire au fonctionnement du monde organisé? Aussi les dynasties grecques et romaines, et même les dynasties perses abhorrées s'insèrent-elles normalement dans la série des rois indigènes, assumant leurs prérogatives et leur titulature. Si Darius, Ptolémée Sôter ou Auguste n'avaient été fils d'Amon-Rê, et si les prêtres n'avaient officié en leur nom, toutes les bases de l'antique cosmologie égyptienne se fussent effondrées.

Jusqu'à l'époque de Trajan, les prêtres ne cessèrent pas d'approfondir ces idées. Dans le jeu du mystère, tel qu'il est représenté sur les murs de la cella du mammisi romain de Dendara, se sont introduits des épisodes qui viennent ajouter des images nouvelles aux anciennes pour mieux exprimer, par ces points de vue différents, l'insaisissable réalité. Ptah sculpte maintenant l'enfant-dieu que Khnoum modelait depuis longtemps. Les conceptions exposées dans les stèles de Ramsès II et de Ramsès III, déjà figurées dans le temple lointain de Hibis sous les Perses, sont maintenant entrées dans la tradition : les Sept Hathors, les bonnes fées des naissances, viennent faire leurs souhaits sur le berceau de l'enfant-dieu. Les quatorze kas de Rê apportent l'appoint de leurs qualités. Osiris, dont le rôle n'a cessé de croître, au point de devenir absolu dans la religion tardive, est considéré aussi comme le père du jeune Ihy, *Seigneur du mammisi*, et Isis joue le rôle de Mère divine. N'est-elle pas d'ailleurs un autre aspect d'Hathor ? Ces épisodes, les jouait-on comme les plus anciens ? Nous n'en savons rien, mais nous pouvons en douter, en remarquant qu'ils sont figurés sur des socles, tandis que les personnages qui appartiennent au rite par tradition sont placés directement sur le sol. Il se pourrait donc que les scènes qui n'étaient pas strictement traditionnelles aient seulement été représentées par des statues près desquelles les prêtres récitaient les dialogues. D'ailleurs, nous ne pouvons faire à ce sujet que des hypothèses, tant que nous ne posséderons pas quelque papyrus qui nous rende le texte même du mystère.

Cette complication croissante des idées et des rites avait pourtant un grave inconvénient. Ils devenaient si embrouillés, si enchevêtrés que seuls ceux qui s'adonnaient uniquement à leur étude devaient arriver à y voir clair. Pour les autres, pour plus d'un prêtre officiant certainement, s'il n'était pas théologien, tout ce fatras devait demeurer fort obscur. La simplicité des idées chrétiennes sur le pouvoir donné par Dieu à ceux qui le détiennent finit par avoir raison de la théologie pharaonique dont les lignes de force puissamment structurées avaient permis à l'Egypte, toujours identique, malgré les vicissitudes les plus graves, à l'image intérieure qu'elle s'était forgée d'elle-même, de résister à trois mille ans d'histoire.

Ces constructions métaphysiques grandioses ne moururent d'ailleurs pas, semble-t-il, avec la civilisation égyptienne. Alexandre, à qui son génie en avait fait pressentir la grandeur et la force, lorsqu'il fut salué, à l'oasis de Siouah, *Fils de Zeus-Ammon*, dut y trouver une sorte de confirmation de la divinité qu'il découvrait en lui. Les Ptolémées, dieux, héritiers de dieux, dès qu'ils reçurent une titulature pharaonique, n'eurent pas besoin de l'apothéose pour prétendre à l'empire du monde. A l'arrière-plan de la politique de César, puis de celle d'Antoine, Cléopâtre, parfaitement informée de la vieille théologie royale, ne leur a-t-elle pas suggéré de justifier juridiquement et métaphysiquement leur droit à l'empire du monde parce que l'un était descendant de Vénus et l'autre une incarnation de Dionysos? C'est Caligula, le premier parmi les empereurs, qui reprit la politique de son grand-père maternel, Antoine, et se considéra de son vivant comme un dieu. Tout ne fut pas folie, tant s'en faut, dans son comportement, et plus d'un trait, tel celui de se rouler dans l'or, rappelle des idées nettement égyptiennes. Les conceptions de la divinité impériale gagnèrent Byzance où l'on trouverait des marques rituelles de respect divin dans le cérémonial qui entoure le Basileus. Et les idées que se firent Dante sur l'Empire ou Bossuet sur le droit divin de la monarchie française, dans sa *Politique tirée de l'Ecriture sainte*, sont encore des échos lointains des vieilles élaborations pharaoniques.

Le principe de la multiplicité des images pour traduire une seule et même conception théologique permit aux Egyptiens, dès une époque ancienne, de présenter le roi comme une forme réincarnée de son père. L'assimilation de ce dernier au démiurge solaire avait rendu la chose aisée : le soleil était mis au monde tous les matins par la vache divine du ciel sous forme d'un *veau de lait à la bouche pure*. Puis il devenait un taureau fécondant le soir sa mère céleste pour renaître le lendemain matin en quelque sorte de lui-même. On l'appela donc Kamoutef, *le-taureau-de-sa-mère*, pour exprimer cette filiation particulière, cette identité profonde du soleil bien qu'il apparût dans sa nouveauté de chaque jour. Il suffisait d'appliquer ce principe au roi pour faire de lui son propre père. Le *Conte des deux frères* fait une allusion à cette idée qui date au moins des pyramides : le héros, détesté par la reine qui l'a trahi, se transforme en deux perséas dressés à l'entrée du palais. La reine le reconnaît et fait abattre les arbres, mais elle en avale un copeau dont elle devient enceinte et qui permettra à son premier mari de renaître de lui-même. A l'époque romaine, les inscriptions du temple d'Esna font encore allusion à cette théorie. Et, détail piquant, Rabelais développe, au début de la célèbre lettre de Gargantua à Pantagruel, des pensées analogues : l'immortalité n'est autre chose, apparemment, que la renaissance du père dans le fils.

•

Nous avons pu à la fois suivre l'évolution du caractère divin de la royauté et sa traduction liturgique dans le mystère de la naissance divine parce que des documents bien datés et relativement complets nous ont fourni un cadre assez sûr. Le caractère métaphysique et juridique de la divinité royale nous est apparu assez clairement aussi, parce qu'il a vu le jour et s'est développé en pleine période historique, à la Ve dynastie. D'autres liturgies, destinées à commémorer et entretenir des conceptions fort voisines, nous sont beaucoup moins accessibles : celles du couronnement et du jubilé trentenaire ou fête-sed. C'est qu'elles remontent toutes deux à la période préhistorique et qu'elles transportent avec elles des éléments d'origine diverse, disparates et étrangement amalgamés, dont nous n'arrivons pas à faire l'histoire. De surcroît, nous ne possédons pour aucune d'elles des documents tant soit peu complets ou qu'on puisse reconstituer avec assez de certitude. Pour le couronnement, les représentations de Deir el-Bahari et du sanctuaire de grès rose que la Reine avait édifié à Karnak ne concordent pas avec les séquences du papyrus mutilé du Ramesseum. Quant aux bas-reliefs de la fête-sed, que ce soient ceux du temple funéraire de Niouserrê, ceux de Soleb ou ceux du temple d'Osorkon à Bubastis, ils ne nous offrent que des fragments avares de textes, et dont l'ordre de succession même est incertain. L'importance pourtant et l'intérêt de ces rites est extrême, comme on va le voir.

Le caractère divin du roi permettait en droit d'assurer une continuité dans le gouvernement de l'Egypte et du monde. Le trône était sans cesse pourvu, le dieu créateur ne cessant jamais d'engendrer un nouveau roi, fût-il, apparemment, illégitime. Mais il y avait des moments critiques, où les forces mauvaises risquaient de faire brèche dans cette organisation théorique et immuable d'un monde qui tentait d'échapper au devenir. C'était au moment de la mort du roi. Il était donc nécessaire que des actes, soulignant le caractère divin de l'héritier présomptif et le confirmant dans ce rôle, fussent célébrés à titre exemplaire. Le couronnement était de ceux-là. Il faut bien le distinguer de l'avènement. Le jeune prince, corégent de son père ou non, monte sur le trône dès la mort de son prédécesseur. Certains textes insistent sur le rapport qui existe entre le roi et Rê en plaçant au lever du soleil qui suit la mort du roi l'apparition de son fils sur le trône royal. Ce détail confirme l'aspect cosmique de la divinité royale, mise en relief à plusieurs reprises par la naissance divine. Nous ignorons si des cérémonies particulières accompagnaient l'avènement.

Pour célébrer le couronnement, il semble qu'on ait attendu le retour périodique d'un début de saison. Si la cérémonie elle-même est extrêmement ancienne, le rôle qu'y jouent Ptah et la ville de Memphis, où il avait lieu encore sous les Lagides, montre que des éléments essentiels lui ont été amalgamés tout au début de la période historique. Réduit à ses traits principaux, il semble avoir compris les quelques thèmes suivants. Il commençait par une visite du roi aux différents dieux locaux par lesquels il lui fallait d'abord être reconnu. Un voyage réel, auquel plusieurs allusions littéraires semblent se rapporter, avait-il lieu à cette occasion ? Ce n'est pas impossible. Mais il n'est pas interdit de penser que, dans certains cas au moins et peut-être lors de la célébration même, les divers sanctuaires du pays tout entier aient été symbolisés par des naos contenant les statues de leurs dieux devant lesquels le roi faisait offrande et accomplissait le culte. Après ces préliminaires, on apportait les diverses coiffures qui, ornées de leurs uraeus * protecteurs, étaient des déesses tutélaires. Si l'indication contenue dans la stèle ptolémaïque de Pcheremptah doit être étendue à l'époque ancienne — ce qui paraît normal — c'est le grand prêtre de Ptah qui plaçait les couronnes sur la tête du roi. Chacune d'entre elles était, en outre, chargée de symbole. Les deux essentielles étaient celle qui représentait la Haute-Egypte, la blanche, une sorte de haut bonnet de laine assez rigide, globuleux et terminé par un renflement circulaire 𓋑, et celle qui symbolisait la Basse-Egypte, un large bandeau rouge circulaire muni à sa partie arrière d'une sorte de manche assez élevé et à l'avant d'un fil recourbé rigide 𓋔. Imposer sur la tête du roi chacune de ces déesses, auxquelles on adressait des hymnes que nous avons conservés, c'était le rendre apte à gouverner la partie correspondante du pays. Finalement on le coiffait d'une couronne composée des deux précédentes emboîtées l'une dans l'autre que les Egyptiens appelaient *les deux Puissantes*; c'est ce que les Grecs ont transcrit par le mot PSCHENT : 𓋖. Puis on ajouta toujours plus de couronnes et de plus en plus variées. A l'époque tardive, on avait rattaché l'imposition de tous ces diadèmes, compliqués à plaisir et gros de signification, au mystère de la naissance, comme cela nous est dit dans le calendrier d'Esna et les cérémonies se déroulaient, en majeure partie, au mammisi.

Dans un autre acte, le roi, assis sur un trône, voyait deux dieux, d'abord sans doute Horus et Seth, puis Horus et Thot, lier autour d'un signe, qui se lisait « unir », les deux plantes symboliques de la Haute et de la Basse-Egypte. C'était encore une confirmation de l'union historique des deux pays, mais devenue, dans la conscience des Egyptiens de l'époque classique, archétypale. La dualité de chaque symbole s'unissait finalement pour exprimer l'unité du pays et du pouvoir. Ce rite aussi met en liaison le couronnement et Memphis où l'union du Double-Pays a été consacrée aux origines.

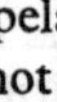

Finalement, au cours d'un très vieux cérémonial emprunté probablement au culte d'un dieu primitif de la région memphite, Sokaris, le roi *tournait autour des murs quatre fois*, c'est-à-dire qu'il faisait le tour de la ville ou d'un de ses quartiers primitifs appelé *les murs*. Cette liturgie devait symboliser la prise de possession du Double-Pays par le roi qui avait, à l'origine, fondé Memphis, *la Balance du Double-Pays*, juste à la limite du Delta et de la Haute-Egypte pour les mieux lier et tenir. C'est au cours de ce couronnement que le protocole royal, élaboré à la *Maison de Vie*, était officiellement attribué au roi.

On aimerait pouvoir faire coïncider ce qui peut être déduit des monuments, surtout de Deir el-Bahari, avec ce qu'apprend le papyrus dramatique dit du Ramesseum. Ce dernier transmet en effet des indications sur un rituel célébré lors du couronnement de Sésostris III, mais il ne semble pas contenir le texte dans son intégralité et il y ajoute un commentaire religieux. Les épisodes peuvent se grouper autour de trois thèmes. Tout d'abord la préparation du matériel rituel et l'*érection du pilier*-DJED. Celle-ci équivaut à la résurrection d'Osiris auquel le roi mort était assimilé. Peut-être ce rite était-il exécuté aussi lors du couronnement, comme semblerait le suggérer sa présence dans une série de tableaux ornant le tombeau de Khérouef à Thèbes. Après cette glorification du roi-mort, les scènes présentent une grande offrande suivie de la préparation des insignes royaux et de l'imposition des couronnes. Et ici nous rejoignons le couronnement tel que nous l'ont transmis nos bas-reliefs. Enfin, c'est le grand repas final d'offrande et l'entretien même de la vie, une des fonctions essentielles que doit assurer le roi.

Il est certain, d'ailleurs, que les puissances destructrices de l'ordre pouvaient trouver bien des moments favorables pour s'exercer sans attendre la mort du roi : la vieillesse, la maladie, par exemple. Mais nous ne savons pas exactement à quoi on reconnaissait qu'il fallait intervenir pour conserver, entre le roi et le monde, ce rapport harmonieux sur lequel reposait la régularité de l'univers. La fête-sed, en tout cas, semble avoir répondu à ces préoccupations. Elle était organisée au bout de trente ans de règne, en principe, puis renouvelée à des intervalles bien plus brefs. Beaucoup de rois pourtant l'ont célébrée avant d'avoir gouverné trente ans sans que nous arrivions à voir la raison qui les y avait déterminés. Plusieurs de ses rites viennent du cœur de la préhistoire. De très vieux titres sont utilisés pour en désigner les acteurs, comme celui de *Gardien de Nekhen*. Elle nécessitait une scène assez compliquée qui devait comprendre au moins une cour et deux salles et elle se passait au milieu d'un grand concours de dieux et de peuple venus de toutes les provinces.

Les solennités commençaient le premier jour de la saison PERET, qui est celle durant laquelle les terres émergent de l'eau. Comme pour le couronnement, la date choisie liait cette fête à la périodicité éternelle de la bonne marche du monde. Une grande procession était organisée à laquelle prenaient part le roi, les statues des dieux, ainsi qu'un certain nombre de laïques. Un rôle important était joué par une déesse-vache, SEKHAT-HOR, *Celle-qui-se-souvient-d'Horus*; elle avait nourri de son lait divin, aliment d'immortalité, le jeune dieu Horus, donc le roi, et, comme telle, elle apparaît dans les mammisis, dispensatrice de vie et de durée infinie. Le *prince héréditaire et le dispensateur des largesses royales* avait une action de premier plan, des offrandes solennelles accompagnant toujours les actes religieux importants. Toute une série d'allées et venues commençaient alors durant lesquelles le roi se rendait dans la cour des grands pour célébrer un culte devant les naos des dieux locaux, confectionnés en treillis de roseaux, comme à l'époque archaïque. Puis les grands venaient vers le roi pour porter à ses pieds l'hommage de leur fidélité. Ces mouvements étaient coupés par des retours du roi dans le palais pour y changer d'insignes — dont la signification importait fort à l'efficacité liturgique — ou pour s'y reposer un peu.

Le sens de ces cérémonies, au moins dans l'ensemble, est clair : elles ont pour but d'assurer au roi l'agrément des forces divines du pays tout entier et de lui soumettre tous les pouvoirs du pays. Il est vraiment l'intermédiaire entre l'Egypte et les dieux.

Venait ensuite un acte capital : le roi courait autour d'un champ en tenant plusieurs objets, dont le plus significatif, appelé l'IMYT-PER, était une sorte d'énumération officielle de ce que contenait une propriété, en quelque sorte un titre de propriété. Les inscriptions, qui commentent la scène beaucoup plus tard, permettent d'interpréter ce rite : c'est une prise de possession de la propriété royale, c'est-à-dire ici de l'Egypte. Elle confirme donc ce que nous avait appris l'analyse théologique du mystère de la naissance divine : « Le roi règne essentiellement comme héritier légitime de ses prédécesseurs et, en définitive, des dieux » (Frankfort).

Au cours de la cérémonie, le roi avait été placé successivement dans deux pavillons élevés munis d'un escalier, pour y revêtir les insignes de la royauté du Sud, puis du Nord; finalement on le portait dans la litière des rois de Haute-Egypte, puis dans celle de Basse-Egypte analogue à une grande corbeille; le symbolisme de ces gestes qui renouvellent ceux du couronnement est très clair. Mais la fête-sed va plus loin. On y voit à un moment, au moins à une époque tardive, figurer quatre pavillons, dont les escaliers sont dirigés vers les quatre points cardinaux. Mais, dès l'Ancien Empire, la puissance royale était proclamée aux quatre quartiers du monde, vers lesquels le roi tirait finalement quatre flèches symboliques destinées à repousser les forces inorganiques qui s'opposaient au règne de l'ordre. C'était affirmer rituellement les prétentions universalistes de la royauté égyptienne.

Cette rapide analyse permet de voir qu'au-delà du substrat perceptible, mais difficile à interpréter, qui remonte à la plus lointaine préhistoire, toute une partie du culte royal, remodelée, modifiée par l'adjonction d'éléments nouveaux, exprimait, charriant avec elle un apport traditionnel extrêmement ancien, une théorie cohérente de la royauté. Elle était si fortement charpentée et fut si habilement interprétée au fur et à mesure des vicissitudes de l'histoire qu'elle fit la grandeur du pays durant plus de trois millénaires.

•

Tout dieux qu'ils étaient, les pharaons n'en furent pas moins hommes. Aucun pays antique ne nous permet de nous faire une idée aussi concrète de ses souverains que l'Egypte. Les petits faits que l'on peut glaner dans les œuvres littéraires n'y suffiraient pas. Mais ici, la statuaire ajoute le dessin des traits individuels qu'aucune stylisation, aux époques créatrices du moins, n'arrive à estomper tout à fait. Les portraits en sont parfois cruels. Enfin, une chance extraordinaire a soustrait, durant trente siècles, aux profanateurs une bonne partie des momies royales du Nouvel Empire. Et ce fut pour Maspero, qui eut le privilège de repérer la fameuse cachette de Deir el-Bahari, un émerveillement quand, un des premiers, il lut sur leurs bandelettes les noms des augustes souverains dont il allait découvrir les traits. Il convient de camper, fût-ce sommairement, quelques-unes des premières personnalités politiques de l'histoire.

Ces rois, même les plus anciens, eurent une formation intellectuelle qui parut de bonne heure indispensable au bon exercice de leur fonction. Un conte présente Snéfrou, le père de Khéops, comme se divertissant à ouïr de belles paroles et des phrases choisies. Il eut un tel goût pour la littérature qu'il n'hésita pas à écrire de sa propre main un discours prophétique fait par un prêtre-lecteur qui joignait à ses qualités de voyant celle d'un parfait orateur. Plus tard, Djedkarê Izezi, un roi de la Ve dynastie, fut si heureux des embellissements que lui proposait son vizir et architecte Senoudjemyeb qu'il lui écrivit en personne une lettre. L'architecte en tira une telle fierté qu'il fit graver le texte de la missive royale sur la porte de son tombeau à Gizâ. Comme on le voit, des rois de cette trempe pouvaient lire les projets de lois ou d'ordonnances et, au besoin, les amender.

Puis, au fur et à mesure que nos sources deviennent plus abondantes et plus circonstanciées, nous savons quel labeur intellectuel acharné fournirent en général les rois. Ceux d'Héracléopolis furent, à notre connaissance, les premiers à rédiger pour leurs successeurs des *Enseignements*. Le père du roi Merikarê lui recommande à plusieurs reprises la connaissance des belles lettres. Il aura plus de force par sa science et sa sagesse que par ses armes. Amménémès Ier rédige, ou fait rédiger par le scribe Akhtoès, son fameux livret. Si les pharaons du Nouvel Empire ne composent plus eux-mêmes des sortes de mémoires à l'usage de leurs neveux, beaucoup demeurent de fins lettrés. Le plus illustre d'entre eux, Aménophis IV, qui prendra le nom d'Akhenaton, a composé des hymnes pour le dieu qui s'était révélé à lui. Deux d'entre eux nous sont parvenus et ce sont des chefs-d'œuvre de la poésie lyrique universelle. Quelques passages du plus développé ont pu inspirer certains versets du psaume CIV. Le fils de Ramsès II, qui aurait dû lui succéder sur le trône s'il n'était mort avant la fin de l'interminable règne de son père, le prince Khâmoïs, était passionné de théologie et d'archéologie funéraire. Il parcourut les nécropoles et fit restaurer les monuments royaux qui menaçaient ruine. Il y gravait des inscriptions pour commémorer ses actes pieux, comme il fit à la pyramide d'Onnos à Saqqara. Si bien qu'il acquit un renom considérable de magicien et que des romans postérieurs le présentent comme un connaisseur redoutable des secrets ayant trait à l'au-delà : *Il semblait n'être sur terre que pour se promener dans la nécropole de Memphis, récitant les écrits qui sont dans les tombeaux des Pharaons, et les stèles des scribes de la Double-Maison de Vie, ainsi que les écrits qui sont tracés sur elles, car il s'intéressait aux écrits extrêmement.* (Trad. Maspero.)

La personnalité de ces rois, dont l'idéal fut aussi d'être des sages, apparaît, au début, dans les plus anciennes œuvres d'art conservées. Parmi leurs portraits, certains, tel le Khéphren du Musée du Caire, traduisent essentiellement la majesté mystérieuse du ka royal. L'impression est confirmée par la belle tête de Copenhague; mais ici la figure est plus fouillée, les fossettes qui vont du nez aux lèvres sont plus profondes; les yeux semblent regarder vers le bas et tout le visage est empreint d'une sorte de mélancolie hautaine qui fait son charme et son secret. D'autres, au contraire, comme le roi sans nom du Musée de Brooklyn, trahissent une énergie peu commune qui dut, pour se déployer, exiger d'autres espaces que ceux de l'administration, si absorbante fût-elle! Les yeux petits et profonds, la bouche fine et volontaire, le nez fortement planté et légèrement épaté donnent une impression de force qui frappe le spectateur. Le visage d'Ouserkaf, du Musée du Caire, exprime la force jointe à l'intelligence la plus lucide et à une volonté ferme. Le masque précédent aurait peut-être laissé deviner quelque chose de cruel ou de sournois. Ici, une sorte de sévérité, comme tempérée par une sérénité majestueuse. Par contre le Mykerinos des merveilleuses triades du Caire ou de Boston ne brille guère par la finesse d'esprit. Le ciseau du sculpteur, malgré le désir d'idéaliser le modèle, demeure implacable. Le roi ne manque pas, sans doute, d'une certaine beauté, mais l'air fat et satisfait de lui-même et un je ne sais quoi d'épais dans les traits ne laissent guère d'illusion sur sa valeur personnelle.

Si des souvenirs littéraires, seuls, évoquent encore pour nous les souverains d'Héracléopolis, ceux de la XIIe dynastie nous sont connus par une iconographie abondante. Les portraits de Sésostris Ier permettent mal de saisir son aspect individuel. C'est que, lors de la renaissance artistique qui accompagna l'ascension au pouvoir de la XIIe dynastie, les ateliers royaux de sculpture n'avaient pas réussi à trouver un équilibre difficile entre deux tendances : un rude et maladroit réalisme dans la provinciale Thèbes et un retour à l'antique d'un académisme un peu compassé dominant dans les écoles de l'ancienne capitale, Memphis. Le travail des artisans arriva peu à peu à harmoniser les deux manières de faire, sans doute dans la nouvelle Résidence, près de Licht, et un sculpteur de génie aidé de ses élèves, plus tard, sut fixer, en des portraits inoubliables, la physionomie sévère et triste de Sésostris III. Jeune ou âgé, que ses traits soient plus ou moins profondément burinés, ce sont toujours cette bouche large retombant vers la commissure des lèvres, ces pommettes saillantes et ces yeux enfoncés sous l'orbite qui donnent au masque un air désabusé, pessimiste peut-être, mais aussi volontaire, presque dur et condescendant.

La finesse des lignes du visage, chez la reine Hatchepsout , transparaît en maints portraits que d'habiles et respectueuses restaurations ont arrachés à la fureur iconoclaste de Thoutmosis III. Si l'on fait abstraction des couronnes encombrantes et du dessin empâté des fards rituels, il demeure un visage au nez presque aquilin, aux yeux en amande, à la bouche volontaire qu'agrémente un demi-sourire un peu dédaigneux, un ensemble puissant et doux où le charme et la grâce se tempèrent de je ne sais quelle froideur. Aucun des portraits que nous connaissons d'elle ne la représente autrement que jeune, sans l'ombre d'une ride, sans aucun pli des muscles tant soit peu accentué. Est-ce à l'habitude prise par les sculpteurs des ateliers royaux, au temps où ils reproduisaient seulement les traits de la Reine, que nous devons la douceur presque féminine du grand portrait en pied de Thoutmosis III, retrouvé dans la favissa de Karnak? C'est possible. Mais sous la délicatesse du rendu, dans une roche susceptible d'être parfaitement lissée, on discerne de profil un menton énergique sous une bouche ferme et un regard dominateur et sûr. On a pu inscrire l'un dans l'autre le profil de la statue et celui de la momie royale qui, après de multiples vicissitudes, nous est parvenue. Ils concordent tout à fait et corrigent l'impression fausse qui se produit inévitablement quand on essaye de rapprocher la figure du conquérant encore jeune, aux formes pleines et pures, avec la tête du vieux roi, au nez mutilé, au regard à jamais éteint et au crâne tout à fait chauve.

Thoutmosis III avait aimé la chasse. Sans doute se conformait-il à la volonté de son père Amon, comme il le précise lui-même, lorsqu'il poursuivait les bêtes sauvages pour prolonger l'effet de la création, en éliminant les traces du chaos primordial. Mais il n'est pas douteux qu'il y ait trouvé un grand plaisir. Il avait fait instruire son fils, le futur Aménophis II, par un spécialiste du tir à l'arc, gouverneur du nome thinite. Le jeune prince était devenu un athlète accompli; il était capable de lancer des flèches qui traversaient de part en part des saumons de cuivre épais de six centimètres; les pointes dépassaient la cible de vingt centimètres. Il prit soin de faire graver ses exploits sur une plaque de granit retrouvée à Karnak et d'autres encore sur une grande stèle à Gizâ, près du Sphinx. Il ramait un jour sur un bateau de deux cents rameurs qui remontait un courant rapide. Au bout d'un kilomètre environ, l'équipage fut fatigué. Mais le roi fit tant et si bien en ramant et en commandant la manœuvre que le bateau fit encore cinq kilomètres à contre-courant avant d'aborder à l'endroit prévu. Durant un séjour à Memphis, qui paraît avoir été de tradition pour les jeunes princes à cette époque, il acquit une connaissance profonde du maniement des chevaux* dans lequel les Egyptiens étaient passés maîtres. Une intaille le représente en train d'affener lui-même ses bêtes. Son père lui fit cadeau du meilleur attelage des écuries royales de la ville et la stèle ajoute : *Il en fit des chevaux qui n'avaient pas leurs pareils; ils étaient infatigables aussi longtemps qu'il tenait les rênes; ils n'entraient pas en transpiration dans une longue course. Il attelait à Memphis dans le palais et il s'arrêtait au reposoir d'Har-*

makhis (au sphinx de Gizâ). *Il y passait un certain temps à les dételer et les désharnacher tout en contemplant l'habile conception de ce reposoir de Khéops et Khéphren justifiés.* (Trad. Varille.) Sans doute ces performances sportives sont traditionnelles. Elles font partie de l'aspect divin du roi que protège Montou et qu'Amon assiste. Leur écho, affaibli, se retrouve dans le thème folklorique du roi qui peut seul bander son arc, habile introduction au massacre des prétendants dans l'*Odyssée*. Mais ici, les documents ont une saveur personnelle indéniable qui permet de camper la silhouette d'un roi sportif et peut-être cruel, si l'on en juge par la manière dont il traita sept princes syriens révoltés. Il les tua tous de sa main et fit pendre leur cadavre à la proue du vaisseau qui le ramenait à Thèbes, puis en accrocha six aux murs de la ville, tandis qu'il envoyait suspendre le septième à Napata pour manifester la puissance d'Amon. Seuls, les souverains d'Assyrie nous ont transmis avec la même complaisance des faits aussi répugnants pour nous. La momie d'Aménophis II est celle d'un sexagénaire de taille moyenne; il mesurait à peu près 1,70 m. Il a conservé ses cheveux, laisse apparaître un nez busqué presque dur et présente des lèvres minces sur un menton volontaire. Une apparence générale de force et quelque chose de décidé se lisent sur son visage et contrastent quelque peu avec les lignes graciles de la momie comme des meilleurs portraits de Thoutmosis IV.

Ce qui frappe, par contre, chez son petit-fils Aménophis III, c'est une certaine mollesse probablement accompagnée de sensualité. Il est impossible d'entrer ici dans la discussion des hypothèses qu'on a échafaudées autour de la famille du roi. Sans doute, il n'est pas impossible qu'il ait épousé sa propre fille Sitamon pour des raisons dynastiques, puisque d'autres ont épousé leur sœur. Mais cela n'est pas prouvé non plus. Il n'en reste pas moins remarquable qu'il ait pris pour femme Tiyi dont les parents n'étaient pas même de grande noblesse et pourraient avoir été d'origine étrangère. La reine Tiyi, dont les traits nous ont été conservés par plus d'un portrait, semble lui avoir inspiré une passion profonde. Il y avait quelque chose d'étrange dans sa physionomie et de fascinant à la fois. Ses yeux étaient petits mais vifs; les lobes de son nez fin, sans être écrasés, avaient un air exotique. La lèvre supérieure, légèrement relevée, réduisait l'espace qui la séparait de la fossette de la joue, tandis que la lèvre inférieure, plus charnue, retombait avec une moue dédaigneuse. Ces traits extrêmement personnels apparaissent même dans les bas-reliefs stylisés et de style classique. Elle avait sûrement un caractère assez impérieux et elle eut sur la politique de son époux une influence indéniable. Chose qu'on n'avait jamais vue jusqu'alors, elle apparaissait auprès de lui dans les cérémonies et lors des grandes manifestations politiques. Pour commémorer un certain nombre d'événements de son règne qui lui parurent dignes d'être connus et pour les communiquer aux différentes parties du pays ou de l'empire, le roi fit graver, sur des scarabées * symbolisant la vie, le récit de son mariage avec Tiyi, celui de ses chasses ou celui de son mariage avec la princesse mitannienne Kiloughepa. L'une de ces émissions raconte comment, au moment de l'inondation, il fit aménager, près d'Akhmim, les terres basses qui servaient de douaire à la reine, en grand lac de plaisance sur lequel il put célébrer avec elle, dans un grand bateau appelé *Splendeur-d'Aton*, l'ouverture du bassin qui précédait la saison du labour et des semailles.

Le goût du raffinement et de la perfection artistique caractérise son règne. C'est évidemment lui qui donnait l'impulsion : ses courtisans et ses ministres, heureusement, étaient gens à le comprendre et à le suivre. Les Râmosé, les Khérouef, les Khâemhat, les Aménophis, Fils de Hapou , rivalisèrent pour constituer autour du roi une atmosphère prodigieuse de luxe, de beauté, d'élégance qui, même vue à travers les débris mutilés des monuments qui nous restent, suscite encore une admiration étonnée. A Malqata, un peu au sud de Médinet-Habou, le roi avait fait construire un palais de briques, conforme aux traditions, puisque la pierre éternelle était réservée aux dieux ou aux morts. Mais la richesse en était éclatante. Des fresques ornaient les murs : veaux bondissants, vaches grasses; sur le sol, encore des peintures; on marchait sur les eaux où s'ébattaient des poissons, et, dans les fourrés de joncs et de papyrus, des oiseaux sauvages. Les plafonds étaient peints de vols de pigeons ou de motifs de tapisserie dans lesquels on voyait des bucrânes chers aux Minoens.

Dans la capitale où affluaient les étrangers de l'empire et les marchands de Chypre ou de la Crète, c'était une fermentation d'idées religieuses et une floraison d'œuvres littéraires. On renouvelait l'esprit ancien sans rompre avec la tradition, mais l'équilibre obtenu était d'une extrême délicatesse et difficile à maintenir. Aussi les productions de cette époque brillante ont-elles un charme unique dans l'histoire de l'humanité. Nul doute que le roi ait exercé une action prépondérante par son goût, ses conceptions et les ordres qu'il sut donner. Depuis les lignes pures du temple de Soleb au Soudan, en passant par Louxor et ses colonnades inimitables, jusqu'au Delta, l'Egypte se couvrait d'une parure de fête qui cachait les signes inquiétants d'une proche rupture. Déjà le roi, qui depuis la dixième année de son règne semble ne plus avoir eu d'activité guerrière ou cynégétique, était prématurément vieilli. Il fut atteint d'abcès dentaires qui durent le faire atrocement souffrir et dont les traces ont pu être étudiées sur sa momie mutilée par les voleurs. Il fut même si malade que son *frère* Touchratta, roi de Mitanni, lui dépêcha, bien que Thèbes ne manquât pas de dieux sauveurs, l'Ichtar de Ninive qui avait aussi le pouvoir de guérir. C'était en la trente-sixième année de son règne. La divinité tutélaire dut remplir son rôle, car Aménophis III survécut deux ans encore. Il mourut relativement jeune, à quarante-cinq ans environ, et fut enseveli, un peu à l'écart du lieu où s'étaient fait enterrer ses prédécesseurs, en un endroit plus désert encore, dit la Vallée des Singes. On inventa pour lui un procédé nouveau de momification, destiné à rendre au corps une apparence plus vivante, en introduisant sous la peau des masses de résine ayant à peu près la forme des muscles. Les peintures qui ornaient sa tombe, aujourd'hui très ruinée, sont d'une finesse admirable et le coloris des lambeaux qui en subsistent n'a rien perdu de sa fraîcheur, symbole de l'éclat prodigieux que répandit l'Egypte sous l'impulsion d'un monarque voluptueux, fastueux et éclairé.

Nous retrouverons son fils, Aménophis IV Akhenaton , en étudiant les heurs et malheurs de la religion égyptienne. Sa personnalité, non moins puissante et plus intéressante encore, nous est relativement accessible, comme aussi celle des premiers Ramessides. Les allusions littéraires sont ici complétées par une iconographie d'une rare abondance. Les momies de Séthos Ier et de Ramsès II sont étrangement bien conservées. La face de Séthos Ier « est presque celle d'un vivant », a écrit Maspero. Les cheveux forment une couronne et garnissent encore une partie du crâne. Seul le front est dénudé dans le haut. Le nez légèrement busqué possède une attache large, les yeux profondément creusés sont mi-clos, comme s'ils allaient s'ouvrir. La joue est pleine, la bouche grande et les lèvres minces, la mâchoire inférieure forte et le menton carré. Rarement la majesté royale ressort autant d'un visage que de celui-ci; il a conservé jusque dans l'éternité le reflet de la grandeur qui fut son lot sur la terre.

Dans les traits de Ramsès II, aussi majestueux que son père mais vieilli et décharné, on a de la peine à retrouver le roi adolescent de Turin ou le guerrier juvénile du grand temple d'Abou Simbel. Mais la décision et la volonté se lisent encore sur le menton et la bouche du vieillard qui, dans sa jeunesse, avait su, grâce à son énergie, transformer en victoire l'échec initial des Egyptiens sous les murs de Qadech . Ami des lettres, qui se plut à être héroïsé dans un véritable poème épique, guerrier fougueux et courageux, doté d'un harem opulent et entouré, dans les grandes manifestations religieuses et nationales, de la troupe innombrable de ses enfants, bâtisseur incomparable, à qui la seule Egypte ne put suffire et qui construisit des temples ou grava des inscriptions depuis le Nahr el-Kelb jusqu'au Soudan, Ramsès II est le type même des grands potentats orientaux dont la légende s'empara bientôt et qui, sous le nom de Sésostris, passa pour le conquérant de toute la terre. Le célèbre tombeau d'Osymandias, décrit par Diodore, conserve maint détail du temple funéraire qu'il s'était fait bâtir un peu au nord de celui d'Aménophis III.

Puis, les documents nous font défaut pour décrire avec quelque précision la physionomie personnelle des souverains après la XXe dynastie. Beaucoup d'ailleurs paraissent n'avoir été que des personnages falots auxquels ni les textes ni les portraits ne sauraient donner un relief qu'ils n'ont pas eu. Mais, vers la fin des dynasties indigènes, à une époque où l'Egypte, comme épuisée, n'arrivait à retrouver ni sa grandeur ni son hégémonie à jamais passées, les historiens grecs ont fait un portrait assez précis de quelques-uns des aventuriers qui montèrent sur le trône des pharaons. Il n'existe aucune raison sérieuse de révoquer en doute ce qu'Hérodote nous raconte d'Amasis. Envoyé par Apriès pour apaiser l'armée égyptienne révoltée, après son désastre en Cyrénaïque, Amasis se laisse porter sur le trône par les mutins. Comme les Egyptiens le méprisaient à cause de son humble origine, il imagine un geste symbolique très expressif : d'un vase d'or qu'il utilisait aux besoins les plus vils avec ses compères, lorsqu'ils se livraient à quelque orgie, il fit une statue divine que les Egyptiens honorèrent d'un culte. Il les réunit alors, les invita à considérer l'origine misérable de la statue et leur demanda de lui porter aussi de la considération, puisqu'ils adoraient une image d'origine plus basse encore que la sienne. Au demeurant, ce fut un bon roi. Il dépêchait le matin les affaires puis se mettait à table, faisant bonne chère et se gaussant de ses convives. Les conteurs égyptiens eux-mêmes ont conservé le souvenir d'un bon vivant buvant du vin haut en degrés près du bassin de plaisance dans le palais et n'hésitant pas à s'enivrer. Dans sa jeunesse, il avait, comme le héros de Rabelais, trouvé le moyen de payer ses dettes en prenant l'argent où il se trouvait. Traîné par ses victimes devant les oracles, il avait été tantôt absous, tantôt condamné. Mais il n'honora jamais que les dieux dont l'oracle l'avaient déclaré coupable. Si la tête royale tardive du Musée de Pennsylvanie est bien de lui, même sous les traits idéalisés, on est frappé du regard fin et vif, presque moqueur. La bouche est prête à rire et, malgré une indéniable majesté, semble être sur le point de lancer quelque raillerie. L'ensemble du visage est d'ailleurs doux et humain, en même temps que ferme et équilibré. Amasis ne fut pas seulement un joyeux drille, mais un grand bâtisseur, un administrateur habile, qui sut tirer parti des Grecs, de leurs armes et de leur commerce, et un financier de grande classe capable, en quarante-deux ans de règne, de donner à l'Egypte grandeur et prospérité.

•

Jusqu'à la fin, on le voit, l'Egypte indépendante a possédé quelques monarques tout à fait originaux qui surent lui donner une place remarquable dans le concert des nations. Le tableau concret de quelques-unes de ces personnalités singulières permet de compléter l'analyse des théories que les Egyptiens élaborèrent sur la royauté pharaonique. Un des mérites essentiels de cette dernière est d'avoir créé, autour d'elle, pour gouverner, un corps de fonctionnaires bien hiérarchisé. Dans la mesure où les personnages qui détenaient les fonctions demeurèrent dans la main du maître et ne les considérèrent pas comme des prérogatives personnelles, l'Etat demeura fort, le pays bien administré et le pouvoir puissant et respecté. Si, au contraire, par mollesse, les souverains laissent leurs serviteurs devenir héréditaires dans leur place, les fonctionnaires se transforment en féodaux, le pouvoir central s'émiette et l'invasion étrangère vient sanctionner l'affaiblissement général. Ce jeu de bascule sociale découpe l'histoire de l'Egypte en grandes époques de pouvoir centralisé et de puissances émiettées. Les deux crises sociales, celle qui suivit l'Ancien Empire et celle qui succéda aux règnes falots des derniers Ramsès, sont caractérisées par un retour à des formes juridiques plus archaïques, comme le droit d'aînesse. Elles sont caractérisées, en tout cas, par la disparition de la fonction publique au profit d'une caste qui concentre entre ses mains les pouvoirs administratifs et la richesse terrienne. Sitôt, au contraire, qu'apparaît une royauté forte, le prince réduit les privilégiés à redevenir de simples fonctionnaires qui tiennent tout, biens fonciers et autorité, de l'Etat tout puissant.

A la tête des différents ministères se trouve le vizir qui sert d'intermédiaire entre le roi et les organes du gouvernement. Le vizirat remonte, sans doute, comme nous l'avons vu, à l'époque thinite; mais, plus tard, quand les tombeaux des particuliers se groupent autour des pyramides royales comme les courtisans faisaient autour du souverain, et qu'ils sont illustrés le plus souvent de bas-reliefs, accompagnés, à la VIe dynastie, de longs textes, on arrive presque à écrire une histoire du vizirat à l'Ancien

Empire et à reconstruire, dans ses grandes lignes, une image de l'administration memphite.

En étudiant la manière dont était rendue la justice, nous retrouverons le vizir dans une de ses attributions essentielles : celle de juge. Mais il avait un rôle plus vaste à jouer; il contrôlait les travaux publics, les finances, les archives , les douanes et, parfois même, le palais. Ces fonctions peuvent se déduire des titres qu'il portait et qui furent inscrits sur les murs des chapelles funéraires et surtout sur les stèles fausses portes. Essayons de voir par exemple quelle fut la carrière de Ptahhotep, dont on admire encore le tombeau à Saqqara. Il faut tout d'abord laisser de côté quelques épithètes dont il se gratifie mais qui semblent être, au moins à cette époque avancée, purement honorifiques : *noble*, *prince*, *ami unique d'amitié*. Lisons d'abord les titres qui, aux yeux de leur possesseur, semblent avoir eu le plus d'importance : *Juge suprême*, *vizir*, *Surintendant de tous les travaux du roi*, *Surintendant des documents écrits*, *Secrétaire de tous les ordres royaux*, *Porteur du rouleau*, *Scribe du livre divin*. Ils étaient gravés dans la colonne axiale de la fausse porte, celle que l'on devait lire d'abord. Elle était faite pour impressionner le visiteur et lui inspirer des sentiments de crainte révérentielle envers celui qui fut, de son temps, non seulement le plus haut personnage de l'Etat, mais aussi chef des travaux publics; il avait donc fait construire des tombeaux dans la nécropole, et, pour cela, devait être versé en tout genre d'écrits, profanes et sacrés; c'était un savant dont il eût été dangereux de ne pas respecter la propriété funéraire. L'ordre d'importance des fonctions est décroissant, comme on peut s'en assurer par les deux dernières qui constituent des grades sacerdotaux, sans doute élevés, mais assez répandus tout de même. Sur les colonnes latérales, s'étalent complaisamment les autres titres de Ptahhotep : *Chancelier du roi de Basse-Egypte*, *Préposé à Bouto*, *Surintendant général du roi de Haute-Egypte*, *Secrétaire du roi de Haute-Egypte...*, *Surintendant du Double-Grenier*, *Surintendant de la Double-Maison-blanche* (ou bien « du Double Trésor »), *Surintendant du Double-Bureau du Sceau*, *Surintendant de la Double-Maison-de-l'or*, sans tenir compte de qualifications purement honorifiques, comme *aimé de son maître* ou *jouissant de privilèges*, ou de titres encore si obscurs pour nous qu'il est inutile de les mentionner. Ceux-là suffisent cependant à mettre en évidence que, même si des héritages thinites comme *Chancelier du roi de Basse-Egypte* ont pu perdre beaucoup de leur valeur ancienne, la fonction de vizir demeurait au centre même de toutes les activités gouvernementales.

Mererouka, vizir du roi Téti, un peu plus tard, avait épousé une princesse royale. Dans son immense tombeau, près de la pyramide de son souverain, ses titres reviennent souvent : il avait été nommé *pupille du roi*, sans doute parce qu'il avait été élevé au Palais. Cela lui valut l'épithète flatteuse de *Celui qui est dans le cœur du roi dans son double-rivage.* Il remplit, au moins à un moment de sa carrière, des fonctions palatines importantes : *Surintendant du palais*, *Surintendant de tout ornement royal*, *Surintendant du harem du dieu*, *Secrétaire de la maison du matin*, *Directeur de tout vêtement.* Outre la direction des ministères qui avait été confiée à Ptahhotep, il possédait d'autres charges : *Directeur des demeures de la couronne rouge*, *Secrétaire des missions secrètes*, *Secrétaire de jugement des six demeures vénérables*, *Surintendant des six demeures vénérables*, *Directeur des demeures de l'eau*, *Commandeur des notables.* Il ajoutait à ce *cursus honorum* civil, pourtant déjà abondant, de hauts emplois religieux : grand prêtre d'Héliopolis : *Celui qui voit le Grand*, grand prêtre d'Hermopolis Magna : *Vénérable des cinq dans la maison de Thot*, et possédait des sacerdoces d'Horus et de Min. Encore n'avons-nous choisi que quelques-uns des quatre-vingt-quatre titres que put arborer ce personnage considérable.

Toutes ces grandeurs se traduisaient dans la vie sociale par un décorum dont les règles étaient aussi rigides sans doute que celles qui régissaient la noblesse de l'ancien régime. Les images sculptées dans le fin calcaire de leurs tombeaux, surtout à Saqqara, les figurent parfois se rendant à leur office dans des palanquins dont les porteurs peuvent atteindre le nombre de douze. Une clientèle nombreuse, composée surtout de leur famille, frères et enfants, les accompagne ainsi que leurs nains familiers menant en laisse leurs singes et leurs chiens. Leur costume variait avec les rôles qu'ils avaient à tenir : pagnes courts ou jupes empesées et perruques diverses. Le plus impressionnant, au moins à nos yeux, fut celui où, sur leur pagne à devanteau amidonné, ils passaient une peau de panthère avec ses pattes encore munies de leurs griffes. Elle s'agrafait sur l'épaule droite à l'aide d'un double pendentif très particulier et la queue de la bête pendait derrière le dos. Un large collier couvrait le haut de la poitrine. Une lourde perruque descendant derrière les épaules, un bâton et un sceptre à la main complétaient cet appareil déjà destiné, sans aucun doute, à donner toute sa gravité à notre sénateur. Parfois aussi, probablement comme justicier, il portait l'emblème de la déesse Hathor sur la poitrine , ou bien un cœur, siège de la vie intellectuelle pour les Egyptiens. N'était-il pas le représentant de la « pensée » du roi?

Les traits personnels de deux ou trois vizirs de l'Ancien Empire se détachent déjà pour nous avec quelque relief. Le premier dont nous puissions entrevoir le caractère est le célèbre contemporain du roi Djéser, Imouthès. Quelque parcimonieux que soient les documents contemporains à son égard, comme les inscriptions tardives en font le vizir de son maître, nous n'avons aucune raison sérieuse de révoquer en doute leur témoignage. Si le mot ne figure pas sur la base d'une statue de Djéser c'est qu'il n'était pas encore parvenu à ce poste quand il la fit ériger; mais il y est déjà qualifié de *Premier au-dessous du roi d'Egypte*, de *noble*, et remplit les plus hautes fonctions civiles et religieuses : grand prêtre d'Héliopolis et *Régent de la Grande Demeure*. Pourtant, une carrière administrative ne suffit pas à absorber l'activité du ministre. Il dirigea les travaux publics et fut, à ce titre, l'architecte du monument funéraire du roi. La grandeur de la conception générale, comme l'emploi à grande échelle d'un matériau d'éternité, la pierre, sont sa marque personnelle sur cette œuvre grandiose. Son sacerdoce héliopolitain le tourna-t-il vers la spéculation intellectuelle? Toujours est-il qu'il rédigea un recueil de sentences morales aujourd'hui perdu, mais qui était classique en Egypte. S'il faut en croire Manéthon, il aurait été, en outre, médecin. Peut-être est-ce à ce fait et à son renom de sagesse qu'il dut d'être déifié et identifié, plus tard, par les Grecs à leur Asclepios. Si l'on découvrait un jour son tombeau, peut-être pourrait-on préciser le portrait de ce ministre génial qui fut aussi architecte, écrivain, moraliste et sans doute médecin, une des premières et des plus attachantes personnalités de l'histoire.

Pour le vizir Kagemni , qui vivait sous le roi Houni, un auteur inconnu avait écrit un recueil de conseils moraux, dont une partie nous est parvenue. Mais sa figure est bien falote à côté du grand Ptahhotep, l'auteur du « plus ancien livre du monde » que nous possédons au complet. Il était vizir du roi Izezi et c'est très probablement le propriétaire d'un mastaba que Mariette découvrit à Saqqara, au nord de la pyramide à degrés et dont les bas-reliefs comptent parmi les meilleurs de la nécropole memphite. *Le juge suprême et vizir, l'ami unique*, Ptahhotep, cumulait maintes fonctions très élevées ou les avait remplies avant d'atteindre le poste suprême du royaume. Il y avait acquis une expérience profonde que son livre nous laisse entrevoir. Cet ouvrage, il l'a rédigé fort tard, s'il faut en croire son introduction puisqu'il aurait atteint le terme de la vie la plus longue et la plus remplie à laquelle humain puisse prétendre, l'âge de cent dix ans. Aussi commence-t-il, après avoir décrit avec pittoresque les inconvénients du grand âge, par la demande d'un coadjuteur, *un bâton de vieillesse*, comme il l'appelle, qu'il puisse former à la sagesse pour exercer le même métier que lui :

O Souverain, mon Maître,
Le grand âge est là et la vieillesse est descendue sur moi;
La langueur est venue et la fragilité de l'enfance se renouvelle,
Elle qui fait dormir l'enfant sans cesse.
Les yeux sont faibles, les oreilles sont sourdes,
La force disparaît, parce que le cœur se fatigue;
La bouche se tait et ne peut plus parler;
L'esprit est oublieux et ne peut plus se souvenir d'hier.
Les os sont malades à cause de la longueur de l'âge.
Le bon s'est changé en mauvais;
Tout goût s'en est allé.
Ce que fait la vieillesse à l'homme
Est mauvais sous tous rapports;
Le nez est bouché, il ne peut respirer;
N'importe quel mouvement est pénible.
Que l'on ordonne donc au serviteur ici présent de se constituer un bâton de [vieillesse,
Afin que je lui répète les paroles de ceux qui ont écouté,
Les conseils de ceux qui ont vécu auparavant,
Et qui savaient obéir aux dieux.
Si bien que l'on fasse pour Toi la même chose;
Que le mal soit chassé du milieu des hommes
Et que les Deux Rives te servent!

Comme on le voit, le personnage est pittoresque et bien vivant encore dans son œuvre. Nous reviendrons sur l'idéal moral qu'il y développe et qui mérite examen.

Que devint le vizirat dans les temps troublés qui suivirent la fin de la VIe dynastie? Il semble que, pour s'approprier les forces en quelque sorte magiques que les titres portaient en eux, on les ait multipliés au profit de chacun de ceux qui réussirent à s'en emparer. Aussi le nom de vizir fut-il, comme les autres, accaparé par des féodaux qui n'en exerçaient pas les fonctions en réalité. Ce n'était plus qu'une dignité. Il redevint un emploi réel au Moyen Empire mais nous n'arrivons guère à le mieux cerner qu'à l'Ancien Empire. Peut-être, déjà, le vizirat fut-il scindé en deux sous la XIIIe dynastie. Il paraît certain, du moins, qu'au milieu du IIe millénaire, lorsque les Hyksos furent boutés hors du pays, le vizir, de nouveau, était unique. Après Thoutmosis III, cependant, la charge, devenue trop écrasante pour un seul homme, avait été partagée en deux. A côté du vizir du Sud qui résidait à Thèbes, on créa un vizir du Nord qui tint ses assises à Memphis, à Héliopolis, puis à Pi-Ramsès et encore à Memphis.

Des prescriptions concernant les devoirs du vizir nous sont parvenues dans les tombeaux de la XVIIIe dynastie. Peut-être datent-elles du Moyen Empire. Elles permettent de préciser le rôle que devait jouer ce haut personnage. Et d'abord l'appareil dans lequel il doit donner audience est soigneusement décrit. Il se tient dans le bureau du vizir, assis sur une chaise à dossier, une natte de roseau sur le sol, il porte une chaîne au cou et une peau est placée sur son dos, tandis qu'une autre est sous ses pieds. Ensuite la manière dont tout le gouvernement se concentre entre ses mains est nettement exposée. C'est lui qui ordonne l'ouverture et la fermeture quotidienne des entrepôts. C'est dire que la vie économique du pays, rentrée des redevances et paiements ou salaires de l'Etat, est dirigée par lui. Il contrôle d'ailleurs par lui-même ou par ses agents toutes les entrées ou sorties. Chaque jour, le vizir est tenu de saluer le souverain et de lui faire son rapport. Pour cela, un entretien réglé par l'étiquette la plus stricte a lieu entre lui et le Surintendant du Trésor, équivalent de notre ministre des Finances. Ce dernier attend le vizir dans un portique situé près de l'entrée du palais. Aussitôt que le vizir paraît dans le pylône, le Surintendant du Trésor s'avance vers lui et lui fait rapport sur ce qui s'est passé la veille : « *Toutes les affaires sont saines et sauves. Tout fonctionnaire de service m'a fait rapport en disant : « Toutes les affaires sont saines et sauves et le domaine royal est sain et sauf. » Alors le vizir fait rapport au Surintendant du Trésor en disant : « Toutes les affaires sont saines et sauves et tout département de la Résidence est sain et sauf. Rapport m'a été fait que les entrepôts ont été fermés au moment voulu et ouverts au moment voulu par chaque fonctionnaire de service.* » Le vizir fait alors rouvrir les magasins. C'est le signal auquel commence l'activité économique journalière.

Il nomme encore les conseillers qui assistent les administrateurs de Haute et de Basse-Egypte et, au début de chaque saison, c'est-à-dire trois fois par an, il les réunit en commission. Il mobilise l'armée et s'occupe d'assurer les déplacements royaux à travers le pays. Il fixe les lieux où cantonnent les troupes. Il supervise à la fois l'intendance et l'état-major. Et des conseils de fonctionnaires inférieurs et supérieurs se tiennent dans son bureau pour recevoir les directives générales. Les grands travaux agricoles du domaine royal se font sous sa direction et la surveillance des frontières et des forteresses qui les gardent lui incombe. Il contrôle l'administration temporelle des biens des temples, reçoit les tributs des pays étrangers et vérifie la rentrée des impôts. Il surveille la crue du fleuve et l'organisation de la flotte.

Fondamentalement, le vizir était donc considéré comme l'intendant général du royaume. Et encore avons-nous laissé de côté les attributions judiciaires que nous retrouverons plus loin. Il y a, à la base de cette conception, quelque chose de patriarcal qui n'a jamais totalement disparu, même aux périodes où l'administration a pris des formes tout à fait élaborées. Mais le rôle très général qu'il joue doit résulter aussi, dans la conception que les Egyptiens se faisaient de la royauté, du fait qu'il était l'intermédiaire obligatoire entre le *Fils de Rê* et les organes du gouvernement. Il participe en quelque sorte de la divinité royale et doit donc, par essence, intervenir un peu en tous les domaines. Plus d'un texte lui attribue, à ce titre, des qualités royales et ce fait nous permet de mieux interpréter l'universalité de sa compétence, si surprenante au premier abord. Cela ne l'empêche pas, à l'apogée de l'empire, d'être assisté par toute une série de ministères qui jouèrent un rôle important.

Le ministre des Finances était appelé *Surintendant du Trésor*. Il était assisté d'un lieutenant et de plusieurs subordonnés : le Surintendant des sceaux, celui du Cabinet de son propre Bureau, celui des grandes entreprises. Des gardiens et des scribes de rangs variés étaient sous les ordres de ces derniers. Il y eut des variations dans les titres. Au Moyen Empire, celui qui dirigeait le Trésor s'appelait le *Surintendant de Cabinet du Trésor*, alors qu'il reprendra au Nouvel Empire le titre plus ancien et plus simple de *Surintendant du Trésor*. Mais on ne sait pas, dans l'état présent des études, à quoi correspondent ces changements. Comme le vizirat, le Trésor fut divisé et il y eut celui de Haute et celui de Basse-Egypte. Il ne semble pas qu'il y ait eu une direction unique de cette double organisation. Comme aucune représentation des trésors de l'Etat ne nous est parvenue, nous devons l'imaginer d'après celui d'Amon. On y conservait les produits du pays directement livrés : céréales, miel, encens, huile, vin, caroubes. Les produits manufacturés y figuraient aussi : sandales, corbeilles, nattes de papyrus, vêtements, bois, métaux. Les tributs étrangers y ajoutaient une note exotique : peaux, défenses d'éléphants, arcs, boucliers, métaux précieux de toute espèce. C'était de ce même trésor qu'on tirait le paiement des employés de l'Etat, comme ceux de la Nécropole royale qui habitaient Deir el-Médina.

Les biens de la couronne étaient administrés déjà sous les dynasties héracléopolitaines, par un grand intendant que nous retrouverons au Moyen puis au Nouvel Empire. On devine l'importance de son rôle à ce qu'il est nommé à côté du général en chef, du surintendant des champs et du secrétaire privé, tous fonctionnaires de haut rang. A sa gestion des biens fonciers, s'ajoutait une juridiction spéciale pour les gens des propriétés royales, comme on le voit par le fameux *Conte de l'Oasien.* Dans la mise en œuvre romancée de cet enseignement social, un oasien du ouadi Natroun, volé par un fonctionnaire des biens royaux, demande justice au *Grand Intendant* du roi Nebkaourê. Mais son rôle essentiel était de s'occuper du rendement du domaine. Les différentes espèces de terrains étaient soigneusement distinguées. Nous ne pouvons entrer ici dans l'énumération de tous ces champs différents. Les uns, formant une unité administrative, étaient la propriété directe d'une institution. La récolte appartenait intégralement au propriétaire qui faisait cultiver. D'autres, tels les terrains à redevances, étaient donnés à des particuliers qui devaient livrer à l'institution, qui en était propriétaire, seulement une portion déterminée de la récolte. Ces détails sont bien connus pour la XIXe dynastie parce que de nombreux papyrus administratifs et juridiques de cette époque ont été conservés.

On imagine combien ces dispositions administratives concernant le sol devaient exiger de précision dans la mensuration des propriétés agricoles pour éviter toute contestation. Au Moyen Empire, les commissions d'arpentage étaient dirigées par un *scribe du cadastre* et comprenaient deux *scribes agricoles*, un *porteur de cordeau* et un *tendeur de cordeau.* Au Nouvel Empire, ce sont les scribes agricoles eux-mêmes qui dirigent les opérations. A la XIXe dynastie, ils seront encore supplantés par les *scribes des céréales.* Mais, si les cadres de l'organisation du fisc changèrent, les procédés durent rester à peu près identiques et tels qu'ils ont été représentés dans plusieurs tombes thébaines et en particulier dans celle d'un scribe agricole de l'époque de Thoutmosis IV, Menena; c'est un des chefs-d'œuvre de la nécropole. La moisson est mûre, les épis vont être fauchés. Sous la direction d'un scribe de rang élevé, qui porte chemise et pagne plissé, les arpenteurs prennent leurs mesures. Ils sont deux à tendre le cordeau, aidés par des enfants. Chacun porte à l'épaule un rouleau de corde supplémentaire. Deux autres scribes vêtus comme le directeur, leur palette à la main, inspectent, tout prêts à prendre note. Et comme il est recommandé d'être en bons termes avec l'auxiliaire du percepteur, un jeune homme et une jeune fille portent une collation destinée aux employés du fisc. Mais on a pris soin aussi de confectionner un bouquet d'épis verts, ce que les fellahs actuels appellent la « fiancée du blé », pour détourner les mauvaises influences que pourrait valoir au champ pareille opération.

Cependant, dans ce pays bureaucratique à l'excès, l'évaluation exacte du champ d'épis mûrs ne parut pas suffisante encore. On calculait aussi soigneusement la quantité de grains récoltée. Et, près des vanneurs, des scribes, palette en main, comptent un par un les boisseaux de blé.

Cette exploitation du domaine royal permettait de pourvoir le palais et d'alimenter la table du roi, ainsi que l'ensemble des services palatins parmi lesquels la maison de la reine et tout le harem. Un nom qui, à l'origine, a signifié le « cuisinier » ou quelque métier très proche, s'est peu à peu spécialisé pour désigner l'*officier de bouche* du roi. A côté de lui était aussi un *échanson.* Ces métiers plaçaient les courtisans qui les exerçaient en contact constant avec le roi. Peu à peu, leurs détenteurs devinrent les confidents de Pharaon et finirent par former, au début de la XXe dynastie, la plus haute classe du royaume, avant les princes et avant l'armée. Ils dirigent, avec de hauts fonctionnaires militaires et civils, des expéditions au ouadi Hammamat. Plusieurs officiers de bouche du roi figurent parmi les juges du procès du harem sous Ramsès III. Il s'est, en somme, produit pour eux une évolution analogue à celle des fonctions médiévales correspondantes.

Bien d'autres institutions et d'autres titres demeurent pour nous énigmatiques. Nous ne sommes pas sûrs de ce qu'ils recouvraient. Nous percevons une évolution sans pouvoir toujours la suivre ou la préciser. Des titres apparaissent momentanément qu'on ne rencontre plus jamais par la suite. Surtout, l'évolution de l'administration à la basse époque jusqu'au moment où les Ptolémées imposeront des cadres nouveaux, bien qu'ils aient pu s'inspirer des traditions anciennes, est encore à étudier.

•

Il reste seulement à dire quelques mots de l'armée , qui joua dans la libération nationale, puis dans l'établissement de l'empire, un rôle de premier plan. La milice de l'Ancien Empire demeure encore pour nous dans la brume. A l'époque héracléopolitaine les troupes étaient divisées en sections de quarante hommes. Les unes étaient composées de lanciers, les autres d'archers. Elles étaient commandées par des officiers et des généraux et comprenaient exclusivement de l'infanterie et de la marine, surtout fluviale.

Mais à la XVIIIe dynastie, la structure de l'armée nous est mieux connue. A côté d'une infanterie et d'une marine de combat bien aguerries, apparaît une charrerie empruntée à l'Asie. L'élément de base en est un char à timon unique attelé de deux chevaux. L'essieu, porté par ses deux roues, soutient une caisse légère, armature de bois revêtue de cuir, sur laquelle prennent place deux hommes, le conducteur et le combattant. Conformément au principe traditionnel de dualité, l'armée comprenait, durant la XVIIIe dynastie, deux divisions. Horemheb, le général qui succéda à Ayé, en ajouta une troisième. Ramsès II, une trentaine d'années après, disposait de quatre divisions, sous le vocable d'Amon, de Rê, de Ptah et de Soutekh, lorsqu'il livra bataille sous les murs de Qadech. Chacun de ces grands corps d'armée comprenait cinq mille hommes, répartis en vingt compagnies de deux cent cinquante combattants. La compagnie elle-même se divisait en cinq sections de cinquante soldats. Toutes ces unités étaient soigneusement encadrées. Le chef des *commandants de compagnie* était à la tête de la division. Les commandants de compagnies formaient le corps des officiers tandis que les chefs de sections correspondent à peu près à nos sous-officiers.

Le roi présidait lui-même l'état-major général avec le *lieutenant général de l'armée* qui ne quittait guère le souverain et dont le commandement est plus théorique que réel. Les généraux divisionnaires en faisaient partie ainsi que quelques courtisans portant le titre, sans doute honorifique, de général. On sait combien, dans l'action, un certain nombre de souverains ont payé de leur personne. Kamosis, Thoutmosis Ier, Thoutmosis III, Aménophis II, Sethos Ier, Ramsès II furent, sur le champ de bataille, des guerriers émérites et, souvent, de fort habiles généraux. Seqenenrê Taô, selon toute vraisemblance, est mort de ses blessures en plein combat.

A une armée dressée pour la conquête d'un empire, il fallait une intendance bien organisée. Le *scribe commis aux effectifs* et le *scribe commis au ravitaillement* constituent les officiers généraux d'administration. Ils ont sous leurs ordres 20 scribes militaires, c'est-à-dire un par compagnie. C'est sans doute cette organisation qui s'occupait du butin.

Il semble qu'à l'époque de Ramsès II chaque division eût comporté une section de cinquante chars, ce qui portait l'ensemble de la charrerie à deux cents chars pouvant donner dans la bataille. Au temps de l'empire, une marine de guerre et de transport fut nécessaire non seulement sur le Nil mais sur la Méditerranée. Elle permettait les transports de troupes et du matériel nécessaire à la guerre de siège, presque à pied d'œuvre et très rapidement. Nous savons mal quels ports de l'Egypte étaient utilisés. Mais Byblos et Symira furent souvent les lieux de débarquement des armées égyptiennes. Cette marine fut le salut de l'Egypte un peu plus tard sous Minephtah et surtout sous Ramsès III. Lorsque les Peuples de la Mer déferlèrent sur les côtes du Delta avec leurs vaisseaux aux proues ornées de têtes d'oiseaux, Ramsès III avait disposé à la fois des vaisseaux dans les bouches du Nil et d'autres plus dissimulés qui devaient sortir de leurs ports et prendre l'ennemi à revers. A terre, des troupes d'archers commencèrent par cribler de flèches les Philistins, reconnaissables à leurs hautes coiffures empennées, et leurs alliés. Dès qu'ils tentèrent de débarquer, l'infanterie lourde donna. Arrêtés sur le fleuve par les bateaux égyptiens, pris à revers par quelques unités de la flotte pharaonique, ce fut pour eux un désastre. Un certain nombre de leurs bâtiments sombrèrent. Les autres furent pris. Peu s'échappèrent. Le nombre de prisonniers fut considérable.

Un des premiers soins des rois saïtes, lorsqu'ils voulurent recréer la grandeur nationale, fut de reconstituer la flotte. Néchao II dota peut-être l'Egypte de trières plus perfectionnées, à la manière grecque. Il a lié son nom à l'une des entreprises les plus remarquables de l'exploration antique, en lançant son fameux périple autour de l'Afrique, comme l'a transmis Hérodote. Ce fut le dernier exploit de la Marine égyptienne.

Depuis longtemps déjà, les pharaons avaient recruté des mercenaires, même parmi leurs ennemis d'hier. Les Nubiens semblent avoir été les premiers. Puis on enrôla Libyens, Chardanes à la coiffure si étrange, Méchouech. Ils formaient des troupes auxiliaires. Mais leur emploi de plus en plus généralisé fut peut-être à l'origine de la décadence militaire de l'Egypte. On constate avec surprise que ce sont principalement les mercenaires qui firent les frais des guerres contre les Perses. Aussi les trahisons y jouent-elles un grand rôle. On a l'impression que l'Egypte ne trouvait plus de courage que pour fomenter des révoltes mais n'arrivait pas à s'organiser en nation armée contre l'envahisseur. Elle devait y perdre sa liberté politique et la structure de son armée ne sera plus, au temps des Grecs ou des Romains, que celle de ses maîtres.

•

Avant ces temps sombres où le nationalisme égyptien s'exaspéra, lorsque les armées pharaoniques, dans leur jeune vigueur, conquéraient puis défendaient la Nubie et l'Asie, il fallut organiser pacifiquement l'Empire. En Nubie, les rois de la XIIe dynastie avaient établi des forteresses où avaient résidé des chefs égyptiens; le prince d'Assiout Hâpydjefa fut enterré à Kerma, au sud de la troisième cataracte, près de la place forte qu'il avait commandée. Mais à la XVIIIe dynastie, il fallut créer une organisation permanente. C'était de ces régions que venaient des richesses minières très importantes et surtout de l'or. Les populations nubiennes, variées, étaient à la fois arriérées et désunies. Aménophis Ier institua donc un vice-roi de Nubie. Il portait le titre de *fils royal*, auquel on ajouta régulièrement *de Kouch* *, à partir de Thoutmosis IV. Il est appelé aussi, dès l'origine, *Chef des Pays du Sud*, puis, un peu plus tard, *Chef du pays de l'or d'Amon.* Il gouvernait deux grandes divisions territoriales, l'actuelle Nubie de la première à la deuxième cataracte et l'actuel Soudan, le pays de Kouch, jusqu'à la cinquième cataracte environ. La Nubie, appelée Ouaouat par les Egyptiens, était administrée par un *lieutenant de Ouaouat* tandis qu'un *lieutenant de Kouch* dirigeait le Soudan. Les services administratifs comprenaient les mêmes rouages que ceux d'Egypte. Ils se concentraient dans les agglomérations qui s'étaient formées autour des places fortes égyptiennes dont plusieurs ont été admirablement conservées comme celle de Bouhen, dégagée par des fouilles récentes.

Le vice-roi résidait en principe à Aniba, considérée comme la capitale. Mais on n'a pas fouillé le site avant l'exhaussement de l'actuel barrage, de sorte que l'emplacement de son palais est inconnu. Par contre, la tombe d'un vice-roi, Mesoui, a peut-être été retrouvée à Ouadi es Sebouâ et des ouchebtis de plusieurs autres en différents points du pays. On peut donc penser qu'ils ont parfois établi ailleurs leur résidence. Le centre administratif de Kouch était à Amara. Les tributs levés par l'Egypte comprenaient, outre l'or, très important, ivoire, ébène, plumes d'autruches et peaux de léopards; girafes, autruches, singes étaient aussi amenés vivants à Thèbes. Les cortèges de Nubiens et de nègres portant les produits ou tirant les animaux sont finement représentés dans plusieurs tombes et jusque dans la cour du temple de Bet el-Ouali creusé sous Ramsès II. On ne peut échapper à l'impression que les Egyptiens ont mis quelque humour dans le dessin de ces cortèges où des types humains un peu étranges s'affairent au milieu de produits exotiques et de bêtes bizarres qu'on voyait rarement dans la basse vallée du Nil.

Tout le pays s'égyptianise profondément. A la *Montagne sainte*, au Gebel Barkal, un sanctuaire élevé par Thoutmosis III avait conservé une très belle stèle de ce roi. Toutankhamon avait construit un temple à Kawa. A Soleb, Aménophis III avait bâti pour Amon une demeure grandiose dont beaucoup de colonnes sont encore debout et rappellent celles de Louxor. A Bouhen, c'était Hatchepsout qui, dans la forteresse réparée du Moyen Empire, avait édifié un petit temple dont les reliefs aux couleurs vives sont encore une joie pour les yeux. Thoutmosis III et Aménophis II avaient érigé à Amada un édifice modeste mais fort harmonieux, orné de délicates sculptures et d'une stèle importante. Mais toute la Nubie fut couverte de monuments par Ramsès II : Bet el-Ouali, Gerf Houssein, Qouban, Ouadi es Sebouâ, Derr, Akcha. Pourtant, aucun de ces édifices, dont certains sont des chefs-d'œuvre, ne peut être comparé aux deux temples hypogées d'Abou Simbel, promis aujourd'hui à une destruction ou, au moins, une défiguration certaine. On ne s'étonnera pas, dans ces conditions, que la dynastie kouchite qui s'empara de l'Egypte en 730 ait adoré le dieu Amon et se soit conduite d'emblée comme une lignée de souverains légitimes.

Du côté de l'Asie, au contraire, les conditions politiques étaient tout à fait différentes. C'était une poussière d'Etats, divisés par leurs intérêts, de forme politique tout à fait diverse, depuis les républiques comme Tounip jusqu'aux royaumes comme Qadech, en passant par les oligarchies syriennes et les chefs d'Etat des villes phéniciennes. Les produits à percevoir étaient tout autres : objets manufacturés, car beaucoup de cités étaient fort civilisées et s'entendaient bien aux affaires; céréales, puisque les terres de Syrie ou la plaine d'Esdrelon étaient aussi fertiles que le sol d'Egypte; métaux enfin, dont l'Egypte était dépourvue, comme le fer. Un commerce intense régnait dans ces régions. Une langue internationale, l'accadien , permettait de se faire comprendre partout. L'Egypte, qui eut à garder son flanc est du danger successif des Mitanniens, des Hittites, puis des Assyriens, laissa l'autonomie intérieure à chacune de ces petites principautés, en leur imposant seulement sa suzeraineté.

Elle éleva à sa cour de jeunes princes qui étaient égyptianisés. On remplaça les gouvernements trop hostiles par d'autres plus favorables au fur et à mesure de la conquête. Un certain nombre d'administrateurs égyptiens, soutenus par de petites garnisons permanentes, surveillaient les vassaux et veillaient à ce que le tribut fût livré. C'était le signe même de la vassalité. Des inspections armées régulières faites par le roi suffirent à maintenir la paix jusqu'à la crise amarnienne. La XIXe dynastie reprit cette politique.

Mais la faiblesse des rois qui suivirent apparaît dans la constitution de deux nations indépendantes aux portes mêmes de l'Egypte : les Philistins et les Hébreux; c'est au détriment de l'empire qu'ils se créèrent, comme le royaume d'Amourrou s'était formé pendant le règne d'Akhenaton.

Cette organisation de l'empire permet de mesurer la souplesse du génie égyptien qui sut s'adapter à des conditions extrêmement différentes. Son influence rayonna, très forte, du Sinaï jusqu'à l'Euphrate. Les installations égyptiennes de Beisan, avec ses temples et ses stèles, sont moins importantes pourtant à nos yeux que les motifs égyptiens que l'on découvre dans les ivoires du Croissant fertile et le relief hittite ou l'empreinte de la littérature et de la pensée égyptiennes que l'on peut discerner dans le texte de la Bible. C'est par sa culture que l'Egypte finalement s'est imposée et cette partie de son œuvre ne s'est jamais perdue.

●

Cependant, au-dessous des rois, des hauts fonctionnaires et des grands employés du régime pharaonique, nous aimerions connaître les masses plus humbles d'une population par l'effort de laquelle s'est édifiée la civilisation égyptienne. Mais ici, plus qu'ailleurs encore, l'indigence de nos sources est considérable. Les pauvres laissent peu de traces en ce monde : ils n'y édifient point de tombeaux durables et ne possèdent aucun de ces objets d'art que leur matière, marbre, onyx, émail, peut rendre impérissables. On ne parle guère d'eux dans les livres. Les documents d'état civil qui les concernaient ont disparu et les recueils législatifs qui définissaient leurs statuts ne nous sont point parvenus. Et comment oser étendre à d'autres époques les maigres renseignements que le hasard nous a transmis pour un moment déterminé? Qu'importe! Ce que l'on peut entrevoir donne au moins une idée de ce qui a pu se passer.

A l'époque tardive, dans les liturgies les plus solennelles des temples, l'humanité était représentée par trois groupes de gens appelés les PÂT, les REKHYT, les HENEMEMET. Mais c'était un archaïsme religieux caractérisé, car ces mots se retrouvent dans les compositions les plus anciennes, les *Textes des Pyramides*. Le sens avait eu le temps de changer bien des fois. Il semble pourtant que les premiers aient été des gens de Haute-Egypte, que l'on nomme toujours avant les autres, comme on nomme leur pays avant la Basse-Egypte. On a pris l'habitude de traduire le mot par « patriciens », qui ne convient qu'à demi, toutes les équivalences données avec des faits grecs ou romains boitant toujours par quelque côté. Les Egyptiens, eux, semblaient se les représenter comme les plus anciens habitants autochtones du pays, depuis le temps où la terre avait été pour la première fois séparée du ciel et où le dieu Geb avait assumé leur gouvernement. Les rekhyt ont peut-être été surtout des gens du Delta, en tout cas, des populations qui se sont opposées aux rois du Saïd quand ils voulurent unifier le pays. Aussi sont-ils représentés parfois, sur les monuments prédynastiques, pendus après quelque victoire des méridionaux. Peu à peu le mot désignera le commun peuple. Quant aux henememet, ce sont des orientaux qui regardent se lever le soleil qu'ils adorent. Parfois le mot semble être pris, sous l'empire, au sens d'être humain en général. Mais trop de mythologie enveloppe ces mots, qui paraissent pris quelquefois dans un sens purement social, pour que nous puissions tirer grand-chose de leur analyse.

Nous aimerions savoir le sens exact du mot NEDJES qu'on a traduit par « bourgeois »; on entrevoit bien qu'il s'agit de gens de condition modeste, mais c'est encore trop peu. Ce terme englobait peut-être toutes les personnes qui n'avaient point de titre et qu'on désignait par le nom de leur fonction. Ils nous sont connus par la *Satire des métiers* du Moyen Empire; dans cette œuvre classique, un scribe, pour exalter sa profession, met en relief de manière saisissante les inconvénients inhérents à celle des autres : sculpteur, orfèvre, forgeron, menuisier, graveur, barbier, berger, maçon, jardinier, cultivateur, tisserand, corroyeur, foulon, chasseur, pêcheur. Sans suivre l'auteur satirique dans ses exagérations, il est certain que ces petites gens avaient un sort plutôt misérable que, seuls probablement, adoucissaient un peu le climat fort doux de l'Egypte et la fertilité légendaire du sol.

Quelle était leur situation sociale? Elle différa à la fois selon les temps et les lieux. Les métiers urbains étaient sans doute exercés par des gens libres. Mais les individus qui dépendaient des temples ou des domaines et ateliers royaux paraissent avoir été des sortes de serfs, attachés à la terre ou à leur lieu d'emploi. Ici encore, parmi les mots nombreux qui désignent une condition servile (il y en a au moins huit), il nous est impossible de traduire très exactement chaque terme. Chacun d'entre eux a été rendu par « esclave ». Mais cela constituerait, on doit le reconnaître, une exubérance anormale du vocabulaire. Les Grecs et les Latins, qui ont pratiqué l'esclavage sur une grande échelle et au sens strict du terme, n'ont jamais eu qu'un mot pour le désigner. D'autre part, on ne connaît en Egypte ni affranchissement, ni classe spéciale de gens affranchis. Lorsqu'on a examiné, par ailleurs, les documents qui concernent la vente et l'achat des esclaves, on s'aperçoit que ces derniers y possèdent un certain nombre de droits fondamentaux incompatibles avec l'état de servitude proprement dit. De sorte qu'il est difficile de décrire avec certitude l'état social de ceux que nous appelons esclaves.

Autant qu'on puisse se représenter les choses, à l'Ancien Empire, époque de droit plus individualiste, on a l'impression que les mots HOM et MÉRYT désignent des serviteurs jouissant d'une certaine liberté. Les métiers comme l'agriculture semblent avoir été pratiqués par des tenanciers ou des travailleurs de condition libre. Rien n'autorise à penser qu'il existe un esclavage privé. Par contre, les prisonniers qu'on capturait, lors des expéditions militaires à l'étranger ou sur les confins du territoire, ont dû augmenter les contingents de serviteurs publics dépendant directement du roi.

Au fond, l'esclave proprement dit n'apparaît qu'avec les grandes guerres extérieures des deux empires thébains. Non seulement les conquérants égyptiens assignent, par dizaines de mille, les gens pris en Syrie ou en Nubie aux temples ou aux domaines royaux, mais ils en donnent en récompense à leurs soldats les plus vaillants. Sur le sixième pylône du temple de Karnak, Thoutmosis III avait fait graver : *le compte des Asiatiques mâles et femelles, des Nubiens et des Nubiennes que Sa Majesté avait donnés à son père Amon depuis l'an XXIII jusqu'à l'établissement de cette inscription dans ce temple.* Mais sous Ahmosis Ier déjà, le roi distribuait des prisonniers de guerre à ses soldats. *Alors, on prit Avaris,* nous raconte le capitaine de vaisseau Ahmosis, fils d'Abana; *alors je ramenai de là du butin : un homme et trois femmes, au total quatre têtes; alors Sa Majesté me les donna comme esclaves.* Cette générosité royale, que ce sous-officier de province conte en son style un peu lourd et enfantin, réapparaît maintes fois dans les biographies privées de la XVIIIe dynastie. Pourtant on ne connaît pas de vente d'esclaves datant du Nouvel Empire. Est-ce dû au seul hasard des découvertes ? Ce n'est pas tout à fait sûr. Les prisonniers devenus esclaves d'Etat étaient marqués au fer rouge et ne pouvaient plus, en conséquence, être libérés ni vendus de leur vivant. Quant aux esclaves privés, leur sort n'a peut-être pas été aussi dur que l'on pourrait l'imaginer, s'il est permis de donner valeur tant soit peu générale à un petit fait très curieux. Un barbier royal, Sibasté, avait gagné à la guerre un esclave. En l'an 27 de Thoutmosis III, il maria ce dernier avec une de ses nièces qu'il dota, grâce à un partage. Il est clair que l'acte, passé devant le tribunal des *Enfants du Kep au palais royal,* libérait en fait l'esclave. La rapidité avec laquelle ce prisonnier de guerre a été assimilé à un Egyptien de vieille souche paraît caractéristique et mérite d'être médité. Rapidement les esclaves faits à la guerre semblent s'être fondus dans l'humble population des villes et des campagnes.

A la XIXe dynastie, des contrats de vente d'esclaves sont connus. Et des marchands qui paraissent spécialisés y apparaissent. Peut-être le statut des esclaves s'est-il précisé. Toujours est-il qu'au début de l'époque saïte des personnes libres se vendent par contrat comme esclaves. Le mot employé ici est BAK, dont le sens est plus large que celui d'esclave, HOM. D'autre part, les contrats qui sanctionnent cette servitude volontaire permettent de conclure que celui des conjoints qui se vend avec ses enfants n'aliène point la liberté de l'autre et peut conserver un pécule personnel. La forme même de ces actes est tout à fait identique à celle d'un document où un personnage se vend pour devenir le fils d'un autre. On a affaire ici, de façon fort claire, à un moyen de passer outre à une impossibilité juridique : c'est l'équivalent d'une adoption, opération inconnue en droit égyptien. Aussi peut-on penser que ces pièces constituent, à la fin de la période féodale qui va de la XXIIe à la XXVe dynastie, un archaïsme juridique, maintenu contractuellement, à une époque où le servage disparaît (J. Pirenne). D'anciens serfs, qui se trouvaient dans des conditions financières difficiles, à un moment où il fallait louer des terres libres pour subsister, retrouvaient, grâce au subterfuge juridique de la vente de soi-même, la possibilité de rester en servage et de bénéficier de la protection que cet état leur assurait.

La vente véritable d'êtres humains à l'époque saïte n'a pas pour autant disparu. Mais il s'agit encore, sans doute, de prisonniers de guerre qui, en réalité, avaient seuls le statut des esclaves : les contrats de vente qui les concernent ressemblent alors tout à fait aux contrats dressés pour les têtes de bétail. Le nom de leur père et de leur mère n'est pas mentionné. Ceux qui sont, au contraire, appelés BAK dans les documents juridiques du même temps jouissent d'une demi-liberté; ils peuvent posséder des biens et ils ont une famille légitime. Fait étrange et révélateur, dans un de ces contrats, l'esclave lui-même se déclare satisfait de la vente : Le jeune homme *Senpekote, fils de Thoutmes et dont la mère est Khetbesierbone, susnommé, est présent, alors qu'il dit :* « *Ecris et exécute toute parole ci-dessus. Mon cœur est satisfait. Je suis ton esclave avec mes enfants, avec tout ce qui nous appartient et tout ce que nous pourrons produire. Ils ne pourront plus se considérer comme libres vis-à-vis de toi.* »

Ces faits, en dépit de leur dispersion et de la pénurie de l'information, permettent sans doute de voir que l'esclavage proprement dit fut rare en Egypte, sauf au lendemain des Grandes Conquêtes. Et encore, il fut vite résorbé. Par contre, l'état de servage, qui laissait une demi-liberté à ceux qui y étaient contraints et qui leur reconnaissait un statut juridique réduit mais réel, fut assez fréquent. On ne trouve donc pas au bord du Nil ces masses serviles qui déshonorent la Grèce et surtout Rome. Le bétail humain, vendu publiquement sur de grands marchés, juridiquement inexistant, multiplié à l'infini par les guerres ou par le fait du Prince, souille toute l'histoire ancienne classique. Quelques adoucissements apportés au sort de ces malheureux n'arrivent pas à justifier à nos yeux une institution qui provoqua les plus violentes critiques chez un Philon d'Alexandrie. La vieille Egypte, malgré ses duretés, était arrivée à mettre à peu près en pratique le large idéal d'humanité qu'avaient su concevoir ses Sages.

•

Le sort relativement doux des plus humbles classes de la population permet sans doute d'apprécier la hauteur qu'a pu atteindre une civilisation. Mais la manière dont un pays traite les étrangers qui viennent pacifiquement sur son territoire ne le permet pas moins. Il serait bien difficile de définir le statut qu'ils eurent en Egypte aux différents moments de son histoire. Pourtant on peut jalonner de quelques faits leur présence en pays nilotique. Dès la Ve dynastie, au temple de Sahourê, un bas-relief représentait l'arrivée en Egypte d'une flotte de haute mer, revenant sans doute de Byblos en Phénicie. On voit parmi les équipages des gens que leurs caractères ethniques distinguent nettement des Egyptiens : ils portent chevelure longue et barbiche pointue. Rien pourtant ne les montre contraints ni forcés. Ce ne sont pas des prisonniers. Viennent-ils apporter des tributs ? Sont-ils interprètes ? Ils acclament en tout cas Pharaon comme le font ses propres sujets. Au début du IIe millénaire, cette fois, c'est toute une caravane d'Asiatiques qui arrive, sans doute à travers le désert arabique, chez le puissant gouverneur du nome de la gazelle. Le fait lui parut assez remarquable pour qu'il le fît peindre dans son tombeau à Beni Hassan. Et cela lui a valu, chez les lecteurs actuels de la Bible, qui ne peuvent manquer d'évoquer les fils de Jacob descendant en Egypte faire leurs provisions, une célébrité tardive à laquelle il n'avait certes pas songé. Un scribe royal et un surintendant des chasseurs amènent à leur chef trente-sept Asiatiques auxquels leur nez busqué, leur épaisse chevelure bouffante, leurs favoris et leur barbe donnent une touche bien exotique. Ils sont vêtus de grands manteaux de laine vivement colorés, plus longs pour les femmes. Leur chef, dont le nom correspond sans doute au sémitique Abichar, est appelé *Régent du pays des étrangers*; il s'incline devant le seigneur égyptien et lui offre un bouquetin. Mais ils apportent essentiellement de la galène qui devait être un bon produit d'échange. L'artiste s'est plu à noter leur aspect étrange : arcs, boumerangs et lances diffèrent des armes égyptiennes. Leurs ânes portent des bagages enveloppés de couvertures et soigneusement arrimés d'où émergent la tête de deux enfants trop petits pour marcher. Deux des hommes ont une outre en bandoulière, précaution indispensable quand il s'agit de franchir des espaces désertiques. Et, comme les fils de Youbal dans la *Genèse*, l'un d'entre eux joue de la lyre en s'aidant d'un plectre. C'est dans cet équipage qu'Abraham était venu en Egypte. Ces relations pacifiques devaient s'étendre aussi aux îles de la Méditerranée et à l'Asie Mineure dans lesquelles on a trouvé des objets égyptiens de l'Ancien Empire.

Mais l'époque où les étrangers affluèrent en Egypte fut, sans contredit, celle des Thoutmosides. Les tombeaux des nobles à Thèbes contiennent souvent le tableau de ceux qui portaient les tributs des pays voisins. Sans doute ces images devinrent-elles rapidement traditionnelles et ne donnent-elles pas toujours toute satisfaction lorsqu'on veut en tirer des notions historiques ou chronologiques très précises. Elles permettent du moins d'évoquer le cortège pittoresque que formaient les personnages amenant dans la capitale égyptienne contributions imposées ou cadeaux intéressés de leurs maîtres. On voyait débarquer des Minoens aux chevelures tressées et frisées, vêtus de pagnes à franges couverts de dessins variés et multicolores, portant chaussettes montantes et souliers. Les gens de Syrie ou de Palestine, toujours nu-pieds, avaient de longs manteaux bariolés. Mais leur mise différait beaucoup selon la région d'où ils étaient originaires. Tantôt leur opulente chevelure bouffait sur leurs épaules, retenue au sommet de la tête par un bandeau, tantôt leurs cheveux raides, qu'un ruban serrait à la partie supérieure, descendaient régulièrement jusque sur le front et la nuque où ils étaient coupés à longueur égale en laissant passer l'oreille. Tous portaient la barbe en pointe et parfois des favoris hirsutes. Des femmes aux jupons trois fois bouffants, menant des enfants par la main ou les portant dans des hottes profondes fixées à leurs épaules, venaient ainsi servir de nouveaux maîtres. Les Nubiens, eux, outre leur peau fort bronzée, avaient une allure plus barbare : la partie antérieure du crâne rasée, de lourds anneaux dans les oreilles, des colliers épais, le nez épaté donnent à leur physionomie un aspect bien africain. Mais leur singularité était encore soulignée par leurs pagnes minuscules souvent taillés dans des peaux tachetées et, plus encore, par les bizarres troupeaux de singes de toute espèce, de guépards, d'autruches, de girafes, de taureaux qu'on ne rencontrait qu'au Soudan.

Sans doute, parmi ces gens, beaucoup s'en retournaient chez eux, une fois les contributions consignées dans les magasins royaux. D'autres demeuraient dans une servitude plus ou moins stricte. Mais, cela ne fait aucun doute, les ambassadeurs et les envoyés spéciaux des pays étrangers sillonnaient le fleuve et traversaient les grandes villes comme Memphis avant d'arriver à Thèbes. Des scribes de leur pays les accompagnaient, qui connaissaient les langues étrangères et venaient les enseigner aux Egyptiens. Les chancelleries de Thèbes et de Tell el-Amarna, pour nous en tenir aux cités sur lesquelles nous avons quelques renseignements, devaient pouvoir traduire à tout instant les missives diplomatiques qui, arrivant du Proche-Orient, étaient rédigées en accadien. Mieux encore, les pharaons eux-mêmes devaient pouvoir faire écrire leurs réponses en accadien pour toucher plus sûrement leurs correspondants. Plusieurs lettres d'Aménophis III au roi de Babylone Kadashman-Enlil sont en cette langue internationale. Aussi trouvons-nous à Amarna un scribe babylonien, et parmi les archives diplomatiques figurent des vocabulaires composés à l'intention des jeunes Egyptiens qui se destinaient à devenir secrétaires ou rédacteurs au ministère des Affaires étrangères. L'un de ces manuels d'écolier a été fait à la demande expresse du roi d'Egypte. Lorsque les étudiants savaient suffisamment les rudiments de la langue, on leur faisait lire les classiques de Babylone. Et c'est ainsi que des fragments du *Mythe d'Adapa*, du *Mythe de Nergal et d'Ereshkigal*, d'autres encore, ont été retrouvés parmi les paperasses diplomatiques, si l'on ose ainsi parler quand il s'agit de briquettes d'argile conservées dans les archives de la capitale où régna Akhenaton.

Les contacts ont été, on le voit, plus profonds que ne l'auraient laissé penser de simples rapports militaires ou même commerciaux. Mais ces derniers aussi ont eu des conséquences fort importantes, qu'on n'aurait pas soupçonnées au premier abord. Sur un point de droit international, les tablettes de Tell el-Amarna sont formelles : si un étranger vient à mourir dans un pays qui n'est pas le sien, ses biens reviennent, comme par droit d'aubaine, au pays dans lequel l'étranger se trouve à sa mort. L'injustice d'un pareil traitement saute aux yeux. Or, nous assistons à des essais pour y mettre fin. Les trafiquants des îles qui entouraient la Grèce exerçaient déjà en Egypte leurs emplois lucratifs. Et ils y bénéficiaient d'un statut assez libéral puisqu'ils réussissaient à s'y constituer d'appréciables fortunes. L'Egypte ne paraît pas avoir jamais régné sur l'Archipel, mais elle était en rapports étroits avec lui. De Chypre, elle recevait du cuivre et entretenait avec son roi d'excellentes relations, sanctionnées par un traité en bonne et due forme. Aussi le roi d'Alasia n'hésita-t-il pas à demander au pharaon de rendre à son envoyé les biens d'un marchand chypriote mort en Egypte. On a vu, à juste titre, dans ces tractations diplomatiques, la naissance du droit international privé.

Sans doute les Egyptiens employèrent-ils contre leurs ennemis les procédés les plus noirs de la sorcellerie. On a retrouvé des ostraca et des statuettes de prisonniers sur lesquels étaient inscrits les noms de princes et de pays étrangers. On les destinait à une destruction symbolique qui devait entraîner, par une sorte d'envoûtement, la perte des personnages ou des cités réels. Mais c'étaient pratiques de guerre. Les périodes aiguës de conflit n'ont jamais, heureusement, empêché les belligérants de faire la paix et d'entretenir des relations pacifiques. Même lorsque le nationalisme s'exaspéra, sur le tard, l'Egypte ne fut jamais vraiment hostile aux étrangers qui résidaient sur son sol. Bien avant de conquérir le pays, les Grecs s'y installèrent et y prospérèrent. Ils y étaient venus comme soldats dès le temps de Psammétique Ier et, comme mercenaires, ils avaient participé à la campagne de Psammétique II contre les Kouchites; c'est au retour de cette expédition qu'ils ont gravé un graffite célèbre sur les genoux de l'un des colosses d'Abou Simbel. Mais ils se répandirent dans le pays au point d'attirer les jalousies locales. Aussi le pharaon Amasis, qui comprenait bien les services qu'ils rendaient, les réunit dans la cité de Naucratis au début du VIe siècle. Et l'on vit se constituer, à côté d'une ville indigène, une cité entièrement grecque, administrée selon des coutumes purement helléniques sur le sol même de l'Egypte indépendante. C'est là un fait à mettre au compte à la fois de l'hospitalité et de l'intelligence dont surent faire preuve les dirigeants politiques égyptiens. Il est assez rare de voir, à cette époque, une véritable colonie s'implanter pacifiquement dans un grand pays étranger, organisé et policé comme le royaume pharaonique.

Psammétique avait fondé un corps spécial d'interprètes; aussi est-on moins surpris de constater ensuite avec quelle facilité les Grecs ont voyagé en Egypte et ont pu se renseigner sur l'histoire, les mœurs et la religion du pays. Sans parler des voyages de Thalès et de Pythagore dont il est difficile, faute de sources suffisantes, d'établir l'authenticité, Solon, Hécatée, Hérodote , Platon, Eudoxe ont séjourné au bord du Nil avec beaucoup de facilité, alors que le pays était encore gouverné par des souverains indigènes, et ils ont pu converser avec les prêtres sans connaître la langue égyptienne.

Lorsque les Macédoniens furent les maîtres, cent cinquante ans à peine après le voyage de Platon, les synodes sacerdotaux d'Egypte étaient capables de traduire de longs textes administratifs grecs à la fois en démotique, qui était alors la langue vivante, et en hiéroglyphes qui correspondaient à ce qu'est aujourd'hui pour nous le latin d'Eglise. Loin d'être repliée sur elle-même, la civilisation égyptienne fut toujours en contact, aux différents moments de l'histoire, avec les peuples étrangers et les uns et les autres y gagnèrent maints avantages.

Accueillante, l'Egypte le fut aussi envers les Hébreux chassés par l'invasion de Nabuchodonosor. On sait comment, après le meurtre de Godolyas et le massacre de la garnison babylonienne, des Judéens pris de peur s'enfuirent en Egypte, entraînant avec eux le prophète Jérémie. C'est probablement à cette époque qu'un groupe de réfugiés s'installa à Eléphantine. Une partie de leurs archives, écrites en araméen, est parvenue jusqu'à nous. Ils tentèrent d'obtenir l'appui des Perses, lorsque l'Egypte eut été conquise, pour régler leurs différends avec les habitants de l'île. Au temps de la Pâque, en effet, ils égorgeaient, selon les prescriptions de leur loi, un agneau mâle. Au clergé local, pour qui les béliers consacrés au dieu Khnoum étaient sacrés, cette pratique devait paraître particulièrement abominable et, un beau jour, les Egyptiens, sans autre façon, détruisirent le Temple que les Juifs avaient bâti à Iao, dans lequel on reconnaît une forme abrégée de Yahweh. Il est bien significatif de constater que leurs coreligionnaires, revenus à Jérusalem pour y relever le Temple, refusèrent de soutenir leur demande, évidemment parce qu'ils demeuraient fidèles à l'unité du lieu de culte imposée par le *Deutéronome*. La fin de la première domination perse dut être fatale à la colonie juive d'Eléphantine et un pogrom semble avoir terminé leur histoire. Mais, pendant près de deux cents ans, ils avaient trouvé l'hospitalité en Egypte qui avait été l'alliée du royaume de Sédécias. Des Palestiniens s'étaient enrôlés, comme les Grecs, parmi les troupes de Psammétique. Et l'on peut penser que, si la malchance n'avait voulu que les Juifs habitassent dans une ville où le bélier était particulièrement sacré, ils n'auraient pas eu avec les Egyptiens de si graves conflits. La preuve pourrait en être fournie par l'histoire du temple juif de Léontopolis : fondé sous Ptolémée VI Philométor, il ne fut fermé qu'en 73 par les Romains qui, après la chute de Jérusalem, redoutèrent qu'il ne devînt un foyer de troubles.

Il convient de laisser de côté Alexandrie, parce que son caractère cosmopolite lui donne, dans l'Egypte grecque et romaine, une place à part qu'exprime bien la désignation *Alexandria ad Aegyptum*. Elle ne faisait pas partie du pays pour ainsi dire et lui était seulement juxtaposée. Mais les indications que l'on peut glaner tout au long de son histoire montre que l'Egypte, dans l'ensemble, fut ouverte aux étrangers. La vie qu'on leur assurait comportait assez de sécurité pour qu'ils puissent y acquérir des biens dès les hautes époques. Mieux encore, ces rapports furent plus profonds que nous n'aurions pu le croire : les préoccupations d'ordre intellectuel et spirituel n'en furent pas exclues. Le Grec, comme le remarque spirituellement Isocrate, s'il se déplace d'abord pour le commerce, n'en sépare jamais totalement l'observation désintéressée, la connaissance. Et les voyages faits en Egypte par des Grecs à l'époque archaïque et classique ne sont pas, comme on l'a prétendu, la projection dans le passé des rêveries magico-mystiques où sombrait la pensée hellénique agonisante. Ils sont, dans l'histoire, le fruit d'une curiosité volontaire pour une culture peut-être exotique mais fascinante et qui fit sur eux, qui eurent le privilège de la regarder vivre, une profonde impression. Les rapports constants de l'Egypte avec les royaumes de Juda et d'Israël et les colonies de la Diaspora, installées au bord du Nil, expliquent l'action profonde qu'elle exerça sur la pensée biblique. Si les écrivains de Jérusalem ou de Samarie empruntèrent à Babylone toute une imagerie immédiatement apparente, les impressions qu'ils reçurent de l'Egypte, moins repérables au premier abord, sont peut-être plus importantes parce que d'ordre éthique ou métaphysique. Il était donc nécessaire de marquer dans la vie sociale égyptienne la place qu'occupa l'étranger. Elle permet, seule, de comprendre le rayonnement de la vie intellectuelle qui s'épanouit aux bords du Nil.

•

Par un étrange paradoxe, ce sont les tombeaux qui permettent de connaître les faits et gestes qu'accomplissaient chaque jour les Egyptiens. Ils aimèrent tant leur vie qu'ils la représentèrent de bonne heure sur les parvis de leur chapelle funéraire : la valeur de l'image, à leurs yeux, conférait à ces représentations la réalité. Près du mort, enfin, ils déposaient les objets qui lui avaient été chers durant sa vie ou des simulacres de ces objets. Parfois même, au Moyen Empire, ils placèrent dans les tombes de véritables modèles réduits des scènes quotidiennes : navigation, pêche, élevage, corps de métiers divers. Tant et si bien que leurs moindres actes peuvent être suivis avec une précision hallucinante et que l'on peut reconstituer l'évolution de leurs techniques, de leurs parures, de leurs costumes et même de leurs distractions favorites.

Agriculteur avant tout, l'Egyptien a représenté la culture, l'élevage, la pêche, la chasse. Mais chacun de ces actes essentiels destinés à fournir la nourriture était un symbole du monde mythique dans lequel il vivait. Aussi, lorsqu'il ensevelissait le grain, que les béliers enfonçaient dans la terre humide abandonnée par l'inondation, chantait-il la chanson du Berger d'Occident, c'est-à-dire d'Osiris, garant de la résurrection et de la survie. Faute d'allusions un peu précises, il est difficile de savoir ce que rappelait la culture du lin qu'on arrachait, le pressurage des raisins pour obtenir le vin ou les plantations et l'arrosage des jardins.

L'élevage, de même, répondait en partie au désir d'élargir le domaine de l'humain, du connu, du normal. Aussi les Egyptiens n'hésitèrent-ils pas à tenter la domestication d'animaux rebelles comme les grues ou même répugnants comme l'hyène. La chasse , qui fut un moyen de se procurer à la fois nourriture et sujets jeunes capables d'être domestiqués, avait aussi son caractère sacré. Pour les rois, il ne fait aucun doute qu'elle eut pour but d'étendre le domaine de la création et de l'ordre qu'elle implique, c'est-à-dire de reculer les limites du chaos inorganique subsistant à la frange du monde. Il est infiniment probable que la pêche procédait d'un esprit analogue, bien qu'il soit plus difficile de le prouver. Aussi, sans cesse, les peintures funéraires évoluent-elles entre la représentation de faits réels : vendanges, scènes de pressoir, culture des jardins, moissons, et celle de gestes symboliques ou rituels : chasse des oiseaux aquatiques au boumerang, pêche au harpon dans les marais. Ces deux derniers actes trouvent leur commentaire moins dans la réalité que dans les livres funéraires du Moyen ou du Nouvel Empire.

Ce n'est pas seulement la vie paysanne qu'évoquent les tombes des deux empires thébains. Elles peignent, avec une grâce parfois exquise, les scènes de la vie urbaine. Au Moyen Empire, dans les tombes de Meir, on peut assister aux distractions d'un potentat oriental : il a fait descendre vers l'étang, où l'on prend au filet les oiseaux sauvages, des femmes revêtues de leurs plus beaux atours, avec des fleurs de lotus dans les cheveux, pour tirer la corde qui retiendra prisonniers les canards sauvages. Leur récent éditeur a évoqué, à leur propos, les plaisirs rustiques du Petit Trianon. Mais, à Thèbes, à l'apogée de l'empire, les décorateurs peignent le luxe inouï des réceptions mondaines dans la plus grande et la plus riche capitale du monde ancien. On peut d'ailleurs suivre règne par règne le développement des mœurs et l'évolution de la mode. Les femmes, parées de bijoux somptueux, leur perruque surmontée d'un cône d'onguent parfumé, des fleurs de lotus à la main, boivent et mangent, servies par de petites servantes presque nues aux corps graciles et maniérés. Parfois l'une de ces dernières aide une dame à rétablir l'ordre de sa coiffure ou à remettre en place un bijou. Ces citadines de la haute société bavardent sans doute, mais elles écoutent souvent de la musique ; de véritables concerts, sous la direction de harpistes aveugles, égayent leurs banquets. Luths, harpes, lyres, clarinettes, hautbois s'y rencontrent parfois. Le chant et la danse n'en étaient point absents, ni même le rappel de la brièveté de la vie et de la menace de la mort.

Dans la nécropole thébaine, où les documents abondent, on peut suivre l'évolution des coiffures et des vêtements, masculins autant que féminins, de la XVIIIe à la XXe dynastie. Ils vont en se compliquant progressivement et la qualité des étoffes croît de manière étonnante. Lorsque les pagnes empesés comportent des plis multiples, à la fin de la XVIIIe dynastie, les élégants y ajoutent une chemise échancrée et fermée au cou par un lacet. Plus tard, ils jettent par-dessus un manteau de lin transparent. Ce tissu fut célèbre dans l'Orient ancien. Passé sur le corps d'une femme, il en laisse deviner les formes. Aussi, dans un poème d'amour célèbre, la bien-aimée chantait-elle :

Je te fais voir ma perfection
A travers un vêtement du plus beau lin royal,
Imprégné de parfum,
Mouillé d'huile embaumée.

Les réunions mondaines, banquets, récitals, concerts, n'épuisaient pas les occupations des citadins. Tout un peuple d'ouvriers, d'artisans, d'artistes même, préparait les produits nécessaires à la vie. La fabrication du pain, des pâtisseries, de la bière et du vin apparaît à côté de l'abattage des bestiaux, des bœufs surtout, ou de la préparation des volailles et du poisson séchés. Les ébénistes s'affairent à construire des meubles pour les vivants et les morts, car on songe dès ce monde au mobilier funéraire nécessaire dans l'autre. Les orfèvres fondent l'or, sertissent les pierres précieuses. Les corroyeurs travaillent le cuir à la perfection. Les femmes tissent les étoffes. Les sculpteurs enfin et les peintres préparent pour l'éternité des substituts du corps, toujours exposé à périr en dépit des progrès étonnants de la momification.

Sans doute tous ces actes, ou du moins la plupart, sont-ils communs à toute société. Mais, comme telle peuplade africaine actuelle, ceux qu'exécutaient les anciens Egyptiens les engageaient dans un monde de correspondances et de symboles très contraignants pour l'esprit. Sans cesse, dans les activités apparemment les plus naturelles et les plus extérieures, nous devinons leur préoccupation de se conformer aux archétypes mythiques et primordiaux ou aux exigences d'une métaphysique qui, en contrepartie, leur assurait sur le concret un empire quasi certain. Il n'est pas jusqu'à leurs jeux et leurs distractions qui n'aient eu une signification religieuse. On se souvient comment dans un roman démotique Seton Khâmoïs, descendu dans la tombe d'un magicien, joua contre lui pour s'emparer d'un livre de sorcellerie et comment le Rhampsinite d'Hérodote, descendu vivant aux enfers, joue aux dés contre Déméter elle-même, c'est-à-dire Isis. Lorsque les jeunes filles de Beni Hassan mimaient le mythe des quatre brises, c'était avec la pensée, probablement consciente, de procurer aux morts le souffle indispensable à leurs narines, même outre-tombe.

CHAPITRE V

LA VIE JURIDIQUE ET LES INSTITUTIONS

RIEN ne permet mieux de saisir le degré d'évolution d'une société que l'étude des lois qui régissent les rapports de ses membres entre eux ou avec l'Etat. Il s'en dégage, en quelque sorte, une connaissance des principes généraux qui ont guidé le développement social et cette philosophie juridique fondamentale est plus intéressante pour comprendre et apprécier une civilisation que la connaissance des grands procès qui ont ponctué son histoire. Ces derniers, quelle que soit la nécessité de leur étude, représentent toujours quelque chose d'anormal et d'un peu monstrueux en quelque sorte. Il faut donc chercher dans les codes de lois les grands traits de la pensée juridique antique. Malheureusement l'Egypte est ici très défavorisée par rapport à ses voisins du Proche-Orient. Sur les tablettes d'argile qui tenaient lieu de livres, nous sont parvenus des recueils de lois sumériennes, babyloniennes, hittites, assyriennes. Une puissante et austère stèle de diorite nous a rendu intégralement le code d'Hammourabi. La législation des Hébreux nous est connue par le Pentateuque. De l'Egypte nous ne possédons pour ainsi dire pas un seul recueil de lois.

Est-ce à dire que rien de tel n'a existé? Bien au contraire, nous avons la preuve qu'il y avait des lois écrites dès le IIIe millénaire. Ne lisons-nous pas dans une des œuvres qui nous dépeint les résultats désastreux de la révolution qui a englouti l'Ancien Empire :

Vraiment, les lois des archives ont été jetées dehors.

On les foule aux pieds sur les places publiques : les misérables les détruisent en pleine rue.

Au Nouvel Empire, lorsque Rekhmirê, vizir de Thoutmosis III, se fit représenter, dans sa tombe à Thèbes, en train de donner audience, il fit placer devant lui quarante objets qu'on a longtemps pris pour des rouleaux de papyrus contenant le code. Il s'agit plus probablement des quarante badines de cuir que prenaient les quarante assesseurs de la cour de justice comme insigne de leur fonction. Mais les longs textes qui instruisent le vizir de ses devoirs lui recommandent expressément de juger *selon la loi qu'il a en main*. Malheureusement les fragiles papyrus sur lesquels les lois étaient transcrites, conservés dans les bâtiments publics des villes, au palais très probablement, ont été détruits avec eux. Il faudrait une chance extraordinaire pour que quelque Dandin, désireux de juger encore dans l'autre monde, ait fait prendre copie du code et l'ait déposé dans sa tombe.

Pratiquement, deux monuments peuvent, en désespoir de cause, nous donner une idée de ces recueils législatifs qui nous font tant défaut : la grande stèle d'Horemheb provenant de Karnak et un recueil de lois écrit en démotique et datant probablement du IIIe siècle avant Jésus-Christ. La stèle du général qui succéda à Toutankhamon est extrêmement fragmentaire et, de plus, elle a un caractère très particulier. Elle édicte des lois qui ont pour but de rétablir l'ordre dans le pays, profondément troublé par l'échec de la réforme religieuse tentée par Akhenaton. Elle ne nous renseigne donc que de façon tout à fait épisodique. Quant au code démotique, trouvé en 1938, il est encore à peu près inédit et fort tardif.

A défaut, nous devrions disposer de beaucoup de documents juridiques privés, pièces de procès, minutes d'enquêtes, reçus d'impôts. Mais là encore, les documents sont rares pour l'époque ancienne. Concentrés dans les cités, ils ont disparu avec elles, et ceux qui subsistent proviennent surtout des périodes tout à fait récentes. Comment, dans ces conditions, possédons-nous un extrait du registre de la prison de Thèbes à la fin de la XIIe dynastie? C'est un pur hasard que nous devons peut-être au fait qu'un certain nombre de gens mentionnés avaient été les esclaves d'une riche propriétaire qui aura voulu emporter ses listes de biens dans son tombeau. C'est évidemment un fait exceptionnel. Parfois — et la chose est tout aussi rare —, le papyrus a été transcrit sur la pierre pour l'affichage, si l'on ose dire, dans un temple ou dans un tombeau. Un gouverneur d'El Kab a obtenu du roi, à la XVIIe dynastie, de faire exposer dans le temple de Karnak une stèle en calcaire portant copie des documents juridiques qui établissaient les droits qu'il possédait à exercer sa charge. Un fonctionnaire de la XIXe dynastie a fait graver, dans la chapelle de son tombeau à Saqqara, où l'on pouvait venir les consulter, les pièces d'un procès qu'il avait fini par gagner, après bien des vicissitudes, puisque, durant sa jeunesse, sa mère, qui le représentait, avait perdu sa propriété sur présentation d'un faux par son adversaire. C'est le procès de Mès, fameux dans les annales égyptologiques.

Ces documents nous sont d'autant plus précieux qu'ils sont peu nombreux. Nous les complétons, à l'époque ancienne, par des ostraca, fragments de calcaire dont on se servait pour écrire au moins des brouillons, de façon à économiser le papyrus fort cher. La majeure partie provient de Deir el-Médina. Mais là encore, que de difficultés pour tirer parti de ces témoignages! Les pièces d'archives authentiques ont disparu. Nous avons donc uniquement des brouillons préparatoires ou des aide-mémoire qui pouvaient être fort clairs pour ceux qui les avaient rédigés, mais qui pour nous, quand ils ne sont pas à peu près incompréhensibles, sont tout à fait obscurs. Nous ignorons tout des circonstances dans lesquelles ils furent composés. Nous connaissons mal la procédure et le sens technique des termes juridiques nous est souvent à peine perceptible. Nous devons deviner peu à peu par comparaisons. Nous ne prendrons qu'un seul exemple des erreurs auxquelles nous pouvons être exposés. Dans la traduction d'un de ces ostraca, on peut hésiter pour savoir s'il s'agit d'une personne appelée « Lavache » ou d'une vache qu'on a vendue!

Pour les dynasties saïtes et les temps plus récents, les villes ont fourni des pièces bien plus abondantes. Lorsque les centres urbains se déplacent, comme au Fayoum ou à Thèbes, en Haute-Egypte, les derniers décombres des villes conservent une partie de leurs richesses archéologiques — celles qui ont le moins de valeur pour les habitants et qui, précisément, sont les plus précieuses pour les historiens. C'est ainsi que nous sont parvenus, pour les époques saïte, perse et gréco-romaine, des quantités de contrats de mariage, de vente, de location, écrits en démotique ou même en grec. La publication a été sérieusement entreprise et maintenant nous commençons à entrevoir, grâce à cette documentation, quelques-unes des grandes lignes du droit égyptien.

•

Tout d'abord essayons de définir les cadres judiciaires de l'Egypte. A la tête, conformément à la théorie politique du pouvoir, dès les plus hautes époques que nous pouvons atteindre, le roi disait la loi. Héritier du Dieu créateur, il poursuivait l'œuvre paternelle en fixant, précisant et étendant les règles de l'organisation cosmique mises en œuvre pour la première fois lors de la création. Celui qui ne se conforme pas à ces règles est un *rebelle*, un *révolté*. Juger est donc un des attributs essentiels du roi. Mais avec l'apparition de la délégation du pouvoir, trop lourd pour un seul, puis de la spécialisation des fonctionnaires, le roi crée un certain nombre de fonctions qui ont pour but l'étude et l'application du droit.

Le vizir, dont nous avons vu que l'institution remontait aux premières dynasties, était, après le roi, juge suprême du pays. Mais il était aidé par toute une administration judiciaire dont trop de détails nous échappent. A la Ve dynastie, il y avait six cours de justice qu'on appelait en égyptien *demeures vénérables*. Le vizir, qui supervisait leur fonctionnement, portait le titre de *Surintendant des six demeures vénérables*. Le titre plus ancien de *Juge de la porte* n'était peut-être déjà, vers la fin de l'Ancien Empire, qu'honorifique. Le personnel subalterne comprenait des secrétaires, greffiers et huissiers ou du moins des personnages correspondant à peu près à ce que sont chez nous ces auxiliaires indispensables du tribunal. Mais leur nom, en égyptien, était plus évocateur : *Secrétaire des paroles secrètes de la demeure vénérable*, ou *des six demeures vénérables*, *Secrétaire des jugements*, *Chef des scribes de la Double Cour de justice à la droite de la Résidence*. D'autre titres encore remontant à la nuit des temps, comme celui de *Gardien de Nekhen*, qui joue un rôle important dans les rites les plus archaïques de la fête-sed, sont portés par de hauts personnages, tandis que des courtisans de rang plus humble se contentent de titres judiciaires inférieurs, vides de contenu pour nous. C'est avec un seul juge, Gardien de Nekhen, que Ouni, sous le roi Pépi Ier, fut affecté à un procès concernant la reine dans le harem de Pharaon.

Toutes ces désignations laissent entrevoir une organisation déjà compliquée. Malgré une centralisation poussée, elle s'étendait à tout le pays comme le laisse supposer le nombre de six pour les cours de justice. Mais la compétence des fonctionnaires et des cours, la procédure elle-même nous demeurent à peu près inconnues.

Durant la période des royautés multiples qui suivit la VIe dynastie, les chefs locaux assumèrent aussi les privilèges judiciaires du roi. Mais dès que la XIe dynastie thébaine eut pris les rênes, on voit la centralisation regagner le terrain qu'elle avait perdu. Le vizir est de nouveau auprès du roi pour reprendre l'administration en main. On va rechercher alors, pour désigner des emplois parfaitement réels, de vieux mots administratifs, devenus à la fin de l'Ancien Empire des désignations purement théoriques.

C'est ainsi que *les Grands des dix de Haute-Egypte* forment maintenant une sorte de collège juridique qui assiste le vizir. C'est de ce conseil que vient aussi le *Conseil des trente de Haute-Egypte*, peut-être par suite d'une simple interprétation orthographique. Il est clair, en tout cas, que le nombre des personnes qui le composent avait augmenté au cours des temps.

Au Nouvel Empire, l'organisation juridique nous est mieux connue, grâce à une documentation plus circonstanciée et plus abondante. La fonction de vizir est dédoublée; celui de Haute-Egypte préside une *Grande Cour de justice* à Thèbes; celui de Basse-Egypte préside une *Grande Cour de justice* qui siège à Héliopolis. Il y avait des *cours de justice* locales qu'on ne qualifiait point de grandes. Un terme équivalent est celui que nous pouvons traduire par *grands personnages* ou *notables du canton.* Cette équivalence permet de conclure que les notables de la localité composaient ces tribunaux provinciaux. Ils avaient juridiction sur les procès concernant la propriété mais n'agissaient pas directement. Jouant le rôle d'assesseurs de la *Grande Cour de justice*, ils l'aidaient dans ses investigations sur place.

Mieux encore, nous pouvons avoir une idée de la procédure suivie. Au début de la XVIIIe dynastie, les inscriptions du vizir Rekhmirê conduisent à penser qu'il n'y avait qu'un vizir et des assesseurs. Leur assemblée ne porte pas encore le nom de *Grande Cour*. Les procès, il convient de le noter, sont portés immédiatement devant le vizir qui réside à Thèbes en principe et qui a juridiction sur tout le pays, Nord et Sud. Pour pouvoir juger en connaissance de cause, il utilisait des *envoyés* qui étaient dépêchés sur les terrains pour lesquels il y avait litige. Si ces terrains étaient éloignés de Thèbes, deux mois d'intervalle étaient prévus entre la plainte et le jugement. S'ils étaient proches, trois jours seulement.

Plus tard, la mise en jugement avait lieu devant la grande cour de justice d'Héliopolis pour le Nord, de Thèbes pour le Sud. C'était une plainte écrite portée devant le vizir qui permettait d'entamer la procédure. Si elle était jugée d'un poids suffisant, on faisait comparaître les plaideurs eux-mêmes devant la Grande Cour. D'après les témoignages écrits et oraux, le vizir, en général, tranchait. On expédiait alors un *envoyé* de la Grande Cour à la cour locale pour les décisions de détail. Les témoignages locaux pouvaient être entendus par la cour locale en présence de l'envoyé de la Grande Cour. Une fois le jugement décisoire pris, il était immédiatement exécutoire. Les pièces essentielles devaient sans doute être ramenées au bureau du vizir où on les conservait.

On voit au premier coup d'œil les inconvénients d'une pareille procédure : la centralisation est trop poussée, même avec le dédoublement du vizir et de la Grande Cour. Il faut de trop longs voyages pour parvenir au tribunal. D'autre part, il n'y a aucun appel possible. Le plaideur évincé doit engager un nouveau procès. Le cas de Mès est très caractéristique à cet égard. Son père semble être mort jeune encore; et il laissait Mès tout enfant et sa veuve Noubnofrê. Un certain Khay en profita pour s'emparer de la propriété de Mès et gagna dans un procès, que lui avait intenté Noubnofrê, en produisant sans doute un faux, grâce à la complicité d'un envoyé de la Grande Cour. Noubnofrê ne pouvait pas faire appel. Il fallut attendre que Mès, grandi, intentât un nouveau procès pour recouvrer sa propriété. Ajoutons enfin que le représentant de la Haute Cour avait un pouvoir à peu près incontrôlé. Et les fraudes devenaient alors possibles, comme on le voit par le rôle que joue l'envoyé de la Grande Cour Aménopé, dans le même procès : *L'administrateur Khay*, nous raconte Mès, *porta plainte devant la Grande Cour de justice, en l'an 18. On envoya alors le prêtre du divan, qui était un des magistrats de la Grande Cour avec lui. Il portait un faux registre selon lequel je cessais d'être l'enfant de Nechi. Alors ils nommèrent l'administrateur Khay (administrateur) pour ses frères et sœurs à la place de mon héritage, bien que je fusse l'héritier de Nechi, mon père.*

Mais une pareille procédure avait aussi ses avantages. Elle soustrayait d'abord le plaideur aux coteries locales. N'admettant par ailleurs que les témoignages ou les pièces écrites, elle ne laissait guère de place à l'habileté oratoire, qui risque toujours de fausser la justice. Diodore louait les Egyptiens de cette sobriété : « Du fait que les parties adverses mettaient par écrit ce qui faisait l'objet de leur droit, ils pensaient que les jugements seraient plus exacts, les juges examinant les affaires nues. »

Nous ne voyons pas très exactement comment les choses évoluèrent sous les dernières dynasties indigènes. Mais lorsque les rois macédoniens imposèrent leurs lois à l'Egypte, s'ils créèrent des tribunaux purement grecs, les chrématistes, ils conservèrent les anciens tribunaux égyptiens sous le nom de laocrites. Malheureusement nous ignorons aussi bien leur origine que leur composition. Se déplaçaient-ils comme les chrématistes? Nous ne le savons pas. Il est curieux, en tout cas, de constater dans l'Egypte ptolémaïque la coexistence d'un droit égyptien, d'un droit grec et même d'un droit juif dans une ville comme Alexandrie, où la population juive était importante. Au début, on avait institué aussi des tribunaux mixtes pour les causes entre plaignants de nationalité différente. Mais, en 118, une ordonnance de Ptolémée VII Evergète II mit fin à cette pratique en renvoyant les causes devant le tribunal compétent d'après la langue dans laquelle était rédigée la plainte, les plaintes écrites en grec allant aux chrématistes, celles qui étaient écrites en démotique allant aux laocrites.

C'est toujours le roi qui demeure la source par excellence du droit. Il dit le droit, comme les pharaons indigènes, et auprès de lui l' « archidicaste » tient lieu de l'ancien vizir. Il y a là une analogie avec les antiques principes égyptiens qui vaut la peine d'être remarquée. Il ne semble pas, d'ailleurs, que les laocrites aient connu des crimes et délits proprement dits. Leur compétence paraît bien avoir été restreinte au droit privé. Rome n'a pas conservé le système juridique grec, encore tout informé par les anciennes institutions indigènes. Les laocrites ont disparu tout comme les chrématistes. Aucune autre langue que le grec n'est plus admise dans le procès. Le préfet siège chaque année, comme plus haute instance, à Péluse, à Memphis puis à Alexandrie où il rentre en juin à peu près. Exceptionnellement, il peut tenir assise en Haute-Egypte à l'occasion d'un voyage de prise de fonction. Il était assisté d'un *juridicus*, juriste professionnel, très probablement chargé des questions parfois compliquées de procédure. L'archidicaste subsiste, mais sans qu'on arrive clairement à savoir quel était son rôle. On a l'impression que, du reste, la population recourait plutôt aux administrateurs locaux pour trancher les litiges. Les Grecs s'adressaient au stratège qui était essentiellement chargé d'administrer le nome, tandis que les Egyptiens, moins frottés de culture étrangère, les paysans surtout, s'en remettaient à des magistrats plus humbles ou même tout simplement à l'officier de police. On tenait compte aussi de l'ancien droit égyptien dans la mesure où il ne risquait pas de léser le fisc.

Cette longue histoire des cadres juridiques du pays, malgré ses énormes lacunes ou ses obscurités, montre bien comment la justice émane essentiellement du roi. Les tribunaux locaux, sauf aux périodes de décentralisation, c'est-à-dire de troubles, ne furent pas des tribunaux de première instance mais jouèrent le rôle de simples auxiliaires de la justice royale. Les Ptolémées gardèrent, dans l'ensemble, cette structure. Et les Romains, en confiant au préfet la compétence sur tout le droit, tentèrent bien de conserver cet aspect essentiel du pouvoir. Mais, autant que nous pouvons en juger, la chose n'était plus guère vivante dans la masse égyptienne et l'émiettement de la justice semble traduire la disparition d'une forme de pensée juridique autochtone, comme on voit, au cours du IIIᵉ siècle, se désagréger peu à peu l'originalité religieuse.

Le droit privé est le reflet des idées générales que se faisaient les Egyptiens de l'ordre même du monde. Créé à partir d'un chaos initial par un démiurge, ce monde a été confié à une incarnation du démiurge lui-même, le roi. Sans tenir compte des précisions et des particularités que la réflexion théologique a ajoutées à cette conception fondamentale, elle nous suffit pour comprendre l'ancien droit privé, autant du moins que nous pouvons l'entrevoir. Le pays est la propriété du pharaon qui l'a hérité de son père. Le pharaon l'administre donc comme son bien, en déléguant ses pouvoirs à un certain nombre de représentants qui deviendront des fonctionnaires. Pour assurer la vie de ses parents ou de ses fonctionnaires et, au moins autant, pour leur assurer la perpétuité d'un culte funéraire, le roi met à leur disposition des dotations prises sur différents domaines de la couronne. C'est à partir de cette coutume que se créera, durant l'Ancien Empire, une propriété immobilière sinon juridique, du moins effective.

Cette propriété est sanctionnée, dès les hautes époques, par un acte juridique consigné dans l'IMYT-PER. Si nous transcrivons le terme égyptien c'est qu'il ne possède, dans nos langues modernes, aucun équivalent acceptable; on peut traduire littéralement : *ce qu'il y a dans le domaine*. C'est en fait un acte écrit qui contient l'énumération de la propriété mobilière et immobilière, une sorte de titre de propriété mais qui peut aussi servir à la transmettre, d'où la traduction qu'on donne parfois de « testament ». Elle est beaucoup trop étroite et ne rend pas l'extension juridique du mot. Ce document légal est indispensable pour une vente. C'est grâce à un imyt-per de ce genre que le dieu créateur fait du roi l'héritier de l'Egypte *de jure*, comme le précise un rite ancestral de la fête-sed et comme nous le commentent aussi quelques scènes gravées sur les parois des temples.

L'existence de la propriété est attestée par les actes de vente. Nous savons qu'à la IIIe dynastie, un fonctionnaire, Metjen, acquit *à titre onéreux deux cents aroures de champs* ainsi qu'*un domaine long de deux cents coudées, large de deux cents coudées, bien bâti et pourvu; de beaux arbres y sont plantés; un très grand bassin y a été fait; vignes et figuiers y sont plantés. Cela est écrit ici conformément à l'écrit royal; leurs noms sont ici conformément à l'écrit royal*. Ce petit texte gravé dans la chambre funéraire de Metjen, conservée à Berlin, reproduit, mot pour mot, le contenu du transfert de propriété qui était passée entre ses mains. C'est le roi qui demeurait le propriétaire fondamental du domaine; c'est pourquoi un document officiel, que nous traduisons prudemment par « écrit royal », doit mentionner tout ce qui est cédé à Metjen. Mais on distingue déjà, dans cette antique biographie, les revenus de terres royales affectés à Metjen pour le rétribuer de ses fonctions et les propriétés qu'il a acquises; celles-ci sont transmissibles à ses enfants, comme lui-même a hérité des biens immobiliers de sa mère. La même distinction apparaît au Moyen Empire dans les contrats d'Hâpydjefa, inscrits dans un tombeau d'Assiout.

Un acte de vente immobilière — nous en possédons un pour la IVe dynastie! — se présente comme un contrat qui doit être enregistré et scellé par l'Etat. Il comprend le nom des parties, la spécification du bien vendu, le prix, les clauses de garantie, la clause libératoire. Suivent les noms des témoins. Les clauses de garantie, qui comportent un engagement pour l'avenir, s'accompagnent d'un serment.

Comme on le voit, les obligations font emploi du serment quand elles engagent pour le futur. Mais nous ne savons pas si une obligation est valide quand elle ne comporte pas ce serment.

La monnaie proprement dite n'existait pas. On pratiquait le système du troc, ou bien l'on payait en espèces. Mais on peut constater l'existence d'une véritable loi du marché parce que les marchandises sont évaluées d'après un système précis de poids d'argent ou d'or. A l'époque ancienne, on évaluait en SHAT et en DEBEN. Le shat pesait sans doute 7,5 grammes d'or. Le deben valait 12 shats. Les transactions, à l'Ancien Empire, semblent avoir eu pour base une valeur or. Au Nouvel Empire, au contraire, c'est l'argent qui constitue l'étalon. Le deben d'argent vaut 10 QITE, le qite aurait pesé 9 grammes d'argent; il a remplacé apparemment le shat et le mot a survécu en copte avec le sens de double drachme. C'est lui qui traduit le « denier » du Bon Samaritain dans l'Evangile de Luc. Il semble aussi qu'on ait évalué dans certains cas avec des étalons de bronze ou de plomb. Nous entrevoyons plutôt tout cela que nous ne le savons positivement. Mais nos connaissances nous suffisent pour déduire un état déjà développé du droit commercial.

Le droit successoral a beaucoup évolué au cours de la longue histoire de l'Egypte. A l'Ancien Empire qui, une fois de plus, paraît être l'âge d'or, le bien des parents est divisé entre les enfants ou, à défaut, entre les frères et sœurs du défunt. On perçoit une première modification de ce droit avant même la révolution dans laquelle sombre le pays. Le droit d'aînesse dut jouer un rôle dans la constitution des propriétés féodales. A la belle période du Nouvel Empire, et jusqu'à la XXIe dynastie, on revient au partage de la propriété à la mort des parents. Mais à la XXIIIe dynastie, les actes juridiques conservés font réapparaître le principe de la masculinité et du droit d'aînesse. Il faut reconnaître toutefois que les documents sur lesquels nous nous fondons émanent du temple d'Amon, à Thèbes, et qu'il s'agit de biens immobiliers constitués par des tenures dont la propriété éminente demeure au temple. Il pourrait donc s'agir ici de pratiques de droit archaïques, liées à l'origine même de la propriété constituée. Avec la XXVe dynastie, en tout cas, on revient à un régime de partage. Il semble que la tendance individualiste ait reparu dans le Delta, d'où elle s'est étendue à la Haute-Egypte. Cette curieuse évolution qui suit les courbes mêmes de l'histoire vaut la peine d'être notée.

Le code hermopolitain permet d'ajouter, pour la période tardive, des précisions d'autant plus précieuses qu'apparemment elles tentent d'établir un compromis entre ce que l'on peut appeler la tendance féodale et la tendance individualiste. Tout d'abord, il définit le fils aîné : *Si un homme engendre d'abord des enfants de sexe féminin et plus tard aussi des enfants de sexe masculin, c'est parmi les enfants de sexe masculin qu'il a son fils aîné.* Le père peut, par un testament écrit, léguer la totalité de ses biens à son fils aîné. S'il n'y a pas d'autre écrit signé du père, les fils cadets n'ont aucun recours. Mais d'autres articles prévoient que le cadet peut, dans certaines conditions, hériter aussi : *Si un homme meurt, laissant sa propriété aux mains de son plus jeune fils, et si le fils aîné porte plainte contre son plus jeune frère au sujet de la propriété; et si le plus jeune fils dit : « La propriété pour laquelle il a porté plainte contre moi est à moi; c'est mon père qui me l'a donnée », on le fait jurer en disant : « C'est mon père qui m'a donné cette propriété en disant : Prends-la pour toi! » S'il jure, on n'attribue point la propriété à son frère aîné. S'il ne jure pas, la propriété est attribuée à son frère aîné. Et un titre est écrit pour lui au sujet de la propriété de son père.* Mais le cas contraire est prévu : celui où un homme meurt intestat et où le fils aîné a pris possession de la propriété : les frères puînés peuvent alors revendiquer leur part : *Si un homme meurt en laissant terrains, jardins, offices de temple (?), esclaves; s'il a des enfants et ne leur a pas désigné leur part de son vivant, c'est son fils aîné qui prend possession de la propriété de son père. (Mais) si les frères plus jeunes intentent une action contre leur frère aîné en disant : « Qu'il nous donne des parts de la propriété de notre père! » le frère aîné doit dresser une liste écrite des noms de ses frères plus jeunes, les enfants de son père, ceux qui étaient vivants et ceux qui étaient morts avant la mort de son père, ainsi que de son propre nom.* Le fils aîné a alors le droit de choisir la part qui lui convient et de prendre en outre les biens que son père possédait à titre personnel (transactions mobilières de son père, réserves de céréales, esclaves). Le reste des biens est alors partagé entre les autres enfants, les héritiers mâles d'abord, ceux du sexe féminin ensuite.

La série des contestations possibles, qui est examinée ensuite, semble inviter à penser que l'aîné avait en réalité les deux parts dues aux mâles et en outre une troisième part qui l'aurait avantagé. Les filles n'auraient ensuite hérité que d'une part. L'aîné aurait aussi reçu la part revenant aux frères morts si ceux-ci n'avaient pas d'héritiers. On voit les possibilités de fraude introduites par ces mesures; et le code, d'avance, prévoyait comment y remédier. Le serment y jouait un rôle de premier plan.

Etait-ce là les lois que la tradition attribuait à Bocchoris? On aimerait le penser. Elles semblent constituer un essai pour concilier une justice plus grande avec un certain nombre de coutumes parmi lesquelles celle du droit d'aînesse paraît avoir eu un poids considérable. Mais il faudrait connaître le droit écrit ou coutumier de la XXIe à la XXVe dynastie pour saisir avec certitude ce que le nouveau code apporte d'amélioration. Il est clair, en tout cas, qu'il reflète une tendance à éviter de consacrer les droits acquis au détriment de l'équité et qu'il ne manque ni de bon sens, ni de finesse.

Chose étrange, le testament, à proprement parler, existe à peine. C'est l'acte de propriété, l'imyt-per, qui en tient généralement lieu. Il se fait *inter vivos*. Mais nous ignorons comment le légataire s'assurait la propriété légale de ses biens jusqu'à sa mort.

Un détail très caractéristique, et dont il faut dire un mot, est la constitution d'une propriété funéraire. L'Egyptien a toujours été fort préoccupé de sa vie d'outre-tombe. Il croyait généralement que, pour entretenir dans l'au-delà la vie des différents éléments de sa personnalité, il était nécessaire d'accomplir auprès d'un tombeau, lui-même aussi bien pourvu que possible, un culte perpétuel. De bonne heure, il affecta une partie de ses revenus à ce culte. Des contrats, dont les plus complets et les plus connus sont ceux d'Hâpydjefa, nomarque d'Assiout au Moyen Empire, constituaient des revenus provenant de diverses propriétés. Les prêtres du ka, spécialistes affectés au culte funéraire, en disposaient à cet effet. Ainsi se constitua la propriété d'éternité. J. Pirenne en arrive à penser qu'elle a été considérée comme une personnalité légale; de pareilles notions ne se sont vraiment développées que dans le droit moderne. On voit quelles furent les conséquences juridiques imprévues de conceptions au départ purement religieuses.

Il est possible de se demander, par contre, si la propriété funéraire, qui devait évidemment demeurer entre les mains de l'aîné, n'a pas contribué au maintien de pratiques archaïques dans un droit par ailleurs fort évolué. Le code d'Hermopolis nous donne, ici encore, pour la période tardive, un éclairage des plus importants : *Il y a des maisons qui sont construites de pierres ou de briques pour qu'on y enterre les gens. Si des gens n'y sont pas enterrés, leur possesseur est qualifié pour en vendre la propriété à un tiers. Si, au contraire, des gens y sont enterrés, leur possesseur n'a pas le droit d'en vendre la propriété. Personne ne peut dire : « La propriété est à moi, elle est de mon père », excepté le fils aîné. Il est qualifié pour dire : « La propriété est à moi, elle est de mon père ».* Le souci de la définition juridique, l'incidence des idées religieuses sur les pratiques du droit marquent encore ces lignes dans lesquelles on discerne très bien la notion des « concessions perpétuelles » de nos cimetières.

Le régime des taxes paraît, dès l'origine, avoir été fort bien organisé. Il existait anciennement une taxe individuelle et personnelle. Il fallait que le chef de famille déclarât à un officier de l'impôt toute personne qui appartenait au groupe familial. Nous avons conservé des extraits de rôles datant du Moyen Empire. Ils sont déjà remarquablement tenus. Les noms des personnes soumises à l'impôt sont inscrits en colonne. On sait que tous les mots égyptiens, comme nous l'avons vu en étudiant leur écriture, comportaient un déterminatif. Ce déterminatif a été écrit, dans notre cas, en dehors de la colonne :  pour les hommes,  pour les femmes,  pour les enfants. De sorte que, d'un seul coup d'œil, et sans relire tout le registre, on pouvait rapidement compter combien d'adultes, hommes ou femmes, et combien d'enfants figuraient dans la page. Devant certains noms de femme, on a placé le signe qui se lit : *enfanter*. Il s'agissait probablement de celles qui étaient en âge d'avoir une progéniture. Comme on peut s'en rendre compte, l'Etat avait déjà admirablement établi les moyens de tirer de l'argent du contribuable.

Au Nouvel Empire, essayons seulement d'analyser l'évolution que nous pourrions discerner ou les nouveautés qui se sont introduites. Les monuments beaucoup plus nombreux permettent souvent une connaissance plus approfondie et plus concrète.

Le titre de propriété, l'imyt-per, devait être scellé dans le bureau du vizir. Or, il y eut deux de ces bureaux au maximum, l'un à Thèbes, l'autre à Memphis. Est-ce à la difficulté que l'on rencontrait pour appliquer la loi que nous devons le développement de pièces juridiques d'un autre type? Il y a, en effet, de nombreux ostraca dits *documents de scribe et témoignage.* Ils revêtent une forme invariable : date, contenu, liste des témoins, nom du scribe qui a écrit, de sorte qu'il était impossible d'y faire une addition.

Certaines conditions juridiques, celles du prêt par exemple, nous paraissent exorbitantes. L'intérêt était de 100 p. 100 par an. Et il n'était pas rare qu'une personne, pour donner un gage qu'elle accomplirait une obligation future, déclarât qu'elle était prête à recevoir cent coups de bâton, si elle rompait son engagement. On se rappelle que le *Deutéronome* en interdit plus de quarante!

Avant de voir ce qu'apportent les multiples contrats tardifs à la connaissance du droit matrimonial, il convient de noter les détails que le code d'Hermopolis permet d'ajouter aux notions juridiques de propriété immobilière et aux problèmes qu'elle pose : location, vente, droit de construction ou de reconstruction, cas de mitoyenneté, ou de voirie. Quelques articles concernent le fermage des terrains : le fermier doit donner les trois quarts de la récolte. Mais il a droit à la semence et est assuré d'une garantie au cas où un petit Nil aurait empêché la culture du terrain. On voit d'ailleurs que fermier et propriétaire se liaient par un bail.

Le droit de rétention du propriétaire sur la maison ou la propriété non payée est fort bien analysé : le vendeur-créditeur, avant de donner effet à la rétention, doit se livrer à quelques opérations préliminaires. Il signifie à son débiteur un commandement d'exécution écrit dans lequel il est établi que le débiteur lui doit tant pour la garantie de sa maison (dont le montant est spécifié) pour un terme de tant d'années. Il stipule alors que le paiement de la somme due n'a pas été fait en temps voulu. Si ce commandement d'exécution n'a pas d'effet, le créditeur retient la propriété pour un laps d'années égal à celui qui avait été prévu originairement pour le paiement de la dette. Mais cette rétention ne rend pas au créditeur la propriété. Il n'en a que l'usufruit temporaire. A la fin, il donnera au débiteur quittance générale pour libérer la maison à son profit. Ou bien il lui donne une quittance annuelle jusqu'à la fin de la période de rétention. Ces documents doivent être conservés par le débiteur avec l'acte de vente original pour se défendre de toute éviction ou réclamation. Alors *personne ne peut entamer une action contre lui et aucune rétention ne peut être faite contre lui, eu égard à la maison en question, parce qu'elle est purgée pour lui.* Ailleurs, le législateur insiste sur l'enregistrement et ses garanties : *Si une maison est enregistrée à l'office de l'enregistrement et qu'une autre personne la vende à un tiers, l'homme à qui elle est vendue ne peut pas dire : « Elle est libérée pour moi. »*

L'habitude que l'on avait, en Orient, de construire sur l'emplacement ou les ruines de maisons plus anciennes, entraînait des contestations de propriété. C'est toute une théorie de la revendication immobilière qu'expose le code. Si un tiers émet des prétentions sur la maison que reconstruit un homme, ce dernier peut engager des poursuites et, si le tribunal lui donne raison, il peut réclamer du tiers des dommages et intérêts qui seront versés, après serment de part et d'autre, pour le dommage causé. Dans le cas où un homme s'oppose à une construction au profit d'un tiers qui ne réside pas dans la localité, on lui donne un délai d'un mois pour produire le tiers intéressé. S'il ne le produit pas durant ce laps de temps, le demandeur a l'autorisation de construire et *justice lui est rendue en accord avec ce qui est écrit dans la loi.* Le cas est prévu aussi où l'une des deux parties tenterait de faire construire la maison avant que le jugement ait été rendu. Le maçon, qui ne pourrait jurer qu'il ne savait rien, recevra cinquante coups de bâton et la maison n'est pas construite jusqu'à notification du jugement.

L'examen des procès relatifs à la mitoyenneté ou plus simplement au voisinage, les évictions, les dégâts causés par les égouts permettent de se faire une idée des conditions de vie dans les cités antiques et de caractériser à la fois la simplicité et le bon sens avec lesquels les codes égyptiens tranchaient les litiges. En voici un bel exemple : Si un homme *entame un procès contre un autre en disant : « L'égout de sa maison coule sous la mienne », l'égout est inspecté et on verse de l'eau à l'intérieur. Si l'eau atteint la maison du plaignant, l'égout est modifié jusqu'à ce qu'il ne soit plus possible à l'eau d'atteindre sa maison.*

Le mariage prend l'aspect d'un contrat et la coutume est de garantir la situation financière de la femme et des enfants. Le divorce est possible par simple répudiation. Mais nous n'en connaissons pas les conditions. La femme peut conserver la libre gestion de biens qui lui seraient propres en dehors de ceux qui entrent dans la communauté. Ces biens du couple, les enfants ont des droits sur eux. Ainsi, un homme qui se remariait dut passer un accord avec les enfants de sa première épouse : deux tiers des biens du premier mariage revenaient aux enfants; un tiers seulement allait au mari. Puis les contrats de mariage deviennent de plus en plus nombreux. Il en existe deux types : l'un fait par le mari au bénéfice de la femme, l'autre par la femme au bénéfice du mari. Dans le premier, le mari transférait tout son bien, présent et futur, à sa femme. Il gardait cependant libre et entière jouissance de tout jusqu'à sa mort, à condition toutefois de ne pas divorcer.

Le régime de la propriété matrimoniale est extrêmement curieux. Nous le connaissons assez bien depuis la fin du Nouvel Empire. La femme mariée peut posséder légalement. Elle est libre d'accomplir tous les actes légaux sans consentement d'un tiers. Elle contrôle sa propriété qui est totalement indépendante au point qu'elle peut prêter à son mari. Ce dernier peut être amené à mettre ses biens en gage pour garantir la valeur de l'emprunt. Au cas où le mari serait insolvable, les biens mis en gage peuvent passer entre les mains de l'épouse. Lorsqu'elle se marie, la femme apporte ce que la langue égyptienne appelle *les biens de la femme* ou *l'argent pour être femme*, ce qui correspondrait un peu à notre dot. Le mari les administre et en dispose. Mais ils demeurent la propriété de l'épouse et l'équivalent doit lui être rendu, si le mariage est dissous. Quant aux possessions personnelles, le mari peut conserver celles qu'il possédait avant son mariage et en acquérir d'autres durant le mariage. Mais il est tenu de subvenir à l'entretien de sa femme sur son avoir personnel. Des restrictions importantes sont apportées à son droit de propriété, en ce sens que, en plusieurs cas, la femme paraît avoir droit à un tiers de l'avoir du mari et que ce dernier ne peut en disposer sans l'accord de sa femme et de son fils aîné, représentant sans doute l'ensemble de son hoirie. Beaucoup de contrats de vente contiennent une telle clause. Il garde, bien entendu, la libre administration de ce qu'il possède.

Quelques rares documents — mais ils n'en sont que plus intéressants — nous présentent l'équivalent de véritables testaments. C'est le cas de l'exposé des dernières volontés d'une Thébaine, Nounakhty, qui vivait à la fin de la XXe dynastie. Elle a eu huit enfants d'un second mariage et veut déshériter certains d'entre eux parce qu'ils ne se sont pas occupés d'elle pendant sa vieillesse, ce que l'égyptien dit joliment *mettre leur main dans sa main*. Elle dispose de biens qui lui viennent de son père et de son premier mari. Mais elle ne peut empêcher les enfants qu'elle déshérite d'avoir part aux biens de son second mari, sans doute encore vivant. Voici quelques fragments de cette pièce de choix : après la date, le nom de la déclarante et celui des témoins, vient le contenu. Elle dit : *Pour moi, je suis une femme libre du pays de Pharaon. J'ai élevé ces huit serviteurs de vous. Je leur ai donné un trousseau de toutes choses comme on a coutume de faire pour ceux qui sont en cet état. Mais voici que je suis devenue vieille et voici qu'ils ne prennent plus soin de moi à mon tour. En ce qui concerne celui d'entre eux qui a placé sa main dans ma main, je lui donnerai de mes biens. Mais pour celui qui ne m'a pas donné, je ne lui donnerai rien (...) Liste de ses enfants dont elle a dit : Ils n'entreront pas au partage de mon tiers, mais ils entreront aux deux tiers de leur père (...). En ce qui concerne ces quatre enfants miens, ils n'entreront pas au partage de mon bien. Quant aux biens du scribe Qenherkhopchef, mon premier mari, et pareillement sa propriété foncière et ce grenier de mon père et pareillement cette mesure d'épeautre que j'ai acquise du temps de mon premier mari, ils n'y participeront pas. Or, en ce qui concerne ces huit enfants de moi, ils entreront au partage des biens de leur père pour une part chacun.*

On constate une différence entre le formulaire des contrats de mariage anciens et ceux de l'époque ptolémaïque. Comme les formules de l'époque macédonienne apparaissent déjà sous les Perses, on peut se demander s'il n'y aurait pas eu une influence du style juridique araméen. Mais, il faut le noter, la structure générale demeure celle du droit égyptien. Les Grecs apporteront ensuite avec eux le droit matrimonial hellénique qui diffère sur bien des points de celui de l'Egypte. Mais rien de ce dernier n'est pratiquement changé jusqu'à la période romaine.

•

Ces aspects très évolués du droit privé ne doivent pas nous faire oublier l'apparition au Nouvel Empire de formes tout à fait aberrantes. Il s'agit de la justice rendue au moyen des oracles. Le dieu est censé se prononcer lui-même directement. Nous ne savons absolument pas si la décision juridique divine était préparée par une enquête quelconque. Apparemment, il semble qu'il n'en ait rien été. Un papyrus nous a conservé par bonheur un cas de justice rendue par oracle. Un employé de la nécropole thébaine, au début de la XXe dynastie, Amonemouïa, s'aperçoit un jour qu'on a soustrait à sa garde cinq vêtements. Il demande au dieu du village, Amon de Pakhenty, de lui faire rendre les objets volés. Le dieu consent. Alors Amonemouïa lit devant lui le nom de tous les habitants du village. A la lecture d'un nom, le dieu s'avance et désigne ainsi le voleur qui nie, si bien que le dieu en est très courroucé. Le voleur présumé conclut : *Je suis en disgrâce auprès de mon dieu. J'irai à un autre.* Et il fait appel, au sens quasi juridique du terme, à l'Amon de Tachenit. Mais, malgré une offrande de cinq pains destinée à fléchir le dieu, celui-ci confirme l'accusation. Nouvelle dénégation de l'accusé; il est renvoyé devant un troisième Amon qui le condamne derechef. Il finit par être ramené devant l'Amon de Pakhenty qui le fait fustiger cette fois devant ses concitoyens; après quoi, on lui administre cent coups de tige de palmier pour lui faire jurer qu'il ne recommencera pas à clamer son innocence.

Dans le village de Deir el-Médina, nous savons que le roi Aménophis Ier, divinisé, était interrogé, quand il se déplaçait en procession, près de la tombe de Qaha, c'est-à-dire en venant du sud, lorsqu'on arrivait au mur d'enceinte du village. On lui présentait des questions inscrites sur des éclats de calcaire. Selon qu'il avançait ou reculait, on pouvait en conclure qu'il marquait son accord ou désapprouvait. Nous avons retrouvé quelques-unes des questions ainsi posées : *Est-ce lui qui a volé cette natte? Est-ce que les soldats l'ont volée? Est-ce que cela est vrai?* Mais beaucoup d'autres choses aussi faisaient l'objet des consultations : *Ce veau est-il bon, que je puisse le recevoir? Dois-je coucher par écrit cette affaire et la donner au vizir?* Il fallait lire ces dernières questions (et on en connaît bien d'autres) pour comprendre que l'oracle, que l'on finissait par consulter sans cesse à propos de faits et gestes de la vie courante, ait peu à peu pris, en matière de délit surtout, la place d'un tribunal. C'est une des manifestations de la superstition qui ne cessera pas de se développer et de s'intensifier en Egypte à partir de la fin du Nouvel Empire. C'est peut-être le signe aussi que la justice civile est de plus en plus incapable de distribuer équitablement le droit.

•

Le droit criminel nous échappe en grande partie. Les seuls procès que l'on connaisse avec quelques détails en ce domaine, celui du pillage des tombes royales ou celui de la conspiration du harem sous Ramsès III, sont trop exceptionnels pour permettre de généraliser. D'une manière générale pourtant, les peines imposées nous paraissent inhumaines. La peine de cent coups de bâton est très dure. On employait la torture pour obtenir des aveux; généralement c'était la bastonnade qui amenait le malheureux prévenu à se déclarer coupable. Mais, chose extraordinaire, elle pouvait être appliquée même en cas de témoignages indépendants. On l'administrait avec des bâtons, ou des baguettes moins rigides. Et il faut y ajouter la torsion des pieds et des mains. Les serviteurs pouvaient avoir à répondre du maître, et le fils ou la femme de leur père ou mari défunt.

La peine capitale pouvait consister à jeter le coupable en pâture aux crocodiles. Le pal a certainement été employé pour les pilleurs de tombes. Et, dans le cas des procès royaux au moins, il semble qu'on ait considéré le suicide comme une faveur accordée à certains condamnés de haut rang.

A nos esprits modernes, insensibles à la pensée que le nom exprime l'essence même de la personne, le châtiment qui consiste à le falsifier paraît bien léger; mais il devait être terrifiant, puisqu'on affublait les plus grands scélérats de surnoms affreux destinés à rendre leur vie d'outre-tombe abominable. C'est ce qui se passe dans le complot du harem, sous Ramsès III, où les accusés les plus considérables se voient nantis de noms comme Bonemoïs, *Mauvais dans Thèbes*, ou Phrêkamnef, *Rê l'aveugle* ! Mieux encore, on pouvait supprimer totalement leur nom, ce qui revenait à faire disparaître définitivement leur personnalité. Les mutilations n'étaient pas rares : nez, oreilles coupés. Enfin, la condamnation aux travaux forcés dans les régions frontières, pour un temps donné ou à perpétuité, était aussi appliquée. Par ailleurs, dans certains cas, des voleurs furent condamnés à payer un multiple des biens meubles volés. Il se peut donc qu'il y ait eu une évolution vers plus d'humanité dans le régime des peines prévues par la loi, comme permet de le constater par exemple la double rédaction du code de lois, chez les Hittites. Malheureusement, en Egypte, les codes comme leurs modifications demeurant quasi inconnus, nous sommes réduits aux hypothèses.

Si le droit privé avait pu se développer beaucoup dans une société bien hiérarchisée et, à certaines périodes du moins, très raffinée comme le fut la société égyptienne, il semble au premier abord qu'aucun droit international public n'eût été possible. Pharaon est le seul lieutenant du dieu créateur sur la terre, son fils charnel, et donc dieu lui-même. La création entière lui est juridiquement remise; seul il a pouvoir authentique sur le monde. Les étrangers, aux frontières lointaines, ne représentent à la périphérie que le reste du chaos primitif refoulé par le créateur et que pharaon a pour devoir de soumettre et de civiliser. Mais les faits se chargeaient de donner à ces théories des démentis cuisants. Même à l'apogée de l'empire, lorsque Aménophis II et Thoutmosis IV gardaient encore aux lendemains des grandes victoires leur ardeur guerrière, aux limites septentrionales des possessions égyptiennes subsistaient de grands peuples étrangers parfaitement organisés, fort civilisés et bien connus des Egyptiens : les Mitanniens d'abord, les Babyloniens, les Assyriens et surtout les Hittites, qui menacent à l'horizon et vont devenir bientôt redoutables. Tous étaient dominés par la culture babylonienne dont le moyen d'expression linguistique, l'accadien, avait fini par s'imposer comme langue internationale du Proche-Orient. Elle avait servi à rendre un culte aux dieux. Ses marchands la répandaient en Cappadoce dès le début du IIe millénaire et, peu à peu, on vit se conclure entre pays des traités qui scellèrent des amitiés ou protégèrent le commerce. Aux armes on joignait les lois.

Or, au XVIe siècle, l'Egypte avait conquis l'hégémonie et était devenue la grande puissance économique; elle apprit, au contact de ces empires étrangers, à régler ses relations internationales. Malgré le prestige qu'acquit très vite sa culture extrêmement raffinée, elle se servit de la langue accadienne, véhicule déjà éprouvé de la pensée internationale à travers tout le croissant fertile. Et elle fut amenée de bonne heure à conclure des accords. Il y eut de véritables traités entre Thoutmosis IV et les rois de Mitanni et de Babylone, accompagnés de mariages diplomatiques : des princesses mitanniennes ou babyloniennes entraient dans le harem de pharaon. Le texte de ces traités ne nous est pas parvenu. Mais la correspondance diplomatique de Tell el-Amarna montre qu'on appliquait des règles très strictes dans le protocole. Les formules, que les lettres viennent d'un pays ou d'un autre, y compris l'île d'Alasia (Chypre), sont stéréotypées. Et si une fois la rédaction de l'une d'entre elles, émanée de pharaon, n'est pas conforme à ces normes rigides, comme ce fut le cas sous Aménophis IV, s'adressant justement au roi Souppilouliournas, le royal correspondant proteste avec véhémence.

L'Egypte est la grande bailleuse de fonds. Elle demande en échange soit des services guerriers, soit des produits qu'elle ne possède pas, comme le cuivre d'Alasia. Il faut sans doute distinguer soigneusement entre les envois d'or faits sur demande et les cadeaux, plus ou moins abondants selon les intentions, que l'on offre en envoyant un ambassadeur. Un véritable traité de commerce, avec échange d'ambassadeurs peut-être permanents, fut ainsi passé entre l'Egypte et le roi d'Alasia.

Aussi, des règles juridiques s'établissent-elles. Un roi est responsable de la sécurité des envoyés officiels étrangers, non seulement dans son propre pays, mais dans les régions qui lui sont soumises. Les ambassadeurs doivent être munis par leur gouvernement de sauf-conduits qui leur assurent la protection des pays où ils passent. Quelques-uns furent célèbres et recherchés pour leur habileté, tels l'Egyptien Mane ou le Mitannien Gilia.

On voit même poindre le droit international privé dans les essais que font les souverains pour préserver les biens de leurs ressortissants qui viendraient à mourir sur un territoire étranger. La règle était que le bien revînt, par droit d'aubaine, au pays où se trouvait le possesseur. Mais le traité entre Chypre et l'Egypte protégeait dans ce cas le bien des marchands chypriotes. Aussi, dans une lettre, le roi d'Alasia réclame-t-il simplement l'exécution du traité : *Un citoyen d'Alasia est mort en Egypte et ses biens sont dans ce pays, tandis que son fils et sa femme sont avec moi. Que mon frère, donc, réunisse les biens du citoyen d'Alasia et que mon frère les remette aux mains de mon messager.*

Cela n'empêchait pas Ramsès II, deux siècles après, de revendiquer toujours le droit de posséder la terre entière créée par son père Amon. Il avait été amené à conclure avec le roi des Hittites, Hattousilis III, un traité de paix qui, par bonheur, nous est parvenu à la fois en langue accadienne, du côté des Hittites, et en hiéroglyphes, du côté égyptien. Le texte accadien suit la grande tradition diplomatique hittite : c'est un pacte de paix et d'alliance avec obligation d'assistance armée. L'extradition des fugitifs dans leur pays d'origine y est prévu, mais il est stipulé qu'ils ne seront pas châtiés. Les mêmes conventions se retrouvent dans le texte égyptien. Les différences viennent toutes de la présentation qui doit tenir compte des conceptions théologiques égyptiennes dont la chancellerie pharaonique ne démord pas. Ramsès y fixe tout lui-même et accorde le traité au Hittite qui est venu l'implorer. Nous aimerions savoir comment les théologiens se représentaient dans ce cas et même s'expliquaient la puissance hittite. Pour l'instant, il faut se contenter de constater la double rédaction.

•

Ce droit égyptien, dont nous venons d'esquisser les grandes lignes, se concrétise pour nous dans quelques dossiers de procès sensationnels. Il ne faudrait pourtant pas juger les anciens Egyptiens sur ces faits d'exception. Comme dans toutes les grandes assises judiciaires, ils mettent en relief des actes anormaux, mais n'apprennent qu'incidemment comment on les jugeait et selon quelles lois. Ils ont du moins un intérêt anecdotique certain et posent quelques touches vivantes et parfois même fort pittoresques sur le fond plutôt austère du tableau. Voici pour commencer l'affaire de Penânouqi et de ses complices. Le nom du protagoniste le situe immédiatement : c'est *l'homme de la déesse Anouqis* qui, avec le dieu Khnoum et sa parèdre Satis, régnait sur la première cataracte. Ce dieu-bélier possédait dans l'île d'Eléphantine un temple considérable dont il reste des ruines aujourd'hui fort délabrées. De nombreux animaux divins étaient élevés dans l'enceinte sacrée, comme partout en Egypte. Penânouqi, prêtre du temple, ne voyant pas la nécessité de garder tous les veaux issus du taureau Mnévis, en vendit un certain nombre à des prêtres et même aux gens de la forteresse de Bigèh, un peu au sud. Pour se distraire de ses préoccupations financières, il séduisit deux femmes mariées. Cela lui coûta-t-il quelque argent? Il avait, comme Panurge, bien des manières de s'en procurer, dont la meilleure était « par façon de larcin furtivement fait ». Il s'appropria ainsi bijoux, métaux précieux et riches vêtements du trésor du dieu. Mais ces vols, qui finirent par être connus, scandalisèrent le personnel du temple. Qu'à cela ne tienne; il réussit à introduire parmi les prêtres quelques personnes plus conciliantes et aveugla la fille de l'un d'entre eux qui demeurait par trop récalcitrant. Il semble, alors, que les autres tentèrent de prendre leur part du gâteau. Penânouqi s'étant emparé de vingt bœufs destinés au temple, le clergé se mit à puiser largement dans le trésor en fermant les yeux indiscrets par quelque substantielle gratification. Finalement, à la mort du capitaine qui commandait le bateau du dieu, on nomma à sa place un marinier à l'esprit large qui ne livra plus au temple que des rations d'orge fort menues, la majeure partie de ce qui était dû au dieu passant directement au clergé.

Seul le registre des charges accumulées contre Penânouqi et ses complices nous est parvenu. Nous ne savons donc pas comment le procès s'est terminé. Mais, comme les personnages incriminés paraissent sur des graffiti de l'île de Sehel avec des titres sacerdotaux supérieurs à ceux qu'ils ont dans les pièces du procès, on en a déduit que la justice n'avait pas mis fin à leur lucrative carrière. Disons, tout de suite, que ce scandale eut lieu à une époque de relâchement administratif, sous les derniers Ramsès dont la faiblesse politique sera sanctionnée par la mainmise du grand prêtre Herihor sur le pouvoir royal.

C'est à ces mêmes temps qu'il faut rapporter deux autres volumineux dossiers judiciaires : celui du pillage des tombes royales et celui de la conspiration du harem qui abrégea sans doute les jours de Ramsès III.

Les épisodes de l'affaire des tombes royales sont aussi riches en couleurs que les exploits des prêtres d'Eléphantine. Sous le règne de Ramsès IX, l'administration de la ville de Thèbes était si lourde qu'on l'avait confiée à deux hauts fonctionnaires qui gouvernaient l'énorme agglomération sous l'égide du préfet et vizir Khamoïs. L'un d'eux, *le prince de la Ville*, s'occupait de la cité des vivants, sur la rive est du Nil; il s'appelait Paseri. L'autre régnait sur la nécropole avec ses innombrables ouvriers et sur les prêtres et le personnel des grands temples funéraires; c'était *le prince de l'Occident de la Ville*, Paouero. Ces deux hommes se détestaient. Leurs subordonnés en profitaient et il semble que certains fonctionnaires subalternes de la Nécropole, mécontents de Paouero, allèrent faire des rapports à Paseri. Finalement celui-ci dénonça au vizir Khamoïs le pillage de la nécropole royale. Paouero se doutait-il de quelque chose? Toujours est-il qu'il fit un rapport lui aussi, en même temps que son collègue, sur les déprédations dont souffrait le Bel Occident de Thèbes. Une commission d'enquête fut envoyée sur la rive gauche; elle comprenait, outre le prince de l'Occident de la Ville lui-même, des scribes de l'entourage royal, des officiers de police de la Nécropole et des prêtres de haut rang. Ils visitèrent dix tombes royales, fort heureusement toutes intactes, sauf celle du roi Sekhemrê-Chedtaoui, Sebekemsaf. Par contre, les tombes privées avaient toutes été violées. Le scandale était moins grave qu'on ne l'avait craint au début.

Mais il fallait trouver les voleurs de la tombe royale. Ils furent dénoncés. On arrêta immédiatement les prévenus. Ils s'étaient mis à huit pour accomplir leur triste besogne. L'un d'entre eux parla, pensant peut-être se sauver ainsi; il s'appelait Amenpnoufé et était maçon du temple d'Amon-Rê. Cédons lui la parole, tant le procès-verbal de l'interrogatoire, qui nous est parvenu, est vivant : *Nous avons été pour voler dans les tombes suivant notre habitude et nous avons trouvé la pyramide du roi Sekhemrê-Chedtaoui, fils de Rê, Sebekemsaf, et celle-ci n'était pas du tout semblable aux pyramides et aux tombes des nobles que nous avions l'habitude de piller. Nous avons pris nos outils de cuivre et forcé un passage dans la pyramide de ce roi, à travers sa partie la plus profonde. Nous sommes parvenus à ses chambres souterraines et, prenant en main des torches allumées, nous descendîmes. Alors nous perçâmes la blocaille rencontrée à l'entrée de son réduit (?) et trouvâmes ce dieu couché au fond de sa chambre sépulcrale. Et nous avons trouvé la sépulture de la reine Noubkhââs, sa reine, placée à côté de lui, et protégée et gardée par du plâtre et recouverte de blocaille. Nous l'avons également forcée et trouvé la reine reposant là semblablement. Nous avons ouvert les sarcophages et les cercueils dans lesquels ils se trouvaient et trouvé la noble momie de ce roi munie d'un glaive; de nombreuses amulettes et des bijoux d'or étaient à son cou; son masque d'or était sur lui. La noble momie de ce roi était entièrement recouverte d'or, ses cercueils ornés d'or et d'argent, intérieurement et extérieurement, et incrustés de toutes sortes de pierres précieuses. Nous avons recueilli l'or trouvé sur la noble momie de ce dieu, en même temps que celui des amulettes et bijoux qu'il avait au cou et celui des cercueils dans lesquels il reposait et nous trouvâmes la reine exactement dans le même état. Nous avons recueilli tout ce que nous avons trouvé sur elle également et mis le feu à leurs cercueils. Nous avons pris le mobilier trouvé avec eux et consistant en objets d'or, d'argent et de bronze et avons fait le partage entre nous. Et nous fîmes huit portions de l'or que nous avons trouvé sur ces deux dieux, provenant de leurs momies, amulettes, bijoux et cercueils et vingt debens d'or furent attribués à chacun de nous, ce qui fait cent soixante debens d'or, non compris les fragments de meubles. Nous avons alors passé le Nil pour rentrer à la cité. Et, après plusieurs jours, les surintendants du district de Thèbes entendirent que nous avions été voler dans l'ouest et ils m'arrêtèrent pour m'emprisonner dans le bureau du maire de Thèbes. Alors, j'ai pris les vingt debens d'or qui m'étaient revenus comme ma part et je les donnai à Khaemope, le scribe du quartier attaché au quai de Thèbes. Celui-ci me relâcha et je rejoignis mes compagnons qui me donnèrent une nouvelle part comme compensation. C'est ainsi qu'avec les voleurs mes compagnons, nous avons continué jusqu'à ce jour notre pratique de piller les tombes des nobles et des gens du pays qui reposent dans l'ouest de Thèbes. Et un grand nombre de gens du pays les pillaient comme nous et sont complices.* (Trad. Gardiner.) On tordit les pieds et les mains aux complices du scélérat et on leur appliqua la bastonnade, ce qui amena sur leurs lèvres les mêmes aveux.

Nous ne savons pas comment se termina le procès et nous n'en suivrons pas davantage les péripéties. Les lignes que l'on vient de lire sont cependant fort révélatrices sur l'étendue du mal, le nombre des malfaiteurs et la corruption des fonctionnaires. Ce sont ces pièces et d'autres semblables qui ont permis d'éclairer un certain nombre de points concernant le droit criminel dans l'ancienne Egypte. Le dossier de la conspiration qui assombrit la fin de Ramsès III apporte à la connaissance de ce droit un complément d'information de premier ordre.

C'est dans le harem du vieux souverain qu'une femme de rang fort élevé ourdit un complot, sans doute en vue de placer son fils sur le trône, avec l'aide des autres femmes qu'elle réussit à convaincre. Le chef du harem lui-même, Pabakekamen, se laissa gagner. Il se chargea de transmettre à l'extérieur les messages des conjurés. Parmi eux figurait la sœur du capitaine des archers de Nubie; elle avait fait prévenir son frère de se révolter et de diriger ses troupes contre Thèbes. En attendant, pour affaiblir la défense du vieux roi ou même le faire mourir, le surintendant du gros bétail, après s'être procuré à la bibliothèque du palais un manuel de magie noire, fabriqua des statuettes de cire, y inscrivit le nom des personnes qu'il voulait atteindre, sans doute des fidèles du roi, et dut se livrer à des actes d'envoûtement. Deux complices se livrèrent aussi à des pratiques de ce genre. Brusquement, bien que l'on ignore comment la chose eut lieu, le complot fut découvert.

Le vieux roi eut encore le temps de constituer, avec dix hauts fonctionnaires particulièrement dignes de confiance, un tribunal exceptionnel. Ce dernier devait prendre à l'égard des coupables toutes les décisions juridiques sur lesquelles Ramsès III ne voulait pas avoir à se prononcer; cette cour de justice pouvait même appliquer la peine de mort, alors que d'habitude le souverain, seul, avait le pouvoir de la décréter. Deux groupes siégèrent : l'un, composé de six membres, les *grands princes de la Cour d'instruction*, paraît avoir jugé les fonctionnaires de rang inférieur ayant trempé dans le complot. Il condamna à mort, semble-t-il, tous ceux qui comparurent et les fit exécuter. L'autre groupe, de quatre membres, paraît avoir jugé seulement les accusés de haute lignée. Il prononça uniquement des condamnations à mort, mais les coupables furent autorisés à se suicider. La différence de traitement a son importance. Si le pal était le supplice réservé aux grands criminels, choisir sa mort était une grande faveur. Dans les procès-verbaux, en tout cas, les faits ne sont pas relatés; on se contente d'allusions. Du prince au profit duquel fut ourdi le complot, il est dit seulement : *Il fut amené parce qu'il s'était joint à Tiy, sa mère, lorsqu'elle échangea des paroles avec les femmes du harem; en agissant ainsi, il se conduisit en ennemi de son Seigneur. On l'amena devant les écuyers tranchants pour l'interroger. Ils le trouvèrent coupable. Ils le laissèrent à sa place et il s'ôta la vie.* La brièveté même de ces indications dans les pièces d'archives est un indice de la gravité des faits reprochés aux conspirateurs.

Mais la surprise en arrive à son comble, dans l'histoire pourtant corsée de cette conspiration, quand nous trouvons tout à coup deux des juges sur le banc des accusés. Ils ont été sensibles aux charmes de quelques-unes des prévenues. Pour se distraire un peu des sombres dessous de cette affaire, avec deux comparses chargés sans doute de la garde des prisonnières, un officier de l'armée et un capitaine de police, ils organisèrent une partie fine, *une maison de bière*, comme l'appelaient les Egyptiens. Mal leur en prit, car la chose se sut et ils furent tous quatre mis en jugement. Ils s'en tirèrent avec le nez et les oreilles coupés, ce qui était encore un moindre mal dans une série aussi fournie d'exécutions capitales.

•

Ces procès sensationnels ne doivent pourtant pas nous faire oublier que l'Egypte, surtout en ses périodes d'équilibre, eut des juges intègres et établit les principes d'un droit sain et même profondément humain. Au début du Nouvel Empire, les vizirs prirent l'habitude de peindre ou de graver dans leur tombeau le code même de leur charge. Il comporte deux parties, l'une qui donne les règles générales, les instructions juridiques de base que le vizir doit appliquer. L'autre est plutôt une charte de ce qu'il doit faire, une nomenclature de ses fonctions dans les divers départements administratifs. Il est significatif enfin qu'un vizir et préfet de Thèbes sous Thoutmosis III, Rekhmirê, qui nous a transmis ces pages importantes, ait consacré sa stèle biographique à nous décrire son idéal de vie bien plus qu'à nous narrer les incidents historiques d'une carrière qui dut pourtant être fertile en événements. C'était un sage, formé aux méthodes traditionnelles et qui savait exposer sa pensée, comme celle du scribe habile, à la fois ancienne et nouvelle : *Je parle avec des sentences pour qu'on les connaisse, alors d'autres sages (...) les écouteront. J'ai exalté maât jusqu'à la hauteur du ciel et j'ai fait circuler sa perfection sur la largeur de la terre, si bien qu'elle demeure dans le nez des hommes comme le souffle du Nord* (elle est élément essentiel de vie pour eux) *quand elle a chassé la malignité des cœurs et des corps. J'ai jugé de même le pauvre et le riche. J'ai protégé le faible du fort. Je me suis opposé à la violence de qui avait mauvais caractère. J'ai réprimé celui qui était avide, en son heure. J'ai fait passer le mauvais moment de qui avait le cœur furieux. J'ai arrêté les pleurs en les changeant en consolation. J'ai défendu les veuves parce qu'elles n'avaient pas de mari. J'ai rétabli le fils comme héritier à la place de son père. J'ai donné du pain à l'affamé, de l'eau à celui qui avait soif, de la nourriture, des onguents et des vêtements à celui qui n'avait rien. J'ai secouru le vieillard en lui donnant mon propre bâton, et en faisant que la vieille femme dise : « Quelle bonne action ! » Je haïssais l'iniquité et je ne la pratiquais pas. Je fis (attacher ?) la tête en bas les fauteurs de mensonge. J'étais juste de voix devant Dieu. Aucun sage n'a dit à mon sujet : « Qu'a-t-il fait ? » Même lorsque je jugeais de graves affaires, je fis sortir les deux parties en paix. Je n'ai pas perverti la justice pour un cadeau. Je n'étais pas sourd pour celui dont la main était vide. Au contraire, jamais je n'acceptai de qui que ce soit un présent de corruption.*

Ces lignes contiennent sans doute beaucoup de phrases que l'on peut lire maintes fois dans les biographies laudatives qui ornaient les murs des tombes ou qui étaient gravées sur les stèles funéraires. Toute cette littérature avait sa source dans les manuels de morale où était consigné l'enseignement traditionnel. Mais, ici, ces déclarations tirent leur intérêt du fait qu'elles concernent un vizir lui-même, essentiellement chargé de faire régner maât. A lui, elle n'imposait pas seulement ses devoirs de juge suprême, insensible à la corruption, punissant le menteur, réussissant à contenter tout le monde, même dans les procès les plus graves. Elle lui demandait la bonté à l'égard de tous et même la charité qui pouvait le justifier devant Dieu et lui procurer l'approbation des sages parfaitement au courant des vérités d'enseignement.

C'est ce qui nous permet de mieux apprécier l'humanisme juridique profond qui se dégage de certaines règles que la doctrine royale inculquait au vizir : *Si un plaignant de n'importe quelle partie du pays vient exposer son cas*, enseigne substantiellement l'une de ces instructions, *tu dois veiller à ce que toute procédure soit d'accord avec la légalité, soit en accord avec la régularité qui est due. Agis de façon qu'il puisse avoir son droit.* Cette belle maxime n'est-elle pas déjà l'expression, quinze siècles avant notre ère, du *Suum cuique tribuere* d'Ulpien, repris dans la codification de Justinien?

Les préoccupations profondément humaines de la vieille Egypte entraient davantage encore dans le détail. Il était recommandé au magistrat suprême de ne pas être injuste par excès de défiance envers soi-même, comme ce vizir qui condamnait toujours ses parents dans les cas qui lui étaient soumis, de peur qu'on ne le trouvât partial. La plus fine psychologie rejoignait le désir de la justice dans le conseil suivant, emprunté à Ptahhotep : *Si un plaignant désire s'adresser à toi, ne l'éconduis pas d'un seul mot quand il parle. Si tu le déboutes, fais-lui entendre la raison pour laquelle tu le déboutes. Vois, on dit qu'un plaideur préfère qu'on prête attention à ses raisons plutôt que de gagner le procès pour lequel il est venu.* On ne peut aussi qu'admirer ces remarques au sujet de la colère et de la crainte : *Ne sois pas irrité contre un homme injustement, mais sois irrité à propos de ce qui justifie l'irritation. Inspire la crainte, de sorte que les hommes te craignent. Ce magistrat que les hommes craignent est un vrai magistrat. Vois, la gloire d'un magistrat, c'est qu'il fait ce qui est droit.*

Les belles règles de conduite sont éternelles. Ceux qui devraient les appliquer ne sont pas toujours aussi enclins à les suivre qu'à proclamer leur excellence. Et l'on peut se demander si, à l'époque où les ministres faisaient peindre dans leurs tombeaux un enseignement si élevé, ils conformaient leur vie à ces maximes. Même dans les temps où une monarchie entreprenante et forte créait à l'Egypte un prodigieux empire, il dut y avoir des mauvais sujets, comme à l'époque des derniers Ramsès. Pourtant l'équilibre social et politique rend plus difficile les exploits des malfaiteurs et, dans l'ensemble, autant que nous les connaissions, les moments d'apogée de l'Egypte paraissent avoir été sains. D'ailleurs, si ceux au moins qui ont conçu cet humanisme juridique n'avaient pas été des sages, auraient-ils si profondément analysé les besoins humains et auraient-ils possédé la délicatesse intérieure nécessaire à la perception de si fines nuances morales? C'est déjà un bien grand mérite de les avoir si génialement conçues et si magistralement exposées.

CHAPITRE VI

LA VIE ÉCONOMIQUE

La vie économique de l'Egypte pharaonique a peu attiré les spécialistes et les travaux d'ensemble qui lui ont été consacrés émanent d'économistes qui ne lisaient pas les documents dans le texte mais devaient recourir à des traductions. Aujourd'hui, ces derniers datent déjà beaucoup. Quelques sérieuses études de détail ne permettent pas de construire avec une sécurité suffisante une synthèse un peu solide. D'ailleurs, la dispersion et les énormes lacunes de la documentation ne facilitent pas la recherche. Le manque total de points de comparaison constitue un obstacle majeur à l'intelligence des faits. Si nous savons, par exemple, le prix des robes et des parfums d'une reine au tout début de la XVIIIe dynastie, nous ignorons tout à fait — et probablement sans recours — celui des vêtements et des onguents dont se contentait l'humble paysanne, la citadine de condition modeste ou même les dames de la cour. Pour l'histoire financière, le vide documentaire est irréparable et rend impossible la moindre interprétation. L'ordre et la grandeur même d'un règne peuvent s'accompagner de marasme, de misère et telle politique de prestige qui ne se fonde pas sur une prospérité économique profonde risque de faire illusion sur l'état réel d'un pays, tant qu'elle ne s'effondre pas.

L'économie d'une région dépend d'abord des ressources mêmes du sol. A ce point de vue, l'Egypte possédait l'essentiel. Le fond de la Vallée était constitué par un terrain excellent, propice à l'agriculture, la *terre noire*, dont elle a tiré elle-même son nom, KEMYT. Dans les montagnes qui bordent le fleuve, ou dans le désert avoisinant, affleuraient des roches utilisables et des minerais usuels ou précieux. Les animaux et les plantes fournissaient un large choix pour la domestication et pour la culture. L'habileté et le nombre des habitants, dont un climat facile favorisait la vie, permettait de tirer parti de cette richesse naturelle et de la mettre en œuvre pour procurer au pays les quelques matières de première nécessité qui lui faisaient défaut : essentiellement et, dès le début, le bois, les parfums liturgiques, l'argent et, plus tard, le fer.

Le limon du Nil provient à la fois de la décomposition des roches primitives arrachées aux plateaux d'Ethiopie et des débris végétaux et animaux des Grands Lacs africains : sables provenant du quartz, silicate d'alumine hydraté, des sels alcalins et féreux, du carbonate de calcium et des matières organiques. Selon la quantité de telle ou telle composante qui varie d'un lieu à l'autre, à la même latitude de la Vallée, on obtient des sols plus ou moins propices aux céréales, aux légumes ou aux fourrages pour le bétail. Du côté de Ballas et de Qéna, on trouve une argile d'un brun grisâtre riche en carbonate de calcium et qui passe au gris lors de la cuisson. Aussi, depuis l'Antiquité jusqu'à nos jours, cette région est-elle un centre où l'on fabrique des quantités de poteries, au point qu'une espèce de jarre à eau porte, en arabe moderne, le nom de BALLAS. La brique crue peut se fabriquer partout.

Les différentes espèces de pierre permettent à l'architecte ou au sculpteur une variété très grande dans l'emploi du matériau; les bancs se trouvent près du Nil et le transport en était facilité. Granits roses à Assouan, à la première cataracte, grès excellents au Gebel Silsileh, schistes et brèches du ouadi Hammamat, porphyres du Gebel Doukhan, albâtre d'Hat-Noub près de Tell el-Amarna, calcaires fins de Toura et de Maâsara, quartzite rose du Gebel el-Ahmar, basaltes et dolérites de Abouzabal, entre le Caire et Bubaste, offraient en quantité des matériaux de choix. Les pierres précieuses et semi-précieuses n'y sont pas rares non plus. Pline en énumère trente espèces provenant d'Egypte et d'Ethiopie, mais nous n'avons pu en identifier que quelques-unes. Et pour celles-ci, il a été possible, dans la plupart des cas, de retrouver les restes des exploitations anciennes. Le Sinaï était une terre privilégiée : outre la turquoise, on y trouvait la malachite — ce qui explique, leurs couleurs étant voisines, les confusions longtemps faites entre elles — le grenat, le feldspath vert et la calcédoine. Dans le désert de l'Est on exploitait le quartz, la calcite et le feldspath vert, mais aussi des roches plus précieuses : l'agate, formée de bandes de silice concentriques brunes et blanches; l'onyx, agate contenant des veines bleues; l'améthyste, quartz coloré par un composé de manganèse; des béryls verts qu'on a souvent qualifiés d'émeraudes, bien qu'ils n'en aient pas la qualité; la calcédoine, silice impure d'un gris bleuté. Près d'Assouan, il y avait encore des améthystes et du quartz. Le désert occidental, beaucoup moins riche, fournissait tout de même de la calcite près d'Assiout, de la calcédoine au nord-ouest d'Abou Simbel, à l'oasis de Baharya, et du quartz. La mer Rouge abondait en corail; mais les Egyptiens ne paraissent guère avoir exploité les perles avant les temps ptolémaïques. Pline nous dit aussi que la cornaline se trouvait en Egypte, mais nous ne savons d'où elle provenait, pas plus que l'hématite, oxyde de fer coloré en noir, rouge ou brun. Le lapis-lazuli, aux reflets bleu d'outremer, était presque sûrement importé d'Afghanistan. La montagne arabique recelait de riches filons de quartz aurifère et les mines de Nubie étaient si abondantes qu'elles avaient fait donner à cette région son nom qui signifie *le pays de l'or*.

Si l'on ajoute la flore et la faune auxquelles nous avons déjà fait allusion, les ressources du pays nilotique se révèlent considérables. D'une part l'agriculture, sous toutes ses formes, culture, élevage, chasse et pêche, trouvait, dans le fond de la vallée ou à la lisière de la terre noire, un terrain extrêmement propice et d'exploitation facile. Les mines des déserts offraient à l'industrie les matières premières sans lesquelles elle n'aurait pu véritablement se créer. Si bien que l'Egypte était un pays riche et connu comme tel chez ses voisins. L'or y était aussi commun que le sable, comme disaient les *Lettres de Tell el-Amarna*. Mais les matières mêmes qui lui manquaient jouèrent dans sa vie économique un grand rôle, car elles l'obligèrent, de très bonne heure, à créer un commerce. L'une d'entre elles, en particulier, était de toute première nécessité : le bois. Le tronc des palmiers ne donnait qu'une matière fibreuse et informe, impropre à la taille. L'acacia du Nil n'atteint pas une grande taille et le bois en demeure noueux et courbé. Les bateaux du fleuve, comme ceux qu'on lançait sur la mer, nécessitaient les grands pins ou sapins des Echelles du Levant. Dès les dynasties thinites, on allait chercher les troncs droits et longs des conifères à Byblos.

Les métaux de première nécessité existaient aussi en quantité suffisante. Le cuivre du Sinaï fut connu de bonne heure. Au début de la IIIe dynastie, on commença à l'utiliser couramment pour terminer le monument funéraire de Djéser, commencé avec des forêts de silex. Mais l'étain ne semble pas avoir été exploité et le bronze était depuis longtemps en usage en Asie Antérieure alors que cet alliage se trouve très peu en Egypte, du moins à l'époque ancienne. Il y a plus d'objets en cuivre qu'en bronze dans la tombe de Toutankhamon. On rechercha la galène dans les régions de

Qoseir et de Safaga, mais le plomb était peu employé et le minerai entrait surtout comme ingrédient dans la fabrication d'un fard pour les yeux. Différentes sortes de minerais de fer se trouvent en Egypte, dans le désert oriental, du Sinaï à Assouan. Pourtant le fer fut peu traité et peu connu. Peut-être faut-il penser au manque de combustible, car la température de fusion du fer dépasse 1 500 degrés centigrades. Par contre, l'argent manquait à l'état pur; il se trouvait seulement en plus ou moins grande quantité dans l'or. A l'époque saïte, les Milésiens en importaient du Pangée. Il joua donc un rôle dans le commerce d'importation.

Mais, le fait est surprenant, quelques-uns des produits essentiels qu'on importait étaient constitués par les parfums liturgiques, tels que oliban*, ladanum et résine de térébinthe. C'est une des particularités de cette économie égyptienne — et il faudra y revenir — qu'elle obéit peut-être plus encore à des impératifs religieux et théologiques qu'aux impératifs strictement financiers.

•

Ces merveilleuses richesses du pays, il fallait, pour en tirer parti, une population active, intelligente, qui sache s'organiser et ait le goût de l'ordre. Ces qualités, les Egyptiens les possédaient et ils l'ont montré aussi bien par leurs réalisations sociales que par leurs réussites artistiques. Mais on aimerait savoir, pour interpréter économiquement leur histoire, quel fut le chiffre de leur population et comment il varia au cours des millénaires. Or rien ne nous permet de donner quelque précision à ce sujet. Nous n'avons pas l'impression — mais il faut souligner ce mot — que l'Egypte pharaonique ait été surpeuplée. Sans doute connut-elle des famines. Mais les plus dangereuses eurent pour cause soit la désorganisation du pays, soit la guerre civile. Même lorsque l'eau de l'inondation ne montait pas suffisamment, s'il y avait un *petit Nil*, une *petite crue*, comme disaient les Egyptiens, le danger pouvait être écarté par une bonne organisation des ressources et une sage distribution des produits et plus d'un nomarque antique s'est vanté, dans sa biographie, d'avoir, grâce à son habile administration, écarté la misère de son nome et, mieux encore, de l'avoir épargnée au nome voisin. Des périodes sombres, comme celle de la révolution qui engloutit l'Ancien Empire, connurent la dépopulation et la misère. On peut seulement en déduire que la densité humaine, au temps précédent, et la richesse étaient supérieures.

On pourrait essayer de se faire une idée des chiffres par l'époque de la domination perse, puisque les historiens grecs nous en fournissent. Hérodote comptait vingt mille villes sous Amasis. Mais lui-même ne se portait pas trop garant en introduisant sa notice par « on dit ». Il faut du reste entendre par « villes » toutes les agglomérations humaines, villages compris. Diodore , d'après des *archives sacrées*, les évaluait à dix-huit mille pour le temps qui avait précédé Ptolémée Sôter, sous lequel leur nombre, accru, se serait élevé à trente mille. La population aurait alors atteint le chiffre de sept millions d'habitants. Il est certain que des recensements ont eu lieu du temps des Grecs. Ces chiffres peuvent donc avoir des bases solides. Le peuplement était beaucoup moins intense à l'époque romaine. Mais, bien que des actes officiels de recensement, sur papyrus, nous soient parvenus, pour les totaux, il est difficile d'échapper aux renseignements purement littéraires, toujours un peu sujets à caution.

Il faut donc se contenter de ces impressions auxquelles nous aimerions pouvoir échapper : le peuplement de l'Egypte semble avoir été dense sous la XIIe dynastie et plus encore sous la XVIIIe, où la population de Thèbes paraît avoir été considérable. A la XIXe, le Delta et surtout sa partie orientale ont dû connaître une plus grande prospérité et un afflux d'habitants. C'est la Basse-Egypte qui, par la suite, demeura la contrée la plus habitée. En admettant que, sous Aménophis III, l'Egypte, qui était au faîte de sa grandeur, ait nourri neuf à dix millions d'hommes, on en ferait un pays bien peuplé mais qui n'aurait pas consommé plus que ne lui procurait son riche territoire et ses relations commerciales incessantes avec la Nubie, le Croissant fertile et l'Egée. On a attribué vingt millions d'habitants à l'Egypte saïte. Mais ce nombre, fondé sur des raisonnements construits à partir de données modernes, ne repose sur aucune donnée positive.

Un facteur très important de la prospérité du pays vient de l'organisation qu'il sut donner à ces masses humaines. Il en connut trois de type certainement différent. L'analyse nous a révélé, au-delà des modalités que revêtit la puissance et des applications diverses qui s'en firent, une même direction fondamentale sous les trois empires : c'était l'unité de la direction, la centralisation, l'utilisation par un pouvoir unique de toutes les sources de revenus et d'énergie. On comprend aisément, dès lors, comment, dès les premières dynasties historiques, l'Etat, qui dispose de tout, peut entreprendre des expéditions commerciales — qui devaient être protégées, bien sûr — vers Byblos , au Liban, et, au sud, vers les lointaines côtes de la Somalie, au pays d'Oponé , où l'on allait chercher les aromates nécessaires au culte

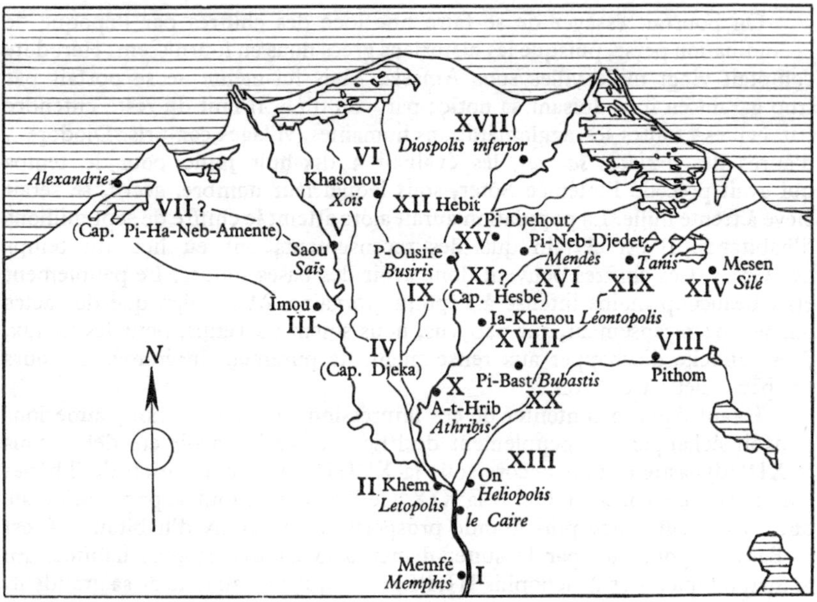

divin. Qu'on imagine un instant ce que représentent de pareilles navigations. Il fallait porter sur la côte inhospitalière de la mer Rouge les bois nécessaires à la fabrication des vaisseaux, y amener les ouvriers spécialisés qui pouvaient les construire, entretenir soldats de garde et personnel de l'expédition et avoir à pied d'œuvre les vivres et l'eau nécessaires, non seulement pour ce travail dans le désert, mais aussi pour la durée de la navigation, au moins à l'aller. Le résultat concret de cette extraordinaire organisation ne nous frappe plus, comme les pyramides, mais, en se plaçant au point de vue de l'histoire de l'énergie et du travail, elle est peut-être une réussite plus surprenante encore.

C'est cette même conception impériale qui explique l'édification de monuments apparemment aussi monstrueux que les pyramides de l'Ancien Empire dont la vue n'a pas seulement révolté un homme du XVIIIe siècle, comme Volney, mais déjà les anciens Grecs. Comment s'y prit-on pour les élever ? Que signifient-elles ? Ces questions ressortissent à l'étude des techniques ou des conceptions théologiques et sociales. Mais la condition

3. LES NOMES D'ÉGYPTE

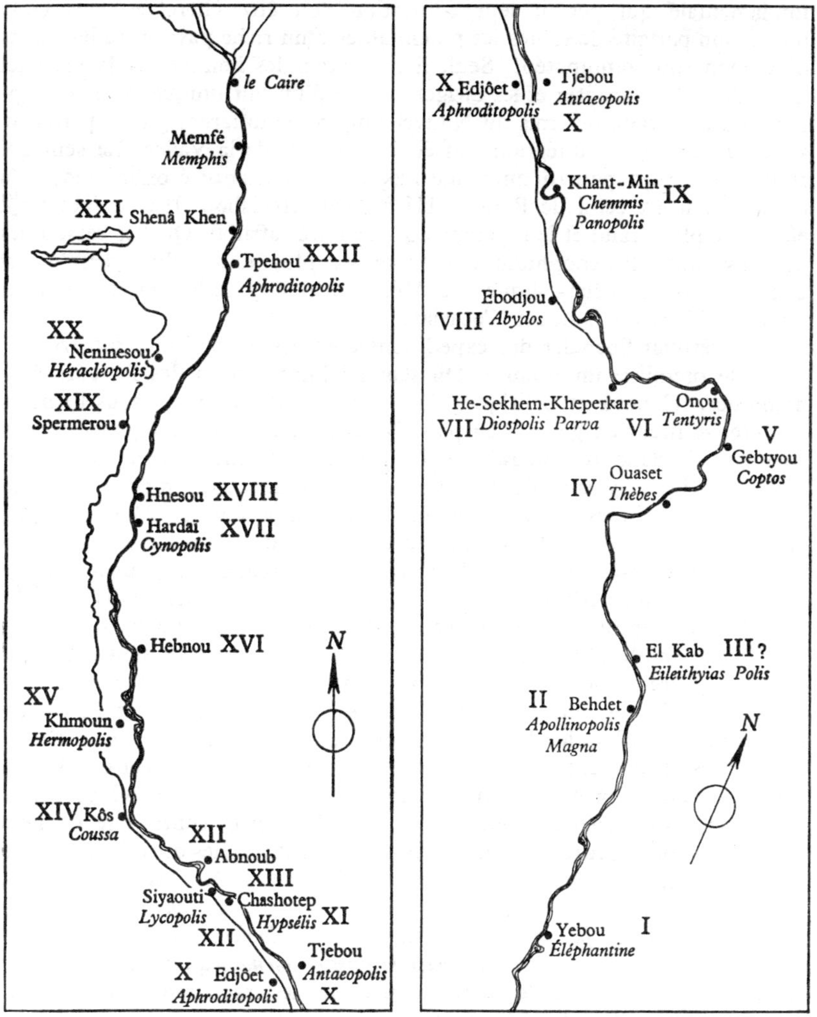

(D'après sir Alan Gardiner.) Carte des provinces (nomes) de l'Egypte, en trois éléments à la même échelle.

fondamentale qui permit leur édification doit être cherchée dans cette unification parfaite de toutes les potentialités d'un riche pays entre les mains d'un monarque omnipotent. Seul, il put réunir les hommes et le matériel nécessaires, les encadrer et les diriger en vue d'un but unique. Sous ce rapport, les tombeaux des rois du Nouvel Empire ne diffèrent guère quand on songe qu'une partie intégrante en était le temple de la Vallée. Le seul qui reste assez intact pour donner une idée de l'importance économique de la construction est celui de Ramsès III à Médinet-Habou. Il s'en faut qu'il eût été le plus grand et le royaume était déjà très affaibli. Quelles ressources dut engloutir l'Aménophium qui ne dresse plus aujourd'hui vers le ciel que les colosses mélancoliques de Memnon et la grande stèle récemment remontée dans un bouquet d'acacias!

Le résultat financier des expéditions entreprises par l'Etat fut évidemment de première importance. On sent ici l'imbrication des facteurs économiques, religieux et politiques. Les expéditions au Liban, sous l'Ancien Empire, se firent en général en paix. Nous en avons un témoignage formel au temps de Sahourê, lorsqu'on voit un prince asiatique ramené à la Résidence sur les vaisseaux du roi. Le bois avait une telle importance pour l'Egypte qu'Akhtoès, l'Héracléopolite, explique à son fils Merikarê qu'il a conquis l'ouest du Delta jusqu'à la côte de la mer pour se procurer des conifères provenant du Liban. Il acceptait de partager son pouvoir au sud avec les Thébains. Mais, au nord, l'accès à la mer lui était indispensable. Au Moyen Empire, le protectorat égyptien sur le pays qui va du Négeb à la Syrie semble plus positif. Aussi les matières importées sont-elles plus variées. Le trésor de Tod contient une abondante vaisselle d'argent et du lapis-lazuli. Un certain nombre de coupes et de gobelets sont de facture minoenne. De la Nubie, déjà solidement tenue, venaient entre autres choses les plumes d'autruche, l'ébène, les métaux précieux et l'ivoire. Mais le commerce était organisé soigneusement et les frontières défendues contre l'invasion des marchandises étrangères. La police royale contrôle sévèrement les importations : ordre est donné, dans les fameuses stèles dressées à Semna, à la deuxième cataracte, par Sésostris III, d'*empêcher que tout Nubien ne franchisse la frontière, par eau ou par terre, avec un chaland contenant quelque petit bétail que ce soit appartenant aux Nubiens, excepté un Nubien qui viendrait faire du commerce à Iken (Mirgissa), ou muni d'une mission.* L'Etat se réservait évidemment le droit de surveiller les tractations pour prélever certainement son bénéfice. Aussi les avait-il centralisées en une place unique où devait se rendre obligatoirement tout marchand de bestiaux.

Le rôle joué par l'or dans les rapports entre l'Egypte et la Nubie a été de première importance. Au Moyen Empire, il ne paraît pas que l'exploitation du désert oriental, à ce point de vue, ait été très systématique. Mais la quantité d'or fournie par la Nubie à la XVIIIe dynastie est énorme : 260 kilos environ en l'an 34 de Thoutmosis III, près de 268 en l'an 38 et plus de 300 en l'an 41. Si elle demeure intense sous toute la XVIIIe dynastie, elle tomba malgré tout peu à peu. Sous Ramsès III, nous ne connaissons plus les quantités entrées annuellement dans le trésor royal, mais celles que le roi a distribuées aux temples. Celui d'Amon, le plus important de tous, ne reçut du vivant du monarque que 27 kilos d'or, ce qui est bien peu en comparaison des fabuleuses quantités que Thoutmosis III avait perçues dans le Sud chaque année de son règne. Sans doute fallait-il être entièrement maître du désert et de la plaine au bord du fleuve pour faire transporter le métal précieux. L'extraction semble avoir repris beaucoup d'importance sous la dynastie kouchite qui maîtrisait bien le pays et les Bédouins. L'or fut un des produits qui faisaient l'objet du commerce entre les souverains méroïtiques et les Ptolémées. Et si les rois grecs, suivant l'exemple de Philadelphe, et les Romains après eux, ont tenu à s'assurer une partie du territoire nubien, au moins jusqu'à Takhompso, l'actuelle Maharraqa, c'est sans doute pour avoir toujours accès directement aux mines du ouadi Allaqi et du ouadi Gabgaba. Si bien que tantôt l'Egypte, par sa domination, tient grandes ouvertes les portes du pays de l'or, tantôt elle cherche à s'agrandir pour les gagner ou lutte pour les conserver.

Il est bien difficile de préciser comment l'effondrement de l'Empire égyptien modifia la balance commerciale du pays. On présume en tout cas que, dès la fin de la XXe dynastie, si le commerce entre le Delta et le Liban n'était pas interrompu, il n'avait plus le mouvement des périodes impériales. Ouenamon, sous Ramsès XI, éprouva maintes difficultés pour rapporter de Byblos le bois nécessaire à la construction de la barque sacrée d'Amon. Son récit est précieux, à un autre point de vue, parce qu'il énumère les produits exportés par les Egyptiens : vaisselle d'or et d'argent, pièces de lin de diverses façons, rouleaux de papyrus, peaux de bœuf, câbles, lentilles, poisson séché. Les trouvailles archéologiques en Asie Antérieure ajoutent quelques détails à ces données; elles sont riches en objets égyptiens importés : vases en pierre dure et en albâtre, scarabées, faïences colorées, meubles artistement travaillés. Sous Aménophis IV, des commerçants de Chypre étaient venus faire des affaires en Egypte. Il y en eut bien davantage, beaucoup plus tard, sous les dynasties saïtes. Aussi les douanes avaient-elles été bien organisées : à Eléphantine résidait un *préposé à la porte des pays étrangers méridionaux*, tandis que dans le Delta, à l'est, résidait le *préposé à la porte des pays étrangers septentrionaux*, et, sans doute à l'ouest, le *préposé à la porte des pays étrangers de la Très-Verte*. C'étaient les directeurs généraux des trois grands services douaniers. Cette redoutable institution, attestée en Nubie dès le Moyen Empire et mise au point de façon si parfaite par les Saïtes, n'est pas, on peut le constater, un des privilèges de notre temps.

Peu à peu une bonne partie du commerce dans le Delta passa entre les mains des Grecs. L'argent du Pangée transporté par les Milésiens était échangé contre des céréales et du papyrus. L'huile d'olive, rare en Egypte, y était aussi importée avant la création des monopoles royaux ptolémaïques. C'est au moyen d'une cargaison d'huile, nous conte Plutarque, que Platon pensait payer son séjour sur les bords du Nil. Pour contrôler plus aisément le trafic, Amasis concentra tous les mouvements des marchands grecs à Naucratis. Le montant des droits de douane était de 10 p. 100 en nature sur la marchandise. Les dieux bénéficiaient toujours de quelques parties de ces revenus. La stèle de Naucratis, émanant de Nectanébo Ier, attribue ainsi à la déesse Neïth de Saïs les revenus douaniers de la branche canopique, tandis que l'inscription de Sehel, dite de la famine, accroît, grâce aux douanes d'Eléphantine, le service d'offrandes de Khnoum. Au temps des rois macédoniens, les douanes furent encore réorganisées et renforcées de façon à donner tout leur poids aux monopoles royaux dans une économie entièrement dirigée. Certaines, comme celles qui frappaient les importations d'huile, étaient prohibitives et destinées à interdire ce commerce. D'autres étaient seulement un moyen de rapport. D'une manière générale, les Lagides cherchèrent à faire prospérer le commerce. On importait principalement des matières premières dont l'habileté des artisans alexandrins savait tirer des objets manufacturés recherchés partout : ivoire, ébène, pierres précieuses étaient travaillés à Alexandrie et repartaient sous forme de coffrets, de meubles, de bibelots fort prisés. La verrerie prit rapidement une importance considérable et, à l'époque romaine, elle afflua dans tout l'empire, après la découverte du procédé de soufflage du verre qui en avait considérablement réduit le prix.

La sécurité que l'Empire romain put assurer aux routes augmenta l'ampleur du trafic. Aussi, par les pistes caravanières, les produits orientaux, transportés par les Nabatéens ou les Palmyréniens, arrivent-ils jusqu'à la capitale de l'Egypte. Les ports de la mer Rouge, remis en état par les Ptolémées, Myos Hormos (Qoseir), Bérénice, commercent avec l'Inde par mer.

Un Egyptien est installé à Palmyre et des Palmyréniens demeurent au bord du Nil. C'est pour Alexandrie un temps d'incroyable prospérité qui prendra fin seulement au moment où Caracalla, dans un geste de folie, fera massacrer une grande partie des habitants de la ville. De l'Orient, elle recevait différentes sortes d'encens et de parfums, épices, drogues, pierres précieuses, ivoire, écaille, coton. Mais ce qu'elle exportait avant tout, c'était l'approvisionnement de Rome, le blé d'Egypte qui faisait de cette dernière une des provinces capitales de l'empire. Le papyrus et le byssus y ajoutaient des appoints confortables. On voit comment, tout au long de l'histoire, les vicissitudes de la politique et les nécessités de la vie économique réagirent sans cesse les unes sur les autres pour aboutir, sous l'Empire romain, à faire de l'Egypte et d'Alexandrie une sorte de plaque tournante du monde antique.

●

Examinons à présent les moyens d'échange utilisés pour la vie économique du pays. Au temps pharaonique, le commerce est essentiellement fondé sur le troc. Un artisan cède une paire de sandales ou un collier contre des produits agricoles. Les pièces juridiques que nous possédons permettent de préciser les conditions du procédé. On peut ainsi vendre une maison déterminée pour deux pièces d'étoffe de qualité différente, et un lit. Mais un bouvier échangera deux vaches contre le travail d'une esclave. Une fonction, dont les revenus étaient considérables, comme celle de Second Prophète d'Amon, était évaluée, au début de la XVIIIe dynastie, en objets d'or, d'argent, de cuivre, vêtements, voiles de chevelure, parfums, serviteurs, blé et terrain. Très peu de temps avant cette époque, la fonction de gouverneur d'El Kab pouvait être payée en *or, cuivre, grains, vêtements.* On constate aussitôt que l'échange ne s'est pas borné à celui des objets matériels mais a porté sur le travail et sur des titres comportant de substantiels revenus. Or la notion de valeur a été parfaitement dégagée dès l'Ancien Empire. Toujours, en effet, le prix abstrait des choses échangées est défini selon un étalon métallique. On ne peut guère échapper à l'idée que l'Egypte, sans avoir connu la monnaie proprement dite, a créé un étalon monétaire abstrait et même l'usage de pièces métalliques de poids fixe. Certains grands temples ont estampillé des lingots d'argent, certainement avant que l'usage de la frappe monétaire n'apparaisse dans le bassin oriental de la Méditerranée, à l'aube du VIe siècle. Il convient aussi d'ajouter que, peu de temps avant la conquête d'Alexandre, les pharaons indigènes, qui tentèrent d'arracher le pays nilotique au joug des Perses, frappèrent monnaie locale sans doute pour payer la solde de leurs mercenaires. Il existe quelques dizaines de pièces d'or, de même poids que les dariques, estampillées en hiéroglyphes : *or de bon aloi.*

Il n'est pas une pièce économique égyptienne juridiquement élaborée qui ne fasse appel à des valeurs monétaires pour permettre un troc équitable. C'est par référence à cette monnaie qu'on définit le prix de vente des objets. Reprenons l'acte de vente d'une maison sise près de la pyramide de Khéops. L'immeuble a été évalué 10 shâts. Le paiement consiste en une pièce d'étoffe de 3 shâts, un lit de 4 shâts et une pièce d'étoffe différente de 3 shâts. Pratiquement, aucun acte ne procède autrement et il faut bien reconnaître qu'il eût été difficile d'échapper à cette conséquence qui devient inéluctable dès qu'il s'agit de biens meubles ou immeubles ou de charges d'une valeur un peu élevée. Nous ignorons, par contre, comment se passait l'humble marché de la rue où fellahs et petits artisans échangeaient les produits dont ils avaient besoin. Mais pour toute transaction commerciale importante, on recourait à l'étalon monétaire. Aujourd'hui, il nous est difficile de le définir car il a certainement varié au cours des âges et peut-être aussi d'une région du pays à l'autre, comme le système des poids et mesures de l'ancienne France avant l'établissement du système métrique. Le métal de référence, selon la marchandise, pouvait être le cuivre, l'argent ou l'or.

Sous l'Ancien Empire, on se référa, semble-t-il, surtout à l'or, peut-être à cause de son immutabilité. Le shât aurait pesé 7,5 g d'or. Le multiple du shât, le deben, valait 12 shâts, c'est-à-dire 90 grammes. Il est remarquable de voir que le système sexagésimal est ici employé pour calculer les multiples ou sous-multiples d'une valeur donnée. Faut-il voir là une influence asiatique, où des procédés analogues semblent remonter fort haut ? Au Nouvel Empire, l'étalon monétaire normal est certainement l'argent et non l'or. Il y aurait donc eu évolution. Mais sous quelle influence ? La valeur sacrée de l'or aurait-elle empêché, finalement, qu'on ne l'emploie dans des négociations qui ont, dans la plupart des cas, un caractère purement profane ? Plus de questions se posent, comme on le voit, que nous ne pouvons en résoudre.

A la XIXe dynastie apparaît une unité nouvelle, le QITE, qui vaut un dixième de deben d'argent. La numération est donc devenue décimale. Mais le deben pèse-t-il toujours 90 grammes ? Dix debens de bronze ou de cuivre valaient 1 qite d'argent. A la fin du Moyen Empire, l'or vaut deux fois plus que l'argent. A la XVIIIe dynastie, un deben d'argent vaut encore

12 shâts d'argent. A la XIXe c'est le qite qui prévaut, mais il n'en faut plus que dix pour faire un deben. A la XVIIIe dynastie, une vache valait 8 shâts et une chèvre 1/2 shât. Au Fayoum, à la même époque, une AROURE de terre coûtait 2 shâts d'argent. A peu près 400 ans après, elle valait 11 qites, ce qui représente une augmentation assez considérable. Mais à Memphis, près d'une très grande ville, la valeur du terrain est très supérieure, peut-être six fois ce qu'elle était au Fayoum.

Le prix des esclaves était élevé : si une petite fille n'est évaluée qu'à 4 debens et 1 qite, un homme est vendu 7 debens. La loi de l'offre et de la demande a dû jouer et, au temps des campagnes victorieuses de Thoutmosis III ou d'Aménophis II, le « matériel » humain a dû descendre assez bas. Ce qui nous surprend le plus, c'est l'estimation, à nos yeux exorbitante, du travail. La journée d'une esclave, sans doute une tisseuse, donc une ouvrière spécialisée, était de 2 shâts, ce qui représente le quart de la valeur d'une vache à la même époque. Un homme, probablement employé comme manœuvre, c'est-à-dire ne possédant aucune qualification particulière, n'était loué que pour 1 shât par jour. Il est certain que ces chiffres sont d'une interprétation difficile. Les termes de comparaison nous font défaut. Le pouvoir d'achat de la monnaie nous est pour ainsi dire inconnu.

Quelles furent les fluctuations de la monnaie et de la valeur des marchandises? Ces détails, qui seraient précieux pour établir une sorte de diagramme économique de l'Ancienne Egypte, sont très difficiles à préciser. Du document concernant les fonctions sacertotales de la reine Nefertari, on a déduit que la vie était fort chère à Thèbes au lendemain des guerres de libération nationale menées contre les Hyksos. La chose est parfaitement logique. Si nos évaluations sont exactes, une robe aurait coûté 9 000 anciens francs-papier; un voile en tissu plus fin 11 660 anciens francs; un pot de parfum, sans doute excellent, 26 600 anciens francs. Mais comment saisir la signification de ces prix? Quel était le prix de la toile? celui de la robe d'une grande dame? La robe de la reine pouvait être d'un tissu spécial particulièrement cher. Sur les prix des parfums nous n'avons aucune idée et nous ne savons pas non plus quelle quantité représentait la somme totale. Un document économique isolé, même s'il paraît donner beaucoup de renseignements, ne permet pas de tirer des conclusions sûres.

De même, le prix de la vie semble avoir augmenté entre le milieu de la XVIIIe dynastie et la fin de la XIXe. Mais ce n'est là qu'une impression tant que le calcul des valeurs exactes n'a pas un caractère suffisant de certitude. Nous n'arrivons à avoir une idée de la courbe des prix qu'au temps des Grecs et des Romains, où l'abondance des papyrus permet une connaissance plus suivie. Mais de plus en plus l'Egypte est intégrée à des ensembles qui la dépassent et l'utilisent; aussi sortirions-nous du cadre de l'Egypte indépendante à vouloir, ici, résumer les travaux des historiens qui ont étudié l'économie et les finances de ces époques récentes. Il est probable que la perte totale de toute indépendance économique, dans un empire où elle était devenue un simple élément de l'organisation générale des revenus, a été pour beaucoup dans l'opposition des Egyptiens aux Romains et dans la facilité offerte à la conquête du pays par les Arabes. Le marasme économique, du reste, avait depuis longtemps commencé à ruiner la population lassée de ne produire que pour d'autres. L'opposition idéologique et le goût de l'indépendance croissent lorsque les facteurs économiques fournissent une base à la fois matérielle et affective aux revendications.

●

Il est certain, en tout cas, que durant les millénaires de liberté où les Egyptiens, en dehors de courtes périodes, furent les maîtres de leur destin, ils travaillèrent vivement à améliorer les conditions géographiques de leur économie. A l'intérieur d'un système où les produits naturels sont utilisés comme paiement, l'organisation de leur circulation est d'une importance primordiale. Or, l'Egypte n'a pas connu la roue à l'Ancien Empire et, par la suite, ne l'a jamais vraiment adaptée aux transports. Le seul animal de bât couramment employé fut l'âne. Mais ce pays possédait un avantage merveilleux, celui d'être parcouru, d'une extrémité à l'autre de sa partie habitable, par un grand fleuve navigable que complétait un réseau de canaux destinés à entretenir la fertilité du sol et aussi à faciliter les communications. De sorte que, par voie d'eau, l'Egypte pourvoyait à tous ses transports. Le vocabulaire égyptien est riche en mots désignant toutes sortes de bateaux. A côté des petites barques et des frêles canots destinés à permettre la pêche dans les marais ou la simple traversée d'un canal, il y avait les navires rapides qui descendaient le courant en s'aidant seulement de rames ou le remontaient à la rame, à la voile ou par halage. Il y avait les navires de guerre aux noms agressifs, comme le *Taureau sauvage*, et les courriers de l'Etat. On voyait aussi sur le fleuve des *bateaux-larges*, sortes de radeaux, qu'on employait seulement pour faire descendre du sud au nord de lourds obélisques, des tables d'offrandes ou des pierres de construction pesantes. Ils étaient remorqués par les bateaux du fleuve. On utilisait aussi les chalands pour transporter les marchandises. Et les dieux eux-mêmes se déplaçaient en barque. Le navire qu'Amon possédait à Karnak, et qui lui permettait de se rendre à Louxor pour la fête d'Opet, avait été construit sous Aménophis III avec un luxe prodigieux. L'image que nous en a gardée le troisième pylône à Karnak permettrait sans doute à un technicien de le reconstituer entièrement. Il évoque irrésistiblement les somptueuses thalamèges que le faste royal de Ptolémée IV Philopator lança sur le Nil pour éblouir ses contemporains.

Sans doute, par la Pierre de Palerme, on savait que sous Snefrou, à la IIIe dynastie, un vaisseau de 50 mètres de long avait été construit. Mais la surprise fut grande lorsqu'on retrouva récemment, près de la pyramide de Khéops, un bateau démonté mesurant plus de 30 mètres, soigneusement enterré dans une fosse rectangulaire, peut-être pour permettre au roi de continuer dans l'au-delà les inspections qu'il faisait de temps à autre durant son règne terrestre. Les bâtiments de 60 mètres de long ne furent pas rares. La plupart de ces navires, du reste, était destinés à la haute mer. A l'Ancien Empire, leur coque sans quille était peu relevée à la poupe et à la proue. Formée de planches et de madriers soigneusement assemblés par chevilles, tenons et mortaises, elle était renforcée par des systèmes de cordes bien liées pour lui permettre de résister aux lames. Des expériences récentes, sur le Pacifique, ont montré que ce genre de construction navale arrivait à tenir sans se disloquer durant les pires tempêtes, mieux que des navires utilisant les clous. Le mât, placé au tiers de la longueur vers l'avant, était double, et soutenait à sa partie supérieure une vergue portant la voile rectangulaire, haute et étroite. Un câble tendait le navire de proue en poupe où deux ou quatre rames plus grandes étaient utilisées pour donner la direction. Les bateaux équipés sous Hatchepsout pour la mer Rouge et l'océan Indien différaient beaucoup de ceux de l'Ancien Empire. Un peu plus relevés aux extrémités, ils ne comportaient qu'un grand mât central supportant deux vergues fort longues destinées à tendre la voile. Celle-ci était transversale. Deux rames spéciales disposées de part et d'autre de la poupe tenaient lieu de gouvernail. Mais le système de tension à la corde était assez semblable à celui des anciens vaisseaux, qui devait avoir fait ses preuves.

Ainsi les Egyptiens surent de bonne heure préparer les voies à leurs expéditions commerciales et leurs navires cinglèrent vers le Liban ou la côte des Somalis bien avant que ceux des Phéniciens ou des Grecs ne hantent les mêmes parages. Lorsque nous lisons dans Hérodote que Néchao fit construire des trières, nous ne savons pas si le mot est employé à dessein, c'est-à-dire si le pharaon, à la fin du VIIe siècle, dota l'Egypte d'une flotte moderne d'après des modèles grecs récents ou bien s'il désigne simplement l'équivalent égyptien des trières grecques.

Les flottes fluviales n'avaient aucune peine à circuler entre la première cataracte et la mer. Mais pour gagner la Nubie, les rapides du fleuve tourbillonnant entre les rocs noirs et polis constituaient un sérieux obstacle. A plusieurs reprises les envoyés du roi y creusèrent des chenaux pour faciliter la navigation. Ouni, au temps de Merenrê, avait en un an exécuté cinq canaux pour permettre aux bateaux de gagner l'amont. Mais la violence du courant rendait le travail précaire et Sésostris III creusa entièrement un nouveau bief de 80 mètres de long, de 10 mètres de large et profond de 7. Les dimensions de l'ouvrage montrent que l'œuvre fut plus importante que celle d'Ouni. Cela ne l'empêcha pas de s'obstruer de pierres et de sable et il fallut que Thoutmosis Ier, puis Thoutmosis III le fissent déblayer à nouveau. Si ces canaux ont eu d'abord un but militaire : le passage des flottes de guerre, il n'en est pas moins vrai qu'ils furent utilisés à des fins plus pacifiques, pour le commerce avec la Nubie conquise.

Il est probable aussi que les Pharaons tentèrent d'établir une communication directe entre le Nil et la mer Rouge. Un canal aurait facilité les expéditions vers le sud, en épargnant le transbordement et la traversée du désert — même dans sa partie la plus étroite au ouadi Hammamat. Or le ouadi Toumilat, qui paraît ne s'être asséché qu'en pleine époque historique, permettait de naviguer jusqu'au lac Timsah. Pratiquement, il suffisait donc de creuser un chenal jusqu'aux lacs Amers qui devaient communiquer avec le golfe de Suez. Les historiens grecs sont d'accord, ici, avec deux témoignages égyptiens. Les uns attribuent au conquérant Sésostris la construction du canal et les autres, sans parler du canal, mettent sous nos yeux le héros d'un conte qui, à la même époque, va de la mer Rouge à la Résidence royale en bateau, ou bien représentent les galères d'Hatchepsout, quelques siècles plus tard, embarquant leur riche cargaison à Oponé, pour la déposer à Thèbes. Sans doute a-t-on remarqué que des expéditions continuent à passer par le ouadi Hammamat. Mais il ne faut pas trop arguer de ce fait pour conclure qu'il n'y avait pas moyen de naviguer entre la mer et le Nil. Il peut y avoir eu des périodes de sécheresse qui rendaient le passage du canal problématique même pour des navires de faible tonnage. Il y a eu, peut-être aussi, le désir de gagner du temps, lorsque la nature du chargement le permettait et que la capitale était Thèbes. Enfin, les quantités considérables de produits importés par Hatchepsout, les arbres à encens vivants qui demandaient de l'eau, auraient été si difficiles à véhiculer dans le désert et ce transbordement eût été un tel exploit qu'on imagine difficilement l'absence de cet épisode — que rien ne rappelle au ouadi Hammamat — dans le portique inférieur de Deir el-Bahari, si vraiment il avait eu lieu. Si les historiens anciens ont remarqué qu'aucun roi n'avait achevé ce canal, cela est dû, très probablement, au fait qu'il fallut sans cesse le recreuser pour cause d'assèchement progressif ou même d'ensablement. Néchao a bien pu le refaire et l'utiliser; mais, cent ans après, Darius devait le déblayer à nouveau sur quatre-vingts kilomètres pour rétablir la communication entre le fleuve et la mer. C'est dire que le commerce antique ne fut jamais, de toute façon, aussi intense que sous les Ptolémées ou même l'Empire romain. A ce moment, les dépenses de l'entretien continu étaient largement compensées par l'afflux et le volume des marchandises. Il se peut qu'aux temps pharaoniques le canal n'ait été soigneusement entretenu que lors des périodes de stabilité gouvernementale et d'échanges commerciaux plus suivis.

Un des derniers pharaons indigènes eut même des préoccupations scientifiques dignes de celles qui permirent plus tard les grandes réalisations grecques. Comme le goût de la mer semblait tari chez les Egyptiens, il arma plusieurs vaisseaux montés par des Phéniciens avec ordre de partir vers le sud par la mer Rouge et de rentrer par les Colonnes d'Hercule. En trois ans ils contournèrent l'Afrique et racontèrent — ce qui parut alors incroyable — qu'à un moment de leur périple ils avaient eu le soleil entièrement à leur droite. Cette aventure devait fournir la source d'un épisode important au *Sethos* de l'abbé Terrasson, au XVIIIe siècle... Mais les temps n'étaient pas mûrs et cet exploit mémorable demeura sans lendemain et surtout sans conséquences économiques immédiates. Il était beau pourtant de l'avoir tenté. Il montre chez les souverains égyptiens des préoccupations d'un ordre élevé en même temps, sans doute, qu'un désir de trouver des voies nouvelles et peut-être de nouvelles sources de richesses et de revenus.

•

Connaître les conditions dans lesquelles travaillaient les vieux Egyptiens serait d'une importance capitale. Pour Hérodote — et pour plus d'un Grec sans doute! — effaré de l'énormité des pyramides, seul un travail forcé put venir à bout du transport et de l'amoncellement d'une telle quantité de blocs. Le roi aurait fait fermer les temples et, durant trente ans, le pays entier aurait travaillé uniquement au tombeau du redoutable despote. Après quoi, l'Egypte aurait été ruinée. Il y a dans cette vue probablement plus d'imagination que de vérité. On ne réalise pas à coups de bâton une œuvre d'exécution aussi parfaite que la grande pyramide de Gizâ. Nous avons plus d'une raison de croire que la construction de ces grands complexes funéraires et du cortège de mastabas qui l'entourent fut pour tout un peuple une œuvre d'amour qui lui permettait, du moins le croyait-il, d'entrer dans l'éternité à l'ombre de son roi qui, seul, y avait droit et, à des degrés divers, lui en octroyait la faveur. Il ne faut pas concevoir un tombeau pour un homme mais un ensemble monumental extrêmement vaste qui permettait au pays entier de se figer dans l'éternel.

Si l'on en croyait *l'Enseignement* de Douaouf, souvent appelé « satire des métiers », les artisans, forgerons, menuisiers, barbiers, maçons, jardiniers, tisserands, cordonniers, pêcheurs... avaient une vie affreuse et, au vrai, insupportable. Mais les œuvres littéraires doivent toujours être lues avec discernement. Tous les médecins, au XVIIe siècle, ne furent pas des Diafoirus. Et le scribe qui rédigea, au Moyen Empire, son exhortation pour pousser son élève à devenir fonctionnaire, a bien plutôt en effet écrit une satire qu'un tableau des métiers. Dans ce pays clément et fécond, les conditions du travail ne durent pas être pires qu'ailleurs. Mais peut-on les préciser un peu ? Sans doute le sort des différentes espèces de travailleurs variait-il. Au plus bas, il y avait les prisonniers de guerre. Leur nom même est significatif; il peut se traduire *assommés-vivants* ou peut-être *vivants à assommer*. La première traduction, qui semble plus naturelle, montrerait en eux des gens qui auraient normalement dû être assommés mais qu'on a laissés vivre. C'était évidemment pour en tirer profit. Ils devenaient en quelque sorte des esclaves appartenant au roi, ou donnés par lui aux temples ou même, en récompense, aux particuliers. Cependant leur sort, précaire sans doute, n'est pas désespéré. Ils peuvent acquérir des biens et avoir une famille et, finalement, sont assimilés par la population autochtone. Des Libyens et des Machaouach, pris au cours d'une expédition de Ramsès III, furent amenés au-delà du Nil de façon que, ayant quitté la bordure de leur désert natal, ils entendent parler égyptien et oublient leur langue. Sans doute le procédé est-il violent et ressemble-t-il à la déportation. Mais il en résultait une assimilation à la population égyptienne d'origine. Finalement les conditions de travail d'un prisonnier ne durent pas être sensiblement différentes de celles que connurent les serfs ou les travailleurs libres indigènes.

Beaucoup, comme ce Syrien dont il est question dans une lettre conservée à Bologne, prenaient des noms égyptiens et l'on devait faire une enquête pour retrouver leur nom originel.

Sans doute des maîtres durs pouvaient maltraiter leurs serviteurs. Mais, ici encore, ne nous inquiétons qu'à demi des coups. Le Bourgeois gentilhomme ne cherche-t-il pas à souffleter Dorine? Ne lit-on pas dans les constitutions d'une très digne congrégation religieuse : « On ne doit frapper personne, pas même un domestique! » Nous sommes devenus très sévères sur ce point, et à juste titre, mais il ne faut pas voir les châtiments corporels dans les sociétés antiques selon la morale moderne. D'ailleurs l'esclave pouvait en appeler aux dieux contre son maître, sans que nous sachions très exactement ce qu'il faut entendre par là. Il pouvait même chercher asile dans un temple et entreprendre quelque action contre ce maître. Enfin, ce dernier déférait l'esclave en justice. Il ne semble pas qu'il ait eu sur lui droit de vie et de mort. Plus encore, la morale qui était enseignée aux maîtres dans les écoles des scribes recommandait particulièrement de bien traiter les serviteurs. Au chapitre CXXV du *Livre des Morts*, qui accompagna tant d'Egyptiens dans leur tombe, ils pouvaient lire, lorsqu'on les initiait à son enseignement : *Je n'ai pas porté la main sur l'homme d'humble condition... Je n'ai pas causé de tort à un esclave auprès de son supérieur... Je n'ai causé de souffrance à personne.* Si ces belles maximes n'étaient pas toujours respectées, elles constituaient du moins un programme et il n'est pas douteux que plus d'un des fonctionnaires et des grands, instruits à l'école des sages, surent les mettre en pratique.

L'Egypte connut-elle ou même pratiqua-t-elle à son profit le travail concentrationnaire, c'est-à-dire le travail organisé au moins autant en vue de la destruction systématique de ceux à qui on l'impose que d'une production économique? Si nous devions prendre au pied de la lettre quelques pages de l'*Exode*, il faudrait répondre par l'affirmative. Et l'on n'y a pas manqué. En soi, la chose ne serait pas impossible. Mais, dans une société aux mœurs plutôt douces et dont l'idéal fut très humain, comme celle qui nous occupe, cela surprend. Quelques détails d'ailleurs trahissent une rédaction de genre épique qui, sans inventer les faits, les présente en les éclairant d'une lumière très partiale. Que la situation soit devenue très dure pour Israël travaillant à l'édification des résidences royales et des forteresses du Delta oriental, c'est un fait dont nous n'avons aucune raison de douter. Mais la détermination, prêtée à Pharaon, d'empêcher le peuple hébreu de se multiplier en tuant systématiquement tous les mâles, n'est peut-être que le résultat d'une stylisation littéraire qui n'aurait rien pour surprendre dans une production orientale. Comment les Egyptiens auraient-ils pu arriver à redouter qu'un peuple, possédant seulement deux sages-femmes, s'accroisse au point de devenir plus nombreux qu'eux ? Qu'à un moment où les frontières d'Egypte étaient menacées, on ait imposé des travaux forcés, et plus pénibles que de coutume, à des Asiatiques non assimilés, dont la fidélité pouvait paraître douteuse, cela ne suffit pas pour attribuer à l'Egypte la création d'un univers concentrationnaire. Il faudrait disposer au moins de documents plus sèchement annalistiques et non d'un récit, sur le mode à la fois épique et lyrique, de la libération d'Israël vue par sa conscience nationale. L'*Expiation* de Hugo part de faits strictement historiques. Mais ni les détails ni le caractère qu'il prête à Napoléon ne sauraient l'être, ils sont seulement le reflet des sentiments personnels du poète.

Nous désirerions des renseignements plus sûrs et plus explicites. Cependant, tels quels, les documents permettent d'entrevoir qu'aux grands moments de sa civilisation, l'Egypte connut un régime du travail de caractère humain et d'idéal élevé. Les recueils sapientiaux montrent que les grands fonctionnaires le respectaient. Un des plus anciens, celui de Ptahhotep, ne note-t-il pas que les servantes à la meule, celles qui font le travail le plus humble, peuvent, elles aussi, posséder la parole parfaite qui dénote la sagesse ? Il est infiniment probable que l'idée d'atteindre la durée infinie, qui présida à la majeure partie de l'activité des Egyptiens, leur donna un sens élevé du travail. Ils œuvraient pour l'éternité, comme l'historien grec. Le caractère de perfection des grandes réalisations architecturales ne peut guère s'expliquer autrement. Nous n'avons pas ici, comme pour notre Moyen Age, les textes qui nous racontent comment cet étudiant de Chartres, qui rapportait d'Angleterre un fermoir d'or à sa mie, en fit don à Notre-Dame pour reconstruire sa cathédrale. Mais les ouvriers qui poussaient le raffinement, en revêtant la grande pyramide ou en assemblant les pierres de la grande galerie, jusqu'à ajuster les blocs au point qu'on n'y peut glisser une lame de couteau, ces ouvriers travaillaient consciemment pour l'éternité. Les plus belles sculptures de Dendara, à la fin de la domination macédonienne, se trouvent dans les cryptes où les prêtres ne pénétraient que quelques fois chaque année. C'est dire que le soin apporté à réaliser ces œuvres, même lorsque la culture de l'Egypte antique va finir, est dû à autre chose qu'au désir du gain ou à la menace. Il est le fruit d'une application intérieure, d'une conscience professionnelle qui a permis à l'individu de se dépasser et d'atteindre un reflet de la beauté et de la perfection absolues.

Les monuments, du reste, ne sont pas tout à fait muets sur la manière dont les ouvriers et les rois envisageaient le travail. Ramsès II prit soin de faire ériger dans le temple d'Héliopolis une stèle pour commémorer à la fois la trouvaille de beaux blocs de quartzite, propices à la taille de statues, dans le Gebel el-Ahmar, mais aussi pour garder le souvenir de ce qu'il avait fait pour les travailleurs, maîtres d'œuvre, et même manœuvres qui avaient œuvré personnellement pour créer ses images. Il a fait appel à des *artisans d'élite, qui savent utiliser leur main.* Il comble leur chef d'argent et d'or et il les inspecte chaque jour; aussi pouvait-il constater qu'*ils travaillaient au profit de Sa Majesté d'un cœur plein d'amour pour le roi de Haute et Basse-Egypte Seigneur du Double-Pays,* Ramsès II. Il leur adressa lui-même la parole, en réponse sans doute à une demande de leur part, puisqu'il leur dit : « *Vos dires ont été entendus* ». Le roi, selon la doctrine, est responsable des jeunes générations. Il a le devoir de les faire vivre. Il veut obtenir d'elles une œuvre d'amour, faite du fond du cœur. Aussi a-t-il pour ses travailleurs des délicatesses; non seulement il leur procure le nécessaire, mais encore le superflu; il leur octroie du vin, boisson de luxe, et fait faire pour eux des cruches poreuses qui rafraîchissent l'eau à la saison chaude : *J'ai assuré votre subsistance en tout produit, pensant que vous travailleriez pour moi d'un cœur reconnaissant; j'ai été constamment soucieux de vos besoins, multipliant les vivres en votre possession, car je sais que le genre de travail que vous faites, on se réjouit de le faire quand on a le ventre plein. Les greniers sont pleins de blé pour vous. J'ai empli à votre intention les magasins de toutes sortes de produits, tels que pains, viandes, gâteaux pour vous sustenter, sandales, habits, huiles en abondance, pour vous enduire la tête tous les dix jours, vous vêtir à neuf tous les ans, et vous pourvoir de sandales tous les jours; personne d'entre vous ne passe la nuit à déplorer sa pauvreté. J'ai affecté des quantités d'hommes à votre alimentation, des pêcheurs pour vous apporter du poisson, et d'autres comme vignerons pour faire pousser le raisin; des potiers faisant tourner le tour et fabriquant des vases pour rafraîchir votre eau au moment des chaleurs. De Haute et Basse-Egypte s'acheminent vers vous, continuellement, blé, orge, grains, helba, fèves en nombre illimité.* Et le roi peut conclure : *J'ai fait tout cela en me disant que vous y trouveriez un motif de travailler pour moi d'un cœur unanime.* (Trad. Sauneron.) C'est encore Ramsès II qui, mécontent d'apprendre les pertes énormes subies par les caravanes se rendant aux mines d'or du ouadi Allaqi, avait fait creuser un puits dans le désert pour étancher la soif des bêtes et des gens.

Les rois surent donc reconnaître les mérites de leurs bons et loyaux travailleurs autrement que par des félicitations. Ils s'efforçaient de les bien traiter, comprenant que l'œuvre portait la marque de l'amour avec lequel elle avait été exécutée. Et les produits de l'artisanat égyptien atteignent assez souvent le niveau des œuvres d'art pour que les quelques inscriptions que nous pouvons encore lire, nous le pensons du moins, n'aient pas exprimé des désirs demeurés purement platoniques. Est-ce à dire qu'il n'y ait pas eu d'ombre au tableau? Sur trois mille ans, ce serait inconcevable. Mais il faut leur donner leur juste proportion et leur juste signification. Dans une société aussi fortement liée que celle de l'Egypte antique, le moindre affaiblissement à la tête a des conséquences considérables. Aussitôt que les barrières qui imposent à chacun de rester dans sa voie s'écroulent, c'est la porte ouverte à l'anarchie. Sous un roi faible, l'intérêt particulier risque de primer l'intérêt général. C'est alors la séquelle des maux qui ruinent une administration très hiérarchisée : corruption, détournements, misère de ceux qui sont en bas de l'échelle sociale. Ne revenons pas sur la révolution qui suivit l'Ancien Empire. L'état d'esprit qui se mit à régner à la fin de la XXe dynastie n'est pas meilleur. Un papyrus au contenu étrange, conservé à Turin, raconte, en une sorte de journal, une révolte des ouvriers de la nécropole royale, sous Ramsès III. Il s'agit d'une véritable grève en plusieurs épisodes : *En la 29e année, le 10 du mois de Mechir, en ce jour, bris de cinq murs de la nécropole par les équipes d'ouvriers qui disaient : « Nous avons faim, car il y a dix-huit jours de passés dans le mois. » Et ils s'installèrent à la partie postérieure du temple de Thoutmosis III. Alors vinrent les scribes de la prison de la Nécropole, les deux chefs d'équipe, les deux représentants et les deux chefs de district. Et ils leur crièrent : « Rentrez-donc », et ils firent de grands serments en disant : « Venez; nous avons la parole de Pharaon V.S.F. Demeurez en ce lieu. Passez la nuit dans la nécropole. »* Nous ne savons pas si les ouvriers se laissèrent persuader. Mais des phrases mutilées qui suivent il ressort que le lendemain la situation était devenue critique. Les fonctionnaires de la nécropole avaient certainement retenu pour eux, en achetant la complicité des autorités, le salaire des ouvriers et ils redoutaient de voir ces derniers en appeler au vizir ou à Pharaon lui-même. Mais les malheureux, conscients de leur force et soutenus par certains employés demeurés honnêtes, ne cèdent pas. *Nous en sommes arrivés là de faim et de soif : nous n'avons pas de vêtements; nous n'avons pas d'huile; nous n'avons pas de poisson, nous n'avons pas de légumes verts. Envoyez-le dire à Pharaon V.S.F., notre Seigneur parfait. Et envoyez-le dire aussi au vizir, notre supérieur, qu'il nous donne le moyen de vivre.* Devant ce scandale et cette menace, on se décide à leur délivrer l'orge du mois précédent. Mais les choses ne se calment pas, parce que les ouvriers se sentent joués. Les bonnes paroles sont l'essentiel de ce qu'on leur octroie. Le vizir, ayant dû se déplacer et aller chercher les dieux dont les images étaient nécessaires pour célébrer la fête jubilaire de Ramsès III, est mis au courant de l'affaire. Il paraît débordé et se contente aussi de promesses : les greniers sont vides. On y prendra ce qu'on trouvera. A la fin du mois, la révolte grondait toujours. Nous ne connaissons pas l'issue de ces tristes événements.

C'est la première grève, à notre connaissance, dont l'histoire ait conservé le souvenir. Les malversations ont vidé les greniers de l'Etat et on ne peut plus payer les humbles travailleurs. Ils se révoltent, refusent de travailler et de demeurer dans leurs casernements mais paraissent n'en retirer que de minces profits. L'équilibre administratif est faussé. La corruption règne. Et il est significatif de constater que c'est à partir de cette époque que commencent les pillages dans la nécropole. Les idées religieuses n'ont plus de prise sur les esprits quand les estomacs sont tenaillés par la faim. Durant la XXIe dynastie, ainsi, on vit les pires méfaits se commettre parce que personne ne respectait plus la justice. Aussi, une phrase, prononcée par une femme appelée à témoigner lors des grands procès concernant les violations de tombes, fait-elle réfléchir : *Je dis au chef de district Amenkhâou : Voici que je me trouvais assise, affamée, sous les sycomores, et il arriva que des hommes vendirent du cuivre; nous étions assis affamés.* L'histoire de cette femme qui a faim, sous les sycomores, permet de comprendre comment les hommes se sont associés pour piller et chercher les moyens de vivre là où ils étaient. Il convient de souligner que tous les dossiers de procès sensationnels qui nous sont parvenus datent de la XXe dynastie, qui témoigne à la fois d'une décomposition et d'une démoralisation profondes. Elle ne reflète pourtant qu'un moment de la longue histoire du travail en Egypte. Et les grèves, au temps de Ramsès III, ne doivent pas nous faire oublier qu'aux périodes prospères la condition des travailleurs ne fut pas aussi précaire.

En droit, le système économique égyptien était une sorte de socialisme d'Etat. Le dieu créateur avait confié au roi, son fils, le monde, sa propriété. Celui-ci administrait donc son bien en déléguant à ses fonctionnaires ses pouvoirs. Mais toute propriété éminente lui revenait. Elle était seulement confiée aux tenanciers qui la faisaient fructifier. En réalité, pourtant, on vit rapidement se former une propriété privée et apparaître des gens qui bénéficiaient des produits du travail. Dès l'Ancien Empire, la formation de cette propriété individuelle et des revenus particuliers est très nette. Il faut bien remarquer pourtant que ce n'est pas la constitution *de facto* d'une sorte de capitalisme latent qui faussa les rapports sociaux, mais seulement la rapacité des petits fonctionnaires, qui — dans un système extrêmement hiérarchisé et centralisé — pouvaient capter les revenus à leur profit lorsque le pouvoir supérieur s'affaiblissait.

Malgré tout, le sentiment que chacun avait de détenir sa fonction du dieu par l'intermédiaire du roi joua un rôle important dans l'Etat. S'il n'arriva pas à constituer ce que nous appellerions, d'un mot qui fait anachronisme, une vraie sécurité sociale, il permit du moins de comprendre comment, le grand âge venu, les serviteurs du roi continuaient à toucher des revenus : *Voici que j'arrive à la vieillesse*, dit un Premier Prophète d'Amon, *étant à son service* (celui du dieu) *et comblé de ses faveurs : mes membres sont pourvus de santé, mes yeux y voient et les aliments de son temple restent dans ma bouche, tandis que les faveurs du roi m'échoient par la grâce d'Amon.* (Trad. Lefebvre.) Sans doute, le grand prêtre veut-il dire que la faveur du dieu lui a procuré une verte vieillesse; mais il montre bien que, malgré son âge, ayant son fils en quelque sorte pour coadjuteur, il continue à percevoir le traitement inhérent à sa fonction. Pour les humbles personnages, nous sommes moins bien renseignés. Pourtant la formation morale qui était à la base de l'enseignement donné aux grands fonctionnaires, et que ceux-ci se vantaient de suivre, prévoyait expressément qu'ils devaient être des *pères* pour leurs serviteurs, et non seulement leur donner ce qui leur revenait, c'est-à-dire leur salaire, mais aussi qu'ils devaient les secourir dans les cas d'exception : assurer les funérailles de ceux qui mouraient sans héritier, s'occuper des intérêts des orphelins et des veuves et venir en aide aux indigents : *Je n'ai pas commis d'iniquité dans son temple, je n'ai pas négligé mes ordres auprès de lui. J'ai marché sur son sol me tenant courbé et manifestant ma crainte de sa puissance. Je n'ai pas terrorisé ses serviteurs, mais je fus pour eux un père. J'ai jugé le pauvre au même titre que le riche et le puissant tout comme le faible. J'ai donné à chacun ce qui lui appartenait car c'était mon horreur que la cupidité. J'ai assuré des funérailles à celui qui n'avait pas d'héritier, un cercueil à celui qui ne possédait rien. J'ai protégé l'orphelin qui m'implorait et j'ai pris en main les intérêts de la veuve. Je n'ai pas chassé le fils de la place de son père, je n'ai pas arraché le petit enfant à sa mère. J'ai tendu mon bras, j'ai procuré des ressources à celui qui n'en avait pas, des aliments à qui était dans l'indigence... J'ai ouvert mes oreilles à ceux qui disaient la vérité, j'ai éloigné ceux qui étaient chargés d'iniquité.* (Trad. Lefebvre.)

Cette sécurité assurée à l'humble travailleur faisait partie de la morale sapientiale, qui avait atteint un haut degré d'humanité. Fondée sur la crainte du maître divin de l'homme, elle n'était déterminante que dans la mesure où la conscience individuelle était sensible à la vérité religieuse. Aussi, aimerions-nous pouvoir en vérifier les réalisations pratiques. Un curieux écrit, tracé à l'encre sur un éclat de calcaire, au temps des Ptolémées, a été interprété comme une demande adressée par le portier d'un atelier d'embaumement à Amon lui-même pour obtenir sa réintégration ainsi que le remboursement de ses frais de maladie. Même s'il s'agit, comme il paraît bien possible, de l'exposé d'un rêve que le patient a eu, à la suite d'une incubation, il n'en demeure pas moins qu'il implore l'aide du temple pour soigner sa cécité. Sans voir là, avec des sentiments qui ne se sont guère développés avant notre époque, la réclamation des droits d'un « assuré social », reconnaissons que la demande d'assistance de ce petit fonctionnaire admet implicitement que le dieu, c'est-à-dire l'administration du temple, peut la lui accorder. Une fois de plus, malheureusement, nous ne savons pas quelle suite fut donnée à la demande de cet aveugle.

•

Une dernière question se pose, quand on examine de près l'économie égyptienne. Quel fut au juste l'emploi des richesses et des produits de toute espèce qu'accumulait l'Etat? On sait combien les lois économiques pèsent sur la direction prise par les événements au point que des penseurs ont cherché dans ces lois l'explication fondamentale du déroulement de l'histoire. Chose étrange, l'Egypte, pays du paradoxe, comme le notait déjà Hérodote, échappe en grande partie à cette façon de voir les choses. S'il y a une espèce de produits qui semble déterminer l'activité de l'homme, c'est bien ceux qui sont de consommation courante. Il est, au premier abord, impossible de penser que la production alimentaire, par exemple, ne reçoive pas ses seuls impératifs des besoins humains immédiats. Or, en Egypte, il n'en est pas uniquement ainsi. Sans doute, les besoins de l'Egyptien en nourriture guident en partie son comportement. Et, par l'histoire de Joseph, dans la *Genèse,* nous savons combien les administrateurs étaient habiles à engranger les récoltes pour ne les distribuer ensuite qu'à bon escient, en évitant la famine lorsque venait une mauvaise année. Les biographies de fonctionnaires viennent corroborer les données bibliques et abondent en détails intéressants sur leur sens de la distribution judicieuse.

Mais les vivants n'étaient pas les seuls à avoir besoin de manger. La hantise de l'éternité avait, peu à peu, poussé les esprits à admettre que le corps momifié et les statues, succédanés du corps, devaient se repaître aussi de nourriture pour entretenir leurs forces. Il fallait donc constituer auprès de chaque tombeau des revenus funéraires, souvent considérables, quand il s'agissait de grandes fondations. Tout un droit de propriété a été constitué autour de ces dotations et des textes extrêmement longs nous sont parvenus qui ne sont autre chose que les contrats liant un personnel de culte funéraire à des revenus sous certaines conditions. Sans doute, toute la valeur de ces denrées réelles n'était pas perdue, économiquement parlant, puisque les prêtres funéraires consommaient les produits après les avoir présentés sur la table d'offrande. Il est probable aussi que les images du mort finissaient, avec le temps, par se contenter des simulacres de nourriture sculptés sur les parois ou déposés dans le tombeau. Il n'en reste pas moins qu'une partie considérable de l'activité du vivant vise à produire pour les morts et pour ceux qui vivent du culte funéraire, royal ou particulier. Il y a là, du point de vue économique, un fait aberrant sur lequel on ne saurait trop insister. Au lieu que, dans les autres civilisations, une petite partie de la production générale est distraite à des fins strictement religieuses, ici ces idées imposent à l'immense majorité du pays un comportement et une activité extraordinaires qu'il devrait être possible de chiffrer, au moins pour certaines périodes.

Qu'on réfléchisse aussi combien il a fallu dépenser en hommes, en matériel, en revenus, pour édifier et garnir les immenses cimetières de l'Egypte. Les nécropoles royales, d'autant plus considérables que le pays connaît un temps d'apogée, ont nécessité une dépense qui nous paraît aujourd'hui hors de proportion avec le but recherché. La pyramide de Khéops a un volume de plus de 2 500 000 mètres cubes. Dans les seules galeries inviolées de la pyramide à degrés, on peut évaluer à quarante mille, à peu près, le nombre de vases en pierre dure qu'on a retrouvés. Leurs inscriptions montrent que le roi Djéser avait puisé dans les réserves de tous les rois antérieurs. La seule tombe de Toutankhamon — et ce fut un roi de peu d'importance, au règne court — contenait un trésor de meubles, de bijoux, de vases, de pierres précieuses et d'or qui stupéfie le visiteur du Musée du Caire. L'entassement de tous ces capitaux improductifs dans une tombe paraît, au point de vue utilitaire, monstrueux.

Les temples n'étaient pas moins emplis d'une masse énorme de richesses inemployées. Si bien des civilisations connaissent des constructions gigantesques destinées uniquement à des besoins spirituels — que l'on songe à nos cathédrales! — peu sans doute connurent, comme l'Egypte, l'immobilisation totale, au profit de sanctuaires, de trésors aussi considérables. Un seul exemple suffira : Assourbanipal se vante d'avoir emporté de Thèbes jusqu'au pays d'Assour deux obélisques d'électrum de 2 500 talents, ce qui représente 75 750 kilos de ce métal contenant 75 % d'or. Les statues d'or fin — de dimensions généralement modestes : une coudée, car il fallait pouvoir les transporter — abondaient dans les grands temples. Cette accumulation ne s'explique que par des raisons métaphysiques. L'or, chair du dieu-soleil créateur, était lié, à Héliopolis, à tous les symboles solaires, comme l'obélisque. Si tous n'étaient pas d'or massif, la plupart du moins en étaient revêtu. L'or n'était pas moins nécessaire pour former la matière des statues utilisées lors de l'union au disque. Si d'autre part les monuments ont pris souvent un aspect gigantesque et si beaucoup de statues ont été colossales, c'est que leur masse opposait son énorme force d'inertie à la destruction et ainsi répondait mieux au but d'éternité qu'on se proposait. La civilisation égyptienne, en effet, si elle a obéi à des impératifs économiques, comme toutes les autres, semble avoir, plus que les autres, imposé à son économie un rythme et une production destinés à autre chose qu'à cette vie. Tout un système de pensée fort élaboré amena les Egyptiens à immobiliser des capitaux qui nous paraissent fantastiques pour traduire dans la matière des croyances religieuses ou de véritables théories intellectuelles qu'ils appliquèrent avec une logique et une sorte d'acharnement qui nous étonnent parfois, mais qui ne sont pas sans grandeur. Loin d'être des esclaves de leurs énormes richesses, plus d'une fois ils surent les asservir à la valeur plus durable de la pensée métaphysique.

CHAPITRE VII

LA RELIGION ET LA PENSÉE

Il est bien difficile de savoir comment a pris naissance la spéculation philosophique. Fustel de Coulanges pensait, peut-être avec raison, que la théologie était née du spectacle de la mort : « La mort fut le premier mystère. Elle mit l'homme sur la voie des autres mystères. Elle éleva sa pensée du visible à l'invisible, du passager à l'éternel, de l'humain au divin. » Ft, de fait, il est presque impossible, dans beaucoup de civilisations antiques, de distinguer la pensée proprement dite de l'idée religieuse. Elles sont intimement mêlées. A vrai dire, peut-on jamais les séparer complètement ? Une philosophie est-elle autre chose que l'expression d'une expérience spirituelle, positive ou négative ? L'exposé, en tout cas, peut en être plus ou moins objectif. Les anciens Egyptiens, du moins dans ce qui nous est parvenu d'eux, n'ont guère séparé, dans leurs essais pour interpréter le monde et la vie, leurs croyances de leurs constatations ou de leurs expériences. Ils n'ont certes pas manqué de philosopher. Mais leur manière de raisonner demeure la plupart du temps plus ou moins théologique ou mythologique. Les images y jouent un rôle prépondérant et l'on en arriverait à se demander s'ils ont jamais essayé d'analyser abstraitement ce que nous appellerions les causes secondes.

Pour être tout à fait exact, il faut noter qu'on est parvenu à isoler les éléments d'un court exposé sur la psychologie de la connaissance qui fait notre étonnement. Il était incorporé à une sorte de traité sur la création du monde par le dieu Ptah. Voici ces lignes remarquables aussi bien dans leur concision que dans leur densité :

C'est ainsi que le cœur et la langue ont pouvoir sur tous les membres :

pour cette raison qu'il est dans tout corps et qu'elle est dans toute bouche de tout dieu, tout homme, tout animal, tout reptile vivants; et que le cœur pense tout ce qu'il veut et que la langue commande tout ce qu'elle veut... Le voir des yeux, l'entendre des oreilles, le respirer du nez, font rapport au cœur. Et c'est lui qui ne cesse de produire toute connaissance; quant à la langue, c'est elle qui répète ce que le cœur pense... C'est ainsi qu'est accompli tout travail et tout métier, le faire des mains, le marcher des jambes, le mouvoir de tous les autres membres, sur cet ordre qui a été pensé par le cœur et qui a été exprimé par la langue, qui ne cesse de créer l'être de toute chose. Il convient de garder à ce fragment, qui remonte peut-être à la IIIe dynastie, son aspect concret en traduisant par des infinitifs français les infinitifs égyptiens. Il explique la formation des concepts d'une manière tout à fait extraordinaire pour l'époque à laquelle on doit le faire remonter. Si l'on veut bien remarquer que le livre de chirurgie que nous a transmis le papyrus Edwin Smith, et qui date aussi de l'Ancien Empire, est strictement rationnel et ne fait appel qu'à des critères vérifiables pour diagnostiquer ou traiter les plaies et fractures, on ne peut se défendre de la conclusion qu'il y eut, à l'aurore de l'histoire, un effort vers la connaissance rationnelle tout à fait remarquable et qui aboutit à la création de ce que nous appellerions, actuellement, une philosophie d'observation et une médecine scientifique. Il est permis de supposer aussi que ce courant a existé à toutes les époques de l'histoire mais que les documents permettant de le jalonner et de l'attester ne nous sont parvenus qu'en nombre extrêmement restreint. Ce qui serait tout à fait normal car ils étaient beaucoup moins répandus.

La majorité des sources, en fait, comme nous le remarquions en commençant, ne sépare pas l'exposé des croyances indémontrables de celui des vérités auxquelles nous conduit l'expérience. Le raisonnement s'exerce aussi bien à partir des choses incontrôlables que des faits clairs. Pour comprendre, il est donc nécessaire de tirer la pensée d'une théologie qui concerne aussi bien l'imagerie religieuse ou le rituel que le fond propre de la nature divine. Au risque d'appauvrir la réalité, il faudra nécessairement systématiser, regrouper et synthétiser des données éparses et, en apparence, totalement hétérogènes. Pourtant nous y sommes portés et aidés par l'unité profonde de la religion égyptienne à l'époque historique, la seule que nous puissions réellement atteindre. Dès l'Ancien Empire, elle a été pensée et ordonnée par les théologiens. Nous pouvons sans doute repérer, par l'analyse, des éléments plus anciens et les signaler. Mais nous ne sommes plus capables de les interpréter, de les comprendre et de leur rendre une autonomie qu'ils n'ont plus car tout le contexte qui les porta jadis est à jamais évanoui.

Au premier abord, l'affirmation du caractère d'unité de la religion égyptienne peut surprendre. N'a-t-on pas écrit sur « les religions égyptiennes »? Les faits religieux ne donnent-ils pas l'impression d'un assemblage disparate où l'on a amalgamé des éléments provenant des cantons de tout le pays et de toutes les époques? En réalité, ce serait céder à une impression très superficielle que de voir dans l'ensemble des faits religieux que l'on peut actuellement atteindre une juxtaposition inorganique. Si nous voulons bien saisir la nature de leur pensée religieuse, ici encore il faut user d'analogies. Pourrait-on parler, par exemple, « des religions chrétiennes » à propos du seul catholicisme? Et pourtant, entre Thomas d'Aquin et Siger de Brabant, il y a des oppositions irréductibles. Mais elles ressortissent seulement à des différences d'école. Chaque petit sanctuaire de campagne a son histoire, ses saints patrons ou une vierge, qui a souvent hérité d'une ancienne déesse. La Madone d'une petite église du Gard, en pleine campagne, n'est-elle pas appelée *dea Vallensis* dans une charte médiévale? Aussi, avait-elle succédé à une divinité gauloise et peut-être son culte s'enfonce-t-il au cœur de la plus lointaine préhistoire. Si, dans deux mille ans, il reste du seul catholicisme quelques centaines de missel aux multiples variantes, des fragments disparates d'un pontifical, des Bibles en traductions différentes, une édition de Cajetan et des morceaux choisis de Thérèse d'Avila, celui qui désirera en brosser un tableau d'ensemble devra faire un effort sérieux de synthèse pour éviter de parler « des religions » catholiques; que sera-ce s'il veut y amalgamer aussi des documents plus ou moins fragmentaires émanant des autres confessions? Or, en Egypte, on peut constater de curieux phénomènes d'unification. Des textes religieux ont été gravés dans les chambres des pyramides royales, à la Ve et à la VIe dynastie. On s'aperçoit que des parties considérables en ont été recopiées dans des tombes du Moyen Empire. Mieux encore, les gens de l'époque saïte en utilisaient de larges portions, pour leurs tombeaux, plus de deux mille ans après leur apparition. Certains chapitres ou certaines formules des *Textes des Sarcophages**, copiés au début du IIe millénaire, se retrouvent dans les exemplaires du *Livre des Morts* jusqu'à une époque tout à fait tardive. Le livret du Mystère de la *Naissance divine* est pratiquement le même sur les murs de Louxor et sur ceux de Deir el-Bahari. Puis il évolua. Mais sous Nectanébo, c'est la même version qui est inscrite dans le mammisi ancien de Dendara et dans celui de Philae, à plus de trois cents kilomètres. Celui qui se familiarise avec la littérature religieuse s'aperçoit que sans cesse les textes les plus éloignés dans le temps et l'espace contiennent des sections parallèles dont les unes ne peuvent être que la copie des autres, des allusions à des conceptions théologiques élaborées ailleurs, des éléments de toute espèce qui trahissent une formation commune et une connaissance de tout ce qui se pensait en Egypte.

Or, il existait une institution au sein de laquelle, presque à coup sûr, furent unifiées les théologies locales, composées et diffusées les œuvres religieuses. C'est la *Maison de Vie* * ou la *Double Maison de Vie.* A la basse époque, il ne fait aucun doute que c'étaient les scribes sacrés, les hiérogrammates, comme les appelaient les Grecs, le *personnel de la Maison de Vie*, selon la désignation égyptienne, qui composaient les hymnes destinés au culte. Mais l'usage devait remonter beaucoup plus haut. L'institution elle-même date, semble-t-il, des plus lointaines dynasties. Nous aurions bien de la peine à faire son histoire et à en décrire avec précision l'organisation. Mais il est possible d'entrevoir, pour l'époque classique, ses compétences et ses réalisations.

Tout d'abord, c'est là que s'élaboraient et se rédigeaient les écrits théologiques, c'est-à-dire toutes les compositions qui étaient apparentées, de près ou de loin, à la philosophie. La théologie était la mère de toutes les autres connaissances. C'est à cette partie de leur travail que les gens de la Maison de Vie liaient la rédaction des hymnes et des chants sacrés qui reflètent si souvent leurs conceptions métaphysiques. C'est fort probablement là aussi que naquit le genre didactique, particulièrement florissant en Egypte. L'aspect religieux d'une bonne partie de la littérature sapientiale suggère qu'on ne doit guère séparer les scribes des théologiens.

C'est là encore qu'étaient rédigés, enseignés et conservés les livres que l'on qualifiait de « magiques ». Mais il faut prendre garde ici de n'être point dupe de notre vocabulaire. Il ne s'agit pas de la magie au sens péjoratif que nous entendons aujourd'hui. Comme le *bwanga* des Bantous, elle désigne l'ensemble des forces nécessaires à la protection de la vie et à son accroissement. A ce titre, elle comprend la médecine , qui parfois a bien consisté en incantations et en remèdes bizarres ou répugnants, mais qui a recherché aussi fort souvent des moyens parfaitement rationnels et expérimentaux pour guérir. Les deux genres étaient pratiqués dès l'origine, comme nous en avons la preuve par les papyrus médicaux.

Le rituel lui-même n'était pas conçu autrement que comme l'entretien et le renforcement de la vie divine dans les corps terrestres des dieux. C'est la reproduction en notre monde des soins que les dieux reçoivent dans leur monde à eux. A ce titre, il appartenait aussi à la Maison de Vie et pouvait pencher vers une magie aujourd'hui déconcertante ou arriver à traduire en de très beaux symboles les conceptions théologiques les plus élevées des penseurs égyptiens.

Bien plus, les artistes allaient puiser leurs directives à la Maison de Vie. Plus que d'autres encore, ils devaient être soumis aux règlements minutieux établis par ceux qui avaient étudié à fond les choses divines. Ne tenaient-ils pas dans leurs mains, grâce au prestige de leur art, la possibilité de créer des êtres nouveaux, comme avait fait la divinité elle-même ? Construisant un temple, les architectes étaient tenus d'en faire une image symbolique du monde que le dieu avait tiré du chaos et sur lequel il régnait. Le pouvaient-ils inventer ou représenter à leur guise ? Ne trahiraient-ils pas les intentions du créateur et les besoins du culte ? Les peintres et les sculpteurs, eux, *faisaient naître* des corps nouveaux aux dieux et aux hommes. C'était une véritable *mise au monde* qu'ils exécutaient en sculptant les *images vivantes* et les *répliques* qu'étaient leurs statues. Aussi, était-ce pour eux une nécessité de se conformer aux textes sacrés dans lesquels, de toute antiquité, le sage dieu Thot avait consigné les règles de la création artistique. Et, bien souvent, les récits égyptiens font allusion à cette recherche des rois pieux et savants qui fouillent la Maison de Vie et finissent, comme le roi Neferhotep, par retourner à sa source, Héliopolis, pour y découvrir la véritable forme des dieux, telle qu'elle avait été déterminée aux temps primordiaux.

L'astronomie et les mathématiques , indispensables servantes de qui doit connaître l'univers et le temps précis, et de qui veut calculer les proportions exactes pour donner aux monuments et aux objets une parfaite conformité avec le réel, y étaient aussi cultivées.

La Maison de Vie avait certainement son siège central près du palais royal ou du temple dynastique. Mais elle possédait des ramifications dans chaque temple égyptien de quelque importance. A Amarna, c'est peut-être dans les deux salles qu'elle occupait qu'étaient conservées les fameuses archives diplomatiques écrites en accadien sur des tablettes d'argile. On devait y pratiquer les langues étrangères. Mais on y accomplissait aussi des cérémonies religieuses puisque, à Edfou, lors de la fête de *la Bonne Réunion*, Hathor et Horus s'y rendaient pour y exécuter un rituel et y passaient peut-être même la nuit.

Voilà pourquoi les tentatives d'unification, de hiérarchisation et d'explication des idées religieuses ont été extrêmement poussées en Egypte. Mais les scribes sacrés eurent fort à faire. Ils partaient d'éléments tout à fait divers, à l'origine, dans leur dispersion temporelle et spatiale. Aussi l'unité qu'ils cherchaient à promouvoir dut-elle sans cesse tendre à l'émiettement avec le particularisme des écoles sacerdotales de la Province et leur relatif isolement. La tendance tardive au moins nous est bien connue : chaque clergé tentait d'accaparer au profit de son dieu ou de sa déesse les pouvoirs et qualités de tous les autres dieux qui devenaient alors les créatures ou les formes diverses du dieu local. Grâce aux temples souvent bien conservés de Dendara, Esna, Edfou, Kom Ombo, ou Philae, nous sommes assez bien renseignés sur l'intense activité théologique de la Haute-Egypte durant les sept à huit derniers siècles du paganisme. Les Sites du Delta, malheureusement disparus à jamais, n'avaient pas une moindre importance et l'on serait curieux de connaître avec quelque précision les idées que se forgèrent sur leurs dieux les prêtres de Saïs ou de Busiris. On devine plus qu'on ne sait le rôle capital joué à ce point de vue par Héliopolis dès les temps les plus anciens. Et l'on entrevoit à peu près l'importance des élaborations religieuses de Memphis, d'Hermopolis Magna et de Thèbes, métropoles religieuses d'extrême importance, où nous retournerons pour faire plus ample connaissance avec leurs dieux.

Il n'est pas toujours facile, d'ailleurs, tant la documentation est disparate et relativement récente, de voir immédiatement ce qui appartient à telle ou telle école locale; le travail qui s'impose en ce domaine est à peine amorcé. D'autre part, aucun traité systématique ne semble avoir été composé par les anciens Egyptiens, qui puisse nous offrir un fil conducteur. Si même un ouvrage de ce genre a existé, il n'est pas parvenu jusqu'à nous, pas plus que les synthèses écrites par les Grecs sur la religion égyptienne. Dans ces conditions, l'analyse des notions de base, en particulier, a toujours quelque chose de conjectural qu'il est difficile de supprimer. Les travaux de détail peu à peu nous permettront de corriger nos vues d'ensemble encore trop approximatives et c'est à la longue et patiemment que nous approcherons de plus près la vérité.

•

Ce qu'il importe de saisir d'abord, par exemple la notion que les anciens se faisaient de l'homme, du dieu, du monde, est justement ce qu'il est le plus délicat d'établir. Il est certain, du moins, que pour eux, dès l'époque la plus ancienne, le composé humain était chose extrêmement complexe.

Nous n'en énumérerons ici que les principaux éléments dont on peut entrevoir la nature. Ils n'épuisent pas l'analyse égyptienne. Tout d'abord l'homme avait un *corps* conçu essentiellement comme un support matériel. Mais, chose étrange pour nous, ce corps n'avait pas le caractère unique, irremplaçable qu'a le nôtre. Une image, une statue pouvaient en tenir lieu et, à l'époque tardive, le mot corps peut même signifier *statue*. Sa forme non plus ne s'imposait pas absolument. Dans un conte, il est vrai, le héros, qui est un homme au départ, devient perséa et taureau sans perdre son identité. Mais les livres funéraires, qui n'appartiennent pas au folklore, contiennent aussi des transformations du défunt en divers animaux sans qu'apparemment sa personnalité se dissolve. En d'autres termes, la notion de corps, pour l'Egyptien, est beaucoup plus floue que pour nous et infiniment plus étendue. Cette extension explique, par exemple, quelle punition ce pouvait être de priver un ennemi de sépulture, d'anéantir son corps, et de détruire ses images. Sans cette base matérielle fondamentale, le complexe des principes plus ou moins spiritualisés, dont l'union faisait l'homme, était comme privé de réalité essentielle.

Il faut garder les mots égyptiens qui désignent ces principes, car aucune correspondance ne peut leur être trouvée dans les langues modernes. C'étaient surtout le KA 𓂓, le BAÏ 𓅡, le AKH 𓅜, et l'*ombre* 𓋺. Le ka appartenait aussi bien aux dieux qu'aux hommes. Mais les dieux et le roi, qui possédait par nature les privilèges divins, en avaient plusieurs; quatorze pour Rê et autant pour le roi, à la basse époque du moins. Fondamentalement le ka paraît lié à l'ensemble de la vie et sans cesse les prêtres jouent sur l'identité de consonantisme existant entre le mot « provisions » et ka. Mais c'est un aspect différencié de la vie globale qui semble venir au monde avec chaque homme. Voilà pourquoi on en a fait un génie personnel. Maspero l'appelait « double » parce qu'on le voyait doublant la plupart du temps le roi sur les bas-reliefs. Il naît toujours deux enfants royaux, deux sont nourris par les vaches célestes, on en présente deux au dieu Amon et, à l'époque classique, les images du roi dans le temple sont suivies d'un second personnage plus petit et portant un sceptre à tête humaine que les inscriptions désignent comme son ka. Parfois, l'insigne du ka seul est représenté. Pourtant ce serait méconnaître d'autres caractéristiques essentielles de cette entité que de la réduire au rôle de double. Il possédait un aspect individuel très marqué et constituait comme le tempérament même de l'homme, l'ensemble de ses qualités. Il formait en quelque sorte le conditionnement de chaque individu. Aussi, en démotique, le mot KA a-t-il disparu et est-il remplacé par PSAÏ, qui équivaut à peu près à notre mot « le destin ». En copte, toute trace de ce vocable si particulier à l'Egypte est évanouie et, déjà dans les représentations tardives des mammisis, on voit qu'il ne figure pas dans tous les tableaux où on le trouvait régulièrement à l'époque ancienne. Dans l'écriture, le signe qui le désigne en vient à écrire le mot RAN qui signifie « le nom ». Et cette équivalence permet de saisir la pensée des derniers païens d'Egypte. Pour eux, le nom était resté ce qui donnait leur essence aux choses, ce qui les différenciait du reste. Il y a donc là un élément fondamental de l'interprétation. Ajoutons que le ka avait peut-être un rapport spécial avec les entrailles de l'homme près desquelles il aurait plus volontiers reposé après la mort. De toute façon, il précédait l'homme dans l'éternité et pour éviter le verbe mourir, on aimait dire, par euphémisme, *passer à son ka*. Peut-être pouvait-il quitter temporairement le corps. En tout cas, nous connaissons le geste par lequel les prêtres ramenaient le ka des dieux dans leurs statues de culte; ils l'embrassaient, c'est-à-dire qu'ils exécutaient autour de l'effigie le geste même qu'indique le signe hiéroglyphique du ka. Même s'il faut le concevoir comme matériel, il était d'une nature impalpable, pouvait franchir tous les obstacles du monde sensible, et se contentait de simulacres et d'apparences pour retrouver les actes habituels de la vie terrestre qu'avait menée son possesseur. Les objets qu'on met à sa disposition, modèles de maisons ou constructions factices du tombeau de Djéser à Saqqara, sont conçus comme des représentations qui lui suffisent. Sa forme était celle du corps, auquel il était lié, à l'apogée de ses facultés physiques et intellectuelles, portant sur sa tête le signe de son nom et muni d'une barbe divine. C'est du moins ainsi que fut représenté le ka du roi Hor au début du Moyen Empire, en une fort belle statue de bois.

Des autres parties de l'homme, celle qui était la plus proche du ka, c'était le baï. L'orthographe tardive du mot est attestée dans le copte qui l'a conservée dans quelques expressions des livres magiques. On le rend parfois par « âme » dans les langues européennes modernes. Mais on risque ainsi d'induire en illusion. Lorsque les chrétiens d'Egypte ont traduit le *Nouveau Testament* en copte, ils ont renoncé complètement à ce mot et ont transcrit tout simplement le grec *psyche*, tant ils étaient conscients que les anciennes notions, recouvertes par les termes vernaculaires, ne correspondaient nullement à la conception chrétienne véhiculée par le grec. Nous ne tenterons pas ce qu'ils n'ont pas cru devoir faire et garderons ce baï, qui suggère bien le dépaysement mental qu'il est nécessaire d'opérer pour comprendre. Son caractère est, sans aucun doute, plus intellectuel que celui du ka. Pour en donner l'équivalent grec, Horapollon l'a justement traduit par *psyche*. Au Moyen Empire, dans une œuvre littéraire du plus haut intérêt, un homme qui désespère de la vie dialogue avec son baï, conçu ici comme une sorte d'interlocuteur intérieur. Les Egyptiens sont-ils allés jusqu'à l'identifier avec ce *dieu qui est en l'homme* et qui leur servit à exprimer ce que nous appelons la conscience? Nous ne pouvons, pour l'instant, pas le savoir, mais son caractère divin était accentué car il était pourvu, lui aussi, de la barbe. Peu à peu, on remplaça le jabirou, sorte d'échassier dont le nom, homophone du sien, servait à l'écrire, par un oiseau à tête humaine qui le désigne d'une façon tout à fait spéciale. Il est en rapport étroit avec la lumière du soleil et sans doute avec la matière même de cet astre, l'or. Le baï vient avec les rayons lumineux sur les statues divines lors des cérémonies du nouvel an. Le pluriel du mot désigne les pouvoirs, les puissances constituées par l'ensemble des baïs. Les dieux le possédaient aussi, tout comme le ka, et, pour conférer à une statue la présence divine totale, il convenait, après lui avoir donné son ka par l'embrassement rituel, de lui unir son baï en la présentant, dans certaines conditions, à la lumière solaire.

C'est aussi, fort probablement, la simple homonymie qui a fait écrire le nom d'un autre principe spirituel, le akh, par l'*ibis comata*. Son nom même s'apparente à celui de la clarté, ce qui, pour les anciens, signifiait une identité fondamentale. Le akh, à ce qu'il semble, réside souvent au ciel où il paraît se plaire particulièrement après la mort. On a l'impression que c'est seulement après avoir franchi ce pas que l'homme possède vraiment son akh. Quant à l'*ombre*, nous pouvons à coup sûr traduire ainsi le terme égyptien. Mais les anciens y mettaient beaucoup plus que nous ne mettons dans notre mot réduit à désigner l'image vaine que projette un objet éclairé. Cette partie étrange de l'homme ne la quittait pas; elle avait la même forme et la couleur noire, qu'elle possédait invariablement, avait frappé les penseurs. N'était-elle pas celle de la terre qui fait germer les semences? celle de la nuit qui, dans les ténèbres, sait produire la gestation d'un soleil qui va naître rajeuni? On peignait en noir Osiris dieu de la deuxième naissance. Faut-il lui attribuer la puissance sexuelle? Ce n'est pas sûr, mais les considérations qui précèdent rendent la chose possible. Le seul mot d'ombre éveillait pour l'Egyptien, dans son pays brûlé de soleil, une idée de bien-être, de calme et de repos. Aussi l'*ombre* est-elle conçue parfois comme résidant dans la quiétude de l'au-delà.

Quoi qu'il en soit du contenu exact de ces notions, il paraît que les Egyptiens concevaient la vie comme l'union harmonieuse de tous ces principes vitaux et du corps. La mort, en contrepartie, sera leur séparation. Peut-être chacun d'entre eux ne peut-il alors se poser que séparément sur le support matériel qui lui est destiné. C'est ce qui distinguerait la vie présente de la vie d'outre-tombe. Mais nous risquons d'être un peu dupe ici de notre désir d'aller au fond des choses. La théologie, acceptant nécessairement toutes les données traditionnelles dont l'origine se perd dans la nuit des temps, essaie de les interpréter et de les ordonner. Mais l'homme du commun se contente de l'expression très générale, de l'idée d'une survie, à condition qu'il possède toujours un support matériel. Une réunion des principes plus ou moins spirituels qui composent l'homme ne suffit pas. Il faut qu'ils puissent se reposer sur le corps. Tout l'édifice compliqué des croyances et du culte funéraire repose sur ces notions fondamentales.

Elles n'empêcheront pas, il faut le noter dès maintenant, les sages de constituer un véritable humanisme sur lequel il sera bon de revenir. Ce sont deux domaines distincts qu'on voit se dessiner dans la vaste littérature de l'Egypte antique : l'un, celui d'un clergé spécialisé dans l'étude des traditions théologiques provenant des anciens âges ; l'autre celui des réflexions plus libres des moralistes qui essaient, à partir de leur expérience, de constituer un art de vivre. Nous sommes déjà sur le chemin qui conduira à la naissance de la philosophie grecque. Pour l'instant, essayons de voir comment les prêtres spécialisés ont imaginé et développé, durant trois millénaires, d'extraordinaires représentations de l'au-delà.

•

Dans quelle mesure tous les hommes ont toujours eu en propre tous les éléments nécessaires à une vie pleine ici-bas ? C'est chose fort difficile à dire. En tout cas, une différence de degré subsistait entre les dieux et les hommes et sans doute entre les diverses catégories d'hommes elles-mêmes. Au fond, le roi, seul, possède en tant que dieu la plénitude de la vie et le droit de la conserver ainsi que le pouvoir de prendre les dispositions nécessaires à une survie sans fin, en construisant un tombeau inviolable, en conservant son corps, en se faisant faire des images destinées à se substituer à lui, en entretenant enfin un culte à son nom et à son ka. Mais, peu à peu, il y fait participer le peuple entier : les grands d'abord parce que, fonctionnaires et serviteurs, ils sont nécessaires à sa personne et à l'Etat; les humbles ensuite parce qu'ils sont nécessaires aux grands qui entourent le roi. Aussi le plus humble berger ou pêcheur qui figure dans la scène d'un mastaba, à l'Ancien Empire, possédait-il pour son ka le support assuré ! Voilà pourquoi, mise à part l'humeur satirique des artistes, on doit voir au moins dans un certain nombre des particularités physiques qui caractérisent souvent les personnages représentés la volonté de fixer les traits d'une individualité déterminée. Parfois même le graveur, après coup, a ajouté un nom propre auprès d'un porteur d'offrandes, peut-être après y avoir été invité et bien « récompensé » par le bénéficiaire d'une aussi importante faveur. Parfois, aussi, par mesure de représailles sans doute, on a martelé un nom qui avait été d'abord gravé. Mais ces comparses plus ou moins favorisés ne bénéficiaient ni de la totalité des mesures de conservation ni de celle des rites.

En étudiant le développement de la tombe royale, sous les premières dynasties, on constate l'accroissement et la complication des cérémonies funéraires. D'abord le mastaba royal présente souvent à l'est un élargissement sensible de l'enceinte, sans doute pour qu'on y puisse accomplir plus aisément un culte comportant l'essentiel service d'offrandes. Puis c'est un véritable temple qui s'élève, au nord d'abord du côté de l'entrée, à l'est ensuite où naît le soleil. Il prendra des proportions énormes dans les complexes architecturaux destinés au roi à la IVe dynastie et ne cessera pas de s'accroître sous les Ve et VIe dynasties. Les pyramides auront beau diminuer de volume, le temple haut gardera son importance. Il était relié à un autre temple, plus petit, dit de la Vallée, au moyen d'une rampe isolée par des murs ornés de reliefs. Si les sculptures qui occupaient les parois de ces grands ensembles étaient encore en place, il serait sans doute possible de savoir à quoi correspondaient les salles, les sanctuaires et les couloirs qui les composent. Mais ces monuments sont aujourd'hui si ruinés qu'il faut compter plus sur des hypothèses échafaudées à partir de plans muets que sur des interprétations de tableaux, qui auraient représenté une sécurité bien supérieure.

Nous devrions être aidés, pourtant, par les fameux *Textes des Pyramides*, longues inscriptions que Maspero découvrit dans les chambres souterraines des pyramides royales depuis Onnos jusqu'à Pépi II. Mais comment faut-il les lire ? Dans quel ordre ? A quoi s'appliquent-ils ? Aucune figuration ne les accompagne. Ils ne semblent guère contenir de titres qui nous aideraient à les couper facilement en chapitres. Par contre ils comportent des rubriques, c'est-à-dire des indications sur les gestes à accomplir par l'officiant pendant qu'il récite telle ou telle formule, comme dans les missels actuels. Ils avaient donc un emploi liturgique. Comme les mêmes sections occupent dans plusieurs pyramides le même emplacement, il est clair que cet emplacement est censé être celui où se passaient les cérémonies correspondantes. Ces constatations ont amené récemment à les interpréter en les lisant non plus à partir de la chambre du sarcophage, comme avaient fait les premiers éditeurs, mais à partir du couloir d'entrée. Les inscriptions qui occupent ces corridors font sans cesse allusion à l'accession du roi au ciel. Il doit falloir l'entendre de l'accès vers le fond du tombeau. Les chambres intérieures ne sont-elles pas une image du monde? Leur plafond, formé de grandes dalles, est parsemé d'étoiles jaunes sur fond bleu sombre. Le sarcophage lui-même est une image du palais royal, comme on peut le voir aisément à sa décoration. Et celui-ci, à son tour, est un raccourci de l'univers. De sorte qu'après bien des vicissitudes, dans le détail desquelles nous ne pouvons entrer ici, le roi était finalement assimilé à Rê, le soleil, dont il acquérait ainsi l'éternité. Il bénéficiait alors d'une quantité d'offrandes comme le dieu.

Faut-il aller plus loin et admettre que les textes transmettent en abrégé toute l'organisation des funérailles à partir du temple de la Vallée jusqu'au temple qui s'élevait sur le plateau? On aurait alors successivement, depuis le moment où la barque funéraire a accosté au quai, purification, embaumement, ouverture de la bouche, remise de la demeure finale à son possesseur, onction, couronnement, montée sur le trône, proclamation des pouvoirs, etc., jusqu'à la grande offrande alimentaire terminale qui avait lieu devant la stèle de granit, invariablement placée au fond de l'édifice de culte. Une certitude est très difficile à atteindre. Mais, à défaut de preuve certaine, cette hypothèse offre l'avantage de mettre un peu d'ordre dans l'apparent fatras des textes et de leur donner une certaine logique.

Les identifications successives du roi défunt à Osiris, à Rê, aux étoiles circumpolaires, qui pour nous sont difficiles à faire, ne l'étaient pas pour les Egyptiens. Etaient-ils déjà conscients que ces images n'étaient que les expressions diverses d'une réalité fondamentale et unique, dont la modalité vraie échappait à l'intelligence humaine : l'immortalité de l'homme-roi? Ce n'est pas sûr, à si haute époque; mais le fait est là : les théologiens égyptiens n'admettaient pas le principe d'identité, et la juxtaposition des diverses représentations, pour nous inconciliables, de leur pensée ne les troublait pas. Ils se gardaient de choisir et conservaient tout.

Avant d'utiliser vraiment les *Textes des Pyramides* un énorme travail de préparation reste encore à faire. On a beaucoup trop voulu y chercher de l'histoire très ancienne et on les a trop traités de manière purement philologique. Si l'on veut les comprendre, c'est-à-dire essayer de reconstituer le rôle qu'ils jouèrent dans la pensée religieuse très ancienne de l'Egypte, il faudra en recommencer l'édition en tenant soigneusement compte de leur emplacement dans le tombeau, salle par salle, et donner les parallèles selon l'ordre même que leur avaient assigné les anciens. Imposer nos cadres à leurs créations religieuses les plus vieilles et les moins directement assimilables pour nous ne peut aboutir qu'à la confusion.

Quant aux tombeaux des particuliers, ce qui les caractérise c'est l'absence totale de textes proprement religieux et même de représentations de cet ordre. A partir de la IVe dynastie, se développent sur leurs parois toutes les occupations de la vie quotidienne que les serviteurs du roi continuaient à mener dans l'au-delà. Chacun y a sa fonction et son rôle. Mais un culte était rendu au propriétaire devant la stèle fausse-porte dans laquelle le défunt est parfois représenté, comme s'il revenait à l'appel des prêtres du ka : ceux-ci devaient présenter les offrandes, faire la libation d'eau et réciter les formules par lesquelles la réalité était créée : *Un millier de pains, un millier de cruches de bière, un millier de bœufs, un millier d'oies, un millier de vêtements, un millier de toutes choses bonnes et pures pour le ka de X.* Et chacun de ceux qui figuraient dans le tombeau essayait d'avoir sa part.

Pourtant, dans la révolution qui consomma la chute de l'Ancien Empire, cette simple participation à l'immortalité ne suffit plus au peuple d'Egypte. Il voulut posséder, à titre personnel, ce privilège réservé au roi seul et octroyé par lui comme une faveur à un nombre restreint de grands personnages, qui ne bénéficiaient cependant pas des rituels royaux. Il en entreprit donc la conquête. Aussi les rites, jusque-là tenus secrets, furent-ils divulgués, et les moyens d'assurer les supports de la vie usurpés : tombeaux, statues, compositions funéraires, on s'empara de tout et les nouveaux riches, les parvenus s'installèrent sans vergogne à la place des anciens possesseurs. Mais lorsque l'ordre fut rétabli, que les puissants souverains de la XIe dynastie, puis de la XIIe, eurent repris les rênes du pouvoir, les particuliers furent autorisés à emprunter pour leur compte les formules funéraires royales. C'est ainsi qu'un contemporain de Sésostris Ier, du nom de Sésostris-ankh, grand prêtre de Ptah à Memphis, fit copier dans son tombeau à Licht*, tout près de celui de son maître et seigneur, 536 colonnes de textes empruntés à ceux qu'on gravait dans les pyramides sous l'Ancien Empire. Le fruit de la révolution, on le voit, n'avait pas été perdu.

Mais ces compilations conçues pour le pharaon présentaient, pour des particuliers, bien des traits qui ne convenaient pas : tout ce qui concernait la royauté proprement dite n'était guère en harmonie avec ce que recherchaient les hommes de tout rang avides d'immortalité. On voit donc apparaître, autour de l'an 2000, des livres funéraires nouveaux où les *Textes des Pyramides* sont utilisés mais aussi complétés, modifiés par toutes sortes d'additions et de corrections, à l'usage uniquement des particuliers. C'est que tout le monde maintenant peut prétendre à la possession personnelle d'une vie sans fin. L'individu semble avoir pris, en Egypte, conscience de son existence, de ses besoins et de ses droits. On peignit sur les cercueils mêmes ces longues formules en hiéroglyphes cursifs, noirs pour les parties qui devaient être récitées, rouges pour les titres et les rubriques. Nous leur avons donné le nom de *Textes des Sarcophages.*

Sans entrer dans une trop longue analyse, il faut noter tout de suite un point d'une importance très grande. Toute une partie du recueil reprend un des grands thèmes des pyramides et se rattache au culte du dieu Osiris, devenu, après sa mort et sa résurrection, *Chef des Occidentaux*, c'est-à-dire roi des morts. Le défunt était à la fois assimilé au dieu et à ceux qui faisaient partie de sa suite dans son royaume d'outre-tombe. Pour cela, il devait subir un jugement dont on peut lire plusieurs fois la mention expresse. A l'occasion, il est fait allusion à l'utilité que présente pour les hommes la connaissance de ces chapitres aussi bien sur terre que plus tard dans l'Hadès. Il est permis d'imaginer de la sorte que le livre était enseigné, de manière d'ailleurs confidentielle, aux adeptes de ces idées, un peu comme un enseignement était donné aux mystères d'Eleusis : *Celui qui lit tous les jours ce chapitre dans la Place-pure... ne sera pas anéanti.* Ces mystères osiriaques, on peut risquer le mot, auront sur le développement ultérieur de la religion égyptienne une influence considérable et lui permettront de franchir les limites étroites d'une religion purement nationale.

Dans leurs développements, les *Textes des Sarcophages* reprennent souvent les idées exprimées antérieurement. Les procédés de reviviscence, si l'on ose dire, sont en majeure partie les mêmes que pour le roi, parce que, fondamentalement, il n'y a pas de différence de nature entre les simples mortels, le roi et même les dieux. Il n'y a que des différences de degrés. Dès lors nous n'avons plus à nous étonner de voir l'homme s'identifier tranquillement aux divinités et surtout au dieu créateur, au démiurge primordial; car celui-ci était *venu à l'existence de lui-même*, ne dépendait donc de personne et était maître par essence de l'éternité. Il n'y a pas là l'impudence que la sorcellerie tardive mettra dans cette idée d'identification aux forces les plus puissantes de la nature, pour en tirer les pires conséquences. Au temps d'épanouissement que connut la civilisation égyptienne, cette pensée n'était pas plus déraisonnable que celle des chrétiens qui, depuis saint Paul, ont vu dans l'assimilation au Christ ressuscité un gage de vie éternelle. « Le Verbe de Dieu s'est fait homme, écrit saint Athanase, pour que nous soyons faits Dieu. » Il n'est pas question ici de comparer le développement moral des deux attitudes, ni la profondeur que la dernière a pu acquérir avec ce que la première est peu à peu devenue. Mais le point de départ est fondamentalement le même. Pour échapper à la mort, l'homme n'a qu'un moyen, c'est de devenir dieu. Dans le *Chapitre du baï de Chou, des transformations en Chou*, le défunt proclamait :

Je suis le baï de Chou, le dieu qui est venu à l'existence de lui-même.
Je suis devenu le corps du dieu qui est venu à l'existence de lui-même.
Je suis le baï de Chou dont la forme est mystérieuse (?).
Je suis devenu le corps du dieu à la forme mystérieuse (?).

Dans son quadruple parallélisme, l'affirmation ne manque pas de lyrisme. Parfois celui-ci prend un aspect cosmique d'une grandeur indéniable; pourtant son but évident n'est pas la recherche de l'effet littéraire mais la tentative d'intégrer le défunt au cycle même de l'univers, dont la marche régulière est un garant d'éternité :

C'est moi qui ai fait briller le ciel après les ténèbres.
Ma couleur est celle même des souffles qui sont sortis pour moi et après moi de [la bouche d'Atoum-Rê.
Mes humeurs c'est la tempête du ciel,
Ma sueur c'est la colère (variante : *les perles*) *de l'aube.*
L'étendue du ciel est à mon pas,
La largeur de ce pays est pour m'y établir.
Je suis Chou qu'Atoum-Rê a créé;
Je suis destiné à cette place d'éternité.

Pour mieux conserver le corps momifié, on déclarait que chacune de ses parties était celle d'un dieu. Ainsi une protection divine généralisée s'étendait à l'ensemble. Le même procédé avait déjà été tenté au temps des Pyramides. En voici le début : *Réciter les paroles : La tête dudit X est celle du Vautour quand il monte lui-même et s'élève lui-même vers le ciel. Le crâne dudit X est celui de l'Etoile divine quand elle monte elle-même et s'élève elle-même vers le ciel... La face dudit X est celle d'Ophoïs quand il monte lui-même et s'élève lui-même vers le ciel...* Si le défunt tenait tant à être divinisé et identifié aux dieux les plus considérables, c'est aussi parce que finalement il pouvait avoir part aux offrandes indispensables qui ne sauraient leur manquer dans l'au-delà. Celui pour lequel cessait un jour le culte funéraire sur terre risquait d'avoir soif et faim dans l'éternité. Aussi lui décernait-on dans ces livres, qui l'accompagnaient et qu'il pouvait lire pour faire venir à l'existence ce qui lui était nécessaire, un service complet d'aliments.

Et c'est ici que nous touchons le côté puéril de cette recherche forcenée pour échapper à la mort. L'Egyptien, apparemment, poursuivait le processus logique, une fois qu'il l'avait commencé, jusque dans ses extrêmes conséquences, ou bien, de manière plus simple peut-être, conservait-il des formules tout à fait primitives et qu'il n'aurait pu supprimer du fait de leur caractère sacré. Toujours est-il que, hanté par cette inquiétude de manquer de nourriture durant sa vie éternelle, et par conséquent de perdre la base indispensable à sa survie, il en est arrivé à redouter d'en être réduit à manger des excréments et à boire de l'urine. Aussi avait-on rédigé des formules spéciales destinées à éviter au mort ces horreurs. De même peuplait-on le monde des Occidentaux, à l'instar du désert où se trouvaient les nécropoles, de serpents, de scorpions et de bêtes malfaisantes qui risquaient de piquer ou de mordre. On a donc inséré dans les compilations funéraires des incantations destinées à les rendre inoffensives.

Parfois, l'intelligence se laisse entraîner plus loin encore et l'on aboutit à la superstition pure. Voici la manière de confectionner une amulette d'une puissance étonnante : *Réciter les paroles sur la partie antérieure d'un lion-au-regard-furieux en cornaline ou en os de vautour. Quand un homme l'a placé à son cou, il peut descendre dans la nécropole avec la protection du baï de Chou. Alors l'homme a pouvoir sur les quatre souffles du ciel; il est devenu un lumineux* (AKH) *auguste et parfait et il est roi de chaque souffle du ciel. Si quelque homme que ce soit connaît ce chapitre, il ne mourra point et sa mort ne sera point renouvelée. Ses ennemis n'auront point pouvoir sur lui. Aucun pouvoir magique ne le brisera sur terre éternellement. Cet homme sortira de la nécropole tant qu'il le désirera, après être devenu un lumineux auguste et parfait auprès d'Osiris.* Ailleurs le rédacteur a même recours à la magie opératoire : *A réciter sur la figure de l'ennemi qui est faite en cire et sur laquelle le nom de l'ennemi est écrit.*

Un autre procédé encore est mis en œuvre. Il s'agit d'obtenir que le mort se métamorphose en divers animaux, soit parce qu'ils sont consacrés à des dieux, soit parce qu'ils ont des pouvoirs importants : hirondelle, crocodile ou faucon. Les chapitres qui concernent cette dernière transformation nous ont valu de conserver des fragments d'un livret dramatique qui racontait comment Horus, le jeune fils d'Osiris, s'était lui-même changé en faucon pour déjouer les entreprises de son adversaire, Seth. On faisait flèche de tout bois et les textes magiques, qui sont toujours plus ou moins des compilations, nous ont ainsi gardé des passages intéressants d'œuvres qui auraient disparu sans cette étrange utilisation. Il est probable que ces métamorphoses qui reparaîtront dans *le Livre des Morts* et aussi dans une composition très tardive, écrite en démotique, appelée parfois *le Livre des Transformations*, ont donné à Hérodote l'idée que les Egyptiens croyaient à la métempsychose et que Pythagore leur en avait emprunté l'idée.

Mais l'Egyptien voulait retrouver dans l'éternité tout ce qui faisait le charme de son existence sur terre, en particulier sa famille. Aussi, des chapitres entiers sont-ils consacrés à la réunion du défunt avec ses proches. Il n'y fallait pas moins qu'un décret divin : *Sceller un décret concernant les proches parents. Faire que les proches parents soient (unis au défunt) dans la nécropole : Geb, le prince des dieux, a donné ordre que mes proches parents me soient donnés, mes enfants, mes frères, mon père, ma mère, mes serviteurs ainsi que tout collègue (?) qui s'est gardé des actions de Seth.* Détail surprenant, la femme du défunt n'y apparaît pas. Admettait-on qu'elle retrouvait d'office son mari ?

La compilation est, on le voit, fort composite. Le rédacteur emploie tout ce qu'il peut trouver : des fragments théologiques souvent fort élaborés, comme les procédés de création ou d'organisation de l'univers; des parties mythologiques, parfois d'une réelle élévation morale, comme le jugement d'Osiris; des livrets d'ancien « mystère » quand il s'agit de trouver un exposé de l'aventure particulière d'un dieu et même des morceaux de grimoire magiques, comme la confection d'amulettes et de talismans ou des actes d'envoûtement.

Pour juger des recueils aussi factices, il faut être très prudent et chercher encore des analogies. Nos missels et nos bréviaires où voisinent côte à côte des textes de l'Ancien Testament, parfois rudes d'expression, des passages néotestamentaires d'un esprit souvent très différent, des commentaires patristiques, des hymnes médiévales et des prières dont certaines sont toutes modernes; où se trouvent des implorations pour demander la pluie, de bonnes récoltes, exorciser les démons; où on lit des récits hagiographiques parfois bien étranges, nos livres religieux modernes, en un mot, produiraient parfois, sur un esprit totalement étranger à nos conceptions religieuses, la même impression de gêne que nous ressentons bien plus vivement sans doute en lisant les *Textes des Sarcophages*. C'est que se sont stratifiées peu à peu, dans ces pages vénérables offertes à la piété des fidèles, des couches historiques fort anciennes, les commentaires qui en furent faits, les exemples de ceux qui vécurent la doctrine. Et tout cela s'est constitué par apports successifs sans qu'une volonté unique ou une intelligence lucide ait présidé au choix et à la mise en œuvre. Ajoutons que les idées générales que s'étaient forgées les Egyptiens sur les forces qui mènent le monde et l'action que nous pouvons avoir sur elles les empêchaient d'établir entre sorcellerie (nous la définirions volontiers : utilisation saugrenue et mauvaise des pouvoirs que l'on peut ou croit avoir) et connaissance ou action rationnelle, une distinction absolue. Pour eux, tout pouvoir, quand il tendait à protéger la vie sans cesse menacée, était magie. Un moraliste aussi remarquable que le roi Akhtoès rangeait la médecine dans la magie, puisqu'elle chasse les maladies. Ne reprochons pas aux Egyptiens de n'avoir pas été cartésiens : ils ont fait un très sérieux effort pour être rationnels, même s'ils n'y ont pas toujours réussi. Et n'oublions pas que, malgré les moyens qu'ils mettaient à la disposition des fidèles pour acquérir une immortalité cosmique, ils rappelaient sans cesse aux adeptes d'Osiris qu'il y aurait un jugement outre-tombe auquel ils n'échapperaient pas. C'est tout à leur honneur.

•

Au Nouvel Empire, les simples mortels disposèrent, pour assurer leur vie future, d'un ouvrage différent que les modernes appellent *le Livre des Morts**, depuis Lepsius, mais que les Egyptiens eux-mêmes appelaient *le Livre de Sortir au jour*. Le caractère de cet écrit n'est guère différent des *Textes des Sarcophages* et n'a pas plus d'unité. Il est fait de pièces et de morceaux. On y retrouve un certain nombre de chapitres qui sont à peu près empruntés aux ouvrages précédents. D'autres sont plus récents. Mais les uns et les autres contiennent l'exposé de tous les moyens possibles employés pour arriver à s'assurer cette immortalité tant désirée depuis les procédés les plus matériels et les plus superstitieux jusqu'à la recherche de la pureté morale. C'est sur ce détail qu'il faut d'abord s'arrêter un instant.

Pour les Egyptiens, le cœur, nous le savons, était le siège de l'intellect; il connaissait les actes de l'homme et c'est en lui que résidait la conscience. Or, nous lisons maintenant au chapitre XXX : *Chapitre de ne pas permettre d'écarter le cœur de X dans la nécropole. Il dit : O mon cœur de ma mère, mon cœur de ma mère, cœur de mon être, ne te dresse pas contre moi comme témoin. Ne t'oppose pas à moi dans le tribunal. Ne montre pas ton irritation à mon égard devant le gardien de la balance. Tu es mon ka qui est en mon corps, le Khnoum qui donne le salut à mes membres (maintenant que) tu es sorti vers le lieu parfait où nous sommes arrivés. Ne laisse pas notre nom exhaler une mauvaise odeur devant l'assemblée qui fait que les hommes se redressent. Que nous soyons heureux! heureux de celui qui écoute et le cœur dilaté du Jugement! Ne pense pas à des mensonges auprès du dieu, en présence du grand dieu, Seigneur de l'Au-delà. Vois ta réputation, si tu es juste de voix!* Le cœur est en quelque sorte le témoin intérieur non seulement des actes mais des pensées; il double l'homme qui lui demande de demeurer bien uni à lui, qui tente de garder, entre son cœur et lui, la cohésion nécessaire à une vie bonne. Un reproche ne l'atteindrait-il pas lui-même aussi bien que son cœur? Une telle élévation morale ne peut aboutir à un procédé magique. Nos livres funéraires peuvent oublier la morale, ils ne s'opposent jamais à elle. Aucun chapitre n'est destiné à permettre au malfaiteur de passer pour blanc comme neige. Et le meilleur moyen, faut-il conclure, que le cœur de l'homme ne témoigne pas contre lui que sa conscience ne l'accable pas, c'est encore de ne commettre et ne chercher à commettre aucun péché.

Le chapitre CXXV est non moins intéressant. Il commente un tableau représentant l'âme du défunt assistant à la pesée de son cœur dans une balance devant Osiris. Le poids c'est Maât, tout à la fois vérité, justice, équilibre, équité. Le long commentaire qui développe le sens de la vignette contient une énumération des fautes que le défunt se défend d'avoir commises. On y avait d'abord vu l'expression d'une éthique élevée. Puis on y a discerné une grossière intention magique. L'affirmation péremptoire de son innocence, la connaissance qu'il a du nom des dieux assurent au mort une totale impunité. Avons-nous donc affaire au tour de passe-passe d'un sorcier procurant à son client une sentence favorable qu'il ne mérite pas? Tout d'abord les possesseurs du *Livre des Morts* sont souvent du même niveau social que les grands personnages qui font part, sur leurs stèles tombales, d'un idéal moral élevé. Ne serait-il pas étonnant qu'ils aient cru qu'il suffisait de réciter quelques formules et quelques noms avec audace, pour échapper à toute condamnation?

Et d'ailleurs, un auteur dont le sens moral serait à tel point dégradé aurait-il inclus, dans sa liste des fautes, certaines dispositions spirituelles très délicates qui paraissent dénoter un sens vrai du péché?

Je suis venu à toi, je t'ai apporté Maât.
J'ai repoussé pour toi le mal.
Je n'ai pas porté la main sur l'homme d'humble condition.
Je n'ai pas fait pleurer.
Je n'ai causé de souffrances à personne.
Je n'ai pas ôté le lait à la bouche des petits enfants.
Je n'ai pas chassé le troupeau de son pâturage.

Une seconde rédaction ajoute encore quelques traits fort spirituels :

X n'a pas laissé aller sa langue.
X n'a pas rendu son visage sourd à une parole vraie.
Le cœur de X n'a pas été hâtif.
Je n'ai pas transgressé ma nature.
Je n'ai pas méprisé le dieu.
Je ne suis pas enflé d'orgueil.

Il convient donc plutôt de concevoir ces négations comme des catalogues de fautes qu'on demandait aux adeptes de ne pas commettre. Souvent ces livres contiennent l'indication que telle de leurs parties est utile sur terre et dans l'au-delà et qu'il faut la lire chaque jour. C'est dire qu'on les faisait connaître et qu'on les enseignait dans des cercles relativement restreints. On pourrait comparer ces faits aux mystères grecs. Ils permettraient également de comprendre pourquoi la scène du jugement figure dans la chapelle sud du temple de l'Hathor funéraire à Deir el-Médina. C'était un des lieux où l'on pouvait introduire les fidèles en présence d'Osiris pour leur montrer de façon concrète les épreuves qu'ils auraient à subir. Plus d'un personnage versé dans les questions théologiques semble faire allusion dans sa biographie aux enseignements reçus. Mais il le fait en termes sibyllins pour n'en pas trahir le secret. Ecoutons Paheri d'El-Kab : *J'ai été placé sur la balance. J'en suis sorti examiné, intact, sauvé. J'allais et je venais, mon cœur possédant les mêmes qualités. Je n'ai pas dit de mensonge contre quiconque, car je connaissais le dieu qui est dans l'homme, j'en étais parfaitement instruit et je savais distinguer ceci de cela. J'ai accompli toutes choses conformément aux paroles.*

Il est de meilleure méthode de prêter à des gens qui professaient de pareils principes une suite dans les idées et, dans leur vie morale, une harmonie qu'une explication par la magie supprimerait gratuitement. Si Paheri a emporté dans sa tombe — ce qui est probable — un *Livre des Morts*, il ne trouvait, entre ce qu'il pouvait y lire et ses principes, aucune contradiction. Il ne faut donc pas voir, dans ce qui nous apparaît aujourd'hui comme un fatras, l'idée, pour nous répugnante, de gagner l'immortalité à bon marché. Ici, comme ailleurs, l'esprit égyptien a obéi à une tendance profonde de sa nature. Il a refusé de sacrifier quoi que ce soit. A des conceptions fort anciennes, dont certaines tout à fait matérialistes, il n'a pas substitué, mais juxtaposé des conceptions spirituelles beaucoup plus profondes. Chacun y prenait ce qu'il pouvait. Plus tard les Grecs y trouveront des merveilles. C'est aussi sans doute que l'on interprétait, que l'on commentait les vieux textes allégoriquement. Nous le voyons par les variantes conservées dans diverses recensions. On donnait un sens bien plus élevé à des propositions en apparence banales ou terre à terre. Ainsi, dans la confession négative que nous venons de lire, on peut se demander comment était interprété : *Je n'ai pas chassé le troupeau de son pâturage.* Dans les écrits sapientiaux, les hommes sont le troupeau de Dieu. Faut-il donc entendre la phrase de l'humanité ?

Mieux encore, des passages entiers, ceux qui faisaient allusion à la création par exemple, ont paru difficiles. On les a donc glosés et le commentaire s'est peu à peu introduit dans le texte. C'est le cas du chapitre XVII. Voici un échantillon de cette littérature savante :

A dire par l'Osiris X, juste de voix, en présence du dieu de sa ville : « Je suis Atoum, j'existais seul dans l'abîme. Je suis Rê se levant à l'aurore, au commencement du temps où il régna » :

> *Qu'est-ce que le sens de : « Rê se levant à l'aurore, au commencement du temps où il régna » ? Cela signifie que Rê commença avec son aurore à Héracléopolis et à Hermopolis, avant que l'élévation de Chou ne se soit produite, tandis qu'il était sur le tertre qui est à Hermopolis, après avoir réduit à néant les enfants du Débile, sur le tertre qui est dans Hermopolis.*

« Je suis le grand dieu qui vient à l'existence de lui-même. »

> *Cela signifie l'eau, l'abîme, le Père des dieux. Variante : cela signifie Rê qui créa ses noms comme Seigneur de l'Ennéade. Qu'est-ce que cela signifie ? Cela signifie Rê qui créa son corps ; alors vinrent à l'existence ces dieux qui sont à la suite de Rê.*

« Je suis hier et je connais demain. »

> *Qu'est-ce que cela signifie ? Hier signifie Osiris. Demain signifie Rê, en ce jour dans lequel ceux qui s'étaient rebellés contre le Seigneur de l'univers furent annihilés et qu'il fit gouverner son fils Horus. Variante : en ce jour de la fête appelée « nous demeurons », c'est-à-dire lorsque l'enterrement d'Osiris fut ordonné par son père Rê.*

Ces extraits suffisent pour montrer que les explications se sont accumulées au cours des siècles, assez différentes les unes des autres. Ce serait une preuve supplémentaire, si besoin était, que le livre était enseigné au moins dans certaines conditions et qu'il ne paraissait pas toujours clair au premier abord. Le commentaire des textes sacrés, pour tâcher de les interpréter en fonction d'un ensemble et leur donner une cohésion, n'est pas une invention des stoïciens, ni de Philon. Ils avaient été précédés sur cette voie au moins par les Egyptiens qui devaient recourir à ce moyen d'une manière inéluctable, puisqu'ils se refusèrent toujours à renoncer à une idée plus ancienne.

•

On a l'impression que les textes funéraires royaux varièrent dans la mesure même où les anciennes compositions des pyramides avaient été en quelque sorte galvaudées par l'utilisation qu'en avaient faite les sujets du souverain. Le fait est qu'on voit apparaître pour la première fois, dans les syringes de la Vallée des Rois à Thèbes, des recueils nouveaux : *le Livre de ce qu'il y a dans l'Hadès*, *le Livre des Portes*, *le Livre des Cavernes*, *les Litanies du Soleil*, *le Livre du Jour et de la Nuit*. Si nous y ajoutons trois recueils tardifs et destinés uniquement aux particuliers, *le Livre des Respirations*, qui paraît être spécialement réservé au clergé d'Amon-Rê, *le Livre « que mon nom fleurisse »* et *le Livre des Transformations*, la quasi-totalité des ouvrages destinés à l'outre-tombe aura été passée en revue.

Comme leurs titres mêmes le suggèrent, les écrits, peints ou gravés sur les murs des hypogées de Thèbes, racontent en détail la destinée solaire du roi. Le soleil, pour renaître au matin toujours aussi jeune, doit durant la nuit traverser les ténèbres qui sont sous la terre. Il s'agit donc de chercher comment faire participer le roi à la régénération de l'astre dans les entrailles de sa mère Nout. Ainsi intégré au cycle cosmique, le roi voit son éternité assurée. Il est donc assimilé à Rê. C'est, remarquons-le en passant, une attitude exactement opposée à la conception indienne. Tandis que l'Indien essaye d'échapper au cercle de l'illusion et des vaines apparences sans cesse renaissantes, l'Egyptien, foncièrement optimiste et considérant que la vie est bonne, cherche à s'immiscer au sein même de son rythme pour ne la perdre jamais.

Tandis que *le Livre de ce qu'il y a dans l'Hadès* décrit chacune des douze heures que parcourt Rê, illuminant à tour de rôle les cavernes de la nuit, qu'il décrit ses faits et gestes, qu'il donne les noms qu'il faut connaître et vante l'utilité de ces connaissances, *le Livre des Portes* commente les représentations compliquées des êtres et parfois des monstres qui hantent le sombre royaume. *Le Livre des Cavernes* contient essentiellement les discours de Rê ou des gens qu'il rencontre durant son parcours et *les Litanies du Soleil* énumèrent, accompagnées d'une sorte d'invocation toujours répétée, les soixante-quinze formes du dieu, après une longue introduction théologique. Il n'est pas possible d'entrer dans le détail de chacun d'eux. Les thèmes, d'ailleurs, ne pouvaient en être entièrement nouveaux. On en retrouve souvent l'idée exprimée dès les *Textes des Pyramides*, dont certains chapitres de nos livres contiennent des adaptations. Dans l'ensemble, ils ont un caractère astronomique et cosmique plus poussé que les anciens recueils et cette constatation est particulièrement sensible dans *le Livre du Jour et de la Nuit*.

Le titre même des *Litanies de Rê* explique comment cette louange était applicable et profitable au roi défunt : *Commencement du livre de l'adoration de Rê dans l'Occident et de l'adoration de quiconque est joint à lui dans l'Occident.* Le développement ne manque pas de souffle et, s'il n'arrive pas à émouvoir comme ces litanies de la Vierge qui inspiraient une si vive nostalgie à Renan priant sur l'Acropole, il a la sévère beauté qui émane de l'harmonie supérieure d'un univers qui se renouvelle éternellement.

Hommage à toi, Rê, pouvoir suprême,
toi qui renouvelles la terre
qui ouvres ce qui est à l'intérieur,
âme douée de parole (créatrice),
qui élève ses membres,
Tu es les corps de celui qui renouvelle la terre.
Hommage à toi, Rê, pouvoir suprême,
Eternel qui brûle ses ennemis,
Enflammé,
Flamme qui produit une langue de feu,
Tu es les corps de l'Eternel.
Hommage à toi, Rê, pouvoir suprême,
Marcheur qui passe,
Brillant qui crée les ténèbres après la lumière,
Tu es les corps du Marcheur.

Hommage à toi, Rê, pouvoir suprême,
Seigneur de puissance,
Celui qui est sur son obélisque,
Chef des dieux qui sont devant,
Tu es les corps du Seigneur de puissance.
Hommage à toi, Rê, pouvoir suprême,
Qui résides dans la Demeure-de-l'Obélisque,
Grand dieu qui lie le temps,
Tu es les corps de celui qui réside dans la Demeure-de-l'Obélisque.
Hommage à toi, Rê, pouvoir suprême,
Seigneur des ténèbres,
Qui parles au sein de ses mystères,
Ame qui appelle les habitants des Cavernes,
Tu es les corps du Seigneur des Ténèbres.

L'évocation finale de ce dieu solaire, qui est aussi *Seigneur des Ténèbres* au sein desquelles il se crée lui-même dans le mystère, ne manque pas de grandeur. La forme littéraire suggère, sans aucun doute, que le morceau était exécuté par deux chœurs ou par un chœur et un protagoniste. D'autres passages, tels certains hymnes du *Livre des Cavernes*, ont exactement la même structure. L'un d'entre eux s'adressant à Rê dans l'Hadès a pour refrain :

Qu'il est beau Rê, lorsqu'il traverse les Ténèbres!

Or, c'est le même type de chant liturgique que chantaient les officiants dans les temples lors de la nuit du nouvel an, car la situation du dieu, auquel est assimilé le roi mort, était la même. Le rite célébré dans le temple, par son efficacité, aidait en quelque sorte le soleil à recommencer sa course, comme celui qui avait lieu, au moins une fois, dans le tombeau introduisait le roi dans la pérennité du cycle solaire.

Ces livres, pourtant destinés à l'origine uniquement au roi, eurent le même sort que les *Textes des Pyramides* et on les retrouve un peu plus tard, usurpés par des particuliers qui les firent graver sur leurs sarcophages. Ainsi la transformation totale du roi en son père Rê était devenue l'apanage des simples mortels. Il est vrai que, de plus en plus, une sorte d'unification s'était produite entre Amon-Rê et Osiris. De sorte que les défunts, qui étaient depuis longtemps des Osiris, purent sans doute aussi prétendre à une sorte de fusion dans le dieu suprême. Cependant la divinisation demeurait toujours sanctionnée par ce jugement des âmes qui donnait à cette cosmographie fantastique et à cette possibilité acquise par chacun d'être admis à entrer dans le rythme universel, un fondement moral qui n'est point absent même des livres funéraires royaux. Ne lit-on pas, dans la sixième division du *Livre des Portes*, cet admirable commentaire d'une vignette représentant douze hommes portant sur leur tête la plume, symbole de Maât :

Les justes qui portent Maât,
Ceux qui ont accompli la justice,
Tandis qu'ils étaient sur terre,
Qui ont combattu pour leur dieu,
Ils sont appelés à l'« Allégresse-de-la-Terre ».
La demeure de celui qui vit de Maât leur est attribuée.
Leur justice est devant le dieu-grand.
Le péché est détruit.
Osiris leur dit : « Vous êtes justes, ô justes.
Vous pouvez vous reposer sur vos actes.
Vous êtes devenus mes suivants,
Ceux qui résident dans la Demeure-de-Celui-dont-le-baï-est-saint.
Vivez de ce qu'ils vivent !
Respirez ce qu'ils respirent !
Soyez maîtres des rafraîchissements de votre lac.
J'ai décrété pour vous que la justice y réside sans cesse
Et que le péché n'y accède jamais. »
Leurs offrandes c'est la justice,
Leur boisson c'est le vin,
Leur rafraîchissement c'est l'eau.
Il y a des libations pour eux sur terre,
Comme la justice est pour leur lac.

Cette récompense des aspirations morales, qui consiste à faire vivre les bienheureux de justice, évoque irrésistiblement le résultat de la chevauchée céleste des âmes dans le *Phèdre* de Platon : « Durant ce parcours cyclique, l'âme a sous son regard la Justice elle-même; elle a sous son regard la Mesure; elle a sous son regard la Science... Et toutes les autres réalités de même, qui existent réellement, après les avoir contemplées et s'en être nourri... elle retourne chez elle. » Or les notions égyptiennes sont inscrites en toutes lettres dans les livres royaux; c'est bien l'indice que le roi, pour parvenir à s'unir à son père Rê, ne devait pas démériter; il devait sans cesse *faire monter Maât vers son père*, selon l'acte liturgique en lequel culmine le rituel quotidien d'Amon.

Un véritable sentiment religieux apparaît nettement aussi dans les livres funéraires tardifs déjà cités, qu'ils fussent réservés aux prêtres ou destinés à un public plus large. Un passage du *Livre des Respirations* établit justement, par l'identité même des formules, les rapports qu'il y avait entre ces spéculations, qui déconcertent nos esprits, et les biographies funéraires dont les accents, plus simplement humains, nous touchent parfois si profondément :

O dieux qui habitez le ciel inférieur,
Ecoutez la voix de l'Osiris X.
Il est venu auprès de vous,
Il n'a conservé aucune souillure de péché
Il n'y a plus aucun mal en lui,
Aucun délateur ne s'est levé contre lui.
Il vit dans la vérité,
Il se nourrit de vérité,
Les dieux sont satisfaits de tout ce qu'il a fait :
Il a donné des pains à celui qui avait faim,
de l'eau à celui qui avait soif,
des vêtements à celui qui était nu.
Il a présenté des offrandes aux dieux,
des oblations funéraires aux défunts.
Il n'a pas été fait de rapport contre lui devant aucun dieu.
Qu'il entre donc dans le ciel inférieur sans être repoussé!
Qu'il serve Osiris et les dieux des Cavernes!
Car il est favorisé parmi les fidèles,
Et divinisé parmi les parfaits.
Qu'il vive!...

Un sentiment de foi profonde et confiante se dégage aussi de ces lignes du Livre : *Que mon nom fleurisse! O Rê, je suis ton fils; O Thot, je t'aime; O Osiris, je suis ton image; O Seigneur d'Hermopolis, je suis ton héritier, en vérité!*

C'est à dessein que nous terminons cette analyse des livres funéraires par ces perspectives d'achèvement éthique qui décèlent des valeurs religieuses profondes. Aucun de ces ouvrages ne promet d'éviter le châtiment à qui n'aurait cessé de commettre le mal. Tous font allusion à ces exigences morales ou même les explicitent avec une clarté totale. Nous devons donc les expliquer comme nous ferions de nos propres ouvrages religieux. Quels sont ceux parmi nous qui ajoutent foi aux représentations de saint Michel près de la balance, comme on le peint dans les fresques médiévales ? Nous savons que certaines vérités sont voilées de mystère et que seules des figures peuvent en donner une idée. Quelques-uns succombent à la facilité de prendre ces images pour l'expression de la réalité elle-même, dans nos civilisations modernes, comme dans celle de l'ancienne Egypte. D'autres font effort pour les dépasser. Et il y en eut en Egypte aussi, comme nous pouvons le lire encore dans ses vieux textes. Si la pensée égyptienne est plus trouble que la nôtre, si elle charrie plus de scories, c'est sans doute à une tendance fondamentale de sa nature qu'elle le doit. Elle ne voulut jamais rien abandonner des images qui, pour avoir exprimé une fois des croyances religieuses, s'étaient chargées d'une puissance sacrée. Elle continua à leur juxtaposer des images nouvelles, fussent-elles contradictoires ! Et il est des cas très nets, nous allons le voir, où elle suggère, par leur accumulation, que le réel n'est ni l'un ni l'autre mais réside par-delà, insaisissable en soi.

•

Pour autant que nous puissions saisir l'idée que les Egyptiens se faisaient, la nature de leurs dieux ne différait pas essentiellement de celle de l'homme. Seulement leurs qualités et les éléments qui les composaient étaient très supérieurs. Leur durée était infinie et leurs facultés bien plus remarquables. Mais, à l'instar de l'homme, ils possédaient des corps, des kas, un baï. Les livres liturgiques leur attribuent un *ventre* et un *cœur*, comme aux hommes, d'ailleurs sans doute avec le sens que les moralistes attribuaient à ces mots : siège des passions et siège de l'intelligence. Plutarque va plus loin en affirmant que les prêtres disent « en général de tous les dieux, qui ne sont ni éternels ni incorruptibles, que leurs corps gisent parmi eux ensevelis et vénérés et que leurs âmes sont au ciel des astres brillants ». Mais peu étaient morts; c'était leur nature qui était ainsi faite, et leurs corps, sous forme de statues inanimées, attendaient dans la retraite des temples l'influx de leur baï divin pour revivre. Beaucoup semblent avoir joui du privilège d'immortalité.

Ne soyons pas dupes, par ailleurs, des mythes. Qu'ils cherchent à nous expliquer comment un dieu fut remplacé par un autre ou qu'ils nous entretiennent de la puissance qui émane de leur nom, voilà des dieux qui vieillissent, qui présentent tous les stigmates de la maladie : *Rê apparaissait tous les jours à la tête de l'équipage (de la barque solaire) et se plaçait sur le trône du double-horizon. L'âge faisait trembler sa bouche et il laissait dégoutter sa salive par terre. Il la bava si bien qu'elle tomba sur le sol.* Le rédacteur a besoin, pour son but, de la salive de Rê. Il n'était pas facile de s'en procurer et le dieu, si on lui en avait demandé, aurait aussitôt flairé quelque mauvaise intention. On le fera donc baver de vieillesse. Lorsque Isis a modelé un serpent, le reptile pique le dieu qui souffre et pousse des cris effrayants : *Le feu de la vie l'abandonna complètement... Lorsque le dieu divin ouvrit sa bouche, la voix de Sa Majesté atteignit le ciel si bien que son Ennéade cria « Qu'y a-t-il ? » et que ces dieux demandèrent : « Qu'est-ce qu'il y a ? » Mais il ne trouva pas la force de leur répondre. Ses mâchoires tremblaient et tous ses membres vacillaient et le poison saisit son corps comme le Nil saisit son pays.* La saveur littéraire de la description est très prononcée. L'auteur insiste sur les caractères fort humains de la douleur divine. Mais même si nous avons ici de la mythologie traitée à la manière du roman, il n'est pas de bonne méthode d'en tirer une conclusion sur la nature du dieu. Pour les besoins du mythe, il faut que Rê soit à l'égard d'Isis dans une position d'infériorité. Il faut qu'il soit finalement obligé de révéler sa personnalité essentielle, et par conséquent d'en perdre le privilège. Les moyens n'ont pas, pour le rédacteur, l'aspect choquant qu'ils ont pour nous. Ne refaisons pas pour le vieil écrivain le réquisitoire que lançait Platon contre les dieux d'Homère. Le dieu, qui avait enlevé Europe ou séduit Alcmène, pouvait être chanté par Cléanthe. C'était le même. Les anciens savaient bien que les mythes recouvraient des vérités, mais sous le voile de récits symboliques. L'ensemble seul, et non le détail, était vrai.

Dès que nous prenons les textes liturgiques, au contraire, les dieux sont dits *grands*, *vénérables*, *Seigneurs du ciel*, *puissants*, pour nous en tenir aux épithètes qui ne caractérisent pas tel dieu en particulier. Mais la puissance et la vie, dont ils sont dotés pour toujours, ne les empêchent pas d'être venus au monde à l'origine, les uns par eux-mêmes — et ce sont les grands dieux primordiaux — les autres engendrés ou créés par les premiers — et c'est la grande majorité des dieux secondaires. Tous manifestent cependant en commun la tendance à devenir, pour leurs adorateurs, des dieux primordiaux.

Beaucoup de divinités, Khnoum, le dieu-potier criocéphale, Thot, l'ibis, Hathor, la Dame de Dendara, aux oreilles de vache, ont une individualité bien marquée et il n'est pas possible de les confondre les uns avec les autres. Pourtant, à la différence des Grecs, et dès les époques les plus reculées, les Egyptiens n'ont pas hésité à assimiler leurs dieux les uns aux autres. A la basse époque, ce seront des jeux sans fin. D'autre part aussi, ces dieux peuvent changer de parents, de conjoints ou d'enfants assez facilement, non tant par suite de traditions différentes que pour des combinaisons religieuses, des constructions théologiques. Disons d'un mot que l'Egyptien, à l'époque historique, est plus sensible à la nature divine latente sous l'image d'un dieu qu'aux particularités irréductibles que ce dieu pourrait avoir. Et cette attitude intellectuelle, face à la nature divine, se discerne dès les premières compositions que l'on peut encore lire.

C'est sans doute pourquoi le mot qui les désigne en ancien égyptien, approximativement NOUTER, a subsisté en copte sous la forme NOUTE. Et il traduit fort bien le *theos* grec. La notion qu'il recouvre a pu passer du polythéisme au monothéisme sans difficulté ni hésitation.

•

Il est clair, en effet, que la vieille religion égyptienne est franchement polythéiste. Un vaste panthéon renferme une grande quantité de divinités de sexe, d'âge et d'importance fort divers. Si Amon, dieu d'empire qui durant plus de deux millénaires présida aux destinées de l'Egypte, peut évoquer pour nous le Dieu unique, il a autour de lui toute une cour hiérarchisée qu'on appelle son Ennéade, et, dans le peuple, on adore des divinités tout à fait mineures, telle Pakhet , une déesse-lionne gardant une vallée sauvage près de Beni-Hassan, ou Bès, un affreux petit dieu nubien, protecteur des grossesses et des naissances, qui paraît avoir accompagné Hathor quand elle revint du fin fond de l'Afrique. Il y en a tant qu'il n'est pas question ici de les étudier tous.

Voici un tableau de leur aspect le plus courant. Comme il n'a guère varié au cours des siècles, mis à part les modifications légères dues au style ou à la mode, on les trouve figurés ainsi depuis le temps des pyramides jusqu'aux derniers moments du paganisme. Cette remarque permet d'imaginer immédiatement qu'il ne sera pas plus facile d'analyser les traits primitifs des divinités qu'il n'est aisé de discerner comment se sont constituées leurs représentations historiques.

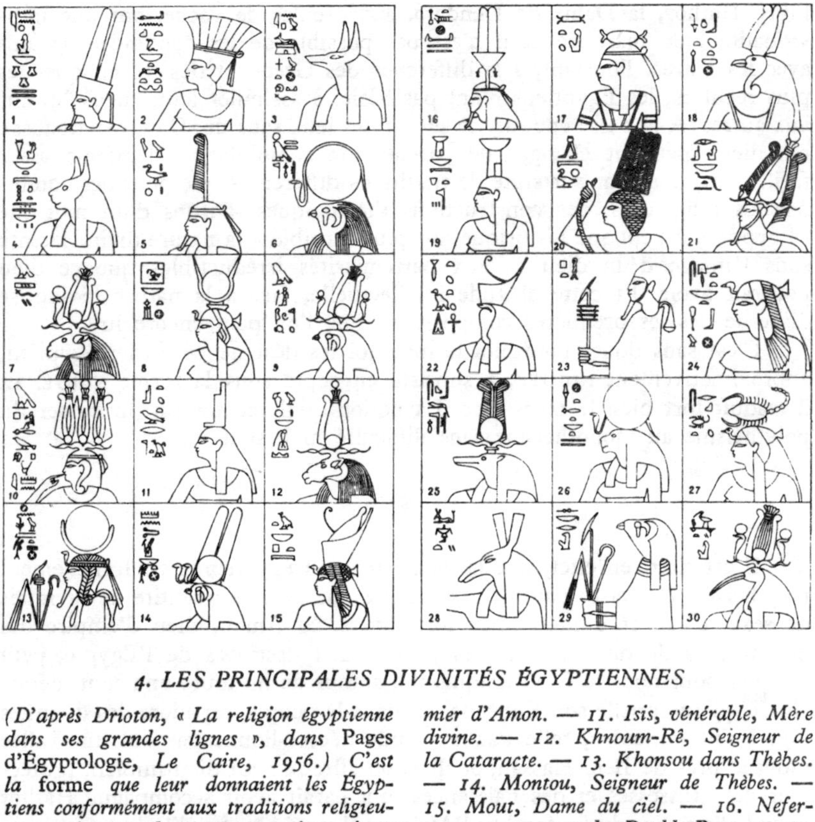

4. LES PRINCIPALES DIVINITÉS ÉGYPTIENNES

(D'après Drioton, « La religion égyptienne dans ses grandes lignes », dans Pages d'Égyptologie, *Le Caire, 1956.) C'est la* forme *que leur donnaient les Égyptiens conformément aux traditions religieuses anciennes, dont on pouvait toujours s'informer à Héliopolis. Voici la traduction des légendes hiéroglyphiques : 1. Amon-Rê, Seigneur de Karnak. — 2. Anoukis, Dame de Sehel. — 3. Anubis, dans Out, sur sa montagne. — 4. Bastis, Dame du ciel, Maîtresse de tout le Double-Pays. — 5. Chou, fils de Rê. — 6. Rê-Harakhtès, dieu grand. — 7. Harsaphès. — 8. Hathor, Dame de Dendara. — 9. Haroëris-Chou, fils de Rê. — 10. Harpocrate, grand, vénérable, premier d'Amon. — 11. Isis, vénérable, Mère divine. — 12. Khnoum-Rê, Seigneur de la Cataracte. — 13. Khonsou dans Thèbes. — 14. Montou, Seigneur de Thèbes. — 15. Mout, Dame du ciel. — 16. Nefertoum, protecteur du Double-Pays. — 17. Neïth. — 18. Nekhbet, la Blanche de Nekhen. — 19. Nephthys, Dame du ciel, Maîtresse des dieux. — 20. Onouris, fils de Rê. — 21. Osiris, Seigneur de l'Éternité. — 22. Outo, Mout, douée de vie. — 23. Ptah. — 24. Satis, Dame d'Éléphantine. — 25. Sobek, dieu grand. — 26. Sakhmet, la grande, Dame du Double-Pays. — 27. Selkis. — 28. Seth d'Ombos. — 29. Sokaris. — 30. Thot.*

LISTE DES PRINCIPAUX DIEUX LOCAUX DE L'ÉGYPTE

BASSE-EGYPTE

Nome	*Ville* — *Nom ancien grec ou égyptien*	*Ville* — *Nom moderne*	*Dieu principal*	*Animal sacré*	*Dieux parèdres*
I	Memphis	Mit-Rahina	Ptah	Taureau Hâpis	Sakhmet (femme) Nefertoum (fils) Nécropole : Saqqara Dieu : Sokaris, identifié à Osiris (tombeau). Serapeum
III	Hermopolis Parva Bahou	Tell Baghya (près Damanhour)	Thot	Ibis Babouin	Nehemet-aoui (femme) Tombeau d'Osiris
V	Saïs	Sa el-Haggar	Neïth		Tombeau d'Osiris (oreilles)
VI	Bouto Pe-Dep	Tell el-Faraïn	Outo		
VII	Demi-n-Hor	Damanhour	Haroëris (= Horus-le-grand)	Faucon	
IX	Busiris	Abousir-Bana	Osiris		Isis (femme) Horus (fils) Tombeau d'Osiris
XI	Léontopolis Iat-Khenou	Tel Moukdam	Chou	Lion	
XIII	On-du-Nord Heliopolis	Matariah	Atoum Identifié à Rê	Ichneumon Anguille Taureau Mnévis Héron cendré	Iousas (femme) Harakhtès (fils) (= Horus-de-l'Horizon).
XVI	Mendes (Pi-bi-neb-Djedet)	Tell el-Roubâ	Ba-neb-ded	Bélier	

LISTE DES PRINCIPAUX DIEUX LOCAUX DE L'ÉGYPTE *(suite)*

Nome	*Ville*		*Dieu principal*	*Animal sacré*	*Dieux parèdres*
	Nom ancien grec ou égyptien	*Nom moderne*			
XVII	Behedet du Nord Diospolis inferior	Tell el-Balamoun	Harakhtès (=Horus-de-l'Horizon)	Faucon	Plus tard Amon Mout et Khonsou s'installent dans cette ville
XVIII	Bubaste	Zaqaziq	Bastis	Chatte	
XX	Per-Sopdou	Saft el-Henna	Sopdou		
		HAUTE-EGYPTE			
I	Ile de Philae	Anas el-Ougoud	Isis		Osiris (mari) Harpocrate (fils) Horus (l'enfant)
	Ile d'Eléphantine Abou	Geziret Assouan	Khnoum	Bélier	Satis (déesse) Anoukis (déesse adorée plus spécialement dans l'île de Sehel, au sud)
	Ombos (temple double)	Kom Ombo	Sobek Haroëris	Crocodile Faucon	Hator (épouse) Khonsou-Hor (fils) La Sœur-parfaite (épouse) Le Seigneur-du-Double-Pays-l'enfant (fils)
II	Apollinopolis Edjbo	Edfou	Horus Behoudity	Faucon	Hathor de Dendara (femme) Harsomtous (fils) (= Horus-assembleur-du-Double-Pays) Tombeau d'Osiris
III	Hieraconpolis Nekhen	Kom el-Ahmar	Horus de Nekhen	Faucon	

LISTE DES PRINCIPAUX DIEUX LOCAUX DE L'ÉGYPTE *(suite)*

Nome	*Ville*		*Dieu principal*	*Animal sacré*	*Dieux parèdres*
	Nom ancien grec ou égyptien	*Nom moderne*			
III	Eileithuya-polis	El Kab	Nekhbet	Vautour	
	Latopolis On	Esna	Khnoum	Bélier Poisson Latès	Nebouaouet (femme) Neïth (femme) Hika-l'enfant (fils)
	Hermonthis On-du-Sud	Ermant	Montou	Taureau Boukhis	Râttaoui (femme) Harprê (fils)
IV	Thèbes Waset No-Amon	Louxor Karnak	Amon	Bélier Oie	Amonet (femme) Mout (femme) Khonsou (fils)
V	Coptos	Qift	Min		Tombeau d'Osiris
	Ombos	Kom Bellal	Seth	(Quadrupède non identifié ou fantastique)	
VI	Tentyris (On-)ten-tôre (= On-de-la-Déesse)	Dendara	Hathor	Vache	Horus d'Edfou (mari) Ihy (fils)
VIII	Abydos Ebedjou	Arabat-El Madfouna	Khentamen-tyou Osiris		Tombeau d'Osiris (tête)
	This		Onouris		
IX	Panopolis Khemmis	Akhmim	Min		
X	Lycopolis	Assiout	Ophoïs (= l'ouvreur des chemins)	Loup	
XV	Hermopolis Khmounou	Achmounein	Thot	Ibis Cynocéphale	Hathor Nehemet-aoui (femme)

LISTE DES PRINCIPAUX DIEUX LOCAUX DE L'ÉGYPTE *(suite)*

Nome	*Ville*		*Dieu principal*	*Animal sacré*	*Dieux parèdres*
	Nom ancien grec ou égyptien	*Nom moderne*			
XX	Héracléopolis Neni-nesou	Ehnas el-Médina	Harsaphès	Bélier	Tombeau d'Osiris
XXI	Crocodilopolis Chedyt	Medinet el-Fayoum	Sobek	Crocodile	

Bien que les Egyptiens ne semblent pas avoir tenté un classement général de leurs dieux, comme avaient fait les Grecs, nous pouvons essayer d'en établir un. D'abord, il y a la masse des Seigneurs divins, patrons de villes ou villages bien déterminés. Puis viennent les dieux des fonctions vitales, si l'on ose dire, ceux qui veillaient à la fertilité du sol, aux récoltes, ou protégeaient les actes capitaux de l'existence, comme la naissance; ceux-là étaient communs à toute l'Egypte. Il ne reste qu'à mentionner les entités divines intellectuelles créées par les théologiens. Sans doute sont-elles aussi, comme les précédentes, communes à tout le pays; mais il faudrait plutôt dire à tous les temples; le peuple n'avait pas affaire à elles, comme à celles de la vie quotidienne. Et si les dieux locaux ont fini par avoir des sanctuaires un peu partout, tel Ptah de Memphis qui avait des lieux de culte non seulement à Karnak, mais au Sinaï, à Abydos, à Ermant et ailleurs, ils ne sont jamais que des hôtes lorsqu'ils résident hors de chez eux.

•

Le nombre des dieux locaux est considérable. Ils remontent à la nuit de la préhistoire. Gardons-nous de les déclarer anciens totems de nomes. Toutes ces constructions imprécises, fumeuses ne servent à rien pour expliquer les faits et ne sont que de fragiles fantaisies. Presque jamais l'emblème du nome n'est le dieu local de sa ville capitale. D'autre part, nous ne saisissons les faits religieux qu'à une époque déjà extrêmement évoluée. L'illusion de se trouver près du primitif, des origines devrait une bonne fois s'évanouir. En dépit de profondes différences matérielles, intellectuelles et spirituelles, les gens des dynasties thinites appartenaient déjà à une humanité vieillie, comme la nôtre. Les données les plus anciennes auxquelles nous pouvons avoir accès ne permettent jamais de saisir des dieux locaux parfaitement isolés, tout à fait individuels. Déjà leur personnalité est fortement contaminée par la théologie de leurs voisins ou des dieux dynastiques. Si bien que pour les définir et les différencier, il est nécessaire d'opérer un choix parmi leurs épithètes, les actes qui leur sont attribués ou les traits de leur théologie. Sans doute, la constance de certaines allusions, les rapports d'antériorité que suppose tel récit nous donnent quelque sécurité, mais pas toujours, et l'idée que nous nous faisons d'eux peu à peu est toujours sujette à révision. Il faut se contenter ici de probabilités et s'attendre à des reconstructions périodiques.

Tout d'abord, le nom de la plupart de ces dieux, malgré maints essais plus ingénieux que convaincants, ne se laisse guère expliquer par la langue égyptienne. Ni Atoum d'Héliopolis, ni Ptah de Memphis, ni Osiris de Busiris, ni Thot, ni Sobek, ni Min, ni Seth ne permettent de deviner facilement leur étymologie. Et moins encore le nom du dieu le plus utile à l'Egypte, le Nil de l'inondation, Hâpy. Sans doute appartiennent-ils, en partie, à une langue parlée dans la vallée avant que le groupe chamito-sémitique ait imposé la sienne. Parmi les divinités qui furent honorées en Gaule, alors qu'on n'y parlait plus que latin, Lixon, Bazert, Sulleviae, Idemnicae ne figurent-ils pas, avec bien d'autres, hérités d'un vieux fonds celtique ou plus ancien encore ? Quelques autres, selon une ingénieuse hypothèse de Lacau, pourraient être désignés, de manière prudente, par le nom de leur animal symbolique : puisque le mot *ghanem*, en arabe, désigne le mouton, le dieu-bélier Khenemou pourrait bien désigner *Celui-du-bélier*. Quoi qu'il en soit de leur origine, ces divinités sont liées à de vieux sanctuaires ; ce sont des puissances tutélaires, patronnes des petites cités. A El-Kab , bien loin au sud, une déesse représentée la plupart du temps par un vautour, Nekhbet , présidait. Elle était coiffée d'une grande tiare blanche, conique, dont la pointe se terminait en boule. Elle avait donné son sein au roi dès le temps des Pyramides et elle était identifiée à Héqet , la déesse à tête de grenouille qui facilitait les enfantements. Aussi les Grecs, plus tard, la compareront-ils à leur Eileithuya. Des murailles en brique crue, énormes, et le podium de son temple subsistent seuls aujourd'hui. Les fouilles n'ont pas encore atteint les couches les plus profondes où l'on trouverait sans doute, comme à Hiéraconpolis, sur la rive opposée, des débris de la période prédynastique et thinite.

A l'opposé, les Egyptiens avaient choisi, pour incarner les divinités extrêmes du pays et leur confier la protection de leur roi, Outo *, une déesse des marais du Nord. Elle avait « sa maison » à Bouto, dans un temple double. Elle était figurée sous la forme d'un cobra se dressant sur un papyrus. Elle n'est pas moins ancienne que l'autre. Mais ce que nous savons d'elle, ce sont plutôt les savantes spéculations des prêtres. Aussi ses traits archaïques demeurent-ils fort embrumés.

Neïth *, une vierge guerrière qui avait résidé à Saïs depuis la plus haute antiquité, tenait à sa main des flèches. Les Grecs avaient vite reconnu en elle leur Athéna. Elle portait robe collante et coiffure de couleur rouge presque cylindrique, mais relevée à l'arrière de la tête par une sorte de hampe et munie sur le devant d'un fil rigide et recourbé. C'est la couronne rouge particulière à la Basse-Egypte, qu'elle partageait avec Outo. On ne lui connaît pas de représentation thériomorphe. Mais parfois elle est associée à deux crocodiles qu'elle allaite dans ses bras et qui représentent soit Chou et Tphénis, soit Rê et Osiris. Ces noms nous ramènent aux temps primordiaux, car Neïth était déesse originelle et, comme telle, avait dû créer le monde de son propre pouvoir. Aussi les déductions théologiques avaient-elles abouti à voir en elle à la fois la puissance virile et la puissance féminine. A l'époque tardive, les mythes qui lui étaient rattachés faisaient intervenir la vache Méthyer, le *grand flot circulaire* des origines, qui avait donné naissance au soleil qu'elle portait entre ses cornes. Mais la disparition totale de la bibliothèque et du temple de Saïs, où séjournèrent Hérodote et Platon et dont Champollion vit encore les murs d'enceinte massifs, nous prive de la possibilité de connaître plus à fond cette figure extrêmement originale du panthéon égyptien.

D'une manière générale, d'ailleurs, les dieux du Delta sont moins bien connus que ceux de Haute-Egypte, parce que les sources d'information sont plus parcimonieuses et moins abondantes que pour le Sud. Bastis , la patronne de Bubaste, qu'on représentait la plupart du temps avec une tête de chatte, fut rapidement assimilée à des déesses-lionnes voisines. Mais ce ne fut pas seulement la ressemblance des deux mufles de félin qui les rapprochèrent. Elle possédait un aspect doux et bienveillant mais aussi, en contrepartie, une nature coléreuse et cruelle, comme plus d'une déesse de l'Ancien Orient. Près de l'actuelle Zaqaziq, les débris de son temple ont livré des blocs d'un grand intérêt car ils représentent des épisodes de la fête-sed du roi. Sur la patronne du lieu, ils n'apprennent que fort peu. On aimerait aussi en savoir plus long sur un dieu de l'extrémité est du Delta, Sopdou.

Il résidait sur un territoire où les Asiatiques séjournaient et même arrivaient à s'installer et à faire souche. Aussi avait-il une allure quelque peu étrangère : des favoris, une barbiche en pointe, et un pagne retenu par une ceinture dont les ornements sont tout à fait particuliers. Il avait un caractère guerrier et, pour l'égyptianiser, on lui donna une tête de faucon et on le rapprocha d'Horus, mais sans réussir à lui ôter tout à fait son caractère exotique.

Sur les dieux locaux de Haute-Egypte, nous sommes souvent mieux informés. Mais les traits originels, qui ont la saveur du terroir, sont encore rares et difficiles à restituer. Pourtant, ici, la documentation est abondante : papyrus de mythologie et de géographie religieuse concernant le XVIIIe nome, absolument intact, papyrus du lac Moeris , hymnes à Sobek-Rê, fragments des archives du temple de Tebtynis au Fayoum, inscriptions d'Achmounein, d'Abydos, d'Ermant; mais, surtout, il subsiste dans le Saïd une incomparable série de temples parfois intacts, comme ceux de Philae, d'Edfou ou de Dendara, quelque peu mutilés, comme Ombos et Esna, ou assez endommagés comme ceux de Louxor et de Karnak. Or, tous ces monuments conservaient, inscrits sur les murs intérieurs et extérieurs de leurs salles, y compris leurs murs d'enceinte en pierre, les tableaux d'une bonne partie des cérémonies qu'y célébra jadis le clergé. La croyance des Egyptiens en l'efficacité de l'image leur avait suggéré de graver sur les murs de leurs sanctuaires le dessin de leurs rites, les paroles qu'on y récitait et parfois même les commentaires que les théologiens avaient faits à leur propos. Si bien qu'aujourd'hui encore, tout au long des parois, dans les temples déserts, les liturgies antiques se perpétuent, muettes, mais éternelles, selon la volonté de ceux qui les avaient conçues pour suppléer aux défaillances toujours possibles des hommes. Grâce à elles nous pouvons faire revivre, jour par jour, parfois heure par heure, les solennités religieuses du Haut-Pays et pénétrer dans l'intimité des théologies provinciales. Pourtant, encore, en ce cas, les vieux dieux du terroir se sont évanouis dans de savantes constructions édifiées par les prêtres autour de leurs traits primitifs qu'on a beaucoup de peine à isoler.

Il est bien difficile de savoir d'où était originaire le dieu Khnoum à tête de bélier. On l'adorait à Eléphantine, mais aussi à Esna et à Hirour, près d'Achmounein. Il se pourrait d'ailleurs fort bien qu'un culte, qui s'imposait de soi à des populations agricoles, ait pris naissance spontanément en plusieurs lieux. Le bélier personnifiait la puissance génératrice et le dieu était toujours représenté avec la tête de l'animal : il s'agit là d'une espèce qui dut disparaître vers la fin du Moyen Empire et à laquelle les naturalistes ont donné le nom de *Ovis longipes palaeoaegyptiacus*; il était caractérisé par des cornes à peu près perpendiculaires à l'axe de la tête et présentant des torsades fort rapprochées. C'est donc une divinité qui remonte à la lointaine préhistoire. Dans les noms inscrits sur les vases des dynasties thinites, on le trouve déjà. C'est lui qui assurait la naissance des enfants comme la fécondité des troupeaux. Mais aussitôt que nous le connaissons, il est déjà affecté par toute une théologie plus récente. L'eau fertilisante qui jaillit à la première cataracte venait de lui. Aussi cette région lui était-elle consacrée. Il avait son temple dans l'île d'Éléphantine avec ses béliers sacrés, qu'on enterrait richement à basse époque. On lui avait donné pour parèdre Satis , une déesse résidant à Sehel, une île voisine. Elle devait avoir une personnalité accusée que permet de déceler sa coiffure très particulière : la couronne blanche flanquée de deux cornes pointues qui pourraient bien être celles d'une antilope. Anoukis , qu'on voit toujours derrière le couple, avec son diadème orné de hautes plumes évasées, était-elle parèdre ou fille de Khnoum ? Nous ne le savons pas exactement.

Comment Khnoum était-il devenu modeleur ? C'est sans doute, dans une pensée qui procède essentiellement par image, un moyen d'exprimer sa puissance de production. Il procréait mystiquement sur son tour les jeunes êtres et le roi en particulier. Aussi, à Esna, un des grands rites consistait-il à offrir un tour au dieu potier. Comme il était l'auteur de la naissance, il l'était aussi de la renaissance qui avait lieu après la mort. C'était lui qui s'était employé à faire revivre Osiris. C'est à ce titre qu'il présidait à la *Maison de l'or*, où avait lieu la résurrection du dieu mort. Il n'y avait que quelques pas à faire pour le promouvoir au rang de dieu primordial. La théologie tardive d'Esna a mis à son compte la force créatrice prodigieuse que manifeste l'organisation de l'univers. Tandis que, plus humblement, à Hirour, on l'avait de toute antiquité associé à Héqet, dont l'animal sacré, la grenouille, qui pullule dans le limon humide du fleuve, est tout indiqué pour présider à la multiplication indéfinie des êtres auxquels elle donnait la vie. Dans les tableaux du mystère de la naissance royale, c'est elle qui tendait au nez du petit roi, modelé par le dieu criocéphale, le signe de la vie qui devait animer l'enfant nouveau.

Il eût été étrange que ces paysans n'eussent honoré la vache, la nourricière par excellence, qui donne son lait et ses veaux. De très bonne heure, plus d'une vache divine a été adorée : Ihet, Sekhat-Hor, Méthyer, le grand océan céleste qui jouait un rôle si important à Saïs. Mais elles étaient toutes éclipsées par l'une d'entre elles, la déesse de la beauté et de l'amour, l'*Or des dieux*, qu'on représentait, à vrai dire, très rarement avec une tête de vache. Elle avait figure humaine et était d'une grande beauté. Mais sa lourde perruque laissait apparaître, sous l'épaisseur des tresses, les oreilles de la vache qui lui était consacrée. Elle avait pris pied à Dendara depuis la plus haute antiquité, au point que la ville a gardé son nom. Autrefois, la localité s'appelait On, comme Héliopolis. Pour la distinguer de cette dernière, On-du-Nord, et d'Ermant, On-du-Sud, les Tentyrites l'appelaient On-de-la-Déesse, On-tentôre. Tentôre est devenu en grec Tentyris que les Arabes ont fini par prononcer Dendara. Les Grecs avaient immédiatement identifié Hathor* à leur Aphrodite et la dédicace grecque gravée sur le listel de la corniche, à la façade de son temple admirablement intact, porte ce nom. Le culte de la déesse de l'amour s'était répandu un peu partout dans le pays et les Egyptiens eux-mêmes en avaient fait une autre forme de Tphénis qui, dans un de ces accès de colère qui lui étaient habituels, s'était retirée en Nubie et ne voulait point en revenir. Il fallut toute l'habileté de Chou et de Thot pour la ramener, suivie d'ailleurs de son nain dansant et grimaçant, grotesque protecteur des accouchées, Bès. On célébrait son retour dans les villes saintes qui l'honoraient personnellement lors de la fête *Elle-est-ramenée.* A l'époque tout à fait tardive, lorsque Isis et Osiris absorbèrent peu à peu, pour les unifier, toutes les divinités égyptiennes, on fit d'elle une autre forme d'Isis, dont on l'avait rapprochée depuis longtemps.

Elle avait à Dendara ses vaches sacrées, mais dut en avoir aussi à Cusae, à Atfih et ailleurs. Depuis toujours, elle eut pour symbole un bâton surmonté de deux faces hathoriques opposées sur une seule tête. C'est probablement un peu plus tard que ce signe devint le support d'un sistre . Cet instrument de musique, qui lui fut très anciennement consacré, symbolisait la joie qui émanait de la déesse. Aussi la réjouissait-il profondément et, lorsqu'on voulut élever au moyen de soutiens certaines salles de ses temples, on décora les piliers de son emblème ou, même, on fit surmonter les colonnes, dites hathoriques, de ses salles hypostyles ou de ses portiques, de chapiteaux représentant des sistres. A Dendara, la façade du temple, avec ses sistres colossaux, impressionne fortement sans être lourde ni écrasante. Dans cette ville, elle avait pour époux Horus d'Edfou qui semble avoir remplacé très anciennement Seth d'Ombos, devenu maudit. Et Ihy, le petit *musicien*, nu, tenant le sistre, devint son fils. Cette triade n'empêcha pas Hathor de passer au rang de déesse unique, primordiale, qui avait été à l'origine un élément essentiel de la création, sinon le démiurge lui-même.

Assimilée à Nout qui régénérait le soleil, elle régénéra les morts et devint ainsi une déesse de la nécropole. C'est à ce titre qu'on l'honorait dans la chapelle de Deir el-Bahari. Tout près de là fut trouvée la vache majestueuse qui protège et allaite Thoutmosis III; elle incarne la déesse du ciel qui de son lait divin renforce, maintient la divinité royale et redonne au roi l'éternité de la renaissance journalière, comme elle mettait le soleil au jour, aux *Textes des Pyramides*, sous la forme d'un petit *veau de lait à la bouche pure*. On lui éleva même un temple à Deir el-Médina , à l'entrée nord de la vallée qui abritait le village des ouvriers chargés d'exécuter les tombes royales.

Tardivement, on la fêtait par des chants et des danses nocturnes exécutés dans les propylées des mammisis ou dans des cours précédant le temple. Des prêtresses diverses aux noms significatifs, *les bouclées*, *les vierges*, *les douces*, et des prêtres, *les beaux*, *les parfaits*, célébraient des sortes de mystères d'où les personnes admises à les contempler devaient tirer un espoir d'immortalité puisqu'elles font, dans leurs biographies, des allusions, très claires pour les initiés, à des cérémonies secrètes. Il faut déduire ce mystère de la prudence avec laquelle les fidèles en parlaient. Leur caractère d'enseignement rejoignait, semble-t-il, par son aspect moral les mystères d'Osiris : *Je prôtégeai le faible du fort pour faciliter la traversée à tout le monde. J'étais un noble excellent faisant ce qu'aimaient les dieux; j'avais un cœur amical pour mon entourage. J'ouvrais ma main à celui qui n'avait rien et mon cœur ne disait point : « donne-moi ! » J'aimais la justice et haïssais le péché, car je savais que c'était l'abomination de Dieu. J'étais un homme qui aimait l'ivresse, possesseur du jour heureux. L'aliment de mon cœur, c'était le plaisir. Je demeurai à Toura, à l'est de Memphis, qu'on appelle Ro-Aou. J'y rassemblai mes proches qui se réunissaient tous avec les gens de ma ville. Ils étaient avec moi dans la douceur de cœur et ne cessaient de faire ce que je disais. J'accomplis ainsi mon temps sur terre en douceur de cœur pour que le souci ne pénètre pas dans la pièce où je me tenais et que le chagrin ne monte pas vers ma localité. Chanteurs et vierges étaient rassemblés en un même endroit. Leur chant de gloire était pour moi comme celui de la déesse Méret. Prêtresses-*OUPERET, *parfaites, bouclées, douces et prêtresses-*DIOU, *aux parures nombreuses, ointes de ladanum, parfumées de lotus, leur tête ceinte de souchets odorants, tout enivrées de l'Œil-d'Horus frais, embaumées des trésors d'Oponé, dansaient de manière parfaite. Je fis ce qu'aimait mon cœur. Je les récompensai avec les parures qu'elles portaient, je suivis mon cœur dans le jardin et en parcourant le marais, tandis que j'accomplissais mon ka.*

Si le détail de la succession des cérémonies nous échappe ainsi que les paroles liturgiques, les rites et le sens qui s'en dégage restent clairs pour ces mystères que le prêtre Ounnefer faisait célébrer par les prêtres et les prêtresses d'Hathor à Toura, au temps des rois Grecs. On dansait, on chantait, on buvait du vin frais, on s'oignait de parfums et, ainsi, on arrivait à communier à la joie céleste de la déesse. Une des grandes fêtes d'Hathor n'était-elle pas la fête de l'ivresse? La nature même y participait. Quelques-uns des chants liturgiques de ces veillées ont été conservés et gardent, même dans la traduction française, un charme lyrique remarquable.

Mais de tous ces patrons locaux, celui qui était promis à la plus grande popularité c'était Osiris . Le mythe en faisait un roi antique de l'Egypte. Mais il est bien difficile de savoir s'il est un homme divinisé. Ce que nous percevons, c'est d'abord sa nature de dieu chthonien. Il est tellement lié au monde physique qu'au Nouvel Empire un hymne chantait :

Rê-Khepri brille sur ta poitrine,
tandis que tu reposes dans le sommeil comme Sokaris;
Il chasse les ténèbres qui sont sur toi
et répand la lumière pour tes yeux (...)
Le sol de la terre est sur tes bras,
Ses angles reposent sur toi,
jusqu'aux quatre soutiens du ciel.
Si tu te meus, la terre tremble (...)
Tu fais sortir les souffles qui sont dans ta gorge
pour le nez des hommes (...)
Que l'on creuse des canaux,
Que l'on construise maisons et temples,
Que l'on mette en place des monuments
Que l'on prépare des terrains,
Que l'on creuse tombes ou hypogées,
Ils sont sur toi et c'est toi qui les fais.
Ils demeurent sur ton dos
Et ils sont plus nombreux qu'on ne peut l'écrire.
Il n'y a point de vide sur ton dos
Et tout repose sur ton échine (...)
Tu es le père et la mère des hommes;
Ils vivent de ton haleine,
Ils mangent la viande de ton corps;
« dieu primordial » voilà ton nom.

Il n'est pas étonnant que ce dieu de la nature ait suggéré aux Grecs l'idée d'en faire leur Dionysos. Et, pourtant, très anciennement, il fut le patron de Busiris dans le Delta, où il s'était amalgamé à un dieu sans doute plus ancien, Andjety. Il s'apparentait aux divinités de la fertilité en Asie Antérieure, tel Adonis qui, comme lui, était mort et ressuscité. La végétation qui disparaît sur les terres brûlées, quand le Nil baisse et que l'eau des canaux s'assèche, reparaît lorsque le dieu ressuscité revient avec le flot et fait reverdir la campagne. Le symbolisme du mythe est transparent. Mais comment s'est-il chargé d'autres éléments? Nous n'en savons rien. Toujours est-il qu'à l'époque historique, il est fait allusion, dès les plus anciens documents, à un mythe associant Isis, Nephthys , Horus et Seth à Osiris. Nous ne possédons un récit cohérent des faits que par Plutarque qui a consigné dans son précieux opuscule *Sur Isis et Osiris,* mais non sans réticences, une bonne partie de ce qui les concerne.

Déjà l'Ennéade héliopolitaine est constituée : les quatre protagonistes sont enfants de Geb et de Nout. Mais Osiris, dieu de la terre noire et fertile, est détesté par son frère Seth, le roux, dieu des déserts aux teintes roses. Celui-ci s'adjoignit soixante-douze complices puis invita Osiris à un festin au cours duquel il fit paraître un coffre d'un travail merveilleux qu'il promit d'offrir à celui qui aurait exactement sa mesure. Dès qu'Osiris se fut couché à son tour dans cette caisse faite exactement à sa taille, les conjurés se précipitèrent sur lui, clouèrent le couvercle et le jetèrent au Nil qui roula son fardeau vers la mer. Celui-ci atterrit finalement à Byblos où Isis , après bien des recherches vaines, le retrouva. Elle le ramena en Egypte, mais Seth repéra le cadavre, le coupa en quatorze morceaux et les jeta au Nil. Isis, aidée d'Anubis*, finit, après une quête douloureuse, par retrouver les fragments. Elle les rapprocha et, comme elle était une magicienne redoutable, elle les rendit à la vie par ses sortilèges, avec l'aide de Nephthys, sa sœur. Horus naquit de l'Union d'Isis et d'Osiris ressuscité.

Mais le mythe portait en lui des germes profonds. Osiris, qui avait donné aux hommes durant son règne terrestre à la fois l'agriculture et la civilisation, allait leur montrer maintenant le chemin de l'immortalité. Il devint le *premier des Occidentaux*, des défunts; et il fut leur roi. Des mystères se jouaient au cours desquels on mimait la mort du dieu, sa résurrection, puis les combats d'Horus pour venger son père et recueillir son héritage. Au Moyen Empire, on les célébrait en Abydos où Osiris s'était solidement implanté auprès d'un dieu chacal appelé Khentamentyou, *Celui-qui-est-à-la-tête-des-Occidentaux.* On a affirmé qu'il avait pris pied en cette ville seulement à la fin de l'Ancien Empire. Mais il faut avouer que ce n'est pas très sûr et qu'il a pu s'y installer beaucoup plus tôt, peut-être même un peu avant la première dynastie. Quoi qu'il en soit, ses mystères prirent de plus en plus d'importance. On les célébra finalement aux quatorze endroits où Isis avait retrouvé l'un des fragments de son époux dépecé. Conservèrent-ils l'aspect royal qu'ils revêtaient anciennement à Abydos? Nous ne savons; mais, tardivement, on insista surtout sur la résurrection du dieu auquel les morts étaient assimilés. Les textes ne font à ces épisodes que des allusions obscures, car c'étaient des rites secrets auxquels, seuls, certains fidèles étaient admis. Aussi, dans le tombeau de Petosiris, toute la scène de la résurrection osiriaque est-elle tout à fait sibylline; la représentation est purement symbolique et les textes sont tronqués et déformés pour égarer le profane. Mais ceux qui savaient y discernaient bien tous les mots essentiels illustrant la renaissance solaire d'Osiris identifié à Khépri , le soleil levant, dont l'or vivant constitue la chair éternelle.

Ces spéculations et ces mystères avaient aussi un contenu moral très remarquable. Osiris avait toujours représenté le bien. Momentanément anéanti par l'incarnation du mal, Seth, il avait réussi à triompher mais exigeait de ceux qui voulaient avec lui vaincre la mort non seulement de connaître les rites, mais d'être justes et bons. Les pécheurs n'avaient pas accès à son royaume et nous avons déjà vu, en analysant les croyances funéraires, quelle importance le jugement d'Osiris avait dans ce domaine.

Il suffit d'étudier même très rapidement un dieu comme Osiris pour voir l'extrême complexité que revêt, à l'époque historique, l'analyse des divinités égyptiennes. Roi humain divinisé, divinité de la terre et de la végétation, dieu local, dieu funéraire essentiel, tous ces aspects se retrouvent en une seule personnalité divine, dès que l'on possède à son sujet une documentation un peu complète.

•

D'autres pourtant ne semblent pas avoir jamais été des divinités poliades. On les honorait un peu partout dans le pays. Géographiques, chthoniens, protecteurs familiers des individus, des familles ou des actes indispensables à la vie de l'espèce, ils ne concentraient pas leur efficience en un lieu déterminé. Sans doute le Nil en crue, Hâpy, était-il particulièrement honoré au Gebel Silsileh. Les falaises de grès se resserrent ici et étranglent le courant entre leurs hautes parois. Aussi l'eau semble-t-elle jaillir en ce lieu pour fertiliser le pays. On avait donc creusé dans le rocher tendre des sortes de niches précédées d'un petit portique sur deux colonnes fasciculées et l'on avait représenté des scènes d'offrandes surmontant des hymnes au fleuve nourricier. Mais tous les temples connaissaient ce gras personnage aux mamelles pendantes qui symbolisaient sa fécondité. Les théologiens, au moins à l'époque romaine, n'hésitent pas à le dire hermaphrodite. Il était coiffé d'une touffe de papyrus et portait de grands vases d'eau et des lotus aux couleurs vives. C'est lui qui fournissait d'aliments les autels des dieux. On ne lui connaît pas de sanctuaires, bien qu'on ait célébré des fêtes en son honneur à Héliopolis et à Memphis. A Philae, on le figurait accroupi dans une caverne, entre les énormes blocs de la cataracte, en train de verser d'une longue cruche l'eau fraîche du fleuve. Mais le besoin de dualité, en laquelle s'exprimèrent toutes les représentations géographiques de l'Egypte, joua ici encore un rôle; et le résultat nous en paraît étrange. Comme il y avait les deux pays, les deux falaises, les deux rivages, les deux ciels, il y eut les deux Nils : celui du Nord qui jaillissait à Babylone et celui du Sud sorti à Eléphantine.

Il ne faudrait pas oublier les dieux agraires, Nepri, qui personnifiait le grain, Ermouthis , la déesse des récoltes, la déesse-prairie, le dieu du filet de chasse et bien d'autres encore. Ce peuple de paysans était entouré, comme seront plus tard les Romains, d'une quantité de puissances surnaturelles qui s'occupaient de tous les actes essentiels du calendrier agricole. D'autres veillaient sur les gens. Meskhenet, la coiffure surmontée de deux crosses opposées, personnifiait le siège de briques sur lequel les femmes accouchaient. Comme telle, elle aidait les parturientes et facilitait les opérations de la naissance. Touèris , une femelle d'hippopotame, favorisait les grossesses et protégeait les femmes. Elle veillait sur les sièges et les lits dont son image orne souvent les pieds ou les accoudoirs. Enfin l'Africain Bès*, nain difforme, coiffé de plumes, tirant la langue et portant longue barbe hirsute, chassait le mauvais œil par son aspect grotesque. Le rire éloigne le mal. Du reste, il résumait en lui toute une série de divinités diverses à l'origine et pourvues de noms différents mais dont les traits distinctifs demeurent pour nous trop fuyants. Ces protecteurs quotidiens apparaissent assez peu dans la littérature religieuse officielle et, s'ils eurent une théologie, elle est si rarement évoquée que nous ne la connaissons plus. Divinités plus humbles, elles n'ont guère laissé plus de souvenirs intellectuels que ceux qui, sans doute, furent leurs fidèles les plus dévots.

•

Un dernier groupe divin demeure encore, mais confiné, lui, aux milieux sacerdotaux. Il n'est pas impossible qu'aux origines quelques-uns de ses membres aient connu une vogue plus grande. Le ciel et la terre ne sont-ils pas des puissances surnaturelles honorées par tous les hommes? Pourtant, à l'époque historique, Geb, la terre, et Nout, le ciel, n'apparaissent guère que dans les systèmes théologiques. On ne leur élève pas de temples particuliers. Il convient de remarquer que leur sexe est conditionné par la langue même de leurs adorateurs. Le mot *ciel* était féminin en égyptien et le mot *terre* masculin; Nout sera donc déesse comme Geb sera dieu. On racontait à Héliopolis qu'ils avaient été mis au monde par Chou, l'*air*, et Tphénis, l'élément humide, les deux premiers ayant été émis directement par Atoum. C'était presque déjà — il est bon de le remarquer au passage — la distinction des quatre éléments que l'Ecole ionienne empruntera plus tard aux penseurs de l'Orient.

Les théologiens avaient imaginé que le monde était une sorte de plate-forme en terre flottant sur un immense océan inférieur, d'où provenait directement le Nil. Aux quatre points cardinaux, quatre étais fourchus à leur extrémité supérieure soutenaient le ciel. Au-dessus de ce dernier se trouvait un océan céleste. L'océan inférieur était Noun, l'océan supérieur, sa contrepartie féminine, était Nounet. On remarquera qu'aux époques anciennes les tableaux religieux représentés dans les temples sont toujours encadrés selon cette conception. Le sol est figuré par le signe hiéroglyphique de la terre avec les extrémités arrondies —. Le ciel est parsemé d'étoiles et soutenu par des signes qui, sans être les étais connus par les textes, symbolisent la stabilité . Ici encore, Noun et Nounet ne sont que la divinisation par les théologiens des éléments cosmiques.

Pourtant, on ne se borna pas à diviniser les parties de l'univers; même des créations presque purement intellectuelles furent élevées aussi au rang des dieux. Les penseurs égyptiens avaient souvent des conceptions bien plus synthétiques que les nôtres, car ils n'analysaient pas les notions avec autant de minutie que nous ont appris à faire les Grecs. La chose, en soi, peut avoir du bon, surtout lorsqu'il s'agit de métaphysique, parce que l'analyse risque, si l'on n'arrive plus à refaire la synthèse vivante, de dessécher et d'appauvrir le réel. Les Egyptiens, donc, admettaient que, pour être corrects, les rapports sociaux devaient être équilibrés. Les hommes, comme la balance, ne devaient pencher ni d'un côté, ni de l'autre. De même qu'un siège ou une table doit être en équilibre, de même l'acte humain doit se dérouler selon un plan parfait. Peut-être est-ce la raison pour laquelle ils ont appelé l'objet qui sert à caler un volume quelconque : maât. Quoi qu'il en soit, c'est cet objet qui écrit le mot féminin désignant l'équilibre social : Maât. Maât c'est la vérité dans les paroles; c'est la justice dans les actes, la droiture dans la pensée, l'équité dans le jugement, la règle dans la conduite, le droit dans l'élaboration des lois. Mais c'est plus encore. Le monde a été fixé une fois pour toutes par le créateur à l'origine. Il ne faut donc pas que sa marche dévie en quoi que ce soit; il faut qu'il conserve aussi la constance de son mécanisme; c'est encore maât que cet équilibre du monde. Sans doute cette idée peut conduire au fixisme et, par certains de ses aspects, la civilisation égyptienne n'y échappera pas. Mais une pareille conception a aussi une grandeur fragile et émouvante. L'harmonie d'un monde ordonné comme d'une civilisation sont choses que la moindre des erreurs ou des fautes peut détruire et le chaos et la mort guettent les plus infimes occasions. Se conformer à Maât en tout est donc le seul moyen d'échapper au retour de l'indistinction originelle.

Les théologiens avaient personnifié l'équilibre moral et cosmique en une petite déesse coiffée d'une plume d'autruche et portant souvent le signe de la vie. Ils en avaient fait la fille de Rê. La poésie a retrouvé, de notre temps, la vieille idée de « l'admirable justice de la lumière ». Mais on associait aussi Maât à Thot, le dieu de la sagesse. Et, parfois, toujours selon la tendance de l'esprit égyptien à la dualité, la dédouble-t-on : les *deux Maât*. N'était-elle pas chacun des deux yeux de Rê? Ne devait-elle pas être sur la barque du matin, comme sur la barque du soir du dieu? Et, finalement, c'était elle que l'on offrait aux dieux. Le rituel du culte divin journalier culmine avec l'offrande de Maât. Mieux, les grandes offrandes matérielles elles-mêmes devenaient le symbole de Maât. Elle finit par être l'offrande, tout simplement, et c'est pour cela que les propylées des temples en arrivèrent à s'appeler la *porte de donner maât*.

●

Si de grandes personnalités divines émergent de ce panthéon innombrable, quelques-unes, comme Ptah ou Amon , le doivent certainement à la politique qui fit d'elles des divinités impériales; mais c'est sans doute uniquement la valeur intellectuelle de son clergé qui sut imposer le dieu Rê, par la profondeur de ses spéculations théologiques et la perfection de ses rituels, au pays tout entier. C'est par elles qu'il convient de terminer parce qu'elles conduiront naturellement à l'expression des grandes idées universalistes de la religion égyptienne.

A l'origine, pourtant, Rê, Ptah, Amon furent d'humbles divinités poliades. Mais elles s'élevèrent bien au-dessus des horizons bornés de leur petite patrie, à une époque très antérieure au syncrétisme final auquel aboutirent sur le tard tous les clergés locaux.

Rê était-il installé depuis toujours à Héliopolis ? Comme il y résidait à côté d'Atoum dont la personnalité présente des traits fort archaïques, peut-être est-il venu plus tard s'associer à ce dieu ancien comme Apollon avait pris place à Delphes auprès de la Terre et de Python. Atoum, en effet, paraît n'être devenu solaire qu'après l'arrivée de Rê. Il présente des traits chthoniens certains et a eu pour animaux sacrés l'anguille et l'ichneumon. S'il est postérieurement identifié au soleil couchant, c'est justement qu'on a voulu unir en lui la terre d'où il tirait son origine et l'astre de Rê. En tout cas, du jour où nous le connaissons, il est déjà lié au soleil dont le mot *rê* est le nom en égyptien. Le clergé expliquait que l'astre était Khépri le matin, quand il *vient au monde*; c'est le sens en effet du verbe KHEPER. Et on le représentait par un scarabée qui, par une homonymie probablement tout à fait fortuite, se disait KHEPER(ER). Mais on sait l'importance du nom dans lequel les anciens voulaient voir l'essence même de la chose. A midi, dans toute sa force, le soleil, culminant au zénith, était Rê, et, le soir, quand il se couchait et s'unissait à la terre dans l'Occident, c'était Atoum.

Atoum était venu à l'existence de lui-même. Et c'est lui qui avait créé le monde. On imagina d'abord la création divine, comme ailleurs, sur le modèle de la génération humaine. Il avait donc fallu expliquer comment, tout seul, il avait pu créer le premier couple à partir duquel il serait facile de tirer la naissance de l'univers. On lui avait prêté deux procédés brutaux et purement physiques, ce qui se comprend puisqu'il s'agit d'expliquer l'apparition d'éléments successifs appartenant à un univers avant tout matériel : il avait créé Chou, l'*air*, le *vide* qu'il y a entre ciel et terre, et Tphénis, l'*élément humide*, par masturbation ou en crachant. Il est significatif que deux procédés parfaitement exclusifs l'un de l'autre soient déjà indiqués tous deux en même temps. Faut-il y voir l'indice qu'en ces temps lointains, les penseurs n'étaient pas dupes de leurs images mais savaient qu'elles recouvraient une réalité différente d'elles et dont elles n'étaient que l'expression ?

Voici donc comment les théologiens héliopolitains organisèrent le monde en annexant en un système unique les divinités voisines : Rê-Atoum avait d'abord créé à l'origine le couple théologique de Chou et de Tphénis. Ceux-ci engendrèrent Geb, la *terre*, et Nout, le *ciel* ; Geb et Nout à leur tour engendrèrent deux couples: Osiris et Isis, Seth et Nephthys. Si l'on place le créateur à leur tête, on obtient le nombre sacré de 9 : c'est ainsi que fut constituée *la Grande Ennéade* d'Héliopolis. Il fallut bien ensuite, pour tout ramener à l'unité, intégrer Horus, Thot, Anubis, Maât et d'autres encore et donc former une *Petite Ennéade*. Ces groupements artificiels n'étaient pas très stables; les dieux en furent interchangeables et leur nombre même ne fut pas constant. Quand on les adopta plus tard à Karnak pour en doter Amon-Rê, les Ennéades comprenaient quinze membres et différaient sensiblement de celles d'Héliopolis. L'effort de systématisation, en tout cas, est remarquable et montre, dès la préhistoire sans doute, une tournure d'esprit que l'on peut qualifier, pour l'époque, de philosophique.

Nous ne connaissons pas l'origine de Rê, qui est simplement le nom commun du soleil jusque dans la langue copte. Serait-il venu de Sakhebou, une ville peu éloignée d'Héliopolis et située à l'ouest de la pointe du Delta, près du canal des Deux-Poissons ? Il est, en tout cas, solidement installé à Héliopolis à l'aube même de l'histoire. Il a pour animal sacré le taureau Mnévis; son culte comporte une pierre dressée, le Benben, autour de laquelle fleurira toute une mythologie : sa partie haute figurait la pointe de la colline qui avait émergé de l'Océan primordial et sur laquelle le soleil s'était placé pour créer. Le héron cendré, dont les Grecs feront le Phénix , lui est également lié.

Il a été créateur avec Atoum : il avait pris position sur une colline de sable émergée du Noun, comme les terres qui sortent des eaux du fleuve quand l'inondation vient à son terme. On jucha donc l'image des défunts, pour mieux les identifier à Rê, sur une semblable éminence où conduisaient quatre escaliers. C'est alors, racontait-on, qu'il avait ouvert les yeux et que le soleil et la lune avaient ainsi pris naissance. Il avait pleuré (RIME) et les hommes (ROME) étaient venus à l'existence. Aussi sont-ils le *troupeau* dont il est le *Berger*. Il avait également créé les dieux. Bref, Rê était déjà devenu envahissant et avait quasi accaparé pour lui toute la nature divine.

Il maintenait en équilibre le monde qu'il avait tiré de l'abîme grâce au rôle de sa fille Maât. Il vivait d'elle. La norme était pour lui le moyen de garder son œuvre sans cesse en bon état. La Règle d'Or, Maât, présidait au bon fonctionnement de l'univers dont Rê, aux temps mythiques, assurait lui-même le gouvernement. Que la mythologie le représente vieilli et affaibli ne doit pas nous surprendre. Pour arriver à son but elle ne regarde pas aux moyens et aucun philosophe en Egypte n'a critiqué le conte mythologique où Rê, malade et impotent, pressé par Isis, est contraint de lui livrer son nom secret, c'est-à-dire son être même. L'Egyptien, s'il avait voulu rendre le récit plus digne, aurait procédé tout autrement. Il se serait contenté de superposer une image plus convenable du dieu à celle que la tradition lui avait transmise. Quoi qu'il en soit, Rê finit par ne plus régner que dans le ciel. Mais il n'abandonnait pas la Terre. En pleine période historique, à la IVe dynastie, l'influence d'Héliopolis sur la théologie royale fit déclarer les rois *fils de Rê.* Ainsi le roi, qui avait hérité, depuis la lointaine préhistoire, son caractère divin d'Horus, dieu antique des souverains de Haute-Egypte, en vient maintenant à assurer juridiquement le gouvernement du monde parce qu'il est fils du démiurge lui-même. Il administre les biens de son père.

Il est clair que la divinité solaire est plus visible, plus saisissable que n'importe quelle autre. Mais ce n'est pas seulement à cette présence de tous les instants que Rê doit d'avoir repoussé dans l'ombre Atoum ou même Ptah, le dieu dynastique. C'est à l'activité intense des théologiens d'Héliopolis qui avaient su faire de leur dieu un créateur universel et donner à leur pensée religieuse une valeur métaphysique universelle. Le clergé de Memphis essaya, nous le verrons, de leur faire pièce. Ils arrivèrent, malgré tout, à rattacher à Rê le culte du roi mort qui s'étendra, plus tard, à tout homme. Pour conserver son immortalité de fils du Soleil, le roi devait se fondre dans le disque solaire, si l'on ose dire. C'était pour lui le moyen de participer à l'éternité du mouvement cosmique qui ne cesse jamais. Aussi, vit-on naître à Héliopolis un culte du disque solaire que les Egyptiens appelaient Aton, le même qui devait connaître à la XVIIIe dynastie une ascension aussi fulgurante que brève. Dès le Moyen Empire, faisant allusion à la solarisation du roi que nous exposent en détail les *Textes des Pyramides*, on disait par euphémisme du roi mort qu'*il s'était uni au Disque et avait fusionné dans le corps de Celui qui l'avait créé.*

Rê avait donc pris, durant l'Ancien Empire, une telle importance qu'à la XIe dynastie, pour donner un peu d'éclat à l'obscur patron de Thèbes, Amon, que les succès des dynastes thébains venaient de promouvoir au rang de dieu national, le clergé l'identifia à Rê et ne parla plus que d'Amon-Rê. Si bien que, du coup, la théologie et le culte d'Amon se trouvèrent portés à un niveau très élevé. Les autels solaires héliopolitains apparurent dans la lointaine capitale du Sud et, plus tard, la reine Hatchepsout en fit élever un, qui subsiste encore, dans son temple funéraire à Deir el-Bahari. Toute une section du temple de Karnak, le AKH-MENNOU, la partie la plus sacrée sans doute, est presque à coup sûr une copie du monument d'Héliopolis qui portait le même nom et c'est dans le *lieu-pur* de ces constructions imposantes qu'on célébrait, au moins au début de chaque année, l'*union au disque*, sur un autel héliopolitain quadruple qui donnait ainsi valeur cosmique au renouvellement perpétuel de la marche du monde.

Et pourtant Ptah, depuis la fondation de Memphis par Menès, avait disputé sérieusement la place à Rê. Sur l'origine de Ptah, sur le sens de son nom, pas de donnée positive. Il a très probablement été surimposé à un vieux dieu de la *terre émergée*, Totenen, comme Rê à Atoum. Ils possédaient chacun sa personnalité. Totenen est représenté accroupi, coiffé de deux cornes surmontées de la double plume, et portant à la main un fouet. Ptah, debout, est revêtu d'une gaine collant au corps, la tête rasée, et tient de ses deux mains, paraissant seules hors de son fourreau, un sceptre composite formé à la fois des signes de la durée, de la vie et de la stabilité. Parmi ses nombreuses épithètes il en est une qui le caractérise physiquement : *au beau visage*. Comme Khnoum était potier, Ptah était orfèvre et sculpteur. Parfois, il fond au creuset ses créations. Mais il était réservé à son clergé, sans doute à l'aurore de l'Ancien Empire, de concevoir une idée de la création véritablement philosophique et qui devait avoir un grand retentissement dans l'histoire.

Les penseurs de Memphis avaient fort bien analysé le mécanisme de la pensée et celui de l'action qui la suit. Nous avons traduit au début de ce chapitre leur petit traité de la connaissance. Les sens produisent des impressions qui sont élaborées par le cœur, siège de l'intellect pour les Egyptiens. Celui-ci forme alors une volition, un désir, et en ordonne l'exécution par l'intermédiaire de la parole. Ainsi se produit l'action. Ptah avait procédé de même pour créer. Il avait d'abord conçu dans son cœur une sorte de modèle du monde puis l'avait exprimé et les êtres et les choses étaient venus à l'existence. Mais on ne pouvait, d'un trait de calame, effacer toutes les spéculations précédentes qui avaient acquis avec le temps valeur sacrée. Aussi procéda-t-on à une série d'identifications, au premier abord dénuées de sens commun, mais, en réalité, destinées à montrer que, pour ces penseurs, si des images plus adéquates pouvaient être données d'une réalité, cette dernière se situait quelque part au-delà des représentations. C'est ainsi que *les dents* et *les lèvres de Ptah*, qui ont parlé la création, seront dits *la semence et la main d'Atoum* puisqu'on avait imaginé plus anciennement ce procédé démiurgique pour suggérer, en son temps, l'idée que le dieu avait tout tiré de lui-même. Laissons parler ce texte étrange et admirable qui, au début du IIIe millénaire, fonde les possibilités de la pensée humaine : *Son Ennéade est devant lui (Ptah) en tant que dents et lèvres, c'est-à-dire semence et main d'Atoum. En effet, l'Ennéade d'Atoum était venue auparavant à l'existence au moyen de sa semence et de ses doigts. Or, l'Ennéade c'est les dents et les lèvres dans la bouche même qui a nommé toute chose par son nom, d'où sont sortis Chou et Tphénis et qui a créé l'Ennéade. C'est ainsi que furent mis au monde tous les dieux, et que son Ennéade fut complétée. Or toute parole divine était venue à l'existence au moyen de ce que le cœur avait pensé et de ce que la langue avait ordonné. C'est ainsi que furent créés les* KAS *et* (leurs contreparties féminines) *les* HÉMOUSETS *qui ne cessent de produire tout aliment et toute offrande au moyen de la parole même.*

Point n'est besoin de transcrire d'autres passages de cet ouvrage capital. Les penseurs de Memphis, du coup, avaient fait de l'Ennéade, moyen de poursuivre la création primitive, la pensée même du dieu. Le monde devenait donc le produit de l'intelligence divine. Si l'homme était une image du dieu, comme il est dit de très bonne heure des rois, puis rapidement de toute l'humanité, dès lors la pensée humaine devenait apte, par sa nature, à comprendre le monde. L'hétérogénéité hostile des éléments, qui entouraient l'homme et l'écrasaient parfois, était désormais évanouie. L'intelligence de l'homme pouvait un jour saisir et, donc, dominer le monde. Plus tard, dans la *Genèse*, c'est de la même façon qu'Elohim créa l'univers. Il dit, et les choses furent. Comme pour souligner cet intéressant parallélisme, le traité de théologie memphite ajoute : *Par là il est établi et reconnu que la puissance de Ptah est plus grande que celle des autres dieux. Or Ptah fut satisfait après qu'il eut créé toute chose ainsi que toute parole divine.* A quoi font écho les « Et Elohim vit que cela était bien » du texte hébraïque.

Cette extraordinaire trouvaille du clergé de Memphis ne nous est parvenue que par le plus grand des hasards. C'est seulement parce qu'un roi kouchite, Chabaka, pieux et amateur d'antiques spéculations sans doute, comme plus tard Nabonide à Babylone, eut l'idée de faire recopier sur une stèle de pierre un vieux manuscrit *mangé des vers et qu'on ne pouvait plus lire du commencement à la fin.* Et encore a-t-il fallu, de notre temps, plusieurs générations de savants pour interpréter et commenter ce livre difficile et inattendu!

Comme on le voit, l'école théologique de Memphis faisait une rude concurrence à celle d'Héliopolis. La suite de l'histoire pourtant ne nous livre guère de documents importants sur la théologie de Ptah. Y eut-il une éclipse dans les spéculations memphites ou, plus simplement, les documents font-ils défaut? Toujours est-il qu'il faut attendre le temps des ramessides pour trouver un nouvel effort d'approfondissement. Sur une stèle érigée à Abou Simbel, au fin fond de la Nubie, le dieu Ptah expose au roi Ramsès II tout ce qu'il a fait pour lui. Et tout d'abord c'est lui qui a engendré le roi : *Je suis ton père qui t'ai engendré parmi les dieux, de sorte que ton corps entier est celui des dieux.* Il a donc pris la place de Rê, puis d'Amon-Rê. Mais plus encore, il forme le roi lui-même et le dote de toutes les qualités divines nécessaires pour conduire et guider les hommes. Il lui distribue toutes les productions indispensables à la vie et lui délègue en quelque sorte son pouvoir créateur. Roches, métaux, pierres précieuses, il les fait germer dans les montagnes pour lui et lui soumet les peuples étrangers. Il y a donc, dans ce décret du dieu, l'indication très nette d'un retour de Ptah à la grande lumière impériale.

Sans doute le roi, en ramenant au grand jour du culte officiel des divinités qu'Amon avait longtemps reléguées dans l'ombre, agissait-il en vue de tenir à sa juste place le clergé de la capitale probablement trop entreprenant. Mais il n'y eut pas que cela. On peut dégager de la prose officielle toute une théologie sous-jacente de valeur strictement religieuse. Nous ne retrouverons plus beaucoup d'exposés de théologie dogmatique et de philosophie comme le document gravé sur pierre par le pieux Chabaka; ils étaient plus rares et ont généralement disparu avec les bibliothèques des temples auxquels ils appartenaient. Force nous est donc de reconstituer la pensée à l'aide des écrits royaux ou des hymnes cultuels qu'un heureux hasard nous a conservés, un peu comme si, pour connaître la philosophie médiévale, nous devions recourir aux hymnes et proses que nous ont transmis les rituels de l'époque, après la disparition quasi totale des grandes sommes strictement théologiques.

Un beau papyrus conservé à Berlin porte justement une série d'hymnes à Ptah qui devaient être psalmodiés au cours du service religieux du petit temple que le dieu possédait à Karnak, puisque le manuscrit provient de Thèbes. L'une des caractéristiques de ces compositions est leur syncrétisme, c'est-à-dire la fusion, dans l'expression de la pensée, de toutes sortes de traits empruntés à des théologies diverses et, pour nous, inconciliables. Dès l'abord, le dieu memphite est devenu solaire, ce qui a de quoi surprendre :

Brillant, qui entretient la vie des dieux,
Rayonnant, qui se lève dans son horizon,
Qui éclaire le Double-Pays de sa grâce, Seigneur de la lumière,
Brillant d'éclat lorsqu'il se lève en tout œil,
Vivant qui ouvre les ténèbres, disque solaire qui resplendit.

Il demeure sans doute le démiurge des origines. Mais si les poèmes font allusion plus d'une fois au procédé de création par la pensée et la parole, conçu par les vieux théologiens, ils mettent au compte de Ptah toute une série d'actes qui généralement étaient attribués à Rê, à Amon ou même à Thot. Lorsque le rédacteur écrit :

Tu as chassé ténèbres et obscurité
Avec les rayons de tes yeux,

on pense à la théologie héliopolitaine de Rê. Dans des vers qui font allusion au souffle du dieu dont vit l'humanité ou à son essence cachée, il est clair que la théologie d'Amon est présente à l'esprit du hiérogrammate :

Il s'éveille, lui qui crée le vent
pour faire respirer la gorge avec le souffle de sa bouche
En paix!
Salut à toi, Ptah-Totenen,
dieu grand, dont la forme est cachée!

Pourtant, en dehors de ces traits d'identification aux grands dieux créateurs, quelques expressions tendent à faire de Ptah l'Unique. Sans doute la chose n'est pas dite clairement, mais elle apparaît dans un certain nombre d'images qui font de Ptah une sorte de Pan.

Tes pieds sont sur terre, ta tête est dans le ciel-lointain,
Tandis que ton être est Celui-qui-est-dans-l'Hadès.
Tu élèves l'œuvre que tu as faite,
En t'appuyant seulement sur ta propre force,
En t'élevant toi-même grâce à la solidité de tes bras;
Tu pèses sur toi-même, posé sur le Mystère.

Ptah comptait encore dans son clergé des métaphysiciens remarquables à l'époque tardive, puisque l'on possède à son sujet tout un traité en démotique sur lequel nous reviendrons. Mais il ne cessa jamais d'intéresser les théologiens et cela jusqu'à la domination romaine. Il est représenté, pour la première fois sur les monuments qui n'ont pas péri, à Hibis, dans les lointaines oasis du désert libyque, en train de sculpter le jeune roi. Mais il reparaît encore, nettement intégré cette fois au mystère de la naissance divine, sous Trajan, au mammisi tardif de Dendara. Les textes qui accompagnent sa figuration dans les temples sont riches de contenu. Mais, pas plus qu'Amon qui avait usurpé sa gloire, celui en qui les Grecs avaient vu leur Héphaïstos ne devait franchir les limites du territoire égyptien, comme Isis et Thot.

Amon, lui, est le dernier venu des dieux d'empire. Grâce à l'oracle de Zeus-Ammon dans l'oasis de Siouah, puis surtout à l'expédition héroïque qu'y fit Alexandre, son nom avait franchi, en Grèce, le cercle étroit des érudits. Pindare d'ailleurs ne l'avait-il pas chanté ? Pourtant son origine est plus obscure que celle des autres grands dieux dynastiques. La première mention que nous ayons de lui sur un monument thébain remonte à Pépi Ier ; il était déjà *Seigneur de Thèbes.* Le plus simple est donc de penser qu'il était, à l'Ancien Empire, le dieu obscur d'une petite bourgade de Haute-Egypte dont rien ne pouvait faire prévoir la future gloire. Son voisin Montou , qui d'Ermant allait rayonner à Médamoud, à Karnak, à Tod, avait un autre prestige que lui. C'est ainsi que les princes de la XIe dynastie marquèrent les honneurs qu'ils lui rendaient dans la composition même de leurs noms. Plusieurs s'appelèrent Montouhotep, *Que Montou soit satisfait !* Et, de fait, il fallait bien la protection d'un dieu guerrier pour leur permettre de venir à bout des dynasties héracléopolitaines et de leurs alliés. Mais, brusquement, à la XIIe dynastie, Amménémès Ier, dont le nom signifie *Amon-est-devant-moi*, alors qu'il n'est que vizir, devient roi et élève son dieu à la dignité de dieu dynastique. Qu'était-il à l'époque obscure qui précéda son ascension ? Il avait pour animal sacré le bélier et aussi l'oie. Mais lui-même paraît avoir toujours eu forme humaine. Quelques détails caractéristiques de sa théologie postérieure amènent à penser qu'il était dieu des vents. C'est lui qui prodiguait à l'accouchée le souffle de vie dans le mystère de la naissance royale et qui gratifiait Isis des souffles qui lui étaient nécessaires pour rendre la respiration au cadavre d'Osiris. Ces détails originaux se laissent difficilement absorber par les fonctions qu'il a dû hériter d'autres dieux. Bien que nous sachions peu de chose de lui au Moyen Empire, le reposoir de Sésostris Ier retrouvé à Karnak permet de saisir son importance. Dès lors, il s'est déjà assimilé Min, dieu très ancien qu'on adorait un peu au nord, à Coptos. Il devient Seigneur d'Oponé et maître des populations noires. Mais à son nom il adjoignit aussi celui de Rê. Ce faisant, il s'appropriait toute la théologie déjà fort riche d'Héliopolis. Il devenait ainsi lui-même père divin du roi. Dans la liturgie, comme dans la structure du temple de Karnak, on discerne des emprunts très importants à Héliopolis sans pouvoir toujours en préciser de façon claire l'étendue. Mais déjà au sud du grand temple de Montou, à Karnak, l'enceinte sacrée d'Amon prend une importance considérable et domine celle de son ancien copropriétaire. La reprise en main du pouvoir et l'expulsion des Hyksos par la XVIIe dynastie de Thèbes ne fit qu'accroître l'importance d'Amon.

De sa fusion avec Min, il a tiré un aspect chthonien qui l'a transformé en dieu qui féconde la terre. On célèbre pour lui une fête très importante au mois de Pachons. Les tableaux et le rituel en ont été partiellement reproduits et conservés dans le temple de Médinet-Habou. Il a maintenant remplacé tous les autres dieux dans la création du monde. Il est devenu le démiurge par excellence, l'auteur de toute la création. La bibliothèque du temple de Karnak devait contenir des traités sur la nature d'Amon. A défaut de ces traités, nous possédons encore de nombreux hymnes fort intéressants. Deux surtout, par leur richesse, leur valeur théologique et leur tour littéraire sont hors de pair. Aujourd'hui, l'un est conservé au Caire, l'autre à Leyde.

Ils utilisent tous deux, comme l'ensemble de la littérature égyptienne, le jeu de mots . Mais ce n'est pas un cliquetis verbal. Pour le penseur antique, la similitude consonantique n'est que la traduction d'une similitude essentielle entre les choses. Aussi un des premiers soins des scribes sacrés est de souligner qu'Amon ('IMN) est caché (ỉMN). Sa nature est mystérieuse. Il sera nécessaire de revenir sur cet aspect, approfondi par les théologiens thébains. Mais on peut souligner dès maintenant quelle profondeur manifeste cette notation du mystère divin :

Son nom est caché (ỉMN) *à ses enfants*
En son nom d'Amon ('IMN).

Le dieu caché est créateur de tout ce qui existe :

Seigneur de Maât, Père des dieux,
Qui a fait les hommes et créé les animaux.

Plus encore, il est unique. Il n'a pas d'autre dieu auprès de lui aux origines et ceux qui furent après lui, c'est lui qui les a créés :

Tu es l'unique qui a créé tout ce qui est,
Unique demeurant dans son unité, qui crée les êtres (...)
Hommage à toi, créateur de tout cela,
un qui demeure unique, aux mains nombreuses,
Père des pères de tous les dieux.

Sans doute ces poèmes laissent passer à plusieurs reprises le vieux souvenir de l'identité d'Amon avec Min, le dieu des populations noires venant du fond de l'Afrique. Mais c'est avec un lyrisme prenant :

Habitant de l'horizon, Horus de l'Orient,
Pour toi le désert crée l'argent et l'or

et le vrai lapis-lazuli par amour pour toi,
balsamum et encens mêlés du pays-de-Medja,
et de l'oliban frais pour tes narines,
dieu au beau visage, quand tu reviens du pays-de-Medja.

Cependant, les images cherchent maintenant à suggérer l'éternité du dieu, non plus par un simple mot dont on peut toujours se demander ce qu'il recouvre, mais par une série de notations qui amènent peu à peu à concevoir que le dieu se renouvelle sans cesse au sein du rythme même de l'univers.

O toi qui traverses l'Océan céleste, Harakhtès,
qui refais l'acte habituel d'hier chaque jour,
qui fais les années et lies les mois,
les jours, les nuits et les heures pour sa marche ;
Tu es sans cesse renouvelé, aujourd'hui plus qu'hier
toi qui entres dans la nuit et es déjà au jour (qui vient).

Un papyrus plus tardif exprime un peu différemment la même idée et en éclaire l'expression :

Seigneur d'éternité qui traverses les années
et dont l'existence est sans terme.
Vieillard qui rajeunis, qui traverses l'éternité,
Personne âgée qui te refais jeune homme.

Amon, unique, éternel, créateur, veille aussi avec vigilance sur son œuvre dont il prend soin. Il ne s'occupe pas seulement des Egyptiens et des étrangers mais des animaux et même des plus petites bêtes de sa création.

Celui qui crée le fourrage pour faire vivre le bétail
Et les arbres fruitiers pour les hommes;
Qui crée ce dont vivent les poissons du fleuve,
Et les oiseaux qui vivent au ciel.
Qui donne le souffle à ce qui est dans l'œuf,
Et qui nourrit le rejeton du petit ver;
Qui crée ce dont vivent les moucherons
Et vers et puces également.
Qui crée ce qui est nécessaire aux souris dans leurs trous
Et qui nourrit les volatiles sur tout arbre.

Il est bien difficile de dire si la spéculation théologique, ici, arrive à une hauteur qu'elle n'avait encore jamais atteinte ou si, tout simplement, le plus grand nombre de textes parvenus jusqu'à nous sur Amon est dû à la fois à l'importance de son clergé et aux conditions extraordinaires de conservation des papyrus à Thèbes. Nous reviendrons encore à ces témoignages remarquables de l'activité intellectuelle dont fit preuve le clergé à Karnak, mais il faut auparavant dire quelques mots d'un dieu qui, pour n'avoir pas été plus que Rê dieu de capitale, n'en a pas moins eu une place remarquable dans le panthéon égyptien, le maître de la sagesse, Thot.

On ne sait pas au juste d'où il était originaire. Dans les *Textes des Pyramides*, il paraît en liaison avec la Libye et serait ainsi plutôt localisé du côté d'Hermopolis Parva. Il a aussi un lieu de culte fort ancien dans le nord du Delta en une ville où s'installa plus tard Amon et appelée ensuite Diospolis Parva. Mais il régnait fort anciennement déjà à Achmounein où il est connu par des sources relativement abondantes. Dès le début, sa nature est complexe. Deux animaux lui sont associés : l'ibis et le babouin. Il est aussi en rapport étroit avec la lune et avec ses phases jusqu'à l'époque tardive. Mais très vite, il a un aspect intellectuel marqué. Peut-être le doit-il à la lune dont le cycle permet de compter les mois. Il est en tout cas savant en calcul, puis en écriture et devint le patron des scribes. N'est-il pas lui-même le *scribe aux doigts habiles de l'Ennéade* ? Platon, en un joli conte dont il paraît avoir imaginé l'affabulation, mais dont les détails pris isolément sont réels, raconte comment Thot inventa l'écriture. Finalement, il devint le dieu de la sagesse et il est souvent appelé *Cœur de Rê*, c'est-à-dire qu'il était assimilé à l'intelligence divine elle-même. Dans une série d'épithètes qu'on lui attribue fort tard à Dendara, il est appelé *Cœur de Rê*, *Langue de* (Ptah) *Totenen*, *Gorge de Celui-dont-le-nom-est-caché* (Amon, identifié à Osiris après la XXVe dynastie).

Peu à peu dans son nome, comme il est normal, il fut élevé à la dignité de dieu suprême. Et cela n'avait rien d'étonnant car, dès l'origine, Thot avait été créateur. Le cas est sans doute le même que pour Rê, dont aucun fait positif n'indique qu'il ait jamais été dieu dynastique. L'école théologique d'Hermopolis avait su faire preuve d'une grande originalité et s'était imposée à la pensée égyptienne, comme dans nos philosophies un système puissamment construit agit nécessairement sur les penseurs qui viennent ensuite. Or Thot avait appelé à l'existence les êtres et les choses au moyen d'une Ogdoade*. Les noms que porte ce groupe de huit dieux montrent à l'évidence qu'il s'agit d'entités élémentaires personnifiées. C'étaient *l'Océan-primordial*, *l'Infini-éternel*, *l'Elément-ténébreux* et *l'Elément-mystérieux*. On les avait pourvus de contreparties féminines pour simplifier sans doute le processus de la création. Pour représenter ces dieux déjà très élaborés et peu distincts, on avait imaginé de donner aux mâles une tête de serpent et aux femelles une tête de grenouille, animaux qui pullulent dans le limon du fleuve. Le détail des moments successifs de la création à l'époque ancienne échappe. Apparemment, il n'existait pas une classification des choses qui permît de les faire exister dans un ordre déterminé. C'est seulement par des textes syncrétistes tardifs, où sont mêlés bien des éléments, que nous pouvons apercevoir ce que pensaient les prêtres. Mais, faute de traités didactiques, plus d'une fois nous sommes incapables d'assurer les liaisons et les rapports qui existent entre les images superposées empruntées à des écoles diverses.

Voici un texte d'Edfou commentant le rôle de l'Ogdoade dans la création : *Réciter les paroles par les Huit, grands, vénérables, de la première fois. Dieux augustes qui sont venus à l'existence au commencement. Enfants de Totenen, sortis de lui; il les a engendrés pour fonder le pays. Formés dans Thèbes, sculptés dans Memphis; toute chose est venue à l'existence après eux. Nés dans le Flot-primitif : un lotus sortit et un jeune garçon parfait était en lui, qui illumina ce pays avec ses rayons. Un bouton de lotus fut émis, dans lequel était une jeune naine; Chou la désira quand il la vit. Un ibis fut engendré par la pensée de son cœur : Thot le vénérable qui crée toute chose. Langue et cœur, il exprime ce qui existe, élaboré par le cœur et sorti de la langue. C'est l'Unique sur le Double-Pays qui guide les vivants. On l'appelle le Vivant. Son œuvre, c'est de créer la vie.* Traduisons : Au sein de l'Océan primordial apparut la terre émergée. Sur celle-ci les Huit vinrent à l'existence. Ils firent apparaître un lotus d'où sortit Rê, assimilé à Chou. Puis vint un bouton de lotus d'où émergea une naine, auxiliaire féminin nécessaire, que Rê vit et désira. De leur union naquit Thot qui créa le monde par le Verbe.

Pour quiconque n'est pas rompu à la manière de penser des Egyptiens, ce court passage cosmogonique paraît dénué de toute signification. En réalité, il montre par-delà la superposition des images empruntées aux théologies d'Héliopolis , de Memphis et de Thèbes, que le penseur, même s'il tentait une synthèse d'éléments difficiles à concilier, concevait essentiellement que Thot et l'Ogdoade étaient les créateurs de la vie. Le mécanisme pouvait être divers; l'idée fondamentale, elle, demeurait et c'est ce qui lui importait.

Thot prit une telle importance que, peu à peu, on en vint à l'appeler *deux fois grand et vénérable*. Les Grecs l'assimilèrent à leur Hermès et le qualifièrent de *Trismegiste*, « trois fois très grand ». Il nous est parvenu sous son nom toute une collection grecque de traités dits *hermétiques*, qui contiennent l'exposé systématique de sa théologie à l'époque tardive. On a voulu en faire la traduction grecque d'ouvrages égyptiens, analogues à ceux que signale Clément d'Alexandrie. Il est difficile de démontrer pareille thèse; mais, à côté de théories qui paraissent néoplatoniciennes, il est certain que le *corpus hermétique* est profondément influencé par la pensée égyptienne, au point qu'on pourrait faire un commentaire très fourni de son texte avec des fragments empruntés uniquement à des originaux hiéroglyphiques.

•

La pensée religieuse égyptienne s'est donc élevée peu à peu des dieux locaux aux grandes conceptions métaphysiques. Il est nécessaire, pour en finir avec la dogmatique, de revenir sur deux points particulièrement importants : la création du monde et l'unité divine. Les sources sont abondantes et il est impossible d'avoir une idée juste du développement religieux atteint par la civilisation égyptienne sans tenter de les comprendre.

Essayer de synthétiser ici tout ce que les Egyptiens ont élaboré sur la création serait hors de propos. Mais il convient de porter notre attention sur quelques points de ce problème qui les a hantés. Les sources sont principalement liturgiques, comme nous avons eu l'occasion de le dire. Dans l'une d'entre elles, se trouvent des sortes d'incantations destinées à repousser le dragon Apopis, c'est-à-dire à empêcher que les forces inorganiques du chaos ne prévalent à nouveau sur l'ordre cosmique que symbolise le soleil, Rê. On y utilisait un texte sacerdotal bien caractéristique. Les opérations du dieu créateur y sont pesamment décrites au moyen de verbes et de substantifs tirés de la même racine et répétés à satiété : le verbe *exister* et le verbe *être primordial* ou *antérieur* y reviennent abondamment. Mais l'ensemble possède une sorte de majesté et de puissance hiératique qui ne manquent pas de grandeur et qui font pressentir certaines pages de la Bible.

Livre de connaître les modes d'existence de Rê et d'abattre le serpent Apopis : Le Seigneur de l'univers dit : Quand je me fus manifesté à l'existence, l'existence exista. Je vins à l'existence sous la forme de l'Existant (Khépri) *qui est venu à l'existence la première fois. Venu à l'existence sous le mode d'existence de l'Existant* (Khépri), *j'existai donc. Et c'est ainsi que l'existence vint à l'existence, j'étais antérieur aux dieux antérieurs que je fis, car j'avais l'antériorité sur ces dieux antérieurs; mon nom fut antérieur au leur et je fis l'ère antérieure ainsi que les dieux antérieurs.*

Je fis tout ce que je désirais en ce monde et je me dilatai en lui. Je nouai ma propre main tout seul, avant qu'ils ne fussent nés; avant que je n'eusse craché Chou et expectoré Tphénis, je me servis de ma bouche. Héka (dieu du pouvoir magique) *fut mon nom. C'est moi qui suis venu à l'existence en (mon) mode d'existence, quand je vins à l'existence sous le mode d'existence de l'Existant* (Khépri). *Je vins à l'existence dans l'ère antérieure, et une foule de modes d'existence vint à l'existence au commencement.*

Avant qu'aucun mode d'existence ne fût venu à l'existence en ce monde, je créai toute la création dans ma solitude. Avant que personne d'autre ne fût venu à l'existence pour agir avec moi en ces lieux, j'y fis mes modes d'existence en mon baï que voici. Je me liai dans le NOUN, *étant encore inerte, avant d'avoir trouvé une place où je pusse me dresser. Je fus efficace en mon cœur. J'établis un plan devant moi. Je créai toute la création dans ma solitude. J'établis un plan en mon cœur et je créai d'autres modes d'existence. Nombreux furent les modes d'existence de l'Existant* (Khépri). *Alors vinrent à l'existence leurs enfants en mode d'existence de leurs enfants.* (Substantiellement traduction Sauneron-Yoyotte.)

Dans cet étrange et impressionnant ouvrage, un effort considérable a été fait pour coordonner clairement les faits et aboutir à une sorte de chronologie de l'apparition des êtres. Sans doute la copie du papyrus que nous possédons ne date que du IVe siècle avant notre ère, mais il ne fait aucun doute que la composition est bien plus ancienne. L'auteur, qui avait la tête philosophique, a voulu d'abord expliquer l'antériorité du dieu Atoum-Rê par rapport à tout ce qui existe, même par rapport aux dieux primordiaux. Mais, dès le début, il essaie de montrer ce que pouvait être l'acte de venir à l'existence de soi-même. Il y revient dans le troisième paragraphe en utilisant l'apparition de Totenen dans la cosmogonie memphite. Après avoir rassemblé ses membres, encore inerte, il finit par trouver une place et là médite en son cœur le plan de la création qu'il exécutera ensuite. C'est ainsi que travaillait le Démiurge dans le *Timée* de Platon : Il conçoit le monde, le veut beau, le parfait, crée les dieux qui créent à leur tour. Quelques gloses viennent préciser dans quel rôle mythologique, celui de Heka ou celui de Khépri, par exemple, le Seigneur de l'univers a créé. Elles rompent le rythme monotone mais puissant des phrases, sans obscurcir vraiment la pensée.

Ce travail d'élaboration, qui peut être discerné dans certaines œuvres liturgiques, devint de plus en plus nécessaire car les différentes images de la création, empruntées à tous les temps, à toutes les écoles, s'étaient non seulement surimposées les unes aux autres mais si bien enchevêtrées que plus d'un prêtre antique devait s'y perdre, comme nous quand nous essayons de débrouiller l'écheveau. Aussi, les esprits ne cessèrent-ils pas de travailler à organiser et à classifier les images! Vers la fin de l'époque ptolémaïque, un savant de la Maison de Vie rédigea à Memphis un ouvrage destiné au clergé, où il était traité du dieu Ptah, des origines du monde, des noms de la ville et des lieux importants ainsi que des fêtes. Le fait que le livre ait été écrit en langue vulgaire est déjà significatif. Cette théologie était donc bien vivante puisqu'elle était exposée non plus dans la langue hiéroglyphique, aussi restreinte que notre latin d'Eglise, mais dans l'idiome de tous les jours. On constate dans ces pages une tentative pour expliquer le rapport entre des actes apparemment discontinus ou des images qu'on ne peut superposer. Comment, par exemple, passer de l'Ogdoade au lotus qui, en s'épanouissant, fera paraître le jeune soleil? Voici le commentaire de l'érudit écrivain : Ptah *fit aborder les Huit* (l'Ogdoade) *à Hermopolis, tandis qu'ils devenaient vaches et taureaux selon leur nature. Noir, vert* [...] *étaient les couleurs des taureaux et des vaches, de ceux-là à l'adresse desquels il cria, et dit : « Puissent-ils s'unir les quatre taureaux! Puissent-elles s'unir les quatre vaches! Puissent-ils s'unir aussitôt! » Les mâles devinrent un taureau noir, les femelles devinrent une vache noire. On leur donne comme nom Amon et Amonit. Le taureau se précipita sur la vache (si vite) qu'il répandit sa semence sur l'eau dans le grand étang d'Hermopolis qui portait (une fleur de lotus) et un bouton de lotus. C'était la fleur de lotus en forme de scarabée avec une tête de bélier. Elle prit la forme d'un enfant dont le doigt est sur la bouche.* (Traduction française de Sauneron-Yoyotte d'après Erichsen.)

Cette fois, la transformation de l'Ogdoade en taureaux et en vaches établit le lien entre l'Ogdoade et l'apparition du lotus primordial. L'ordre que leur donne Ptah de s'unir maintient en même temps le pouvoir créateur du dieu et sa présence tout au long de la création. La pensée par images acquiert ainsi, du moment qu'on l'admet, une cohésion et une unité beaucoup plus considérables.

•

Mais il est une question qui se pose très clairement à l'esprit. Chaque cercle de penseurs, fidèles d'un dieu, cherche à faire de ce dieu le Seigneur de l'univers. Ptah était appelé l'*Unique*. Dans le monologue du Soleil créateur, le rédacteur insiste à plusieurs reprises sur sa solitude originelle. Enfin la manière dont les scribes ont essayé de traduire et d'analyser par des images cosmiques la notion d'éternité, comme nous l'avons vu plus haut, devait les conduire inévitablement à cette idée que le dieu créateur, antérieur à tout, venu à l'existence par sa propre puissance, supérieur à tout être et à toute chose, est, de son espèce, unique. L'unité du divin est la conséquence de l'approfondissement de la nature des dieux. Mais ces conséquences logiques que nous tirons, nous, avec notre propre façon de penser, les Egyptiens les avaient-ils dégagées? Avons-nous quelque témoignage qu'ils sont arrivés à concevoir une sorte de monothéisme? La question est complexe et a souvent été débattue en des sens divers. Seuls, les textes permettront d'y répondre.

Tout d'abord, un fait remarquable s'impose. Les recueils sapientiaux, c'est-à-dire les livres dont le contenu est apparenté aux *Proverbes* de la Bible hébraïque, emploient très rarement un nom de divinité particulière. Dans l'*Enseignement de Ptahhotep*, Osiris et Horus apparaissent chacun une fois dans la version la plus ancienne. Mais dans les versions postérieures, ces deux mentions ont été remplacées par le mot « dieu », ce qui est le symptôme d'une nouvelle tendance dans les cercles sapientiaux. Dans l'*Enseignement d'Anii*, de la XVIIIe ou XIXe dynastie, aucun nom de dieu n'apparaît, mais une fois il est question « des dieux », au pluriel. L'*Enseignement d'Aménopé*, outre les dieux qu'il énumère dans les titres du fils de l'auteur, mentionne Chaï et Ermouthis, dieux de la destinée, Rê et le serpent Apopis Khnoum et Thot. Or, sans cesse, les auteurs font appel à la Divinité; mais toujours en l'appelant simplement Dieu :

Quand la prévision des hommes ne s'est pas réalisée,
C'est l'ordre de Dieu qui s'exécute.
Ne sois pas avare de tes richesses,
Tu ne les possèdes que par don de Dieu (PTAHHOTEP).
Ne fais pas que ta mère te blâme
Ni qu'elle élève ses mains vers Dieu,
Car il écouterait sa prière (ANII).
Mieux vaut un boisseau que Dieu te donne
Que cinq mille acquis injustement.
Il est aimé de Dieu celui qui respecte le pauvre
Plus que celui qui honore le riche (AMÉNOPÉ).

Ce ne sont que quelques échantillons parmi une cinquantaine de mentions de Dieu pour s'en tenir à ces trois ouvrages dont la structure et la destination sont très proches, même si leur composition est fort éloignée dans le temps. On est amené à conclure que, pour les cercles intellectuels qui se mouvaient autour des temples, dans la Maison de Vie très probablement, lorsqu'on voulait faire intervenir le divin dans la vie morale, on ne le concevait pas généralement sous l'aspect d'un dieu déterminé, mais comme une sorte de nature divine unique. Comme on trouve par ailleurs la mention de plus d'un dieu dans ces compositions et dans d'autres qui leur sont apparentées, on en a conclu que les mêmes personnages étaient à la fois monothéistes et polythéistes, grâce à une manière de faire fonctionner leur esprit qui nous est totalement étrangère. On n'osait pas parler de mentalité prélogique, s'agissant d'ouvrages dont la pensée est souvent fort élevée et très pure, mais au fond c'est bien de cela qu'il était question.

Sur ce point encore, seuls les témoignages peuvent nous aider à comprendre. D'abord, il faut remarquer que l'emploi du mot Dieu n'est pas réservé à la littérature sapientiale. Dans quantité de textes biographiques, inscrits sur stèle ou dans les tombeaux, dans beaucoup d'œuvres littéraires, Dieu apparaît avec son sens monothéiste indubitable; c'était tout à fait naturel puisque ces œuvres provenaient des mêmes milieux cultivés et avaient probablement été rédigées dans les mêmes cercles culturels que les *Sagesses* : *Je n'ai point fait de mal aux hommes, ce que déteste Dieu; mais j'ai accompli la justice qu'aime le roi*, dit un juge au temps de Sésostris Ier. Un peu plus tard Hâpydjefa, d'Assiout, proclamait : *J'ai contenté Dieu par ce qu'il aimait, me souvenant que je parviendrais à Dieu au jour de ma mort.* A la XVIIIe dynastie, les exemples abondent. En voici un très beau emprunté à Beki, sous Aménophis III : *Je fus un vrai juste, exempt de péché, ayant mis Dieu dans mon cœur, et bien informé de sa puissance.* A la XXIIe dynastie, un prêtre fait écho : ... *car je savais que Dieu agit pour l'homme véridique.* Or, dans tous les monuments où se lisent ces belles sentences figurent aussi, en plus ou moins grand nombre, des noms de dieux distincts. Si les rédacteurs de ces exposés ne sont pas gênés par une pareille promiscuité, c'est que leur esprit concevait très clairement une divinité unique qui déléguait quelque pouvoir particulier à des créatures divines qui équivalaient à nos anges ou quelque chose d'approchant. Et quand l'Egyptien cultivé les appelait dieux, il n'était pas troublé car il savait que ces noms individuels n'étaient que des appellations spécialisées d'une force divine unique.

Sans pousser l'analyse de beaucoup de textes, il en est un au moins qu'il faut citer à cet égard, c'est l'hymne que deux architectes, frères jumeaux, firent graver sur une belle stèle sous Aménophis III. Ils y adorent un dieu qui allait connaître une fortune extraordinaire, le disque solaire, Aton. Mais ils le font d'une manière très curieuse : aucune expression tirée d'un traité didactique, uniquement des images. Tantôt Aton devient Haroëris, Khnoum, Amon. Tantôt les épithètes dont le dieu est gratifié se suivent et se contredisent d'une manière plus provocante qu'il n'est coutume dans la poésie égyptienne. Il sera mère, artiste, berger et même étable. L'intention éclate à l'examen. En accumulant les évocations qu'aucune imagination, si libre fût-elle, n'arriverait à superposer, l'auteur cherche à suggérer que l'objet réel qu'il veut représenter est au-delà de chacune de ses images. Dès lors, il ne sera pas plus gêné d'employer le mot Dieu lorsqu'il s'agira de préceptes extrêmement généraux, et tel nom particulier de dieu pour cerner quelque spécialité divine. Quand on veut évoquer en Dieu son caractère de plasmateur, on dit : Khnoum. Peut-on hésiter un instant sur le monothéisme de Platon ? Et pourtant sans cesse, dans son œuvre, apparaissent les noms des dieux les plus divers, et Socrate, au moment de mourir, dans un geste de soumission très détendue à la religion de son temps, rappelle à Criton qu'il a promis de sacrifier un coq blanc à Asclépios, dieu du salut. Voici donc un fragment de l'hymne de Souti et Hor, afin que l'on puisse juger sur pièces :

Salut à toi, Disque du jour,
Qui créas les hommes et les fais vivre.
Faucon puissant au plumage tacheté,
Qui vint à l'existence pour s'élever lui-même,
Qui vint à l'existence de lui-même, sans avoir été engendré.
Horus-l'aîné qui réside dans la Nout céleste,
Au lever duquel on se réjouit,
Et au coucher duquel on fait de même.
Toi qui façonnes ce que produit la terre,
Khnoum et Amon des hommes.
Qui as pris possession du Double-Pays,
Depuis le plus grand jusqu'au plus petit !
Mère magnifique des dieux et des hommes.
Artiste habile que ne fatiguent point ses œuvres innombrables.
Berger fort, qui conduit son troupeau,
Leur étable qui les fait vivre,
Coureur rapide qui avance impétueusement !

On le voit clairement, le Dieu que conçoivent Souti et Hor a fait venir au monde les dieux aussi bien que les hommes. Ils n'éprouvent pas le besoin de renier les dieux. Ils les mettent seulement à leur place. Aussi les grands hymnes liturgiques, bourrés de théologie, pourront proclamer Amon :

Forme unique créant tout ce qui est,
Un, qui est unique, créant les êtres;
Les hommes sont sortis de ses yeux
Et les dieux sont venus à l'existence sur sa bouche.

D'ailleurs les théologiens thébains avaient fini par n'admettre plus que trois dieux, mais qu'ils réduisaient à n'être que trois noms désignant une même nature. Ils ont certainement tenté une définition dogmatique de cette sorte de trinité. Voici comment ils essayaient de montrer l'unité profonde qui existait sous cette triplicité de noms :

Trois sont tous les dieux :
Amon, Rê et Ptah qui n'ont pas leur pareil!
Amon est son nom en tant que caché (Amon);
Il est Rê pour la face et son corps, c'est Ptah.

Il y a bien trois dieux, mais c'est une apparence et l'on parle du Dieu au singulier dont les trois noms désignent l'essence, la face rayonnante et le corps terrestre. Et ce Dieu unique a créé les autres qui participent seulement à sa nature d'une manière plus étroite que les hommes. Mieux encore, on peut lui donner le nom d'une déesse. A Dendara, Isis la déesse unique est polyonyme, « aux noms innombrables », comme disaient les Grecs : *Elle est Nekhbet à Nekhen, Tjenenet à On-du-Sud, Iounit à Dendara, Isis à Abydos, Sechat à Ounet, Héqet à Hirour, Neïth à Saïs... Dame dans chaque nome, c'est elle qui est dans toute ville, dans tout nome avec son fils Horus.* La divinité n'est ni mâle ni femelle, elle participe des deux genres à la fois. Les hymnes en langue grecque qu'on a adressés à Isis, comme les livres rédigés sur la religion égyptienne, tel le fameux *Traité sur les Mystères* attribué à Jamblique, exposent plus rationnellement la même idée. Nous pouvons être sûrs que, substantiellement, les Egyptiens avaient résolu le problème sur un plan intellectuel et l'avaient exposé au moins quinze siècles avant notre ère.

Que pensaient les gens plus humbles qui n'avaient pas le temps ou le goût de réfléchir, ou le petit peuple? Comme la plupart du temps ils n'ont laissé aucun monument, écrit à loisir, pour nous faire part de leurs idées, nous ignorons leurs convictions. Mais on peut inférer que leur polythéisme était réel, c'est-à-dire qu'ils émiettaient le divin en une poussière d'entités personnelles. Il n'est pourtant pas interdit d'imaginer qu'ils pouvaient subordonner tous ces pouvoirs personnels à quelque puissance supérieure, fût-ce leur dieu local, suivant ainsi de plus ou moins loin, selon les exigences de leur conscience religieuse, les spéculations des théologiens et des sages. On peut admettre, en tout cas, sur preuves, que l'Egypte antique avait conçu très précisément l'unité absolue du divin mais que, fidèle à son habitude de ne renoncer à aucune des conceptions religieuses qui, élaborées antérieurement, avaient reçu de cette consécration une valeur sainte, elle a fait effort durant des siècles pour faire cadrer des exigences intellectuelles profondes et impérieuses avec le legs, à la fois lourd et sacré, du plus lointain passé.

•

Il est un cas pourtant où elle a tenté, au moins une fois, de se débarrasser de la multitude des représentations encombrantes qui finissaient par voiler la réalité plutôt que la traduire. Cela se passa à la fin de la période la plus brillante de l'histoire égyptienne, au début du XIVe siècle avant notre ère. Aménophis III vivait encore, affaibli toutefois par la maladie. Thèbes, au comble de la puissance et de la gloire, avait vu affluer sur ses rives les représentants de tout le monde oriental et méditerranéen. Les scribes de la chancellerie des Affaires étrangères lisaient l'accadien et non seulement les lettres diplomatiques mais même les grandes compositions religieuses. Ils comprenaient aussi le hourrite et sans doute le hittite. Les langues parlées dans l'archipel égéen ne devaient pas leur être inconnues. La théologie amonienne, qui affleure à tout instant dans les vers du grand hymne à Amon du Caire, manifeste un développement intellectuel et spirituel considérable au moins une cinquantaine d'années avant le règne du plus fastueux des monarques. La littérature avait atteint un haut degré de perfection : les annales du royaume, dont quelques extraits nous sont parvenus, les stèles commémoratives, les contes, les chants lyriques, les biographies, la littérature sapientiale arrivent à l'expression aisée et vive de la pensée et témoignent souvent d'une finesse et d'une psychologie que ne trahit point l'éclat merveilleux de la forme. L'art, enfin, témoigne d'une maturité équilibrée où la sérénité et l'harmonie se tempèrent de grâce et comme de raison et de finesse. Les esprits bouillonnent, les idées fermentent, mais la tradition les maintient dans les limites d'une sorte de classicisme qui les épure et n'en conserve que la quintessence. Mais tout est tellement juste, tellement en équilibre que cet état de choses ne peut durer longtemps et court à la rupture : « Les fleurs épanouies tombent de leur tige. »

Le choc vint du fils que le roi avait eu de la reine Tiyi, pour qui certainement il avait nourri une passion profonde. Il n'est pas impossible que la reine-mère ait eu sur celui qui s'appelait d'abord Aménophis, comme son père, une influence spirituelle. On verrait peut-être plus clair si la chronologie du règne était assurée. Malheureusement on ne sait pas à quelle date le jeune roi épousa Nefertiti , ni qui est cette dernière. Son nom, *La-Belle-est-venue*, semble suggérer une origine étrangère. Elle aussi eut sur son mari un réel ascendant. Toujours, même dans les actes les plus officiels, elle est représentée près du roi avec les filles qu'elle eut de lui. Fine, la tête très dégagée, les traits bien proportionnés, le type physique si peu égyptien qu'on le dirait proche du nôtre, sans l'encombrante couronne qui voile ces affinités au premier regard, elle était extrêmement séduisante. Son visage a bien quelque chose d'impérieux, mais son regard grave, qu'un rien rendrait triste, exprime comme une tension intérieure, une vie profonde et frémissante de l'âme que nous devinons sans arriver à la connaître. Pour le roi, son iconographie risque de fausser notre jugement. Elle est si pleine de symboles, d'intentions théologiques, dont quelques-unes sont très claires, qu'elle a donné lieu aux pires extravagances des commentateurs. La moins comique n'est pas celle qui fait de cet homme, qui eut six enfants, un impuissant! A s'en tenir aux portraits du Louvre ou de Berlin, les plus proches certainement du modèle, les moins stylisés, on est frappé d'abord par l'avancée de tout le visage qui est comme dirigé vers quelque chose. Et, si l'on détaille davantage, le menton carré, épais, volontaire se détache d'abord. La bouche est d'une grande sensibilité et la lèvre inférieure est même sensuelle, au moins sur certaines des têtes de Berlin qui semblent représenter le roi plus jeune. Sur le buste du Louvre, elle a quelque chose de plus désabusé. La racine du nez est assez épaisse et les lobes s'épatent légèrement. Les yeux en amande, un peu inclinés, assez enfoncés sous les sourcils, ont un charme mélancolique dont l'origine est certainement due, en partie, à leur aspect méditatif. L'allongement considérable de la figure entre le menton et le cou donne à ces bustes, plus encore qu'à ceux de la reine, une expression tendue qui traduit certainement une attitude naturelle au roi. Se penche-t-il pour écouter quelqu'un et scruter sa physionomie ou se concentre-t-il sur un auditoire pour exposer quelque doctrine?

Il est certain, cependant, qu'il commença dès les premières années de son règne de construire, à l'est du temple d'Amon à Karnak, un édifice immense plus grand sans doute que celui du dieu de la capitale. Une cour, ornée de piliers flanqués de statues colossales du roi étrangement déformé, a seule été explorée. Le reste a été tellement détruit que le plan sera très difficile à restituer, mais des blocs épars dans les constructions postérieures rendent quelques images où le roi, de dimensions colossales, préside des cérémonies souvent difficiles à préciser, mais fort différentes de ce que l'on connaissait auparavant. Les couleurs en sont vives et le style fascinant, comme celui de la plupart des productions amarniennes. La rupture avec le clergé d'Amon devint inévitable. Elle est évoquée de manière très diplomatique beaucoup plus tard dans les stèles frontières d'Amarna. Dans une partie du texte, aujourd'hui perdue, le roi devait se plaindre des remontrances qu'avaient dû faire les prêtres d'Amon et il ajoute : *Par la vie de mon père* (le dieu Aton), *cela est plus pervers que les paroles que j'ai entendues en l'an 4, cela est plus pervers que les paroles que j'ai entendues en l'an* [...] *Cela est plus pervers que les paroles qu'a entendues Thoutmosis III.* On voit immédiatement ce que l'on pourrait appeler l'aspect politique du conflit. Le clergé d'Amon, qui était intervenu plus d'un siècle auparavant dans le choix du roi Thoutmosis III pour faire échec à la reine Hatchepsout, avait essayé de garder la haute main sur la royauté. Le dieu Amon, enrichi de façon prodigieuse par les campagnes du grand conquérant en Asie, possédait une puissance économique considérable. Et déjà Thoutmosis lui-même avait dû essuyer les remontrances d'une féodalité cléricale qui entendait bien gouverner sous son nom. On sent qu'Aménophis III a essayé de lui résister en s'appuyant sur des sacerdoces rivaux comme celui d'Héliopolis. Il y eut donc toute une politique qui, en partie, explique la crise amarnienne.

Mais la lutte contre la mainmise du *Premier Prophète d'Amon* sur le pouvoir ne suffit pas à expliquer l'aspect nouveau et proprement religieux de la vie égyptienne durant les vingt années du règne. Rien n'est plus clair, à cet égard, que la tombe d'un des grands personnages, qui vécut à la fois sous Aménophis III et Aménophis IV, le *vizir* et *préfet de Thèbes*, Râmosé. Toute la première partie de sa grande chapelle funéraire est sculptée à la manière classique. Le dieu Amon y intervient à l'occasion et on devine souvent son nom sous les martelages postérieurs. Mais sur la paroi nord-ouest, tout change. Elle n'est qu'à demi sculptée. Le reste est encore peint à grands traits noirs. On y voit Aménophis IV et Nefertiti apparaissant à une fenêtre du temple d'Aton à Karnak. Sans doute sont-ils mariés depuis trop peu de temps pour qu'une de leurs fillettes soit assez grande pour paraître à côté d'eux. Au-dessus de leur tête le disque solaire émet des rayons terminés par des mains dont quelques-unes portent le signe de la vie au nez du roi et de la reine et dans la direction de ceux qu'ils regardent. D'autres semblent caresser le couple royal. Parmi leurs courtisans se tient Râmosé, converti au nouveau culte; le roi lui adressait des paroles, aujourd'hui en grande partie détruites, qui eussent été pour nous du plus grand intérêt. On y lisait encore au début du siècle : *Les paroles de Rê sont devant toi* [...] *de mon père auguste qui m'enseigna leur* [*essence?*...] *Ce fut connu à mon cœur, découvert à ma face. Je compris* [...] Si l'on se souvient de quelques vers très significatifs du grand hymne au dieu Aton :

Tu demeures toujours dans mon cœur;
Il n'y en a point d'autre qui te connaisse
Sinon ton fils Nebkheperourê Ouâenrê,
Car tu l'as informé de tes desseins et de ta puissance,

il faudra conclure que le roi eut une expérience religieuse personnelle dans laquelle son Dieu, symbolisé par le disque solaire, Aton, se révéla à lui. La manière dont on avait rendu un culte au disque solaire sous son père permet de comprendre pourquoi il a choisi ce symbole pour incarner la divinité. Il ne suffit pas à expliquer l'intensité de son sentiment religieux. Le roi, du reste, ne représenta point Aton autrement que par le disque. Il ne lui donna jamais forme humaine. Il l'adorait sous l'apparence du soleil qui se montre également à tous les hommes et annonçait plus de dix-huit cents ans à l'avance le monothéisme solaire d'un Julien l'Apostat. Il reprit à son compte la théologie d'Amon qui avait déjà tenté d'élargir ses conceptions à un vaste universalisme. Mais cette fois, ce fut au moyen d'un signe clair et vraiment accessible à tous. Amon demeurait le dieu mystérieux de la dynastie, puis de l'Egypte. Sa nature était trop obscure pour s'imposer facilement aux étrangers, mais les nations de l'empire pouvaient toutes communier dans le culte du soleil. C'était donc aussi un moyen d'unifier l'empire. Il n'y eut pas que des rêveries dans l'œuvre d'Aménophis IV. Un sens politique profond apparaît dans son effort pour cimenter les peuples soumis à l'Egypte par l'unité de la foi religieuse.

Mais bientôt, la vie ne fut plus possible à Thèbes où tout disait encore la grandeur et la majesté d'Amon. Les prêtres, d'ailleurs, avaient dû se montrer menaçants. Le pontificat suprême d'Amon fut supprimé. La guerre devint violente. Des équipes formées par le roi, qui connaissaient sa doctrine et qui, comme Râmosé, avaient la foi, parcoururent tous les monuments thébains pour y marteler le nom d'Amon et faire disparaître le dieu. Les inscriptions les plus hautes des temples furent relues et, partout, fût-ce au sommet des obélisques, le nom proscrit fut effacé. Les effigies furent si bien brisées qu'il n'existe plus de statue du dieu antérieure à Toutankhamon. Le roi décida d'abandonner le territoire maudit où Amon avait résidé. Il chercha au centre même du pays, à égale distance à peu près de l'empire d'Asie et de celui d'Afrique, un terrain vierge et trouva sur la rive est du Nil, un peu au sud d'Achmounein, une grande plaine désertique, peu élevée au-dessus du Nil. Elle formait un immense hémicycle, bordé à l'ouest, sur son côté rectiligne, par le fleuve; mais partout ailleurs, dans un rayon de six à huit kilomètres, de hautes falaises de calcaire déterminaient l'aire de la cité nouvelle et offraient leurs parois abruptes pour y ménager des tombeaux. A l'est, une vallée profonde et sauvage permettait même de créer une nouvelle vallée des rois et, dans une partie fort retirée, une grande tombe royale fut creusée.

Le roi, du reste, cessa de s'appeler Aménophis et se rebaptisa Akhenaton. Ce mot, dont la signification n'est pas tout à fait sûre, paraît vouloir dire : *Qui plaît à Aton.* C'était tout un changement de programme que confirmait d'ailleurs le nom même de la capitale nouvelle : Akhetaton, *Horizon-d'Aton.* On construisit d'abord un village pour les ouvriers qui devaient creuser les canaux et bâtir temples, palais et villas. Dans la partie nord s'élevait un palais et différents quartiers d'habitation. Plus au sud, mais non au centre même de la ville, se trouvait l'aire immense du temple comprenant plusieurs sanctuaires. Tout à côté, des magasins s'entassaient; la salle des tributs étrangers et la Double Maison de Vie, d'où provient sans doute la correspondance diplomatique, étaient dans ces parages. A quelques centaines de mètres plus au sud, les palais royaux chevauchaient une rue rectiligne qu'ils traversaient par un pont sur lequel était ménagée une fenêtre d'apparition où Akhenaton se montrait à ses fidèles. Puis venaient des groupes de villas privées pour les grands du royaume. Dans l'atelier du sculpteur Thoutmosis, on a retrouvé la série extraordinaire des portraits royaux et privés qui sont une des richesses du Musée de Berlin. Le territoire de la cité d'Aton était délimité par des stèles frontières creusées dans le roc représentant le roi, la reine et leurs enfants protégés par Aton. Ils surmontaient un long et précieux texte de fondation. Malheureusement l'ensemble a été saccagé et certains passages parmi les plus importants pour nous sont irrémédiablement détruits.

Le culte se célébrait dans des temples dont le sanctuaire sans statue était à ciel ouvert. C'était une étrange révolution dans le rituel qui semble n'avoir plus compris de procession, puisqu'on n'avait plus d'idoles à promener. Des offrandes étaient apportées et l'on exécutait des chants dont plusieurs font encore notre admiration. L'un d'eux, composé par le roi lui-même, n'innove que peu de chose au point de vue théologique, quoique l'unicité d'Aton y soit parfaitement indiquée. Mais son lyrisme est d'une telle puissance et d'une telle intensité qu'il a pu inspirer des passages du fameux psaume CIV. C'est un des joyaux de la littérature universelle.

Tu apparais en beauté dans l'horizon du ciel,
Disque vivant, qui as inauguré la vie!
Sitôt tu es levé dans l'horizon oriental,
Que tu as empli chaque pays de ta perfection.
Tu es beau, grand, brillant, élevé au-dessus de tout l'univers.
Tes rayons entourent les pays jusqu'à l'extrémité de tout ce que tu as créé.
C'est parce que tu es le soleil que tu les as conquis jusqu'à leurs extrémités,
Et tu les lies pour ton fils que tu aimes.
Si éloigné sois-tu, tes rayons touchent la terre.
Tu es devant nos yeux mais ta marche demeure inconnue.

Lorsque tu te couches dans l'horizon occidental,
L'univers est plongé dans les ténèbres et comme mort.
Les hommes dorment dans les chambres, la tête enveloppée,
Et aucun d'eux ne peut voir son frère.
Volerait-on tous leurs biens qu'ils ont sous la tête,
Qu'ils ne s'en apercevraient pas!
Tous les lions sont sortis de leur antre,
Et tous les reptiles mordent.
Ce sont les ténèbres d'un four et le monde gît dans le silence.
C'est que leur créateur repose dans son horizon.
Mais à l'aube, dès que tu es levé à l'horizon,
Et que tu brilles, disque solaire dans la journée,
Tu chasses les ténèbres et tu émets tes rayons.
Alors le Double-Pays est en fête,
L'humanité est éveillée et debout sur ses pieds;
C'est toi qui les as fait lever!
Sitôt leur corps purifié, ils prennent leurs vêtements
Et leurs bras sont en adoration à ton lever.
L'univers entier se livre à son travail.

Chaque troupeau est satisfait de son herbe;
Arbres et herbes verdissent;

Les oiseaux qui s'envolent de leurs nids,
Leurs ailes éployées, sont en adoration devant ton être.
Toutes les bêtes se mettent à sauter sur leurs pattes.
Et tous ceux qui s'envolent et tous ceux qui se posent
Vivent, lorsque tu t'es levé pour eux.
Les bateaux descendent et remontent le courant.
Tout chemin est ouvert parce que tu es apparu.
Les poissons, à la surface du fleuve, bondissent vers ta face :
C'est que tes rayons pénètrent jusqu'au sein de la mer-très-verte.

C'est toi qui fais se développer les germes chez les femmes,
Toi qui crées la semence chez les hommes.
Toi qui vivifies le fils dans le sein de sa mère,
Toi qui l'apaises avec ce qui fait cesser les larmes,
Toi, la nourrice de celui qui est encore dans le sein,
Toi qui ne cesses de donner le souffle pour vivifier chacune de tes créatures.
Lorsqu'elle sort du sein pour respirer, au jour de sa naissance,
Tu ouvres sa bouche tout à fait et tu pourvois à son nécessaire.
Tandis que l'oiselet est dans son œuf et pépie déjà dans sa coquille,
Tu lui donnes le souffle à l'intérieur, pour le vivifier.
Tu as prescrit pour lui un temps fixe pour la briser de l'intérieur.
Il sort de l'œuf pour pépier, au temps fixé,
Et marche sur ses pattes aussitôt qu'il en est sorti.

Qu'elles sont nombreuses les choses que tu as créées,
Bien qu'elles soient cachées à nos yeux,
O Dieu unique qui n'a point son pareil!
Tu as créé l'univers selon ton désir,
Tandis que tu demeurais seul :
Hommes, troupeaux, bêtes sauvages,
Tout ce qui est sur terre et marche sur ses pattes,
Ce qui est dans les hauteurs et vole, ailes éployées,
Les pays de montagne : Syrie et Soudan
Et la plaine d'Egypte.

Tu as mis chaque homme à sa place et as pourvu à son nécessaire.
Chacun possède de quoi manger et le temps de sa vie est compté.
Les langues sont variées dans leurs expressions;
Leurs caractères comme leurs couleurs sont distincts,

Puisque tu as distingué les étrangers.
Tu crées le Nil dans le monde inférieur
Et tu le fais venir à ta volonté pour faire vivre les Egyptiens,
Comme tu les as créés pour toi,
Toi, leur Seigneur à tous, qui prends tant de peine avec eux!
Seigneur de l'univers entier, qui te lèves pour lui,
Disque du jour au prodigieux prestige!
Tout pays étranger, si loin soit-il, tu le fais vivre aussi :
Tu as placé un Nil dans le ciel qui descende pour eux;
Il forme les courants d'eau sur les montagnes comme la mer-très-verte,
Pour arroser leurs champs et leurs territoires.
Qu'ils sont efficients tes desseins, Seigneur de l'éternité!
Un Nil dans le ciel, c'est le don que tu as fait aux étrangers
Et à toute bête des montagnes qui marche sur ses pattes,
Tout comme le Nil qui vient du monde inférieur pour le Pays-aimé.

Tes rayons nourrissent la campagne.
Dès que tu brilles, les plantes vivent et poussent pour toi.
Tu fais les saisons pour développer tout ce que tu as créé :
L'hiver pour les rafraîchir et l'ardeur pour qu'ils te goûtent.
Ayant fait le ciel lointain pour t'y lever
Et embrasser de la vue toute ta création,
Tu demeures dans ton unité,
Lorsque tu t'es levé en ta forme de disque vivant
Qui apparaît puis resplendit,
Qui est loin, mais demeure proche.
Tu ne cesses de tirer des millions de formes de toi-même
En demeurant dans ton unité.
Villes, districts, champs, chemins, fleuves,
Tout œil te voit en face de lui,
Parce que tu es le disque du jour au-dessus de l'univers.

Mais parce que tu es parti
Plus aucun des êtres n'existe, que tu as créés
Pour ne te point contempler [uniquement toi-]même.
[Bien que] nul [ne te voie] de ceux que tu as créés,
Tu demeures pourtant dans mon cœur.
Il n'y en a point d'autre qui te connaisse.

Sinon ton fils Nebkheperourê Ouâenrê,
Car tu l'as informé de tes desseins et de ta puissance.

L'univers est venu à l'existence sur ta main, comme tu l'as créé.
Te lèves-tu, il vit; te couches-tu, il meurt.
Tu es la durée de la vie elle-même; on vit de toi.
Les yeux ne cessent de fixer ta perfection jusqu'à ton coucher;
On cesse tout travail, lorsque tu te couches à l'occident.
Dès ton lever, tu fais croître [*toute chose pour*] *le roi*
Et la hâte s'empare de toute jambe
Depuis que tu as organisé l'univers,
Et que tu les as fait surgir
Pour ton fils, sorti de ta personne,
Le roi de Haute et Basse-Egypte, vivant de vérité,
Le Seigneur du Double-Pays, Neferkheperourê-Ouâenrê,
Fils de Rê, vivant de vérité, Seigneur des couronnes, Akhenaton,
Que la durée de sa vie soit grande!
Et sa grande épouse qu'il aime,
La dame du Double-Pays, Neferneferouaton-Nefertiti,
Puisse-t-elle vivre et rajeunir à jamais, éternellement!

On devine qu'Akhenaton prêchait et répandait sa foi. Râmosé, nous l'avons vu, bien qu'il fût déjà âgé, avait été un bel exemple de néophyte. Sans cesse les textes de cette époque, qui ont survécu au désastre final, parlent de *l'enseignement* du roi. Les fidèles l'écoutent et le mettent en pratique. Le roi les récompense pour cela. Malheureusement un roi qui prêche n'est pas toujours écouté de manière tout à fait désintéressée. Il y eut les gens qui désiraient réussir. Si Merirê, qui fut nommé *Grand Voyant d'Aton* parce qu'il avait été particulièrement fidèle à la doctrine atonienne, paraît avoir conservé des convictions sincères, un personnage qui jouait le rôle de ministre des Affaires étrangères, Toutou, semble avoir été traître à la cause égyptienne et porter une lourde responsabilité dans l'écroulement de l'empire asiatique de l'Egypte. Sans doute le roi a-t-il pratiqué une politique de pacifisme. Mais nous ne savons pas s'il fut mis au courant de l'appel de ses vassaux les plus loyaux, ni s'il lut la lettre envoyée d'urgence par le roi de Jérusalem, et dont le post-scriptum est si émouvant : *Ne manque d'apporter ces mots au roi, mon maître : « Tout le pays du roi, mon maître, court à sa ruine. »*

La doctrine était, au fond, une simplification de la théologie d'Amon.

Elle s'appuyait sur les conceptions héliopolitaines. Le nom du pontife suprême d'Aton, *Grand Voyant*, rappelait celui du grand prêtre d'Héliopolis ; le signe du dieu Rê, qui pouvait sans doute aussi se lire Aton, ne fut pas martelé. Chou, lié au culte solaire, échappa également aux iconoclastes. Mais le pluriel du mot *dieu* fut impitoyablement effacé. Il n'y a donc qu'un Dieu unique, Aton. C'est le seul créateur des hommes. Etrangers ou Egyptiens, ils sont les fils d'un même Dieu qui songe à leur procurer à tous le nécessaire. Si les Egyptiens s'enorgueillissent de la crue du Nil qui vient directement de l'Océan primordial, ils ne doivent pas oublier que Dieu a placé pour les autres hommes un Nil céleste qui descend féconder leurs champs sous forme de pluie. La création entière chante sa joie à la venue de la lumière divine et Akhenaton, à qui tout cela a été révélé, dirige le monde qu'Aton lui a confié, car il est *fils* et *image* du Dieu créateur.

Peut-être le départ à Amarna fut-il, sur le plan intérieur, une erreur. Le clergé d'Amon avait continué d'intriguer à Thèbes et de grouper les mécontents. L'empire d'Asie s'était écroulé. Les Hittites étaient solidement implantés au sud de l'Euphrate, avaient imposé un traité au royaume qu'Azirou avait constitué aux dépens de l'Egypte et avaient détruit l'empire allié du Mitanni. Le pays, troublé dans ses habitudes de penser, n'arrivait pas à suivre l'élite d'Amarna. Certains, dans la nouvelle capitale, voyant le désarroi général et l'incertitude de l'avenir, commençaient à trahir. On ne sait si le roi tenta un effort militaire tardif en Asie. Essaya-t-il de s'entendre, à la fin, avec le clergé d'Amon demeuré puissant ? Se brouilla-t-il avec la reine Nefertiti qui aurait voulu demeurer fidèle au seul Aton ? Autant de questions auxquelles on ne peut répondre avec certitude. Il est clair en tout cas que l'aîné des gendres du roi Semenekhkarê, qui paraît être allé à Thèbes négocier un accord, mourut peu après lui. Son second gendre, Toutankhaton, *Plaisante-est-la-vie-d'Aton*, lui succéda. Il se maintint quelques années encore à Amarna, mais dut finalement revenir à Thèbes, prendre le nom de Toutankhamon et restaurer le culte du dieu dynastique. Pourtant les fidèles avaient seulement muré les riches demeures de l'*Horizon d'Aton*. Rien n'avait été détruit. Espéraient-ils encore revenir ? C'est seulement après le règne de Ayé que la ville fut saccagée de fond en comble et détruite jusqu'en ses fondements. On ne sait ce qu'était devenue, au cours de ces événements, la reine Nefertiti. Mais le souvenir du roi fut maudit et les allusions que fait plus tard la lyrique religieuse à cet étrange et fascinant épisode de l'histoire d'Egypte sont significatifs. S'adressant à Amon, en un hymne, on lui dit :

Tu trouves celui qui commet un crime contre toi.
Malheur à celui qui t'attaque!
Car ta Ville demeure,
Mais celui qui t'attaque est tombé.
Anéantissement à celui qui commet un crime contre toi, n'importe où!
Le parvis de celui qui t'attaque est dans les ténèbres
Tandis que le pays entier est dans la lumière.

Pourtant l'ardeur religieuse et le souffle d'universalisme qui ont marqué si vivement l'histoire de l'épisode amarnien devaient laisser une empreinte. Il n'est pas impossible que les prières hittites au soleil fassent écho aux accents des hymnes royaux égyptiens. La littérature de Canaan dut les connaître et le psalmiste hébreu a pu s'en inspirer. Même la littérature égyptienne postérieure manifeste parfois une intensité humaine qui paraît due à l'impression profonde que fit sur les meilleurs de ses contemporains le lyrisme du monarque. A l'époque grecque, on chantait encore à Amon :

Ton œuvre c'est de vivifier toute chose
Depuis les dieux jusqu'aux vermisseaux.
L'abomination de ton être,
Ce que déteste Ta Majesté,
C'est de tuer tout œil vivant!

Pour nous, qui réussissons encore à en rétablir les grandes lignes, l'histoire de ce règne demeure, comme celle d'Açoka, de Marc-Aurèle ou de Saint Louis, une tentative pour faire pénétrer dans la trame des événements politiques un souffle de spiritualité et de vérité religieuse destiné à faire lever la pâte et à transformer l'humanité.

●

Est-ce à dire que la religion officielle n'ait point connu et prôné une éthique? Bien au contraire. Peu à peu s'était formée, dans la Maison de Vie sans doute, toute une école de sages dont nous aurons l'occasion de retrouver les manifestations littéraires. Contentons-nous de dégager rapidement les grandes lignes de leur morale qui aboutit à une vie religieuse en profondeur.

Déjà, comme fera Platon, ils distinguaient soigneusement dans l'âme humaine, le *cœur*, siège de la connaissance, de l'intelligence et de la volonté; ce que nous traduisons, faute de mieux, par la *poitrine*, qui désignait la partie affective, le courage, les qualités que nous rendrions souvent en français par le mot cœur, et enfin, le *ventre*, correspondant aux appétits, passions, désirs, essentiellement à tout ce qui en nous participe de l'irrationnel, de l'incontrôlable. Parfois les deux premiers se confondent et les écrivains sapientiaux ne les distinguent pas toujours. Aménopé écrit : *Que ton cœur soit lourd et ta poitrine stable!* Mais, la plupart du temps, ils opposent soigneusement les deux premiers au ventre :

> *Celui dont le cœur est fort* (l'homme raisonnable,)
> *Qui ne se soucie pas de ce que dit son ventre,*
> *Celui-là arrive à se commander lui-même.* (PTAHHOTEP).

Aménopé dira de l'homme violent que *la flamme brûle dans son ventre.* Mais c'est aussi, sans nuance péjorative, la partie affective, irraisonnée de l'homme : *Mets ta perfection dans le ventre des hommes,* dit encore Aménopé qui place aussi la peur dans le ventre.

Un des premiers efforts des moralistes était de faire des jeunes gens qu'on leur confiait des hommes capables de bien vivre en société. Le vieux Ptahhotep a aiguisé de subtiles sentences sur l'art d'obéir. Bien que le même mot serve en égyptien à exprimer, selon sa construction, obéir et écouter, il faut, en français, conserver un seul mot dans la traduction pour y faire passer une partie des effets du vieil écrivain :

> *Celui qui est bon pour écouter est bon pour juger.*
> *Celui qui écoute est possesseur d'une chose utile.*
> [...] *Il est utile d'écouter pour celui qui écoute..*
> *Ecouter est meilleur que tout ce qui existe.*
> *Cela produit le parfait attachement.*
> *Combien il est bon que le fils reçoive ce que dit son père!*
> *Car c'est grâce à cela qu'il parviendra à la vieillesse.*
> *C'est un homme que Dieu aime, celui qui écoute,*
> *Il n'est pas question d'écouter pour celui que Dieu hait.*
> [...] *Quant au cœur, c'est lui qui rend son possesseur*
> *capable ou incapable d'écouter.*
> *Vie, salut et force d'un homme, c'est son cœur.*

Ce que l'on apprend au scribe, c'est d'abord à se conformer aux règles de la politesse, de l'étiquette, du savoir-vivre. A côté de détails sur la tenue à table ou la manière d'aborder un supérieur, l'attention du lecteur est attirée sur quelques points de l'idéal du parfait fonctionnaire : être discret, savoir fermer les yeux, se garder de la malhonnêteté, de la fraude, des cadeaux, de l'envie enfin.

Constamment, les auteurs de sagesses, à toutes les époques, opposent une qualité et un défaut qui leur paraissent fondamentaux. La qualité, c'est de savoir être silencieux; le défaut c'est d'être parleur, raisonneur, c'est ce que les Egyptiens appelaient *être bouillant*. Celui qui garde le silence réfléchit, est maître de soi et ne cause point de trouble autour de lui. De l'autre, du bavard, on peut redouter tous les excès depuis la colère jusqu'à la révolte.

Souvent cette sagesse, essentiellement sociale et qui pourrait paraître terre à terre, se colore de nuances métaphysiques qui lui donnent un relief plus fort et une résonance beaucoup plus profonde : *Si tu es d'humble condition et que tu sois dans la suite d'un homme en vue, dont la conduite est parfaite devant Dieu, ne tiens pas compte de son humilité passée. N'élève pas ton cœur contre lui à cause de ce que tu sais de son état antérieur. Aie du respect pour lui à cause de ce qui lui est arrivé, car le pouvoir ne vient pas tout seul. C'est Dieu qui fait l'homme en vue.* D'autres remarques sur la manière dont sont distribués la sagesse et le savoir ou sur la recherche de la perfection et le respect de la vérité ne dépareraient pas les pages les plus remarquables de nos moralistes : *N'enfle pas ton cœur à cause de ton savoir. N'aie pas d'outrecuidance parce que tu es savant. Prends conseil de l'ignorant comme du savant. C'est qu'on n'atteint point les frontières de l'art et aucun artiste n'est muni de sa perfection totale. Une parole parfaite est cachée plus que l'émeraude, et on la trouve auprès des servantes qui sont à la meule.* Aussi bien n'importe quel chef pourrait méditer encore aujourd'hui ces conseils : *Si tu es un conducteur d'hommes et que tu donnes des ordres à la multitude, recherche toute occasion de perfection, jusqu'à ce qu'il n'y ait plus aucune faute en toi. La justice est vénérable et sa solidité demeure. Elle n'a pas été ébranlée depuis le temps de son créateur, tandis que celui qui a violé ses lois est puni. Elle est un chemin devant celui qui n'a rien* [...] *Il y a une force dans la vérité : c'est qu'elle est durable. Chacun peut dire : c'est le bien de mon père.*

•

Si nous n'avions que ces recueils moraux, ces *enseignements* , comme les appelaient les Anciens, nous pourrions déjà conclure que l'éthique égyptienne savait faire preuve à la fois de finesse et de profondeur dans la psychologie. Mais quand on se place au point de vue religieux pur, les ouvrages théoriques ne suffisent pas à contenter notre curiosité. Que furent, dans l'ancienne Egypte, les contacts intimes des fidèles avec leurs dieux ou avec Dieu? Pouvons-nous approcher de plus près les démarches intérieures de l'âme dans ses mouvements les plus secrets en présence du divin? Toute une série de documents miraculeusement préservés permettent justement d'apprécier la vie intérieure des Egyptiens et montrent qu'ils gravirent au moins les premiers échelons d'une véritable vie mystique.

Le premier pas vers le perfectionnement spirituel date du moment où l'homme est conscient de sa responsabilité. L'idée qu'il sera jugé sur ses actes a joué dans la découverte de ce sentiment un rôle capital. Or le jugement de l'âme apparaît dès l'Ancien Empire. Un contemporain du roi Neferkarê écrit dans sa biographie : *J'ai dit ce qui était parfait et répété ce qu'on aimait. Jamais je n'ai dit de mal à un puissant contre quelque homme que ce soit, parce que je désirais que mon nom fût parfait en présence du dieu grand.* Plus tard, sous le roi Têti, un autre précise : *J'ai dit la vérité et ai mis la vérité en pratique* [...] *J'ai sauvé le malheureux de la main de plus puissant que lui, lorsque j'en ai eu la puissance. J'ai donné du pain à l'affamé, dès vêtements à qui était nu; j'ai fait aborder les autres dans ma barque. J'ai creusé une tombe pour qui n'avait pas de fils. J'ai fait un bateau pour qui n'avait pas de bateau. J'ai révéré mon père, j'ai été tendre pour ma mère et j'ai élevé leurs enfants.* La perfection de l'idéal moral est évidemment liée dans ces passages à la notion de responsabilité qui résulte du jugement. Mais la chose n'est pas encore dite avec précision à l'Ancien Empire. Au contraire, dans l'*Enseignement pour le roi Merikarê*, composé par le roi Akhtoès, le jugement est expressément promis à l'homme et son caractère inéluctable est souligné :

Lorsque les membres du Tribunal sont en train de juger les misérables,
Tu sais qu'ils ne sont point tendres
Au jour où ils jugent les malheureux,
A l'heure où ils remplissent leur rôle.
Ne joue point à l'habile homme,
Et ne te fie pas à la longueur des années,
Parce qu'ils voient toute la durée de la vie comme une heure.
Quand l'homme demeure seul après le trépas,
Ses actions sont placées à côté de lui en tas [...]
S'il atteint (la mort) sans avoir péché,
Il demeurera là-bas sans cesse comme un dieu,
Marchant librement comme les Seigneurs de l'éternité.

La vie divine déjà est promise à qui n'aura pas péché. On ne sera pas étonné que cette conception, si nettement formulée dès l'époque des dynasties héracléopolitaines, ait abouti au Nouvel Empire à développer la notion de conscience. Les sages avaient trouvé pour la désigner la belle image du *dieu qui est dans l'homme*, que retrouvera Marc-Aurèle. Nous avons eu l'occasion de dire quelques mots à ce sujet à propos des croyances funéraires. Mais il convient d'ajouter ici quelques témoignages. Paheri d'El-Kab formulait ce souhait : *Puisses-tu traverser l'éternité en douceur de cœur, dans les faveurs du dieu qui est en toi!* A quoi fait écho le héraut Antef dans sa belle stèle du Louvre : *Quant à mon cœur, il m'a fait accomplir ces actions, tandis qu'il guidait mes affaires. Il fut pour moi un témoin excellent. Je n'ai pas enfreint ses paroles tant je redoutais de contrevenir à sa direction, tant je réussissais remarquablement à cause de cela. J'excellais parce qu'il faisait que j'agisse. J'étais parfait lorsqu'il dirigeait* [...] *C'est un jugement du dieu qui est en tout corps. Ce fut un heureux celui qu'il a guidé vers la voie parfaite de l'agir.* Un autre disciple des Sages, prônant la conduite raisonnable dictée par l'intelligence, écrit dans sa biographie : *Le cœur d'un homme est son propre dieu et mon cœur était satisfait de mes actes.* Il faut lire, pour comprendre tout à fait cet idéal, au moins quelques lignes de la stèle que Beki, un contemporain d'Aménophis III, à l'apogée de la civilisation égyptienne, a fait graver pour commémorer la manière dont il conçut son existence et engager son prochain à pratiquer les mêmes principes : *Je fus un vrai juste, exempt de péché, ayant mis Dieu dans son cœur et bien informé de sa puissance. Je suis venu à cette ville qui est dans l'éternité après avoir fait le bien sur la terre : je n'ai point fait de mal et je n'ai point de faute à me reprocher. Mon nom n'a été prononcé sur aucune action vile ni aucun péché; mais je me suis réjoui de dire la vérité car je sais qu'elle est utile à qui la pratique sur terre depuis le commencement jusqu'au trépas et que c'est une défense parfaite pour qui l'a dite en ce jour où il arrive au tribunal qui discerne les intentions, juge la conduite, punit le pécheur et tranche son âme* [...] *Ecoutez ceci, copie de ce que j'ai dit, ô vous tous, hommes qui viendrez à l'existence : complaisez-vous dans la justice chaque jour, uniquement. On ne s'en rassasie pas et, le dieu, Seigneur d'Abydos, en vit tous les jours. Pratiquez-la et elle vous sera utile : vous passerez votre existence en douceur de cœur jusqu'à votre coucher dans le bel Occident. Votre âme aura le pouvoir d'entrer, sortir et se promener comme les Seigneurs de l'Eternité, qui dureront autant que les dieux primordiaux.*

De pareilles professions de foi aident à mieux interpréter des monuments tout à fait intéressants provenant de la nécropole thébaine et datant de la

XIXe dynastie. Ce sont des ex-voto, tous relatifs à des faits biographiques concrets. Les dédicants, après avoir connu la pire affliction, remercient la divinité de la délivrance accordée à leur repentir. Ils manifestent ainsi un sens du péché extrêmement aigu et qu'il fallait noter. On a quelquefois voulu y voir une influence babylonienne en souvenir des fameux psaumes de pénitence de la littérature accadienne. C'est une erreur manifeste qui vient de ce qu'on n'a pas examiné suffisamment le contexte religieux égyptien dans lequel ces documents se situaient. Si les péchés auxquels ils font allusion, vol, faux serment, ne sont pas toujours très clairs, il n'en demeure pas moins que ce sont uniquement des détails particuliers qui ont motivé leur rédaction. Ils n'appartiennent pas non plus à la littérature des pauvres, comme on l'a dit quelquefois. Plusieurs dédicants, sans être de très hauts fonctionnaires, eurent des situations enviables : directeur des greniers, comme Beki, ou peintre de la nécropole, comme Nebrê, et ne furent pas de pauvres hères. L'une des idées fondamentales qu'ils expriment, la sollicitude d'Amon pour les malheureux, a été puisée dans les grandes compositions théologiques consacrées au dieu de Thèbes qui manifeste une miséricorde tout à fait spéciale envers les humbles et envers ceux qui pratiquent le silence. Amon *écoute la prière, vient à la voix du pauvre qui est dans l'affliction et donne le souffle à qui est angoissé.* Cette manière de concevoir l'action divine et l'attitude humaine prélude curieusement à celle qui se fera jour dans la Bible au temps de ceux qu'on a appelés les « pauvres de Yahweh », mais en un sens très spiritualisé.

Nebrê, à titre d'exemple, a élevé son ex-voto parce qu'Amon a sauvé son fils *qui gisait malade sous l'emprise de la mort,* lorsqu'il s'est repenti de son péché.

> *Tandis que le Serviteur est enclin à commettre le péché,*
> *Le Seigneur, lui, est enclin à la grâce.*
> *Le Maître de Thèbes ne passe pas un jour entier en colère.*
> *S'il se met en colère c'est pour un instant et il n'en reste rien.*
> *Le repentir (?) se tourne pour nous en paix,*
> *Amon se retourne (?) avec son souffle favorable.*

Il faut lire d'un bout à l'autre la stèle votive de Neferabou. Elle est adressée à la déesse qui résidait au point le plus haut de la montagne thébaine, au sommet de cette pyramide naturelle qui domine à la fois la Vallée des Rois et les Tombeaux des Nobles. Elle s'appelait Meret-Seger, *Celle-qui-aime-le-silence.*

Louange à la Cime d'Occident,
Prosternation à son ka.
Je te loue,
Ecoute mon appel!

J'étais un juste sur terre, né d'un serviteur dans la Place de Vérité, Neferabou, juste de voix, un homme ignorant qui n'avait point de raison; je ne distinguais pas le bien du mal. Comme j'avais commis un acte de transgression contre la Cime, elle me donna une leçon. J'étais dans sa main nuit et jour; j'étais assis sur des briques, comme la femme en parturition, et j'avais beau appeler un souffle, il ne venait pas. Alors je me soumis à la Cime d'Occident dont la puissance est grande et à tout dieu et à toute déesse. Voici, je le dirai aux grands et aux petits qui sont dans les équipes :

Prenez garde à la Cime,
Car un lion est à l'intérieur de sa pointe.
Elle frappe comme frappe un lion féroce.
Elle poursuit celui qui a commis contre elle une transgression.

Mais lorsque j'eus crié vers ma Maîtresse, je m'aperçus qu'elle était en route vers moi avec un souffle doux et elle me fut favorable et me montra ses mains. Elle se tourna vers moi dans sa grâce. Elle fit disparaître la maladie qui me tenait.

Voyez comme la Cime d'Occident fait grâce,
Lorsqu'on l'appelle!
Dit Neferabou, juste de voix :
Voyez, écoutez de toutes vos oreilles,
Vous qui vivez sur terre,
Prenez garde à la Cime d'Occident!

La découverte de la conscience, le désir de prendre la raison pour guide et de se conformer à la justice intérieure dont vit Dieu lui-même, sont complétés par le sentiment du repentir qu'éprouvèrent, à ressentir quelque grande affliction, les pécheurs qui avaient succombé à la tentation. Sur cet amour sincère de Dieu et sur ce regret du péché pouvaient se construire, au moins, les premiers degrés d'une véritable vie intérieure.

Encore faut-il qu'une théologie assez approfondie ne laisse pas l'homme se leurrer sur la nature exacte de Dieu. Mais, ici encore, la métaphysique d'Amon, que nous avons déjà esquissée, se complète dans le grand hymne de Leyde par un exposé très poussé de ce que les théologiens chrétiens appellent l'incognoscibilité divine. Pour les vieux penseurs de l'Egypte, il n'y a de rapports possibles entre Amon et l'homme que par la grâce. L'essence de Dieu est, de soi, impénétrable à l'esprit humain.

Chap. 100

Celui dont le devenir a commencé la première fois,
Amon, qui s'est produit au commencement
Sans que son mystère soit connu.
Il n'y eut pas de dieu avant lui,
Il n'y avait pas d'autre dieu avec lui, pour lui dire sa forme.
Il n'y avait pas de mère pour lui faire son nom.
Il n'y avait pas de père qui l'ait engendré et qui ait dit : « C'est moi ».
Celui qui a façonné son œuf lui-même,
Le puissant, dont la naissance est mystérieuse, qui a créé sa beauté.
Le Dieu divin qui est venu à l'existence de lui-même.
Tous les dieux vinrent à l'existence, lorsqu'il se fut donné le commencement.

Chap. 200

Mystérieux de devenirs et brillant de formes,
Dieu merveilleux aux devenirs nombreux.
Tout dieu se glorifie en lui
Pour se magnifier de sa perfection, tant il est divin.
C'est lui le Maître de l'univers qui inaugura le monde.
Son baï est, dit-on, celui qui est au ciel.
Il est celui qui est dans l'Hadès et le premier de l'Orient.
Son baï est dans le ciel, son corps est dans l'Hadès.
Sa statue est dans Hermonthis qui exalte son apparition.
Unique est Amon qui s'est caché d'eux.
Il s'est caché des dieux; on ne connaît pas son aspect.
Il est plus éloigné que le ciel, il est plus profond que l'Hadès !
Aucun dieu ne connaît sa vraie forme.
Son image n'est pas étalée dans les livres;
On n'a point sur lui de témoignage parfait.
Il est trop mystérieux pour que soit révélée sa gloire;
Il est trop grand pour être examiné, trop puissant pour être connu.
On tomberait à l'instant mort d'effroi,
Si l'on prononçait son nom secret que personne ne peut connaître.
Il n'y a point de dieu qui puisse l'invoquer par ce nom.
Baï-caché est son nom, tant il est mystérieux.

Sous la multiplicité des images apparaît une spéculation intellectuelle fort élevée et un sens très subtil du divin. Pour établir la transcendance absolue de Dieu, le fait qu'il ne dépend que de soi, le chapitre 100 essaie de le dérober à la naissance : point de dieu pour le créer, point de parents pour le mettre au monde. Il est venu à l'existence et c'est là que commence son mystère. Le chapitre suivant va le développer. Amon est la source interne de la divinité et les dieux ne sont dieux que dans la mesure où ils participent à la sienne. Les plus grands, les dieux primordiaux eux-mêmes, ne sont que des manifestations d'Amon. Lui, de même qu'il est incréé, est omniprésent. Comme on peut le déduire de son nom, il est caché des dieux et s'étend au-delà des cieux et des profondeurs de la terre. Aussi est-il inaccessible. Même les livres produits par l'intelligence des métaphysiciens ne le contiennent pas et nul ne peut donner sur lui un enseignement exact. Les dieux, bien qu'ils participent plus que l'homme de sa nature, ne le peuvent connaître. Son essence divine est impénétrable. Prononcer son nom, c'est-à-dire vouloir faire passer par une intelligence humaine son être même, aboutirait aussitôt à la mort. Il est impossible de ne pas évoquer ici le passage célèbre de l'*Exode* où Dieu répond à Moïse : « L'homme ne peut me voir et vivre. »

Ce Dieu, dont nul n'est capable de saisir la nature, est pourtant la Providence des hommes. L'*Enseignement pour le roi Mérikarê* l'avait déjà abondamment exposé. Le Grand Hymne à Amon du Caire, six cents ans plus tard, reprend la vieille image du bon berger :

Il veille sur l'humanité endormie,
Recherchant le bien pour son troupeau.

Celui de Leyde en fait le *médecin qui guérit l'œil sans remède,* mais plus encore un protecteur bienveillant qui sait donner sa grâce au bon moment.

Souffle doux pour celui qui l'invoque,
Qui sauve le naufragé,
Dieu plaisant aux pensées bienveillantes :
Lui appartient l'homme souple, docile à son inspiration.
Il est plus utile que des milliers, à qui l'a placé dans son cœur.
Un seul homme a plus de force grâce à son nom que des centaines de mille.
Le protecteur véritablement parfait,
Le bienveillant qui saisit son occasion sans être repoussé.

Aussi inspire-t-il à ses adorateurs un amour qui approche de l'extase. Que l'attirail particulier aux dieux d'Egypte, uraeus, pschent ou double plume, ne voile pas, dans les strophes que l'on va lire, le sentiment brûlant qui les a dictées! Elles débordent d'un lyrisme religieux rarement atteint dans la littérature antique.

Salut à toi qui résides en paix dans ton temple!
Seigneur de la joie aux apparitions puissantes,
Seigneur de l'uraeus qu'élève la double plume,
Qu'embellit le bandeau, qu'élève la couronne blanche.

Les dieux se plaisent à tourner leurs regards vers toi,
Quand le pschent repose sur ton front,
Quand ton amour s'étend dans le Double-Pays,
Quand tes rayons brillent dans les yeux.

Les hommes sont heureux quand tu te lèves,
Ton troupeau défaille quand tu brilles;
Ton amour est dans le ciel du Sud
Et ta tendresse dans le ciel du Nord.

Ta beauté ravit les cœurs.
Ton amour fait tomber les bras.
Ta forme parfaite rend les mains sans force.
Les cœurs sont oublieux du reste pour t'avoir regardé.

Il n'est pas étonnant que les hiérogrammates de la Maison de Vie aient trouvé ces accents si fervents, qu'on chercherait en vain ailleurs à la même époque. C'est qu'ils avaient pris l'habitude de la méditation. Partant de la vieille notion de silence, purement sociale et morale au départ, ils en étaient arrivés à concevoir une prière intérieure et sans paroles où, dans le dépouillement et l'humilité de l'âme, Dieu l'exauce : *Ne profère pas de paroles dans le temple de Dieu*, conseille le scribe Anii. *Il a horreur des cris. Au moment où tu pries d'un cœur aimant dont toutes les paroles sont cachées, il t'accorde ce dont tu as besoin; il entend ce que tu dis et il agrée ton sacrifice.* Les fragments d'une Sagesse, conservée dans les papyrus Chester Beatty, viennent établir le pont entre la théologie négative et le silence de l'âme devant Dieu. *N'interroge point Dieu. Dieu n'aime pas qu'on s'avance vers lui avec violence et sa forme ne peut être saisie par la vision. Garde-toi d'élever la voix dans sa maison, car Dieu aime le silence.* Parmi les pages religieuses figurant dans les morceaux choisis destinés à la formation des scribes, on pouvait lire cette phrase pascalienne : *Amon-Rê juge la terre avec son doigt et parle au cœur.* Aussi le sage Aménopé, dont l'*Enseignement* a souvent un ton si profondément religieux et manifeste une spiritualité surprenante, exprime-t-il clairement le dessein d'écrire non seulement pour former un homme bien élevé, mais *pour diriger l'homme sur le chemin de vie, pour faire son salut sur terre, pour faire que son cœur rentre dans son sanctuaire et qu'il se gouverne loin du mal.* En une antithèse remarquable il a opposé le *bouillant* au *silencieux.* La destruction inévitable est le lot du premier, tandis que :

Le vrai silencieux se met à l'abri :
Il est comme l'arbre qui pousse dans un verger,
Il verdit et double ses fruits,
Il est dans le parvis de son Seigneur.
Ses fruits sont doux, son ombre est agréable
Et il finit dans le jardin.

Aussi un des conseils les plus émouvants que donne Aménopé est-il, pour reprendre le titre du célèbre livre du Père de Caussade, l'abandon à la Providence divine.

Ne passe pas la nuit à te soucier du lendemain.
Quand le jour se lèvera que sera demain?
L'homme ignore ce que sera demain.
Tandis que Dieu demeure dans sa perfection,
L'homme est dans son insuffisance.
Une chose sont les paroles que prononcent les hommes,
Une autre l'action de Dieu.

Ne te dis pas : Je n'ai commis aucun péché!
Ne te fatigue pas pour trouver les luttes intérieures.
C'est que le péché appartient à Dieu
Et il est scellé de son doigt.

Il n'y a pas de perfection aux yeux de Dieu
Mais il n'y a pas non plus d'échec en sa présence.
Si l'homme s'agite pour trouver la perfection,
En un instant il se détruit.

Sois lourd en ton cœur, que ton esprit soit posé.
Ne laisse pas ta langue à la barre.
Si la langue est le gouvernail du bateau,
Le Maître de l'univers en est le pilote.

Il n'est pas possible de passer ici sous silence une coutume qui apparaît dans la nécropole thébaine au moins à la XIXe dynastie et devait, plus tard, être retrouvée et promue par les chrétiens au rang d'une institution fort importante. De la Vallée des Reines, au sud, à la Vallée des Rois, au nord, la montagne occidentale de Thèbes est remplie de graffites qui surprennent dans ces lieux inhospitaliers. Parfois ce ne sont que des noms; parfois aussi l'auteur de l'inscription ajoute qu'il est dans *sa place de repos* ou *sa place de passer la nuit*. On a expliqué qu'il s'agissait de lieux où les ouvriers venaient faire la sieste ou dormir à proximité de leur travail. Mais d'autres précisent qu'ils sont *venus en se promenant dans la Montagne de l'Occident*. L'un d'entre eux ajoute qu'il a gravé son nom *lorsqu'il est venu pour voir Amon quand il se couche dans l'horizon occidental*. Le détail vaut la peine d'être noté. Il ne peut s'agir d'une indication esthétique. Le coucher de soleil serait d'ailleurs beaucoup plus beau vu du fleuve que de la montagne qui cache le flamboiement rouge et or de l'astre en train de disparaître. Les gens qui ont gravé leur nom ont, pour la plupart, recherché la solitude et fait retraite pour « voir » Amon se coucher.

Il est sûr que certains venaient prier dans le silence du désert. Aussi bien nous l'ont-ils dit! Parfois, c'est sous l'accablement de quelque malheur. Ne lisons-nous pas : *Ne m'abandonne pas Phrê-Harakhtès!* Et Boutehamon a pris soin de graver ces mots auxquels la répétition du verbe « sauver » et du mot « sauveur » donne un accent si émouvant : *Toi sauveur, toi sauveur, Amon de Karnak, toi Sauveur, recommence à sauver encore, tandis que je parle au sauveur*. Enfin voici des prières qui, si personnelles qu'elles soient, empruntent leur formulaire à l'hymnologie officielle parce que leurs auteurs étaient accoutumés à l'utiliser sans cesse :

Qu'Amon soit glorifié!
Celui qui demeure l'Unique,
Pour se transformer en milliers!
Je prépare une victime à Amon
Pour qu'il me sauve, moi qui suis son berger.

Un accent plus intime se fait sentir dans une autre invocation :

Amon, donne-moi ton cœur,
Incline vers moi tes oreilles,
Ouvre tes yeux !
Sauve-moi chaque jour !
Augmente mon temps de vie !

S'il en était besoin, ce dernier poème suffirait à prouver que, pour certains, cette retraite était une habitude et non point une sorte de démission dans des conditions de vie difficiles à supporter. Il y a sans doute loin de ces inscriptions au monachisme. Mais elles sont un témoignage du goût de la solitude et de la méditation religieuse, déjà une quinzaine de siècles avant que les Antoine et les Macaire recherchent l'isolement du désert pour y trouver Dieu.

Peu à peu, la découverte des profondeurs divines et l'exploration des joies réservées par Dieu à ceux qui lui ont voué un amour absolu amènent l'âme mystique à désirer la mort qui l'unira à l'objet de ses désirs. On connaît le fameux « Je meurs de ne pas mourir » de sainte Thérèse. Sans doute nous n'avons rien de tel, ni d'une telle intensité en Egypte, du moins jusqu'à maintenant. Mais un écrivain du Moyen Empire a inséré dans un dialogue philosophique trois poèmes qui font un tel éloge de la mort et du sort divin promis au défunt qu'il est difficile de n'en point tenir compte si l'on veut bien suivre le courant de piété personnelle que nous essayons de restituer ici. Les images, très belles, cherchent à traduire la nostalgie qu'éprouve le poète pour la vie divine.

La mort est aujourd'hui devant moi
Comme la guérison d'un malade,
Comme la sortie au grand air après l'abattement.

La mort est aujourd'hui devant moi
Comme le parfum de l'oliban,
Comme le repos à l'abri d'un voile un jour de grand vent.

La mort est aujourd'hui devant moi
Comme le parfum des lys,
Comme le repos sur la rive d'un pays d'ivresse.

La mort est aujourd'hui devant moi
Comme la fin d'un orage,
Comme le retour à la maison après une expédition.

La mort est aujourd'hui devant moi
Comme quand le ciel se découvre,
Comme on s'en irait d'ici chasser vers un pays qu'on ignore.

La mort est aujourd'hui devant moi
Comme le désir qu'a un homme de revoir sa maison,
Après avoir passé nombre d'années en captivité.

En vérité, celui qui est là-bas
C'est un Dieu vivant,
Qui punit le péché en celui qui le commet.

En vérité, celui qui est là-bas
Se tient dans la barque solaire
Et préside à la répartition des offrandes aux temples.

En vérité celui qui est là-bas
Est un savant que l'on ne peut repousser
Et qui peut s'adresser à Rê quand il parle.

On pourra peut-être alléguer que les textes assemblés ici sont des exceptions choisies dans une immense production en général beaucoup plus terne ou insignifiante. Les âmes religieuses furent rares et l'on risque de fausser la réalité à se tant attarder sur elles. Pourtant, outre ce que le raisonnement a de spécieux, on peut affirmer que dans les milieux instruits une piété éclairée et fine fut assez répandue. Il n'en faudrait pour preuve que les maximes inscrites sur les scarabées. Leur élévation, la pureté de leurs intentions traduisent la haute valeur humaine de leurs possesseurs. N'en lisons que quelques-unes :

Qui aime la justice est un saint de Rê.
Mon cœur ne trouve comme patrie que le temple d'Amon-Rê.
Mon bonheur est de voir Amon.
Si Amon est derrière moi, je ne craindrai rien.
Amon-Rê est le refuge de l'affligé.
L'amour d'Amon-Rê est la protection de ma vie.
Le serviteur d'Amon est celui qui fait sa volonté.
Qui pratique la justice est un saint de Dieu.
Le saint de Dieu vivra éternellement.

Pour clore cette anthologie, qui pourrait facilement être augmentée, évoquons le souvenir d'un maître de vie spirituelle qui, par bonheur, a réussi à nous transmettre sa pensée. Durant l'époque troublée de la deuxième conquête perse, puis de l'arrivée des Macédoniens, vécut à Hermopolis Magna un grand prêtre de Thot, nommé Pétosiris. Ce fut un sage tout à fait à la manière égyptienne. Formé aux écoles de la Maison de Vie au moyen des grands ouvrages sapientiaux du passé, il sut mettre en pratique les enseignements reçus et sa renommée s'étendit dans tout le pays. Mais nous pourrions le connaître seulement par ce qu'en ont dit les Grecs plus tard, s'il n'avait eu l'idée de faire graver dans son tombeau une bonne partie de ses doctrines morales et de sa biographie spirituelle. La pierre, généreuse, nous a conservé l'essentiel de son message. C'est par lui qu'il convient de terminer l'étude de la religion égyptienne. Ici la beauté et l'élévation de la pensée trouvent pour s'exprimer une langue simple et grave où brille par moments l'éclat contenu de la ferveur religieuse.

Voici d'abord la vie juste et sainte récompensée par Dieu. On remarquera que Pétosiris dit tantôt Dieu, tantôt Thot, sans faire de différence réelle : *Que ton cœur se réjouisse de tout le bien qui t'est advenu depuis que tu marches sur les eaux de ton Maître Thot ! Ton être est exalté à cause de cela : ce sont les eaux de la vie vers lesquelles s'est guidé ton cœur. C'est un béni de Dieu, celui qui s'applique à suivre sa voie, et tel est le terrain sur lequel tu t'es appuyé. Il n'y a pas de voie qui puisse être comparée à celle-là : elle prolonge l'existence, multipliant les années, enrichissant l'homme alors qu'il était pauvre. Dieu t'a fait grand au-dessus de tous tes pairs, depuis que tu marches sur ses eaux et qu'il a pris possession de ton âme. Il a fait que les puissants t'accordent leur faveur et que les humbles te donnent leur amour.*

Celui qui marche sur les eaux de Dieu, c'est-à-dire qui lui est soumis, n'acquerra pas seulement des avantages terrestres mais encore la vie éternelle. Cette conception a évité aux Egyptiens le tourment de se poser la question brûlante de Job : comment le juste peut-il être malheureux ? *L'Hadès est la demeure de qui est sans péché : heureux l'homme qui y arrive ! Personne n'y parvient, sinon celui dont le cœur est exact à pratiquer l'équité. Là, pas de distinction entre le pauvre et le riche, sinon en faveur de qui est trouvé sans péché quand la balance et le poids sont devant le Seigneur de l'éternité; là, personne qui soit exempt d'entendre prononcer son verdict, quand Thot-cynocéphale assis sur son trône se dispose à juger tout homme d'après ce qu'il a fait sur la terre.*

Aussi Pétosiris, plein de prosélytisme, essaie-t-il d'entraîner les visiteurs de son tombeau à pratiquer les mêmes règles de vie que lui. Et dans ces passages, les plus beaux peut-être parmi toutes les compositions de son tombeau, il donne le secret de sa vie sainte; deux conseils le résument dont la formulation pythagoricienne et platonicienne est: Suivre Dieu et atteindre l'assimilation à Dieu, dans la mesure du possible. *O vivants actuellement sur terre et ceux qui sont encore à naître, qui viendrez vers cette montagne et verrez ce tombeau, venez, je ferai que vous soyez instruits des volontés de Dieu.*

Je vous guiderai vers la voie de vie,
La bonne voie de celui qui obéit à Dieu.
Heureux celui que son cœur conduit vers elle!
Celui dont le cœur est ferme sur la voie de Dieu,
Affermie est son existence sur la terre.
Celui qui a dans l'âme une grande crainte de Dieu,
Grande est sa félicité sur la terre.

O vivants qui êtes sur terre, et ceux qui sont à naître, qui viendrez à cette montagne, verrez ce tombeau et passerez auprès de lui, venez je vous guiderai vers le chemin de la vie : vous naviguerez avec un vent favorable, sans accident, et vous aborderez au port de la ville des générations sans avoir éprouvé d'afflictions. Je suis un mort parfait, sans péché; pour vous, si vous écoutez mes paroles, si vous vous y attachez, vous en éprouverez l'utilité. Elle est bonne la route de celui qui est fidèle à Dieu; c'est un béni celui que son cœur dirige vers elle. Je vous dirai ce qui m'est advenu, je ferai que vous soyez informé des volontés de Dieu; je ferai que vous pénétriez dans la connaissance de son esprit. Si je suis arrivé ici, à la ville d'éternité, c'est que j'ai fait le bien sur la terre, et que mon cœur s'est complu sur le chemin de Dieu, depuis mon enfance jusqu'à ce jour; toute la nuit l'esprit de Dieu était en mon âme et dès l'aube je faisais ce qu'il aimait; j'ai pratiqué la justice; j'ai détesté l'iniquité; j'ai su ce dont vit Dieu, ce en quoi il se complaît; j'ai fait les actes de pureté qu'il désire; je n'ai pas frayé avec ceux qui ignoraient l'esprit de Dieu, je me suis au contraire appuyé sur ceux qui lui étaient fidèles; je n'ai pas pris ce qui appartenait à autrui; je n'ai fait de mal à personne, aussi mes concitoyens me félicitèrent-ils. J'ai fait tout cela en pensant que j'arriverais à Dieu après ma mort et parce que je savais que viendrait le jour des Seigneurs de la justice quand ils feront le partage, lors du jugement. Heureux celui qui aime Dieu. Il arrivera à sa tombe sans accident! (Trad. G. Lefebvre.)

CHAPITRE VIII

LITURGIES SOLENNELLES ET QUOTIDIENNES

Sans doute une religion est-elle au fond théologie, métaphysique et éthique. Mais elle ne serait pas complète si elle ne permettait au peuple qui la pratique de communier dans de grandes cérémonies solennelles, d'offrir quotidiennement un culte à ses dieux ou de célébrer des fêtes pour ses morts. Les manifestations religieuses sont la traduction sociale des croyances d'une nation et sa manière de participer au divin. Si la prière personnelle, dans la mesure où elle nous est accessible, permet de mesurer la profondeur du sentiment religieux et nous donne peut-être ce qu'il y a de plus fondamental dans une religion, les rituels permettent de saisir le degré atteint par une civilisation dans les moyens qu'elle met à la disposition de la foule pour lui permettre d'accéder à la vie cosmique qui dépasse son horizon borné et immédiat. C'est maintenant vers la liturgie quotidienne des dieux, le culte funéraire et les grandes panégyries que nous devons nous tourner pour avoir une idée des créations de l'Egypte antique en ce domaine.

Ce que nous savons des idées professées par les anciens sur les hommes et les dieux explique pourquoi il y a entre le culte divin et le culte funéraire une identité fondamentale. Sans doute l'humble libation d'eau faite par les parents de défunts pauvres est-elle tout autre chose que le service journalier d'Amon dans son grand temple de Karnak. Mais il n'y a qu'une différence de degré et non point de nature. Le service célébré dans les temples des pyramides pour les rois morts ne devait pas s'écarter beaucoup de celui que le clergé accomplissait pour Ptah dans le grand temple de Memphis. On pourrait dire la même chose de ce qui se passait dans les temples funéraires royaux de Thèbes ainsi qu'à Karnak et à Louxor. C'est que les dieux avaient besoin, pour les corps qu'on leur avait fabriqués, c'est-à-dire leurs statues, des mêmes soins que les momies des hommes ou que les statues qui pouvaient les remplacer. Il fallait d'abord *mettre au monde* les unes et les autres dans la *Maison de l'or* ou l'*Atelier des orfèvres*, en particulier en pratiquant sur elles le rituel dit de l'*ouverture de la bouche*. Ensuite il fallait fournir aux unes comme aux autres le moyen de récupérer leurs kas et leurs baïs. Enfin, il fallait leur permettre de subsister par l'offrande alimentaire.

Aux grandes fêtes des dieux correspondaient également les fêtes solennelles des morts. On célébrait pour Amon la *belle fête de la Vallée*, pour Min la fête de la moisson et, pour les morts, la fête du deuxième jour du mois ou la fête OUAG. Il y a donc dans le culte journalier et solennel une correspondance entre ce qui est funéraire et ce qui est divin. Et cela est d'autant plus compréhensible qu'aucune différence de nature n'existait entre les dieux et les hommes.

Aux hautes époques, nous ne savons à peu près pas ce que fut le culte. Seuls les temples nous montrent qu'il existait à l'Ancien Empire. Mais nous ne saurions le reconstituer et, à plus forte raison, ignorons-nous à peu près tout du calendrier liturgique. C'est dans un cas tout à fait exceptionnel, celui de la *Bonne Réunion* entre Hathor de Dendara et Horus d'Edfou, que nous pouvons remonter même à la période préhistorique. Cette fête date, d'après les indications très tardives tirées de la crypte des archives à Dendara, du temps des *Serviteurs d'Horus*. Bien entendu nous n'avons aucun moyen de savoir ce qu'elle était en des temps si reculés.

Enfin, il faut à tout moment garder conscience de l'incertitude dans laquelle nous sommes au sujet de l'importance que nous accordons à telle ou telle fête. Nos lacunes sont énormes et quelques-unes sont irréparables. La perte de tout ce qui concerne le rituel héliopolitain est de celles-là. Nous devinons, dès qu'un rite se répète quatre fois, qu'il doit remonter à un prototype d'Héliopolis, où les quatre points cardinaux jouaient un grand rôle dans un culte cosmique comme celui du soleil. Mais, la plupart du temps, nous ne pouvons guère aller au-delà de ces conjectures. Pour le Delta, où tous les grands temples ont été détruits, le calendrier des fêtes est extrêmement réduit et, quand nous connaissons l'existence d'une solennité, nous n'avons qu'une idée très vague des rites qu'elle comportait. Pour Edfou, Dendara, Esna, Kom Ombo, Philae, où des temples , dont quelques-uns sont intacts, se dressent encore, on sait parfois ce qui se passait heure par heure et plus d'une cérémonie est commentée par de longues inscriptions qui en exposent le sens. Les fêtes solennelles que nous allons étudier seront donc choisies autant en raison des sources dont nous disposons que de l'importance réelle qu'elles ont pu avoir et qui nous échappe en partie.

•

Le culte funéraire eut toujours une énorme importance mais varia fort avec le temps. La réunion de tous les éléments qui constituent la personne humaine ayant une importance primordiale pour la survie, dans les conceptions les plus anciennes mais les plus tenaces aussi au cours de l'histoire, on chercha de bonne heure à conserver le corps. Il est vrai que le climat de l'Egypte y incitait et le permettait. Très tôt on inventa des moyens de conservation qui aboutirent à la momification *. Le corps du roi Djéser a été momifié dès le début de la IIIe dynastie. On se contentait, à ce moment, de retirer par une incision et de placer à part dans quatre récipients les viscères que l'on remplaçait par de la charpie imprégnée de résine. Puis on enduisait de natron toute la surface du corps que l'on entourait de bandelettes qu'une mixture de résine rendait imputrescibles. Jusqu'au début de la XVIIIe dynastie, ces procédés semblent être restés les mêmes. A ce moment l'afflux des produits asiatiques, parmi lesquels des aromates utiles à la momification, permit de perfectionner la technique. On fit alors macérer les corps dans des bains de natron, puis on redressa les chairs desséchées en introduisant sous la peau de la charpie et du bitume. Aménophis III paraît avoir bénéficié le premier de ces innovations. Hérodote, en un texte célèbre, décrit en détail le procédé utilisé de son temps : « D'abord à l'aide d'un fer recourbé les embaumeurs extraient le cerveau par les narines, partie par l'opération de ce fer, partie grâce à des drogues qu'ils versent dans la tête. Ensuite, avec une pierre d'Ethiopie tranchante, ils font une incision le long du flanc et retirent les intestins qu'ils nettoient et purifient avec du vin de dattier, et purifient une seconde fois avec des aromates broyés. Puis ils remplissent le ventre de myrrhe pure broyée, de cannelle et de tous autres aromates, à l'exception de l'encens, et le recousent. Cela fait, ils salent le corps en le recouvrant de natron durant soixante-dix jours; ils ne doivent pas le laisser dans le sel plus longtemps. Quand les soixante-dix jours sont écoulés, ils lavent le mort, enveloppent tout son corps de bandes taillées dans un tissu de byssus, avec une couche de gomme. Les parents en prennent alors livraison; ils font faire un étui en bois de figure humaine; dans cet étui ils enferment le mort. » (Trad. Legrand.)

Mais il y avait des procédés moins coûteux, avec des produits moins précieux et des durées moins longues. Hérodote les résume et ces détails montrent l'importance que les Egyptiens de toutes classes attachaient à la conservation des corps. Si bien que, à l'époque romaine, pour gagner du temps et de l'argent, ils en arrivaient à faire macérer les cadavres dans le bitume bouillant. On a de la peine à imaginer les coins de la nécropole où résidaient les embaumeurs : *paraschistes*, qui entaillaient le flanc du cadavre et qu'on poursuivait en leur jetant des pierres, *taricheutes*, qui « salaient » les corps, et leurs employés vivaient dans des ateliers étranges et nauséabonds qui devaient occuper un espace considérable pour des agglomérations aussi importantes que Thèbes ou que Memphis.

Ce désir de conserver à tout prix le substrat matériel de l'homme explique seul encore le nombre incalculable de statues que dut produire la vieille Egypte. Il n'est pas une pierre dure qu'elle n'ait tenté de tailler pour rendre le substitut du corps impérissable, pas une forme qu'elle n'ait inventée pour le faire le plus invulnérable possible. La statue-cube, qui connut une grande vogue à certaines époques, a très probablement pour but d'obtenir que le bloc de pierre, d'où n'émerge que la tête, soit aussi peu fragile que possible.

La préparation du corps pour sa durée, que l'on désirait sans fin, n'était pas simplement travail de manœuvre. Durant toutes les opérations, on employait des produits très précis dont la signification avait autant d'importance que la nature propre. Chaque moment de l'ouvrage était accompagné de prières rituelles qui assuraient l'efficacité des actes. Nous ne connaissons point les formules destinées à l'embaumement lui-même. Mais un rituel des onctions et habillages du corps déjà embaumé nous est parvenu. A côté de rubriques très précises indiquant ce que doivent faire les différents prêtres spécialisés dans ces opérations, les matières qui doivent être employées, ils fournissent les formules, parfois fort longues, que l'on devait réciter, dans chaque cas. Le manuscrit est incomplet; les modernes l'ont appelé *Rituel de l'embaumement*, bien que, dans la partie conservée, figure seulement ce qui a trait aux purifications et au revêtement du corps. Voici, à titre d'exemple, une seule des rubriques de ce livre. Elle montre combien les manipulations devaient être à la fois délicates et précises : *Après cela, après que le dos aura été placé dans l'onguent et sur l'étoffe, à la manière dont il était sur terre, garde qu'il ne se renverse sur sa tête tant que sa face et son gosier sont remplis de drogue (parce que) les dieux qui sont dans sa tête se déplaceraient. Place sa face vers le ciel comme elle était auparavant.*

Mais il ne faudrait pas croire qu'après cela les opérations étaient terminées. Il fallait procéder sur le corps ainsi préparé ou sur la statue, à l'*ouverture de la bouche**. Les détails nous en sont connus par des représentations nombreuses à toutes les époques. On amenait la momie dans la *Maison de l'or*. On la plaçait sur du sable, la face tournée vers le sud, et on exécutait sur elle un certain nombre de rites afin de lui rendre l'usage de tous ses membres, et essentiellement celui de sa bouche pour lui permettre de se nourrir. Soixante-quinze actes rituels accompagnés de récitations plus ou moins longues étaient accomplis par le prêtre-SEM accompagné du cérémoniaire, que les Grecs appelleront PTÉROPHORE . C'étaient d'abord des purifications faites avec de l'eau au moyen de plusieurs sortes de cruches, diverses de forme et de matière. Puis c'était l'offrande de cinq graines de différentes résines odoriférantes. Il fallait ensuite éveiller la statue qui était censée dormir. Les divers praticiens de la sculpture, tailleurs, polisseurs, intervenaient alors et participaient à la dernière toilette. Puis avait lieu l'abattage des victimes et on offrait au défunt le cœur et la cuisse. Aussitôt après, les rites reprenaient : on ouvrait la bouche avec plusieurs instruments : peut-être des pinces appelées *les-deux-divins* et une espèce d'herminette dénommée *grande-de-magie*. C'est à ce moment qu'arrivait *Le-Fils-qu'il-aime*, nom qui rappelle évidemment celui d'Horus dans les mystères d'Osiris. On ouvrait de nouveau la bouche avec un burin et un doigt d'or. Puis on présentait à l'effigie du mort quelques coiffures, un tranchet terminé par une tête humaine; des grains de raisin, une plume d'autruche, un vase d'eau. Ici se plaçait le deuxième abattage des victimes, et l'offrande du cœur et de la cuisse. Après une nouvelle ouverture de la bouche à l'herminette et un encensement, se plaçait toute une série d'offrandes protectrices : coiffures, diadèmes, étoffes blanche, verte et rouge, collier-OUSEKH. Alors commençaient les onctions; puis on fardait la statue, on la munissait de sceptres et massues, on l'encensait, la purifiait, on lui faisait une libation et l'on préparait le grand service final des offrandes. Un dernier abattage avait lieu. Les formules étaient récitées, puis on effaçait les traces des pas marqués dans le sable autour de la statue, on lisait une longue formule d'offrande aux dieux et l'on transportait la statue dans le naos où elle devait résider.

La plupart de ces gestes ont une signification symbolique que la formule à réciter dégage ou que nous devinons par ailleurs. C'est ainsi que le collier-OUSEKH, par exemple, procurait la protection de l'Ennéade d'Héliopolis. Mais, parfois, nous avons de la peine à comprendre la raison de tel détail. Le travail d'interprétation n'est qu'ébauché. Tous ces actes, du reste, se retrouvent dans le culte divin. Les formules mêmes ne diffèrent qu'en partie. Si bien que les multiples tableaux qui ornent les parois des temples permettent de les interpréter.

Mais ce n'était pas tout. Les morts continuaient d'accaparer les soins des vivants. Il fallait, une fois l'enterrement accompli, rendre un culte , en principe perpétuel, devant leur tombeau. Il avait lieu devant ce que l'on appelle la fausse porte, simulacre en pierre d'une porte réelle par laquelle le mort est censé venir prendre possession des offrandes qui lui sont destinées. Comme pour les dieux, il fallait prévoir un culte journalier et une offrande plus fournie pour les fêtes solennelles des morts. Il est clair que seuls les gens fort riches pouvaient se payer le luxe de fondations qui assuraient, par l'intermédiaire de prêtres funéraires, appelés *serviteurs du ka*, la pérennité d'un service alimentaire pour leur maison d'éternité. Du reste, même ceux-là, au bout de quelques générations, en mettant les choses au mieux, étaient privés de leurs revenus funéraires. Aussi bien les formules que l'on gravait, les scènes que l'on sculptait sur les parois des mastabas, dès l'Ancien Empire, avaient-elles pour but de tenir lieu pour le défunt de la réalité, qui pouvait faire défaut. Pour le ka, point n'était besoin des produits eux-mêmes. Leur simple image suffisait. Devant la mince fente qui, de la chapelle funéraire de Ti, donnait accès au serdab* où étaient conservées ses statues, si personne ne venait plus faire la fumigation de résine de térébinthe, deux petits personnages, sculptés de part et d'autre de l'ouverture, ne cessent pas de pourvoir le défunt de cette purification indispensable. Le bas-relief était un substitut de la réalité. On y joignit des simulacres de mets, d'onguents, de parfums, en pierre et en bois. Les gens qui pensaient aux morts passaient avec des situles pour leur faire une libation. On dut même confier pareil devoir à d'humbles prêtres patentés pour cela. Du reste les nécropoles étaient fréquentées par des chercheurs et des nécromanciens en quête de secrets et de magies extraordinaires, comme les contes démotiques nous les décrivent, ou même hantées par des touristes qui venaient admirer leurs monuments. Et si les visiteurs pieux avaient la charité de réciter les formules, alors leur voix créatrice, comme celle du dieu primordial, faisait venir à l'existence tout ce qui était nécessaire aux défunts les plus anciens et les plus abandonnés. Aussi les *appels aux vivants* demandent-ils à ces derniers avec insistance la lecture à haute voix de la formule : *Milliers de pains, milliers de cruches de bière, milliers de bœufs, milliers d'oiseaux, milliers de vêtements et milliers de toutes bonnes choses pour le ka de X.* Et les propriétaires des tombes promettent comme récompense à leur piété la protection des dieux ou même la leur, pourvu que leurs titres témoignent des connaissances qu'ils avaient pu posséder sur terre. Par contre, les violateurs des biens funéraires sont menacés des pires châtiments.

Ainsi cette religion des morts nous laisse-t-elle une impression d'accablement. Dans leur désir d'atteindre l'éternité, les Egyptiens ont accumulé tous les moyens matériels les plus incroyables pour conserver éternellement au corps son apparence, pour le nourrir, pour lui procurer des remplaçants impérissables. Au Moyen Empire, on plaçait dans le tombeau des statuettes en bois ou en argile représentant tous les corps de métiers, jusqu'à des troupes. C'était pour mettre à la disposition de son possesseur tous les serviteurs dont il pouvait avoir besoin, pour lui préparer sa nourriture, le transporter, faire sa toilette. Enfin restait l'écriture, ressource suprême quand tout le reste aurait péri. Il suffirait de lire encore les formules soigneusement gravées dans la pierre, symbole de la durée infinie, et tout ce qui était nécessaire à une existence d'outre-tombe, conçue comme un pur décalque de la nôtre, viendrait aussitôt à l'existence. Nous sommes loin des poèmes si fervents à la louange de la mort où l'âme, enfin délivrée, devait mener la vie des dieux et recevoir à ses questions réponse de Rê lui-même. Depuis longtemps cependant les moralistes avaient réagi. Sans doute, recommandaient-ils à leurs auditeurs de se préparer un tombeau dans la nécropole. Mais, instruits par les bouleversements sociaux qui, à la fin de l'Ancien Empire, n'avaient même pas épargné les sépultures, ils avaient conçu un au-delà plus spiritualisé. Dans l'*Enseignement pour le roi Merikarê*, on lit ces phrases qui délivrent l'esprit de la perpétuité à la fois nécessaire et irréalisable des rites :

Aussi soigne ta demeure dans l'Occident,
Embellis ta place de la nécropole
Par la droiture et par l'exercice de la justice [...]
La vertu du cœur droit est agréée (de Dieu)
Plus que le bœuf de qui commet l'injustice.
Agis en vue de Dieu [...]
C'est une offrande solennelle [...]
Et c'est une inscription [...]
Dieu est parfaitement informé de qui agit pour lui.

On ne pouvait dire de manière plus concise et plus juste que l'esprit, plus encore dans le domaine funéraire qu'ailleurs, domine la matière. Mais combien d'âmes furent sensibles à cet enseignement et furent assez fortes pour le mettre en pratique?

•

La liturgie des dieux, à l'époque du moins où nous possédons sur elle quelque précision, était distribuée selon le même modèle. Il y avait un service quotidien et des cérémonies qui revenaient chaque année. Le rituel divin journalier que nous connaissons le mieux est celui d'Amon. Il nous a été transmis à la fois par un très beau papyrus du Musée de Berlin et par une série de tableaux gravés dans la partie nord-est de la salle hypostyle à Karnak. Mais on s'aperçoit que la substance du rituel et la séquence des actes sont les mêmes à Abydos, dans les chapelles des différents dieux, et les extraits fort courts qu'en ont gardés, dans les tableaux du Sanctuaire, les temples d'Edfou ou de Dendara sont tout à fait voisins du culte d'Amon. Là encore, la Maison de Vie a dû jouer son rôle unificateur et peu à peu étendre à tout le pays le service consacré au seul Amon. Peut-être ce dernier remonte-t-il au Moyen Empire et a-t-il beaucoup emprunté à Héliopolis. Mais ce ne sont là que des conjectures.

Il nous suffira ici d'analyser le rituel d'Amon. Les autres étant très proches, l'idée que l'on se fera pourra être en gros valable pour les autres dieux. Il se peut du reste que, parmi les cérémonies consignées dans le papyrus, plusieurs soient uniquement destinées aux services solennels. Pourtant, à moins d'une indication formelle, nous ne savons plus les distinguer. Mais les anciens prêtres, eux, n'hésitaient guère à abréger lors du service journalier ou à réciter l'office complet lors des grandes fêtes.

Les temples étaient sombres et la première offrande, la plus complète, avait lieu au petit matin. Aussi le prêtre commence-t-il par l'allumage des cierges. Et aussitôt il entreprend les fumigations de résine de térébinthe destinées à détruire ou à chasser les mauvaises présences. Puis il s'avance vers le naos où repose la statue divine. Chaque geste jusqu'à la fin est accompagné de la récitation de formules plus ou moins longues.

Arrivé devant le naos, l'officiant le trouvait fermé, les deux vantaux de la porte joints et liés l'un à l'autre par une cordelette scellée à l'argile. Alors il exécutait les actes de *rompre le lien*, d'*ôter le sceau*, de *tirer le verrou*. Le sens de chacune de ces opérations était donné par les prières récitées. Mais ces textes sont si pleins d'allusions mythologiques, théologiques et rituelles que le sens n'en devient clair qu'avec un long commentaire. Ensuite le prêtre *découvrait la face* du dieu, puis le *contemplait* et *flairait la terre* devant lui. Il *chantait* alors *un hymne*, *parfumait* et *encensait* l'idole dont il s'approchait en *montant sur un escalier* qui facilitait l'accès au naos. C'est alors qu'avait lieu un acte très important. Il embrassait la statuette, ce qui avait pour effet de faire passer en elle son ka qui s'écrivait justement au moyen des deux bras ployés au coude.

Le culte culminait dans l'offrande de Maât. C'est elle qui est représentée au fond même du sanctuaire des grands temples tardifs, comme Edfou* et Dendara, de part et d'autre de l'axe, c'est-à-dire à la place d'honneur. Dans ses mains, le prêtre portait sur une corbeille une statuette de la déesse dont la tête était surmontée d'une plume d'autruche, à la fois son nom et son symbole. A Dendara, le titre du tableau était : *Offrir Maât. Réciter les paroles : Prends pour toi Maât dans Dendara. Elle se place au sommet de ta tête. Meret* (Maât) *est devant ta face. Ta Majesté rajeunit à sa vue*. Mais ces quelques phrases n'étaient que le court résumé d'une longue prière de louanges que l'on devait réciter à ce moment unique. Le rituel d'Amon a conservé ce document capital dont voici l'essentiel : *Maât est venue pour demeurer sans cesse avec toi. Maât est en toute place qui t'appartient pour que tu te reposes sur elle. Les êtres primordiaux de l'orbe du ciel, leurs bras t'adorent chaque jour. C'est toi qui ne cesses de donner les souffles à tout nez pour vivifier ce que tu as créé de tes mains. Tu es le dieu même qui a créé de ses deux mains. A part toi, il n'y en avait point d'autre avec toi. Salut à toi qui es pourvu de Maât, auteur de ce qui existe, créateur de ce qui est. Tu es le dieu parfait, le Bien-Aimé. Tu te complais quand les dieux accomplissent pour toi Maât. Tu jaillis avec Maât; tu joins tes membres à Maât. Tu fais reposer Maât sur ta tête, pour qu'elle prenne place à ton front. Ta fille Maât, tu rajeunis à sa vue, tu vis du parfum de sa rosée. Maât est placée comme un porte-bonheur à ta gorge. Elle repose sur ta poitrine. Les dieux te paient leurs tributs avec Maât, car ils connaissent sa sagesse. Voici que les dieux et les déesses qui sont avec toi portent Maât, car ils savent que tu vis d'elle. Ton œil droit est Maât; ton œil gauche est Maât, tes chairs et tes membres sont Maât; les souffles de ton instinct et de ton intelligence sont Maât. Tu parcours le Double-Pays en portant Maât. Ta tête est ointe de Maât. Tu marches, les deux mains chargées de Maât. Ton étoffe-rouge c'est Maât. Le vêtement de ton corps, c'est Maât. Ta nourriture c'est Maât. Ta boisson c'est Maât. Ton pain c'est Maât. Ta bière c'est Maât. L'encens que tu respires c'est Maât. Les souffles de ton nez, c'est Maât. Atoum vient vers toi portant Maât. Et tu es seul à voir Maât. Ton prophète Chou, fils de Rê, accomplit pour toi Maât en ton titre de propriété. Tu te complais avec elle et tu prospères grâce à elle. Pour toi, Maât tend ses deux mains en face de toi. Ton cœur est heureux grâce à elle. Les extrémités du monde viennent à toi chargées de Maât pour te donner tout l'orbe du disque solaire. Tu es unique,* *tu es sublime, Amon-Rê (parce que) Maât est unie à ton disque. Tu es grand, tu es vénérable, Seigneur des dieux (parce que) Maât est l'Ennéade au complet. Maât vient vers toi, pour chasser le mal de toi. Elle fait fonction du fil-de-la-couronne sur ta tête. La Majesté de Rê-Harakhtès se lève en gloire et t'offre Maât dans ton Double-Pays vénérable. Thot te fait l'offrande de Maât, ses deux mains placées sur sa perfection en face de toi. Ton ka est à toi lorsque Maât t'adore, lorsque ton corps s'unit à Maât. Tu te réjouis et te rajeunis à sa vue. Le cœur d'Amon-Rê vit quand Maât apparaît en gloire à son front. Ta fille Maât est à l'avant de la barque-Sekty. Seule, elle est celle qui est dans ton naos. Tu existes parce que Maât existe et Maât existe parce que tu existes. Maât existe, liée à ta tête. Elle vient à l'existence devant toi pour l'éternité. On accomplit pour toi Maât, pour apaiser ton cœur, pour que ton cœur vive d'elle, pour que ton baï vive, ô Amon-Rê. Maât est offerte comme la cuisse de bœuf de ton offrande. Elle rend ton nom doux, Seigneur des dieux. Maât repose en face de toi. Lorsque Rê se lève, il chasse tes ennemis. Maât a pris pied solidement à l'avant de la barque-Sekty. Lorsque tu viens à l'Orient du ciel, les Cynocéphales, qui sont dans le ciel, tendent leurs bras, les Occidentaux te font offrande. Maât est en face de toi au ciel et sur terre. Que tu parcoures le ciel, que tu guides le pays, Maât est avec toi chaque jour. Si tu reposes dans l'Hadès, Maât est encore avec toi. Quand tu as éclairé les générations des Cavernes de l'Au-delà et que tu as jailli de la Salle mystérieuse, tu te reposes et tu prospères au moyen de Maât. L'Ennéade au complet te dit : « Tu triomphes pour des millions de fois. » Amon-Rê-Harakhtès triomphe. Les cœurs révoltés tombent sous son glaive. Toute dilatation de cœur pour toi, chaque jour, lorsque Maât se repose à l'intérieur de ton naos. Thot, aux grandes forces magiques, opère ta protection. Il abat pour toi les scélérats abominables. Le Double-Pays est au mâle des dieux, Amon-Rê; Horus-qui-lève-le-bras, le roi de Haute et de Basse-Egypte, le roi des dieux; Amon-Rê, régent de l'Ennéade. Le ciel et la terre ont été faits pour ton fils. Les dieux et les déesses accompagnent ta Majesté. La couronne-blanche et la couronne-rouge demeurent sur ta tête; Celles-qui-sont-belles* (les couronnes) *sont sur ta tête, tandis que Maât est stable à l'intérieur de Karnak. Combien stable est Maât, qui est unique. C'est toi qui l'as créée. Il n'y a nul autre dieu qui la partage avec toi, excepté toi, à jamais, éternellement.*

Ce long hymne identifie Maât à l'Ennéade tout entière, c'est-à-dire aux dieux de la suite d'Amon, puis à tous les insignes et les symboles de son pouvoir, à tous les ornements prophylactiques qui assurent sa protection. Mieux encore, seule elle réside auprès de lui dans son naos. Seule elle constitue ce dont il vit. Elle est auprès de lui sans cesse, qu'il crée, qu'il traverse l'Hadès ou qu'il jaillisse à l'Orient hors des demeures sombres. Cette conception de Maât auprès d'Amon n'est pas sans rappeler la page célèbre du Siracide ou la prosopopée de la sagesse dans les *Proverbes* : « Je suis issue de la bouche du Très-Haut... J'ai habité dans les cieux... Seule j'ai fait le tour du cercle des cieux, j'ai parcouru les abîmes. » « Yahweh m'a créée au début de ses desseins... J'étais à ses côtés comme le maître d'œuvre, faisant ses délices jour après jour. » Il y a là une ressemblance qui n'est peut-être pas fortuite, lorsqu'on pense aux attaches de ces deux livres bibliques avec l'Egypte.

Mais revenons au rituel du culte. Le prêtre, après avoir offert Maât, symbole de l'offrande suprême, qui se disait aussi MAÂT en égyptien, plaçait ses mains sur la statue puis la purifiait encore avec des cruches de formes diverses et l'encensait. Venait ensuite l'habillage avec quatre étoffes de couleur blanche, verte, vermillon et carmin. Après les onctions de fards et d'onguents, les fumigations, l'offrande du natron, les purifications avec de l'eau et l'encensement à la résine de térébinthe, le service était terminé.

L'importance de ce rituel n'échappera pas à qui aura lu au moins le grand hymne qui accompagnait l'oblation de Maât. Jamais, certes, les Egyptiens n'ont supprimé l'aspect matériel de l'offrande, pas plus que les Grecs d'ailleurs. Ils n'ont pas conçu une adoration « en esprit et en vérité ». Mais il est admirable qu'ils aient su déjà en tirer le sens profond et la spiritualiser. La valeur cosmique qu'ils surent mettre dans cet acte cultuel essentiel lui assure, dans les religions humaines, une belle place. Ils ont appelé l'offrande matérielle maât, tout comme la déesse elle-même. C'était déjà rendre leur essence semblable et élever la présentation des mets aux dieux à la hauteur d'une consécration de la norme du monde.

Le rituel que nous venons d'analyser concernait uniquement les soins donnés à l'effigie divine. Il est conçu comme le service d'un grand seigneur à la toilette et à l'habillage duquel s'empressent ses domestiques. Mais il y manque une partie importante : l'alimentation. Ici, les temples tardifs suppléent au manque d'information qui nous gêne pour une époque plus ancienne. S'il peut s'y trouver des innovations de détail, on est du moins assuré que l'ensemble des cérémonies était substantiellement le même. Au temple d'Edfou, dont la liturgie a été bien étudiée, les inscriptions reviennent souvent sur les trois services quotidiens. Au mammisi, il est même précisé sur un montant : *Porte par où passe le chapelain qui offre l'eau fraîche trois fois par jour : une fois au matin, une fois au milieu du jour, une troisième fois le soir*. Après les rites précédemment décrits, le matin, des prêtres de rang plus humble présentaient l'eau fraîche et les pains d'offrandes sur les guéridons. On y joignait de la viande de boucherie, des volailles, des légumes, du vin. A midi, le service semble n'avoir comporté que des liquides. Le soir, au contraire, il était plus complet et l'on retrouve gâteaux, légumes, fruits, bière, lait et vin. Il fallait purifier avec l'eau de certains vases les mets déposés sur des tables, les encenser et appeler le dieu à les consommer. Lorsque le ka du dieu et des dieux parèdres avait bénéficié des aliments disposés pour eux, les reliefs étaient ramenés au dehors pour la nourriture des prêtres, tout comme les gens de la maison consommaient les restes de leurs maîtres.

•

Mais cette liturgie quotidienne, qui se déroulait au sein des temples, au plus profond de leurs salles, n'avait pas d'écho parmi la foule. Au contraire, le déroulement de l'année était ponctué de grandes fêtes religieuses qui appelaient un grand concours de peuple. Chaque fois la divinité sortait de chez elle et pouvait être adorée directement par les gens qui n'avaient pas la possibilité d'entrer normalement dans l'enceinte du temple. Quelques-unes de ces solennités étaient communes à toute l'Egypte. Mais le plus grand nombre correspondait un peu à ce que sont chez nous les fêtes patronales des villages ou des petites villes. Les documents égyptiens, provenant en grande majorité des temples, nous renseignent sur le rituel et la signification liturgique de la fête. Ils ne nous donnent que rarement une courte indication sur le rôle qu'y jouaient les spectateurs. Au contraire, un voyageur grec comme Hérodote, qui a vu au ve siècle les grandes panégyries dans le Delta, se défend de donner des précisions sur le sens religieux des rites — ce qui lui eût semblé impie — mais décrit avec un pittoresque extraordinaire le mouvement et les réjouissances qui les accompagnaient. Il n'est pas question ici-même d'énumérer toutes ces festivités mais seulement d'indiquer quelles furent celles que nous connaissons et de suivre plus en détail quelques-unes d'entre elles qui permettront de se faire une idée des autres.

En une contrée agricole comme l'Egypte, un certain nombre de fêtes, de caractère généralement agraire, étaient célébrées sans doute à travers tout le pays. De même, quelques solennités ayant un aspect cosmique ne pouvaient se réduire à une région limitée. Les renseignements les plus riches que nous possédons datant du Nouvel Empire, c'est pour cette époque que notre calendrier liturgique est valable.

Au début de l'année, le 1er Thoout, d'abord, on célébrait dans tous les temples d'Egypte le nouvel an. Il faudra décrire en détail cette fête d'une importance capitale. Mais on peut induire du plan des grands temples connus, Karnak, Abou Simbel, Philae, Edfou, Dendara, Kalabcha, Kom Ombo, que du début du Nouvel Empire jusqu'à la fin de la religion égyptienne les mêmes rites avaient lieu partout. Le 11 du même mois c'était l'apparition de Sothis, l'étoile Sirius; le 15, au Gebel Silsileh, les fêtes du Nil qui devaient connaître un grand développement dans l'ensemble du pays; le 17 et les jours suivants, la grande fête des morts, appelée fête ouag. Osiris, comme il est naturel, y intervenait et l'on sait qu'il apparaissait dans sa *Grande Sortie* le 22.

Au mois de Khoiak, à partir du 22, jour de piocher la terre, avaient lieu les mystères d'Osiris durant lesquels le dieu, comme la végétation, mourait puis ressuscitait. On sait exactement les villes et les nomes qui commémoraient ces faits : Busiris, Memphis, Abydos, Coptos, le nome de Nubie, Héracléopolis, le Lycopolite inférieur, l'Héliopolite, Diospolis Parva, Létopolis, Saïs, Hermopolis Parva, Athribis, Prosopis, Amaou, Bubaste.

Au début de Tobi, se plaçaient les fêtes de Nekheb-Kaou. Elles devaient avoir un retentissement général puisque ce dieu passait pour le pourvoyeur des kas, c'est-à-dire qu'il avait une importance vitale.

En Pharmouti, au moment où l'on commence à récolter, on fêtait la déesse de la moisson Ermouthis qui a finalement donné son nom au mois. C'étaient des festivités et des ripailles, qui marquent probablement chez tous les paysans du monde la joie qui accompagne l'engrangement des céréales. Elles devaient se prolonger, ou même recommencer à différents endroits, car il y a entre la région de Thèbes et le nord du Delta environ un mois et demi de décalage agricole. Aussi lorsqu'on festoyait la naissance du dieu du grain Nepri, au 1er Pachons, on y joignait encore Ermouthis. Et la fête de Min, dieu de la fécondité, avait lieu aussi en ce mois. Nous connaissons sa célébration locale dans la région thébaine, mais elle devait avoir de nombreuses ramifications ailleurs en Egypte à cause de son caractère agraire très prononcé.

Si nous voulions entrer dans le détail des coutumes locales, surtout à la période tardive, le travail serait infini. Plusieurs temples presque intacts ont conservé des listes de fêtes abondantes que permettent de compléter les autres inscriptions. C'est ainsi que pour Kom Ombo, Edfou, Esna,

Dendara, nous pouvons suivre jour par jour, et parfois heure par heure, les évolutions du clergé dans le temple ou hors du temple tout au long de l'année liturgique. A titre d'exemple, voici pour Pharmouti et Pachons les fêtes d'Hathor telles que les décrit le calendrier liturgique de la déesse conservé à Edfou.

1er Pharmouti : fête d'Horus et de l'Œil d'Horus. Le 4 : fête de Pakhet ; c'est l'Œil d'Horus. Fête d'Horus-maître-de-la-vie (éternelle). Jour de la fête de la lune de ce mois : Horus, fils d'Isis et fils d'Osiris, y est mis au monde. On célèbre l'accouchement de la déesse pour Isis, la-mère-du-dieu, en ce jour jusqu'au 21. La déesse fait le tour de son domaine. 28 Pharmouti : fête d'Horus-Sepai, rejeton de Sekhmet, ce jour-là.

Pachons. Fête de la nouvelle lune : c'est le voyage vers Khadi. On fait sortir en procession [Harsomtous et son Ennéade ?], en sa belle fête de la marche vers Khadi... On s'avance vers sa barque qui est sur le fleuve. On conduit les dieux-sur-leurs-pavois devant lui, tandis que le ptérophore devant le dieu récite la prière « pour abattre les ennemis ». On traverse le fleuve jusqu'à Khadi. On passe cinq jours en ce lieu, où il abattit les ennemis. Le sol de la salle est semé d'orge mondé (?). On fait la procession du dieu jusqu'au pylône de Khadi. Alors la troupe (de ceux qui suivent la procession) répand de l'orge sur le sol de la salle et en jette aux pieds du dieu. On joue du sistre et du tambourin et l'on chante : « Tu as écrasé les agresseurs, tu as écrasé les agresseurs, O Harsomtous. Tu as massacré tes ennemis; ils sont tombés sous tes pieds; tu les as écrasés comme l'orge. Fais que tout pays se prosterne en entendant ton nom : tu es Rê, souverain des pays étrangers. » On agit de même pendant les cinq jours.

Fête du quinzième jour lunaire du mois, le jour de la pleine lune : c'est grande fête en tout le pays. On fait une grande offrande en pain, bière, viande et volailles; on égorge l'oryx, du vin est répandu (?). On découpe un porc et on le place sur un autel, sur la rive. On fait un autel de sable à cette occasion, jusqu'aujourd'hui : c'est la « fête de l'Accouchement de la déesse » pour Hathor de Dendara. On fait tomber à terre des graines de fruits; on détache les vêtements de la déesse, on accomplit tout le cérémonial de « la mise au monde du dieu ». On fait sortir en procession Harsomtous l'enfant. On le porte dans les bras jusqu'au pylône. On arrive en présence d'Hathor; on s'arrête dans le [mammisi...] On fait une offrande pour lui de pain, bière, viande, volailles et toutes bonnes choses. Le troisième jour de l'accouchement de la déesse, on fait sortir le dieu en procession; on s'arrête dans son appartement, dans la salle de l'or. Les gens du domaine l'y introduisent. On accomplit son cérémonial du premier jour. Le septième jour de la fête, on fait sortir le dieu en procession;

on accomplit son cérémonial de la même façon. Le quinzième jour de la fête, on fait sortir le dieu en procession jusqu'à la berge du Grand Etang; on fait son service de la même façon. Le vingt et unième jour de la fête, on accomplit son cérémonial selon le rituel : « début de la purification du dieu ». On part de là en procession. Il s'arrête dans le naos « Repos-auguste ».

11 Pachons : « Accouchement d'Iousas » qu'accomplit Hathor de Dendara. C'est l'Œil-de-Rê, la mère de Chou et de Tphénis; la fête dure jusqu'au 21. (Trad. Alliot.)

Cet échantillon des calendriers liturgiques suffit à montrer l'importance de pareils documents. Pour la période plus ancienne, on arrive à reconstituer une partie des fêtes dans les régions riches en monuments comme Thèbes. Ailleurs, nous sommes moins bien renseignés et, pour le Delta, sans Hérodote nous ne saurions presque rien. A Eléphantine, la fête de Khnoum et d'Anoukis avait lieu à partir du 18 Hathor. Dans la région de la Cataracte encore, le 28, c'était la fête de Satis et d'Anoukis. A Edfou, la plus grande fête locale était celle de la *Bonne Réunion* qu'on célébrait en grande pompe en Epiphi. Nous y reviendrons tout à l'heure. En Tobi, la *fête du Couronnement du roi* avait pour héros un faucon. En Méchir, la *fête de la Victoire* comportait le jeu d'un véritable drame liturgique, tout comme celui de *la naissance divine* qui nous a été conservé dans les mammisis.

A Esna, trois grandes cérémonies primaient toutes les autres : la *fête de soulever le ciel*, le 1er Phamenot, la *fête de l'arrivée de Neïth à Saïs*, le 13 Epiphi et les 19 et 20 du même mois, celle de *prendre la houlette*. Grâce aux colonnes couvertes de textes de la seule salle hypostyle, nous en possédons le rituel presque complet.

A Thèbes, en Paophi, se déroulait la célèbre fête d'Opet, durant laquelle l'Amon de Karnak se rendait à Louxor puis rentrait chez lui. Elle est narrée par l'image dans la grande colonnade de Louxor , ce qui nous permettra de la suivre en détail. D'ailleurs les visiteurs du temple aiment en regarder les épisodes pittoresques. En Méchir, Amon *soulevait le ciel.* Il quittait son temple et n'y revenait qu'au début du mois suivant, en Phamenot. C'est durant le même mois qu'Aménophis Ier déifié se déplaçait en procession dans la Nécropole. A la fin de Phamenot, Amon célébrait sa *fête d'entre. dans le ciel*; il ne rentrait chez lui que le 1er Paoni. Il en ressortait le jour de la nouvelle lune de Pachons pour aller sur la rive gauche, dans les grands temples funéraires. Son passage est assuré à Deir el-Bahari en particulier. C'était la *Belle Fête de la Vallée* qui durait onze jours à l'époque romaine.

A Dendara, parmi la multitude des solennités, trois se détachent nettement : la *fête de l'ivresse* qui commençait le 20 Thoout; l'*Accouchement de la déesse* en Pharmouti, et la fête d'Epiphi, la *Bonne Réunion*. Dans le Delta, il y avait la grande panégyrie de Bastis à Bubaste, et des fêtes particulièrement fréquentées à Busiris, Saïs, Héliopolis, Bouto et Paprémis, dont le site n'est pas identifié.

•

Essayons de pénétrer dans le temple de Dendara pour y suivre la célébration fort secrète du nouvel an. Puis nous assisterons à la fête d'Opet, donnée en l'honneur d'Amon avec le faste royal de la Capitale. Avec Hathor, nous remonterons le fleuve de Dendara à Edfou pour prendre part à la *Bonne Réunion* qui nous transportera de nouveau en province pour une solennité fort curieuse. Enfin quelques lignes d'Hérodote évoqueront à nos yeux le grouillement des foules de pèlerins lors des festivités les plus réputées.

La fête du nouvel an se célébrait dans tous les temples d'Egypte. Mais, faute de témoignages, nous ne saurions la restituer partout comme à Edfou et à Dendara. Dans cette dernière ville, l'avant-veille du jour de l'an, les membres les plus élevés du clergé, le prêtre officiant à la place du roi, les *quatre prophètes* du temple, et un prêtre particulier à Dendara, qu'on appelait *le Musicien*, franchissaient toutes les salles du temple et s'avançaient au plus profond de l'habitation divine. Laissant à leur gauche le sanctuaire, ils passaient dans le couloir mystérieux, et pénétraient dans la chapelle située à l'extrême-droite du mur sud, dite la *Maison de la flamme*. De là, ils soulevaient la dalle qui dissimulait le puits, profond de 1,80 m, permettant d'accéder à l'entrée de la crypte souterraine du Sud. Il leur fallait une grande souplesse pour se glisser ensuite dans l'étroit orifice, franchir la porte surbaissée qui ne dépasse pas un mètre de haut, et arriver

5. LE TEMPLE DE DENDARA →

(D'après Chassinat, Le temple de Dendara, *t. I, Le Caire, 1935.) A. Sanctuaire :* grand-siège (set-ouret). — *B.* Couloir mystérieux — *C. Chapelle.* — *D. Chapelle.* — *E. Chapelle.* — *F. Chapelle.* — *G. Chapelle.* — *H. Sanctuaire :* maison-vénérable (per-our). — *I. Chapelle.* — *J. Chapelle.* — *K. Chapelle.* — *L. Chapelle.* — *M.* Salle intermédiaire *ou* de l'Ennéade. — *N. Salle des étoffes.* — *O. Trésor.* — *P. Cour du* Siège de la Première Fête. — *Q. Chapelle*-pure (ouabit). — *R.* Salle des offrandes. — *S. Salle de l'apparition.* — *T. Magasin des parfums liturgiques.* — *U. Porte latérale sud.* — *V. Magasin des matières précieuses.* — *W. Porte latérale ouest. Accès du puits sacré.* — *X. Salle hypostyle* (khent). — *Y. Crypte souterraine du sud.* — *Z. Escalier est.* — *Z'. Escalier ouest.*

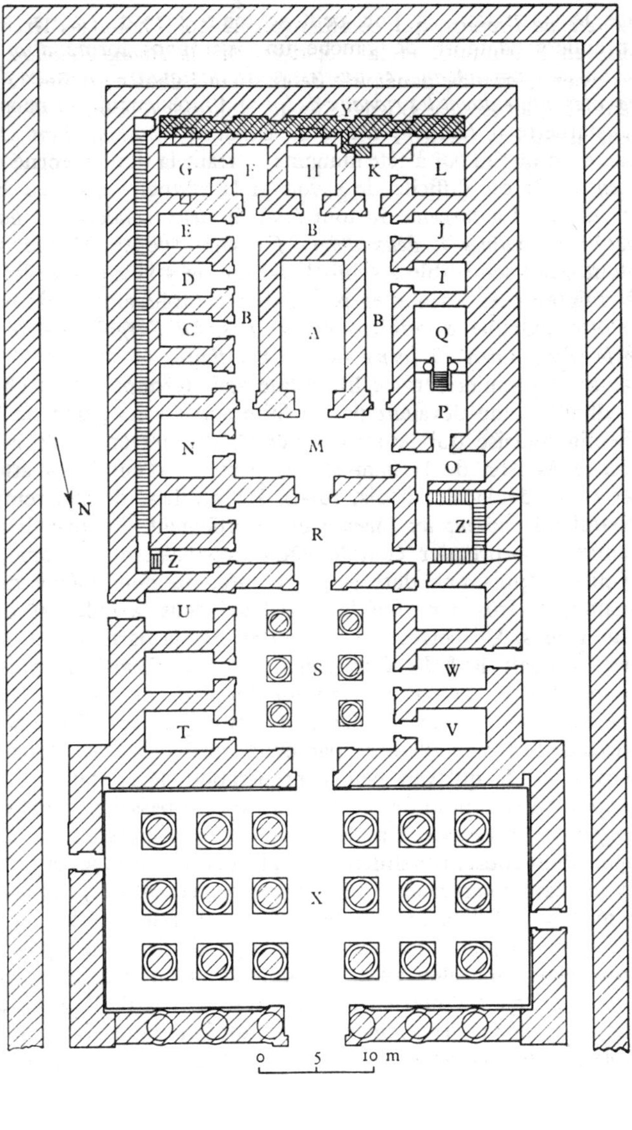
Y
G
F
H
K
L
E
B
J
D
I
B
A
B
C
Q
P
N
M
O
N
R
Z'
Z
U
S
W
T
V
X
0 5 10 m

enfin dans le souterrain où l'on peut se tenir debout. Là, ils trouvaient dans la première chambre de gauche un petit naos formé *d'un piédestal d'or avec un ciel sur colonnettes au-dessus de lui; quatre anneaux de bronze, des quatre côtés, soutenaient les rideaux de lin.* A l'intérieur de ce naos portatif, était une statuette d'*Hathor*, *Dame de Dendara*, *résidant dans sa maison*, sous forme d'un oiseau *baï* à tête humaine, portant la double corne enserrant *le disque en or*. Il est difficile de savoir si la statuette était en bois doré ou en or massif. La *largeur* du tout était de *deux coudées* ; la *hauteur* de *une coudée*, *trois palmes et deux doigts*. On conserve au Musée de Berlin un naos tout à fait semblable à celui-là, puisqu'on y voit encore les anneaux servant à maintenir les rideaux en place. Ils accomplissaient alors une bonne partie des actes du rituel quotidien : *rompre le sceau d'argile*, *tirer le verrou...*, *découvrir le visage*, *voir la forme de son ka*, *flairer la terre*.

Lorsque ce premier service liturgique était terminé, ils se chargeaient du petit édicule et ne devaient pas le faire sortir sans peine de la crypte par le chemin malaisé qui leur avait permis d'y entrer. Dans la chapelle supérieure, la Maison de la flamme, les porteurs d'enseignes attendaient. La déesse ne se déplaçait jamais, fût-ce à l'intérieur de son temple, sans ces dieux qui lui *ouvrent les chemins* et la protègent. En principe, il y en avait quatorze. Le premier était le bâton représentant le nome, muni à son extrémité, depuis une date assez récente, du nom même du temple où Isis était née : Itdi. Une fois le naos hissé dans la salle, les opérations étaient plus faciles. Un cortège se formait et, par la partie ouest du couloir mystérieux, gagnait la *salle intermédiaire* ou *de l'Ennéade*, puis prenait à gauche et, par le *Trésor*, arrivait au *Siège de la première fête*. C'est une cour à ciel ouvert, terminée par une petite salle surélevée, la *Chapelle pure*, séparée de la cour seulement par deux murs-bahuts et deux colonnes hathoriques. C'est là qu'avait lieu la préparation de la statue.

On appelait l'ensemble des cérémonies qui se passaient dans cette chapelle : *coiffer les couronnes*. La déesse y recevait en effet de l'Ogdoade d'Hermopolis huit couronnes différentes, à la fois symboliques et protectrices. Mais on y joignait encore maints bijoux, pectoraux, colliers, qui la gardaient de toute mauvaise influence. On lui offrait aussi les étoffes de couleurs diverses, on l'oignait, on la parfumait, on la parait en un mot pour le grand mystère qui allait avoir lieu au 1er Thoout. Pendant que la liturgie de la déesse se poursuivait à l'intérieur, les prêtres chargés de l'offrande alimentaire en avaient amené les éléments. Aussitôt la toilette divine terminée, la grande oblation solennelle avait lieu dans la cour. Comme il fallait s'y attendre pour une telle solennité, elle était extraordinaire. Au moins onze guéridons portatifs étaient entassés dans cet espace pourtant assez étroit. Ils portaient des pains et des gâteaux de toutes formes et de toutes espèces. Sur les dressoirs étaient placés quatre vases d'eau fraîche, quatre de vin, quatre de bière, quatre de lait. Les viandes de boucherie étaient posées toutes cuites sur des nattes à même le sol : cuisses de bœuf, côtelettes, filets; des animaux entiers, apprêtés, y figurent aussi. Comme plusieurs sont figurés sur un sol, on peut imaginer que c'étaient des statuettes qu'on avait utilisées. D'ailleurs la place n'aurait pas permis d'y faire tenir à la fois cinq bœufs entiers, trois dépecés, huit oryx ou gazelles et plus de onze volatiles. D'autant plus qu'on y voyait encore des bouquets montés, des fleurs et des parfums dans leurs vases aux formes parfois compliquées. Il n'y manquait même pas ces pots ornés de fleurs artificielles que nous rendent avec leurs couleurs dorées les peintures thébaines de la XVIIIe dynastie. Mais, au centre, plus importants sans doute que tout le reste, on avait disposé sur des guéridons les objets symboliques du culte d'Hathor qui sont sculptés à tous les endroits importants du temple : dans l'axe même du monument, au centre de la crypte sud du rez-de-chaussée, dans la salle des offrandes, sur le mur est du kiosque du toit. C'étaient d'abord les deux espèces de sistres, puis la couronne d'or et le vase de vin que l'on offrait pour la fête de l'ivresse; deux vases de lait et un pot de crème, un objet symbolique représentant *la Haute et la Basse-Egypte réunies* par Hathor et l'*orbe de la terre rayonnant dans lequel grandit son fils*, le roi-dieu, enfin le mammisi et le pylône .

Toutes ces liturgies prenaient du temps. Et c'est seulement dans la nuit du 1er Thoout que le cortège commençait à gravir les marches basses de l'escalier occidental pour accéder au toit du temple. D'abord venait le substitut du roi portant pschent et robe longue et tenant à la main l'enseigne du nome. Toutes les autres enseignes suivaient. Aussitôt après, le ptérophore, nom que les Grecs avaient donné au prêtre qui connaissait les moindres détails du rituel, lisait sur une tablette d'or le texte sacré. Chesmou, derrière, portait les parfums liturgiques. Le prêtre qui figurait ce dieu avait un masque de lion, comme plus loin Hesat arborera un masque de vache et Apis et Mnevis des masques de taureaux. La déesse des étoffes liturgiques, Tayt, était suivie des quatre prophètes tenant chacun sistre et vases remplis de matières précieuses, or ou pierreries. Menket chargée de pots de bière, l'échanson de Rê avec de l'eau, Hesat tenant sur un plateau lait et crème, le boucher divin et Chesmou, l'égorgeur, avec leurs pièces de viande, la déesse Prairie portant des fleurs et des oiseaux, Apis et Mnévis, pourvoyeurs de pains liturgiques, trois prêtres apportant bijoux, encens * et eau, suivis des dieux-Nil des temples voisins, dont l'un est coiffé de joncs, marchaient devant la déesse elle-même. Celle-ci était précédée immédiatement par le roi et la reine qui ne cessaient de se retourner pour lui prodiguer les fumées de l'encens et les sons des sistres qu'ils élevaient vers elle. Peut-être la statuette était-elle en or massif puisqu'il ne fallait pas moins de huit prêtres pour la porter. Ils avaient passé autour de leur cou une courroie qui était attachée à la partie inférieure du naos par un anneau et encore devaient-ils soutenir de leurs mains le socle lourd de la châsse précieuse dont les rideaux cachaient mystérieusement le contenu. Les naos des dix dieux parèdres étaient portés chacun par un seul prêtre. Tous ces porteurs des dieux étaient soigneusement rasés, revêtus de jupes amples et chamarrées retenues aux épaules par des bretelles, et chaussés de sandales liturgiques.

Tout en gravissant l'escalier en marche lente, la procession chantait un hymne avec refrain qui donne le sens profond de la cérémonie. Il est fort long, mais se termine ainsi :

Qu'il est beau ton parcours de l'éternité,
O Rê, quand tu traverses le ciel à la voile.
Qu'il est beau ton parcours,
Horus d'Edfou, quand tu triomphes de tes ennemis.
Qu'il est beau ton parcours,
Assembleur-du-Double-Pays, sans adversaire sur ton chemin.
Qu'il est beau ton parcours,
Scarabée-ailé, quand tu voles au ciel en Soleil ailé.
Qu'il est beau ton parcours,
Habitant de l'Horizon, tandis que tu planes au ciel dans la joie.
Hathor, Dame de Dendara, Œil de Rê, Dame du ciel, souveraine de tous les dieux, parcourt le beau chemin sans avoir d'ennemis.
Fais qu'elle voie de ses yeux,
qu'elle entende de ses oreilles,
qu'elle marche et qu'elle avance,
ainsi que l'Ennéade qui est avec elle.
Viens vers son nom,
tandis que ton œil droit est propice.
Unis-toi à ta fille, issue de toi [...]
en ce beau jour de l'ouverture de l'an
et des cinq jours épagomènes.

Avant d'en arriver à cette dernière strophe, la procession avait atteint le kiosque du toit, dont les colonnes hathoriques surmontées de leurs légères architraves ont une grâce qui charme encore le visiteur de Dendara. Tandis que les offrandes apportées étaient entassées autour de ce pavillon, on y faisait pénétrer le naos, le visage de la déesse demeurant tourné vers l'Occident, c'est-à-dire dans la direction même où le cortège était arrivé. Alors avait lieu l'acte suprême de toute la fête, *l'union au disque*. Au moment sans doute où le soleil dardait les premiers rayons d'une année nouvelle, on dévoilait la statuette d'or que la lumière de l'astre caressait et à laquelle elle infusait mystérieusement une vie renouvelée. Les textes disent discrètement qu'*elle se joint à l'éclat de son baï* ou que *son baï s'unit à sa statue-bès*. Mais la dernière strophe de l'hymne, qui était alors chantée, montre bien qu'il s'agit d'un retour périodique de la vie correspondant à la marche cosmique du monde. Alors, le prêtre tenant le rôle d'Ihy agitait ses deux sistres, au bruit strident. *Le prince, le chef des prophètes, le stoliste, le pur du dieu exaltaient sa perfection avec des louanges. Le ciel était en allégresse, la terre en danse. Les musiciens sacrés éclataient en louanges et en danse.* Le vieil écrivain, dans l'exaltation d'une cérémonie si sainte, a presque retrouvé le vers merveilleux d'Euripide : « Toute terre dansera ». C'est que, si rien ne transpirait des actes sacrés derrière les épaisses murailles qui abritent cette partie du toit, la musique et les chants s'entendaient au loin et le peuple, qui devait guetter impatiemment le moment où s'était accompli le rite cosmique, éclatait à son tour d'une joie bruyante et se mettait à célébrer à sa façon le nouvel an. Cet aspect des fêtes égyptiennes ressemblait sans doute à celui que nous a décrit Hérodote pour d'autres solennités.

Ce rite qui porte la marque de son origine héliopolitaine, il ne fait aucun doute qu'on le célébrait, au temple de Karnak, dans la chapelle haute qui s'élève au nord-est de la Salle de l'Ennéade. Les prêtres allaient chercher la barque d'Amon et, par les couloirs du Sud, l'amenaient jusqu'à la Salle de Thoutmosis III. Nous pouvons suivre leur marche, ici, par une chance extraordinaire : lorsque Ramsès II augmenta le nombre des porteurs de la barque, il dut faire entailler portes et bases de colonnes pour que le cortège pût passer. Après avoir traversé la Salle de l'Ennéade, il gravissait un escalier qui existe encore et déposait la barque sacrée sur un autel héliopolitain en albâtre marquant les quatre points cardinaux. Au-devant, une grande fenêtre, ouverte à l'est, permettait aux rayons du soleil levant de venir céresser l'effigie d'or d'Amon. Certes, nous ne connaissons pas le détail des cérémonies, mais l'ensemble devait correspondre à ce qui se passait à Dendara.

•

A Karnak, une des fêtes les plus prestigieuses était celle d'Opet à laquelle présidait le roi lui-même. Elle a donné son nom au mois de Paophi durant lequel elle avait lieu. Par bonheur, Toutankhamon et Horemheb en firent graver les épisodes principaux sur la grande muraille qui entourait la haute colonnade de Louxor. On peut suivre pas à pas la barque d'Amon remontant jusqu'à Louxor en bateau. Il y demeurait dix jours, au moins, à la fin du Nouvel Empire, puis rentrait à Karnak : tout ce voyage se passait au milieu de réjouissances et d'un grand concours de peuple. Mais nous n'entrevoyons pas exactement la raison pour laquelle le dieu se déplaçait. Pourtant ces festivités étaient si ancrées dans les habitudes à Thèbes que saint Georges, au temps des chrétiens, puis Aboul-Haggag, quand le pays fut devenu musulman, continuèrent tous les ans, vers la même époque, d'aller se promener en barque sur le Nil.

Comme toujours, les cérémonies commençaient, dans le temple de Karnak, par une grande offrande solennelle : le roi offrait, en les purifiant par l'eau et l'encens, fleurs, fruits, viandes, volailles, vins, lait, parfums, devant la barque sacrée d'Amon, appelée OUSERHAT, flanquée des barques plus humbles de Mout, de Khonsou et, peut-être, de l'Ennéade de Karnak. Ces dernières étaient ornées à la proue et à la poupe des bustes des divinités qu'elles contenaient, tandis qu'Amon se distinguait par des têtes de bélier. Le service achevé, vingt-quatre prêtres vêtus du pagne large et empesé prenaient sur leurs épaules les brancards sur lesquels étaient placés Mout et Khonsou; mais il ne fallait pas moins de trente porteurs pour Amon. D'autres membres du clergé agitaient éventails et chasse-mouches et, au nombre de quatre pour chaque embarcation, certains d'entre eux vêtus de la peau de panthère marchaient près des dieux et faisaient le geste rituel. Ils traversaient l'allée axiale du temple, depuis le sanctuaire de la barque et sortaient de l'actuel troisième pylône, dont chaque massif était orné de quatre longs fûts ébranchés portant des banderoles. Devant la porte, ils franchissaient un passage gardé par des sphinx androcéphales et arrivaient à l'embarcadère, précédés de joueurs de tambour et de flûte.

Là ils déposaient sur de grands bateaux les barques votives qu'ils avaient amenées. Des remorqueurs halaient les navires chargés des dieux. Dans celui qui tirait Amon, le roi lui-même avait pris place. Et tandis que la procession fluviale remontait le courant, la berge servait de cadre aux manifestations et aux effusions populaires. Il y avait d'abord les groupes de haleurs se relayant pour aider les rameurs qui peinaient rudement. Quelques militaires portaient des enseignes. Des musiciens utilisaient le luth, les castagnettes et les trompettes tandis que d'autres donnaient la cadence en frappant dans leurs mains. Plusieurs prêtresses, qui de loin accompagnaient Mout, présentaient dans leurs mains menat et sistres. Des mercenaires libyens, deux plumes d'autruche piquées dans leur chevelure, faisaient résonner leurs crotales tandis qu'un nègre frappait sur son long tambour. Mais cette foule avait besoin d'être contenue. Des officiers de police, au pagne empesé et le bâton à la main, s'époumonnaient à crier des ordres aux haleurs, appuyés par trois Nubiens dont la trogne peu engageante était encadrée d'énormes gourdins. A moins que ces derniers n'aient dansé en maniant le bâton, comme font aujourd'hui encore les Saïdiens. Amon était tiré par tant de gens qu'il y avait quelque tumulte parmi eux. On devait se retourner pour entendre les chefs de file dont on transmettait les paroles en criant à tue-tête, ce qui ajoutait encore au vacarme.

D'ailleurs, par moments, on priait le dieu, en lui adressant des louanges ou des suppliques pour le roi. Deux cavaliers sont descendus de leurs chars et acclament Amon. Les compagnies de soldats qui défilaient sur la berge restaient en ordre parfait. Le bouclier et la lance au bras gauche, la hache dans la main droite, ils s'avançaient au pas, le buste légèrement en avant et comme indifférents aux bruits de la populace. Enfin lorsque la flotille sacrée accostait à Louxor, un prêtre commençait par psalmodier un hymne

Tu te lèves dans ta perfection, Amon-Rê,
Lorsque tu es dans la barque Ouserhat.
Le Double-Pays tout entier t'acclame,
Le Pays au complet est en fête.
Ton fils aîné, qui a ouvert ton sein,
Te fait remonter à la rame vers Opet.
Donne-lui une durée infinie en Roi du Double-Pays,
Une éternité d'années.
Protège-le en vie, durée, stabilité,
Fais-le apparaître en gloire, en régent de la joie...

Peut-être les vers finissaient-ils par se perdre dans le tumulte de l'arrivée. Pendant que les prêtres, en effet, reprenaient sur leurs épaules leur fardeau sacré et s'avançaient vers le temple de Louxor, à droite et à gauche c'était une cohue de gens affairés. Les plus occupés étaient les bouchers qui abattaient sur place, avec une dextérité incroyable, les grands bœufs qu'ils dépeçaient immédiatement. On entassait viandes et denrées sur des autels placés devant de légers kiosques en bois, sans doute dressés pour la circonstance. Un prêtre, aussitôt, consacrait les offrandes par quelques paroles au passage de la procession et, quand elle était passée et que le dieu et sa suite avaient pénétré dans la grande cour du temple, les ripailles du peuple devaient commencer. Les musiciens sacrés avaient pris place devant le cortège et une douzaine de ballerines, entraînées par le tambour, les crotales et les sistres, se renversaient en arrière jusqu'à toucher le sol de leurs mains avec une merveilleuse agilité.

Laissant dehors le vacarme de la foule, les barques divines pénétraient, à travers la futaie obscure des hautes colonnes fasciculées, jusque dans la pénombre des salles où s'entassaient de nouvelles offrandes. Mais ici le calme régnait et l'on n'entendait guère que les mélopées des prêtres scandant les compositions liturgiques. On ne peut savoir ce qui se passait à l'intérieur du temple durant les dix jours pendant lesquels les dieux de Karnak résidaient à Louxor. Le retour s'accompagnait des mêmes manifestations que l'arrivée. Seule la partie haute du mur, moins détruite, permet de mieux imaginer la flottille : des barques chargées de musiciens et d'offrandes accompagnaient les vaisseaux sacrés et la reine elle-même, près du remorqueur royal, voguait sur son bateau personnel orné de cabines somptueuses auxquelles elle préférait un kiosque de proue, d'où elle pouvait mieux voir le mouvement. Bien que le rituel semble avoir eu un caractère royal très prononcé, il est difficile de préciser davantage son sens.

•

Presque toutes les fêtes égyptiennes, du reste, sont, par quelques traits, royales, le roi étant le centre de l'édifice religieux. Il apparaît même dans la grande festivité d'Epiphi durant laquelle Hathor quittait Dendara pour aller rejoindre son mari Horus à Edfou. C'était pourtant d'abord, semble-t-il, un rite agraire, préludant à la fécondation de l'Egypte par les eaux du Nil. Bien que les reliefs et les textes qui nous en décrivent les détails ne datent que de la domination macédonienne, il remontait à la plus haute antiquité, à la préhistoire même, si nous devons en croire ce que les prêtres de Dendara ont gravé dans la crypte des archives.

Comme la rencontre à Edfou devait avoir lieu lors de la pleine lune d'Epiphi, il fallait qu'Hathor quittât Dendara au moins cinq jours avant. On transportait la châsse, en forme de barque, de la déesse dans le kiosque qui s'élevait sur le quai situé à quelque distance du temple. Là, on lui présentait une *grande offrande de viande, de volailles, et de toutes choses bonnes et pures pour son ka.* Puis elle s'embarquait avec un certain nombre de prêtres, parmi lesquels l'indispensable ptérophore. D'autres barques l'accompagnaient, en particulier celle du chef de la ville. Mais, comme il venait des pèlerins de partout, non seulement des VIe et VIIe nomes de Haute-Egypte, mais encore des oasis de Kenmet et de Desdes, une certaine quantité de bateaux était nécessaire à tout ce cortège qui remontait avec la déesse jusqu'à Edfou.

La navigation, d'ailleurs, n'était pas tout d'une traite. Hathor s'arrêtait d'abord à Karnak et allait rendre visite à Mout dans l'Achérou. Aussi bien Mout et Hathor étaient-elles très proches l'une de l'autre et les prêtres, comme les inscriptions de ce temps en font foi, ne faisaient des deux noms que les désignations diverses d'une divinité unique. La procession fluviale s'arrêtait encore à Komir, un peu au sud d'Esna. Le chef de cette petite ville fournissait aux pèlerins de la nourriture : *cinq cents pains, cent jarres de bière, trente épaules de petit bétail.* D'ailleurs, lorsque la déesse reprenait sa route vers le sud, son cortège était grossi de nouveaux pèlerins. Et même, à Nekhen, quand elle avait fait une halte au quai du temple, Horus de Nekhen se joignait à sa suite pour l'accompagner chez son époux et honorer le puissant Horus d'Edfou. C'était finalement une flottille d'une certaine importance qui arrivait à Outjeset-Hor, sanctuaire situé au nord de l'actuelle ville d'Edfou.

On s'arrêtait dans ce premier lieu sacré. C'est qu'Horus et ses enseignes avaient quitté le grand temple de Behoudit, celui qui se dresse aujourd'hui encore à Edfou, et attendaient ici la venue de la déesse. Il était escorté, lui aussi, par le chef de la ville, une importante fraction du clergé et une multitude de pèlerins. C'était le matin du jour de la nouvelle lune et l'on célébrait la fête *Elle-est-ramenée,* qui commémorait le retour d'Hathor, quand elle avait consenti à s'apaiser et à quitter les régions méridionales où elle s'était retirée. Les cérémonies commençaient fort tôt, car la journée était chargée. D'abord on consacrait une grande offrande solennelle, dont chacun des participants recevait ensuite sa part. Puis on rembarquait les châsses divines sur les barques fluviales et l'on accomplissait un certain nombre de rites, dont quelques-uns sont encore obscurs pour nous. Le clergé récitait d'abord le *Livre de la protection de la barque sacrée*; puis on exécutait des libations. Sous la conduite du ptérophore sans doute, il fallait *chanter un hymne de louange*; alors on offrait *le vin* et, par *quatre fois,* il convenait d'*offrir* la prairie, symbole du sol nourricier de l'Egypte. Finalement on donnait l'essor aux quatre oies qui signifiaient encore que le pays était mis sous le pouvoir du dieu s'étendant, avec le vol des oiseaux, jusqu'aux quatre points cardinaux.

Ici les fragments de textes conservés sur les murs du temple donnent de très intéressants commentaires. Il peut y avoir des vols de mauvais présage. Aussi, *si les oies reviennent*, faut-il exécuter, en un si grave moment, quelques cérémonies supplémentaires. On offrait des branches d'IMA et de saule et on frappait les quatre veaux. C'étaient évidemment là des rites agraires qui se comprennent particulièrement dans une fête qui commémore et renouvelle le mariage sacré, gage de fertilité et de fécondité générales. Ces gestes accomplis, les barques commençaient à voguer sur le canal pour retourner vers le fleuve. Edfou-Behoudit était maintenant tout proche. Et pourtant le cortège s'arrêtait encore à la Butte-de-Geb. Mais les dieux ne descendaient pas. Quelques prêtres offraient seulement un grand sacrifice près de l'embarcadère et l'on voguait vers Behoudit où l'on arrivait enfin. Aujourd'hui, le pylône, fort tardif, du temple fait face à peu près au sud. Mais à l'est de la cour du peuple subsistent encore les bases d'un pylône plus ancien qui remonte à Ramsès III. Peut-être, à cette époque, l'axe de la construction était-il dirigé vers le Nil. Quoi qu'il en soit, c'est par ce chemin, consacré de temps immémorial, que la procession arrivait. Hathor avait chez son époux une entrée personnelle. Une porte percée dans le mur est de la cour permettait d'accéder à l'intérieur du temple sans avoir à passer par le pylône axial.

La flotte divine abordait à un embarcadère, recouvert par la ville actuelle, situé à l'est de la porte d'Hathor. Un kiosque sur le quai, comme à Dendara, pouvait abriter les châsses divines. Aussitôt qu'elles étaient débarquées, un prêtre offrait un sacrifice. Tout cela se passait au milieu d'un concours de peuple considérable. Un détachement militaire rendait les honneurs, comme à la fête d'Opet, à Louxor. Un prêtre, *envoyé du roi*, consacrait une nouvelle offrande, sans doute maintenant à l'intérieur de *la cour* dite *du peuple* : pains, pâtisseries, bière, vin, pièces de viande. Enfin, sous la protection des enseignes sacrées, parmi lesquelles le pieu d'Horus surmonté d'une tête de faucon, Hathor et le dieu d'Edfou étaient amenés au mammisi où ils devaient passer la nuit. C'était, comme on pouvait s'y attendre, dans le temple de la théogamie royale que les dieux célébraient leur union qui, en la circonstance, était un gage de fécondité générale. Mais le détail des cérémonies de la nuit nous échappe. Le lendemain les rites commençaient par une offrande pour les âmes divines du lieu. Un grand déploiement de joie semble avoir marqué ce début de journée tant à l'extérieur, parmi la foule, qu'à l'intérieur du temple; les choristes chantaient, accompagnés par les musiciens. Des danseuses, au milieu de l'exultation générale, exécutaient leurs mouvements rythmés, tandis que l'allégresse et les cris de joie retentissaient de toutes parts. Lorsque cette première partie du cérémonial était achevée, la procession se reformait, mais cette fois pour les chemins du désert et non plus pour le fleuve. A travers les cultures, puis les confins désertiques de la falaise libyque, elle gagnait le temple haut où était ensevelie l'*Ennéade d'Atoum*, les dieux primordiaux momifiés. Le clergé offrait la sempiternelle offrande solennelle et le ptérophore faisait exécuter des hymnes par les prophètes :

> *Horus est venu triomphant*
> *Et toute sa mission est accomplie.*
> *Sa mère Isis est en joie, car il a pris sa charge.*
> *Ce pays-ci, son cœur est heureux.*
> *Les âmes vivantes, elles s'éveillent sur leurs trônes,*
> *Parce qu'elles voient le maître des dieux.*
> *Le Collège divin de Rostaou est en fête.*
> *La jubilation court dans Behoudit.* (Trad. Alliot.)

Ces divinités chthoniennes, en reprenant vie, devaient aussi redonner vie à la terre et aux semences enfouies dans le sol. On accomplissait pour elles une série d'actes liturgiques dont quelques-uns sont difficiles à expliquer par le caractère général de la fête : on égorgeait un bœuf roux et une chèvre rousse. Puis on lâchait quatre oiseaux et on tirait quatre flèches, ce qui peut-être, comme à la fête-sed, donnait valeur cosmique à l'ensemble. Des spécialistes se livraient enfin à des actes de pure sorcellerie : ils brûlaient un hippopotame de cire rouge et deux crocodiles sur lesquels on avait écrit les noms des ennemis du roi et l'on piétinait les poissons, ce qui impliquait l'extermination des adversaires. Mais après une journée de plein air, les dieux rentraient le soir au bercail, à Behoudit.

Le troisième jour, un cérémonial tout semblable était exécuté. Seulement le soir, la procession, en revenant, faisait halte à la Maison de Vie du temple, célébrait le *cérémonial de la Maison de Vie* et, très probablement, y passait même la nuit. Jusqu'au treizième jour, on recommençait les mêmes liturgies. Enfin, c'était le retour. Mais comme Horus était allé chercher Hathor à Outjeset-Hor, il la raccompagnait jusque-là. Des chants de louanges vibrantes étaient exécutés et le couple se séparait enfin. Hathor reprenait sa navigation vers Dendara et son cortège s'égrenait et se dispersait lentement au passage de chaque localité dont les pèlerins et les dieux s'étaient joints à la déesse à l'aller.

Les temples intacts de la Haute-Egypte nous donnent donc le moyen de reconstituer la riche vie religieuse du pays et complètent les notices qu'Hérodote nous a laissées sur les six grandes fêtes du Delta. Mais quelques-unes des remarques de l'historien grec sont bien dignes d'être conservées : aux Boubasties, après avoir décrit les barques des pèlerins pleines de chants et de musique voguant vers Bubaste , il note, non sans malice, qu'*il est dépensé durant cette fête plus de vin de raisin que pendant tout le reste de l'année*. A Saïs, il décrit la nuit dite *des lampes ardentes*, durant laquelle les habitants allumaient des lampes à huile en plein air. Mais il ajoute que dans l'Egypte entière, ceux qui ne pouvaient se rendre en pèlerinage à la ville de Neïth illuminaient aussi de même façon leurs maisons, de sorte que le pays était éclairé sur toute son étendue. Il décrit enfin à Papremis ces simulacres de combat autour d'Horus et croit qu'il en résultait plus d'un mort, malgré les affirmations contraires des Egyptiens. Une stèle tardive paraît bien donner raison à Hérodote et fait allusion à des pèlerins qui, pour avoir pris part au combat, succombaient à leurs blessures. On ne peut s'empêcher de penser à ces gens du Moyen Age qui tuaient le personnage de Judas après avoir vu jouer le Mystère de la passion.

●

Cette vie religieuse intense de l'Egypte fut entretenue par un clergé abondant et spécialisé. A l'Ancien Empire, il ne paraît pas que les charges sacerdotales aient été très différentes des charges civiles. Mais peu à peu le service divin exigea la spécialisation. Elle eut peut-être lieu d'abord pour les prêtres funéraires. Chaque dieu local possédait ses prophètes . Dans les grands temples, il y en eut facilement quatre, comme à Karnak, pour Amon, dont le clergé, avec le temps, servit de modèle. Le mot égyptien que nous traduisons, avec les Grecs, par prophète, signifiait *serf du dieu*. Ces prophètes remplissaient les plus hautes fonctions, mais ils étaient assistés de beaucoup d'autres personnages sacrés. L'un des plus importants était le *porteur-du-rouleau*, c'est-à-dire celui qui tenait le papyrus sur lequel était écrit le cérémonial. Il savait lire et, plus tard, il fut chargé de composer les hymnes ou, au moins, de diriger leur exécution selon les normes rituelles parfaites. L'art de ces personnages sacrés était redoutable, car, connaissant le moyen infaillible de faire agréer aux dieux les rites, ils passaient pour sorciers, comme on le voit dans les contes tardifs. Ils portaient, au moins depuis l'époque saïte, de grandes plumes sur la tête. Aussi les Grecs leur donnaient-ils le nom de *ptérophores*, que nous pouvons leur conserver sans difficulté à la basse époque. Ils doivent se distinguer de ceux que les Grecs appelaient *hiérogrammates*, puisqu'ils ne traduisent pas les mêmes expressions égyptiennes dans les textes des synodes sacerdotaux ptolémaïques. Mais, parfois sans doute, pouvaient-ils se substituer les uns aux autres.

Les *stolistes* étaient ceux qui revêtaient les dieux de leurs habits au fond du sanctuaire. Les textes anciens les mentionnent sous le nom de *prêtres à mystère*. Enfin toute une série de clercs mineurs complétait ces ministres essentiels du culte dans chaque temple : c'était l'*horologue* qui annonçait l'heure prescrite par le rituel, l'*horoscope* qui observait les astres pour déterminer les temps liturgiques, le maître de chœur, les musiciens, les chanteurs. Depuis l'Ancien Empire les prêtres, dont le service était bien lourd, étaient divisés en quatre tribus qui prenaient leur tour auprès du dieu durant un mois, trois fois par an. Au début de leur vie sacerdotale ils devaient être intronisés prêtres au nom du roi et payaient un droit pour cela, au moins à l'époque grecque. Les revenus d'offrandes, dans les grands temples, étaient certainement fort substantiels et la place devait être recherchée. Mais il fallait d'abord posséder la lecture et l'écriture des hiéroglyphes ainsi qu'une culture étendue, comprenant non seulement la théologie, mais les rudiments des sciences annexes nécessaires à l'exercice de ce sacerdoce : calcul, astronomie, proportions, puis rituel, musique, littérature religieuse.

La prise du service dans le temple s'accompagnait d'exigences matérielles strictes : purifications, préparations, chasteté rituelle; une fois que le prêtre avait franchi l'enceinte du dieu, il lui était interdit de porter des vêtements de laine et il devait se raser le corps. De plus, le prêtre était tenu, par sa charge même, de s'élever à la vie spirituelle et de ne s'en point tenir uniquement à l'observance des rites : les conseils inscrits sur les montants des portes latérales, par lesquelles les desservants pénétraient dans le temple d'Edfou pour le service journalier, éclairent d'une belle lumière la haute idée que les meilleurs d'entre eux se faisaient de leur rôle : *Horus favorise celui qui est en sa garde en ce lieu, parce qu'il voit le bien qu'on y fait. Il garnit son temple de toutes richesses, pour nourrir ceux qui sont à son service. O prophètes* [...] *puissants pères du dieu,* [...] *chapelain du faucon d'or, prêtres-à-mystère, purs du dieu à Edfou et quiconque entre par cette porte : Qu'on se garde d'entrer en état d'impureté, car Dieu aime la pureté plus que des millions d'objets précieux* [...] *Ce qui le rassasie, c'est Maât.* [...] *Ne vous présentez pas en état de péché.* [...] *Ne dites pas de mensonge en sa demeure. N'ajoutez pas au poids et à la mesure, mais diminuez sur eux* [...] *Vous qui êtes gens d'importance, ne passez point sans une invocation vers lui, quand vous êtes déchargés de lui présenter des offrandes ou de le louer à l'intérieur de son domaine.* (Trad. Alliot.)

C'est un grand prêtre de Thot à Hermopolis Magna , Pétosiris, qui a laissé le souvenir d'un maître de vie spirituelle. Il était *Grand des cinq* : c'était le titre du grand prêtre de Thot, comme *Le grand des voyants*, ou *Celui qui voit le Grand*, était grand prêtre à Héliopolis. Chaque divinité locale avait ses desservants tout à fait particuliers outre les représentants du clergé qu'on voyait dans chaque grand temple. C'est ainsi qu'à Dendara, quelques membres du clergé portent des noms qu'on trouve seulement en cette ville : Le *Musicien*, *Horus*, *Le-prophète-de-l'uraeus-qui-s'unit-à-sa-forme*, *le jeune homme*, *prophète de la Haute-Egypte*. Mais il y avait des appellations aussi originales partout. D'autres étaient liées à une divinité. Hathor avait une pléiade de musiciens et de musiciennes pour célébrer ses mystères nocturnes. Leurs noms sont évocateurs : *bouclées*, *vierges*, *sacrées*, *chanteuses*, *parfaites*, *douces*. Le travail est loin d'être fait, qui nous permettra un jour de savoir à peu près le rôle que jouèrent ces différents sacerdoces dans le clergé égyptien beaucoup plus compliqué dans le détail que ne le laisserait penser la page bien connue dans laquelle Clément d'Alexandrie le décrit, ou les lignes que lui consacre le philosophe Chaeremon, cité par Porphyre.

•

Il n'est guère possible de passer sous silence, pour finir, une extraordinaire déformation du sentiment religieux que l'on croyait naguère avoir été à l'origine de la religion, la sorcellerie. Il convient, en effet, de réserver le mot magie — qui n'a rien de péjoratif en égyptien — pour les activités qui consistent à trouver les moyens d'entretenir et de protéger la vie. La médecine la plus rationnelle était magie pour un Egyptien, tout comme la mathématique, au moins quand on la considérait sous l'angle où elle est utile pour conserver les forces vitales des dieux ou des hommes. Il faut avouer d'ailleurs que les conceptions mêmes que l'ancien Egyptien s'était forgées l'incitaient à la sorcellerie. La puissance du nom et la croyance en la possibilité pour un ka ou un baï de résider en une image et d'y trouver un support matériel fournissaient à l'esprit un terrain de choix pour agir au moyen des noms tout-puissants ou des images, dont le corps n'était sans doute que celle à laquelle on tenait le plus. Et pourtant ces étranges croyances sont loin d'avoir eu à l'époque ancienne l'importance qu'elles prendront au début de notre ère. Sans doute les contes nous apprennent-ils que sous le roi Khéops, les spécialistes savaient remettre en place des têtes coupées, rendre l'eau aussi dure que la glace et la couper comme une grande motte de beurre ou encore donner la vie à un crocodile de cire pour qu'il punisse un adultère. Mais c'étaient justement des histoires extraordinaires dont on était friand parce qu'elles excitaient l'imagination.

On réservait encore la sorcellerie pour son propre domaine. On savait fort bien la laisser à sa place. Et un livre entier de chirurgie pratique, comme celui du papyrus Edwin Smith, ne contient aucune formule qui pût être substituée au traitement. On garde les incantations pour les textes funéraires, peut-être parce que l'on pense généralement que dans l'au-delà rien ne sera plus efficace que la puissance du verbe, qui seule demeurera. Dans d'autres cas, au Moyen Empire par exemple, des livres de médecine donnent côte à côte un traitement qui paraît rationnel et une formule destinée, sans doute, à en accroître l'efficacité. Voici un remède pour guérir une brûlure. Un court dialogue le précède, qui ne manque pas de piquant :

« *Ton fils Horus est en flammes sur le plateau désertique.*
— *Y a-t-il de l'eau là?*
— *Il n'y a pas d'eau là.*
— *Il y a de l'eau dans ma bouche et un Nil entre mes cuisses. Je suis venue pour éteindre le feu.* »

A réciter sur du lait d'une femme qui a mis au monde un garçon, sur de la gomme odorante et des poils de bouc. A placer sur la brûlure. (Trad. Lefebvre.)

Sans doute l'idée d'identifier le patient à Horus et le remède à celui que trouva Isis dans une situation analogue, correspond-elle à la pensée de tel de nos contemporains qui avale une potion en récitant un *Ave Maria.* Il n'y faut sans doute guère voir plus que cela.

Il y a des cas, mais seulement au Nouvel Empire, du moins dans l'état actuel des connaissances, où le sorcier usurpe la personnalité d'un dieu pour agir en son nom et place. L'identification déjà n'est plus utilisée, dans une circonstance pareille à celle que fournit la mythologie, pour tirer d'affaire un patient. Elle est substitution étrange de l'homme à la divinité et préjuge de la volonté divine avec une outrecuidance qui montre nettement l'aberration du sens religieux. Dans le papyrus Harris, pour arrêter une crue anormale, le sorcier propose l'incantation suivante :

Tu ne seras pas mon supérieur : je suis Amon.
Je suis Onouris, le bon guerrier; je suis le Grand, Seigneur de la force.
N'attaque pas : je suis Montou.
Ne menace pas : je suis Soutekh...

Chose étrange pour nous, ces personnages n'hésitaient pas à employer dans leurs conjurations les textes religieux les plus beaux et de la meilleure veine spirituelle. Ce qui montre le rapport que l'on établissait couramment, même dans les milieux élevés, entre la religion et la sorcellerie. D'ailleurs, n'écrivit-on pas au Moyen Empire les noms des ennemis de l'Egypte, Asiatiques, Nubiens ou Soudanais, sur des statuettes ou des tessons destinés à être neutralisés par des procédés magiques ? On imagine difficilement que d'autres personnages que des fonctionnaires d'un rang relativement élevé aient pu se livrer à de telles pratiques. Ce sont celles de l'envoûtement. Nous savons qu'elles ont été reprochées aux prévenus de la conspiration du harem sous Ramsès III et qu'elles jouèrent même un rôle dans le culte, puisqu'on dépeçait un hippopotame en pâte à gâteau représentant Seth aux fêtes solennelles de la Victoire à Edfou.

Un autre aspect de la superstition — liée souvent aux coutumes funéraires — était le port des amulettes de toutes formes et de toutes matières. Quelle que soit l'importance de la matière, la forme jouait un rôle de premier ordre. Les figures divines apportaient évidemment la protection souhaitée. Bès et Touèris protégaient les accouchées, Ptah les artisans; Sobek éloignait les crocodiles. Mais que penser d'un talisman représentant Amon quand on sait que des maximes si belles concernant le dieu sont gravées sur certains scarabées ? Entre la piété et sa contrefaçon absurde, en ce temps où Descartes n'avait pas distingué très clairement la pensée et l'étendue, il est difficile parfois de choisir avec quelque sécurité parce qu'il y a toute une région indécise où le signe peut être interprété dans plusieurs sens. Les couronnes ou les instruments dont se sert le roi dans les actes du culte facilitaient l'assimilation à ce dernier et devenaient un moyen de participer à son immortalité. Les symboles hiéroglyphiques assuraient à leur possesseur le sens qu'on leur attribuait : l'œil-oudjat donnait la santé, maât, la vérité, le djed la durée et le papyrus l'épanouissement de la vie. Le scarabée procurait le devenir sans fin du dieu Khépri lui-même et symbolisait aussi le cœur du défunt. A moins de rigueur excessive, ne jugeons pas ces pratiques beaucoup plus sévèrement que celle des médailles chez nous.

On a l'impression très nette, du reste, que toute cette spéculation étrange et mystérieuse prit avec le temps des proportions de plus en plus considérables. C'est, en tout cas, à l'époque tardive qu'on voit apparaître ces bizarres statues couvertes de textes, ou ces stèles garnies d'images et d'inscriptions prophylactiques que l'on plaçait sur un socle garni de bassins. On y versait de l'eau qui coulait sur les figurations et les formules et s'imprégnait ainsi de leur force magique. Elle se rassemblait dans les bassins où l'on puisait ce breuvage sacré pour le donner en particulier à ceux qui avaient subi des morsures de serpents ou des piqûres de scorpions. Ce procédé devint si courant que l'on édifia même dans l'enceinte des temples, où devaient se trouver la Maison de Vie et ses médecins, de véritables établissements de cure. Il en existe un bel exemple datant de la fin de l'époque grecque à Dendara. On avait disposé dans un couloir cimenté des socles couverts de formules et des statues de même nature, aujourd'hui disparues. On les arrosait. L'eau coulait dans un réservoir d'où on la retirait pour donner aux malades des bains de pieds, des bains de siège ou des bains complets.

Tout autour de cette installation se trouvaient des chambres qui ne peuvent guère être autre chose que les lieux dans lesquels on procurait aux patients un sommeil cataleptique durant lequel des songes leur indiquaient les remèdes appropriés à leurs maux. Ce n'étaient d'ailleurs souvent que des matières médicales reconnues pour telles. Les papyrus de Zénon mentionnent qu'Apollonios demandait à un de ses correspondants de lui rapporter du miel attique pour confectionner un collyre que le dieu lui avait révélé en songe. Les Grecs n'usaient pas seulement de l'incubation en Egypte, mais aussi en Grèce même.

A l'époque romaine, les procédés de sorcellerie avaient atteint un degré de développement très poussé. Un long grimoire démotique, que se partagent les musées de Londres et de Leyde, expose les moyens d'évoquer toutes sortes d'êtres, hommes vivants ou morts, esprits, dieux, astres, au moyen d'une lanterne, d'un vase ou surtout par l'intermédiaire d'un jeune médium. Tous ces procédés sont bien connus de toutes les magies. Voici un passage qui donne les prescriptions nécessaires pour faire tomber le médium en hypnose avant de l'interroger :

Tu amènes un garçon chaste et récites la formule des esprits qui est prescrite pour ce but. Tu l'amènes devant le soleil et le places debout sur une brique neuve au moment où le soleil se lève. Quand toute la boule solaire montera en haut, tu lui mets une chemise de lin neuve et lui ordonnes de fermer ses yeux. Puis tu te places derrière lui et récites en bas sur sa tête, en frappant sa tête de ton doigt solaire de la main droite après avoir frictionné ses yeux d'un onguent fabriqué d'avance : « Nasira, Oapkis, Shfe Shfe, Bibiou est ton vrai nom — deux fois — Lotus, ouvre-moi le ciel dans sa largeur et dans sa profondeur [...] » *Puis tu récites sept fois une formule à forcer, pendant laquelle les yeux sont fermés* [...] *Tu jettes de l'encens dans la poêle et dis après tout cela le grand nom suivant : (Tu le dis sept fois du commencement à la fin et vice-versa)* AOUEBOTHIA BATHABAITHOBEOUA, *et tu ajoutes : « Puisse le garçon apercevoir la lumière! Que vienne le dieu entre les mains duquel est le commandement! Qu'il me réponde véridiquement et infailliblement à tout ce que je vais lui demander aujourd'hui!* » (Trad. Lexa.)

Mais peu à peu l'esprit se prend de vertige à ces sortilèges et ne distingue plus entre le licite et l'illicite, la protection de la vie et le délit le plus caractérisé — toujours grave même s'il demeure purement intentionnel. Le même grimoire contient, outre des séries de formules destinées à guérir des morsures, des étouffements par arrêt d'un os dans la gorge, la fièvre, les maladies d'yeux, la goutte, des procédés pour confectionner des filtres d'amour et même des moyens de séparer une femme de son mari pour la procurer à un autre. Rien ne manque, on le voit, à cette magie noire et on ne sera qu'à demi étonné de la rencontrer, à l'époque copte, dans les vies des pères du désert. Apa Macaire devra ramener à sa vraie nature une femme transformée en cheval et les diableries de saint Antoine s'expliquent en grande partie par la décomposition intellectuelle d'un milieu où les forces épuisées de la raison font place aux fantasmagories les plus bizarres d'une imagination dévergondée, au service des instincts les moins avouables.

Ce n'est là, toutefois, qu'un aspect relativement très récent de la pensée égyptienne. Il est à rapprocher de l'exagération tardive du culte des animaux , de l'importance que prirent les tabous et de l'accroissement de la superstition. Ce fut du reste dans tout l'Empire romain que ces succédanés de vie spirituelle se développèrent. Quand la raison sombre, les puissances des ténèbres s'emparent de l'esprit. Mais l'homme ne peut jamais perdre totalement son intelligence et l'on s'aperçoit, en étudiant de plus près cette sorcellerie, qu'elle a gardé quelques acquisitions des conquêtes précédentes de l'esprit. En tout cas, les formes aberrantes finales, si elles avaient de profondes racines dans les plus vieilles conceptions de l'Egypte, n'affectent pas les grandes époques, où sa jeune civilisation connut ses moments de grandeur, et ne sont que des déformations pathologiques d'une vieillesse prolongée.

CHAPITRE IX

LITTÉRATURE ET HUMANISME

POUR qu'une littérature digne de ce nom prenne naissance, un certain nombre de conditions sont requises. Il y faut des cercles et des groupes sociaux où puissent s'éveiller des vocations littéraires. Un corps au moins de personnes, dans l'Etat, doit pouvoir trouver intérêt et plaisir à prendre connaissance des œuvres. Enfin, pour les compositions d'imagination, il faut un public suffisamment instruit et possédant assez de loisir pour y prendre goût et faire naître chez l'auteur le désir de rivaliser avec les autres ou avec lui-même. L'Egypte antique, qui possédait ces facteurs, créa en fait une littérature vraiment digne de ce nom. On ne saurait, en effet, nommer ainsi les essais rudimentaires de certains peuples qui, ne possédant pas d'écriture, ont néanmoins des chants improvisés ou des compositions religieuses transmises oralement. Si l'Egypte antique n'avait connu que les mélopées des travailleurs dans leurs champs ou sur leur chantier et les contes débités par quelque beau diseur pour un certain nombre de badauds, elle pourrait posséder un riche folklore, mais sa vie littéraire serait inexistante.

Or, elle eut de toute antiquité des écoles de scribes. Dès les dynasties thinites, conscient du rôle capital que l'écriture pouvait et devait jouer dans l'administration, le pouvoir créa des centres où les scribes pouvaient se former au maniement de cet instrument délicat. Au Moyen Empire, les scribes, très fiers de leur profession, méprisaient toutes les autres et tâchaient dans leurs œuvres d'inspirer le même sentiment à leurs élèves. Mais, dès la Ve dynastie, les moralistes devaient rabattre la jactance de ceux qui se disaient savants et leur faire remarquer qu'ils n'avaient pas le privilège de la pensée juste. Il est évident que la vanité dès ce temps ancien était une marque distinctive de la profession littéraire. Celle-ci, du reste, avait amené les écrivains à ne se point contenter d'écrire pour exprimer leur pensée. Ils en étaient arrivés peu à peu à rechercher le beau langage pour lui-même. Une véritable émulation s'ensuivit. Elle apparaît surtout au Nouvel Empire, quand l'organisation de l'enseignement est chose bien établie. Des ouvrages entiers sont composés de défis que se lancent de savants partenaires. Un des témoignages les plus amusants à cet égard est fourni par deux graffites de la XVIIIe dynastie, tracés à l'encre dans la chapelle de la Maison du Sud près de la pyramide de Djéser à Saqqara. Un premier visiteur, lyrique, a commencé par écrire : *Le scribe Ahmosis, fils de Iptah, vint pour voir le temple de Djéser. Il le trouva comme si le ciel était en lui, Rê se levant en lui. Puis il dit :* « *Que pains, bœufs, volailles, et toutes choses bonnes et pures tombent du ciel pour le ka de Djéser, juste de voix. Puisse le ciel pleuvoir de l'oliban frais. Puisse-t-il verser goutte à goutte de la résine de térébinthe.* » *Par le maître d'école Sethemheb et par le scribe* [...] *Ahmosis.* Mais, tout à côté, un collègue a trouvé cette littérature fade, ampoulée et banale. Il ne manquait pas d'avoir bonne opinion de lui puisqu'il se qualifie lui-même de *scribe d'une habileté sans égale parmi tous les gens de Memphis.* Et il ajoute : *Explique-moi ces mots. Je suis écœuré lorsque je vois l'œuvre de leurs mains* [...] *On dirait l'œuvre d'une femme inintelligente. Pourquoi ne les a-t-on pas dénoncés avant même qu'ils entrassent pour voir le temple ? J'ai vu un scandale. Ce ne sont pas des scribes inspirés par Thot.*

Il est certain que ces écoles constituaient des milieux favorables à la vocation littéraire. Pour peu que les amateurs de beau langage aient quelque chose à exprimer, ils le diront mieux que celui qui est dénué de moyens. Il n'est pas douteux que les Egyptiens ont recherché des effets d'art et qu'ils ont été fort conscients du travail que doit fournir l'artiste. On a répété, un peu trop et sans y regarder d'assez près, que les œuvres littéraires égyptiennes, comme la plupart de celles du Proche-Orient, étaient anonymes. C'est vrai de certaines d'entre elles et de certains genres. Les Annales royales, par essence, ne portent pas de nom. L'auteur devait avoir l'impression d'être un simple enregistreur. Les contes ne sont pas signés non plus. Aussi bien, beaucoup pouvaient provenir, pour le fond, de vieilles données folkloriques que se transmettaient les générations. Personne ne savait de qui était la narration ancienne. En revanche, toutes les œuvres nées dans les cercles des scribes sont signées : en particulier tous les Enseignements sapientiaux. Le chant du harpiste rappelle :

J'ai entendu les dits d'Imouthès et de Hardedef
Avec les mots desquels tout le monde parle aujourd'hui.

Mais le sentiment de la propriété littéraire était plus profond que cela chez les Egyptiens. En un passage conservé dans un recueil de « morceaux choisis », où les élèves devaient se former au bon goût, se trouve un vibrant rappel de l'immortalité que procure une grande œuvre.

Ces écrivains savants du temps des successeurs des dieux,
ceux qui annonçaient le futur,
il est arrivé que leur nom dure pour l'éternité,
bien qu'ils soient partis, ayant accompli leur vie,
et que toute leur parenté soit oubliée.

Ils ne se sont pas construit des pyramides de bronze
avec des pierres tombales de fer.
Ils n'ont pas su laisser d'héritiers [...],
des enfants pour prononcer leur nom.
Mais ils se sont procuré en guise d'héritiers
les livres d'enseignements qu'ils ont écrits.
Ils se sont fait du rouleau de papyrus un cérémoniaire
et de la tablette à écrire un « fils-chéri » (prêtre funéraire).
Leurs livres d'enseignements sont leurs pyramides
et le calame est leur enfant.
La surface de la pierre devint leur femme.
Puissants et humbles devinrent leurs enfants,
car le scribe est le chef d'eux tous.

Il a été construit pour eux des portes et des demeures,
mais elles sont tombées en ruine.
Leurs prêtres-de-ka ont disparu,
leurs pierres tombales sont couvertes de poussière
Et leurs tombes sont oubliées.
Mais leur nom est prononcé
A cause de leurs livres qu'ils ont écrits,
tant ils demeurent parfaits.
Et le souvenir de celui qui les a faits atteint les limites de l'éternité.

Sois un écrivain, place cela dans ton cœur.
Que ton nom vienne à l'existence pareillement.

Plus profitable est un livre qu'une pierre tombale gravée,
qu'une paroi de chapelle solidement construite.
Il sert de demeure et de pyramide
afin de faire prononcer leur nom.
Il est assurément profitable dans la Nécropole
Un nom qui ne cesse d'être sur les lèvres de l'humanité.

Un homme a disparu, son corps est poussière,
toute sa parenté est retournée à la terre,
mais un livre le fait mentionner par la bouche de celui qui lit.
Plus profitable est un livre que la maison du bâtisseur,
que des demeures dans l'Occident.
C'est meilleur qu'une tour bien fondée
et qu'une stèle commémorative dans un temple.

Y a-t-il maintenant quelqu'un de semblable à Hardedef ?
Y en a-t-il un autre comme Imouthès ?
Personne ne fut dans notre génération comme Neferti et Akhtoès,
qui était un maître parmi eux.
Je te rappelle les noms de Ptahemdjehouty et Khâkheperrêseneb.
En existe-t-il d'autre comme Ptahhotep et Kaïres ?

Ces sages ont annoncé le futur,
qui est sorti de leur bouche.
On trouva que c'était une sentence
qui était écrite dans leurs livres.
Les enfants d'autres personnes leur sont donnés comme héritiers,
à la place de leurs propres enfants.
Ils ont caché leur magie de tout le monde,
mais on la lit dans un livre d'enseignement.
Ils sont passés, leurs noms sont oubliés.
Mais leurs écrits font qu'on se souvient d'eux.

Il fallait lire ce beau texte dès le début pour comprendre combien les anciens Egyptiens ont apprécié à sa valeur la production littéraire et combien, à leurs yeux, elle avait d'importance pour l'auteur qui avait la certitude d'atteindre par son art à l'immortalité bienheureuse. Des écrivains célèbres que cite cette page classique, nous n'en connaissons que deux, Ptahhotep et Khâkheperrêseneb. Cela donne une idée du nombre des œuvres disparues.

On a calculé qu'il s'en était perdu plus de quarante-quatre. Ce chiffre est certainement très au-dessous de la réalité.

Pour cette littérature personnelle, dont les œuvres portent le nom de l'auteur, il fallait un public, sinon elle ne se fût jamais développée. Or la classe des fonctionnaires qui devait, avant d'entrer dans l'administration, passer par les écoles, formait pour les écrivains un auditoire de choix, à la fois exigeant et pédant. La nature même de ce groupe social explique en partie le caractère des œuvres. Leur aspect scolaire et technique procède de cette origine. La reprise à peine modifiée de thèmes anciens sera un indice de science. Il faudrait se garder de conclure qu'un événement, relaté sur le mode épique de manière analogue à un autre plus ancien, n'a pas eu lieu. L'auteur a voulu tout simplement étaler ses connaissances et il a utilisé le texte antérieur. Comment faire mieux que les ancêtres ? Littérature traditionnelle, elle est aussi souvent littérature d'érudition, étalage complaisant de ce que le scribe sait ou croit savoir. Elle utilisera la rhétorique de l'époque, en particulier les jeux verbaux sur une même racine. Qu'on se souvienne des variations exécutées par Ptahhotep sur le verbe *écouter*, *obéir* ! A l'époque tardive, cette tendance est surtout sensible dans la littérature religieuse qui, cherchant à exprimer l'idée par des tableaux symboliques, finit par compliquer de manière extraordinaire l'écriture, alors que la langue et la pensée restent simples.

Heureusement, un autre public permit à une littérature plus spontanée de se développer. Ce fut celui de la cour dans les différentes capitales. Nous devinons assez bien celui de la Résidence du Moyen Empire et pas mal de traits de la cour de Thèbes au Nouvel Empire sont bien connus. Ce qu'aimaient ces gens, plus frivoles, c'était que l'on chantât les sentiments qu'ils éprouvaient. Dans les réunions des élégantes à Thèbes, tandis que de jeunes servantes, à peine vêtues, passaient parmi les convives pour distribuer des fleurs, des parfums ou des rafraîchissements, un orchestre composé d'un harpiste, de joueurs de luth et de flûtistes accompagnait un chant invitant à jouir d'une vie si brève. Lors des fêtes qui se donnaient au moment des noces, des jeunes gens ou des jeunes filles, en solo ou en chœur, modulaient des chants d'amour. Ainsi se développa toute une poésie lyrique, où la mort, l'amour, la nature formèrent le fond des développements.

Le culte imposait la composition d'hymnes religieux, que l'on chantait lors des fêtes. Beaucoup comportent des refrains, ce qui implique l'existence de chœurs. Des personnalités extraordinaires, comme Aménophis IV, éprouvèrent le besoin d'exhaler leur sentiment religieux en des strophes merveilleuses. Plus d'un sage et d'un saint a tenté de traduire sur une stèle ou sur les murs de sa tombe une expérience religieuse. La mimique qui accompagnait certaines liturgies, dont quelques-unes étaient de véritables drames, comme le mystère de *la Naissance divine*, amena sans doute peu à peu à concevoir et à jouer devant les foules, sur le parvis des temples, des sortes de mystères mythologiques qui demeurent les premiers témoignages connus de compositions dramatiques.

Enfin ce public palatin, friand dès l'Ancien Empire d'assister auprès du roi à toutes les magies destinées à distraire le souverain, devait aimer aussi entendre raconter les faits les plus extraordinaires, ceux qu'il ne pouvait pas voir. Nul doute que les contes écrits aient d'abord été dits par des conteurs à la cour, ou même peut-être dans des cercles d'auditeurs plus humbles, aux carrefours de la capitale ou des villes de quelque importance. Le style de certains d'entre eux est plutôt parlé, usant sans cesse des mêmes formes grammaticales et de formules toutes faites destinées à la fois à reposer l'attention de l'auditeur et à soulager la mémoire de celui qui débite l'histoire. De la littérature la plus savante et parfois la plus pédante, la vieille Egypte passe à l'expression la plus spontanée et la plus directe des sentiments personnels ou au récit d'aventures héroïques ou mythiques.

•

De l'Ancien Empire nous ne connaissons que trois genres littéraires : la poésie religieuse, les enseignements moraux, la biographie. Mais de la production morale, déjà fort abondante en ce temps, il ne subsiste qu'un livre complet, celui de Ptahhotep.

Les *Textes des Pyramides* ne sont pas autre chose que des parties d'un rituel funéraire qu'on a gravé dans les chambres souterraines de la pyramide d'Onnos, puis des rois de la VIe dynastie. Toute une part, strictement liturgique, n'a qu'un rapport lointain avec la littérature. Mais certaines pages, hymnes ou adresses au mort, sont d'une beauté et d'une puissance qui nous frappent encore. Un lyrisme un peu violent inspire parfois des poèmes très bien construits où apparaît déjà le parallélisme qui est une des lois les plus générales de la poésie dans tout le Proche-Orient ancien. La croyance, profondément ancrée dans les esprits, que le mot prononcé crée la réalité, s'exprime en ordres grandioses ou en affirmations péremptoires destinées à assurer au roi mort survie et puissance. Ainsi les plus anciennes compositions humaines de quelque importance qui nous soient parvenues non seulement offrent des renseignements historiques inestimables mais aussi procurent un choc psychologique qui n'est pas uniquement un dépaysement. Le lecteur moderne a l'impression de communier avec une expérience religieuse radicalement différente de la nôtre, dans un monde qui n'est plus du tout celui de la culture raffinée qui se développait sous la Ve dynastie.

Voici, à titre d'exemple, en quels termes impératifs et pleins de foi, on affirmait la survie du roi :

Celui qui vole, qu'il vole.
Il s'envole loin de vous, hommes.
Il n'est plus pour la terre,
Il est pour le ciel.
Toi, dieu de sa cité, son ka est près de toi.
Il est monté à l'assaut du ciel comme un héron,
Il a embrassé le ciel comme un faucon,
Il a pris son élan vers le ciel comme une sauterelle.

La triple image terminale, suivant l'ordre donné au roi d'aller au ciel et l'affirmation qu'il est fait pour le ciel, est merveilleusement évocatrice : le vol ascendant et sûr du héron qui monte droit, le vol plané du faucon les ailes largement ouvertes et le bond instantané de la sauterelle ont été observés, notés et utilisés avec une grande habileté pour traduire un désir d'ascension et d'immortalité.

Mais, ailleurs, c'est l'étrangeté même des conceptions et des images qui déconcerte le lecteur moderne et qui surprenait peut-être déjà le lecteur égyptien de l'Ancien Empire. Il s'agit de procurer au roi défunt le maximum de puissance et de force. Il sera donc appelé à absorber les pouvoirs divins eux-mêmes, à les faire siens en se les incorporant. Sous une forme parfois brutale, les vers mettent au service d'Onnos les dieux dont quelques-uns égorgent et font cuire leurs congénères pour le repas du roi. C'est ce qu'on a appelé « l'hymne cannibale ». Mais il est bien difficile de dire ce que signifiait exactement ce texte dans la pensée d'un Egyptien cultivé de l'Ancien Empire. De toute façon, puisqu'il s'agit des dieux, dont on s'empare au lasso comme on fait des taureaux sauvages, il ne peut s'agir ici que de métaphores. Il faudrait d'ailleurs dire plutôt que c'est l'hymne de la chasse aux dieux. Sa beauté sauvage est indéniable. En voici une partie :

Le ciel est nuageux, les étoiles se sont obscurcies.
Les arcs s'ébranlent, les os du dieu de la terre tremblent.

Les mouvements cessent, quand ils ont vu Onnos qui surgit dans sa puissance,
Comme un dieu qui vit de ses pères et qui se nourrit de ses mères.
Onnos est le Seigneur de ruse, lui dont sa mère ignore le nom.
Le prestige d'Onnos est dans le ciel, sa puissance est dans l'horizon.
Comme son père Atoum qui l'a engendré
— Il l'a bien engendré, mais il est plus fort que lui. —
Ses forces vitales sont autour de lui, ses qualités sont sous ses pieds.
Ses dieux sont sur lui ; ses uraeus au sommet de sa tête,
Celle qui le guide est devant lui [...]
Onnos est le taureau du ciel [...]
qui vit de l'essence de chaque dieu
qui a mangé leurs viscères quand ils sont venus
— avec leur ventre plein de force magique —
de l'île de la flamme.
Onnos est quelqu'un de pourvu, qui s'est incorporé les esprits [...]
Onnos est celui qui est jugé avec Celui-dont-le-nom-est-caché,
en ce jour où est égorgé l'aîné.
Onnos est un seigneur des offrandes, qui lie la corde,
qui prépare lui-même sa provende.
C'est Onnos qui mange les hommes et qui vit des dieux,
Seigneur des tributs, qui envoie des messages.
Le saisisseur-des-crânes, qui est à Kehaou, est celui qui attrape au lasso pour [Onnos,
L'attrape-têtes est celui qui les surveille et les punit pour lui.
Celui-qui-est-rouge les lie pour lui.
C'est Khonsou celui qui tue les Seigneurs et les égorge pour Onnos
et retire pour lui ce qui est dans leurs corps.
L'envoyé est celui qu'il envoie pour punir.
Chesmou est celui qui les coupe en morceaux pour Onnos,
et qui en cuit pour lui dans ses chaudrons du soir.
Onnos est celui qui mange leur magie et avale leurs esprits.
Les grands parmi eux sont pour son repas du matin,
Les moyens parmi eux sont pour son repas du soir.
Les petits parmi eux sont pour son repas de la nuit.
Les vieux et les vieilles parmi eux sont pour ses encensements.
Les anciens habitants du ciel septentrional allument le feu sous les chaudrons avec les cuisses de leurs aînés.
Les habitants du ciel servent Onnos,

quand les foyers ont été préparés pour lui avec les pieds de leurs femmes.
Il a fait le tour des deux ciels, en entier.
Il a fait le tour des deux rives,
Onnos est le Tout-Puissant, qui a puissance sur les puissants.
Onnos est le faucon qui vole au-delà des faucons, le Grand.
Celui qu'il trouve sur sa route, il le mange morceau par morceau.
La place d'Onnos est à la tête de tous les nobles qui sont dans l'horizon.
Onnos est un dieu qui est l'aîné des aînés [...]

Point n'est besoin d'analyser dans le détail cette page pour y voir combien le rédacteur a voulu par tous les moyens exalter le pouvoir incroyable du roi défunt. C'est si bien le sens général et profond qui ressort du passage que, lors d'une relecture, le scribe a ajouté des commentaires : *Il l'a bien engendré, mais il est plus fort que lui*, ou bien *avec leur ventre plein de force magique.* Ils étaient évidemment destinés à préciser et à mettre en valeur cet aspect de la personnalité royale et divine dans l'autre monde. Puis ils ont été intégrés dans le texte plus tard. Procédé qui sera courant dans les livres égyptiens, mais qu'il était bon de signaler dès l'origine.

Ajoutons que les formes littéraires sont variées : hymnes de louanges aux dieux commençant par : « Salut à toi », dialogues mythologiques ou même invectives, dont quelques-unes sont atroces — car l'égyptien, comme le latin, peut en ses mots braver l'honnêteté. Mais tout cela nous est encore lointain et la puissance barbare de ces compositions a beau être fascinante, elle n'arrive que difficilement à plaire. Et elle n'a d'ailleurs jamais été conçue pour cela.

Il en est tout autrement des œuvres morales. Ce n'est pas seulement parce que la Bible nous a habitués à lire les *Proverbes*. C'est que déjà ces réflexions des sages ont beaucoup d'attrait. Elles ne manquent ni de finesse, ni d'acuité psychologique et elles gagneraient à être méditées aujourd'hui encore par plus d'un de ceux qui les lisent. Sans doute leur style nous gêne-t-il beaucoup pour traduire. Ptahhotep a visiblement tourné ses méditations en beau langage. La concision de ses phrases est parfois extrême et sa lecture en était déjà difficile pour les anciens Egyptiens puisqu'ils ont éprouvé, plus tard, le besoin d'en élaborer une version plus développée et plus claire, car ils ne pouvaient renoncer à un tel classique. Mais la densité de l'original est irremplaçable et c'est lui qu'il faut traduire, autant que possible.

Pensée, style, composition, tout marque l'œuvre littéraire mûrement réfléchie et habilement conçue. Nous avons déjà cité abondamment cet

Enseignement et ne nous y attarderons pas. Qu'on se souvienne pourtant avec quel art il débute par une description des inconvénients de la vieillesse. L'auteur est contraint de chercher une aide auprès de son fils et c'est pour le former qu'il écrira ses préceptes. Ensuite, il faut avouer qu'à notre goût la composition paraît décousue. Des conseils de civilité puérile et honnête voisinent avec de fines remarques psychologiques. Mais si la forme de notre esprit exige une organisation rationnelle et un classement des matières, l'alternance de conseils de politesse et d'exigences morales, impliquant une surveillance de sa propre pensée et une tentative, requérant l'effort, pour modifier son propre caractère, est peut-être pédagogiquement excellente et résulte d'une grande expérience de l'enseignement. Une remarquable grammaire égyptienne, de nos jours, distribue la connaissance de la langue avec une progression qui donne sans doute de bons résultats, mais qui ne facilite pas la recherche quand, plus tard, on désire y retrouver quelque chose. L'empirisme de Ptahhotep n'est peut-être donc pas aussi maladroit qu'il peut paraître au premier abord.

Sur le fond même, nous n'avons que quelques mots à dire puisque l'aspect religieux que revêt l'éthique de l'Ancien Empire a déjà été étudiée. En de courtes exhortations, le vieux vizir demande à son disciple le silence, la froideur de l'esprit réfléchi. Eviter la colère, la dispute inutile et chercher une vie sociale conciliante et tranquille. Puis il passe à des défauts plus difficiles sans doute à chasser : comme l'avidité et l'avarice. Il recommande la discrétion, la fidélité. Enfin, dans la vie personnelle, il convient de rejeter les passions incontrôlées. Voici une très jolie page sur la perdition due aux femmes :

Si tu veux maintenir la paix dans une maison,
où tu as tes entrées comme Seigneur, comme frère ou comme ami,
en quelque endroit que tu entres,
garde-toi d'approcher des femmes.
Un lieu où elles sont ne peut être bon [...]
Mille hommes se sont tenus à l'écart de ce qui leur aurait été utile.
C'est un moment bref comme un songe
Et l'on trouve la mort pour l'avoir connu.

Et, pour finir, ces conseils délicats sur le mariage :

Si tu es un homme en vue, fonde-toi un foyer
Et aime ta femme dans la maison, comme il lui appartient.

Donne-lui à manger et couvre son dos de vêtements.
C'est un remède pour ses membres que le parfum onctueux.
Réjouis son cœur tant qu'elle vit.
C'est un champ excellent pour son seigneur.

Sans doute dans l'analyse des sentiments, les moralistes du Nouvel Empire iront plus loin. Mais il vaut la peine de noter combien le vieux vizir déjà, dans cette société très généralement monogame, a su mettre l'accent sur le rôle de l'amour conjugal.

Enfin, l'on voit apparaître à l'Ancien Empire un genre littéraire promis dans l'Egypte antique à une grande floraison : la biographie *. Déjà ces récits sont de deux sortes. D'une part ce sont des professions de foi du défunt, déclaration des principes auxquels il s'est conformé pour accéder à la vie future. Il se contente de nous décrire l'idéal moral qu'il a réalisé sur terre, sans attacher d'importance, autre qu'épisodique, aux faits réels qui se sont produits durant son existence : *J'ai accompli Maât pour son Seigneur. Je l'ai réjoui de ce qu'il aimait. J'ai dit la vérité et me suis conduit selon la norme. J'ai bien parlé et j'ai annoncé ce qui était bien. J'ai accompli le bien parce que je voulais que les gens connussent le bonheur à cause de cela. J'ai jugé deux adversaires de sorte qu'ils soient tous deux satisfaits. J'ai sauvé le faible de celui qui était plus fort que lui, autant que j'ai pu. J'ai donné du pain à celui qui avait faim, un vêtement à celui qui était nu et j'ai déposé à terre celui qui n'avait pas de barque. J'ai enseveli celui qui n'avait pas de fils. J'ai fait un bateau à celui qui n'avait point de bateau. J'étais respectueux à l'égard de mon père, aimant à l'égard de ma mère et j'ai élevé leurs enfants.* Il est à peine besoin de souligner les rapports étroits de ces biographies avec l'idéal moral des sages, tel qu'il nous apparaît dans leurs Enseignements. Il est certain que, formés à l'école des grands vizirs de l'empire, les fonctionnaires appliquaient, ou essayaient d'appliquer, durant leur vie, les règles qu'on leur avait inculquées dès leur jeunesse.

Mais dès ce temps, d'autres grands personnages ont voulu transmettre à la postérité le récit de leur carrière dans son aspect seulement historique. Le plus bel exemple qui soit parvenu jusqu'aujourd'hui est la vie d'Ouni, qui, parti d'emplois subalternes, fit une belle carrière sous Pépi Ier puis sous Merenrê. En un récit clair, précis, sobre, le héros raconte à la première personne toutes ses aventures. L'auteur a su glisser, au milieu d'une prose alerte et presque un peu sèche par moments, une sorte de poème lyrique dont le refrain scande une réussite particulièrement brillante, en l'occasion une victoire sur les Asiatiques. Sans doute la composition fut-elle exécutée par deux chœurs au retour de la victoire :

Cette armée revint en paix,
Après avoir mis à sac le pays de Ceux-qui-sont-sur-le-sable (les Bédouins).
Cette armée revint en paix,
Après avoir détruit le pays de Ceux-qui-sont-sur-le-sable.
Cette armée revint en paix,
Après avoir renversé ses forteresses.
Cette armée revint en paix,
Après avoir coupé ses figuiers et ses vignes.
Cette armée revint en paix,
Après avoir mis le feu à ses habitations.
Cette armée revint en paix,
Après avoir tué des troupes par myriades nombreuses.
Cette armée revint en paix,
Après avoir ramené de très nombreuses troupes de prisonniers.

Aussitôt, suit le récit d'une nouvelle expédition, au cours de laquelle le chef anéantit l'adversaire par une manœuvre stratégique de premier ordre : il réussit à prendre l'ennemi à revers grâce à un débarquement sur ses arrières, après l'avoir accroché avec ses troupes qui suivaient la voie de terre. Peut-être la bataille eut-elle lieu au Carmel :

Sa Majesté m'envoya conduire cette armée par cinq fois pour anéantir le pays de Ceux-qui-sont-sur-le-sable, chaque fois qu'ils se révoltaient avec les mêmes troupes. J'agis de sorte que Sa Majesté me loue à ce sujet plus que toute autre chose. Il fut rapporté qu'il y avait des fauteurs de troubles pour une affaire survenue parmi les mêmes étrangers, au Nez-de-la-Gazelle. Je fis la traversée sur des navires au long-cours avec les mêmes troupes et j'organisai le débarquement derrière les hauteurs de la montagne, au nord du pays de Ceux-qui-sont-sur-le-sable ; tandis que toute l'autre moitié de la même armée avait pris le chemin de terre. Je revins après les avoir saisis et après avoir tué tout rebelle parmi eux.

Aucune bravoure dans le récit. La sobriété, la sécheresse presque, règne ici et il faut suivre de très près le texte, et avec beaucoup d'attention, pour comprendre ce qui s'est passé.

La très curieuse histoire d'Herkhouf possède les mêmes caractères, bien qu'elle soit légèrement plus tardive. Mais là, c'est une lettre royale, recopiée intégralement, qui vient rompre la monotonie du récit. Ces rares débris, d'un genre jadis certainement très abondant, permettent de se faire une idée des annales royales, aujourd'hui perdues. De ces humbles pages de récits, composés au milieu du IIIe millénaire, sortira un jour l'histoire.

•

Autant que l'on peut en juger, la production littéraire de l'Ancien Empire reflète une sorte de sécurité tranquille, une foi inébranlée dans la puissance et la durée d'un royaume qui a créé la première grande civilisation humaine connue. Mais la révolution posa des problèmes très graves. Des brèches irréparables se produisirent dans le bloc monolithique des conceptions sociales et religieuses. Comment le dieu créateur et son fils, le roi, peuvent-ils laisser le pays aller à la dérive et la création risquer, en quelque sorte, l'anéantissement ? Ces questions angoissées sont posées dans un ouvrage qui décrit en même temps l'état lamentable du pays. Il est probable que les discours du prophète Ipouwer étaient insérés dans un cadre historique aujourd'hui perdu. Tels qu'on peut les lire, ils se présentent comme un ensemble de sections tantôt en prose tantôt en vers, ce qui en agrémente la composition. L'auteur est un conservateur pour qui le renversement des situations sociales après la révolution représente l'abomination de la désolation. Le ton avec lequel il dénonce la violation des sépultures royales, l'envahissement du palais, la divulgation des archives ou la destruction des titres de propriété est véritablement émouvant. Le désespoir le plus profond résulte de toutes ces notations : l'Egypte se dépeuple; la dénatalité sanctionne tous ces forfaits et l'irréligion sévit dans le pays. Malgré les difficultés de la traduction, provenant à la fois de la langue et du mauvais état de l'unique manuscrit, ce livre d'un pessimisme désabusé nous émeut encore par ses accents tantôt indignés, tantôt véhéments.

Lorsque les IXe et X^e dynasties héracléopolitaines rétablirent en partie l'unité sur l'ouest du Delta et de la Moyenne-Egypte, deux de leurs rois conçurent l'idée d'écrire pour leurs fils des *Enseignements*, comme les vizirs avaient fait pour leurs descendants ou les futurs fonctionnaires. Et, du coup, ils créaient le genre des mémoires royaux. L'un d'entre eux est devenu classique et a été maintes fois copié. Il émanait d'Akhtoès II à l'intention de son fils, Merikarê. Et, de fait, c'est une œuvre mi-morale, mi-politique. Des enseignements classiques, il garde toute une série de paragraphes concernant le silence, la justice, le respect des lois, la crainte de Dieu et la destinée individuelle. Nous avons déjà cité abondamment ces pages exceptionnelles dont la théologie nous étonne par sa profondeur et dont la sagesse montre la maturité. Mais ce livre contient plus que cet exposé qui pourrait convenir au plus humble des humains ; et d'abord, tout un ensemble de conseils d'ordre politique : la manière dont il convient d'agir avec les gens de l'opposition, la clémence dont il faut faire preuve, la nécessité d'être ferme parfois Tout cela ne peut évidemment s'adresser qu'à un roi. On y trouve aussi un exposé de l'état politique de l'Egypte à la veille de l'attaque thébaine contre Héracléopolis et des indications sur ce qu'il convient de conserver ou de changer à cette situation.

Le contenu est donc extrêmement riche. Mais le ton littéraire n'est pas moins remarquable. L'auteur avait voulu imiter la densité des modèles anciens. Il est d'une concision extrême et ses images frappantes sont destinées à attirer l'attention plus qu'à clarifier une pensée difficile. On le qualifierait volontiers d'obscur, comme Héraclite. Si bien que, plus tard, on a inscrit dans les marges du livre des gloses, destinées à en faciliter la lecture. Puis ces commentaires ont été introduits dans le texte, d'où nous devons les extraire de nouveau si nous voulons le bien comprendre.

La pensée du vieux roi a été fortement marquée par les obstacles qu'il a rencontrés soit en essayant d'établir solidement son autorité dans la portion du pays qu'il gouvernait, soit en luttant contre les étrangers qui dominaient l'est du Delta ou contre les puissants nomarques thébains au sud. Aussi, insiste-t-il sur la part personnelle que le roi doit prendre au gouvernement, sur l'effort du monarque : il sait que le roi est dieu et distingué de millions d'hommes dès le sein maternel. Mais cette idée passe au second plan dans une période si dure et le travail royal est d'abord requis. Rien ne peut le dispenser d'exercer son intelligence, tout à fait nécessaire à son métier.

> *Sois un artiste en paroles pour atteindre la victoire.*
> *La langue est le glaive du roi.*
> *La parole est plus puissante qu'aucune arme.*
> *On ne trompe pas un homme intelligent* [...]
> *On respecte la vie d'un homme à l'œil ouvert,*
> *mais celui qui a trop de confiance va à sa perte.*

La lucidité doit s'accompagner d'une domination parfaite sur soi-même ; la bonté en découle aussitôt :

> *Ne sois pas méchant ; la maîtrise de soi est bonne.*
> *Fais-toi un monument durable par l'amour que tu laisses.*

On sent que l'auteur est préoccupé par la pensée d'écarter toutes les causes possibles de révolution. Le souvenir des catastrophes anciennes, dont l'effet se faisait encore sentir dans la décision du pays, le hante visiblement et il propose plusieurs remèdes, dont le principal est peut-être d'enrichir ses sujets. Il y revient à plusieurs reprises :

Fais plier la foule et éloigne d'elle la flamme.
Un peuple riche ne se dresse pas pour se révolter.
Ne l'appauvris pas de sorte qu'il ne soit pas poussé à la révolte,
Car c'est le pauvre qui fomente le trouble [...]
Enrichis paysans et citadins,
Et l'on rendra grâce à Dieu pour tes dons [...]
Honore les grands, mais veille au bien-être de tes gens [...]
Enrichis tes grands pourvu qu'ils agissent selon tes lois.
Celui qui est riche en sa maison ne se conduit pas en factieux.

Il recommande encore de doter les soldats de la garde pour les attacher au prince. Et il ajoute ce précepte important : juger les hommes selon leur mérite.

Ne fais pas de différence entre le fils d'un homme de qualité et celui d'un homme du commun.
Mais va chercher un homme pour sa conduite,
De façon que tout art soit exercé.

Le style recherche parfois l'effet, tel que les vieux scribes aimaient le produire : *Grand est un grand dont les grands sont grands.* Mais le plus souvent l'image n'est là que pour donner plus de relief à l'idée et les cliquetis de mots sont rares. L'*Enseignement pour le roi Merikarê* est aussi devenu un classique et l'est au meilleur sens du terme. On a pu se poser la question de savoir si le roi Akhtoès lui-même l'avait écrit ou si c'est un écrivain de profession qui l'avait rédigé. Les deux hypothèses sont également plausibles, mais il faut remarquer que l'expérience que traduit sans cesse le texte est vraiment royale. C'est la pensée du roi qui s'exprime dans ces pages, même si le style n'est pas le sien, et il pouvait terminer très justement par ces mots :

Vois, je t'ai dit le meilleur de ma méditation,
Place-le comme base de ta conduite devant tes yeux.

Aux temps héracléopolitains, il faut aussi faire remonter une œuvre qui s'apparente étroitement, par le fond, à l'enseignement que nous venons d'analyser. Apparemment il s'agit d'un conte. Un habitant du ouadi Natroun vient, chargé de produits de son oasis, vers l'Egypte. Il y est battu et volé par un fonctionnaire local. Il va porter plainte au grand intendant Rensi, fils de Merou, qui, frappé de son éloquence, fait savoir au roi l'aubaine échue à la cour sous la forme de cet éloquent personnage. Le roi, fin lettré, demande qu'on le fasse parler et qu'on note au fur et à mesure ses discours pour les relire ensuite à loisir. Mais il n'oublie pas d'ordonner que l'on prenne soin de lui et de sa famille pour qu'il ne manque de rien. Il convient de relever déjà ici un trait de cet humanisme qui marque si précisément la littérature égyptienne.

L'essentiel de l'œuvre consiste en neuf discours du paysan sur le thème de la justice et du droit. Ces exercices de rhétorique et de belles-lettres abondent en mots rares, en tours insolites, en images et en métaphores hardies, de sorte que, en dépit de travaux abondants, ils nous sont encore difficilement accessibles.

Tous les thèmes des cercles de sagesse gravitant autour de la Maison de Vie sont là : accomplir la justice, être le père de l'orphelin, le mari de la veuve, détruire le mensonge, faire exister la vérité : *Ne frustre pas un pauvre de ce qu'il possède, un homme faible que tu connais. C'est le souffle de vie pour le misérable que ses biens : qui les lui ravit l'étouffe. Tu as été placé pour entendre les affaires, pour juger entre les parties, pour punir le brigand. Mais tu ne fais pas autre chose que donner ton appui au voleur. ... Tu as été placé pour servir de digue au misérable. Prends garde qu'il ne se noie, car tu es pour lui une eau au courant impétueux* [...] *Fais la justice pour le maître de la justice, dont la justice renferme la vraie justice. Toi, le calame, le rouleau de papyrus, la palette, Thot, garde-toi de faire le mal. Quand tout ce qui est bien est bien, alors c'est bien. La justice est pour toute l'éternité ; elle descend dans la nécropole avec celui qui la pratique. Il est mis au tombeau et la terre s'unit à lui. Mais son nom n'est pas effacé ici-bas et l'on se souvient de lui à cause du bien qu'il a fait. C'est la règle que l'on trouve dans les paroles venant de Dieu.* (Trad. Lefebvre.)

On peut très bien, d'après ces quelques extraits, voir les procédés littéraires. L'auteur est parti de thèmes sapientiaux, cités parfois même textuellement. Mais il les prolonge en images, fort suggestives, et il lui arrive de filer des métaphores, empruntées à la navigation, sur une dizaine de lignes consécutives, ce qui est un peu chargé à notre goût. Les cliquetis de mots ne manquent pas non plus. L'ensemble demeure d'une pensée élevée et ces neuf variations sur un même thème ne manquent ni d'habileté, ni d'élégance, ni de noblesse. Mais l'art même avec lequel elles ont été exécutées en rend souvent l'interprétation délicate.

•

Sous le Moyen Empire, les genres littéraires anciens, tels que les avaient modifiés et approfondis les écrivains des dynasties héracléopolitaines, s'épanouissent et aboutissent à un classicisme sobre et séduisant à la fois. Par ailleurs, le genre nouveau du théâtre apparut.

Les biographies ont été pratiquées, comme à l'Ancien Empire. Parfois, elles ne sont que partielles, telle la belle stèle d'Ikhernofré, conservée à Berlin, dans laquelle nous est racontée la manière dont ce personnage organisa dans Abydos les grands mystères d'Osiris. D'autres narrent la vie des héros, pour qui elles ont été écrites, plus largement. Elles utilisent toujours le même style narratif, simple et net, qui faisait le charme des compositions anciennes. Mais on discerne de plus en plus une recherche de la perfection formelle. Le résultat en fut extrêmement curieux. Il aboutit à la création de ce que l'on peut déjà appeler la biographie romancée.

C'est un vrai roman d'aventures que la vie de Sinouhé *. Le héros, ayant surpris involontairement un secret d'État durant une expédition en Libye, prend peur et s'enfuit en Asie. Tout est vrai dans ce livre : les noms, les lieux, les rois. Seul un passage appartient plus au folklore qu'à l'histoire, au moins par la manière dont les faits sont présentés : le combat de Sinouhé contre le géant du Retenou. Il est donc très probable qu'il s'agit d'une aventure réelle narrée selon un idéal littéraire bien défini. L'écrivain a abandonné le genre un peu sec du style annalistique et déploie toutes les ressources de sa maîtrise dans l'art du récit.

La composition, d'abord, est très variée. Le roman commence par une narration. Puis, sur une question du prince de Retenou, Sinouhé entonne véritablement un hymne à la louange de son souverain; ensuite la narration reprend et même en arrive au mode épique dans l'histoire du combat. Mais c'est une épopée tout à fait populaire. Cette façon de raconter est très semblable à celle qu'on trouve dans la *Genèse* ou dans les *Nombres*. Suit un monologue de Sinouhé, dans lequel il exprime ses cuisants regrets d'avoir dû abandonner l'Egypte. La copie du rescrit royal ordonnant le retour vient presque aussitôt. La lettre de réponse de Sinouhé est suivie du récit de sa réception par Sésostris Ier.

Ce qui nous charme encore dans ce livre, c'est que l'auteur a créé le roman psychologique. Il a tâché d'expliquer toutes les aventures de son héros par son caractère. Au début, il ne décrit la peur de Sinouhé que par ses effets extérieurs aboutissant à la fuite. C'est que Sinouhé n'arrivera jamais à s'expliquer exactement cette terreur qui l'a égaré : « *Je ne sais pas qui m'a mené dans cette région, c'était comme un dessein de Dieu.* » Plus loin encore il reviendra sur cet acte initial du conte, toujours inexpliqué, et il verra dans l'abondance qu'il a retrouvée en Syrie une marque de la clémence divine après l'irritation initiale. La peinture des autres sentiments est excellente. L'angoisse de la mort dans le désert et l'éveil à l'espérance, quand il entend le bruit des troupeaux, sont très finement rendus. La nostalgie de Sinouhé, sa prière, son désir de la mort après les misères de la vieillesse se lisent avec un plaisir toujours nouveau, lorsqu'on approche de la fin. Ici, le tableau contient plus d'une touche pleine d'humour : Sinouhé s'affole en arrivant à la cour, après avoir passé de longues années dans la brousse. Les infants royaux ne manquent pas de lui lancer quelques quolibets, comme s'ils ne reconnaissaient pas cet être basané et vêtu comme un bédouin. A côté de ces finesses, les notations psychologiques des autres contes paraissent plus d'une fois rudimentaires : Raouser, troublé quand sa femme est saisie des douleurs de l'enfantement, met son pagne à l'envers.

L'élégante simplicité du style en fait, en égyptien, une pièce de premier ordre. Le choix des formes verbales a été très soigneusement étudié. Alors que d'autres contes, tels ceux du papyrus Westcar, sont remplis de répétitions, un peu comme les gens du peuple, racontant des histoires, ne cessent de ponctuer leur récit de « et alors il dit » ou « et alors il fit », chez Sinouhé elles se succèdent avec une variété et une propriété impeccables. Mais la grammaire n'est pas seule en cause. Le style narratif est coupé par une prose rythmée et imagée, utilisant le parallélisme et constituant un vrai chant religieux. Tantôt l'auteur introduit un dialogue qu'il manie avec une grande maîtrise, comme dans l'entretien de Sinouhé et du prince de Retenou. Ailleurs, c'est le style épistolaire avec ses formules d'autant plus stéréotypées que l'on s'adresse à un correspondant royal. Enfin le rescrit royal, ordonnant le retour du héros, imite le style administratif, mais avec quelque chose de plus coulant et de plus rapide. On comprend qu'une narration, aussi parfaite dans la forme que dans le fond, ait servi de modèle à des générations d'écoliers. Aussi en possédons-nous au moins six papyrus et plus d'une dizaine d'ostraca, dont un contient le texte presque entier.

Les autres contes, sans avoir la perfection de celui-là, ne manquent pas d'intérêt non plus. Ils fournissent d'ailleurs quelques prototypes d'histoires que l'on retrouve dans tous les pays; ou bien c'est l'exposé d'un fait merveilleux unique : un naufragé arrive dans une île où n'habite qu'un serpent. Ou bien, c'est un conte à tiroirs : un roi s'ennuie et l'on fait venir auprès de lui des magiciens destinés à accomplir pour le distraire des prodiges, ou bien on lui raconte des faits merveilleux. Ce sont les thèmes du *Naufragé* ou du *Roi Khéops et les magiciens*. Les récits sont sobres. Ils seraient même un peu secs si quelque détail ne venait, par moments, enrichir la narration. Mais ils sont toujours utiles à la compréhension des choses. Point n'était besoin de décrire le kiosque ou le lac de plaisance près duquel la femme d'Oubaoné recevait son amant. Mais le serpent de l'île du ka était d'or et ses sourcils de lapis-lazuli, ce qui révèle immédiatement un dieu pour un Egyptien.

L'art de conter est réel. Les Egyptiens sont des conteurs nés. Encore aujourd'hui les fellahs adorent broder des histoires et le font fort bien. Les anciens savaient déjà employer la surprise. Le serpent arrive d'abord menaçant et fait redouter au lecteur la mort du Naufragé, alors qu'en réalité il se découvrira plein de compassion et de bonté. Les péripéties ne leur étaient pas inconnues. C'est ainsi que Sinouhé, au comble de la félicité, est attaqué par le géant du Retenou. L'épisode ménage l'intérêt avant que l'on ne suive les démarches du héros pour regagner sa patrie.

Cette littérature narrative contient une peinture très vivante de la société égyptienne. La cour royale y tient évidemment la première place. Au fond de son palais le roi, déjà, s'ennuie, comme le sultan Mahmoud ou Haroun-al-Rachid dans *les Mille et Une Nuits*. Son harem somptueux, ses lacs de plaisance avec leurs fourrés de papyrus ne lui suffisent pas. Pourtant la vie de la cour est fastueuse. Les courtisans entourent le maître. Les jeunes princes et princesses, agitant le sistre et tenant la menat, comme sur les bas-reliefs, assistent aux réceptions. L'étiquette est compliquée, mais le roi se montre affable et délicat, ce qui ne l'empêche pas de lancer un mot d'esprit pour si peu qu'y prête le personnage qui a demandé audience. Mais s'il vient à mourir, l'atmosphère inquiétante se fait de plus en plus lourde et chargée de mystère. Le souverain d'ailleurs est cultivé. Il aime déjà les œuvres littéraires, apprécie l'éloquence. Mais il n'est pas moins friand que ses courtisans, d'enchantements et d'ensorcellements. C'est tout à fait le milieu dans lequel se meut Moïse dans les récits de l'*Exode* où les magiciens de Pharaon font assaut de prodiges avec les envoyés de Dieu.

Les classes plus humbles y apparaissent aussi : prêtre d'un rang élevé possédant une maison où sa femme occupe l'étage, tandis qu'il reçoit au rez-de-chaussée. Brave homme, du reste, qui se démonte tout à fait quand sa femme souffre. Les marins, habitués aux parcours lointains, sont hâbleurs et beaux parleurs. Tout un monde de serviteurs s'agite autour des maîtres. Les uns sont fidèles et sérieux : c'est le jardinier qui prévient Oubaoné de son infortune. Mais la servante est complice de sa maîtresse. Celle qui ne l'est pas reçoit d'abord une correction de son frère et finalement est croquée par un crocodile, ce qui est l'indice d'une punition divine. Les femmes ont rarement un beau rôle. Elles sont dévergondées, exigeantes ou capricieuses et elles profitent de leur beauté pour obtenir ce qu'elles veulent.

Mais la société à qui plaisaient ces romans et ces contes est peut-être plus intéressante encore. Elle possède une culture littéraire affinée puisqu'elle est capable de goûter *Sinouhé*, la perfection et l'ingéniosité de son style et la psychologie du héros. Les auteurs savent former le goût de leur public. Dans un conte moins délicatement ciselé, celui de *Khéops et les magiciens*, se retrouve l'héritage moral de la cour d'Héracléopolis. Djedi se vante de savoir remettre en place une tête coupée. Le roi ordonne alors d'amener un condamné et de lui trancher la tête. Mais le magicien, fièrement, reprend le roi lui-même : *Non, pas un être humain, Souverain V. S. F., mon Maître, car il est défendu de faire pareille chose au troupeau sacré de Dieu.* Nous trouvons là, pour la première fois dans l'histoire, le sentiment que l'homme est un être irremplaçable, qu'il possède une personnalité unique, et que l'on ne peut en user avec lui comme avec d'autres êtres vivants. C'est l'apparition de l'humanisme. La prière de Sinouhé a des accents bibliques. Les autres œuvres religieuses ou sociales viennent corroborer cette impression et sont comme baignées du très haut idéal atteint dès ce temps ancien par la littérature égyptienne.

•

Les mémoires royaux, si brillamment inaugurés par les souverains d'Héracléopolis, sont illustrés à la XIIe dynastie par une œuvre puissante, l'*Enseignement qu'a fait la Majesté du Roi de Haute et Basse-Egypte, Séhétépibrê, Fils de Rê, Amménémès, juste de voix, lorsqu'il a parlé, en messager de la vérité, à son fils, le Seigneur universel.* Si Amménémès, le premier roi de la XIIe dynastie, est appelé *juste de voix*, comme les morts, c'est que l'épithète a été introduite longtemps après. Mais il ne fait aucun doute que c'est à l'instigation du vieux roi que le livre a été écrit puisqu'il souligne lui-même qu'il n'avait pas associé Sésostris à son trône quand l'attentat a été perpétré contre lui. Or Sésostris régna avec lui durant les dix dernières années de sa vie. C'est donc que la révolte avait échoué et que le roi avait réussi à mettre en fuite les meurtriers. On a soulevé une objection en apparence irréductible contre l'attribution de l'enseignement à Amménémès lui-même. D'après un livre du Nouvel Empire, il aurait été composé par un scribe nommé Akhtoès. Mais point n'est besoin pour cela de refuser à Amménémès Ier la paternité de l'œuvre. Un roi peut manquer du temps et du métier nécessaires pour écrire des mémoires. Mais s'il confie ce soin à un écrivain, ce peut être en lui imposant tout le contenu de la pensée. Louis XIV n'a-t-il pas donné à Pellisson la tâche de rédiger une partie de ses *Mémoires*? Il n'empêche qu'ils expriment la pensée et l'expérience politique et psychologique du Grand Roi.

L'œuvre a beau nous être parvenue en piteux état, elle a gardé encore beaucoup de sa force. Le récit de la tentative nocturne d'assassinat et les conseils politiques forment l'essentiel de ce livret, court mais dense. Pourtant ce qui nous séduit le plus aujourd'hui, ce sont les quatre premières strophes :

Garde-toi de tes subordonnés, pour que n'arrive point la chose
de la préparation de laquelle on ne s'est point inquiété.
Ne les approche point, isolé ; ne te confie point en un frère.
Ne connais aucun ami ; ne te fais aucun confident.
Cela n'a aucune utilité.

Lorsque tu passes la nuit, que ton intelligence te garde.
Car un homme n'a point de sujet au jour du malheur.
J'avais donné au pauvre ; j'avais élevé l'orphelin.
J'avais donné audience à celui qui n'était rien, comme à celui qui était
[*quelque chose.*
Mais celui qui avait mangé ma nourriture s'est révolté.
Celui à qui j'avais donné la main a ourdi un complot contre moi.
Ceux qui étaient vêtus de mon lin fin m'ont considéré comme une ombre.
Ceux qui étaient oints de mon oliban m'ont rendu une libation d'eau
(comme à un mort).

Mes images et mes colliers ont été distribués aux gens
Qui eussent dû prolonger mon souvenir, comme cela n'avait point été ouï
et faire livrer un combat comme on n'en avait point vu.
Mais lorsqu'il fallut combattre dans l'arène, on oublia le jour d'hier.
Un bienfait ne sert de rien : qui devrait le reconnaître, l'oublie.

Cette amertume, ce pessimisme devant l'ingratitude et la trahison ont un accent qui nous émeut encore. Sans doute il y a plus d'âpreté que dans les pages bibliques. Mais on croirait entendre, par moments, retentir la voix de quelque prophète. Après Amménémès Ier, on ne connaît plus d'enseignements royaux, mais le ton désabusé du vieux souverain avait frappé les imaginations. Le remède politique à l'instabilité du pouvoir, ce fut la corégence, qui devint, sous la XIIe dynastie, une véritable règle. Au fur et à mesure que la dynastie se consolide et que les crises successorales disparaissent, ce pessimisme envahit la littérature et même, moins de cinquante ans plus tard, pénètre jusque dans les arts plastiques, avec ce retard qu'ont toujours la peinture et la sculpture sur la pensée. Il n'est pas douteux, en effet, que les masques ravagés d'Amménémès II et de Sésostris III traduisent autant une mode artistique, une façon particulière de voir les formes, que les traits réels de ces souverains.

Cette veine pessimiste devait d'ailleurs se prolonger et donner, au cours de ces règnes pourtant prospères, deux œuvres d'un grand intérêt qui reflètent la nostalgie d'une certitude et l'accablement devant l'inconsistance du monde. Elles sont toutes deux mutilées. La première a été écrite sous Sésostris II. Elle est intitulée : *Collection de mots et bouquet de formules, recherches avec réflexion du cœur, rédigés par le prêtre d'Héliopolis Khâkheperrêseneb, appelé Ankhou.* Il voudrait trouver des mots nouveaux pour peindre un mal qui n'a, jusqu'à présent, jamais été éprouvé : *Ah! puissè-je savoir quelque chose que les autres ne savent pas encore, quelque chose de ce qui n'a encore jamais été répété, afin que je le dise et que mon cœur me réponde, pour que j'éclaire mon mal et écarte le poids qui m'oppresse les épaules.* Il doit faire retentir cette lamentation parce que *ce serait douloureux de la cacher en son sein.* Il ne peut se plaindre, *car un autre cœur se refuserait à cela. Mais un cœur qui est fort aux places du malheur, c'est un compagnon pour son Maître. Ah! puissè-je avoir un cœur qui sache supporter, alors je me reposerais sur lui de sorte que je le charge avec des mots de pitié, de sorte que je pousse mon mal vers lui. Il dit à son cœur :* « *Viens donc mon cœur, que je te parle pour que tu répondes à mes paroles, que tu m'éclaires ce qui se produit dans le pays, qui est clair mais demeure incompréhensible.* »

Et un dialogue devait s'engager entre *je* et le *cœur,* comme il se déroule entre le *je* et le baï dans le *Dialogue du désabusé.* Tout le début de cette œuvre extraordinaire est perdu. A l'endroit où commence le manuscrit, *je* répond à son baï. Il lui reproche de l'abandonner et de le déchirer en soutenant des idées radicalement différentes des siennes sur la mort : « *O mon baï, tu es trop fou pour alléger la misère de la vie et tu me détournes maintenant de la mort, avant que j'aille vers elle. Rends-moi l'Ouest agréable. Est-il donc si triste? La vie ne dure qu'un temps. Les arbres eux-mêmes tombent.* » Mais le baï conseille au contraire à *je* de se contenter de la vie présente. L'au-delà est un souci vain. *Je* répond alors : impossible de mourir sans avoir prévu les rites funéraires, sans cela le baï lui-même serait malheureux. Cette fois le baï est cinglant ; il condamne absolument l'idée de toute vie posthume et se sert, comme Platon, d'images ou d'apologues pour se faire mieux comprendre. La conclusion se dégage très nette : il faut simplement admettre les faits et y conformer son attitude.

Je ne répond plus et se contente d'une sorte d'incantation en quatre poèmes qui sont parmi les plus beaux joyaux de la littérature égyptienne. Nous avons lu, en suivant les vieux sages sur les premiers degrés de la vie mystique, l'éloge merveilleux de la mort qu'ils contiennent. Dans sa réplique finale, le baï refuse de s'engager : « *Allons! laisse de côté la lamentation, ô toi qui m'appartiens, mon frère. Fais une libation sur le brasier; accède à la vie, comme tu dis. Soit que je reste ici, si tu as renoncé à l'Occident, soit que tu atteignes l'Occident, ton corps ayant rejoint la terre, je me reposerai après ta mort, et nous ferons résidence ensemble.* »

Quelles que soient les difficultés d'interprétation si l'on descend dans le détail, l'ensemble est clair : il s'agit d'une opposition philosophique, sous forme de dialogue, entre deux conceptions de l'au-delà. L'une est négative, l'autre positive. C'est un déchirement intérieur que l'écrivain a rendu par l'opposition de deux éléments de la personnalité humaine. Ce n'est donc pas une lutte de *je* avec des amis, comme dans le cas de Job, mais l'affrontement angoissé en l'âme de ce qui la pousse à croire, à avoir une raison d'espérer en la vie et du doute et même du sentiment du néant qui semble s'être glissé dans ses replis.

Même si le baï n'est pas convaincu par l'ardent lyrisme du *je*, il clôt le débat intérieur par une sorte d'apaisement et en arrive à l'expérience, douloureuse mais calme, de la coexistence dans le même être de croyances et de sentiments contradictoires sur le point qui pourtant importe le plus à l'homme, le sens qu'il faut donner à cette vie.

C'est dans le lyrisme que l'attitude négative de l'âme a trouvé une expression particulièrement achevée. Le *Chant du Harpiste*, bien avant Horace, et un peu pour les mêmes raisons, invite à cueillir le jour qui passe avec un calme désabusé et quelque amertume discrète que n'arrivent à dissiper ni la beauté de la langue, ni la délicatesse de l'invitation.

Des générations disparaissent et s'en vont,
d'autres demeurent et cela dure depuis le temps des Ancêtres,
des dieux qui ont existé auparavant
et reposent dans leurs pyramides.

Nobles et gens illustres
Sont enterrés dans leurs tombeaux.
Ils ont bâti des maisons dont la place n'existe plus.
Qu'est-il advenu d'eux?

J'ai entendu des sentences
de Imouthès et de Hardedef,
que l'on cite en proverbe
et qui durent plus que tout.

Où sont leurs demeures?
Leurs murs sont tombés;
Leurs places n'existent plus,
comme si elles n'avaient jamais été.

Personne ne vient de là-bas annoncer ce qu'il en est,
annoncer ce dont ils ont besoin,
pour apaiser notre cœur jusqu'à ce que nous abordions
au lieu où ils s'en sont allés.

A cause de cela, apaise ton cœur.
Que l'oubli te soit profitable!
Suis ton cœur,
aussi longtemps que tu vis.

Place de l'oliban sur ta tête.
Vêts-toi de fin lin.
Oins-toi avec la véritable merveille
du sacrifice divin.

Augmente ton bien-être,
pour que ton cœur ne s'affaiblisse pas.
Suis ton cœur et ce qui t'es bon.
Expédie tes affaires sur terre.

Ne fatigue point ton cœur,
jusqu'au jour où viendra pour toi la complainte funéraire.

Celui-dont-le-cœur-est-las n'entend point son appel.
Son appel n'a sauvé personne du tombeau.

C'est pourquoi fais un jour heureux
et ne te lasse point à cela.
Vois, personne n'a emporté son bien avec soi.
Vois, personne n'est revenu qui s'en est une fois allé.

Plus tard, la piété s'offusqua de ce manque de foi et l'on modifia à plusieurs reprises ce chant désespéré, mais sans l'embellir.

•

Contre ces sentiments, pourtant, l'élargissement de l'Empire égyptien, sa solidité, la sécurité et l'ordre intérieur retrouvés auraient dû, dans une certaine mesure, ramener à la confiance sans faille de l'Ancien Empire. De fait, toute une littérature optimiste répond à la précédente. Une des œuvres les plus représentatives en est la *Prophétie de Neferti* : le roi Snéfrou s'ennuie et fait venir le sage Neferti qui lui demande s'il veut un récit du passé ou une annonce de l'avenir. C'est pour cette deuxième proposition qu'opte le roi. Alors le prophète lui décrit, en termes pitoyables, qui font songer à Ipouwer, une révolution qui bouleversera l'Egypte. Mais tout se terminera bien. Comme la prophétie de Joad, dans Racine, fait apparaître une « Jérusalem nouvelle... brillante de clarté », Neferti découvre à l'horizon la figure d'Amménémès Ier : *Mais voici qu'un roi viendra du Sud, nommé Amény, juste de voix. C'est le fils d'une femme de Nubie, c'est un enfant de Haute-Egypte* [...] *Réjouissez-vous hommes de son temps. Le fils d'un homme en vue se fera un renom pour toute l'éternité. Ceux qui étaient disposés au mal et méditaient des actes hostiles ont fait taire leur bouche par crainte de lui... Le droit reviendra à sa place, l'iniquité ayant été poussée dehors. Qu'il se réjouisse, celui qui verra cela et qui se trouvera alors au service du roi.* (Trad. Lefebvre.)

Autour de la royauté qui vient de sauver l'Egypte, toutes les énergies se galvanisent. Les sages prônent le respect absolu du roi et écrivent des enseignements dans lesquels ils remettent en valeur la théorie de son pouvoir divin. Les poètes composent pour Sésostris III des hymnes évidemment destinés au culte royal, où la splendeur des images semble aviver les sentiments de la société pour le restaurateur de l'ordre, de l'autorité et du bien-être.

Une production plus technique, beaucoup plus scolaire sans doute, mais qui souvent ne manque pas d'humour, vient maintenant prendre place auprès de l'autre. Il s'agit surtout d'un livre destiné à devenir classique, l'*Enseignement de Douaouf*. Il décrit successivement les inconvénients de toutes les professions qui pouvaient tenter les jeunes gens, avec tellement d'exagération qu'elles apparaissent toutes impraticables. La conclusion de cette satire des métiers, comme l'appelait Maspero, est claire : sois scribe. L'auteur de l'*Ecclésiastique* ayant esquissé un mouvement tout semblable, à la fin de ses développements, les lecteurs de la Bible des Septante seront heureux de pouvoir faire le rapprochement.

La lyrique religieuse ne manque pas d'intérêt : *Hymne au Nil*, *Hymne à Osiris* offrent, outre de réelles qualités esthétiques, l'aubaine de renseignements inestimables. Mais le genre le plus digne d'être remarqué est sans contredit le théâtre. La stèle d'Emheb, découverte à Edfou, est celle d'un acteur, surnommé « Poussin chéri » : *J'étais celui qui accompagnait son maître dans ses tournées*, nous dit-il, *sans faillir à déclamer* [...] *Je donnais la réplique à mon maître dans toutes ses déclamations : s'il était un dieu, j'étais un souverain ; et lorsqu'il tuait, je revivifiais*. Le document est, jusqu'ici, unique en son genre, mais bien des faits invitent à penser que des fragments de mystères, joués en général devant les pylônes des temples, comme ceux de notre Moyen Age étaient représentés devant les cathédrales, ont été remployés dans des compilations comme les *Textes des Sarcophages*. Les fragments retrouvés jusqu'à maintenant ne sont pas assez complets ni assez longs pour nous permettre sur ce théâtre un jugement précis.

Dès le Moyen Empire, en une langue souple et riche qui s'épanouissait en un premier classicisme, la littérature révèle une variété et une abondance étonnantes. Elle témoigne du raffinement profond d'une société dont les goûts esthétiques se manifestent autant par l'amour du beau langage que par l'amour de l'art. Elle permet de jauger le niveau élevé où elle se tient par son goût très vif pour les préoccupations sociales et philosophiques et elle accède même à une véritable vie spirituelle.

•

Il est inutile de nous attarder, au Nouvel Empire, sur les genres déjà cultivés auparavant; biographies, contes, lyrisme religieux poursuivent leur carrière sans dévier sensiblement de la direction prise, parfois, dès l'Ancien Empire. La langue a beaucoup évolué et cela est plus sensible après la crise amarnienne qui a fait éclater, en partie au moins, les cadres anciens. Elle devient plus analytique. Le verbe, à côté des notions primitives d'action accomplie ou inaccomplie, commence à marquer le temps. Il se crée déjà des substantifs abstraits. De même que la langue devient plus souple et traduit davantage de nuances, la sobriété et presque la sévérité du style d'autrefois se détendent. Les narrations deviennent plus circonstanciées. Les contes insistent davantage sur les détails de la vie qui, à la rigueur, ne sont pas indispensables au narrateur. C'est tout un tableau de la vie campagnarde qui est brossé au début du *Conte des Deux Frères*. Il y a dans les *Mésaventures d'Ounamon* un luxe de détail du plus haut intérêt. L'auteur ne remarque-t-il pas que le prince de Byblos, *assis dans son cabinet, le dos tourné à la fenêtre*, semble baigné par la mer ? Et l'on aurait dit que *les vagues de la puissante mer de syrie roulaient jusqu'à son cou*. Ailleurs, ne pleure-t-il pas en voyant, pour la deuxième fois, les oiseaux migrateurs retourner en Egypte où il ne peut pas revenir ? Les hymnes religieux à Amon ou à Aton ne sont plus seulement, comme au Moyen Empire, des litanies d'épithètes accompagnées de louanges ou du récit de leurs faits et gestes; ils expriment maintenant, outre les idées les plus délicates de la théologie, le sentiment qu'éprouvent pour leurs dieux les adorateurs les plus avertis. Et l'on ne sera pas étonné encore de voir l'art plastique, la sculpture en particulier, se charger de spiritualité entre Hatchepsout et Aménophis III, comme elle avait fini par traduire quatre cents ans plus tôt le pessimisme fondamental d'une autre époque. Toutes proportions gardées, le Nouvel Empire serait la période romantique de l'Egypte ou, au moins, après le style sévère, l'époque du style fleuri.

Il convient pourtant de nous arrêter à quelques productions plus originales, soit que rien ne nous soit connu de leurs modèles plus anciens, soit qu'elles aient pris naissance seulement à partir de la XVIIIe dynastie. Les *Annales royales* avaient existé depuis des temps immémoriaux. Mais le fragile papyrus qui les conservait, peut-être en un exemplaire unique, a pour jamais disparu. Heureusement Thoutmosis III, pour glorifier son père Amon qui l'avait autrefois choisi pour roi, et qui lui avait ensuite octroyé la victoire, eut l'idée de faire graver le récit de ses exploits sur les murs de grès qui entouraient, au nord, le sanctuaire de la barque à Karnak. Ce ne sont que des extraits des Annales qui étaient rédigées au jour le jour, et en détail, comme en font foi ces lignes : *Car tous les exploits accomplis par Sa Majesté contre la-dite-ville, contre ce misérable ennemi et contre sa misérable armée, étaient consignés le jour même pour chaque expédition et pour chaque chef de troupe.* [*Quant au butin que Sa majesté faisait*], *il était trop nombreux pour être consigné par écrit selon l'ordre précité, et il fut consigné sur un rouleau de cuir dans le temple d'Amon, le même jour.* Narration rapide, exacte, un peu sommaire, dénombrement minutieux du butin caractérisent ces pages que nous eussions aimées parfois plus circonstanciées. Les récits de bataille, il faut le souligner, sont si courts que certains savants, pour n'avoir pas poussé assez loin la critique littéraire de ce genre, seraient prêts à déclarer qu'elles n'ont jamais eu lieu. Il faut se placer dans l'optique égyptienne. Le roi, en tant que dieu, prépare tout et, comme il se doit, tout réussit. Les péripéties du combat, quand l'issue en est encore douteuse, ne l'intéressent pas. Seul, le résultat compte pour lui. Malheureusement, le récit de ces dix-sept campagnes ne comporte aucune relation des événements intérieurs du royaume.

Les biographies conservent le double aspect que nous leur avons découvert. Tandis que Paheri, le héraut Antef ou le chef des greniers Beki font part à leurs neveux de leur expérience intérieure, des officiers comme Ineni ou Amenemheb racontent leur carrière aventureuse en Nubie ou en Asie et y glissent le récit de leurs exploits. L'un rattrape à la course et égorge une cavale en chaleur lancée par l'ennemi sur le champ de bataille pour jeter le désordre dans la charrerie de Pharaon. L'autre sauve le roi en tuant un éléphant furieux qui le menaçait au cours d'une chasse.

Ces narrations, qui mettent en valeur une personnalité exceptionnelle, ont abouti à créer une sorte d'épopée à partir de faits réels et contemporains, un peu à la manière dont Hugo a traité sur le mode épique les exploits de Napoléon. Il s'agit d'une composition connue sous le nom de *Poème de Pentaour*, qui immortalise un grand fait d'armes de Ramsès II devant la ville de Qadech. Là encore, le poète s'est largement inspiré d'œuvres précédentes. Mais elles sont trop mutilées pour que nous les jugions. Le poème de Qadech, lui, est complet. Il faut lire quelques pages de cette très belle œuvre d'art dont la technique est à mi-chemin entre celle d'Homère et celle de notre chanson de geste.

Et d'abord voici l'ennemi : *Le pays des Hittites était venu en totalité et aussi le Naharina, Arzawa et Dardany, Kechkech, Masa et Pidasa, Arouna, Kerkech et Louka, Kizzouwatna et Karkemich, Ougarit et Kede, le pays de Nougès en totalité, Mouchanoth et enfin Qadech. Pas de pays qu'il n'ait entraîné avec lui, si loin fussent-ils. Et leurs rois étaient là avec lui, chacun accompagné de son armée. Et les cavaliers étaient une multitude considérable, illimitée, qui couvrait montagnes et vallées, en foule innombrable comme les sauterelles. Le roi n'avait pas laissé trace d'argent en son pays, le dépouillant de toutes ses richesses qu'il avait distribuées à tous les autres pays pour les entraîner dans la*

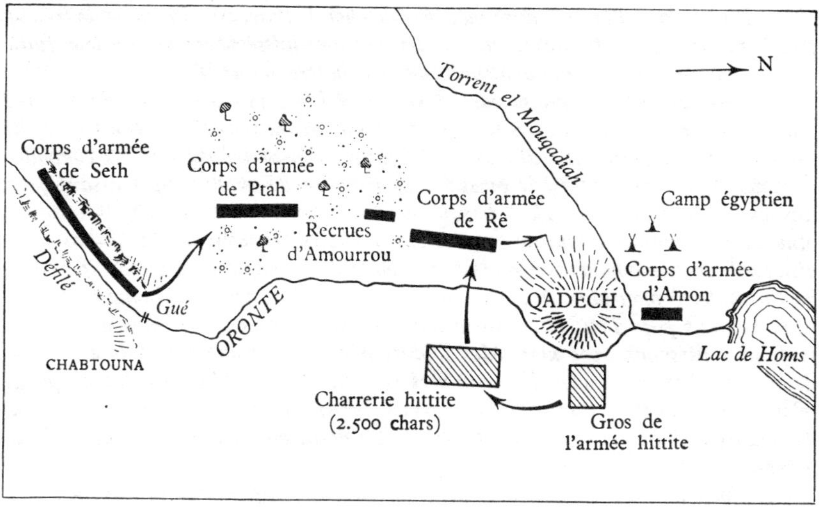

6. LA BATAILLE DE QADECH

Croquis du déroulement vraisemblable des opérations. Les Hittites, cachés à l'est de Qadech, ont réussi à surprendre de flanc l'armée égyptienne, qui débouche vers le camp installé par Ramsès en face de la ville. La vaillance du jeune roi parvient à rompre les chars hittites et à donner le temps au reste de l'armée, mandée en hâte, de repousser les confédérés au-delà de l'Oronte.

guerre avec lui. Et voilà pour les énumérations chères à toutes les épopées.

Mais le jeune pharaon, ignorant la présence de l'ennemi, va se trouver pris de court par l'irruption des chars hittites qui culbutent la division de Rê. Alors monte vers Amon l'admirable prière de Ramsès, aussi longue et aussi calme que si le roi eut été près de son père, dans le temple de Karnak : *Alors parut Sa Majesté, semblable à son père le dieu Montou. Il saisit ses armes, se sangla dans sa cuirasse, tel le dieu Baal en sa fureur. Le grand coursier qui le porte, c'est Victoire-à-Thèbes ; il vient du grand haras royal. Sa Majesté s'élança au galop et pénétra au sein des armées de ces misérables Hittites, absolument seul, sans personne avec lui. Quand il jeta les yeux derrière lui, il vit que deux mille cinq cents chars lui avaient coupé toute issue, avec tous les guerriers du misérable pays des Hittites ainsi que de nombreux pays confédérés* [...]

« Il n'y a pas d'officier avec moi, pas de chef de char, pas d'homme de troupe, pas d'écuyer. Mon infanterie, ma cavalerie se sont laissé prendre dans leur fuite Pas un parmi eux qui soit demeuré pour combattre ces Hittites.

« Amon, mon père, que se passe-t-il donc ? Un père oublie-t-il donc son fils ? Ai-je fait quoi que ce soit sans toi ? N'ai-je pas avancé, ne me suis-je pas arrêté sur tes seules injonctions, sans avoir à aucun moment transgressé tes commandements ? Car puissant est le puissant Seigneur de l'Egypte, trop puissant pour laisser les Barbares approcher de son chemin. Que sont pour toi ces Asiatiques, Amon ? Ces misérables qui ne connaissent pas Dieu. Et moi, ne t'ai-je pas élevé d'innombrables monuments ? n'ai-je pas empli ton temple de mes captifs ? [...] *Je t'appelle, ô mon père Amon, je suis au milieu de Barbares innombrables que je ne connais pas. Tous les pays se sont ligués contre moi et je suis absolument seul, sans personne avec moi. Mes soldats m'ont abandonné en foule et pas un de mes cavaliers n'a tourné les yeux vers moi. Si je les appelais, pas un qui puisse m'entendre. Aussi je t'appelle, car je sais qu'Amon vaut plus que des millions de soldats* [...] *Si je suis ici, c'est sur l'ordre de ta bouche, Amon, et je n'ai pas manqué à tes volontés.*

« Voici que des confins des pays barbares je t'adresse ma prière. Ma voix parvient jusqu'à Hermonthis. Je le vois, Amon. Il est venu à mon appel. Il tend sa main vers moi ; il est avec moi. La joie m'envahit : il est derrière moi.

« — En avant, en avant, je suis avec toi, moi, ton père. Ma main est avec toi et je te suis plus utile que des centaines de mille. C'est moi le Seigneur de la Victoire et j'aime le courage.

« — Je retrouve mon courage. Mon cœur redevient joyeux. Tout ce que je tente réussit. Me voici semblable à Montou. Je lance des flèches à ma droite, je fais des prisonniers à ma gauche. Je suis devant eux comme Baal en son heure... »

Le carnage commence. Mais un épisode vient relever l'attention qui risquerait de se lasser, maintenant que l'arrivée d'Amon a rétabli la bataille en faveur du roi : *Mais quand Menna, mon écuyer, vit qu'un nombre incalculable de chars nous entouraient, il défaillit, le cœur lui manqua et une folle terreur pénétra son corps : « Mon bon Seigneur, ô prince valeureux, grand protecteur de l'Egypte au jour du combat, nous voici seuls au milieu des ennemis. Vois, fantassins, cavaliers nous ont abandonnés. Pourquoi rester ici, jusqu'à ce qu'on nous enlève le souffle ? Restons indemnes. Sauve-nous, ô Ramsès. — Courage. Raffermis ton cœur, mon écuyer. Je vais pénétrer parmi eux, comme attaque un faucon, massacrant, taillant, précipitant dans la poussière. Que t'importent ces infâmes, pour des millions desquels ne blêmit pas mon visage ? » Sa Majesté, alors, violemment s'élança ; il pénétra au milieu des ennemis ; jusqu'à six fois il chargea au milieu d'eux.* « *J'étais à leurs trousses, comme Baal en sa fureur, et je massacrai parmi eux sans faiblir.* »

Puis ce sont les reproches aux soldats et aux officiers qui ont abandonné le roi qui pourtant continuait à se battre : *Sa Majesté était derrière eux comme un griffon. J'ai fait un massacre au milieu d'eux sans que l'épuisement me gagne et j'ai lancé un cri d'appel vers mes soldats et mes cavaliers :* « *Courage ! Haut les cœurs ! Mes soldats, voyez la victoire que je remporte. Seul pourtant, car Amon me protège et sa main est avec moi* [...] *Comme votre cœur est lâche, mes cavaliers ; on ne peut vraiment vous faire confiance. Pourtant il n'en est pas parmi vous auxquels je n'aie fait du bien dans mon pays* [...] *Mais voyez, vous avez commis un acte de vilenie, tous, tant que vous êtes. Pas un d'entre vous n'est demeuré pour m'aider de son bras, tandis que je combattais.* » (Trad. Sauneron.)

Ce fort beau poème est, sans contredit, un des chefs-d'œuvre de la littérature égyptienne et soutient la comparaison avec les meilleures épopées que nous connaissons. Il n'y manque ni le souffle, ni le style, ni le merveilleux, ni les exploits. Aussi les œuvres scolaires de la fin du Nouvel Empire, si originales que soient certaines d'entre elles, paraissent-elles un peu ternes à côté de ces pages vibrantes qui exaltent le courage de Ramsès II et de ses chevaux et qui chantent la gloire d'Amon. Pourtant, dans le papyrus Anastasi I, que d'habileté littéraire mise au service d'un débat entre les savants scribes, Hori et Aménopé ! Le premier répond au second, lui reproche les termes de sa lettre et son style. Puis il lui rétorque ses arguments pour lui montrer son incompétence impardonnable. Pourrait-il calculer les rations pour les troupes ? Saurait-il bâtir une rampe ? N'est-il pas incapable de déterminer le nombre d'hommes requis pour transporter un obélisque de dimensions données ? Il ne saurait d'ailleurs diriger l'opération de la mise en place d'un colosse, ni faire les prévisions nécessaires à une expédition militaire. Il ignore non seulement la géographie de la Syrie du Nord et des villes phéniciennes, mais même celle des régions méridionales, qui sont toutes proches de l'Egypte. On voit s'affirmer ici ce que tend à devenir la culture égyptienne : une sorte de mandarinat de gens possédant une technique dont ils sont jaloux et tirent vanité.

De la XIXe dynastie l'on possède toute une collection de papyrus qui n'étaient autre chose que des recueils de « morceaux choisis », des chrestomathies à l'usage des classes. Elles contiennent d'abord des modèles de lettres, genre éminemment utile aux scribes, constamment chargés d'en rédiger. Mais il y figure aussi des réprimandes adressées à des élèves paresseux, des conseils moraux, des éloges du roi ou des nouvelles résidences royales du Delta. Il s'y trouve des prières, parfois fort belles, ou des fragments de rituels, ce qui montre que les fonctionnaires et les prêtres recevaient, au moins au départ, la même formation. Plus d'une de ces prières est adressée au patron des gens de lettres, au dieu Thot, que la statuaire représente parfois sous forme d'un babouin perché sur les épaules d'un scribe, comme pour inspirer sa méditation. Il est difficile de résister à la tentation de citer l'une de ces prières dont le parfum spirituel a été sensible même à Erman.

O Thot, place-moi dans Hermopolis, ta ville où il est doux de vivre.
Donne-moi mon nécessaire en pain et en bière
Et garde ma bouche de paroles.

Puissè-je avoir Thot derrière moi, au matin.
Viens, ô Parole divine, lorsque je suis entré devant le dieu mon Seigneur,
Afin que je sorte, juste de voix.

O grand palmier Doum de soixante coudées qui portes des noix,
Il y a des noyaux à l'intérieur des noix
Et de l'eau à l'intérieur des noyaux.

O toi, qui emmènes l'eau dans un lieu éloigné,
Viens et sauve-moi qui suis silencieux,
Thot, ô fontaine douce à l'homme altéré dans le désert.

Elle est scellée pour celui qui trouve ses paroles,
Elle est ouverte pour le silencieux.
Il vient le silencieux et il trouve la fontaine [...]

Nous ne saurions clore ce rapide examen de l'originalité littéraire au Nouvel Empire sans signaler combien la littérature sapientiale s'est approfondie. Deux œuvres subsistent quasi complètes : *l'Enseignement* d'Anii et celui d'Aménopé. Ce dernier doit remonter à une époque antérieure au manuscrit qui nous l'a transmis et que l'on attribue généralement à la XXIIe dynastie. Des ostraca plus anciens en portent déjà des fragments. Si Aménopé est plus profond et plus religieux, Anii est peut-être plus varié et plus évocateur. Mais les doctrines de l'un et de l'autre révèlent une sorte d'affinement particulier à toute la culture du Nouvel Empire.

Anii recommande à la fois de renoncer aux courtisanes étrangères, qui devaient abonder dans les capitales internationales de l'empire, et de pourvoir avec bonté aux besoins de la mère qui nous a nourris.

Garde-toi de la femme étrangère que personne ne connaît dans sa ville.
Ne la regarde point quand elle suit son compagnon.
Ne t'unis pas à elle.
C'est une eau profonde dont on ne connaît pas les bords.
Une femme éloignée de son mari,
Qui te dit tous les jours : « Moi, je suis jolie ! » sans témoin,
C'est qu'elle est embusquée et chasse au filet.
C'est un crime digne de mort quand on l'apprend.

On remarquera combien les notations psychologiques se sont affinées en comparant ces vers à ceux que Ptahhotep a écrits sur le même sujet. Mais les conseils sur la conduite à tenir envers une mère sont d'une exquise délicatesse :

Double les pains que tu dois donner à ta mère.
Porte-la comme elle t'a porté.
Elle s'est bien des fois chargée de toi :
Elle ne t'a pas déposé.
Lorsqu'elle te mit au monde après tes mois,
Elle t'a offert son sein dans ta bouche durant trois ans, avec patience [...].
Elle t'a placé à l'école
et, tandis que l'on t'apprenait à écrire,
elle se tenait durant ton absence, chaque jour, avec le pain et la bière de sa [*maison.*
Maintenant que tu es à la fleur de l'âge, que tu as pris femme et que tu [*es bien établi dans ta maison,*
jette les yeux sur la manière dont tu as été enfanté, dont tu as été nourri,
comme sur une œuvre de ta mère.
Qu'elle n'ait pas à te blâmer
ni à élever ses mains vers Dieu !
Et que Dieu n'ait pas à écouter sa plainte !

C'est sur la notation, rare en Egypte, du flux universel des choses, des changements complets qu'apporte la roue du destin qu'Anii fonde le désir d'être bon et secourable. Il trouve pour peindre le courant changeant de ce monde des mots qui font penser à Héraclite.

Tu ne dois pas manger ta nourriture, tandis que ton prochain est debout
Et que tu ne tends point la main vers la nourriture pour lui en donner.
Y a-t-il quelque chose qui dure éternellement ?
L'homme n'est déjà plus.
L'un est riche

Tandis que l'autre est pauvre.
La nourriture est-ce quelque chose de durable ?
Est-ce que cela ne passe pas ?
Celui qui était riche l'an passé,
Cette année c'est un vagabond [...]
L'eau courante de l'an passé s'est éloignée,
Cette année c'est un autre fleuve.
De grandes mers s'assèchent,
Des rivages deviennent des abîmes.
Cela n'arrive-t-il pas aux hommes ?
Une chose est leur plan ; il est tout différent celui du Seigneur de la Vie.

Quelques remarques sur la mort complètent ces notations qui reposent sur une véritable philosophie.

Quand ton messager vient te chercher,
Qu'il te trouve prêt à aller vers ta place de repos
Avec ces mots : « Vois, celui qui s'est préparé pour toi vient. »
Mais ne dis pas : « Je suis trop jeune, pour que tu viennes me prendre. »
Tu ne connais pas ta mort.
La mort vient,
Elle enlève l'enfant qui est dans le giron de sa mère
Aussi bien que celui qui a pris de l'âge.

Nous avons déjà lu plus d'une des belles pages d'Aménopé sur la vie intérieure et n'y reviendrons pas. Il faudrait encore signaler la poésie lyrique et la fable. Des ostraca figurés suggèrent l'existence de celle-ci qui nous est attestée directement par une version mutilée des *Membres et l'Estomac*. De celle-là, il reste une collection abondante de chants d'amour qui ajoutent à la palette lyrique de l'ancienne Egypte des couleurs fraîches et rares dans les productions du Proche-Orient, où l'équivalent ne peut se retrouver que dans le *Cantique des Cantiques*. Voici le bien-aimé arrivant à Memphis où « sa sœur » l'attend. L'exaltation de l'amour transfigure devant lui le paysage :

Je descends le fleuve en barque au bruit des rames,
Ma botte de roseaux sur les épaules.
J'irai à Memphis et dirai à Ptah, Seigneur de la Vérité,
« Donne-moi ma sœur cette nuit ».

Le fleuve est du vin ;
Ptah ses roseaux, et la Puissante ses feuilles ;
Ses messagers sont ses boutons ;
Le dieu du Lotus est sa fleur.

La déesse d'Or se réjouit ;
Sous sa beauté la terre brille.
Memphis est une coupe de fruits d'amour
Posée devant le dieu-au-beau-visage.

D'autres fois le bien-aimé emploie la ruse pour arriver à ses fins.

Je me coucherai à l'intérieur de la maison
Et je ferai comme si j'étais malade.
Alors mes voisins entreront pour me voir,
Alors ma sœur viendra avec eux.
Elle rendra les médecins superflus,
Parce qu'elle connaît ma maladie.

En d'autres poèmes, déjà, se trouvent les clichés que ressasseront les poètes de l'amour à travers les siècles.

La bien-aimée est experte au lancer du lasso,
Sans se rendre au recensement des troupeaux.

Elle lance contre moi son lasso avec sa chevelure,
Elle m'enchaîne avec ses yeux,
Elle me dompte avec sa parure,
Elle me marque au fer rouge de son sceau.

Parfois sensuels, ou simplement passionnés, ces poèmes d'une facture parfaite donnent une idée très précise de la poésie lyrique égyptienne. Ils étaient fort goûtés, car plus d'un recueil nous en est parvenu et l'un d'eux porte même la signature de son auteur, Nakht-Sobek, inconnu pour nous par ailleurs. Ce détail confirme la conjecture que les Egyptiens ont bien connu l'amour-propre de l'écrivain et que beaucoup d'œuvres ne sont anonymes que par suite des circonstances et de l'interruption de la tradition.

•

La littérature mourut-elle dans les derniers soubresauts de l'empire agonisant sous la XXIIe dynastie ? Ou du moins, sa fin n'est-elle plus qu'une survivance ? Absolument pas. La production littéraire, comme les idées religieuses ou les réalisations artistiques, continua de se développer jusqu'à la mort de la culture autochtone vers la fin du IIIᵉ siècle. Mais ici, il faut distinguer nettement deux domaines : l'un est celui dans lequel s'exerce la tradition, avec tout le poids qu'elle pouvait avoir en Egypte ; c'est la religion. Lyrique religieuse de la basse époque, inscrite sur les murs des temples ou conservée sur de rares papyrus, liturgies gravées dans les salles où on les célébrait, ces textes appartenaient à une production savante, accessible à un petit nombre, assez proche des œuvres écrites dans notre latin d'Eglise. Les proses et les hymnes, que l'on compose en latin pour les nouveaux saints inscrits au calendrier, ressemblent aux hymnes que les hiérogrammates élaboraient pour compléter l'ancien culte, ou même aux réfections de textes exigées par des modifications théologiques ou rituelles. Mais la langue que l'on employait alors était si bien morte que les « mandarins », qui la possédaient encore au prix d'un dur labeur, s'en donnèrent à cœur joie et compliquèrent de plus en plus son écriture. Ils finirent par arriver à composer avec les signes des tableaux théologiques presque indépendants du sens phonétique.

Quantité d'œuvres furent encore ainsi créées ou modifiées. On refit, en le mettant au courant de l'évolution théologique, le *Mystère de la naissance divine*, que l'on peut en partie restituer. Les rituels d'offrandes furent plus ou moins modifiés. A ceux des grandes *fêtes du pays tout entier* ou des fêtes locales, on ajouta de longs commentaires. Certainement on multiplia les poèmes que l'on psalmodiait la nuit durant les mystères d'Hathor, qui semblent avoir pris alors une plus grande importance. Mais on recopia aussi tout simplement les textes anciens. Le goût de l'archaïsme, de l'archéologie religieuse, marque déjà l'époque saïte. On reproduisit mot à mot de longues pages des *Textes des Pyramides* et des *Textes des Sarcophages* comme on reproduisait au carreau, sans pouvoir en imiter la délicate perfection, les bas-reliefs de l'Ancien Empire.

Mais la littérature vivante n'était pas là. Ce traditionalisme était le fait du clergé et de petits groupes de savants. Les autres ne comprenaient que la langue parlée et écrite de leur temps, avec une forme très schématisée du hiératique, le démotique *. La langue que transmet cette écriture diffère autant de l'ancien égyptien que le français du latin. Les livres qu'elle a laissés, par contre, ressortissent aux mêmes genres littéraires que ceux de l'ancienne époque. Mais ils ont une grande originalité et préparent l'éclosion d'un monde nouveau.

Laissons de côté les traductions en démotique de livres anciens ou les commentaires démotiques de livres hiératiques, comme c'est le cas pour les textes astronomiques du papyrus Carlsberg I. Il reste encore des romans, des sortes d'épopées, des œuvres politico-religieuses d'un accent très neuf, des papyrus magiques ou mythologiques et finalement des enseignements moraux. C'est donc une littérature importante et riche qui se développe durant les siècles qui précèdent et suivent notre ère, au milieu d'un brassage d'idées religieuses et d'une fermentation spirituelle très importante. La négliger serait mutiler la civilisation égyptienne.

•

Voyons d'abord les productions que l'on pourrait qualifier de philosophiques. Un papyrus du IIe siècle de notre ère a révélé une œuvre que l'on a appelée le *Mythe égyptien de l'Œil du Soleil.* La composition est probablement antérieure à la copie de plusieurs siècles. Le retour de la fille de Rê, qui s'était éloignée de l'Egypte et qui y est ramenée à l'instigation de Thot, en constitue le thème. L'auteur a traité le mythe comme une fable. Par correspondance avec leurs animaux sacrés, Hathor-Tphénis est une chatte — mais elle peut se transformer en lionne — et Thot est un singe.

Pour ramener la chatte, le singe s'efforce de la convaincre en utilisant des fables et des comparaisons qui aboutissent à l'expression d'idées philosophiques. Trois grands thèmes apparaissent. Le premier en est l'amour de la patrie qui provoquera la nostalgie de la chatte et finalement l'incitera à revenir dans sa patrie malgré l'attrait des splendeurs du pays de Kouch, où elle habite. Puis c'est l'égalité du puissant et du faible. Les conditions de la vie changent sans cesse. Aussi le faible peut, un jour, aider le puissant et lui être utile. Enfin, c'est la doctrine de la rétribution. La chatte, devenue furieuse, s'est transformée en lionne et est prête à faire au singe un mauvais parti. Ce dernier lui explique alors que, dans l'apologue qu'il vient de lui débiter, le griffon mythologique vainqueur du lion n'est pas autre chose que l'instrument du dieu solaire, juge suprême du monde : *le rémunérateur qu'aucun rémunérateur ne rémunère mais qui voit et rémunère tout.* Elle aussi, la déesse, *membre de la rémunération,* doit respecter l'économie morale du monde instituée par son père. Cet argument va la convaincre d'abord d'accorder la vie au singe et puis de retourner en Egypte. Finalement, elle revient donc et est fêtée dans toutes les villes où une déesse est adorée, car ces déesses ne sont que ses différentes formes. Le style est d'une grande finesse et le sens philosophique de bien des passages donne au *Mythe de l'Œil du Soleil* un intérêt de premier ordre.

Voici une des fables développées par le Singe : *Il arriva qu'un lion allait, cherchant l'homme. Et un petit rat apparut entre ses pattes, d'aspect bien faible et né depuis peu. Comme le lion allait le fouler aux pieds, le rat lui dit : « Ne me foule pas aux pieds, ô Monseigneur lion ; si tu me manges tu ne seras pas rassasié et si tu me laisses partir, tu n'auras même plus envie de me manger. Si tu me donnes mon souffle en cadeau, moi, je te donnerai le tien une autre fois. Si tu m'épargnes et ne me détruis pas, je te ferai sortir de ta propre destruction et te ferai échapper à ton malheur. » Le lion se rit du rat en disant : « Qu'est-ce que tu feras finalement ? » Mais celui-ci lui jura et dit : « Je te ferai échapper au malheur quand, quelque mauvais jour, il s'abattra sur toi. » Le lion considéra ce qu'avait dit le rat comme une plaisanterie et pensa à part soi : « Si je le mange, je ne serai pas rassasié, c'est vrai. » Et il le laissa partir.*

Il advint qu'il y eut un chasseur qui plaça un piège pourvu d'un filet, après avoir creusé une fosse devant le lion. Le lion tomba dans la fosse et fut aux mains de l'homme. Il le plaça dans le filet et ils l'attachèrent avec des sangles sèches et le lièrent avec des sangles fraîches. Et ainsi il fut abandonné dans le désert et il était tout triste.

Quand vint la septième heure de la nuit, le Destin voulut que s'effectuât sa plaisanterie par les grandes paroles qu'avait prononcées le lion et il fit apparaître le petit rat devant le lion. Celui-là dit : « Tu ne me reconnais pas ? Je suis le petit rat à qui tu as concédé le souffle en cadeau et je suis venu pour t'en donner aujourd'hui la récompense : je vais te sauver du malheur dans lequel tu es tombé. Car accomplir de bonnes actions est utile à celui qui les accomplit. » Et aussitôt le petit rat fit aller sa mâchoire sur les liens du lion. Il tailla les sangles sèches et rompit les sangles fraîches dont il était lié tant qu'il y en eut et fit sortir le lion de ses liens. Le rat se cacha dans sa crinière et il le transporta au désert ce jour-là.

Esope a traité le même sujet dans sa fable 206, au VIe siècle avant Jésus-Christ. Mais quelle est celle qui a servi de modèle ? *Les Membres et l'Estomac*, que l'apologue de Menenius Agrippa devait rendre délèbre, datent du Nouvel Empire et, même si aucun autre texte de fable ne remonte à cette époque, nous savons par les ostraca figurés qu'il en existait. La carrière demeure ouverte.

•

Un livre peut avoir, par lui-même, une valeur littéraire hors de pair ou bien son intérêt peut provenir du rôle qu'il a joué. C'est à cette dernière espèce qu'appartient le commentaire démotique d'une ancienne prophétie. Le genre était connu depuis longtemps. Ces écrits sociaux exaltaient la reconnaissance des intellectuels envers le maître qui faisait régner l'ordre. On se souvient, en effet, de la prophétie de Neferti, au début du règne d'Amménémès Ier. Le texte démotique, lui, date du tout début de l'époque ptolémaïque. Il comprend des fragments d'un oracle extrêmement obscur, coupé d'explications et d'applications modernes et contemporaines. Toute l'histoire des rois de la XXXe dynastie est ainsi expliquée par leur attitude vis-à-vis de la loi religieuse de l'Egypte. Ceux qui l'ont respectée ont réussi. Ceux qui l'ont violée ont fini misérablement. C'est le fond théologique du *Livre des Rois* et des *Chroniques*. Comme l'idée égyptienne peut être suivie depuis le XIIIe siècle avant Jésus-Christ environ, on voit combien il est important de la trouver clairement formulée à la fin de la dernière dynastie indigène.

Enfin, on peut constater que les procédés de commentaire sont tout à fait parallèles à ceux que l'on trouve cent cinquante ou deux cents ans plus tard dans la littérature des Esséniens de Qumran. Le fameux *Midrach d'Habacuc* n'est pas autrement rédigé. Il convenait donc de signaler au passage une œuvre aussi caractéristique du nationalisme égyptien, bien qu'elle soit dénuée de toute valeur littéraire. Son importance est de premier ordre, mais il est purement historique.

Les contes démotiques ont, au contraire, ce double intérêt. Laissons de côté un texte fort riche pourtant : un mémoire composé par Pétéisis III pour narrer les démêlés de sa famille avec les prêtres d'Amon de El-Hibeh. L'exposé de cette sombre et sordide histoire n'est en réalité qu'une pièce de procès. Les romans d'imagination, par contre, appartiennent à trois cycles : celui de Seton-Khâmoïs, celui de Pétoubastis et celui d'Amasis.

Le cycle de Seton a l'avantage de reposer sur des documents assez bien conservés. Dans un premier roman, Seton-Khâmoïs, fils de Ramsès II, tandis qu'il se promène près du temple de Ptah à Memphis, apprend d'un personnage mystérieux l'existence d'un prodigieux livre magique. Celui-ci repose dans la tombe de Nenoferkaptah à Saqqara. Seton, ayant réussi à y pénétrer, trouve le livre placé entre le propriétaire du tombeau et sa femme. Il répand sa clarté dans la chambre funéraire. La femme de Nenoferkaptah, pour détourner Seton de son entreprise, lui raconte les malheurs inouïs — terminés par la mort de tous — que ce livre leur a valu. Mais Seton joue aux dames avec les morts, gagne, et emporte l'ouvrage.

Peu de temps après, Seton, toujours sur le parvis du temple de Memphis, aperçoit une femme très belle aux charmes de laquelle il ne peut résister. La prenant pour une courtisane, il lui fait proposer dix mesures d'or. Mais celle-ci se récuse et invite le prince chez elle à Bubaste. Une scène de séduction se déroule alors, durant laquelle les froids calculs de Taboubou (c'est le nom de la femme) s'opposent chaque fois aux désirs redoublés du prince. Elle fait d'abord donner à ses enfants la moitié des biens de Seton, puis s'en fait donner à elle-même, puis elle fait tuer les enfants du prince sous ses yeux. Finalement, au moment où le prince s'approche d'elle, elle pousse un grand cri et le cauchemar finit. Il avait été la victime d'une incube. Il ne lui reste plus qu'à rapporter le livre à sa place, un brasier sur sa tête et un bâton fourchu à la main.

La narration est d'une habileté consommée. Un second conte, les aventures de Nenoferkaptah, est introduit dans le premier. Le récit de l'enlèvement du livre ou de la séduction est excellent. L'idée d'utiliser la séduction pour ôter à Seton ses pouvoirs magiques est extrêmement fine. Enfin une psychologie très perspicace règne à travers ces pages et permet de prévoir la réaction des personnages. Le désir insensé du prince qui ne fait que croître avec les difficultés ajoute l'agrément du roman d'amour à celui du roman magique. L'opposition entre la passion irréfléchie qui tient l'homme lié et l'ambition froide de la femme qui va jusqu'à lui faire accomplir, du moins en songe, les plus horribles forfaits, est admirablement menée. Taboubou n'est autre évidemment que le fantôme de la morte poursuivant le prince Seton pour l'obliger à restituer le talisman.

La vieille réputation des conteurs égyptiens était intacte.

Le second roman de Seton consiste en une série d'ensorcellements qui atteignent tantôt le roi d'Egypte, tantôt le roi de Kouch. Le roi d'Egypte triomphe grâce à l'intervention du fils de Seton, Siousiré, qui n'est autre qu'une réincarnation d'Horus, fils de Panesce. L'atmosphère baigne dans la sorcellerie et n'a pas la finesse psychologique qui donne sa valeur au conte précédent. Mais certains épisodes, comme la descente aux enfers et la vue des supplices infernaux, paraissent des adaptations profanes de quelque initiation et font penser aux catabases orphiques. Un détail vaut d'être noté. Seton, voyant un jour enterrer un riche en grande pompe et un pauvre sans aucun accompagnement, souhaitait avoir le sort du riche. Siousiré alors le conduisit dans l'Hadès et commenta ainsi le spectacle offert : *Mon père Seton, vois-tu ce haut personnage revêtu de vêtements de fin lin et qui est près de l'endroit où Osiris se tient ? Ce pauvre homme que tu vis qu'on emmenait hors de Memphis, sans que personne l'accompagnât, et qui était roulé dans une natte, c'est lui. On le conduisit à l'Hadès, on pesa ses méfaits contre ses mérites qu'il eut étant sur terre, on trouva ses mérites plus nombreux que ses méfaits. Donné qu'au temps de vie que Thot inscrivit à son compte ne correspondit pas une somme de bonheur suffisante tandis qu'il était sur terre, on ordonna par-devant Osiris de transférer le trousseau funèbre de ce riche que tu vis emmener hors de Memphis avec force honneurs à ce pauvre homme que voici, puis de le remettre parmi les mânes vénérables féaux de Sokarosiris, proche de l'endroit où Osiris se tient. Ce riche que tu vis, on le conduisit à l'Hadès, on pesa ses méfaits contre ses mérites, on lui trouva des méfaits nombreux plus que les mérites qu'il eut sur terre, on ordonna de le rétribuer dans l'Amentit, et c'est lui que tu as vu, le pivot de la porte d'Amentit planté sur son œil droit et roulant sur cet œil, soit qu'on ferme ou qu'on ouvre, tandis que sa bouche pousse de grands cris. Par la vie d'Osiris, le dieu Grand, maître de l'Amentit, si je t'ai dit sur terre : « Te soit fait ainsi qu'on a fait à ce pauvre homme, mais ne te soit pas fait ainsi qu'il est fait à ce riche ! » c'est que je savais ce qui allait arriver à celui-ci.* (Trad. Maspero.) On ne peut s'empêcher, devant cette page, dont la rédaction remonte sans doute au VIe siècle avant Jésus-Christ, d'évoquer la parabole du pauvre Lazare et du mauvais riche.

A part ce fait que la cuirasse d'Inaros joue, dans le cycle de Pétoubastis, le rôle de talisman, c'est ici un genre tout différent, où la magie n'a plus la place qu'elle avait dans les histoires de Seton. Il s'agit presque toujours de récits de bataille où les héros se mesurent après s'être défiés. Souvent ces pages évoquent *l'Iliade*. Plus encore les luttes féodales des barons égyptiens, sous la direction molle de Pétoubastis, font penser aux épopées médiévales qui mettent en scène Charlemagne. Maspero, dans sa traduction, a rendu en un style de chanson de geste ces textes étranges. Malheureusement, leur transmission a beaucoup souffert et, même en tenant compte des nouveaux papyrus que l'on est en train d'éditer, l'état fragmentaire dans lequel nous les lisons enlève beaucoup de l'agrément que nous pourrions prendre à leur lecture.

Le conte libertin d'Amasis, beuveries et histoires de femmes, correspond à ce que nous savons du roi historique. Mais ici encore nous ne lisons plus que des bribes du texte primitif.

●

Une curieuse composition satirique permet de se faire une idée de la variété des genres à l'époque tardive. Nous soupçonnons l'existence de la satire bien avant ce temps, mais ne pouvons guère l'apprécier. Voici la partie la mieux conservée de cette pièce que n'eût pas reniée Horace.

Il est comme un sot qui se saisit d'un livre sur lequel se trouve toute science.
Il ne sait rien chanter, si ce n'est une seule chose, depuis qu'il a été mis au monde :
« J'ai faim ; je voudrais boire ; n'y a-t-il pas quelque chose à manger ? »
Lui crie-t-on : « Il y a de la viande en tel mauvais lieu » qu'il y est déjà avec la [harpe.
Dès qu'il a trouvé boisson et viande devant lui, il y va sans avoir été invité.
Et il parle aux gens de la fête, en disant : « Je ne puis chanter quand j'ai faim.
Je ne puis porter la harpe pour chanter quand je n'ai pas eu mon content de boisson [à discrétion. »
Et il consomme la boisson de deux, la viande de trois, le pain de cinq réunis.
Alors, la harpe pèse à son cœur, elle est comme un fardeau importun.
Il fait si bien qu'on lui crie... deux et trois fois plutôt qu'une : « Chante ».
Se met-il à prendre la harpe après boire, alors tous ses défauts se manifestent.
Il récite, la harpe sens dessus dessous, des propos de femmes qui font le pain.
La retourne-t-il du côté du manche, il n'en récite pas moins les sottises des femmes.
Se met-il à élever son art en débitant une fable,
Les paroles ne témoignent pas pour son art et sa voix va d'un côté tandis que sa [harpe va de l'autre.
(Trad. Sottas.)

La peinture de ce musicien glouton ne manque pas d'humour. Mais c'est dans le genre sapiential que les derniers écrivains originaux de l'Egypte païenne devaient encore briller du plus vif éclat. Deux recueils nous sont parvenus en bon état et permettent d'en apprécier suffisamment le contenu. Le premier pourrait dater approximativement du ve siècle avant notre ère, c'est l'*Enseignement* d'Onkhchechonqy. Il est mis en œuvre dans une forme dramatique. Le héros emprisonné, parce qu'il est compromis dans un complot contre le pharaon, écrit des enseignements pour son fils, dans la geôle. Les maximes parfois très courtes rappellent nos proverbes. Parfois plus longues, elles présentent un étroit parallélisme :

Un homme d'humble condition qui se comporte avec arrogance est copieusement [détesté.
Un homme de grande condition qui se comporte avec modestie est hautement [respecté.

La concision, l'emploi de l'image caractérisent le style de l'auteur :

Les grenouilles sont appréciées de Hâpy. Ce sont les souris qui mangent le grain.

Mais parfois le sens demeure difficile à pénétrer :

Corps de femme, cœur de cheval.

Les idées ne sont pas groupées comme dans certains livres plus anciens, tel celui d'Aménopé. Et il est loin de présenter la profondeur morale, la pénétration spirituelle et le fondement philosophique du papyrus Insinger, qui a surpris ses premiers traducteurs.

Les copies que nous possédons de cette œuvre sont du Ier siècle de notre ère ou même d'une époque un peu postérieure. Mais il a été écrit à une date plus ancienne, difficile à préciser. D'abord, l'essai de composition frappe le lecteur. Il y a vingt-cinq enseignements comportant chacun un titre et un développement, poétique plutôt que dialectique. Ils se terminent tous par une sorte de refrain :

La destinée et la fortune qui arrivent, c'est Dieu qui les envoie.

Que l'on y trouve la condamnation de la jactance, de la gloutonnerie, de la luxure, de l'ivrognerie ne nous étonnera pas. C'est un héritage et une réutilisation du trésor des anciens âges. Mais le penseur ajoute des traits fort originaux dont plusieurs concernent la vie quotidienne. C'est ainsi qu'il expose comment la maladie vient de l'excès de nourriture et de boisson :

C'est que la vie qui se garde de trop
est une vie selon le cœur du sage.
Car des légumes et du sel sont une nourriture si bonne
qu'on n'en trouverait pas de meilleure.
Le travail tient lieu de richesse avec l'économie [...]
La maladie envahit un homme
parce que la nourriture lui est nuisible.
Qui se rassasie trop de pain
souffrira de maladie.
Qui se rassasie trop de vin
ira au lit avec des gémissements plaintifs.
Toute maladie est dans les membres
parce qu'on se rassasie trop.

S'il l'avait connu, le docteur Carton aurait placé ce texte en épigraphe sur ses livres de diététique. Mais le sage qui composa ces pages ne s'en tient pas à ces prescriptions presque médicales. Il s'élève peu à peu vers des régions plus hautes. On doit prendre garde aux plus humbles choses.

Ne méprise pas une petite maladie ;
S'il y a un remède, prends-le.
Difficile est la guérison de celui
Que la maladie domine chaque jour davantage.
Même le petit serpent a du venin [...]
Même la petite vérité sauve son possesseur.
Même le petit mensonge cause le malheur de qui le dit.
Même le petit souci brise les os.
Même la petite joie fait vivre le cœur.
Même la petite rosée fait vivre le champ.
Nombreuses sont les petites choses qu'il faut craindre.
Rares les grandes choses qu'il faut admirer.

Il y a dans ces lignes un art de manier l'antithèse qui ne manque pas de maîtrise. Un certain pessimisme se dégage des considérations sur la destinée humaine. C'est quand l'homme acquiert le développement spirituel qui lui permettrait d'accéder à l'ultime expérience qu'il disparaît.

Avant que la vie arrive à sa perfection,
les deux tiers en sont perdus.
L'homme passe dix ans petit enfant
sans distinguer la mort de la vie.
Il passe dix autres années à s'instruire
pour connaître la vie.
Il passe dix autres années à gagner
et à se procurer de quoi vivre.
Il passe dix autres années pour arriver au terme,
avant que sa raison soit parvenue à l'expérience.
Le reste de la vie entière, les soixante ans
que Thot a prescrits pour l'homme de Dieu,
C'est un sur des millions, un béni de Dieu,
qui le passe avec un sort favorable.

Une série de remarques désespérantes achève de préciser la profonde connaissance du cœur humain que manifeste notre auteur :

On n'apprend pas à connaître le cœur d'un frère,
quand on n'a pas fait appel à lui dans la misère.

On n'apprend pas à connaître le cœur d'un fils,
jusqu'au jour où on lui a demandé quelque chose.
On n'apprend pas à connaître le cœur d'un serviteur,
avant le jour où son maître est ruiné.
On n'apprend pas à connaître le cœur d'une femme,
pas plus que quiconque ne connaît le ciel.
Lorsqu'on éprouve les sages,
il en est peu qu'on trouve parfaits.

Ces lignes, qui ont des résonances pascaliennes, débouchent naturellement sur une éthique religieuse. Les possessions n'ont de valeur que dans la mesure où l'on en use pour soulager la misère d'autrui.

Si un bien vient à t'appartenir,
Donnes-en une partie à Dieu, c'est-à-dire aux pauvres [...]
Celui qui aime son prochain
Trouve toujours des parents autour de lui [...]
Dieu permet d'acquérir la richesse
Pour faire du bien.
Celui qui donne à manger au pauvre,
Dieu le reçoit dans sa miséricorde infinie.

La sincérité est une règle absolue. On doit s'abstenir de jurer, car Dieu est partout et toujours présent. Il faut subir le mal en bénissant, car Dieu est sans cesse auprès de nous.

Ce qui est dans le cœur d'un homme sage,
c'est ce que l'on trouve sur sa langue [...]
N'élève pas ta main pour jurer,
parce qu'il y a quelqu'un qui t'entend [...]
L'homme sage que l'on dépouille
remet ses vêtements en bénissant.

La lucidité intérieure et la parfaite maîtrise de soi sont requises pour le sage.

Le dieu grand, Thot, a placé une balance,
pour créer, grâce à elle, l'équilibre sur terre.
Il a placé le cœur caché dans la chair,
pour que son possesseur soit équilibré.
Si le sage n'est pas équilibré,

Sa sagesse n'arrive à rien [...]
Celui qui connaît son propre cœur,
le bonheur le connaît, lui [...]
Un homme sage qui prend son cœur comme compagnon
Ne se trouvera pas dans la misère.

Dieu, du reste, éclate dans sa création. On croirait entendre des échos du fameux psaume *Caeli enarrant gloriam Dei* :

L'impie ne dit pas : « Dieu se manifeste
dans les événements qu'il ordonne. »
Ce qu'il dit, c'est : « Cela ne doit pas se produire ainsi. »
Mais qu'il regarde ce qui est caché :
Comment le soleil et la lune marchent-ils sur le Ciel ?
L'eau, le feu et le vent, d'où viennent-ils ?
Amulette et magie sont la protection de qui ?
Dieu fait connaître sur la terre chaque jour son œuvre mystérieuse...

La quiétude, une sorte d'ataraxie, est demandée à l'adepte de la sagesse. Mais cette béatitude il ne la trouvera que dans la présence de Dieu.

Si l'homme sage n'est pas calme,
Son caractère n'est pas accompli.
Si une guerre se fait sans pause,
L'armée n'obtient aucun repos.
Si une fête se fait sans pause,
Ses participants n'ont point de plaisir.
Si un temple n'est pas dans le calme,
Ses dieux l'abandonnent.
Car on dresse un sanctuaire pour un dieu,
A cause de son nom.
La louange vient au sage, parce qu'il est calme.
L'âge est beau, dans la vie, parce qu'il est doux.
Ne laisse pas s'accroître les soucis,
Pour ne point tomber dans le trouble.
Si le cœur tourmente son maître,
Il enfante en lui la maladie [...]
La mort éveille l'angoisse
Dans le cœur de l'impie qui oublie Dieu [...]
L'asile de l'homme de Dieu, dans la misère,

C'est Dieu [...]
Ne t'afflige pas dans la détresse,
Grande est la puissance de Dieu.
L'homme de Dieu est dans la détresse,
Pour son salut même [...]

Il convenait de citer longuement ces pages illuminées des derniers feux du paganisme. Elles sont trop peu connues. Elles s'apparentent pourtant aux déclarations de Pétosiris et ont été rédigées, sans doute, dans les cercles de la Maison de Vie peu avant le moment ou Philon écrivait ses traités à Alexandrie. Peut-être déjà les Thérapeutes menaient-ils, près du lac Mariout, cette vie de méditation et de prière qui par plus d'un trait évoque le monachisme. Le temps était tout proche où Jésus le Siracide écrivait l'*Ecclésiastique*, qui devait être introduit dans le canon des Ecritures au moins pour les Juifs alexandrins ou hellénistes qui lisaient la Septante. A Rome, Cicéron composait ses dialogues philosophiques. Si la vieille Egypte ne maniait pas une logique redoutable comme les philosophes de l'Académie ou de Rhodes, elle avait atteint du moins un niveau spirituel qu'aucun des penseurs contemporains ou d'une époque voisine n'a dépassé. On ne sera pas étonné d'apprendre qu'on a pu établir une étroite comparaison entre la règle de saint Pacôme, au IIIe siècle, et les livres de Sagesse égyptiens. L'élévation spirituelle des vieux sages ouvrait un chemin à la pensée chrétienne.

●

Sans doute cette littérature nous paraît un peu trop portée sur le merveilleux. Dès ses premières productions, elle s'oriente vers des récits pleins d'ensorcellements et de faits extraordinaires. Et ses dernières œuvres, en dépit de leur intérêt, comportent trop de fantômes, de sorciers et d'incubes. Mais ce vêtement risque de cacher parfois à un regard trop rapide un contenu beaucoup plus humain. Bata et Anoup ont beau être, originairement, des dieux, toute la première partie du *Conte des deux frères* est d'une psychologie excellente et rend admirablement les sentiments et les gestes de la femme qui recherche l'adultère, du jeune frère respectueux et du mari pris soudain d'une crise de jalousie. Que les vaches de Bata lui aient parlé, cela n'a qu'une importance secondaire. Il a vu sous la porte les pieds de son frère qui l'attend pour le tuer. Et il en est ainsi en bien d'autres pages. Cette faiblesse est compensée par beaucoup de qualités solides et fondamentales.

La psychologie n'est pas le seul point par où les Egyptiens ont su donner de l'attrait à leur littérature. Elle a une valeur éthique et religieuse. Dans un récit aussi laïque que celui de Sinouhé, il y a des pages d'une piété simple mais intense qui reflètent seulement le sentiment qu'a l'homme d'être un élément dans un immense ensemble dont il dépend. S'il croit avoir affaire à une puissance personnelle, il exprime sa confiance et sa crainte révérencielle. Mais s'il a l'impression d'un vide, l'Egyptien n'en arrive pas à la désespérance. Il cherche à épuiser le moment présent. C'est le conseil que donne le *baï* à *je* dans le débat intérieur institué par le *Misanthrope* . Et plus encore, c'est l'invitation à jouir du jour qui nous est proposé dans le *Chant du Harpiste*. Mais cela, sans acharnement, sans violence. C'est une littérature de gens équilibrés, modérés. Ses productions les plus achevées sont harmonieuses et cherchent à donner à l'homme le sens de la mesure. Il est important de noter que ses livres de sagesse, même quand ils commencent sur des notations aussi pessimistes que l'*Enseignement* royal *d'Amménémès à Sésostris Ier*, ou quand ils font part de l'amère expérience du papyrus Insinger, ne concluent jamais sur une négation. Le pessimisme n'est qu'une mise en garde. L'action imprévisible de Dieu qui déjoue nos plans n'est qu'une invitation à plus d'humilité. L'homme ne peut compter que sur soi, mais il n'est pas dispensé de l'effort, surtout de l'effort de se réformer lui-même. Et toute cette collection de biographies spirituelles, qui exaspèrent parfois les historiens avides de faits matériels, s'explique par le désir qu'ont les personnages, formés aux enseignements de la Maison de Vie, d'emporter avec eux et de transmettre à leurs descendants, à la fois leurs convictions et les tentatives qu'ils ont faites pour les mettre en œuvre. Cette littérature qui n'a sans doute pas connu les conflits dramatiques de la tragédie grecque, a inventé la conscience et nous a livré le secret de ses approches. Elle a chanté le sentiment de l'amour, a porté aux plus exquises attentions envers les parents, a exalté la charité et plus encore la justice, norme du monde, sur quoi tout repose. Elle a trouvé parfois dans la mort le néant, mais a aussi entrevu dans la gestation ténébreuse du soleil par le corps nocturne du ciel le moyen d'accès à une renaissance lumineuse et elle a célébré la mort libératrice, prometteuse d'une vie divine. Elle a atteint à un véritable humanisme. Pour elle la vie qui nous est donnée est trop précieuse pour être compromise ou méprisée. Les sentiments les plus délicats qui l'inspirent expriment ses tendances les plus profondes et réussissent à nous charmer encore.

Au-delà de son humanisme, elle traduit un sens métaphysique fondamental. Est-ce parce qu'elle est encore tout imprégnée de religion? C'est possible. Bien plus, c'est parce qu'elle a atteint des niveaux auxquels beaucoup de littératures ne parviennent que rarement ou jamais. L'admirable *Enseignement pour le roi Mérikarê* contient un exposé du jugement de l'âme et des circonstances qui l'accompagnent digne d'avoir inspiré le *Gorgias* de Platon. La délicatesse du sens religieux chez Anii ou Aménopé confond parfois le lecteur moderne qui n'arrive pas à imaginer, dix à douze siècles au moins avant notre ère, pareille profondeur. L'hymne à Aton d'Aménophis IV ou telle page des hymnes à Amon, presque contemporains, peuvent figurer dans les plus belles anthologies de la poésie religieuse.

Le lecteur aura sans doute trouvé qu'il y avait bien des citations dans ce long chapitre. Mais on ne peut juger que sur preuves. Il fut un temps où une traduction ne passait pour scientifiquement valable qu'à condition d'être rédigée dans un galimatias qui n'avait avec le français qu'un rapport lointain. Entre doctes, on s'entendait. Ces conceptions font de plus en plus figure de vieilleries. Lorsque nous aurons traduit en totalité, en essayant de respecter dans nos langues le goût que les Egyptiens manifestaient si vivement pour le beau style, les œuvres qui nous sont parvenues, il est certain que le public moderne les goûtera beaucoup. Reste que nous possédons peu d'ouvrages intacts et bien transmis. Le jour n'est pas encore arrivé où nous lirons les livres de l'antique Egypte comme nous lisons l'*Odyssée* ou la *République*. Mais les sables du Nil sont loin d'avoir dit leur dernier mot et le labeur patient des savants, qui reconstituent les membres disjoints de tant d'ouvrages valables, nous vaudra encore de belles moissons. C'est une des joies profondes que procurent les austères sciences de l'orientalisme : rendre à l'humanité moderne la conscience d'une ancienne continuité. Elle y peut puiser un grand réconfort et, peut-être, mieux dégager la direction où il lui convient de s'engager.

CHAPITRE X

UN ART A LA MESURE DE L'ÉTERNITÉ

Le paysage égyptien possède une sorte d'unité grandiose. Toute la Haute-Egypte, prise entre les deux falaises désertiques plus ou moins rapprochées, est semblable à elle-même d'un bout à l'autre. Et, en un certain sens, le Delta n'est que la plaine alluviale étendue à l'infini. Les diversités, les multiplicités disparaissent dans cette permanence des mêmes caractères fondamentaux à travers la Vallée du Nil. L'impression d'uniformité que donne au premier abord l'art égyptien lui vient, semble-t-il, du fond même du pays. Sans doute la variété de cet art est-elle très grande. Mais les traits essentiels persistent d'un bout à l'autre de la civilisation égyptienne. Par ailleurs la société est très fortement structurée et la toute-puissance de l'Etat vient mettre son sceau sur toutes les activités, de sorte que les grandes œuvres sont avant tout royales et palatines. Ce sont les ateliers royaux, la plupart du temps, qui fournissent le principal des productions. Et l'art brille d'autant plus que l'histoire intérieure est calme et le pouvoir centralisé. Ses périodes d'apogée sont les IVe et V^{e} dynasties, la fin de la XIe et la XIIe, les XVIIIe et XIXe. On trouve bien de belles œuvres à d'autres époques, mais on n'y rencontre ni l'abondance ni la perfection atteintes à ces moments privilégiés.

Comme aucune pluie de cendres et de pierres n'a enseveli la moindre ville de l'Egypte, à l'instar de Pompéi, et que très peu de cités et d'habitations ont été mises au jour par les fouilles, l'art égyptien que nous connaissons est presque uniquement celui des temples et des tombeaux. Y en eut-il un autre plus libre dans les cités des vivants ? C'est fort possible, mais nous le devinons plutôt que nous ne le savons. Beaucoup de morts, pourtant, ayant emporté avec eux des choses familières, nous arrivons à nous faire une idée des objets d'art, cuillères à fard, beaux meubles, bijoux qui pouvaient charmer la vie des vivants. Il faut pourtant prendre garde que bien des objets ou des tableaux, qui paraissent tout à fait civils, conservent une signification symbolique. Le fait est très clair pour la chasse et les scènes agricoles. On pourrait étendre beaucoup cette démonstration. C'est que toute la vie de l'Egyptien ancien est comme enveloppée dans des constructions intellectuelles très minutieuses qui relient ses moindres actes au fonctionnement général du cosmos. L'art est éminemment apte à rendre le réseau de ces multiples fils entrecroisés et à traduire par des signes matériels une élaboration de l'esprit.

Aussi la pensée et la religion ont-elles fortement agi sur lui. Elles devaient lui imposer sa route. Tout l'art religieux et funéraire n'est pas autre chose qu'une transmutation de la vie présente en éternité. C'est d'abord ce qui explique l'emploi de la pierre ou du métal dans l'architecture en un pays où brique crue et bois suffisent largement. Pas un palais, peut-on dire, qui anciennement ait été construit en pierre. Mais pour transcrire l'éternité des dieux ou éterniser la fragilité de l'homme, rien n'était assez durable. L'art égyptien exprime au premier chef la hantise de l'éternel. On cherchera d'abord un matériau impérissable. Imouthès, l'architecte du roi Djéser, inventera l'architecture de pierre parce que la brique s'effrite sous le vent sableux du désert. Mais pour les statues, le calcaire ne suffira pas. Les roches les plus dures, la brèche, la diorite, seront employées. On cherchera des effets de masse pour rendre l'image plus infrangible. Le sculpteur ne se contente plus de l'immobilité, il crée la statue-cube, dont la tête seule émerge. Quant aux conventions du dessin égyptien, si frappantes dès l'abord, elles résultent du désir de donner le maximum de l'être : tête de profil, mais œil de face, les deux épaules de face, le corps de profil. L'artiste sait fort bien rendre le mouvement et effacer l'épaule qu'on ne peut voir, comme en témoignent telle peinture de la nécropole thébaine ou un boucher de la tombe saïte de Pedamenope, mais il évite autant que possible cette manière de faire qui voile quelque chose de la réalité. Il refuse l'illusion et c'est sûrement à lui et et à ses disciplines que Platon pensait en critiquant l'art de son temps, fondé sur l'apparence.

C'est qu'il est création, au sens propre du terme. Il faut *mettre au monde* une statue pour qu'elle soit véritablement le support matériel en lequel ka et baï se rencontrent. Les secrets que se vantent de posséder les artistes ne sont pas seulement techniques, ils sont aussi religieux. Ils savent ce qu'il convient de pratiquer dans la *Maison de l'or* pour faire d'une pierre sculptée une *image vivante*. Aussi ces statues peuvent-elles être enterrées : Mentouhotep III à Bab el-Hoçan a été trouvé couché dans un linceul de toile. A l'époque grecque, on appellera couramment une statue un *corps*. Aussi un artiste du Moyen Empire expose-t-il dans sa stèle, conservée au Louvre : *Je connais le mystère des paroles divines, la conduite des actes liturgiques. Toute magie, je m'en suis muni sans que rien m'en échappe. C'est que je suis un artiste accompli dans mon art, un homme tout à fait distingué par ma science.* Un de ses collègues raconte, dans une stèle conservée à Leyde, comment on l'a introduit dans la *Demeure de l'or* pour y exécuter les images divines : *Rien de ce qui se rapporte à elles ne me fut caché,* nous dit-il. *Je suis prêtre-à-mystère. J'ai vu Rê sous ses diverses formes.* Et le roi Neferhotep dut se rendre à Héliopolis pour se documenter sur la forme à donner à une divinité, *afin de la reproduire telle qu'elle était anciennement, lorsque les dieux déterminèrent en conseil l'aspect sous lequel ils entendaient être figurés dans les monuments qu'on leur élèverait sur terre.* On voit combien Platon était bien renseigné qui, dans *les Lois,* insistait sur l'antiquité des traditions artistiques en Egypte.

L'architecture n'échappait pas à des règles semblables. Un temple est la maison du dieu. Il doit donc être fait à l'image de son domaine réel, c'est-à-dire du monde. Le plafond est un ciel parsemé d'étoiles; sur les soubassements poussaient les végétaux, à moins que les porteurs d'offrandes n'y présentent les produits du sol. Les supports végétaux soutiennent le cosmos auquel leur présence est indispensable. Et le saint des saints est l'horizon d'or où se lève le dieu, toujours plus ou moins assimilé au soleil. Aussi, les inscriptions proclament-elles que les dimensions en sont rigoureusement calculées d'après les écrits de Thot ou de Sechat, sorte de contrepartie féminine du dieu de toute sagesse et de toute science.

La création des moindres objets obéit à cette emprise de la signification du signe. Les lits ornés de têtes de lions rappellent le passage à travers le double lion-AKER pour pénétrer dans l'autre monde et en ressortir régénéré. Le lit de la gestation présentait une tête de la déesse Touèris. Les fauteuils s'ornaient de Bès ou de Touèris, surtout quand ils étaient destinés à des femmes. Sur l'escabeau du roi étaient représentés les Neuf-Arcs, désignation stéréotypée de la totalité des peuples de la terre sur lesquels Pharaon étend son pouvoir de droit divin. Les bijoux, les amulettes, tout est minutieusement construit et rien n'est laissé au hasard dans la composition du monde de l'art :

L'homme y passe à travers des forêts de symboles
Qui l'observent avec des regards familiers.

Le matériau lui-même a une valeur. Celle des pierres précieuses a survécu jusqu'à une époque récente. La turquoise, par exemple, sera, dans son bleu pâle, symbole de la joie céleste et les dieux sont appelés *Ceux-de-la-turquoise*. Mais l'or, métal par excellence, est la chair même de Rê. Les hommes, tant qu'ils sont sur terre, ne le doivent toucher qu'avec d'infinies précautions. C'est qu'il est porteur de la vie divine et de l'éternité. L'argent, à un moindre degré, constitue l'ossature des corps divins. Les pierres elles-mêmes n'échappent pas à cette loi et le granit employé dans tous les seuils ou à la partie inférieure des colonnes est foulé aux pieds avec certitude ou contraint de supporter le poids de l'édifice. Et cela, au détriment parfois de la logique. Les pavés eussent gagné à n'être pas d'albâtre, qui est une roche trop tendre pour cet emploi. Mais dans ce domaine, beaucoup de travail reste à faire avant qu'on y voie tout à fait clair. La direction générale de la pensée égyptienne n'est pourtant pas douteuse. N'en donnons qu'un dernier exemple. Il est certain que la construction en pierres irrégulièrement taillées et ingénieusement adaptées demande un bien plus gros travail que l'assemblage de blocs réguliers et interchangeables. Or, le premier procédé s'était chargé de valeur religieuse parce qu'il avait été utilisé dès les temps les plus lointains. Aussi on ne l'abandonna jamais. Et, lorsqu'il fallait recouvrir un édifice et qu'on était forcé par les lois physiques de se servir de larges dalles rectangulaires, on les masquait par un dallage de pierres plus minces, irrégulièrement assemblées. Ainsi tout l'art égyptien résulte-t-il d'une sorte de compromis entre les lois auxquelles est soumise inéluctablement la matière et la signification que revêt chacun des matériaux qu'il emploie et la façon même dont il les emploie.

L'esthétique ne fut jamais recherchée pour elle-même. Le plus humble des artisans trouvait la beauté en traduisant aussi exactement que possible l'idée. L'art est éminemment un langage, qui peut être beau lorsque ceux qui le parlent ont un tempérament d'artiste. C'est la grandeur de l'art égyptien, le secret, sans doute, de la séduction qu'il exerce sur nous, mais aussi la raison de ses limites. Il est souvent un peu engoncé dans ses canons, son symbolisme, et peut aboutir à la sécheresse et à la rigidité. Mais quand de grands créateurs entrent en scène, aux époques d'épanouissement, ils arrivent aux limites extrêmes de l'expression; finesse, sensibilité, délicatesse, obtenues avec des moyens extrêmement simples, nous émeuvent encore au plus haut point.

Tant il est vrai qu'une technique sans âme est impuissante à créer, comme une volonté d'exprimer la richesse spirituelle arrive, avec un outillage rudimentaire, à enfanter un monde prodigieux où nous aimons encore pénétrer.

Il se peut que la personnalité des artistes n'ait pas joué un rôle aussi important que celle des écrivains. Mais il ne faut point exagérer l'anonymat des œuvres d'art égyptiennes. Si la tradition et un livre entier de Pline l'Ancien ne nous avaient pas transmis les noms et les œuvres des sculpteurs grecs, si nous devions nous contenter des signatures laissées par eux, que saurions-nous à leur sujet ? Probablement moins que nous ne savons des vieux maîtres de l'Egypte. On a pu relever un fort long catalogue de noms d'artistes transmis par les monuments. Et dès l'Ancien Empire, le chef sculpteur Ptahankh s'est représenté lui-même, assis devant un confortable repas, sur une petite barque, dans le tombeau de son maître, Ptahhotep, qui lui accordait ainsi une sorte d'immortalité personnelle. N'était-ce pas l'équivalent d'une signature ? Les architectes connurent de hautes fortunes. Imouthès fut sans doute vizir de Djéser et Senenmout , le constructeur génial de Deir el-Bahari, fut le favori de Hatchepsout au point qu'il osa placer son effigie personnelle munie de son nom dans le temple funéraire de la reine. Il est vrai qu'il était dissimulé dans l'embrasure d'une porte. L'auteur du grand tableau représentant la bataille de Qadech sur la paroi nord de la salle hypostyle, à Abou Simbel, était si fier de son admirable composition qu'il l'a signée : *Fait par le prêtre-pur, à la tête de l'Etranger comme prêtre-à-mystère, Houy, pour son Seigneur.* Sur le mur est, un autre a signé également. Cette fois c'est un professionnel : *Fait par le sculpteur de Ramsès Meiamoun, Piay, fils de Neferkhâ juste de voix.* Faut-il entendre que le plan de la bataille a été conçu par Houy et la sculpture de toute la salle exécutée par Piay ? On a vu de quelle sollicitude Ramsès II entourait ses sculpteurs. Mais des indices indubitables trahissent, chez les artistes, le sentiment qu'ils avaient de l'effet. Dans la tombe inachevée du vizir Ramosé, le sculpteur, n'ayant pas la patience d'attendre que le peintre lui succède, avait passé les yeux en noir pour donner immédiatement vie à ses figures. Chez Khérouef, c'est plus net encore: Il a seulement peint en noir l'iris de l'œil dans les admirables têtes de princesses qui font la libation d'eau devant le dais royal. Mais pour bien détacher le fin profil blanc de l'une d'entre elles, qu'il avait sculpté avec un soin particulier, il a souligné d'une mince traînée noire qui s'épaissit vers le bas le nez frémissant de vie et le contour de la bouche, à seule fin de juger l'effet produit. On croit voir le peintre qui, ayant posé une fine touche sur son tableau, se recule un peu pour avoir une impression d'ensemble. A Amarna, les souverains rendaient visite à leurs sculpteurs et nous savons le nom de l'auteur des bustes de Nefertiti conservés à Berlin et au Caire : il s'appelait Thoutmosis. Sur ce point, notre curiosité n'est jamais assez satisfaite. Nous voudrions connaître les vieux artistes de l'Egypte comme Rembrandt ou Léonard de Vinci. Mais n'est-ce pas beaucoup de retrouver tant de noms après quinze cents ans de nuit noire ?

●

L'Egypte est la créatrice de la grande architecture. C'est sur son sol que pour la première fois l'on trouve des monuments aux dimensions imposantes : ses tombeaux royaux. A Saqqara, ce furent d'abord ses mastabas de brique crue aux formes diverses. L'un d'entre eux était à degrés, sans doute celui d'Andjib, puisqu'on en retrouve le dessin dans les inscriptions anciennes qui concernent ce roi. Mais la plupart sont des superstructures en brique dont les parements extérieurs présentent un fruit. Ils ne sont d'ailleurs pas rectilignes mais forment des redans compliqués imitant certainement d'anciennes constructions de bois et de nattes. Les sarcophages antiques présentent la même disposition, tel celui de Rawer au Musée du Caire. Les couleurs que ces derniers portent encore, rouge pour les parties en bois, jaune pour les nattes et vert pour les parties végétales, permettent d'imaginer ce que furent les mastabas royaux quand ils étaient encore revêtus des couches de plâtre et des peintures qui les couvraient entièrement. L'intérieur comprend, au sous-sol, un ensemble de chambres, dont la principale est celle qui contient le corps. Les autres constituaient des magasins avec provisions et mobilier. De gros rondins de bois recouvraient ces salles et supportaient la partie apparente de la sépulture. Chez Qaâ, à la fin de la Ire dynastie, apparaît un élément de culte funéraire accolé à la face nord.

Les tombeaux, qu'ils appartiennent à des rois ou à des particuliers, dès qu'ils commencent à se compliquer, comportent ces deux éléments essentiels : la chambre funéraire et le lieu de culte. Durant l'Ancien et le Moyen Empire ils resteront tout à fait liés dans les monuments royaux. Au contraire, au Nouvel Empire, ils seront séparés, sans doute dans le but de mieux garder le secret des tombes pour les protéger plus efficacement. Il est bien possible aussi que ce soit le désir de mettre davantage à l'abri le riche mobilier funéraire qui ait décidé l'architecte Imouthès à modifier pour son roi le plan

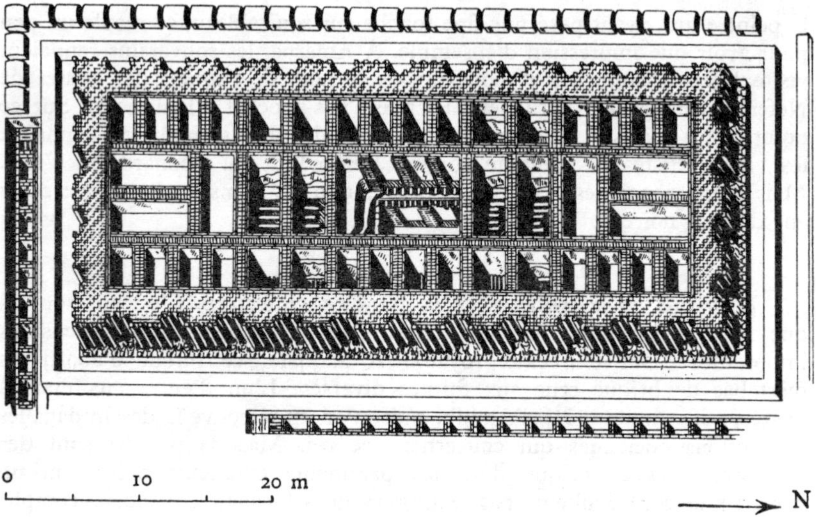

7. LA TOMBE DU ROI OUDJI

(D'après W. B. Emery, Great tombs of the first dynasty, *t. II, Oxford, 1954.) A l'intérieur d'une enceinte de brique se dresse un mastaba dont les parois extérieures, présentant des redans caractéristiques, reposent sur un socle défendu par des têtes de taureaux en argile munis de cornes réelles. Des chambres et des magasins, emplis de mobilier et de provisions, entourent une fosse centrale souterraine où reposait le corps du roi défunt. Les têtes de taureaux posent un problème d'interprétation.*

des sépultures plus anciennes. Toujours est-il qu'il construisit son mastaba en pierres dont la durée paraissait éternelle. Il agrandit ensuite ce mastaba, puis, par une modification plus radicale encore, le transforma en une pyramide à degrés. Cette fois, il tentait de traduire dans l'architecture une conception purement religieuse, la foi en la destinée solaire de la personnalité royale. La pyramide devient la rampe par où le roi accède au ciel. La masse des pierres devait aussi rendre inaccessible — du moins le crut-on — les galeries contenant son corps momifié et ses trésors inestimables. D'autre part, on creusa plus au sud le tombeau des canopes que sans doute, jusque-là, on avait transportés à Abydos, comme nous avons eu l'occasion de l'exposer.

Rapidement les Egyptiens passèrent à la pyramide à arête rectiligne.

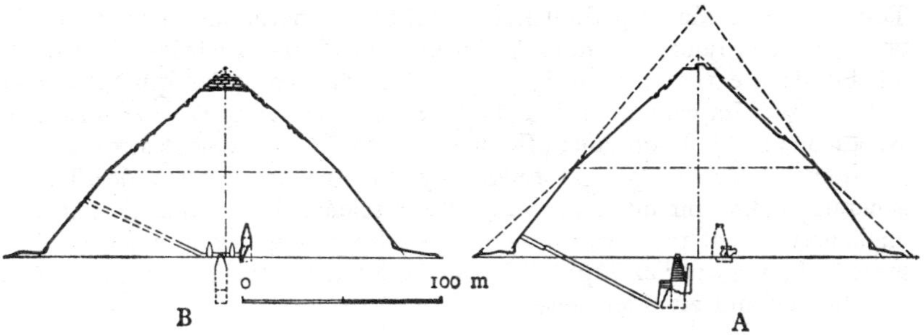

8. COUPE DE LA PYRAMIDE RHOMBOÏDALE DE DACHOUR

(D'après Perring.) En A, on a tenté de rendre sensible par des pointillés le tracé des deux pyramides; la moitié de chacune seulement a été exécutée, de sorte qu'un seul monument en contient deux en réalité. L'explication par la crainte que le poids des pierres n'écrase la première chambre, la plus profonde, n'est pas fondée, car elle n'explique pas la seconde chambre, ni le fait que, depuis, rien n'a bougé.

Mais ils laissèrent une très curieuse construction intermédiaire. Elle fut faite pour Snéfrou, le père de Khéops. Pour avoir les deux tombeaux dans la même pyramide, l'architecte eut recours à un plan singulier. Il imagina deux pyramides emboîtées l'une dans l'autre dont l'une, de base plus large, montait moins haut et l'autre, de base plus étroite, eût été plus élevée. Puis il édifia la moitié de chacune d'entre elles. Il partit sur la base la plus étroite et, changeant de pente à un moment donné, couronna la pyramide par une partie dont l'angle de pente est plus aigu. A chacune des deux parties, correspond une descenderie et une chambre funéraire distinctes. Khéops fit ménager, dans sa pyramide prodigieuse de Gizâ , trois chambres : une souterraine et deux autres dans la masse de la construction. On accédait aux deux chambres supérieures par une galerie fort haute qui est un chef-d'œuvre. Sur les parois, chaque lit, composé de blocs énormes, est légèrement en saillie sur le précédent, de sorte qu'au sommet la portée est extrêmement faible et que l'étroit plafond ne risque pas d'être brisé par le poids des pierres qui les surmontent. Le sarcophage ébréché du roi est encore dans la chambre sépulcrale. C'est la plus grande des pyramides et la plus parfaite. Son orientation stupéfie par sa précision. Aucun de nos appareils actuels ne permettrait un meilleur résultat. Elle mesurait à la base 440 coudées égyptiennes qui représentent environ 230 mètres. Sa hauteur ancienne était de 280 coudées, c'est-à-dire 146,60 m. Elle était entièrement revêtue de calcaire poli de

Toura *. Cette masse parfaitement équilibrée et harmonieuse a étonné plus tard tous les visiteurs et a induit les imaginations à prendre le large. Hérodote, d'habitude si exact, colporte ici tous les ragots incontrôlés qui lui ont été débités sur l'impiété du roi et la fermeture des temples. Les historiens arabes divaguent à son sujet. Ils ont pourtant été largement surpassés par quelques modernes, qui ont réussi à y lire une anticipation de l'histoire générale ou à y voir un compendium de la science universelle. Ils s'arrêtent malheureusement toujours au moment où les choses deviendraient intéressantes : ils n'ont par exemple jamais réussi à y déchiffrer le futur ou des lois scientifiques qui attendent encore d'être découvertes...

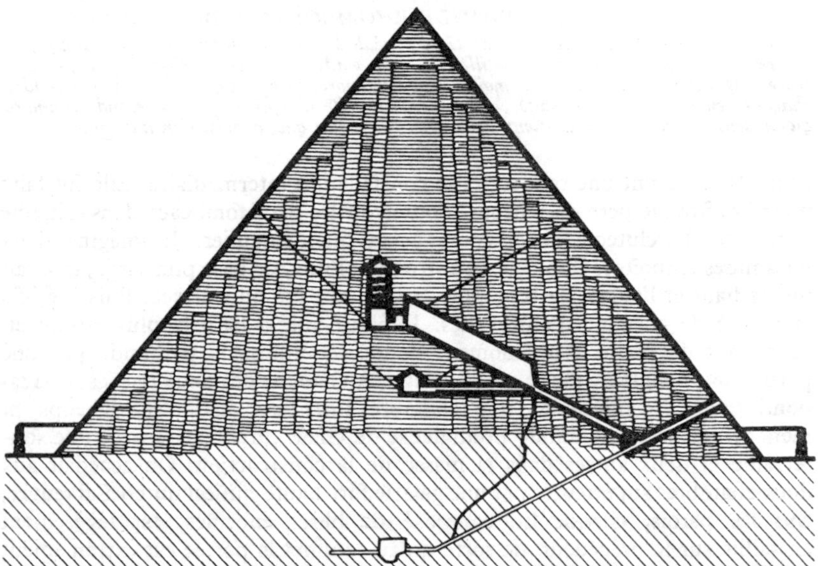

9. COUPE DE LA GRANDE PYRAMIDE DE KHÉOPS

(D'après Borchardt, coll. Beiträge zur aegyptische Bauforschung, *t. I, 1932.) La coupe montre que Khéops disposait de trois chambres funéraires dans sa seule pyramide. Pour la grande galerie ascendante, voir ill. 141 et son commentaire.*

Les dynasties suivantes diminuèrent les dimensions de leurs pyramides et, finalement, les chambres souterraines se complètent et paraissent contenir côte à côte les deux ou trois tombeaux nécessaires aux pharaons. Le Moyen Empire reprit la tradition des pyramides. Mais lorsque la XVIIe dynastie thébaine chassa les Hyksos, elle conserva le procédé de ses ancêtres qui creusaient leurs hypogées funéraires dans la falaise occidentale.

Il ne faudrait pourtant pas croire que les pyramides étaient seulement des tombeaux. Elles concentraient autour du roi, outre-tombe, toute l'activité qui avait été celle du pays environnant. Déjà, il ne manque pas de sépultures privées autour des mastabas royaux des premières dynasties. Mais c'est sous Djéser que l'on peut saisir clairement le sens de ces monuments funéraires. Ils sont destinés à servir au ka du roi et de ceux qui l'entourent dans l'éternité. C'est la Résidence de Memphis que nous a conservée Imouthès dans la pierre perdurable. La haute enceinte, en brique dans la vallée, qui, de ses redans, entourait le palais, se dresse percée de son unique porte au sud-est. Les vantaux de pierre sont encore en place; ils avaient été peints en rouge, couleur de bois. Les rondins des plafonds ont conservé leur forme. Dans la grande galerie qui permettait d'accéder à la cour, de petits murs de brique ménageaient de chaque côté de l'allée centrale de multiples cases peut-être occupées par des bureaux. A leur extrémité découverte ces murs étaient protégés par des faisceaux de tiges de palmier. Tout cela a été transcrit de manière étonnante dans la pierre et l'on voit se dresser encore des fûts cannelés de tiges en saillie qui ne sont pas des colonnes mais les évoquent singulièrement. La cour nécessaire à la célébration du hebsed avec ses quatre bornes, les chapelles avec leurs escaliers, les temples du Sud et du Nord, les portes, les barrières à claire-voie, sauf le temple de culte au nord, sont une architecture en trompe-l'œil que, seuls, les kas pouvaient utiliser dans une autre vie. Tout l'intérieur des bâtiments, en effet, est plein d'une blocaille de pierre recouverte d'un parement architectural inutilisable pour les vivants. Mais les peaux que l'on plaçait pour les protéger à la base de certaines colonnes sont peintes en noir et tout, formes et couleurs, présentait l'exacte apparence du monument réel qui s'était dressé dans la Vallée, résidence du premier des grands pharaons. Les découvertes faites dans l'enceinte justifient cette façon de voir. Si l'on avait entassé dans les galeries de la pyramide peut-être quarante mille vases de pierre, c'était pour les mettre à la disposition des kas de tous les habitants de la Résidence demeurant auprès du souverain qu'ils devaient servir.

Dans la partie souterraine, tant pour le tombeau des canopes que pour

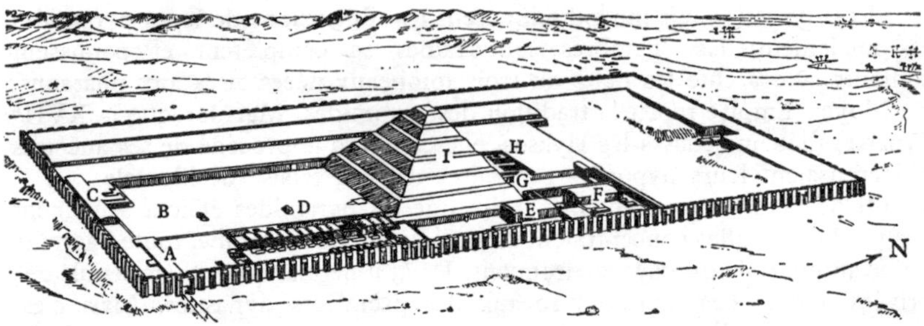

celui du corps, on avait construit des simulacres d'appartements. Les murs en vannerie étaient imités par des carreaux de faïence bleu-vert. Des ouvertures laissaient voir, sous les nattes soulevées, six effigies du roi Djéser accomplissant des actes rituels. Et sur le sol, orientée au nord, dans une niche soigneusement close, une statue royale, par deux trous percés dans le mur antérieur, pouvait respirer *la douce haleine du vent du nord*, qui apporte la fraîcheur à l'Egypte. Tel est ce complexe factice provoquant à la fois la surprise et l'admiration, qui constitue la plus vieille architecture du monde.

Les pyramides étaient toujours entourées d'une enceinte contenant en particulier de grandes barques. L'une d'entre elles a été retrouvée intacte au sud de la pyramide de Khéops, mais sans pour cela permettre d'établir plus clairement leur destination. Sur leur face est, à partir de Snéfrou apparemment, on édifia les temples de culte. Peut-être faut-il voir dans ce changement de place une première influence héliopolitaine. Ce temple comprenait essentiellement une fausse porte généralement en granit rose et deux stèles. Il était d'abord simple comme à la pyramide rhomboïdale de Dachour . Mais il se compliqua rapidement. Celui de Khéops comprenait une grande cour rectangulaire bordée par une galerie s'appuyant sur des piliers carrés. A la partie postérieure, on passait dans une chambre transversale qui contenait cinq niches. Un passage permettait d'atteindre l'enceinte de la pyramide à partir de la cour. Une rampe conduisait au temple de la Vallée. Elle était ornée de très fins reliefs dont on a retrouvé quelques fragments.

Le plan du temple de Khéphren est déjà plus compliqué. Un avant-temple se composait, à droite, de quatre chapelles en albâtre qui auraient correspondu aux viscères et seraient liées aux funérailles de Bouto. Deux à gauche auraient été réservées aux deux couronnes et constitueraient un

← *10. LE COMPLEXE DE LA PYRAMIDE DE DJÉSER A SAQQARA*

(D'après la reconstitution de Lauer, la Pyramide à degrés, l'architecture, *t. II, Le Caire, 1936.) A. Propylées. — B. Cour du* heb-sed, *avec les quatre bornes semi-circulaires. — C. Tombeau du sud. — D. Ensemble de constructions destinées à la célébration du* heb-sed. *— E. Maison du sud. — F. Maison du nord. — G. Serdab du roi. — H. Temple de la face nord et descenderie du tombeau. — I. Pyramide sous laquelle est le tombeau du nord ainsi que onze galeries.*

11. PYRAMIDES DE KHÉOPS ET DE KHÉPHREN

(D'après Hölscher, Das Grabdenkmal des Königs Chephren, *Leipzig, 1912.) Autour de la pyramide de Khéops, on voit petites pyramides et grands mastabas destinés aux princes et aux courtisans, comme la cour du roi l'entourait sur terre. La pyramide de Khéphren est clôturée par une enceinte. A l'est, le temple destiné au culte funéraire est le point d'aboutissement d'une rampe qui monte du temple bas, dit de la Vallée. Toutes les pyramides présentaient des éléments architecturaux analogues.*

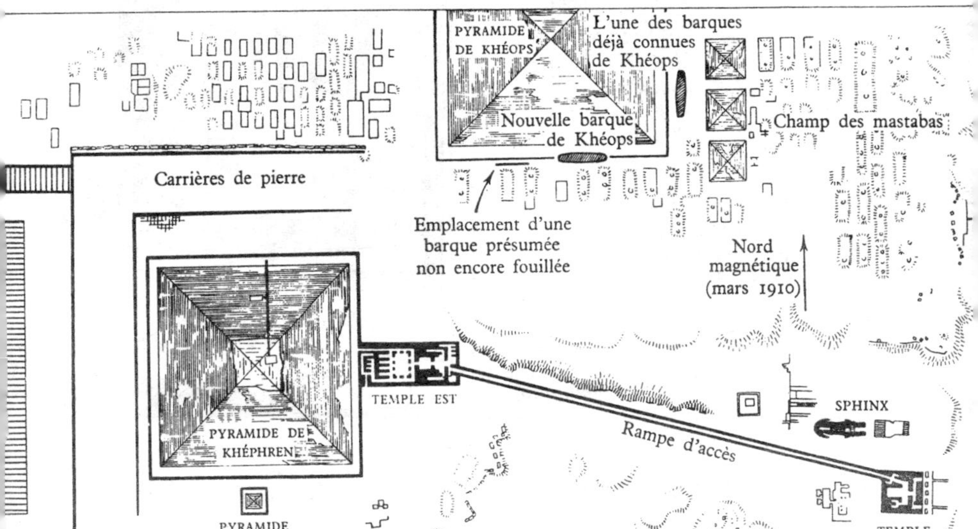

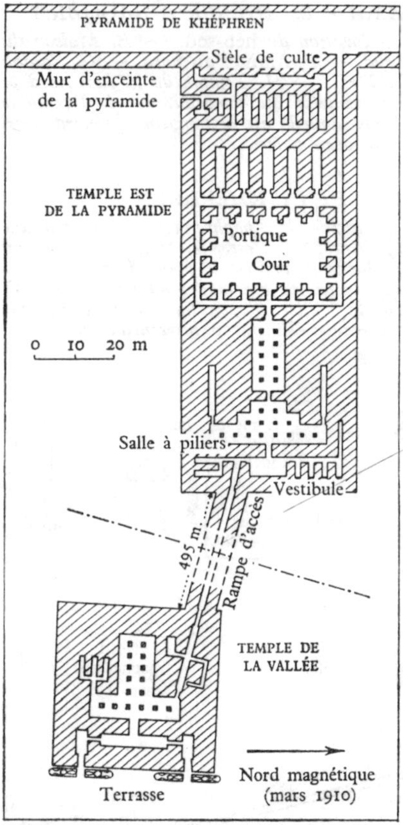

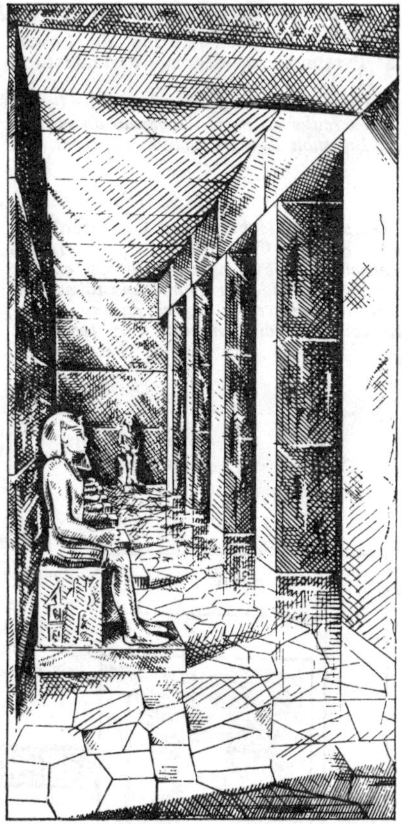

12. LA PYRAMIDE DE KHÉPHREN

(D'après Hölscher, op. cit.) *Le plan se complique : cours, chapelles, portiques se multiplient. Mais l'architecture demeure massive et l'amoncellement des blocs ne laisse que d'étroits passages dégagés. Pas de colonnes, seulement des piliers plus résistants, généralement en granit.*

13. LE TEMPLE DIT « DU SPHINX »

(D'après la reconstitution de Hölscher, op. cit.). *C'est en réalité le temple de la Vallée de Képhren. La salle à piliers de ce temple bas avait une forme en T. Dans la partie allongée soutenue par deux rangées de piliers carrés, toute une série de statues royales adossées aux murs recevaient un culte.*

emprunt aux funérailles de Saïs. Par deux grandes salles à piliers on gagnait ensuite la cour bordée par une galerie supportée par des piliers massifs ornés de statues. Venaient ensuite les cinq niches à statues traditionnelles et, dans le fond, un étroit couloir permettait d'accéder à la stèle de granit. Le temple de la Vallée, encore bien conservé, était construit en gros blocs de calcaire local, revêtus de granit. Son entrée en chicane donnait sur une salle en forme de T renversé, soutenue par des piliers carrés, imposante et ornée de grandes statues du roi. Les dalles du sol sont d'albâtre. Ces constructions massives étaient enrobées elles-mêmes dans un énorme cube de blocs calcaires à l'intérieur duquel elles étaient ménagées.

L'architecture s'allège à la Ve dynastie, mais les plans se compliquent davantage, tout en conservant les mêmes éléments fondamentaux. La colonne, parfaitement dégagée et rationnellement employée, est courante. On dirait que les efforts des générations antérieures ont maintenant abouti à donner confiance. On n'a plus besoin de ces masses écrasantes et indestructibles. La royauté pharaonique émanée du dieu Rê lui-même paraît immortelle. Il devient possible de libérer l'édifice et de le rapprocher en quelque sorte de ceux des vivants.

●

Ces premiers essais de construction en pierre ont abouti à la création d'une méthode et d'un certain nombre d'éléments architecturaux qu'il convient de mettre en relief. Les murs de pierre sont maçonnés à joints vifs et sans mortier. Une adhésion plus parfaite est obtenue par l'introduction d'un lait de chaux dans un piquetage ménagé sur les surfaces jointives. Le désir de faire éternel a peu à peu substitué aux petites pierres du temps d'Imouthès, rappelant la brique, d'énormes blocs réputés infrangibles. C'est lui qui a suggéré d'employer comme soutien le pilier carré, qui ne devait pas avoir de prototype dans l'architecture de bois et de brique. La colonne a d'abord imité le fût de bois entamé régulièrement par l'herminette. Elle a alors l'apparence d'une colonne cannelée. Elle apparaît ainsi dans le monument de Djéser. La colonne végétale papyriforme, que distingue son fût triangulaire, se trouve aussi chez Djéser, mais elle trahit son intention symbolique dès l'abord, car jamais un papyrus n'a réussi à constituer un soutien réel. La colonne palmiforme évoluée, de fût monolithique, que l'on trouve à la Ve dynastie chez Onnos et Sahourê, constitue un des plus beaux supports de l'Ancien Empire et elle connaîtra une nouvelle fortune à l'époque tardive. L'emploi de cette forme, souple et svelte à la fois, aère des constructions qui paraîtraient certainement lourdes sans elle. A la Ve dynastie encore, les architectes dressent des colonnes fasciculées, formées de faisceaux de lotus, avec boutons au-dessus de la ligature ou de faisceaux de papyrus.

Il est étrange de penser que les Egyptiens, qui ont connu la voûte très tôt et qui l'ont employée dans la construction en brique, ne l'aient jamais utilisée dans l'architecture en pierre. Leur couverture est toujours constituée de simples dalles et, dans les pyramides, lorsqu'ils redoutaient les poids énormes qui eussent sûrement fendu les pierres couvrant les chambres intérieures, ils ont utilisé le principe de l'encorbellement pour réduire la surface à couvrir et faire glisser la poussée vers les côtés.

Le matériau avait à leurs yeux une importance que nous devinons à l'emploi constant qu'ils en font dans des cas déterminés. Ainsi les pavés sont en albâtre, les stèles de culte en granit rose de même que les seuils, les montants de porte souvent en brèche ou en diorite. Mais la signification de ces constantes nous échappe encore. En tout cas, il n'est pas d'ordre purement rationnel. Par contre, les pyramides de Khéops et de Khéphren étaient revêtues de calcaire, mais celle de Mykerinos de granit à la base, sans que nous puissions entrevoir pourquoi. Il faut enfin remarquer que toute cette architecture était peinte. Les couleurs reproduisaient avec fidélité le matériau original utilisé dans l'architecture légère des vivants. Ou bien elle imitait la couleur qu'il aurait dû avoir, en théorie. Dans le mastaba de Mehou à Saqqara *, la stèle fausse porte en calcaire est colorée de taches noires et roses pour reproduire le granit que le propriétaire n'avait sans doute pas eu les moyens de faire venir d'Assouan.

Les particuliers prirent l'habitude de se grouper autour de leur souverain, comme durant leur vie ils avaient vécu près de lui, soit dans l'administration, soit à la cour. Au début, ils construisirent des tombes au plan simple, même quand elles étaient imposantes comme celle de Nefermaât à Meidoum : elles ne comportaient guère que l'appartement souterrain surmonté d'un mastaba, à l'est duquel se trouvait la stèle fausse porte et une petite chapelle. Mais peu à peu la stèle s'enfonça, la chapelle s'agrandit et, à l'intérieur du mastaba, c'est toute une série de pièces que l'on ménagea pour permettre un culte funéraire plus développé. Chez Ti, à la Ve dynastie, on compte une grande cour avec galerie à piliers carrés, un couloir et deux chapelles. Mais, à la VIe dynastie, la diminution de la pyramide royale et l'accroissement monstrueux du tombeau de Mererouka est un symbole de l'affaiblissement de la royauté et de l'importance prise par les grands feudataires qui seront finalement responsables en grande partie de la décomposition de l'Etat. Près de la modeste pyramide de son roi, Têti, le vizir Mererouka a fait construire un mastaba qui compte vingt-quatre pièces. Beaucoup sont entièrement sculptées. Modeste ou considérable, le mastaba possédait un serdab, nom arabe signifiant « souterrain ». C'était là que, invisibles aux visiteurs mais présentes, les statues du défunt recevaient par une fente minuscule les encensements que les prêtres faisaient pour elles. Mais l'acte principal du culte s'accomplissait devant la stèle fausse porte * qui possédait à sa base un autel sur lequel on déposait les offrandes et où l'on versait la libation. Le mort, alors, venait à la voix. C'est ainsi qu'on le voit apparaître à mi-corps au tombeau d'Idou, à Gizâ, à la VIe dynastie. Quant à Mererouka, il est représenté en pied dans la grande embrasure, s'avançant pour humer l'offrande déposée sur l'autel qui domine un escalier.

•

Nous aimerions connaître les lieux de culte divin à l'Ancien Empire. Mais seuls de rares temples solaires de la Ve dynastie, élevés à la limite du désert, ont subsisté, plus qu'à demi ravagés. Celui de Niouserrê à Abou Gorab se présentait comme les temples funéraires contemporains : il comportait en effet un petit édifice dans la Vallée muni d'une rampe couverte qui permettait d'accéder au sanctuaire du plateau. Celui-ci, comme il convient en un lieu où l'on adore le Soleil, était découvert. Un signe hiéroglyphique, qui le représentait, a permis de reconstituer l'obélisque central, s'élevant à 20 mètres au-dessus d'un massif de maçonnerie parcouru par un couloir montant en pente douce. Le culte avait lieu à l'est de cet édifice central, sur un superbe autel héliopolitain en albâtre, qui subsiste encore. Deux cours de sacrifices, munies de conduites d'eau et de bassins, ainsi que des magasins complétaient ce monument.

Ce qui frappe dans cet art de construire à l'Ancien Empire, c'est avant tout la recherche constante de l'éternel. Pierre d'abord, puis éléments de construction ; blocs énormes, piliers, pâtés de maçonnerie, tout est calculé pour durer. Si, peu à peu, un souffle plus humain se fait sentir dans les temples de la Ve dynastie, ce n'est jamais au détriment de la solidité. C'est plutôt la traduction de la sécurité qui règne dans une organisation sociale supposée inébranlable, comme l'ordre même du monde. Alors la lourde sévérité des constructions de jadis se détend un peu et les monuments s'aèrent. Jamais, par la suite, l'Egypte ne renoncera à la conquête de la durée infinie, mais jamais non plus elle ne mettra en œuvre pour l'atteindre des moyens aussi grandioses qu'à l'Ancien Empire.

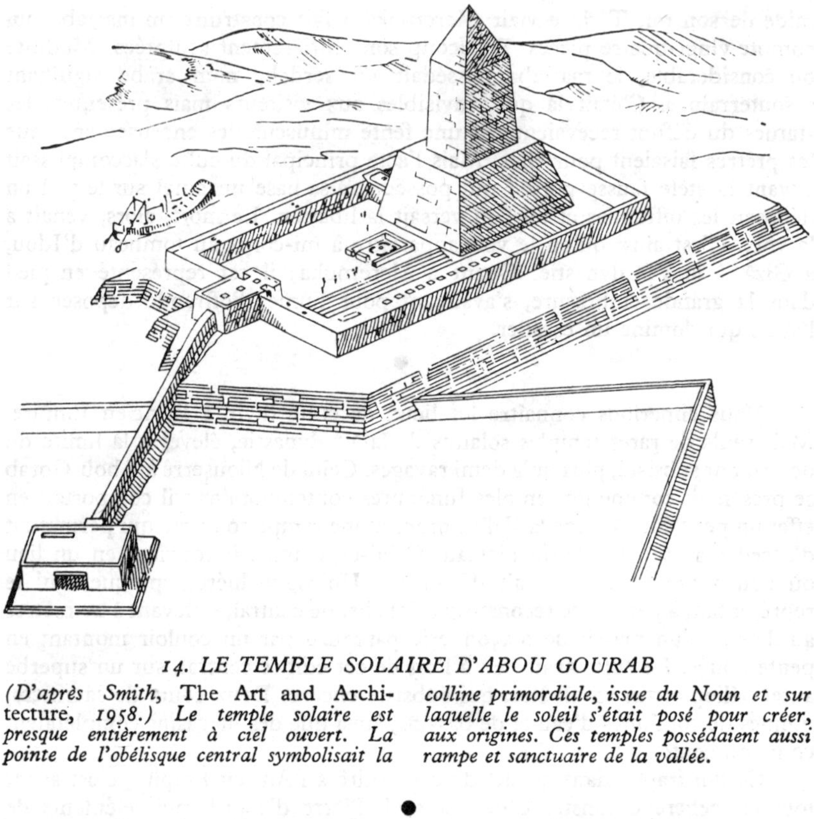

14. LE TEMPLE SOLAIRE D'ABOU GOURAB

(D'après Smith, The Art and Architecture, *1958.) Le temple solaire est presque entièrement à ciel ouvert. La pointe de l'obélisque central symbolisait la colline primordiale, issue du Noun et sur laquelle le soleil s'était posé pour créer, aux origines. Ces temples possédaient aussi rampe et sanctuaire de la vallée.*

•

L'évolution de la tombe royale au Moyen Empire ne marque pas de changement capital par rapport aux temps plus anciens. C'est à la XVIIIe dynastie que les rois de Thèbes séparèrent délibérément leur tombeau du lieu de culte indispensable à leur survie. Thoutmosis Ier, qui avait foulé avec ses armées les rives orientales de l'Euphrate, choisit pour emplacement de sa dernière demeure une vallée silencieuse et sauvage de la montagne occidentale de Thèbes. Au pied de parois abruptes, arides, ocrées et dorées, dominées par la masse pyramidale de la Cime, sous un ciel implacablement bleu, il ouvrit le premier hypogée de ce qui devait devenir la Vallée des Rois, où l'on n'avait accès que par un chemin fort long, au nord. Ce sont d'abord des tombeaux fort simples, en dépit des puits ou des dispositions particulières destinées à tromper les voleurs. Celui de Thoutmosis III, bien caché dans une anfractuosité du rocher, tout au fond du ouadi, ne présente guère que trois salles dont une seule est ornée : celle du sarcophage. Sans angles, de contour ovale, elle a la forme du papyrus qu'on déroule. Et effectivement, c'est un papyrus qu'on a peint sur ses parois, avec ses dessins schématisés et ses hiéroglyphes cursifs : *le Livre de ce qu'il y a dans l'Hadès.* Mais, déjà chez Aménophis II , la salle du sarcophage est devenue rectangulaire et les dessins, en partie, sont devenus monumentaux. Finalement, à la XIXe dynastie, chez Séthi Ier, c'est une enfilade de couloirs et de salles sculptés et peints dans les moindres détails. Pratiquement toutes les compositions funéraires royales du Nouvel Empire y figurent. Pendant que la tombe évoluait ainsi pour son propre compte, les temples dans la vallée, à la lisière des cultures, devenaient de plus en plus imposants. Il est vrai qu'ici l'exemple remontait haut. La reine Hatchepsout avait en somme réuni son temple funéraire à celui qui était indispensable à son père Amon, pour célébrer *la Belle Fête de la Vallée.* Elle avait été précédée en cela par Mentouhotep III dont le temple funéraire se dressait sur un socle entouré d'une galerie, dans le sud du cirque de Deir el-Bahari . Il n'était guère composé que d'une petite pyramide émergeant d'un portique supérieur. L'architecte Senenmout, le génial favori de la reine, avait eu l'idée, pour que sa construction ne fût pas écrasée par la hauteur de la falaise, de préparer le sanctuaire proprement dit par deux vastes terrasses superposées, bordées de portiques, et accessibles par deux rampes axiales. La dernière conduisait au saint des saints creusé dans le roc, précédé d'une cour et flanqué de salles solaires au nord et cultuelles au sud. En contrebas, au sud, une chapelle dédiée à l'Hathor funéraire faisait pendant à un sanctuaire d'Anubis, ménagé dans le portique supérieur nord. Tout à côté, un portique protodorique possède la pureté et le charme harmonieux des plus belles colonnades grecques. L'ensemble était précédé d'un merveilleux jardin où l'on avait planté les arbres à encens ramenés d'Oponé. Vu de la Vallée, quand on avançait sur la chaussée qui venait de l'embarcadère, avec ses deux galeries superposées à forts piliers carrés, surmonté par le portique supérieur dont les piliers étaient flanqués en façade de colosses osiriaques de la reine, l'édifice paraissait inviter à gravir la montagne et donnait une impression de force et d'équilibre qui en fait un des chefs-d'œuvre les plus originaux de l'architecture égyptienne.

Les temples suivants furent conçus de plus en plus grands. Celui de Thoutmosis III est encore raisonnable. L'enceinte extérieure n'a guère qu'une centaine de mètres de côté et le bâtiment proprement dit, sur son podium, n'excède pas quarante mètres. Une cour et différentes salles à colonnes aboutissaient finalement au sanctuaire axial où se trouvait la grande stèle de granit qu'on a retrouvée. Un autel solaire, comme celui de Deir el-Bahari, avait été construit du côté nord du saint des saints. Autant qu'on en peut juger, c'est un élément qui se retrouve dans la plupart de ces lieux de culte funéraires royaux. Rapidement pourtant ces constructions devinrent énormes. L'Amenophium, construit pour Aménophis III par son architecte Aménophis, fils de Hapou, partage peut-être avec le Ramesseum l'honneur d'avoir pu être ce que Diodore décrit sous le nom de tombeau d'Osymandias. C'était un monument considérable, de plus de quatre cents mètres de long. Aujourd'hui les colosses de Memnon sont les seuls vestiges mélancoliques de cette éphémère splendeur. Cependant le Ramesseum, construit pour Ramsès II, et Médinet-Habou, construit pour Ramsès III, peuvent en donner une idée. Pylônes, colosses, salles hypostyles, sanctuaires formaient déjà un ensemble aussi imposant que le temple de Louxor, mais tout autour, à l'intérieur d'une enceinte de brique, greniers, magasins celliers, constructions de toutes sortes s'entassaient, destinées à faciliter les opérations du culte. A Médinet-Habou, au sud du sanctuaire, on a édifié de surcroît un véritable palais sur lequel nous reviendrons. Et l'entrée de l'enceinte sacrée était pourvue d'une tour conçue sur le modèle des forteresses cananéennes et encore munie de ses créneaux. On lui donne toujours le nom cananéen de Migdol.

Peu à peu, pourtant, la XXe dynastie sombre dans l'anarchie et l'impuissance. Le centre du pouvoir se déplace. C'est le Delta qui ne cessera plus d'être le lieu de la résidence royale, car le pharaon ne peut se tenir loin des mouvements des grands empires qui menaceront l'Egypte et finiront même par l'annexer. Certains rois de la XXIe et de la XXIIe dynastie se firent enterrer dans l'enceinte du temple. C'était évidemment un moyen élégant d'assurer le culte funéraire en même temps que le culte divin, sans avoir à

15. LES NÉCROPOLES THÉBAINES →

(D'après le Guide Bleu, *et Pillet,* Thèbes, *Paris, 1930.) Immense ensemble des tombes royales, des vallées des rois et des reines, des innombrables tombes de particuliers, groupées en plus de trois cimetières, et des temples voués au culte funéraire des rois, le* Bel Occident de Thèbes *était une région d'une exceptionnelle richesse artistique dont témoignent encore peintures et bas-reliefs conservés sur place.*

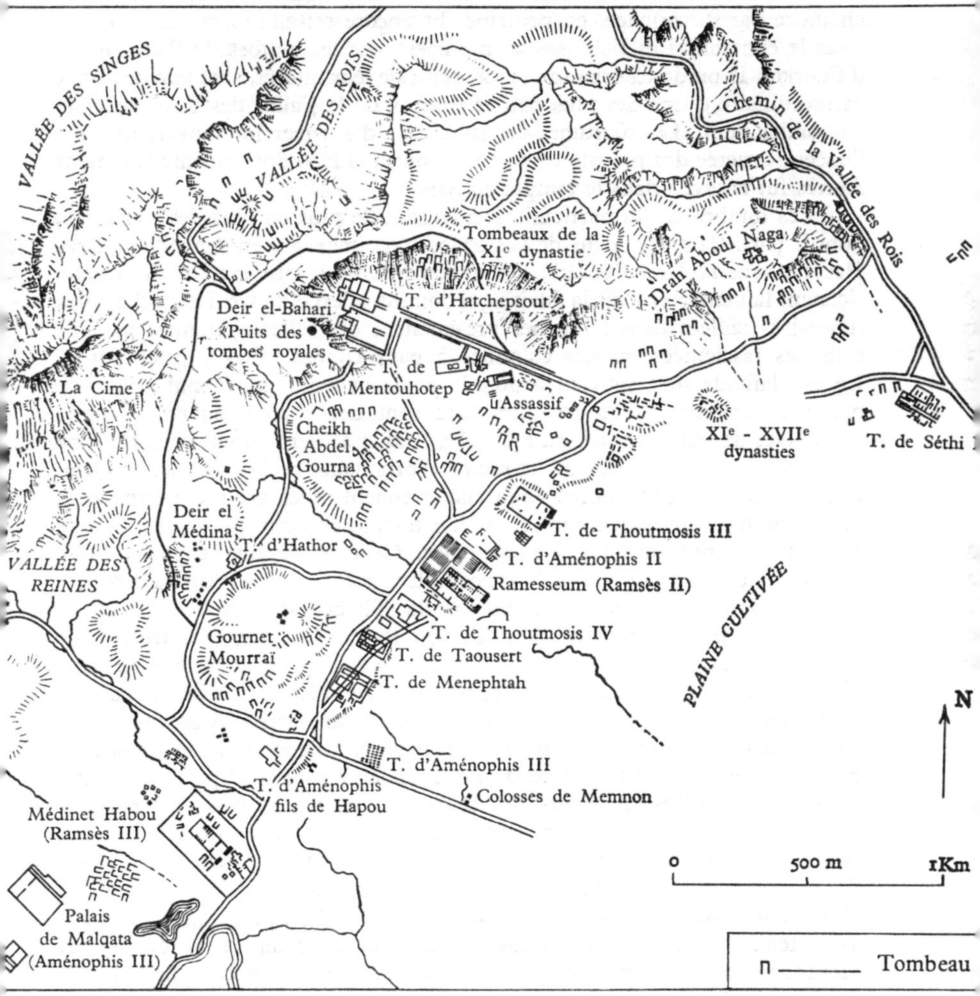
VALLÉE DES SINGES
VALLÉE DES ROIS
Chemin de la Vallée des Rois
Tombeaux de la XIe dynastie
Drah Aboul Naga
Deir el-Bahari
T. d'Hatchepsout
Puits des tombes royales
T. de Mentouhotep
La Cime
Assassif
Cheikh Abdel Gourna
XIe - XVIIe dynasties
T. de Séthi I
Deir el Médina
T. d'Hathor
T. de Thoutmosis III
T. d'Aménophis II
Ramesseum (Ramsès II)
VALLÉE DES REINES
PLAINE CULTIVÉE
T. de Thoutmosis IV
Gournet Mourraï
T. de Taousert
T. de Menephtah
N
T. d'Aménophis III
T. d'Aménophis fils de Hapou
Colosses de Memnon
Médinet Habou (Ramsès III)
0
500 m
1Km
Palais de Malqata (Aménophis III)
Tombeau

s'embarrasser de fondations toujours délicates à organiser et coûteuses. Mais on sent la diminution des ressources de l'Etat à l'exiguïté des sépultures, une chambre par sarcophage, en principe. Et encore est-elle juste assez grande pour le contenir. Les richesses accumulées dans les tombes de Psousennès, d'Osorkon II ou de Chéchanq III, en dépit de leur intérêt, sont loin de l'éclat extraordinaire d'une des plus petites tombes de la Vallée des Rois, celle de Toutankhamon. La coutume, en tout cas, d'enterrer les souverains dans l'enceinte sacrée dut prévaloir peu à peu, puisque Hérodote raconte comment Apriès fut enseveli dans le temple de Saïs.

Les tombeaux des particuliers devinrent de plus en plus des hypogées, dont la partie la plus proche de la surface était aménagée en chapelle. A Beni Hassan, sous la XIIe dynastie, les nomarques de la province de la Gazelle s'étaient fait enterrer dans la falaise qui domine à l'est le fleuve. Leurs chapelles funéraires taillées dans le rocher présentaient des salles soutenues par des colonnes fasciculées ou des colonnes à pans coupés, dites protodoriques. Leurs plafonds sont souvent à double pente et leurs murs sont ornés de peintures célèbres, dont quelques-unes sont des chefs-d'œuvre. D'autres nécropoles de régions voisines, à Cheikh Saïd et à Meïr, datent parfois d'une époque antérieure et présentent moins d'originalité architecturale. A Qaou el-Kebir, les puits funéraires de la falaise étaient reliés par une rampe à un petit temple construit en contrebas. Un temple de culte plus important se dressait tout près des puits eux-mêmes. Ce type de tombe privée, à la XIIe dynastie, rappelle tout à fait le complexe pyramidal de l'Ancien Empire.

La variété des tombeaux privés de Thèbes sous la XVIIIe et la XIXe dynastie est considérable. Si de simples employés de cadastre comme Menena ont un plan très simple en T renversé de petites dimensions, un vizir de Thoutmosis III, Rekhmirê, en présente un semblable mais de dimensions bien supérieures. Quatre-vingts ans plus tard, un vizir d'Aménophis III, puis d'Aménophis IV, Ramosé, possédait deux grandes salles dont la première, taillée dans le calcaire de la montagne, était supportée par trente-deux colonnes fasciculées. Plusieurs des chapelles s'ouvraient vers l'est par une galerie soutenue par des piliers carrés taillés dans la masse du rocher. Nous avons beaucoup de peine à restituer l'extérieur de ces chapelles. A Deir el-Médina, à la XIXe dynastie, elles étaient surmontées de petites pyramides. Mais ce qui stupéfie ce sont les tombes tardives de l'époque kouchite ou saïte. Sans tenir compte de la partie supérieure, le complexe funéraire de Montouemhat comprend en sous-sol une chambre et une cour flanquée de treize chapelles, une seconde cour, puis un ensemble souterrain d'une vingtaine de salles. Pedamenopé, à l'époque saïte, possédait un véritable palais creusé dans le calcaire : à même le sol un pylône de brique s'ouvrait sur une grande cour donnant elle-même accès à vingt-deux salles souterraines entièrement ornées, situées à différents niveaux et très enchevêtrées. A Saqqara, à la même époque, on cherchait plutôt à soustraire le mort au pillage sacrilège qu'à lui construire un grand palais. On imagina un énorme puits, de section carrée, creusé très profondément dans le rocher. Au fond on dressait une chapelle en forme de sarcophage. Et, à côté, on creusait un petit puits permettant d'introduire le corps dans cette chapelle. Puis on remplissait le grand puits de sable, en ménageant seulement un accès au sarcophage central. Lorsqu'on avait mis le corps en place, il suffisait de libérer le sable, il envahissait tout, aussitôt. Et il aurait fallu vider l'ensemble pour atteindre le défunt et ses trésors. Ces tombes ont subsisté intactes jusqu'à notre époque. Les archéologues, moins rapaces apparemment que les voleurs, mais tout aussi acharnés, peuvent travailler à leur guise et au grand jour ! On voit combien les précautions prises pour soustraire les morts à la convoitise des vivants et les nécessités du culte funéraire ont donné, sur près de trois mille ans, une variété considérable à l'architecture des tombeaux.

•

Les temples du Moyen Empire, détruits par les pharaons de la XVIIIe dynastie, qui voulaient les reconstruire plus grands et plus beaux, demeurent à peu près inconnus. A Karnak, la partie de la XIIe dynastie, qui avait été respectée jadis, a fini dans les fours à chaux parce qu'elle était en calcaire. Seul a pu être reconstitué un reposoir de barque de l'époque de Sésostris Ier. Les blocs qui le composaient ont été retrouvés dans les fondations du troisième pylône. Il a été élevé à l'occasion de la fête-sed du roi. Sur un socle où l'on accédait par deux escaliers munis d'une glissière centrale, se dressait un élégant pavillon de calcaire blanc orné de fines sculptures. Seize piliers carrés supportaient son toit et, dans la travée centrale, plus large que les autres, on avait disposé un autel où l'on pouvait déposer la barque sainte et où l'on avait sans doute revêtu le roi de ses couronnes lors du jubilé. Cet édifice d'une exquise perfection est à la fois harmonieux et à la mesure humaine, ce qui est assez rare dans l'architecture égyptienne; il conserve, malgré tout, le maximum de stabilité et de résistance. Il possède ce caractère géométrique et un peu sévère que lui confère l'emploi exclusif des lignes droites. Quant au sanctuaire de Médinet-Madi, malgré son intérêt, la partie du Moyen

Empire est trop réduite, et le monument trop provincial pour permettre d'imaginer comment se présentait un temple important de la capitale.

C'est à Karnak qu'il faut d'abord aller, pour avoir une idée du grand temple dynastique égyptien du Nouvel Empire. Maintenant que les temples d'Héliopolis et de Memphis ont disparu, il permet seul de se faire une idée des constructions énormes que des générations de rois entassèrent à la gloire d'Amon-Rê. Comme presque tous ont travaillé à édifier mur ou salle ou à dresser un obélisque, on peut conclure que, sauf aux périodes de profonde décadence, Karnak a dû être un chantier sans cesse en activité. Toute interprétation architecturale ici est grevée par la disparition des éléments qui se trouvaient entre le sanctuaire de la barque et le Akh-mennou. Compte tenu de cette incertitude, évidemment fort gênante, le temple se compose essentiellement d'un sanctuaire des barques sacrées utilisées lors des processions, construit d'abord par Hatchepsout en quartzite brun-rose, remplacé par Thoutmosis III et enfin par Philippe Arrhidée qui employèrent du granit. Derrière, dans la partie aujourd'hui détruite, devaient s'élever des salles d'offrandes où avait lieu le culte quotidien devant des statues inamovibles, logées dans des tabernacles de bois et d'or, dressés sous Sésostris Ier sur des socles d'albâtre encore en place. Il est très probable qu'il y avait une porte dans l'axe même du sanctuaire, à l'endroit où la plupart des plans actuels ferment la partie du Moyen Empire. Elle donnait directement accès à la *salle de l'Ennéade* ou *intermédiaire*. L'Ennéade de Karnak y reposait dans ses naos et à l'extrémité sud se trouvait la chapelle des ancêtres royaux, aujourd'hui au Louvre. Dans l'axe se succédaient trois sanctuaires, dont le dernier, celui de Min, donnait accès, du côté nord, au saint des saints lui-même. Un tabernacle d'or dressé sur une base en quartzite contenait l'effigie la plus sainte du dieu. Et, les précédant, une salle munie d'élégantes colonnes fasciculées, ornée sur toutes ses parois des animaux rares et des plantes merveilleuses que le roi avait soigneusement ramenés de toutes ses campagnes, symbolisait la création entière chantant la gloire de son créateur. Au nord-est, sur un cube de maçonnerie pleine, s'élevait le sanctuaire de l'union au disque où se célébrait la fête du nouvel an. Au sud, on avait aménagé tout un complexe architectural lié sans doute à l'aspect chthonien d'Amon, à l'entretien et à la régénération de la vie. Tout cet Akh-mennou reproduisait très probablement un élément du temple d'Héliopolis qui portait le même nom. Thoutmosis III semble l'avoir reconstruit de fond en comble, mais il existait déjà sous Thoutmosis Ier. Comme il représente la fusion d'Amon et de Rê, peut-être l'avait-on édifié dès le Moyen Empire.

Au-devant du sanctuaire des barques, entre le cinquième et le sixième pylône, la salle hypostyle de Thoutmosis Ier, avec ses colonnes monumentales et les colosses royaux, avait été le témoin de grands faits historiques, parmi lesquels le choix de Thoutmosis III par Amon lui-même. C'est là qu'Hatchepsout avait réussi le prodige de dresser deux obélisques, dont l'un, encore debout, mesure trente mètres de haut, sans toucher au reste de la salle. Le quatrième pylône, dont le cœur était de grès, avait été revêtu de calcaire aujourd'hui disparu, ce qui lui donne maintenant une allure déchiquetée. Aménophis III avait dressé au-devant de cet ensemble l'actuel troisième pylône. Séthos Ier et Ramsès II construisirent le second pylône et la salle hypostyle qui subsiste en grande partie. Elle n'était éclairée que par la dénivellation ménagée entre la travée centrale, portée par de gigantesques colonnes papyriformes, et la forêt des cent vingt-deux colonnes fasciculées qui soutenaient ses plafonds latéraux. De grandes baies ajourées laissaient filtrer une lumière oblique et devaient donner à cette salle prodigieuse l'allure fantastique et secrète que prennent ces monuments, toujours un peu mystérieux, dans la pénombre. Taharqa dressa devant le second pylône un kiosque tout aussi gigantesque. Et lorsqu'un de ses successeurs éleva le premier pylône, il dut englober les reposoirs de Ramsès III et de Séthos Ier dans ses constructions, repousser les béliers sacrés placés par le grand prêtre Pinodjem le long de l'allée axiale et dresser d'autres béliers sur le dromos extérieur. Il n'acheva pas son œuvre et jusqu'à une époque récente les échafaudages en brique subsistaient toujours, appuyés au pylône.

Si l'on ajoute que, dans l'enceinte immense d'Amon, il y avait encore, au nord, la Salle de l'or, un temple de Ptah, deux petits temples d'Osiris, à l'est toute une série de portiques, de chapelles et d'obélisques, et, au sud, quatre pylônes sur le chemin du temple de Mout, le lac sacré, le temple de Khonsou et le temple où était né Osiris, édifié à l'époque ptolémaïque, sans compter une foule de chapelles, de magasins, de basses-cours et d'habitations, il faudra conclure que cet ensemble unique en Egypte représente un effort architectural comme peu de peuples en ont produit. A titre d'indication, le chapiteau d'une des colonnes axiales de la salle hypostyle mesure cinq mètres de diamètre. Les Egyptiens avaient tenté d'édifier un temple à la mesure de leur conception grandiose du divin.

Ce qui manque toutefois à cet enchevêtrement d'édifices, c'est l'unité d'un plan concerté à l'avance et l'harmonie provenant de la parfaite adaptation de chaque partie au tout. L'art grec procure ce sentiment grâce à la conception unique qui a présidé à l'érection de beaucoup de ses monuments.

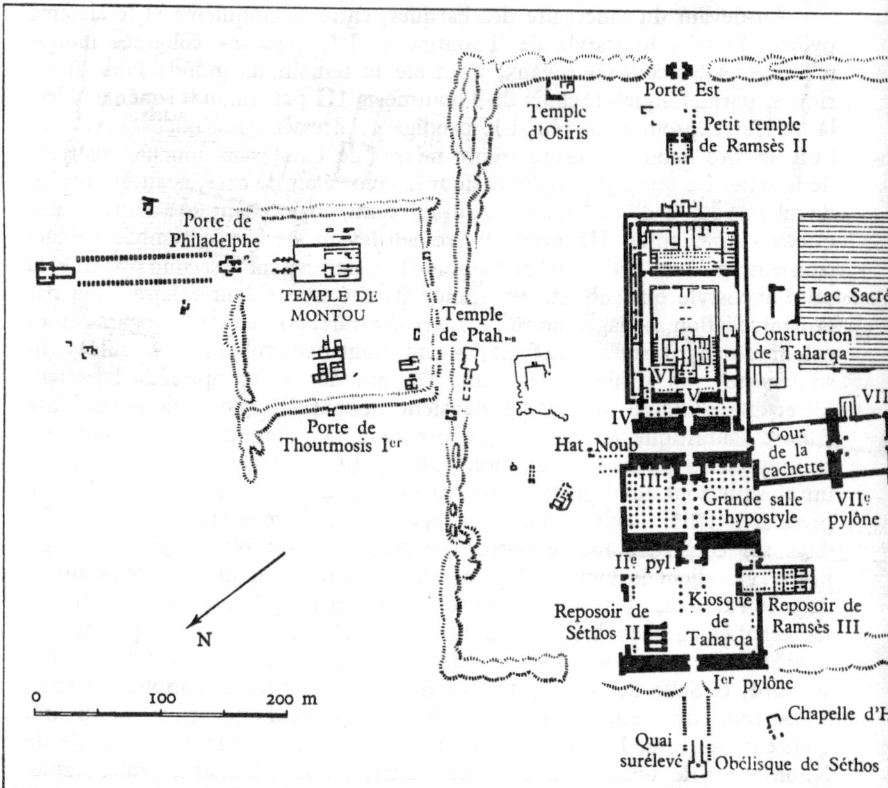

16. PLAN GÉNÉRAL DU SITE DE KARNAK

Portes de Philadelphe (285-247). — Temple de Montou : Aménophis III (1408-1380). — Porte de Thoutmosis Ier (1530-1520). — Temple de Ptah : Thoutmosis III (1480-1450); rois kouchites (750-650); époque ptolémaïque. — Temple d'Osiris : Osorkon III (757-748). — Porte est : Nectanébo II (359-341). — Petit temple de Ramsès II (1300-1235). — Salle hypostyle : Séthos Ier et Ramsès II (1310-1230). — Reposoir de Séthos II (1210-1200). — Reposoir de Ramsès III (1190-1166). — Kiosque de Taharqa (689-663). — Chapelle d'Hakoris (390-378). — Obélisque de Séthos II (1210-1200). — Construction de Taharqa (689-663). — VIIe pylône : Thoutmosis III (1480-1450). — VIIIe pylône : Hatchepsout (1520-1480). — IXe et Xe pylônes : Horemheb (1340-1310). — Temple d'Amé-

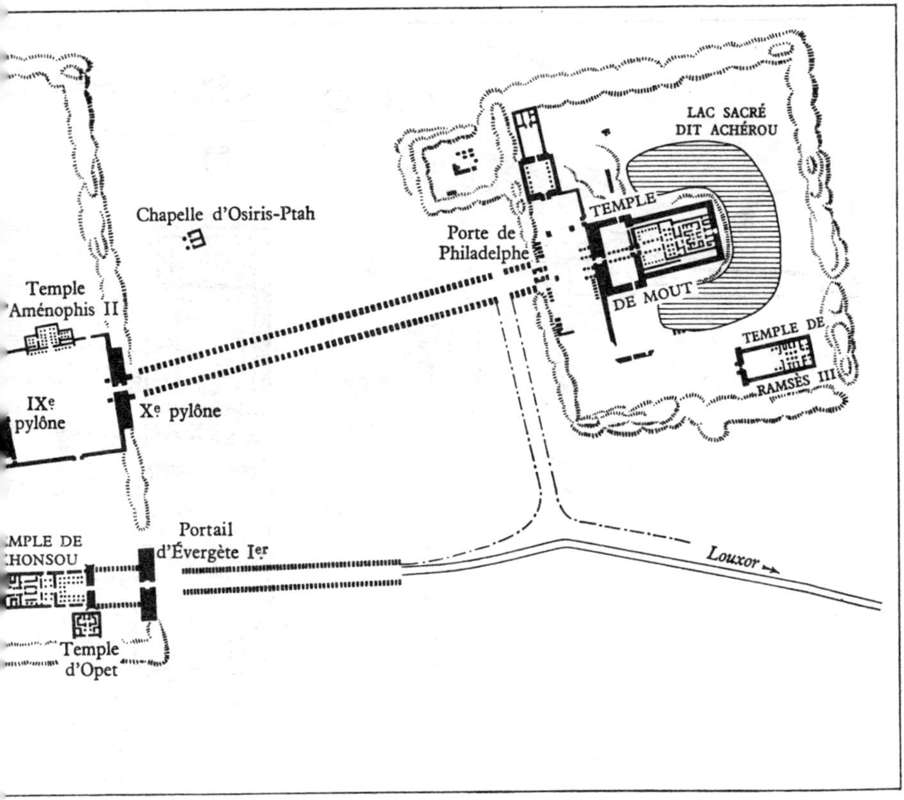

nophis II (1450-1425). — Temple de Khonsou : de Ramsès III à Ptolémée III Evergète (entre 1190 et 221). — Temple d'Opet : d'Evergète II à Auguste (entre 165 et 14 ap. J.-C.). — Porte d'Evergète Ier (246-221). — Temple de Mout : Aménophis III (1408-1380). — Temple de Ramsès III (1198-1166).

A vrai dire, aucune construction égyptienne ne donne l'impression de cette simplicité mesurée, parce que chaque temple est conçu comme un tout vivant, en constante évolution. Même Louxor a subi, au cours des temps, des modifications importantes; même Deir el-Bahari. Il est probable que,

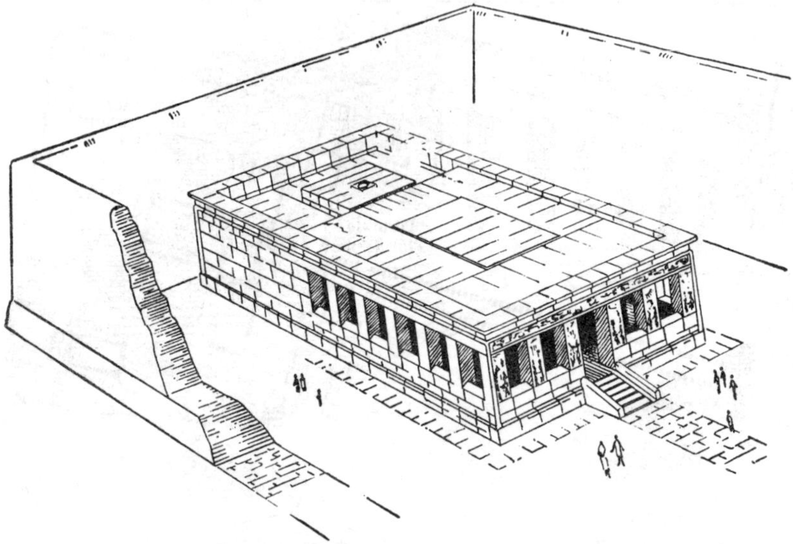

17. LE PETIT TEMPLE DE MÉDINET-HABOU (XVIIIe DYNASTIE)

(D'après la restitution de Hölscher, Excavations at Medinet Habou, *t. II, Chicago, 1939.) Ce petit temple est encore à peu près intact. Mais il est, actuellement, enlaidi par des reliefs extérieurs de l'époque ramesside, trop profondément gravés, et par des ailes, datant du pharaon Hakoris ; ces dernières défigurent entièrement sa façade et dérobent ses lignes sobres d'inspiration classique.*

pour les anciens Egyptiens, une architecture terminée était morte. Et voilà pourquoi aucun de leurs édifices n'est fini. Que l'inachèvement de quelques temples ou tombeaux doive être mis au compte de la mort prématurée de tel roi, c'est chose facile à admettre. Mais que tous les monuments égyptiens connus soient inachevés exige une explication plus générale. Et nous croyons la trouver dans la volonté réfléchie de laisser toujours quelque point par où le monument puisse se développer. Pourtant un type de temple, à la XVIIIe dynastie, provoque par son aspect ce sentiment exquis de la plénitude que nous recherchons instinctivement. C'est le temple à galerie périptère. Celui de Thoutmosis III à Médinet-Habou en constitue un très bel exemple. Il faut pour l'apprécier le débarrasser des constructions adventices du pharaon Hakoris. Toute la partie antérieure, dressée sur un socle où l'on accède par sept marches basses, est formée d'un sanctuaire de

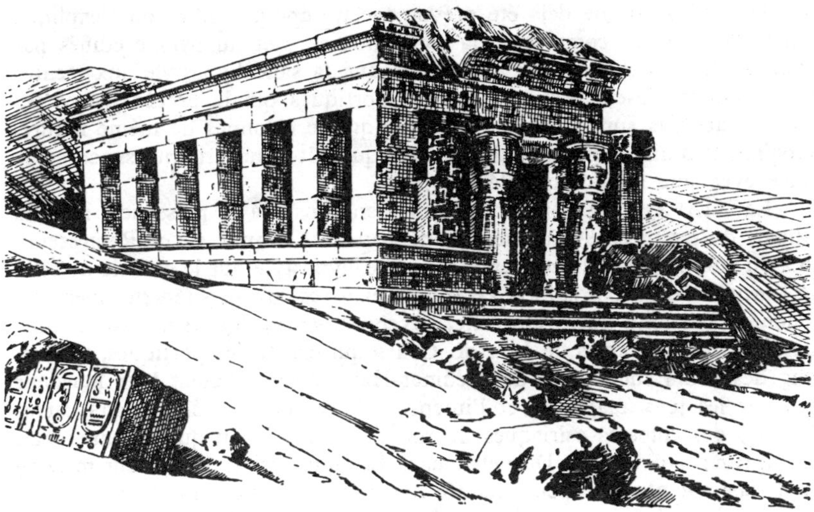

18. LE TEMPLE D'AMÉNOPHIS III A ÉLÉPHANTINE

(D'après la Description de l'Égypte, *Antiquités I.) Ce petit temple situé à Eléphantine, d'un type assez rare, montre que l'architecture égyptienne savait aussi, quand elle le voulait, demeurer à l'échelle de l'homme. La même impression se dégage des ruines, malheureusement très délabrées, du petit reposoir périptère que Thoutmosis III avait fait construire près du lac sacré de Karnak.*

barque ouvert aux deux extrémités, entouré d'un portique élégant de piliers carrés reliés par des murs bahuts. Au fond, le sanctuaire, précédé d'une salle des offrandes et entouré de chapelles, est protégé par un mur plein. Un reposoir, édifié à Eléphantine par Aménophis III, ne présentait qu'un sanctuaire de barque entouré d'une galerie à piliers carrés. Mais sur la façade, les deux piliers formant la porte étaient remplacés par deux colonnes fasciculées du plus heureux effet. Cet édifice, dessiné par la Commission d'Egypte, a aujourd'hui disparu. L'achèvement dont ils témoignent, l'impression de grâce et de mesure qu'ils laissent classent ces temples parmi les plus beaux que nous ait laissés l'antiquité égyptienne.

Le grand sanctuaire de Louxor, malgré ses dimensions, pourrait produire le même effet. Il a été conçu en une seule fois dans sa partie essentielle sous Aménophis III. Peut-être la grande allée axiale qui précède la cour vers le nord avait-elle déjà été prévue à cette époque. Mais on s'explique mal le désaxement complet de la cour antérieure et du pylône édifiés par Ramsès II. Il n'en demeure pas moins que la salle hypostyle aux trente-deux colonnes fasciculées et la cour à portiques qui la précède, avec ses galeries latérales supportées par soixante-quatre colonnes de même nature, témoignent d'une maîtrise architecturale qui sait joindre la puissance et la grâce avec une aisance qui déconcerte.

La XIXe et la XXe dynastie ont bien conservé la puissance, mais la plupart du temps elles manquent de délicatesse. Ce qui reste du Ramesseum en a du moins gardé le souvenir. La salle hypostyle sur le modèle de celle de Karnak n'en a pas la force écrasante, mais ses colonnes tentent, bien que conçues pour une durée éternelle, de conserver quelque sveltesse comme leurs sœurs inimitables de Louxor. Celles qui ornent les portiques, tout au long des cours successives de Médinet-Habou, ne rachètent leur lourdeur que par les jeux magiques et l'intensité de la lumière. Les piliers carrés flanqués des colosses osiriaques du roi n'ont plus l'élan que la reine avait su imprimer aux siens, à Deir el-Bahari. Et l'impression d'épaisseur massive qu'ils laissent n'est un peu atténuée que par les statues plus humaines des reines et des princesses que l'on a pris l'habitude de sculpter près des jambes du roi, dès l'époque de Ramsès II.

Pourtant la XIXe dynastie devait porter à sa perfection une forme de temple assez rare, non toutefois en Egypte même, mais en Nubie. Les rapports entre l'Egypte et la Nubie s'intensifièrent probablement sous le règne de Ramsès II, car il multiplia les lieux de culte jusqu'à la deuxième cataracte : Bet el-Ouali, Gerf Houssein, Qouban, Ouadi es Sebouâ, Derr et Abou Simbel *. Or, à l'exception de Qouban, tous ces monuments sont des speos creusés dans le grès nubien. Certains, exécutés peut-être un peu vite par des techniciens moins habiles, portent les marques de la rapidité ou même de la médiocrité. Trois sont des chefs-d'œuvre. Le petit temple de Bet el-Ouali a un plan très simple. Une cour taillée dans le rocher conduit à une salle souterraine consolidée par deux colonnes protodoriques trapues. On pénètre de là dans un sanctuaire axial qui contenait à la fois les statues et les barques. Cette partie de la montagne, en un grès presque aussi fin que le calcaire, a permis d'obtenir une sculpture d'une grande délicatesse. Des statues taillées à même le roc, dans des niches, décorent le pronaos. Des couleurs encore vives rehaussent l'éclat des bas-reliefs du sanctuaire et font de ce petit monument un des trésors de la Nubie. Mais les deux temples d'Abou Simbel sont, sans contredit, les plus étonnants et les plus beaux. La qualité du grès ne permettait pas la finesse de travail que l'on trouve à Bet el-Ouali. Mais les plans sont plus grandioses. Le grand temple était dédié à Harakhtès, Ramsès lui-même, Amon et Ptah dont les statues taillées dans le grès de la montagne sont encore assises, à soixante-dix mètres de l'entrée, au fond du saint des saints. Apparemment, le temple était orienté de façon que les premiers rayons du soleil levant, aux différentes époques de l'année, vinssent caresser tour à tour chacune des trois premières statues. La façade est d'une beauté et d'une puissance extraordinaires. Sur une terrasse peu élevée et ornée de statues divines à l'échelle humaine, se dressent quatre socles géants supportant quatre colosses de Ramsès II coiffé du nemès et du pschent. Le roi mesure vingt mètres de haut. Le tout est taillé dans une vaste échancrure de la montagne. En haut, la façade est encadrée par une frise de cynocéphales adorant le soleil levant. Dans l'axe, sous une niche contenant une statue de Harakhtès, s'ouvre la porte d'entrée. A droite, la terrasse donne accès à un petit sanctuaire à ciel ouvert fermé à l'est par un pylône. C'est là que se célébrait, sur un autel muni d'un escalier, la fête du nouvel an et l'exposition de la statue de culte à la lumière solaire. A gauche, un peu en contrebas, était creusée une chapelle dédiée au dieu Thot, admirablement conservée. Ses couleurs sont encore aussi fraîches que si l'on venait de la peindre.

A l'intérieur, on pénètre dans une salle hypostyle soutenue par huit piliers carrés auxquels sont adossés huit colosses royaux, coiffés au nord du pschent, au sud de la couronne blanche. Les murs sont ornés de grands faits d'armes du roi. Toute la paroi nord est occupée par la célèbre bataille de Qadech. Deux portes latérales donnent accès aux trésors du temple où étaient conservés, sur des banquettes ménagées à cet effet, les objets et les statues de culte qui sont représentés sur les parois. Après une seconde salle hypostyle soutenue par quatre piliers seulement, on passe dans la salle des offrandes et, de là, dans le sanctuaire où se trouvait également un autel destiné à supporter la barque sacrée que les prêtres portaient sur leurs épaules lors des processions. La règle qui consiste à augmenter le niveau des sols et à abaisser la hauteur des plafonds au fur et à mesure qu'on avance vers le fond se vérifie ici de façon particulièrement nette.

Le temple de la reine Nefertari, un peu au nord de celui du roi, présente une salle hypostyle à piliers hathoriques. Il n'aurait rien d'extraordinaire, à part sa façade où deux statues colossales en pied de la reine sont entourées chacune de deux colosses divins, si les bas-reliefs intérieurs n'avaient comme capté de Nefertari elle-même une exquise légèreté et une sveltesse toute féminine, qui se traduit même dans l'allure juvénile des images du roi. Rien ne saurait plus sauver maintenant, en dépit des efforts tentés, ces deux monuments uniques en leur genre et condamnés à une irrémédiable dislocation.

Les temples tardifs, dans l'ensemble, sont les mieux conservés. Si d'aventure, un jour où cours et salles d'Edfou sont désertées par les touristes, un visiteur pieux était favorisé par Horus d'une grâce et voyait quelques prêtres antiques, rasés, vêtus de leur blanche robe de lin, s'avancer avec les offrandes pour garnir les guéridons du dieu, il ne serait qu'à peine étonné, tant le cadre architectural est intact. Aussi, renseignés par les textes innombrables qui couvrent les parois extérieures et intérieures, nous pouvons saisir en toute sécurité le sens de presque tous les détails de ces constructions, dignes d'admiration à l'instar des plus anciennes, tant que l'on ne s'approche pas trop de leurs reliefs, plutôt médiocres.

Le type de ces temples est en gros celui même de Karnak. Il comprend toujours une salle hypostyle, ou *antérieure* ; une *salle de l'apparition en gloire*, où le dieu se montrait d'abord lorsqu'il sortait en procession; puis une *salle des offrandes*, où avait lieu le culte divin journalier; une *salle de l'Ennéade* ou *intermédiaire*, qui séparait du sacré ce qui venait encore de l'extérieur et où résidaient les dieux parèdres constituant l'Ennéade du lieu; enfin le *Grand-Siège* où étaient gardées à la fois les statues inamovibles et les statues de culte dans leurs barques portatives. A cela s'ajoutaient les magasins où se conservaient les étoffes liturgiques, les parfums et onguents divins, les trésors nécessaires au culte, la chapelle-pure où l'on préparait la statue pour l'union au disque, le kiosque du toit où cette cérémonie avait lieu, la bibliothèque liturgique et même des cryptes où l'on conservait,

19. COUPE AXONOMÉTRIQUE DU GRAND TEMPLE D'ABOU SIMBEL →

Quatre colosses de Ramsès II sont taillés dans le rocher en façade (A). Au-dessus de leurs têtes une corniche, protégée par des uraeus, supportait des singes adorateurs du soleil (B). La salle hypostyle (C) est soutenue par huit piliers flanqués des colosses osiriaques du roi. La paroi droite ouest (D) est décorée par l'étonnant tableau de la bataille de Qadech et la paroi sud par diverses scènes de victoire. Deux portes latérales dans la paroi ouest conduisent à deux chambres désaxées (E et F) pour éviter des parois trop minces (l'une a d'ailleurs cédé). Deux « trésors » (G, H et I, J) flanquent chacune de ces pièces au nord et au sud. Ils sont munis de banquettes pour supporter les statues divines, utilisées surtout dans les liturgies solennelles. Ces statues sont représentées sur les murs. Dans l'axe, à la salle hypostyle, succède une salle de l'apparition (K) où l'on préparait la barque sacrée pour les processions : le plafond en est soutenu par quatre piliers. Enfin une salle des offrandes (L), où avait lieu le culte divin journalier, précède trois chapelles, dont celle du centre (M) comporte un autel (ou un support de barque) et quatre statues divines, taillées

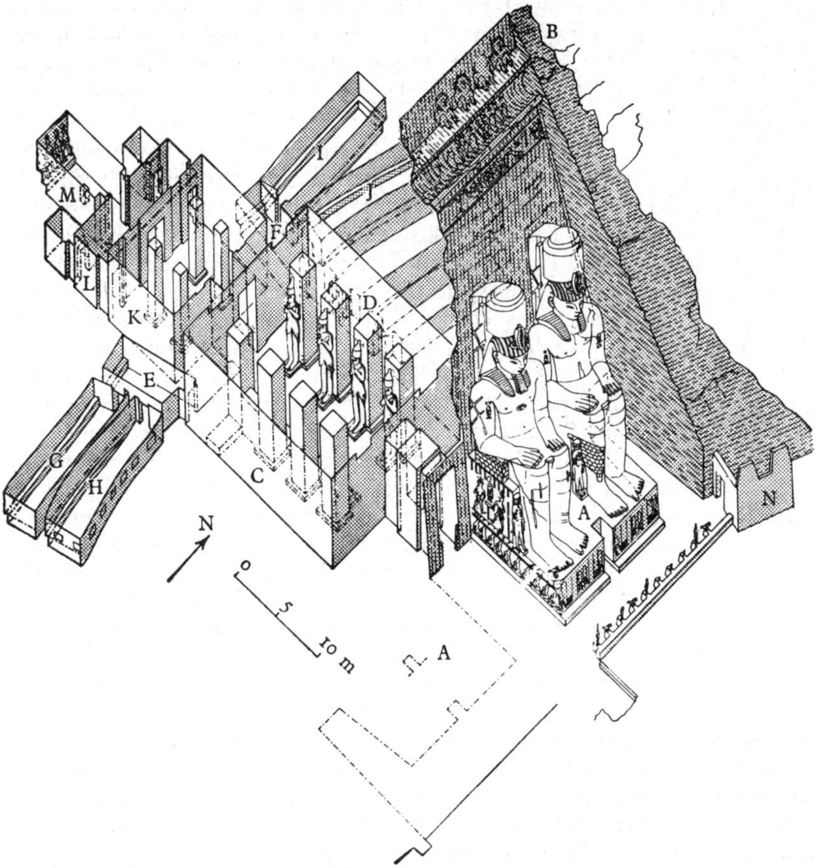

dans le roc, dont celle du roi lui-même. L'axe du monument aurait été calculé pour que les trois statues, qui sont au nord (Harakhtès, Ramsès II et Amon), soient à tour de rôle touchées par le soleil levant, aux différentes saisons de l'année. Seul, Ptah, dieu chthonien, serait toujours resté dans l'ombre. A l'extrémité nord de la terrasse, un petit édifice (N), dont le mur est ouvert en forme de pylône, à sa partie supérieure, était destiné à la célébration des rites secrets du nouvel an. Plus condensé que le temple de Karnak, Abou Simbel en possède tous les éléments essentiels et présente déjà le programme architectural des sanctuaires ptolémaïques. Ce monument sera publié au Caire par le Centre de Documentation sur la Civilisation de l'Égypte.

comme dans des tombeaux, les idoles ou les symboles qui n'étaient utilisés que pour certaines solennités. A ce plan-type correspondent les temples de Kalabcha, Philae *, Kom Ombo *, Edfou, Esna *, malgré sa mutilation, et Dendara. Behbet el-Haggar, dans le Delta, était sans doute construit sur le même modèle.

A Edfou et à Dendara, au moins, le temple majeur était précédé de propylées appelés *Porte-d'offrir-Maât*, par où l'on introduisait l'offrande solennelle et où le public était admis à venir prier et à soumettre ses difficultés à l'oracle divin. Le dieu y écoutait les prières. Il y avait déjà des portiques de ce genre à l'est du temple d'Amon à Karnak, sous Ramsès II. On en dota aussi les mammisis, dès l'époque ptolémaïque.

Mais il faut ajouter les éléments de l'enceinte sacrée qui n'ont été clairement dégagés, jusqu'ici, qu'à Dendara. Tout d'abord on adjoignit au temple majeur un mammisi où se célébra le mystère de *la naissance divine* qui, une fois modifié, peut-être à la XXVe dynastie, prit une importance considérable. Comme il exigeait, pour être représenté, des accessoires, des dégagements, des places où le personnel sacerdotal pût se reposer un instant sans se désacraliser, si l'on ose employer ce mot, on pourvut ces lieux de culte de magasins et de chapelles et même, au milieu de l'époque ptolémaïque, on les entoura d'un déambulatoire à colonnes végétales, qui fut sans cesse repris depuis et a donné quelques-uns des plus élégants sanctuaires tardifs, tels les mammisis d'Edfou, de Philae et le plus récent de Dendara. Les hauts abaques de leurs colonnes végétales sont ornés de Bès dansants ou de sistres symboliques d'Hathor.

Un temple ne pouvait se passer de lac sacré où l'eau sainte du Noun permettait aux prêtres de se purifier avant leur service. La plupart sont rectangulaires et comportent des escaliers pour atteindre le niveau de l'eau. Celui de Dendara comme celui de Tod présentent sur l'un des côtés une estrade où de rares spectateurs étaient admis à contempler des cérémonies saintes, très probablement la quête des fragments du corps d'Osiris par Isis aidée d'Horus et de Thot, au mois de Khoiak.

Il y avait aussi une Maison de Vie, bien que pratiquement nous n'ayons réussi à en identifier aucune. Mais on trouvait également des édifices où se faisaient des cures mi-médicales mi-religieuses, tel le sanatorium de Dendara. Les puits étaient nécessaires au culte pour fournir l'eau pure. A Dendara, on en comptait deux, comme à Tanis et à Kom Ombo. Les basses-cours et les étables pour les animaux sacrés étaient indispensables. Chaque temple possédait, par ailleurs, des édifices de culte tout à fait particuliers. A Edfou, face au mammisi, se dressait le temple du faucon sacré. A Dendara, derrière le temple d'Hathor, se dressait Itdi, qu'il faut entendre, sans doute, « la butte de donner » la déesse. C'était là qu'Isis était née *la nuit de l'enfant dans son berceau, sous forme d'une femme noir et rose, douée de vie, douce d'amour*. Temple étrange, dont la partie antérieure était axée à l'est, et la salle des offrandes et le saint des saints au nord, car la déesse était à la fois lumière et ténèbre.

Si l'on ajoute les magasins, les logements des prêtres accomplissant leur mois de service, les bosquets sacrés, on aura une idée assez complète de ces grands temples de province à l'époque tardive. Ils ont beaucoup plus d'unité architecturale que les sanctuaires anciens en dépit des diversités imposées par les cultes et la théologie. Khnoum, à Esna, et Horus, à Edfou, avaient des chapiteaux composites du plus bel effet et d'une grande variété. Mais Hathor aimait que les colonnes de ses temples fussent ornées du sistre qui lui était cher et symbolisait la joie nécessaire à la déesse. Aussi, dans la Salle de l'Apparition, à Dendara, a-t-on superposé aux colonnes florales des chapiteaux hathoriques, ce qui donne une construction plus chargée de sens symbolique que remarquable par son élégance. Par contre, à Philae, le grand portique qui va de l'embarcadère au premier pylône est tout entier composé de colonnes à chapiteaux composites d'une grande variété. A Kalabcha on y voit même apparaître des grappes de raisin.

Les détails architecturaux sont très soignés. Les murs sont d'une épaisseur considérable pour pouvoir y loger des cryptes. On sait mettre en place des portes amovibles qu'on peut faire glisser avec le doigt et qui masquent totalement les entrées secrètes pour les yeux non avertis. Les systèmes d'écoulement d'eau, dans un pays où il pleut très peu, étaient tout à fait étudiés. Les gouttières aboutissent à des gargouilles à tête de lion qui crachaient l'eau assez loin du mur. L'orientation était recherchée. Mais, la plupart du temps, c'était le Nil qui servait de repère. De sorte qu'à Dendara, où le Nil coule est-ouest, les points cardinaux des inscriptions ne correspondent pas aux points cardinaux réels; l'est du temple est au nord géographique, le sud à l'est géographique et ainsi de suite.

Des dispositions rares apparaissent par endroits. A Kom Ombo, où Sobek et Haroëris se partageaient le temple, l'architecte l'avait divisé en deux selon son axe. Chaque salle a ainsi deux portes et deux parties, dont l'une est consacrée à Sobek, l'autre à Haroëris.

Cette architecture puissante fut adoptée même par les princes lointains de Kouch, où elle voisine avec des imitations assez grossières de l'architecture grecque. Il y a un exèdre à Méroé. Mais le kiosque de Bir ben Naga, à trois cents kilomètres de Khartoum, réussit à harmoniser assez bien l'architecture purement égyptienne avec des chapiteaux à feuillage imités du classique et des arcs en plein cintre.

Un seul temple fait exception aux données générales qui régissent ce genre de construction depuis le Nouvel Empire. Il s'agit du grand temple d'Aton à Amarna, dont le plan a pu être rétabli. Il se composait d'un pylône suivi d'une cour avec bassin d'ablution. Suivait un second pylône auquel était adossée une salle hypostyle à colonnes fasciculées. Une grande cour munie d'un autel introduisait à quatre autres cours plus petites, en enfilade, munies d'autels également et correspondant au saint des saints. Ici tout était à ciel ouvert, sauf la salle hypostyle. Il n'y avait ni statues, ni procession. L'adoration du disque solaire impliquait que la lumière coulât à flots sur les assistants et les offrandes, alors que les autres sanctuaires sont de plus en plus sombres quand on va de la salle hypostyle vers le Grand-Siège qui n'a jamais de lucarne en règle générale.

●

L'architecture civile nous est souvent inconnue parce qu'elle a disparu dans les limons du fleuve avec les grandes villes qui étaient elles-mêmes construites seulement en brique crue. Mais d'heureuses exceptions existent de la XVIIIe à la XXe dynastie. Aménophis III s'était fait bâtir un peu au sud de la Nécropole de Thèbes, sur la rive occidentale, le palais dit de Malqata, merveilleux et compliqué à souhait. La ville de Tell el-Amarna a été saccagée, mais le quartier officiel subsiste en un emplacement qui n'a été occupé que très peu de temps, dans le désert. Enfin Ramsès III avait adossé son palais au mur même de son temple funéraire, à l'intérieur de l'enceinte sacrée de Médinet-Habou. Ces monuments donnent une idée des constructions civiles et du développement urbain dans la partie administrative d'une ville, à la grande époque.

A Malqata, le village des ouvriers qui avaient construit la résidence royale est en plein milieu des édifices publics, entre le palais du nord et le pavillon d'audience. Peut-être avait-il été abandonné quand la famille royale et la cour s'étaient installées dans les constructions toutes neuves. L'ensemble comprend encore un Palais du Roi, un Palais méridional, et un Moyen Palais ainsi que des villas pour les grands fonctionnaires qui devaient demeurer près du roi. Tout était en brique crue, même dans cette résidence

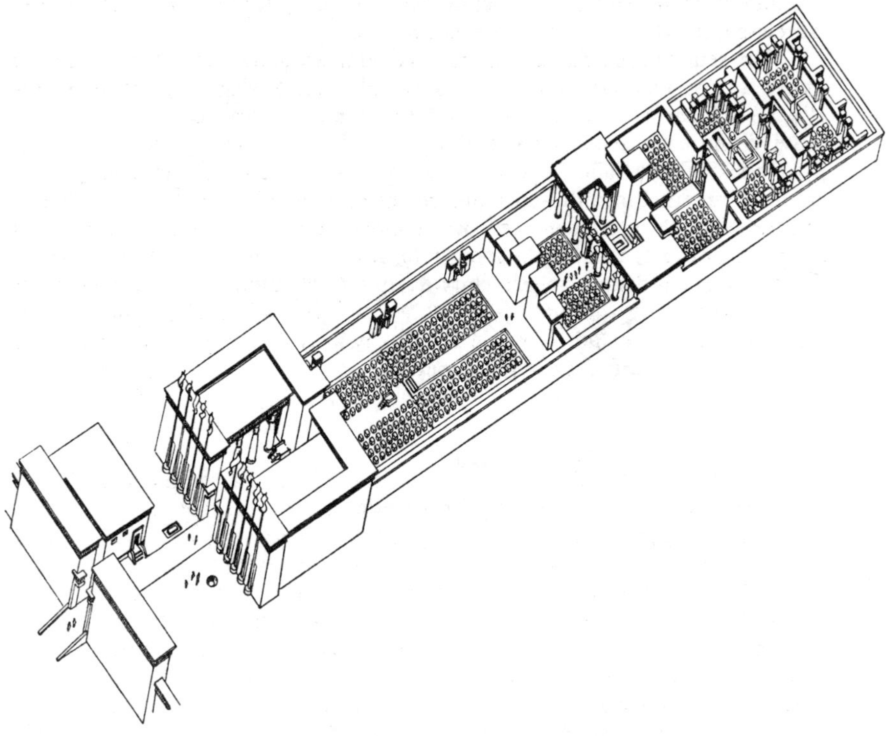

20. LE TEMPLE D'ATON À TELL EL-AMARNA

(D'après la restitution de Pendlebury, The city of Akhenaton, *t. III, Londres, 1951.) Dans l'immense édifice, à l'exception de la salle hypostyle, rien n'est enfermé. Les autels des deux sanctuaires sont en plein air. La première partie s'appelait* Per-haï *et la seconde* Gem-Aton. *L'ensemble mesurait environ 200 mètres.*

pourtant extraordinairement luxueuse, tant est vrai le mot de Diodore, que les Egyptiens construisaient en brique et matériaux périssables les maisons des vivants parce qu'elles doivent être occupées très peu de temps, tandis

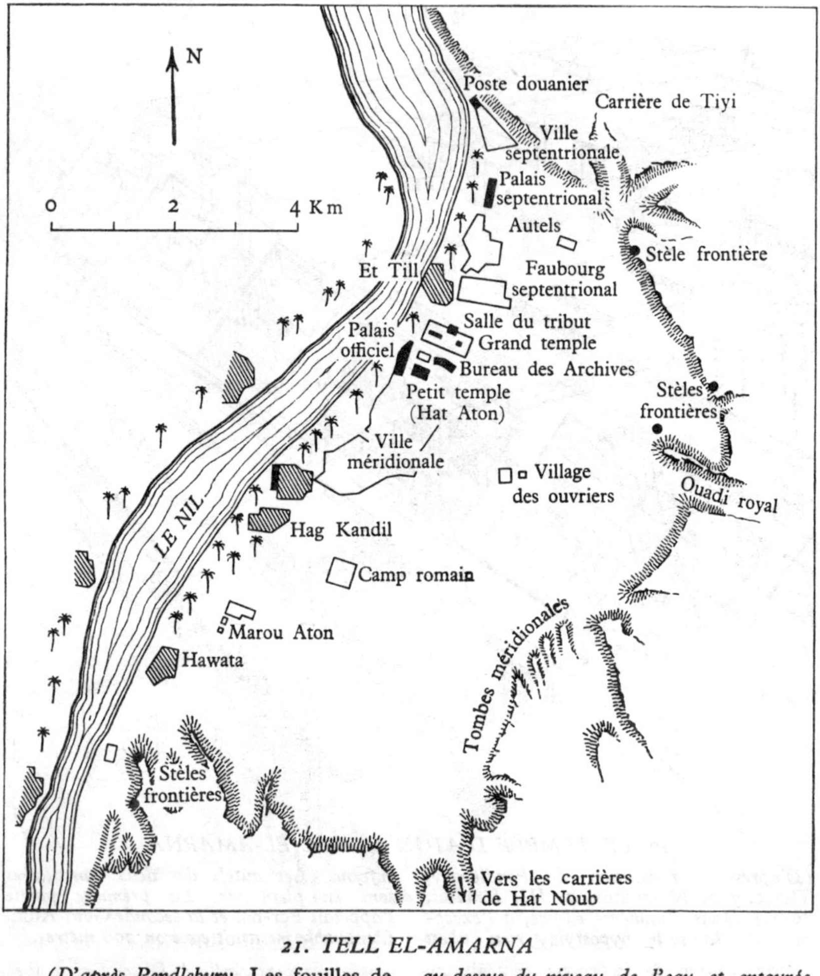

21. TELL EL-AMARNA

(D'après Pendlebury, Les fouilles de Tell el-Amarna, *Paris, 1936.) Si on excepte la rive du fleuve couverte d'une belle végétation, la ville d'Akhenaton se dressait sur une immense plaine désertique, située très au-dessus du niveau de l'eau et entourée d'un hémicycle de falaises imposantes sur lesquelles on grava quelques-unes des grandes stèles frontières de la nouvelle cité. On y creusa aussi des tombeaux.*

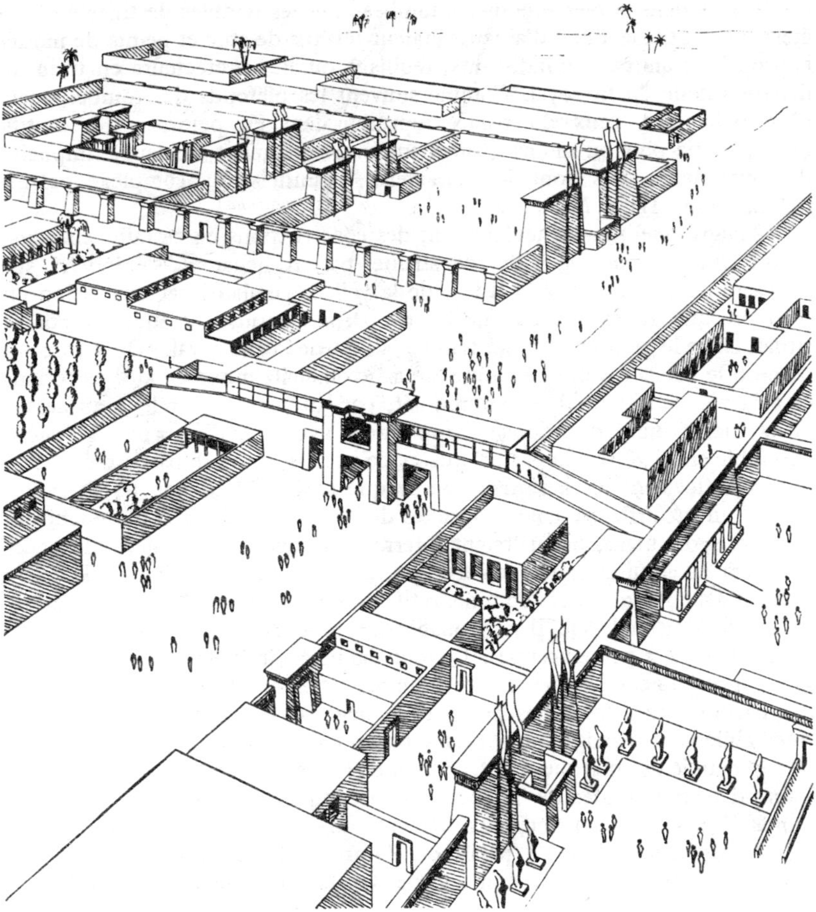

22. LE CENTRE DE LA VILLE À TELL EL-AMARNA

(Reconstitution de la partie centrale de la ville avec la loge d'apparition du roi, d'après Pendlebury, op. cit., *t. III.) Du palais, à droite, au quartier officiel, à gauche, le roi pouvait se rendre par un passage couvert surélevé. D'une loggia, il se montrait à la foule et distribuait des récompenses, sous forme de colliers d'or, comme plus d'un de ses successeurs, d'après les représentations des tombes thébaines.* (Voir p. 321.)

qu'ils utilisaient la pierre pour les tombeaux et les temples destinés à durer éternellement. Les murs d'ailleurs étaient revêtus de stuc et peints de motifs appropriés : animaux bondissants, feuillage ou Bès protecteurs en train de danser autour du lit royal. Comme souvent les plafonds des tombes, mais plus richement, ceux du palais reproduisaient en peinture des motifs de tapisserie plus ou moins géométriques. Raffinement luxueux, simplicité des matériaux, tels sont les caractères essentiels du complexe palatin d'Aménophis III à Malqata.

Malgré quelque enchevêtrement des constructions en certains endroits, *l'Horizon-du-Disque*, la ville construite par Akhenaton, s'étendant sur un vaste terrain inculte à la lisière de la vallée, s'étalait largement selon un plan presque géométrique. Une bonne partie du quartier administratif se situait entre le petit et le grand temple, à l'est de la rue royale. On y trouvait d'abord le palais royal, sans doute la partie officielle, réservée aux réceptions et à la vie politique. Il communiquait, par un passage surélevé au-dessus de la rue et muni d'une loge d'apparition, avec le palais privé, à l'ouest, ensemble enchevêtré d'appartements et de jardins. Entre le palais et le grand temple s'élevaient les bâtiments de ce que l'on pourrait appeler le trésor. C'était un quadrilatère empli de salles de toutes espèces et comprenant des greniers et des magasins où étaient enfermées les matières premières destinées au palais, à l'administration et sans doute à tout le peuple de la ville. Derrière s'entassaient les quartiers administratifs avec les bureaux des scribes, les archives, la Maison de Vie. Il est probable que, tout autour, de grands espaces de terrain étaient à peine occupés. Le tout paraît avoir été conçu de manière à grouper rationnellement les services administratifs entre les sanctuaires. La loge d'apparition entre les palais privés et le siège royal du gouvernement a été très habilement ménagée pour permettre au roi de recevoir de temps à autre de son peuple des marques d'affection et de le gratifier parfois de sa présence. Faute d'avoir une idée de Thèbes à cette époque, Amarna nous permet du moins d'imaginer les principaux éléments de son architecture urbaine.

A Médinet-Habou, le palais de Ramsès III était accessible par une porte qui s'ouvrait dans le mur sud de la première cour du temple. C'était

23. LE SECOND PALAIS DE RAMSÈS III À MÉDINET-HABOU →

(D'après la restitution de Hölscher, op. cit., *t. I, Chicago, 1934.) Ce palais est attenant au temple funéraire de Ramsès III à Médinet-Habou. Au premier plan, la partie secrète du palais, sans doute le harem, avec ses chambres munies de salle de bains et de cabinets. Au-devant, deux salles de réception, dont une à six colonnes a, dans son axe principal, un accès à la première cour du temple. Une seconde salle*

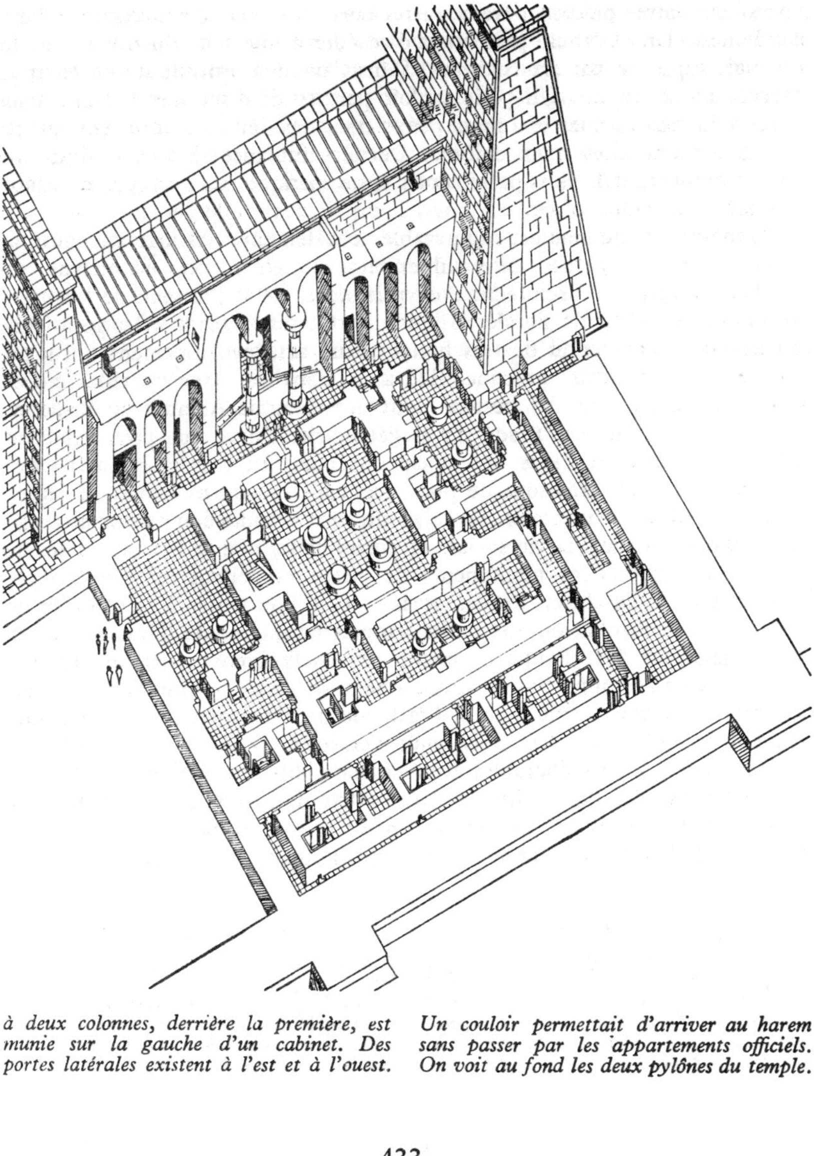

à deux colonnes, derrière la première, est munie sur la gauche d'un cabinet. Des portes latérales existent à l'est et à l'ouest. Un couloir permettait d'arriver au harem sans passer par les appartements officiels. On voit au fond les deux pylônes du temple.

du moins l'entrée officielle. Deux autres portes de service s'ouvraient à l'est et à l'ouest. Un vestibule permettait d'accéder à une salle du trône dont le toit était supporté par six colonnes. Dans l'axe, une estrade surélevée était réservée au souverain. Un petit couloir permettait d'accéder à deux salles de réunion plus intimes et à deux pièces dont des lieux d'aisance coupés du couloir par une cloison en chicane. Derrière cet ensemble se trouvait un harem comprenant trois appartements. Il ne manque pas non plus de salles de bains. La sveltesse des colonnes, l'emploi des voûtes et des matériaux légers montre là, de manière indubitable, une demeure destinée aux vivants, même si certaines parties, plus vulnérables, ont été édifiées en pierre.

Par sa variété, l'architecture égyptienne a été à l'origine de bien des inventions. La colonne florale, la colonne dite protodorique, les gouttières et gargouilles ont connu de très bonne heure un développement qui a pu influencer l'architecture grecque. Elle a su, dans les plans de villes créées de toutes pièces, pour des besoins nouveaux, comme Amarna ou Kahoun, concevoir un urbanisme fondé sur la géométrie. Toute une production en matériaux légers, que nous ne connaissons plus que par les peintures des tombeaux, kiosques, maisons de plaisance, art des jardins ornés de pièces d'eaux et ombragés de beaux arbres, montre aux grandes époques un merveilleux raffinement dans la vie sociale et personnelle, que la littérature révèle par ailleurs. Parfois les monuments de pierre rappellent cet aspect léger et charmant de l'architecture des vivants. Que l'on pense à la chapelle de Sésostris Ier à Karnak ou aux petits temples périptères de Thoutmosis III et d'Aménophis III. Pourtant, même ces chefs-d'œuvre de construction à la mesure de l'homme évitent autant que possible les colonnes trop fragiles et préfèrent le massif pilier carré. C'est que nous sommes dans le domaine religieux et qu'il faut, ici, créer pour l'éternité. D'où le refus des lignes courbes, jugées plus vulnérables avec les matériaux que l'on veut employer, et la recherche des lignes droites et des effets de masse. L'emploi du fruit pour les murs extérieurs, les couronnements au moyen de gorges et de listels séparés de la paroi par un boudin, les grands linteaux monolithiques donnent

24. LE GRAND TEMPLE DE RAMSÈS III À MÉDINET-HABOU →

(D'après la restitution de Hölscher, op. cit., *t. I.) Ce plan du temple funéraire de Ramsès III comprend le palais dont une reconstitution (second état) a été donnée figure 23. Elle se trouve à gauche de la première cour du temple. Ce plan, arrêté à l'époque de Ramsès III, ne comprend pas les adjonctions faites au petit temple de la XVIIIe dynastie (à droite en bas), ni les chapelles des divines adoratrices, à gauche, avant le premier pylône, ni les adjonctions kouchites à droite du Migdol.*

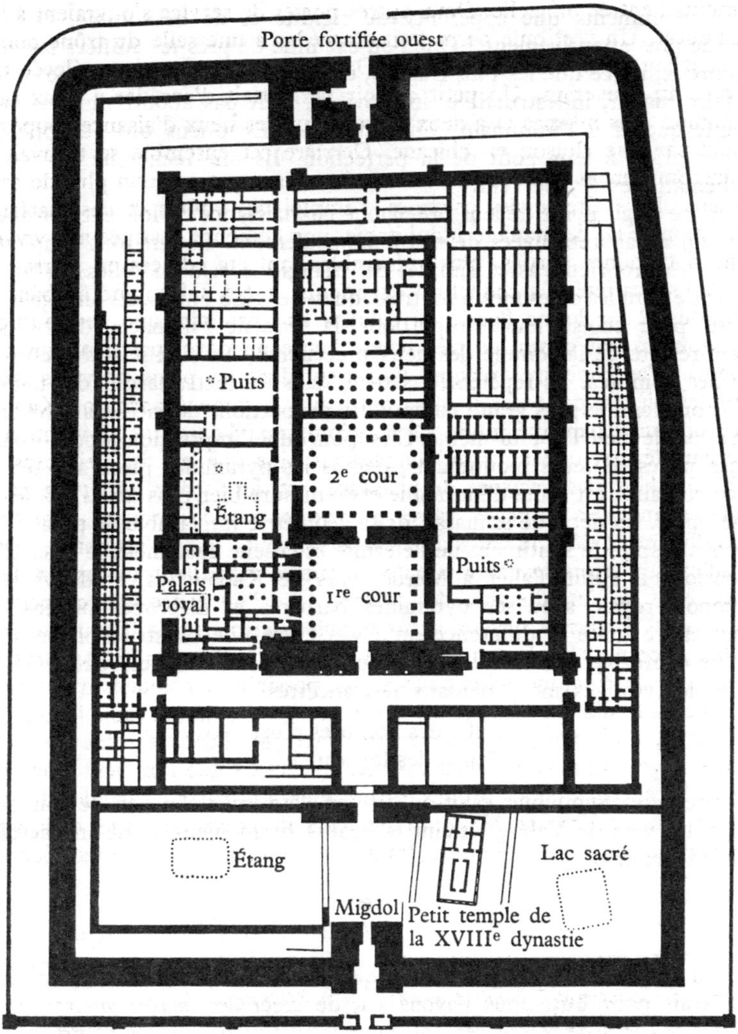
Porte fortifiée ouest
Puits
Étang
2e cour
Palais royal
1re cour
Puits
Étang
Lac sacré
Migdol
Petit temple de la XVIIIe dynastie
0 20 40 60 m
N

à ces monuments une apparence de rigidité et de monotonie. Que l'on regarde plus attentivement ! Que l'on examine de près les édifices les moins nombreux, parce que les plus fragiles, et l'on sera alors étonné que ce désir de faire massif, indestructible, inamovible, n'ait pas abouti simplement au gigantesque et à l'inhumain. En réalité, les Egyptiens ont échappé à ce danger grâce à leur goût de la perfection. Ils ont recherché les moyens mathématiques d'y parvenir.

Il ne s'agit point de leur prêter une connaissance de lois extraordinaires que l'on aurait retrouvées de nos jours seulement. Ils ont tout simplement étudié les propriétés assez simples du triangle isocèle ou celles du triangle rectangle dont les côtés mesurent trois, quatre et cinq unités. Ils ont également utilisé, pour choisir leurs proportions, la série de Fibonacci, dont chaque terme résulte de la somme des deux précédents. Aussi leur architecture est fille des nombres. Ils répètent, à satiété, dans les textes tardifs des temples, qu'ils ont tenu le plus grand compte des proportions données dans les livres sacrés par le dieu Thot lui-même. C'est pourquoi l'impression produite par les lignes pures de leurs monuments, depuis les pyramides jusqu'aux temples gréco-romains, est toute d'harmonie et de mesure bien plus que d'écrasement et de poids. En dépit de sa masse, de sa géométrie implacable, la pyramide de Khéops inspire le sentiment de l'éternité et suscite également le désir d'une ascension. Il suffit d'aller à Méroè, près de Kabouchya, et de visiter la nécropole royale avec ses pyramides barbares et disproportionnées pour comprendre toute la différence qu'il y a entre une construction pensée et voulue conforme aux lois du réel et une improvisation qui veut seulement imiter les vestiges monumentaux des ancêtres.

Fille des nombres d'or,
Forte des lois du ciel,

l'architecture égyptienne, peut-on dire en détournant un peu de leur destination les vers de Valéry, atteint la beauté harmonieuse tout en cherchant d'abord l'éternel.

•

La statuaire ne fut pas moins que l'architecture un art de nécessité. Elle avait pour but, nous l'avons vu, de créer des *images vivantes*, c'est-à-dire des corps de remplacement, pour les dieux et pour les hommes. Tous ses caractères viennent de là. Il s'agit d'abord d'obtenir les images les plus durables possible. Aussi va-t-on sculpter dans la pierre plutôt que dans le bois, plus périssable. La statue va être conçue en fonction de sa résistance aux agents destructeurs. L'artiste sait d'autre part reproduire le mouvement : un seul témoignage suffit pour le prouver. Sur une légère barque de papyrus, une exquise statuette en bois doré représente le roi Toutankhamon chassant au harpon. Le pied gauche est posé à plat, mais le pied droit se soulève, ployant la sandale qui n'adhère au sol que par la partie antérieure. La jambe se tend et les plis du pagne doré disparaissent presque sur la cuisse. Le bras droit, dressé, tient la lance que le roi dirige, sans doute, vers l'hippopotame qui incarne le mal. Le mouvement est admirable. Mais il n'a rien de haletant; il est calme, sûr de lui. Et encore ces statues sont-elles très rares. A la XIXe dynastie, on trouvera des rois, allongés à terre, tel Ramsès II poussant une barque vers le dieu. Là encore la position des jambes, des bras, la souple ondulation de tout le corps est d'une justesse très grande et d'une ligne très habile. En allongeant le roi, l'artiste n'a pas cherché le mouvement, mais seulement à rendre moins vulnérable une statue qui fait presque corps avec son socle.

Si l'on veut atteindre, d'autre part, la ressemblance avec le modèle, ce n'est point par souci de réalisme. Il faut seulement que le ka et le baï, au moment de s'unir en leur *image vivante*, reconnaissent le corps qu'ils avaient l'habitude d'habiter. Les traits personnels demeurent indispensables. Voilà aussi pourquoi la sculpture égyptienne a éprouvé la nécessité de rendre l'œil, miroir de l'âme,

> Car il ne sera fait que de pure lumière
> Puisée au foyer saint des rayons primitifs.

D'autre part, il importe de supprimer d'une statue toutes les tares qui ne sont pas essentielles au vivant. Entre ces deux besoins, la sculpture égyptienne se meut et, selon le moment, le sujet, le génie de l'artiste, elle arrive à créer ces portraits étonnants qui introduisent dans un monde spirituel si profondément différent de la statuaire grecque.

Aux dieux, on donnera souvent le visage des rois. Mais là encore ce n'est pas le produit d'un caprice. Le roi est fils du dieu : il a donc ses traits et l'on peut, sans sacrilège ou insouciance, représenter le dieu sous les traits du monarque régnant.

Comme l'architecture, les arts plastiques obéissent à la mesure. On a tenté de déterminer le canon auquel étaient soumises les figures humaines d'hommes : il fut d'abord de 4 petites coudées, divisées en 18 poings —

ce qui permet de mettre dix-huit carreaux dans la hauteur. Après la XXVIe dynastie, la mesure normale étant la coudée royale, plus grande que l'autre, la hauteur des figures passa à 28 poings. Mais on ne divise la hauteur que par vingt et un carreaux. Sur plusieurs des stèles du roi Djéser à Saqqara, on voit encore la trace de la mise au carreau. Mais comme elles sont achevées, il est probable que c'est l'œuvre des artistes saïtes qui venaient copier des modèles anciens. On trouve beaucoup d'exemples semblables, tant pour la peinture que pour le bas-relief, mais en des œuvres inachevées. A l'intérieur du naos de granit qui se dressait dans le saint des saints du temple de Khnoum, à Eléphantine, on avait commencé à tracer les contours d'un relief qui n'a jamais été sculpté; la mise au carreau est encore très visible sous le dessin.

Les attitudes de la statuaire ou de la peinture, les motifs à représenter, les proportions à observer, parfois même la matière à employer étaient quasi imposés à l'artiste. Il semble que l'art égyptien devrait être mort et monotone. Mais le véritable artiste vit de contrainte, et son art meurt parfois de liberté. Toute l'histoire de la sculpture et de la peinture est celle du triomphe des créateurs sur les déterminations auxquelles ils ne pouvaient se soustraire.

●

La première grande statue égyptienne est celle du roi Djéser. La masse du siège est peut-être trop importante par rapport au corps, le séant du roi trop plat par rapport au volume des jambes. Mais la mise en place de l'ensemble est très sûre et tout l'intérêt se concentre sur le visage particulièrement soigné et les yeux, aujourd'hui arrachés. C'est déjà la conquête de la majesté royale qui s'affirme avec une maîtrise du volume que ne possédait pas encore la statuette en schiste de Khasekhemoui. Les grandes statues de Snéfrou, en calcaire peint, indiquent une recherche plastique et un goût de la perfection du détail particulièrement étudié dans les ongles de la main fermée et les rosettes du bracelet. Le visage essayait bien de rendre l'individualité mais était apparemment très idéalisé.

Les ateliers royaux ont maintenant acquis le maniement du modelé en général. Les muscles du corps entier de Khéphren, au Musée du Caire, ont été étudiés. Et quand la lumière joue, ils ressortent avec une justesse et une sûreté parfaites, sans aucune exagération. Mais la réalisation du chef-d'œuvre est ici le résultat d'une pensée mûrement concertée. Le roi est assis sur un trône représentant symboliquement, par l'écriture, l'union des deux

Egyptes. Il tient à la main le document de propriété sur lequel est écrit l'inventaire du pays qu'il doit régir. Et le dieu dynastique Horus le protège en étendant ses ailes derrière sa tête. Le sculpteur souverain qui avait à concevoir la traduction plastique de cette idée, outre qu'il était un technicien remarquable, possédait le sens de la construction harmonieuse des masses. Le faucon ne dépasse pas la coiffure royale et ne déséquilibre pas la vision. Les deux bras du roi rompent, par leur position différente, la monotonie, et le port majestueux de la tête, dont le calme regard, par-dessus les humains, plonge dans l'éternité, rend plus que tous les symboles l'aspect grave et mytérieux d'un être qui participe à la fois de deux natures. La statuaire égyptienne, à l'aurore de son histoire, avait atteint la perfection.

Les triades de Mykérinos , taillées dans le schiste, ont les mêmes traits fondamentaux et proviennent de la même école. Mais l'artiste n'est pas arrivé à retrouver l'équilibre du divin et de l'humain que rendait si bien la statue du monarque précédent. Il est d'une conception moins sévère et déjà plus détendue. L'esprit borné du roi se lit sur ces images implacables.

La IVe dynastie fut donc, aussi bien pour l'art des particuliers que l'art royal, une période de prodigieuse invention et de création sur lesquelles vivront ensuite de longues générations.

A la Ve dynastie, le portrait s'individualise davantage. On cherche moins à rendre l'idée de la Majesté souveraine à travers un homme que le souverain régnant. Le Chepseskaf de Boston ou le Sahourê du Metropolitan Museum ont une vérité plus accusée que leurs prédécesseurs. L'un avec ses fortes arcades sourcilières, ses yeux à fleur de tête et son nez retroussé, l'autre avec son nez épais et sa bouche lippue sont d'une humanité plus proche de la nôtre. Le style sévère est en train de se tempérer. La VIe dynastie garde la maîtrise de la technique et conserve le désir de rechercher le trait individuel. Il apparaît moins sur le Pépi Ier en albâtre de Boston. La matière est trop molle pour donner un relief parfait et, maintenant que la peinture a disparu, elle est trop luisante et trop fluide pour modeler par des ombres les volumes. Mais le Pépi de cuivre est une pièce admirable. Outre le travail qui est d'une déconcertante perfection, le roi est rendu avec une vie profonde qu'on lit dans son regard un peu triste et désabusé. Le jeune prince qui l'accompagnait, plus épargné par le temps, est d'une grande intensité d'expression. Ce visage rend avec beaucoup de justesse les formes poupines de la jeunesse et l'œil incrusté ajoute la profondeur d'un regard qui interroge et trahit quelque méfiance, soulignée par la moue légère de la lèvre inférieure.

Les ateliers qui travaillaient pour les particuliers n'étaient pas moins bons que les ateliers royaux. Le chef-d'œuvre de cette sculpture est sans aucun doute le couple de Nofrit et Rahotep. Il est de la grande période créatrice, du début de la IVe dynastie. Peut-être quelque lourdeur dans le traitement des chevilles, dans la négligence du jeu subtil des muscles, chez l'homme du moins, ne décèle-t-elle que le désintérêt de l'artiste pour des détails qui n'étaient pas essentiels à son but. Du reste, il faut se garder d'amincir trop pour éviter la vulnérabilité. Mais tout se concentre dans l'attitude et dans le visage, et le visage se résume dans le regard. L'attitude est d'un calme et d'une sévérité exemplaires. L'artiste, avec maîtrise, a évité toute monotonie en variant le geste des bras. Et la main qui sort du manteau blanc de la princesse met, sans altérer son immobilité elle-même, une note vivante dans ce drapé inaltérable qui laisse si délicatement deviner les formes. L'impassibilité de la posture est reprise, sur le mode majeur, par un visage d'une beauté régulière et sûre où deux yeux fixent au loin, au-delà des vivants, un point qui nous demeure inaccessible. On croirait, si la chose n'était chronologiquement impossible, que c'est à elle qu'a pensé Baudelaire :

> J'unis un cœur de neige à la blancheur des cygnes.
> Je hais le mouvement qui déplace les lignes
> Et jamais je ne pleure et jamais je ne ris...
> Mes yeux, mes larges yeux aux clartés éternelles.

Les têtes dites de remplacement , dont le rôle n'est pas encore très clair, offrent quelques réussites de premier ordre, malgré leur mutilation. Le visage du prince Merytyetes montre qu'il n'était pas nécessaire d'incruster les yeux pour obtenir l'intensité du regard. L'évolution vers un style moins sévère se traduit, à la Ve dynastie, par une série de chefs-d'œuvre où le modelé délicat de la forme s'unit à l'expression dans le rendu des visages. Le scribe du Louvre ou celui du Caire attendent avec une attention sans relâche la dictée du maître et le Cheikh el-Beled s'avance avec sûreté pour faire son inspection. Mais le portrait d'Ankhaef, à Boston, obtenu par le modelage d'un stuc fin posé sur la pierre, rend les moindres volumes avec une perfection qui frappe encore : les paupières inférieures légèrement gonflées, la fossette des joues, la bouche sérieuse, mais qui sourirait facilement, traduisent à la fois l'indulgence et la gravité d'une âme consciente de sa responsabilité.

Dans le bois aussi, les artistes surent faire passer l'âme de leurs clients, et souvent le rendu des détails anatomiques est lui-même très poussé, comme dans telle statue si vigoureuse du Caire ou dans le très beau Metjeti de Brooklyn. Ici la peinture était passée directement sur le bois. Tandis que, dans celui de Kansas, elle recouvre une fine couche de stuc, elle-même très délicatement remodelée. Ce qui donne au visage une grande vigueur. Une statuette de personnage nu, en bois, tenant le souffle de vie, doit représenter le double lui-même. Elle est d'une proportion excellente, et les hanches et les jambes témoignent d'une connaissance précise de la musculature humaine et d'une souplesse remarquable dans le rendu. D'ailleurs, au Moyen Empire, le ka du roi Hor est bien représenté ainsi, tout aussi parfait du point de vue technique mais atteignant un classicisme prêt à se figer. C'est ce qui se produit avec les derniers témoignages de l'Ecole memphite, qui semble avoir survécu à la révolution.

Les statues de Sésostris Ier, assis, en calcaire, provenant de Licht, représentent l'art officiel avec ce qu'il a de compassé et de conventionnel. C'est déjà de l'académisme. Et ces caractères apparaissent encore dans les petites statues en bois du Caire et du Metropolitan Museum, bien qu'elles ne soient pas sans charme, peut-être à cause de leur taille même. Heureusement ces productions un peu exsangues du Nord furent vivifiées par l'infusion d'un esprit nouveau : un art rude, maladroit, mais expressif, tel que permet de l'apprécier le Mentouhotep trouvé à Deir el-Bahari. Ce n'est pas un chef-d'œuvre, il est trop lourd, trop peu dégagé encore de la matière. Mais qu'un sculpteur thébain apprenne le métier des ateliers du Nord, et il saura traduire ses conceptions avec puissance et beauté. D'un autre côté, l'inquiétude révélée par la littérature va pénétrer chez les artistes et elle se traduira par les traits burinés du masque d'Amménémès II et de Sésostris III. Les artisans memphites sculptaient des personnages à la foi sereine, comme à l'Ancien Empire, sans croire eux-mêmes. Dans les têtes de rois à l'identité incertaine provenant de Karnak, on reconnaît au contraire une rare vigueur qui saura traduire de façon pathétique le pessimisme des plus puissants monarques de la XIIe dynastie. Le Sésostris III du Metropolitan Museum, avec les orbites profondément creusées à l'angle par où elles touchent au nez, avec la ride soulignant la poche légère qui se forme sous l'œil, et la bouche mince et amère, rend bien la défiance qui sévit depuis l'époque des révolutions. Les masques se burinent de plus en plus. Mais lorsque le ciseau amoureux d'un artiste modèle une tête de princesse au visage très pur, il sait adoucir les méplats, fondre les reliefs et rendre la jeunesse, sans supprimer la tristesse que n'arrive pas à dissiper la naissance d'un sourire. C'est à une école aussi vigoureuse qu'appartiennent les porteurs d'offrande de Tanis. C'est à elle aussi qu'il faut rattacher les statues privées si expressives trouvées dans la chapelle d'Hekayeb à Eléphantine. Leur dureté un peu rude ne tente pas de transcrire un tourment intérieur. Le personnage est sûr de lui. Mais l'art provincial ne cherche pas, ou peut-être n'arrive pas, à affiner le rendu.

Le grand art royal de la XVIIIe dynastie, après l'obscure période des Hyksos et de la reconquête, s'adoucit dès le début par la nécessité où sont les artistes de reproduire le visage de la reine Hatchepsout. Sans doute tous les Thoutmosides paraissent avoir eu des traits fins. Mais les visages des premiers rois de la dynastie, même inconnus, manifestent le désir de rendre les sentiments et le caractère individuels et de styliser en quelque mesure les traits trop particuliers. Cette tentative apparaît dans le visage en obsidienne qui est un des joyaux du Musée du Caire.

On sent déjà que cet essai de psychologie sculpturale, où l'artiste aiguise à l'extrême son ciseau, atteint son point culminant à l'époque d'Aménophis III. Les différents Thoutmosis III du Musée du Caire possèdent sans doute une profonde vie de l'âme. Le poli du schiste rend admirablement la palpitation des lobes du nez. Malgré leur beauté, pourtant, ils le cèdent à la perfection des Aménophis III en quartzite rose du British Museum ou de Boston. Ce dernier, malgré sa mutilation, laisse voir quelques caractères nouveaux : les yeux se sont allongés et sont moins ouverts. Ils remontent légèrement vers l'oreille et la commissure des lèvres, très sensuelles, est profondément enfoncée. Le modelé des joues est d'une grande sensibilité. On le croirait conçu et exécuté par quelque Scopas égyptien.

Puis, brusquement, l'équilibre se rompt avec les statues colossales qu'Aménophis IV élève dans la cour du temple d'Aton, à Thèbes. L'expression acquiert une originalité provocante. Le canon est tout à fait changé. Les corps s'allongent, s'amincissent : les visages sont comme étirés en longueur. L'arête du nez, très fine, se termine par des narines palpitantes, comme si le roi retenait son souffle. Les yeux en amande sont tout à fait relevés vers l'oreille. Ils sont étroits et ombreux. La bouche profondément burinée s'avance et paraît sourire, car la commissure des lèvres est relevée. Le menton est tendu vers l'avant. Le roi a beau être jeune et les joues ont beau être sans rides, la sculpture est si profonde que les lumières et les ombres intensifient la tension et la béatitude intérieure. C'est un art non pas réaliste, mais expressif, presque maniéré. L'artiste a voulu rendre l'expression religieuse d'un roi à qui l'unique Aton s'est révélé. Et cela est confirmé par l'examen des statues. Plusieurs présentent de curieuses déformations : les seins sont anormalement développés pour un homme, les hanches sont larges et les cuisses fortes, comme chez une femme. On a échafaudé sur ces statues les hypothèses les plus invraisemblables et l'on a voulu y lire toute une pathologie royale. Mais l'explication vient de l'une d'entre elles, conservée au Musée du Caire, sur laquelle le roi paraît quasi nu et asexué. Jamais un roi d'Egypte, à l'âge adulte, n'a été représenté nu. Il a voulu traduire un concept théologique très souvent exprimé dans les textes amarniens. Le roi, fils d'Aton, est une image de son père divin. Et si l'on ne peut représenter Aton autrement que par le disque, les images royales peuvent en quelque sorte remplacer les images du dieu. Or celui-ci est souvent appelé *le père et la mère des hommes*. Il n'y a donc pour ainsi dire aucun doute à avoir sur le sens de ces étranges effigies. Elles expriment le concept, qui revient souvent dans la littérature religieuse, de la bisexualité attribuée au dieu créateur.

Ainsi, l'art d'Amarna utilise les éléments du visage ou du corps humain pour transmettre soit une expérience religieuse d'ordre psychologique, soit même des idées théologiques. Mais la réussite d'un art pareil dépendait évidemment au départ de l'observation des modèles. Les artistes, les Thoutmosis et les Houy, l'avaient si bien compris qu'ils ont exécuté des moules en plâtre, de visages vivants et peut-être aussi de morts. A peine retouchés, ils constituent, au Musée de Berlin en particulier, une série de portraits étonnants dans l'histoire de la sculpture. Un des plus étranges est le masque qui pourrait être celui du roi lui-même. Une grosse lèvre inférieure et un menton en galoche permettent de l'identifier avec une certaine probabilité à Aménophis IV. Même figé et partiel, ce profil a l'air tendu vers une réalité qui n'est pas accessible à ceux qui le regardent.

Les portraits de Nefertiti et des petites princesses sont des merveilles de finesse intérieure où le ciseau parvient à emprisonner dans la matière quelque chose de l'âme du modèle. Les statues inachevées surtout sont émouvantes par le regard qu'on devine dans un œil qui n'a pas été entièrement fouillé. On peut se demander si l'artiste n'était pas sur le chemin d'une trouvaille analogue à celle des yeux des Bouddhas khmers souriant sous leurs paupières closes.

Mais un beau jour cet épanouissement d'un art qu'on avait cru spontané et libéré de toute contrainte cessa pour revenir aux vieux canons. Pourtant, jusqu'à Horemheb et même Séthi Ier, les artistes ne purent se débarrasser de certaines formes qui avaient durant une vingtaine d'années ébloui et fasciné. Les ouchebtis de Toutankhamon, exécutés sûrement à Thèbes, sont encore tout imprégnés de la vision amarnienne. La forme des lèvres et leur commissure, les lobes du nez et les yeux rappellent les créations récentes dont l'esprit n'est pas encore exorcisé. Le bas-relief d'Horemheb, au nord-est de la grande colonnade de Louxor, comme les peintures de la salle du sarcophage chez Toutankhamon, comme l'Amon de Karnak, sont parmi les dernières œuvres où se retrouve encore quelque vestige d'un art hérétique, prestigieux et maudit.

Pendant quelques générations ensuite, la statuaire qui avait douloureusement subi la brisure d'Amarna, et ne s'en remettra jamais complètement, tente de retrouver sa vigueur passée, sous les cadres traditionnels qui lui sont de nouveau imposés. Que l'on débarrasse le Khonsou du Caire de son attirail mythologique, il reste un visage souffreteux et triste au regard qui s'éteint.

La sculpture privée est en majorité de provenance thébaine. Celle qui vient de Memphis ne traduit pas une différence essentielle de technique ni de pensée. Les scribes, surtout les portraits du grand vizir d'Aménophis III, Aménophis, fils de Hapou, possèdent une gravité et une force très différentes de leurs émules à l'Ancien Empire. C'est maintenant la concentration intérieure qu'ils traduisent et s'ils lisent ou vont écrire, c'est l'instant de l'inspiration qu'ils attendent. Plus tard l'artiste traduira cette attente en plaçant sur la tête même du scribe, ou près de lui, le babouin, symbole de Thot. Les meilleures sculptures privées de la XVIIIe dynastie sont peut-être les statuettes de bois. Elles tendent à exprimer avec le minimum de moyens l'intensité spirituelle la plus profonde, et les plus belles datent de l'époque d'Aménophis III qui marque un point d'équilibre quasi parfait. Une statue comme celle de Thaï, du Musée du Caire, se situe à la pointe même de cette tendance. Un rien suffirait pour que leur perfection devînt de l'académisme. La dame Toui du Louvre, Tyty de New York, ou telles de leurs parentes du Caire, en dépit de leur pose compassée, gardent un charme qui vient autant du modelé de leurs corps sous leurs robes souples que de leurs minois pleins de vie.

L'une des réussites les plus incompréhensibles pour nous est celle des divinités thériomorphes. Et cependant, le mufle de la lionne est si bien adapté à la chevelure dans les statues de Sekhmet que l'on n'éprouve pas le malaise que devrait normalement provoquer de tels mélanges. Le poli du granit aide, il est vrai, à donner à ces œuvres quelque chose d'irréel qu'accentue encore le cadre désolé et grandiose du temple de Mout dans l'Achérou.

Le triomphe de la XIXe dynastie doit être cherché, semble-t-il, dans les colosses. Même ceux de Gerf Houssein en Nubie, pourtant beaucoup plus frustes et lourds que ceux d'Abou Simbel, ont un charme réel auquel les jeux de la lumière ajoutent du mystère. Mais ce qui est le plus étrange, c'est que les colosses de la façade d'Abou Simbel demeurent si humains, si harmonieux et si bien proportionnés. Ils témoignent de leur puissance et de leur force. Ils n'écrasent pas. Et, comme pour tempérer leur stature énorme, les artistes prennent de plus en plus l'habitude de loger entre leurs jambes femmes ou princesses, qui demeurent ainsi protégées, dans le sillage du roi.

Les groupes ont parfois encore fière allure, tel celui de Maya et Meryt, à Leyde. Mais la plastique tend à devenir conventionnelle. Au Caire, quelques statuettes de prêtres, en bois, gardent la bonne tradition de la recherche psychologique et ne manquent ni d'habileté ni de charme. Parfois même, on n'hésite pas à représenter, avec un certain réalisme, un avorton. Mais l'art meurt peu à peu et il faut attendre la renaissance saïte pour échapper aux productions sans nerfs de la décadence ramesside et des féodaux qui lui succédèrent. Le caractère essentiel de cette renaissance, c'est apparemment l'effort pour trouver un réalisme vrai. On semble avoir renoncé à idéaliser les visages. Et il est certain que le ka de Montouemhat dut reconnaître aussitôt les statues qu'il s'était fait sculpter. L'homme est fruste, dur, mais sûrement énergique et peut-être brutal. La sculpture rend tout cela avec d'autant plus de vigueur que la pierre dure très polie fait ressortir les méplats de la face, ses bouffissures ou l'avancée peu ordinaire de la lèvre supérieure. Mais lorsqu'un tempérament d'artiste s'empare d'un modèle moins ingrat, il en tire le portrait du Brooklyn Museum dont la perfection pourrait fort bien servir d'ancêtre au portrait romain : c'est une personnalité volontaire et énergique que tempère la moue d'une bouche prête à lancer un mot d'esprit. Tout à fait à la fin de l'époque ptolémaïque, la tête noire du même musée montre qu'au moment où se développait la sculpture romaine classique, l'Egypte continuait à tailler dans la même pierre dure des têtes modelées avec maîtrise où se lit une sorte d'indulgente sérénité, indice d'un type humain fort évolué. Une physionomie aussi bienveillante dans son énergie a pu être celle d'un lecteur du papyrus Insinger.

Jusqu'à la fin, on le voit, la sculpture égyptienne a su créer des chefs-d'œuvre qui tour à tour ont fixé dans la matière sa foi inébranlable, son inquiétude ou son pessimisme, sa tension intérieure dans la création spirituelle la plus haute, ou simplement l'image de types plus ou moins évolués d'humanité.

•

On peut donner une idée bien plus rapide du bas-relief. Car il ne s'agit pas ici de faire le répertoire des scènes ou de les inventorier : ce qui est du domaine de la vie journalière ou de la religion. L'histoire de la technique du bas-relief est simple et suit en gros, d'ailleurs, celle de la sculpture.

Dès l'origine, la fameuse palette de Narmer ou la stèle du roi-serpent révèlent un sens profond de la composition et de l'équilibre. Ils résultent sans doute d'un long effort antérieur de recherche artistique. Mais le modelé est réduit au minimum et remplacé par des lignes conventionnelles et une sorte de schématisation des muscles. Dès la IIIe dynastie, les panneaux en bois de Hesirê témoignent d'une incomparable maîtrise dans tous les domaines. Le canon est déjà fixé. Le relief, dont la profondeur ne dépasse pas quelques millimètres, rend sans aucune convention le jeu des muscles. Chacun des hiéroglyphes est, à lui seul, une petite œuvre d'art. Les bas-reliefs royaux ont été dans l'ensemble détruits et sont rares. Le Sahourê allaité par Nekhbet en montre les principales caractéristiques. Le modelé ne cherche pas trop à suivre le réel. Il n'évoque des volumes que dans le profil des visages. Mais les yeux, pour être plus vivants, étaient incrustés.

Par contre, le nombre des tombeaux sculptés à la Ve dynastie est abondant et quelques-uns sont de premier ordre, comme les mastabas de Ti ou de Ptahhotep. Il est donc possible de les bien connaître. Cet art se recommande d'abord par sa fidélité. Que l'on regarde les tableaux de pêche à la ligne du mastaba d'Idout. Le détail des barques de papyrus y est rendu, ainsi que les tresses qui bordent les paniers. La forme même des poissons est si bien observée qu'on a pu les identifier tous à des espèces vivant encore dans le Nil. Le geste du pêcheur est d'une grande exactitude. Il fait passer sur la pointe extérieure de son index la cordelette de la ligne pour mieux sentir ce que les pêcheurs appellent les touches. Il serait facile de multiplier les exemples pour les autres tableaux.

Le relief demeure peu profond; il ne s'essaie au modelé que dans les visages; parfois l'artiste indique sommairement les muscles dans le poitrail ou les jambes des animaux domestiques ou des hommes. Les dessins servant d'esquisses, en noir et rouge, étaient extrêmement poussés, comme on peut le voir dans le mastaba inachevé de Ptahneferher, en contrebas de la chaussée d'Onnos à Saqqara. La surface sculptée était peinte de couleurs vives et une lumière très parcimonieuse faisait jouer sur l'ensemble les ombres les plus délicates.

Les scènes qui se répètent d'une tombe à l'autre devraient engendrer un sentiment de monotonie. En réalité, l'artiste égyptien a toujours su varier des motifs semblables. Tantôt, il mettra une note de sensibilité : chez Ti, au moment où l'on fait traverser à gué le troupeau, le bouvier a pris le petit veau sur ses épaules. Mais la bête effrayée se retourne et meugle vers sa mère qui, au lieu de boire comme ses compagnes, relève la tête et répond à son petit. Ailleurs, chez Nebet par exemple, c'est une note d'humour que glisse le sculpteur dans la chasse à l'hippopotame. Ce dernier a toujours eu pour ennemi le crocodile qu'il arrive à écraser dans ses puissantes mâchoires. Mais, lors de la chasse, quand la malheureuse femelle voit le mâle harponné par le chasseur, elle met bas d'émotion en hurlant. Aussitôt un crocodile s'approche, prêt à croquer le petit hippopotame en un moment où les parents sont pris par des soucis plus urgents que de le surveiller. L'air réjoui du crocodile est presque sur le chemin de la caricature.

A la XIe dynastie, dans l'ensemble, l'art royal de Thèbes est d'un dessin très pur mais très linéaire, comme on peut le constater sur les blocs sculptés récupérés dans le temple de Mentouhotep à Thèbes ou sur les reliefs ornant les monuments des reines au même endroit. Pourtant, la stèle d'Antef accompagné de ses chiens, et surtout l'admirable chapelle de Mentouhotep à Dendara témoignent d'une recherche très nette des volumes et du modelé qui s'approfondit légèrement et s'ombre en évoquant déjà ce que seront plus tard les sculptures d'Hatchepsout à Deir el-Bahari.

A la XIIe dynastie, l'artiste se contente de la technique du relief à peu près plat; mais il marque par de légères dépressions, qui doivent porter des ombres, l'intérieur des figures où apparaissent ainsi les masses. Il fouille jusqu'à la minutie les détails de la représentation. Ces compositions un peu froides sont exécutées avec une perfection indéniable.

Il ne serait pas étonnant que la reine ait joué, dès le début de la XVIIIe dynastie, un rôle dans le perfectionnement du bas-relief. Sans doute sa mère, la reine Ahmosis du portique de la naissance, est-elle pleine de vie. Celle pourtant qui l'emporte, c'est la même reine représentée à l'entrée du sanctuaire souterrain. La fossette du menton, le dessin de la lèvre inférieure et la palpitation des narines donnent à ce profil une beauté souveraine. Mais l'humour de l'Ancien Empire n'a pas perdu ses droits, et l'artiste qui a campé la reine d'Oponé n'a pas ciselé sans un malicieux plaisir cette Vénus hottentote. L'élégance aisée des artistes de cette époque, la perfection obtenue apparemment sans effort se lisent même sur les stèles uniquement chargées de texte. L'hymne de victoire de Thoutmosis III, en dépit de la forme très simple des signes, n'est pas seulement un mémorial, c'est une œuvre d'art.

L'apogée de cette école se place sous Aménophis III. Les tombeaux de Râmosé, de Khâemhat et de Khérouef offrent à notre admiration quelques-uns des chefs-d'œuvre de la sculpture humaine. Ici, à l'opposé de ce que l'on cherchait pour la statuaire, le mouvement se donne libre cours. Des danseuses se livrent aux contorsions les plus étranges. Mais tout à côté, huit princesses, debout sous leurs fines robes transparentes, s'avancent avec des vases pour faire une libation devant Aménophis III et Tiyi. Le procédé n'a pas changé. Dans ce calcaire d'un grain très fin, le ciseau du sculpteur s'est joué sur quelques millimètres de profondeur. Cela suffit au maître génial qui exécuta ces œuvres pour donner le sens du volume et un modelé expressif. Les corps frémissent et les visages potelés, aux yeux profonds, que l'artiste a soulignés en noir pour apprécier aussitôt l'effet produit, donnent une impression d'harmonie et de pureté qui subjugue l'esprit. Les doigts allongés avec grâce et finesse sont à eux seuls un hymne au pouvoir créateur des mains humaines. Les figures chez Râmosé reflètent une étonnante profondeur spirituelle. Si le même artiste n'a pas exécuté ces trois tombes, elles portent du moins la marque d'un même esprit et, peut-être, d'un même atelier.

Après une telle perfection, où la technique la plus raffinée est au service d'une inspiration profonde et d'un sens esthétique très sûr, il n'était plus possible d'avancer davantage. Ce point de maturité est aussi un point de rupture. Et ce fut l'art de Tell el-Amarna. Dans le grès où se cantonna généralement l'art plastique de cette époque, la sculpture est moins finie et moins affinée. Le relief, se trouvant toujours en plein air, est situé au fond d'un creux de la pierre, selon l'habitude. Mais les Asiatiques ou les Nubiens, comme les princesses en train de prier l'Aton vivant, légèrement plus allongés que dans l'ancien canon, ont une souplesse et une gravité qui furent la marque du temps. Les mentons de la famille royale se distinguent au premier coup d'œil. Et les mains, même si les doigts sont à peine marqués, paraissent, tant elles sont spirituelles, présenter la prière au soleil créateur. L'allongement du cou, la forme des yeux, le nez permettent de distinguer au premier coup d'œil une œuvre amarnienne.

Le bas-relief garde un certain charme longtemps encore. Mais l'élan créateur a cessé. C'est la fin, encore belle, d'une journée qui fut illuminée de l'éclat le plus vif. Les artistes n'ont pas perdu leur esprit, même dans les temples. En représentant les conquêtes de Séthi Ier, sur le mur nord de la salle hypostyle à Karnak, ils ont campé trois ou quatre Asiatiques cachés dans les bois près de la forteresse assiégée et n'ont pas manqué de les doter de mines patibulaires. Mais encore sous Ramsès II, ils ont su créer de grandes choses. Le tableau de la bataille de Qadech est une vaste fresque épique au même titre que le poème. Elle est très habile et l'artiste était si fier de l'avoir bien organisée qu'à Abou Simbel il a signé son œuvre. Dans le temple de la reine, il a cherché à donner aux corps une sveltesse qu'on ne retrouve guère ailleurs, et, aux visages, une vénusté qui conquiert dès l'abord. Les déesses protégeant de la main Nefertari sont presque aussi bien modelées que la reine, et leur geste est d'une grâce infinie. L'ensemble compose une symphonie en noir et or, couleurs de la résurrection et de la vie divine.

Au Soudan, bien plus tard, si la technique est encore proche de celle d'Egypte et ne manque pas d'une certaine habileté, elle demeure malgré tout lourde et barbare, et les conceptions mêmes portent trop une marque primitive, tel le dieu-lion tricéphale de Bir ben Naga, Apézémak. La Nubie, au contraire, garda jusqu'à l'époque romaine un art très proche de celui du bas Nil. La composition, à ce moment, se compliqua. A Dendara, les pagnes des rois en arrivèrent à représenter de véritables tableaux. La technique est très bonne, la distribution excellente, mais les volumes s'empâtent, une légère boursouflure apparaît, et cet art académique, s'il nous intéresse encore, ne nous charme plus. C'est déjà un corps sans âme.

Il reste au moins à signaler que quelques objets de la vie journalière comme les pots d'onguent ou les cuillers à fard furent parfois de vraies œuvres d'art. Là, plus de contrainte. Aussi la loi de frontalité n'est plus respectée, les nains et les jeunes femmes, aux formes frêles et pures, se déhanchent pour porter leur fardeau avec une grâce éblouissante. Mais cela ne se produit que dans les créations de la belle époque. La fabrication des meubles atteignit une grande perfection dès l'Ancien Empire. Le mobilier de la mère de Khéops, la reine Hétéphérès, était d'une simplicité sévère où le bois sombre ne s'ornait que d'hiéroglyphes d'or. Au Nouvel Empire, l'art amarnien a produit là comme ailleurs un maniérisme souvent séduisant mais parfois contourné. La variété du mobilier de Toutankhamon est infinie : fauteuils en marquetterie, sièges au dossier incrusté de pierres ou de verres colorés dessinant des scènes exquises de gynécée, coffrets d'ivoire peints, ou ce délicieux coffre de bois et d'ivoire, orné à l'entour de signes dorés qui se lisaient : *toute vie et stabilité.*

•

La peinture ne fut pas moins développée que les autres arts plastiques. Les bas-reliefs, les statues, les éléments architecturaux eux-mêmes étaient peints. Mais il faut réserver le nom de peinture aux représentations colorées posées sur des surfaces planes. La lumière ne vient pas créer ainsi le volume comme elle fait sur les reliefs. D'une manière générale on évita le dessin coloré, trop fragile, à l'Ancien Empire. Et quand on se décida à l'employer, le peintre chercha un procédé indestructible, comme au mastaba de Nefermaât, en remplissant de mortier de diverses couleurs des creux épousant les contours des figures. Et encore les creux étaient-ils quadrillés à l'intérieur de la pierre, de façon à rendre la surface peinte aussi résistante que possible. Pourtant, dès cette époque, on exécuta de vrais tableaux sur enduit. Et durant les deux empires, même jusqu'à la fin, l'Egypte ne cessa d'utiliser la peinture, non seulement sur les parois des tombeaux, mais aussi sur les éclats de calcaire et sur les papyrus. La production est très abondante.

Il ne faudrait pas croire pourtant que cet art d'imitation fut, pour les anciens Egyptiens, un jeu de l'esprit ou une simple observation de la nature. Sans doute les conventions sont moins apparentes dans les scènes de la vie quotidienne. Mais dès que la destination devient purement religieuse ou funéraire, les couleurs se chargent de sens. Le vert, parce qu'il pare la croissance des végétaux, sera symbole de vie qui s'épanouit. Osiris, Amon, Min, dieux de la végétation, de la fécondité, pourront être verts. Le noir, couleur des ténèbres qui préparent la lumière, et du limon du fleuve qui cache la semence en train de germer, est signe de résurrection. Osiris, Khépri, Amon, Anubis, Sokaris seront souvent noirs. Le jaune, substitut de l'or, matière éternelle et immuable, chair du soleil éternellement vivant, communique la vie. Aussi, le nom du roi sera-t-il écrit dans un cartouche sur fond jaune d'or. Les tons jaunes domineront souvent dans la salle du sarcophage, tout au fond des tombeaux royaux. Le rouge flamant, par contre, le carmin pâle, couleur du désert stérile, que Loti voyait rose, sera la couleur maudite du dieu Seth et de ses suppôts, jusque dans l'écriture. Ce qui n'empêchera pas les artistes d'utiliser aussi autrement les couleurs, surtout dans les domaines plus libres que ceux de la religion.

Dès l'Ancien Empire, un peintre de grand talent a représenté des oies, à Meidoum. Cette composition résume déjà les qualités essentielles de la peinture égyptienne : équilibre très sûr sans être géométrique, précision de l'image, richesse des coloris, suggestion du volume par la variété des tons. Mais avant la nécropole de Beni Hassan, au Moyen Empire, les peintures, que leur fragilité exposait davantage, sont rares. Là, dans les tombeaux des nomarques de la Gazelle, maints artistes ont travaillé. Les uns aux couleurs plates et sèches et au dessin précis mais un peu dur, comme celui qui a représenté la caravane d'Asiatiques arrivée par le désert; les autres d'une grande souplesse dans l'emploi des teintes, comme celui qui a peint d'admirables oiseaux dans les arbres, dont une huppe célèbre.

Mais c'est au Nouvel Empire que la peinture atteint à Thèbes son apogée. C'est la grande période créatrice. Les chapelles des particuliers et les hypogées royaux se couvrent de tableaux parmi lesquels quelques chefs-d'œuvre. Les dessinateurs peuvent, avec une totale liberté, exprimer le mouvement qu'ils se refusaient, pour cause de sécurité, à introduire dans la sculpture. Durant le début de la XVIIIe dynastie, le peintre se confine dans un style sévère qui est parfois même un peu froid. Certes, le mouvement ne manque pas dans le tombeau de Rekhmirê, soit que l'on assiste à l'arrivée des tributs à la capitale, soit que l'on voie les ouvriers fabriquer des briques. La palette est riche; le détail est finement observé : un vieux travailleur n'a-t-il pas des poils blancs sur la poitrine ? Mais une sorte de sobriété s'observe jusque dans le banquet lui-même. En dépit de sa composition habile, de la perfection et de la variété des lignes, du procédé qui consiste à camper des personnages de trois quarts, le tableau général est à la fois trop fourni et trop schématique. Il est vrai aussi que la couleur, qui eût pu harmoniser l'ensemble, a beaucoup souffert.

Dès que l'on pénètre dans une tombe de l'époque de Thoutmosis IV, les choses changent. Entrons dans la chapelle de Nakht, et arrêtons-nous devant un groupe de dames écoutant de la musique. La disposition des figures est d'une aisance et d'une variété très plaisantes. En habit de fête, avec leur ample manteau transparent sur leur robe collante, leur large perruque noire, leurs lourdes boucles d'oreille et leur cône parfumé sur la tête, elles sont prêtes à caqueter dans le salon. La première, assise près du harpiste aveugle, respire une fleur de lotus. L'opposition entre le blanc froufrou de la robe et la chevelure de jais est atténuée par un savant dégradé des plis de la taille, des bras couleur chair et du visage clair. La suivante avait la même position, mais elle se retourne pour faire respirer à son amie un parfum. Cette dernière, croisant les bras, tient d'une main le bras de la précédente et passe de l'autre son propre parfum à sa compagne. Mais les trois dernières, imperturbables, ne bougent pas. C'est qu'une jeune fille nue, aux formes graciles, est en train de rectifier la boucle d'oreille de l'une d'entre elles. Le geste a une grâce exquise et le mouvement des épaules est parfait. On évoque aussitôt un chant d'amour qui transcrit le canon de la beauté pour un Egyptien :

Brillante de vertu, le teint clair,
Avec des yeux au regard pur,

Avec des lèvres qui parlent doucement,
Elle ne profère pas un mot de trop.

Cou élancé, gorge rayonnante,
Elle a chevelure de vrai lapis-lazuli.
Ses bras surpassent l'or,
Ses doigts sont des pétales de lotus.

Sur des reins élargis, elle a des hanches minces
Et ses jambes font sa beauté.
Sa démarche est noble quand elle s'avance.
Elle ravit mon cœur avec son salut.

Les femmes qui font la cueillette du lin, dans la même tombe, ont, avec moins de préciosité, le mouvement aussi léger et sûr. Chairs ocres, robes blanches et chevelures de jais se détachent sur le fond vert du champ avec une très grande délicatesse. Dans le banquet, les traits qui cernent les contours sont tracés à la fois avec aisance et désinvolture, et parfois ils mordent à l'intérieur même de la couleur qu'ils prétendent définir, comme si l'artiste, dans la conscience de son génie, avait négligé de finir tout à fait le travail. Dans la récolte du lin, au contraire, les couleurs jouent les unes par rapport aux autres, sans délimitation définie, en une sorte d'impressionnisme. Les vanneurs dans leur nuage de poussière sont à mi-chemin entre les deux techniques. La composition est très équilibrée, mais des dispositions variées permettent d'éviter la symétrie, toujours monotone.

Au tombeau de Menena, à peu près contemporain, une jeune femme se penche au bord d'une barque pour cueillir un bouton de lotus. La frêle embarcation, couleur de papyrus frais, contraste avec le corps mat de la jeune femme qui se détache sur un fond blanc bleuté. Dans les zigzags conventionnels verts et bleus de l'eau, les poissons argentés, les oiseaux et les lotus aux couleurs vives font une symphonie très douce, comme si l'on entrait dans une existence de rêve.

Ce style libre, cet impressionnisme, cette ivresse de la couleur, avait déjà fait son apparition quelques années auparavant sans doute dans la tombe de Kenamon, dont la mère avait été la nourrice d'Aménophis II. L'art consommé de l'artiste lui a permis de suggérer le mouvement d'un ibex arrêté en pleine course par la morsure d'un chien, ou le volume d'un animal, sans recourir au procédé de l'ombre, mais seulement par les jeux de couleur du pelage, qui passe du gris bleuté clair au gris sombre tirant sur le noir. Mais le tableau le plus extraordinaire est sans conteste celui des dons de nouvel an offerts au roi. Ce sont des objets manufacturés, vases et fleurs artificielles, entièrement d'or et de turquoise, une véritable symphonie en or majeur et velours bleu passé. On songe aux créations de paysages artificiels de Baudelaire et de Stephan Georg.

Sous Aménophis III, le maniérisme se traduit même dans les tableaux les moins libres en apparence. Les funérailles peintes dans la tombe de Râmosé opposent au groupe ordonné des porteurs du mobilier funéraire, peaux brunes ou couleur brique par convention, perruques noires et pagnes blancs, les pleureuses groupées en un savant désordre et les yeux pleins de larmes. Leurs chairs crème et leurs chevelures noires dénouées sont rehaussées par le ton gris bleuté de leurs robes plissées. Une petite fille nue rompt la monotonie du groupe. L'art compassé et raidi des syringes royales elles-mêmes se détend. Le tombeau du roi, dans la Vallée des Singes, était entièrement peint, et les moindres détails témoignent d'une finesse et d'une minutie extrêmes, qualités qui semblent avoir été caractéristiques de ce temps. Les restes d'un temple contemporain à Ouadi es Sébouâ en peuvent encore donner une idée. Et les fresques du puits, admirablement conservées, dans le tombeau d'Horemheb, exécutées trente ans après peut-être, à un moment où la tradition ne s'était pas encore perdue, ajoutent à la perfection des lignes ce nonchaloir et cette sorte d'allongement alangui des formes, désormais à peine perceptible, qui sont comme un parfum persistant encore de l'art amarnien évanoui. Le coloris est chaud et la palette riche et vibrante. Sur un fond gris-bleu, s'enlève la déesse de la nécropole, aux chairs pâles, l'œil en amande au regard langoureux. Les rouges, les ors, les blancs et les verts s'harmonisent si bien que, en dépit des costumes et des ornements hiératiques, on sent passer comme un léger souffle de volupté.

La peinture amarnienne avait introduit, en rompant avec les anciennes traditions, une sorte de liberté et de frénésie de la vie qui enchante encore le regard. Les ombelles de papyrus, les bouquets de fleurs aquatiques laissent, sur le stuquage des parois, s'envoler des oiseaux ivres d'espace. Sur les sols de plâtre, des poissons s'ébattent dans les eaux d'un lac, au milieu de fleurs aquatiques. Mais c'est la création en train de chanter la gloire d'Aton, le disque solaire, qui donne la vie. L'art, même le plus libre en apparence, est encore en Egypte la traduction d'une idée théologique. Et les scènes de chasse ou de guerre peintes sur le coffret de Toutankhamon n'échappent pas à cette loi. Derrière la mêlée des bêtes multicolores et affolées ou le groupe incohérent des Nubiens et des nègres blessés ou en fuite, il faut voir le chaos inorganique que l'action royale vient réduire au mode ordonné de la création, représenté derrière lui par l'ordre parfait de ses troupes.

L'époque ramesside prolonge ce merveilleux développement. Les tombes des ouvriers de la nécropole royale, à Deir el-Médina, contiennent des tableaux encore très proches du libre épanouissement antérieur. Les champs de l'au-delà, chez Sennedjem, sont à juste titre célèbres. La composition mythologique sert seulement de cadre à une série de tableaux quotidiens, labourage, moisson, arrachage du lin, où les couleurs se jouent avec une variété très plaisante. En bordure, des végétaux, palmiers-dattiers ou doums, sycomores ou buissons divers, ajoutent à l'ensemble l'appoint de leurs feuillages aux verts différents et de leurs fruits mûrs. Peu à peu, toutefois, les couleurs s'épaississent et se ternissent. Les sujets purement religieux ne se rachètent, au point de vue artistique, que par l'habileté de coloriste du peintre : au tombeau d'Anherkhâoui, le phénix gris et bleu, coiffé de sa couronne blanche flanquée de plumes sombres, a encore un charme prenant. Ainsi le petit prince Amonhirkhopchef de la Vallée des Reines : avec sa boucle lapis-lazuli sur la tête, et sa tunique empesée qui laisse voir par transparence les chairs, ses riches ornements, les tons très ouatés donnent à ce visage de prince mort jeune une mélancolie très douce.

Les papyrus prolongent encore un peu la peinture qui va disparaissant sur les murs des tombeaux. Leurs couleurs claires ne manquent pas de plaire; mais les sujets religieux, qui ont seuls droit à l'honneur de figurer dans les rouleaux que nous possédons encore, en rendent l'aspect plus déroutant pour nous et nous leur préférons les ostraca plus libres, où les animaux de la fable apparaissent, où l'artiste a figuré le profil d'un roi ou une étude de bêtes sauvages traquées par un chasseur. Ils ont le charme des croquis laissés par des maîtres. Au Musée de Turin, sur un éclat de calcaire, un très beau dessin, que relève l'éclat d'un délicat coloris, représente une danseuse, renversée et touchant le sol de ses mains. Pour nous, ensuite, il n'y a plus de peinture, au sens propre du mot.

Expression d'une société raffinée, elle a été la traduction colorée d'un idéal évoluant de la sévérité un peu froide mais parfaite du temps d'Hatchepsout à l'impressionnisme de Thoutmosis IV et d'Aménophis II, suivi par le maniérisme de l'art amarnien, explosion de la vie et hymne à la lumière. Tout cela d'ailleurs n'est pas exempt de préciosité. Puis les traits s'alourdissent et, malgré quelques réussites, la peinture devient moins pure, moins fraîche, avant de disparaître tout à fait.

CONCLUSION

Au terme de ce long voyage dans le temps, une chose ne peut manquer de frapper le lecteur. C'est la durée de la civilisation égyptienne. Elle a eu plus de trois mille ans d'existence. En dépit des variations profondes et des changements que nous avons tenté de décrire, elle a vécu dans son identité fondamentale durant trois millénaires : même peuple, même langue, mêmes dieux, même tendance générale. C'est évidemment une admirable réussite que peu de pays ont connue. Les causes de cette persistance, en dépit des révolutions, des invasions et même de la domination étrangère, doivent être cherchées dans les structures que sut se créer le pays au point de vue social, intellectuel et spirituel.

Tout d'abord, dès son obscure origine, l'Egypte parvint à inventer une écriture pour conserver intacts les trésors qu'avait amassés l'intelligence des générations antérieures. C'était évidemment une trouvaille capitale que d'autres lui emprunteront. Elle pourra bien, parfois, succomber momentanément par manque de chevaux, ou, plus tard, ne pas avoir assez de fer pour se forger des armes plus solides. Ce sont des éléments extérieurs qu'elle pourra emprunter pour se relever ensuite. Mais elle possédait un outil bien plus indispensable qui lui assurait le pouvoir de lier le passé avec l'avenir, de transmettre l'expérience accumulée le long des siècles et de permettre ainsi aux générations à venir d'aller de l'avant, au lieu de gaspiller leur temps en efforts stériles, dont les résultats sans cesse perdus eussent été vains. Sans doute, aux moments de faiblesse, l'écriture peut être utilisée pour maintenir une tradition périmée et donner l'illusion que la vie est dans le passé et non dans l'avenir. Mais vienne une période créatrice et les livres demeurent le fond solide sur lequel on construit le futur. Si l'on ajoute que les Egyptiens créaient peu après une littérature, une sculpture et finalement une architecture en pierre, il faudra admettre chez ce peuple de singulières dispositions intellectuelles et esthétiques.

Il les mit à profit pour organiser un système politique des plus ingénieux, des plus durables et des plus sûrs. Une profonde expérience de la vie sociale et de la réalité métaphysique le conduisit à penser que le monde était la propriété d'un démiurge créateur qui possédait l'univers parce que c'était son œuvre. Les Egyptiens surent faire de leur roi le fils de ce dieu. Et du coup, par-delà le droit éphémère d'une conquête, ils justifiaient juridiquement et métaphysiquement le pouvoir politique. Mais par là même, ils le soumettaient à une norme inéluctable. Le Dieu avait donné à son œuvre une loi fondamentale, Maât. Et le roi était tenu de la respecter et de la faire respecter partout. Ainsi la royauté divine prend la suite terrestre de la création intemporelle et est un gage d'éternité. Si Maât était indispensable au Dieu, à plus forte raison l'était-elle au roi.

Par un trait de génie, peut-être dû à quelque personnalité de la trempe du divin Imouthès, l'Egyptien assimila l'ordre cosmique à la pensée divine elle-même, et comme l'homme, créé par Dieu, était fait à son image, l'intelligence humaine devenait capable du monde. Pour la première fois dans l'histoire de l'humanité, l'hétérogénéité radicale du monde matériel, puisqu'il reflétait lui-même l'intelligence divine qui l'a créé, était pénétrable à l'esprit. On ne saurait assez insister sur cette conséquence de la théorie de la création par le Verbe qui représente une révolution aussi importante, et peut-être plus, que la découverte du système solaire par Copernic, ou celle de la gravitation universelle.

En dépit du fait qu'elle n'a jamais cessé d'éparpiller le divin en une foule de divinités diverses, l'Egypte antique est parvenue, à l'aide de la réflexion, à s'élever jusqu'à la conception d'un Dieu unique et inommé, aimant les hommes qui, en retour, lui vouent leur amour.

La littérature égyptienne a réussi à traduire la vie intérieure et, par la perfection du beau langage, a prôné un idéal humain d'une portée déjà fort haute. Les œuvres peut-être les plus originales qu'elle ait laissées, les recueils sapientiaux, tracent un idéal si élevé que l'homme d'aujourd'hui aurait encore grand intérêt à le mettre en pratique, ce qui est bien la meilleure preuve de sa valeur profonde et durable. Elle a analysé les sentiments les plus délicats, amour filial ou charité, avec une grande finesse. Elle a, pour la première fois encore dans l'histoire humaine, mis l'accent sur le prix inestimable de l'instant fugitif et la valeur irremplaçable de la vie humaine. Et cela s'oublie si vite que, sans cesse, de nos jours, l'homme, soumis de force à des normes de fer, doit faire effort pour le retrouver.

Enfin toute l'activité de la vieille Egypte a été tendue vers une quête inlassable de l'Eternité. Elle a cherché, grâce aux procédés parfois les plus contestables, mais aussi en mettant l'accent sur les moyens les plus purs et les plus efficaces, à vaincre la mort, à atteindre la durée infinie. C'est pour cela qu'elle a créé son art. Elle l'a voulu impérissable. Les pyramides comme les temples auraient résisté victorieusement aux millénaires si l'homme ne les avait pas attaqués. Et encore n'ont-ils été, jusqu'à maintenant, qu'à peine ébréchés. Les statues et les bas-reliefs devaient éterniser la vie de tous les jours, dans ses actes les plus courants comme dans les services religieux les plus solennels. Et, ce faisant, elle a retrouvé, dans l'éternité même, la valeur inappréciable de l'heure parfaite qui accomplit à jamais une vie, qui fixe dans une réalité intemporelle, impérissable, le parfum évanescent de l'instant unique, à jamais traduit par les coups de ciseaux du sculpteur dans un calcaire frémissant ou dans l'impassible diorite. Et c'est parce que l'humain, sans cesse, se mêle au divin, dans son architecture comme dans sa plastique, que l'Egypte nous conquiert et nous séduit à la fois. Ce qui différencie son art de celui de la Grèce, c'est que pour ce dernier le divin est toujours traduit à l'échelle humaine, tandis que l'Egypte a essayé de ramener le plus possible l'humain à l'échelle divine. Pour elle, c'est le divin ou l'éternel qui est la mesure de toutes choses.

C'est une joie pour l'esprit que de découvrir ainsi, derrière l'immense ensemble des faits accumulés par l'analyse, un certain nombre de plans qui se dessinent d'eux-mêmes et donnent à la construction son assise solide. Si l'Egypte a créé une œuvre d'éternité, selon le mot célèbre de Thucydide, c'est qu'elle a su intégrer dans sa tradition les nouveautés les plus révolutionnaires. Inventer l'écriture ou assimiler la structure interne du monde à la pensée divine, pour la rendre intelligible, étaient des trouvailles aussi révolutionnaires que celle de la désintégration de l'atome. L'étude de la manière dont une civilisation aussi raffinée et aussi profonde a réussi à maîtriser et à utiliser des outils aussi précis ou des conceptions aussi prodigieuses ne peut-elle pas nous permettre d'entrevoir les voies que nous devrions prendre, la direction dans laquelle nous pourrions marcher?

INDEX DOCUMENTAIRE

Cet index n'est pas un dictionnaire des antiquités égyptiennes et n'a aucune prétention encyclopédique. Son unique objet est de faciliter au lecteur la consultation de l'ouvrage. On y trouvera donc la plupart des mots importants qui figurent dans le texte. En outre, conformément au programme de la collection, certaines rubriques ont été plus ou moins développées, pour permettre soit de rassembler commodément des notions dispersées, soit de fournir quelques renseignements complémentaires d'ordre biographique, topographique ou technique. Beaucoup de ces compléments se rapportent à l'histoire de l'art.

A

ABOU GOURAB
Nom d'un village près duquel on voit encore les ruines d'un temple solaire édifié par Niouserrê, dont la pyramide est toute voisine *(dessin 14)*. Ce temple comprenait une espèce d'obélisque symbolisant le dieu Rê. Au-devant se trouvait un autel héliopolitain en albâtre *(dessin ci-contre)*.
(BIBL. : Von Bissing et Borchardt, *Das Re-Heiligtum des Königs Ne-Woser-re*, 3 vol., Berlin, 1905-1928.)

ABOU SIMBEL
Lieu-dit, un peu au nord de Ouadi Halfa, en Nubie. Ramsès II y construisit un grand temple souterrain dédié à Harakhtès, lui-même, Rê et Amon. La façade, creusée dans le grès nubien, était ornée de quatre statues colossales du roi. Un peu au sud, on avait ménagé une chapelle au dieu Thot. Au nord, un second temple avait été dédié à Hathor et à la reine Nefertari. Six statues colossales encadrent la porte. Les bas-reliefs sont très remarquables.
(BIBL. : Louis-A. Christophe, *Abou Simbel et l'épopée de sa découverte*, Bruxelles, 1966.)

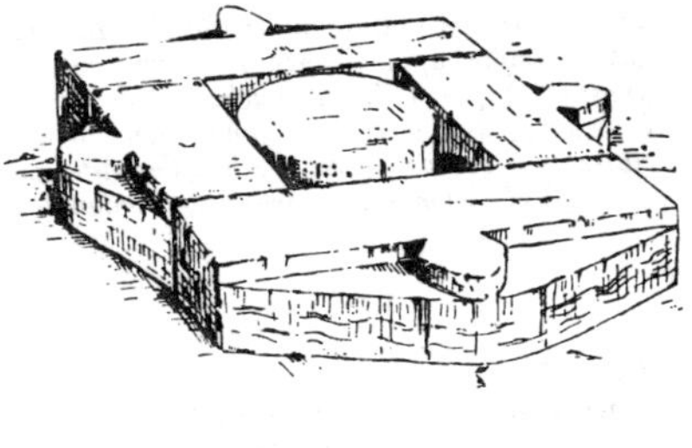

25. *L'AUTEL HÉLIOPOLITAIN D'ABOU GOURAB*

Le culte héliopolitain voulait avoir valeur cosmique. Très souvent un rite devait être répété quatre fois, évidemment pour étendre son efficacité aux quatre directions du monde. Aussi l'autel placé dans la cour du temple d'Abou Gourab présentait-il, en réalité, quatre tables d'offrandes, jointes par leur base, tournées vers les quatre points cardinaux. La pièce en albâtre est fort belle et très bien conservée. L'autel, sur lequel on plaçait la statuette d'Amon-Rê, à l'orient de Karnak, pour la fête du nouvel an, était du même type.

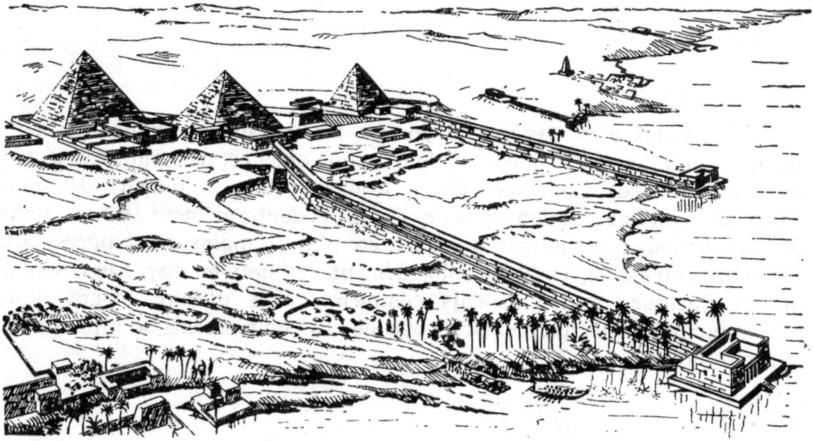

26. *LES PYRAMIDES D'ABOUSIR*

(D'après la reconstitution de Borchardt.) Ces trois pyramides appartiennent à des rois de la Ve dynastie. A partir de la gauche : Neferirkarê, Niousserrê, Sahourê. Au fond, deux temples solaires. Le second est dit d'Abou Gourab (voir plan 14). Les tombeaux royaux sont entourés de mastabas. Les ensembles, encore relativement bien conservés, permettent de se faire une idée du complexe architectural dont la pyramide était l'élément le plus considérable. L'eau de l'inondation vient baigner le pied de la falaise occidentale.

ABOUSIR
Petit village situé un peu au nord de Saqqara, et au voisinage duquel se trouvent, sur la rive occidentale du Nil, les pyramides et les complexes funéraires de plusieurs rois de la Ve dynastie. Le nom arabe provient de l'ancien Busiris : lieu consacré à Osiris. Il y a d'autres Abousir, en particulier celui qui garde le nom de Taposiris Magna, à 50 kilomètres environ à l'ouest d'Alexandrie.

ABYDOS
Ville située à la lisière du désert, en Haute-Égypte, à 12 km de l'actuelle Balyana. Consacrée très anciennement à un dieu funéraire, Khentamentyou (ce qui signifie : *Celui-qui-est-à-la-tête-des-Occidentaux*), elle devint à l'époque historique un des lieux de culte essentiels d'Osiris. On y célébrait ses mystères à la XIIe dynastie. Aussi, dès l'origine, eut-elle le privilège de posséder des sépultures royales. Toutes les tombes connues à Saqqara par les fouilles d'Emery ont un parallèle à Abydos, au lieu-dit Oum el-Gaâb, tout près de la falaise libyque. C'est là que fut trouvée la stèle du Roi-Serpent, aujourd'hui au musée du Louvre. Plusieurs rois, par la suite, y élevèrent des temples funéraires dont le plus remarquable est celui de Séthos Ier, admirablement conservé, près duquel le même souverain avait fait construire un Osireion souterrain. Le grand temple d'Osiris est aujourd'hui totalement détruit. Mais les défunts y faisaient pèlerinage et leurs descendants y dressaient des stèles commémoratives qui nous sont parvenues en grand nombre. A l'époque grecque, le

temple de Séthos Ier était utilisé par ceux qui pratiquaient l'incubation.

ACCADIEN
Langue sémitique, parente de l'hébreu et de l'arabe. Parlée par les Sémites des plaines de l'Euphrate, elle supplanta le sumérien quand ceux qui la parlaient s'imposèrent dans ces régions. Grande langue de civilisation, possédant une riche littérature, elle devint durant le deuxième millénaire la langue diplomatique du Proche-Orient ancien, et c'est dans cet idiome que les pharaons de la XVIIIe dynastie correspondaient avec leurs vassaux asiatiques. La plupart des lettres de Tell el-Amarna sont en accadien.
(BIBL. : Knudtzon, *die el-Amarna-Tafeln*, 2 vol., Leipzig, 1915, rééd. 1964. Mercer, *The Tell el-Amarna Tablets*, 2 vol., Toronto, 1939.)

AHMOSIS
Il existe plusieurs rois et reines de ce nom.
AHMOSIS Ier, héritier des dynasties thébains qui secouèrent le joug des Hyksos, fondateur de la XVIIIe dynastie et du Nouvel Empire.
AHMOSIS NEFERTARI, sœur et femme du précédent, et mère d'Aménophis Ier.
AHMOSIS, fille héritière d'Aménophis Ier et femme de Thoutmosis Ier, à qui elle donna une fille : la future reine Hatchepsout.

AKH
Un des éléments de la personnalité humaine pour les Égyptiens. Le mot est apparenté à celui qui veut dire *lumière* et semble désigner une partie du composé humain particulièrement susceptible d'une glorification lumineuse dans l'au-delà.

AKHENATON
Fils d'Aménophis III et de la reine Tiyi, Aménophis IV, après une expérience religieuse personnelle, se voua à l'adoration d'un dieu qui se manifestait sous forme du disque solaire distribuant à tous la vie. La réforme religieuse avait aussi un arrière-plan politique : il s'agissait pour la royauté de se dégager de la tutelle étouffante du clergé d'Amon, enrichi par les victoires des grands pharaons guerriers depuis Thoutmosis III. Le roi dut même quitter Thèbes, la capitale, et fonder une capitale nouvelle à Amarna ; il l'appela Akhetaton, *Horizon-du-disque*, et changea son nom d'Aménophis — *Qu'Amon-soit-gracieux !* — en celui d'Akhenaton, *Celui-qui-est-agréé-d'Aton* (?). Après un intermède extraordinaire d'une vingtaine d'années, l'Égypte perdit son empire d'Asie, et le second successeur d'Akhenaton, Toutankhaton, *Plaisante-est-la-vie-d'Aton*, dut changer son nom en celui de Toutankhamon et revenir à Thèbes. Mais l'épisode amarnien laissa dans l'art, la littérature et la pensée une empreinte prodigieuse qui fait honneur au génie égyptien. La tentative, même soldée par un échec, ne manque pas de grandeur, ni de valeur durable. Akhenaton est de la lignée d'Açoka et de Marc-Aurèle. (Voir aussi : AMARNA, ATON, et NEFERTITI.)
(BIBL. : A. Weigall, *Le Pharaon Akhenaton et son époque*, trad. Wild, Paris, 1936 ; K. Lange, *König Echnaton*, Münich, 1951.)

AKHTOÈS
AKHTOÈS Ier, fondateur de la IXe dynastie, qui établit sa résidence à Héracléopolis.
AKHTOÈS III, souverain héracléopolitain qui composa l'*Enseignement pour le roi Mérikarê*.

AMARNA
C'est le nom d'un village situé près de l'emplacement antique de la ville que fit construire le pharaon Akhenaton pour remplacer la capitale du royaume, Thèbes, inféodée au dieu Amon. Elle ne fut en activité que durant une vingtaine d'années. Située au-dessus du niveau des infiltrations du Nil, elle seule peut donner une idée de ce que furent les villes égyptiennes anciennes. On y a découvert, outre le village des ouvriers chargés d'édifier la cité nouvelle, temples, palais, quartiers administratifs, maisons, tombeaux de nobles et même un tombeau royal. C'est là qu'ont été trouvés des peintures sur stuc, des portraits sculptés devenus fameux et les tablettes d'argile contenant la célèbre correspondance diplomatique d'Aménophis III et IV, dite correspondance d'Amarna.
(BIBL. : Pendlebury, *Les Fouilles de Tell el-Amarna*, trad. Paris, 1937.)

AMASIS
Roi de la XXVIe dynastie, aventurier bon vivant, mais aussi bon financier et habile administrateur.

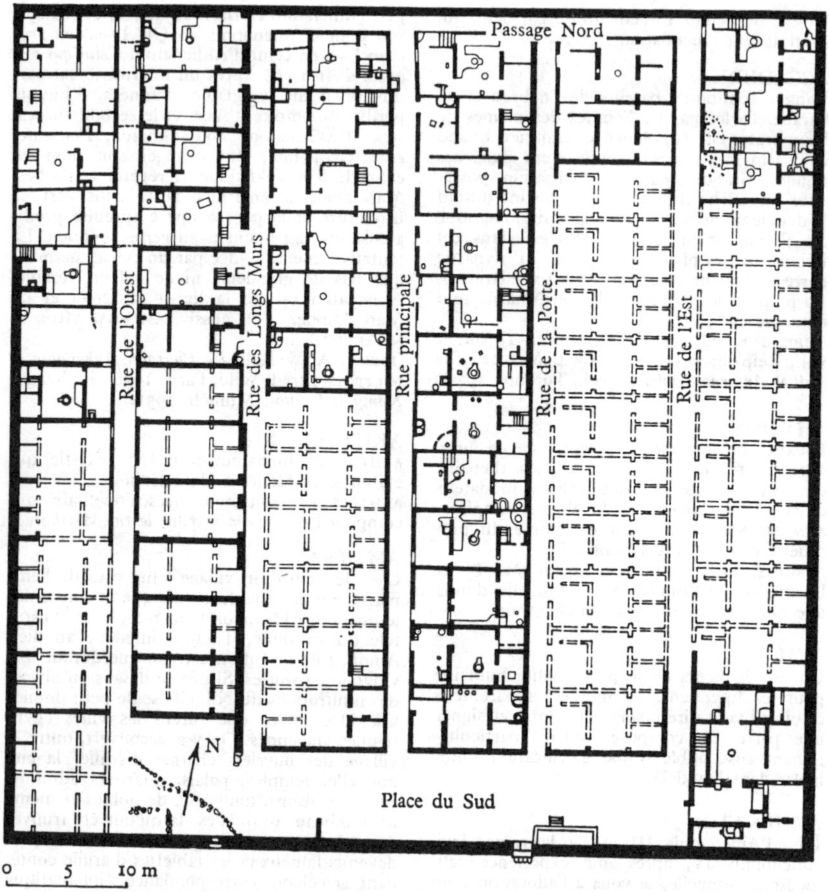

27. *LE VILLAGE DES OUVRIERS A TELL EL-AMARNA*

(D'après Peet-Wolley, City of Akhenaton, *t. I, 1922, pl. XVI.) Le village des ouvriers qui construisirent Amarna s'est conservé parce qu'il fut édifié en plein désert et abandonné rapidement. Le plan est géométrique. Sur les rues parallèles, débouchant sur la place à angle droit, s'ouvrent des maisons mitoyennes à plan uniforme. Elles comprennent quatre pièces dont l'une sert d'entrée où l'on pouvait attacher une bête et exercer un métier ; il y avait ensuite une salle de séjour, une cuisine et une chambre à coucher. L'agglomération est protégée par un mur d'enceinte à peu près carré percé d'une seule porte.*

AMÉNOPÉ

Nom courant en égyptien à partir du Nouvel Empire. Il a été porté par l'auteur d'un livre d'enseignements moraux, remarquables par leur élévation. La version que nous possédons ne date que de la XXIe dynastie, mais la rédaction est certainement antérieure.

(BIBL. : Erman et Lange, *Das Weisheitsbuch des Amenemope*, Copenhague, 1925. Trad. angl. par Griffith, « Journal of Egyptian Archaeology », t. XI.)

AMÉNOPHIS

Nom porté par plusieurs rois de la XVIIIe dynastie.

AMÉNOPHIS Ier. Pharaon de la XVIIIe dynastie, fils du roi Ahmosis Ier et de la reine Ahmosis-Nefertari. Ce monarque historiquement mal connu obtint plus que la divinité *de jure* de tous les pharaons : on le considéra comme un dieu céleste après sa mort. On lui demandait des oracles dans la nécropole thébaine sous les XIXe et XXe dynasties.

(BIBL. : Cerny, *Le Culte d'Aménophis Ier*, « Bulletin de l'Institut français », t. XXVII.)

AMÉNOPHIS II. Fils du grand conquérant Thoutmosis III. Son tombeau de la Vallée des rois est le premier qui comporte, outre la copie de livres funéraires, des tableaux qui préfigurent le développement artistique si magnifiquement illustré par celui de Séthi Ier. Il n'avait été que partiellement pillé et avait même servi de cachette pour d'autres momies dont les dernières demeures avaient été plus malmenées.

AMÉNOPHIS III. Fils de Thoutmosis IV et de la reine Moutemouia, ce roi fastueux et voluptueux porta le prestige de l'Égypte à son apogée. De toute l'étendue de l'empire affluaient richesses, étrangers, idées. La religion et la pensée aboutissent à un monothéisme, sans supprimer le polythéisme apparent. Le gouvernement est merveilleusement organisé, et le roi cesse au bout de quelques années ses tournées militaires en Asie. Il se consacre à embellir sa capitale, construit le temple de Louxor, agrandit celui de Karnak, bâtit Soleb au Soudan lointain et fait construire par son architecte Aménophis, fils de Hapou — qui sera divinisé — un temple funéraire énorme, presque entièrement disparu aujourd'hui. Il n'en reste, dans la plaine qui précède la nécropole, que deux colosses en quartzite rose, appelés par les Grecs les colosses de Memnon. Il avait épousé, en lui donnant le rang de reine, une femme qui n'était pas de souche royale, Tiyi. Elle paraît avoir eu sur lui une grande influence. Ce fut leur fils, Aménophis IV, qui réalisa ce qu'on a appelé la révolution amarnienne.

AMÉNOPHIS IV. Fils du précédent. Voir AKHENATON.

AMÉNOPHIS (fils de Hapou)

Architecte d'Aménophis III, il construisit le temple funéraire de ce dernier et obtint de lui la faveur d'un temple funéraire personnel un peu en retrait du sien. Il avait été, durant sa vie, un sage, et on lui attribuait un *Enseignement* qui ne nous est pas parvenu, à moins que ce ne soit de celui-ci que nous ayons des fragments traduits en grec. Son culte prit de l'importance à l'époque ramesside et il devint peu à peu un équivalent thébain du memphite Imouthès. Dans les temples ptolémaïques de la région thébaine, on les trouve tous deux comme dieux guerriers. Aménophis rendait aussi des oracles er aurait composé des recueils de prophéties.

(BIBL. : Robichon et Varille, *Le Temple du scribe royal Amenhotep fils de Hapou*, Le Caire, 1936.)

AMMÉNÉMÈS

Nom porté par quatre rois de la XIIe dynastie, dont les plus remarquables furent :

AMMÉNÉMÈS Ier, fondateur de la dynastie (vers 1990 av. J.-C.). De son règne datent deux grandes œuvres classiques : le *Roman de Sinouhé* et l'*Enseignement du roi Amménémès pour Sésostris Ier*, ce dernier rédigé peut-être par le souverain lui-même.

AMMÉNÉMÈS III, sixième roi de la dynastie, constructeur du labyrinthe, une des merveilles de l'Égypte selon Hérodote. Son règne, qui dura cinquante ans, est celui du dernier grand roi du Moyen Empire.

AMON

Dieu local de la ville, alors insignifiante, de Thèbes, au moins à la fin de l'Ancien Empire, il fut promu au rang de divinité impériale lorsque Amménémès Ier prit le pouvoir et fonda la XIIe dynastie. Il paraît lié au vent et au souffle. Mais il a aussi un caractère chthonien et est apparenté au dieu voisin de Coptos,

Min, qui symbolisait la fécondité. Il absorba rapidement les qualités de Rê que la théologie d'Héliopolis et sa nature propre imposaient à l'Égypte. Sous le nom d'Amon-Rê, il fut l'objet des travaux du clergé thébain qui lui élabora une théologie tout à fait remarquable que les textes nous permettent en partie de restituer. Son nom, apparenté à la racine *amen* — cacher, se cacher —, permit des développements sur l'impossibilité pour l'homme de pénétrer la nature divine. Mais sa nature morale n'en est pas moins claire. Il exige de l'homme, qu'il a créé, l'exercice de *maât*. Il sauve le fort du puissant et écoute l'opprimé, qui peut toujours s'adresser directement à lui dans le parvis de son temple. Créateur des autres dieux, il est unique de son espèce et n'a ni commencement ni fin.
(BIBL. : Sethe, *Amun und die Achturgötter*..., Berlin, 1929.)

AMULETTES
Ce sont des objets prophylactiques employés aussi bien pour les vivants que pour les morts. Ils ont existé de tout temps, mais deviennent extrêmement nombreux à la basse époque. Les matières mêmes dans lesquelles les amulettes étaient faites avaient une valeur symbolique : or, argent, améthyste, turquoise, agate, feldspath, lapis-lazuli, hématite, malachite, porphyre ou même granit ou schiste avaient certainement leur signification qui n'est plus toujours très claire pour nous aujourd'hui. Les différents signes hiéroglyphiques étaient employés pour signifier leurs qualités : 𓋹 donnait la vie, 𓎬 la protection magique d'Isis ; 𓇅, la pousse du papyrus, donnait le pouvoir de rajeunir sans cesse ; 𓊽, le pilier d'Osiris, celui de durer éternellement ; 𓄣, le cœur symbolisait la source de vie, et la conscience, etc. (Pp. 262-263 et 378.)
(BIBL. : Chapitre dans Budge, *Amulets and Superstitions*, Londres, 1930, réédité en 1961 sous le titre *Amulets and Talismans*.)

ANDJIB
Pharaon de la Ire dynasttie thinite.

ANIMAUX
Comme dans toutes les sociétés agricoles, les animaux ont joué un rôle considérable dans l'Égypte ancienne. Les Égyptiens, qui avaient hérité de leurs ancêtres de la protohistoire plusieurs animaux domestiques, tentèrent d'en domestiquer beaucoup d'autres, comme les grues et même les hyènes. Les bêtes sauvages représentaient pour eux un reste de chaos primitif qui avait précédé l'organisation du monde. Les chasses royales étaient conçues, au moins au Nouvel Empire, comme une participation à l'œuvre créatrice du démiurge. Certaines des qualités des animaux, comme l'instinct, la crainte que d'autres inspiraient ou la production capitale qu'ils fournissaient dans l'économie — la vache, par exemple — durent conférer de bonne heure à certains d'entre eux un caractère sacré. Quelques-uns, tels le faucon et le bélier, prirent une grande importance sociale du fait qu'ils représentaient un dieu adoré par plusieurs groupes sociaux. De sorte que les animaux furent associés au culte. Les dieux mêmes, qui pouvaient se manifester en tel ou tel individu d'un genre, prirent figure animale : Hathor a parfois une tête de vache et elle en a toujours les oreilles. Thot a toujours une tête d'ibis, ce qui ne l'empêche pas d'avoir aussi pour animal sacré le babouin. Amon avait le bélier et l'oie, etc. Mais c'est à l'époque tardive seulement que le culte des animaux prit des proportions extraordinaires. On en arriva à déclarer sacrée toute l'espèce en question. Mais comme la même n'était pas sacrée dans le nome voisin, de véritables guerres éclatèrent entre territoires, telle celle que mentionne Plutarque entre Oxyrhynchos, où l'on tuait les chiens, et Kynopolis, où l'on mangeait le poisson oxyrhynque. Les temples possédaient tous des animaux sacrés en plus ou moins grand nombre : des ibis et des babouins abondaient chez Thot à Hermopolis. On a retrouvé les interminables galeries de leurs sépultures à Touna el-Gebel. Il y avait des vaches sacrées à Dendara, des béliers à Karnak et des oies, des taureaux Boukhis à Ermant, où l'on a retrouvé leurs tombeaux, des béliers et des poissons-latès à Esna. Le Serapeum de Memphis, découvert par Mariette, contenait entre autres les galeries où étaient enterrés les taureaux Hapis. Ce ne sont que quelques exemples. Les théologiens ne voyaient, bien entendu, dans le taureau Hapis que le *hérault* d'Osiris, en Mnevis que le *héraut* de Rê. Le bélier n'était pour eux que le *baï prestigieux* d'Amon-Rê. Aux limites mêmes où n'osaient s'aventurer les hommes,

au fin fond du désert, les Egyptiens plaçaient des animaux fantastiques, à peine aperçus de loin par quelque voyageur terrifié. Ce sont les descendants de ces monstres qui tourmentèrent les ascètes chrétiens dans leurs brûlantes solitudes.
(BIBL. : Hopfner, *Der Tierkult der alten Aegypter*, Vienne, 1913.)

ANNALES
Rédigées pour les rois depuis l'invention de l'écriture, à l'époque qui précéda les dynasties thinites, elles furent continuées jusqu'à la fin de la royauté indigène. Mais ne comprenant sans doute qu'un exemplaire unique écrit sur le papyrus fragile, elles ont disparu dans les tourmentes successives qui ont bouleversé les capitales égyptiennes. Trois témoignages en subsistent pourtant ; la pierre dite de Palerme qui contient des noms de rois et des extraits de faits remarquables de leur règne au point de vue religieux, depuis la période préthinite jusqu'à la Ve dynastie. Ces fragments devaient appartenir à une chapelle memphite. A la XVIIIe dynastie, Thoutmosis III fit graver des extraits du récit de ses campagnes militaires en Asie autour du sanctuaire de la barque d'Amon à Karnak. Quelques rois, en certaines occasions, firent dresser des stèles commémoratives des faits marquants dont le contenu fut emprunté aux annales de leur règne : stèle d'Aménophis II, à Amada, stèle d'Israël, stèle de Piankhi.

ANOUKIS
Déesse coiffée d'une épaisse couronne de plumes. Patronne de l'île de Sehel, à la première cataracte, elle formait avec Khnoum et Satis une triade. Elle répandait au temps voulu le flot nourricier de l'inondation. Elle a un caractère nubien assez marqué qui peut provenir de son lieu d'habitation frontalier.

ANUBIS
Dieu à tête de chacal, spécialisé dans les rites funéraires. Il n'est pas aisé de savoir s'il était attaché à quelque localité particulière. Mais il jouait un rôle avec Thot et Horus dans la résurrection d'Osiris. Il est parfois représenté comme fils d'Osiris. Anubis à ce titre, apparaissait dans la résurrection de tout défunt et prenait part à la psychostasie. On donnait aussi pour fils de la vache céleste Ihet. A-t-il un caractère lunaire ? Toujours est-il qu'il roule le disque de la pleine lune dans le mystère de la Naissance divine pour symboliser le rajeunissement perpétuel du roi.

APICULTURE
De bonne heure les Égyptiens ont dû domestiquer l'abeille.
Des scènes apicoles figurent sur les reliefs de Niouserrê (V^e^ dynastie) et la récolte du miel est très claire dans la tombe de Rekhmirê (XVIIIe dynastie). Le miel est employé dans la nourriture et dans le service divin. La cire comme le miel jouaient un grand rôle aussi en médecine.

APOPIS
C'était un dragon mythologique rôdant dans le ciel et cherchant à engloutir le soleil. Dans sa barque, le dieu devait se défendre contre lui. Il symbolisait évidemment les forces hostiles du chaos primordial qui tendaient sans cesse à désorganiser la création divine. Aussi dans le *Livre d'abattre Apopis*, rituel qui se déroulait journellement dans les grands temples, célèbrait-on l'œuvre créatrice dans un récit mis dans la bouche du démiurge lui-même.

ARBRE
La végétation qui manifeste, comme les animaux, le mystère de la vie retint l'attention des Égyptiens qui connurent et nommèrent un très grand nombre de plantes. Les arbres jouèrent un rôle très important chez eux. A leurs qualités botaniques ou alimentaires les Anciens joignirent certainement des attributions mythologiques. Il n'y avait pas un temple qui n'eût son bosquet sacré dont les essences particulières étaient notées dans les archives sacerdotales. Thot écrivait dans un perséa (probablement le *Mimusops Schimperi*) les années de vie du roi. On offrait à Hathor des branches de saule. Dans les processions, certains personnages portaient des rameaux de perséa ou de palmier mâle (?). Les sycomores étaient chers à Nout. L'un d'entre eux, dessiné dans le tombeau du roi et symbolisant évidemment la déesse, donne le sein à Thoutmosis III. Et dans les tombes des nobles, sans cesse, la déesse émerge du sycomore sacré, faisant aux morts la libation d'eau. Aujourd'hui encore, en dépit des interdictions religieuses,

des sycomores ombragent souvent les cimetières à la lisière du désert.
(BIBL. : V. Loret, *La Flore pharaonique*, 2e éd., Paris, 1892.)

ARMÉE

Son organisation changea de l'Ancien Empire à l'époque grecque. Les armements varièrent aussi beaucoup. Au début, ce furent des systèmes de milices locales qui furent employés. Mais à partir de la XIe dynastie les mercenaires étrangers furent recrutés de plus en plus nombreux. Après la période troublée qui suivit la disparition des derniers Ramsès, des familles de chefs militaires libyens prirent le pouvoir à Saïs. Mais l'armée ne semble avoir eu une véritable influence sur la politique intérieure qu'à partir de la XVIIIe dynastie. On vit un général, Horemheb, prendre le pouvoir après le règne éphémère de Toutankhamon. Après lui, ce fut un militaire de carrière, Ramsès Ier, qui devint roi et fonda la XIXe dynastie. L'armée joua encore un grand rôle durant la période tardive. C'est elle qui renversa Apriès pour donner le trône à Amasis. On voit que l'élément militaire eut une réelle importance dans la politique égyptienne à l'époque récente.
(BIBL. : Louis-A. Christophe, *L'Organisation de l'armée égyptienne à l'époque ramesside*, dans « Revue du Caire », Le Caire, 1957, pp. 387-405 ; H.-W. Helck, *Der Einfluss der Militärführer in der 18. ägyptischen Dynastie*, Leipzig, 1939.)

ARMES

Dès l'époque ancienne, les Égyptiens utilisèrent deux sortes de massues en pierre emmanchées avec du bois. L'une avait une forme tronconique aplatie, l'autre une forme de poire. Cette dernière a survécu rituellemnent jusqu'à la basse époque dans le geste fait par le roi pour assommer les prisonniers. Ce n'était plus qu'un symbole de domination. L'Égypte connaissait aussi lance, hache, poignard et arc, qui demeurèrent en usage durant toute son histoire. Une sorte de poignard recourbé muni d'un manche appelé *khopech* est caractéristique. La plupart de ces armes étaient en cuivre, après avoir été taillées dans le silex. Les armes en fer, même à la XVIIIe dynastie, n'étaient pas très abondantes. Le poignard en fer de Toutankhamon était chose précieuse, comme son poignard d'or. Ils possédaient aussi des carquois et des boucliers en peau, comme on le voit sur les statuettes de soldats d'Assiout au Moyen Empire. La cuirasse et le casque ne furent utilisés que tardivement et empruntés à l'Asie. A la XVIIIe dynastie, ils empruntèrent aussi le char de combat qui joua un grand rôle dans les batailles, à partir de ce moment.
(BIBL. : W. Wolf, *Die Bewaffnung des altaegyptischen Heeres*, Leipzig, 1926.)

ASCLEPIOS

Dieu grec de la médecine assimilé par les Grecs à l'Imouthès égyptien.
Asclepios est également le titre donné à l'un des traités hermétiques connus sous le nom de *corpus hermeticum*, traduit par le R. P. Festugière dans la collection Budé.

ASSIOUT

Ville de Haute-Égypte (407 km au sud du Caire) consacrée au dieu Ophoïs, dont l'animal sacré était une espèce voisine du loup. Les Grecs lui donnèrent le nom de Lycopolis. Elle était située au point d'arrivée des pistes venant des oasis libyques, en particulier Kharga. Elle joua un rôle considérable à l'époque des dynasties héracléopolitaines en formant l'État tampon qui séparait Héracléopolis de Thèbes. Ses tombeaux, pillés et délabrés, ont fourni le texte des fondations funéraires du monarque Hapidjefa. A l'époque romaine, en 205, elle donna naissance à Plotin.

ASSOUAN

Ville située au bord du Nil, en face d'Éléphantine.

ASTARTÉ

Déesse babylonienne et cananéenne qui reçut sporadiquement un culte en Égypte à partir de la XVIIIe dynastie, quand les Égyptiens furent en fréquent contact avec les populations du Croissant fertile. Ils honorèrent aussi Anat, Rechef et Baâl. Astarté eut un temple à Memphis, peut-être celui que vit Hérodote, dédié à l'Aphrodite étrangère.

ASTRONOMIE

Bien qu'aucun document écrit purement astronomique ne nous soit parvenu, nous pouvons nous faire une idée des connaissances

égyptiennes par les textes religieux consacrés aux constellations, aux décans, à la cosmologie. De très bonne heure, les Égyptiens surent déterminer le nord géographique, comme le montre la précision remarquable avec laquelle est orientée la grande pyramide. Ils avaient aussi observé le mouvement des astres autour du pôle et connaissaient un certain nombre d'étoiles circumpolaires qu'ils appelaient les *Impérissables*. Au temps d'Héracléopolis, ils avaient divisé le cercle de l'Équateur en trente-six décades dont chacune était présidée par une constellation ou étoile, dite décan. Ils avaient adopté très tôt un calendrier solaire, mais laissèrent toujours se chevaucher calendriers lunaire et solaire, peut-être pour des raisons religieuses. Ils durent observer le ciel pour connaître l'heure exacte des cérémonies et des temps sacrés. Ils notèrent le lever des étoiles à l'aide d'un instrument double : sur le toit du temple, un prêtre tenait un fil à plomb muni d'une règle ; un autre visait l'étoile polaire grâce à une mire munie d'une fente ; la ligne mire-fil à plomb-étoile polaire déterminait le méridien ; il était alors facile d'observer la culmination des étoiles, c'est-à-dire le moment précis de leur passage au méridien. Dès le Moyen Empire, on utilisa les cadrans solaires et sans doute aussi les clepsydres qui sont bien connues à la XVIIIe dynastie. Comme les Égyptiens divisaient jours et nuits en heures de longueur égale, un personnage nommé Amménémès, au début de la XVIIIe dynastie, inventa une graduation variable tous les mois pour les horloges à eau. Tout cela ne nous donne pas le point exact où les Égyptiens étaient parvenus en astronomie.
(BIBL. : O. Neugebauer et R. A. Parker, *Egyptian Astronomical Texts*, Providence, t. I, 1960 ; t. II, 1964.)

ATON
Dieu du disque solaire, connu depuis le Moyen Empire. Il prit sous Aménophis III une importance considérable et fut érigé en dieu unique par Akhenaton. Il n'avait pas de forme humaine ou animale et était représenté par un disque d'or émettant des rayons lumineux terminés par des mains qui caressaient la famille royale, la protégeaient ou lui tendaient la vie sous forme de croix ansée. Il s'était révélé au roi qui, seul, le connaissait et qui était son fils, à son image. Le roi le faisait connaître aux hommes. Il avait créé le monde, et les règnes animal et végétal le saluaient tous les matins, lorsque son lever à l'horizon rappelait le jour primordial où le monde avait été créé par lui. Chose notable, c'était un dieu universel qui avait créé aussi bien les étrangers que les Égyptiens, et avait pourvu les uns d'un Nil terrestre et les autres d'un Nil céleste pour les alimenter. Il était leur providence et aurait pu devenir le dieu d'un empire universel si les forces traditionalistes ne l'avaient pas emporté.

ATOUM
Dieu primitif d'Héliopolis, il avait pour animaux sacrés l'anguille et l'ichneumon. C'est peut-être le plus ancien dieu créateur que nous connaissions. Le clergé d'Héliopolis l'avait placé à la tête d'une ennéade de dieux qu'il avait créés. Au début, il avait émergé des eaux primordiales sur une colline de sable. Aussi était-il *venu à l'existence de lui-même*. Pour créer la suite de l'univers, comme il était seul, il utilisa le procédé de la masturbation. Ou bien, par un moyen à peine moins brutal, cracha-t-il le premier couple de dieux, Chou et Tphénis, qui mirent au monde Geb et Nout : respectivement l'air et l'humidité, la terre et le ciel. Les autres couples issus de Geb et de Nout, Isis et Osiris, Seth et Nephthys sont des dieux locaux et non des personnifications mythologiques d'éléments cosmiques. Atoum, chtonien, fut éclipsé mais non supprimé par Rê, le soleil.

AUTEL HÉLIOPOLITAIN
Une des préoccupations constantes du clergé héliopolitain fut de donner à ses rites une valeur cosmique universelle. Aussi prescrivit-il de les accomplir quatre fois, une fois pour chacun des points cardinaux. Si bien que les autels héliopolitains eurent quatre directions. Un des plus beaux se trouve au temple solaire d'Abousir. Autour d'un cercle central se trouvent quatre tables d'offrandes orientées. Un bloc en albâtre du même genre se trouve aujourd'hui encore à Karnak dans la salle où avait lieu la cérémonie du nouvel an.

AVARIS
C'est la ville qui servit de capitale aux rois hyksos. Elle était située dans le Delta Oriental. Ce fut Ahmosis Ier qui la prit et mit fin

ainsi à la domination étrangère. Elle a été identifiée par P. Montet à Tanis.

B

BAAL
Divinité sémitique cananéenne, adoptée dans le panthéon égyptien à partir du Nouvel Empire. Il était fils de El et était dieu des sommets, de la tempête et de l'orage. On le représentait armé de la massue et du foudre. C'est pourquoi le pharaon au combat est comparé à Baâl, irrésistible dans la tempête.

BADARI
Village de Haute-Égypte, à proximité duquel furent découvertes des nécropoles préhistoriques, et qui a donné son nom à la civilisation qui a suivi le néolithique en Égypte. Le cuivre y fait son apparition. Poterie lustrée, panse rouge à bords noirs. Objets d'ivoire et vases ornés de figures d'animaux. Morts placés sur le côté droit, visage à l'ouest.
(BIBL. : Brunton, Caton-Thompson, *The Badarian Civilization*, Londres, 1928.)

BAI
Élément normalement non visible du composé humain. On le représenta d'abord par un oiseau, le jabirou, qui était sans doute son homonyme, puis, à partir de la XVIIIe dynastie, par un oiseau imaginaire à tête humaine. Il était céleste, probablement solaire, et possédait un caractère intellectuel puisque c'est son *baï* que discute le *Misanthrope*.

BARBE
Les Égyptiens se rasaient. Parfois, surtout à l'époque ancienne, on leur voit une courte moustache (*Rahotep* du musée du Caire, IVe dynastie). Mais, dès l'origine, les dieux furent distingués par le port d'une barbe postiche, longue et mince. Elle était tressée et on l'attachait aux oreilles par un fil passant sur la joue. Les rois partageaient ce privilège avec les dieux.

BARQUE
Il est surprenant pour un Européen de trouver des barques enterrées auprès des tombeaux des rois égyptiens.
Mais, dans l'Antiquité, l'Égypte n'avait pas de routes et ne connut la roue qu'au cours du deuxième millénaire. La barque était le moyen de déplacement normal, tant sur les canaux que sur le fleuve. Si bien que faire traverser quelqu'un sur sa barque était un acte de charité analogue à celui de donner du pain à l'affamé ou un vêtement à qui était nu.
Aussi n'est-il pas étonnant qu'un roi comme Khéops ait fait enterrer au sud de sa pyramide, une barque de 30 m de long qui avait dû servir à ses déplacements dans ce monde et qu'il emportait pour l'au-delà dans son mobilier. Il n'y a sans doute pas une pyramide qui n'ait eu sa ou ses barques, qu'elles aient été découvertes, détruites, ou soient encore non fouillées. Il y en avait dès l'époque thiniste près des mastabas royaux de Saqqara. Mais comme le dieu Rê lui-même se déplaçait sur l'océan céleste au moyen de deux barques, celle du soir et celle du matin, les rois eurent peut-être des barques solaires à leur disposition. Toutes étant pillées à l'heure actuelle (cf. les deux de la face est de Khéops), il est impossible d'avoir une certitude à ce sujet. Par contre, c'est très probablement une barque solaire en brique qu'on avait érigée près du temple solaire de Niouserrê à Abousir. Les dieux d'ailleurs ne sortaient pour ainsi dire qu'en barque. C'est une barque que soutenait le brancard porté par les prêtres dans les processions, à Karnak, à Edfou, à Dendara. Le dieu résidait dans la cabine. Souvent, cette barque était placée dans un vaisseau sur le fleuve, ce qui donnait au dieu un rayon d'action bien plus considérable (voir les fêtes d'Opet et d'Epiphi. Le vaissseau d'Amon, à Karnak, sous Aménophis III, était d'une extraordinaire somptuosité, tel qu'on peut le voir sur la face est du troisième pylône.
(BIBL. : Boreux, *Études de nautique égyptienne*, 2 vol., Le Caire. 1924-1925.)

BASTIS
Déesse de Bubaste. A partir de la XVIIIe dynastie, on la représente avec une tête de chatte, et cet animal lui est consacré. Assimilée aux déesses-lionnes comme Sekhmet, elle apparaît souvent comme une réplique souriante de ces dernières. Hathor est souvent dépeinte comme Sekmet, quand elle est en colère, et Bastis, quand elle est bienveillante. Son nom s'écrit anciennement par le pot

d'onguent scellé. Peut-être avait-elle quelque rapport avec l'onction.

BATON DE JET
Arme préhistorique, ressemblant au boumerang. On la conservait encore au Nouvel Empire, pour la chasse aux oiseaux de marais, mais à titre sans doute purement religieux. C'est de Nubie qu'on importait, à cette époque, les bâtons de jet.

BENBEN
Pierre dressée, en rapport avec le culte solaire.

BENNOU
C'est sans doute le nom du héron cendré, mis en rapport avec le dieu Rê, à Héliopolis. Le mot est de la même racine que *benben*, nom du pyramidion de l'Obélisque et *ouben* — se lever — en parlant du soleil. Mais l'oiseau finit par devenir mythique et nous ne pouvons savoir, tant les sources égyptiennes sont avares à ce sujet, ce qu'il y a d'authentique dans les récits des écrivains grecs : Hérodote raconte qu'il vit 500 ans et renaît de ses cendres au bout de ce temps.

BÈS
Petit dieu grotesque, la tête ornée de plumes, pourvu d'une barbe abondante, tirant la langue et portant souvent les mains sur les hanches. C'est à son air, qui prête à rire, qu'il doit sans doute ses qualités apotropaïques. Aussi le priait-on d'écarter des accouchées le mauvais œil, et les reines s'asseyaient sur des fauteuils ornés de son image. C'était en réalité toute une série de divinités voisines les unes des autres qui se trouvaient confondues sous la seule apparence de Bès. Quelques-unes étaient féminines. Il était très probablement d'origine nubienne ou même plus méridionale encore.

BIÈRE
Pour faire cette bière, connue encore en Égypte sous le nom de *bouza*, on pétrissait de la farine d'orge dont on faisait un pain peu cuit, puis on brisait ce pain dans un mélange d'eau et de dattes, et on laissait macérer avant de filtrer. Les tavernes où l'on en buvait dans l'Égypte antique avaient mauvaise réputation, et *maison de bière* signifiait *maison de débauche*.

BIOGRAPHIE
La biographie fut un genre littéraire très cultivé en Égypte. Les grands personnages composaient le récit de leur vie pour en rendre compte aux dieux de l'au-delà. Lorsque les auteurs sont des sages formés à l'école des scribes, les biographies deviennent des proclamations morales, proches des livres de Sagesse ou Enseignements (voir ce mot). Une autre variété, plus concrète, tient compte davantage des faits historiques : ainsi, celles d'Ouni, d'Herkhouf, de Sinouhé, véritable biographie romancée. Les biographies nous sont parvenues en grand nombre inscrites sur les stèles, les statues et les parois des tombeaux. Elles constituent une source précieuse, aussi bien pour l'histoire que pour la religion.
(BIBL. : E. Otto, *Biographische Inschriften der Spätzeit*, Leyde, 1958.)

BOGHAZ-KEUY
C'est près de ce village turc, à 150 km à l'est d'Ankara, que furent découverts (Charles Texier, *Description de l'Asie Mineure*, 1839-1849) les vestiges de l'ancienne capitale hittite : Hattousas. Des missions archéologiques (H. Winckler) y mirent au jour peu avant la Première Guerre mondiale les archives des « rois de Hatti », contemporains des pharaons du Nouvel Empire. Elles contenaient entre autres des tablettes écrites en accadien, langue diplomatique de l'époque, dont l'une portait le texte d'une lettre de Ramsès II à Hattousilis III, et d'autres la copie du traité égypto-hittite (1378) passé entre ce roi et le pharaon ; le texte hiéroglyphique de ce document figure sur les murs du Ramesseum et du temple de Karnak.

BOHAIRIQUE
Un des dialectes de la langue copte.

BOUKHIS
Nom du taureau qui était l'animal sacré du dieu Montou à Ermant (Hermonthis).

BOUTO
Ville de l'extrême nord de l'Égypte — aujourd'hui Tel el Fâraïn. Elle était formée de l'union de deux cités *Pe* et *Dep*. Son temple comportait beaucoup d'éléments en double, comme on peut l'observer aujourd'hui encore, malgré l'état ruiné du monument. Une déesse

Outo, représentée par un cobra perché sur une ombrelle de papyrus, y régnait. Elle formait l'équivalent septentrional de la méridionale El Kab. Comme Nekhbet, la déesse d'El Kab, protégeait le roi de Haute-Égypte sous forme d'un vautour, Outo, en cobra, protégeait le roi de Basse-Égypte. Elles exprimaient, à elles deux, la protection des dieux extrêmes du royaume.

BRIQUES
Les Égyptiens fabriquèrent de très bonne heure des briques crues, séchées au soleil, en mélangeant de la boue et de la paille hachée. Le module de ces briques a changé au cours des temps, mais on emploie encore la même technique de nos jours (moules en bois). Le nom Égyptien de la brique crue est passé en arabe, puis en espagnol : *adoba*. On ne trouve de briques cuites en Égypte que très tard, pratiquement à l'époque romaine. Les femmes accouchaient en s'asseyant sur des briques.

BRONZE
Un métal ne peut être considéré comme bronze que si, dans l'alliage, la proportion d'étain par rapport au cuivre, dépasse 2% ; cette quantité peut se trouver, en effet, à l'état naturel dans le minerai brut. L'Égypte ne semble pas avoir possédé d'étain ; il apparaît donc que le bronze a été inventé ailleurs, sans doute dans l'Asie occidentale. On ne connaît que très peu d'objets en bronze avant le Moyen Empire. Encore cette époque, qui peut être considérée comme l'âge du bronze en Égypte, n'employa-t-elle que modérément le bronze proprement dit. Dans le mobilier de Toutankhamon, il y a encore beaucoup plus de cuivre que de bronze. A l'époque tardive, l'usage des statuettes divines en bronze se répandit de plus en plus. On les obtint, qu'elles fussent pleines ou creuses, par le procédé dit de la cire perdue. Aujourd'hui, elles abondent dans nos musées.

BUBASTE
Ce nom signifie la *Maison de Bastis*. C'était une ville de Basse-Égypte, toute proche de l'actuelle Zaqaziq ; ses ruines portent encore le nom de Tel Basta. Elle possédait déjà un temple à la IVe dynastie. Sur des blocs d'un temple d'Osorkon II on a trouvé figurées des scènes importantes de la fête-*sed*. Hérodote l'a visitée et a décrit les fêtes que l'on y célébrait en l'honneur de la déesse, les Boubasties.

BUSIRIS
Localité du Delta. Le sens du nom est : la *Maison d'Osiris*. C'était le nom du temple du dieu local ; il désigna ensuite la ville. Plus anciennement, celle-ci s'appelait Djedou et, aujourd'hui, elle se nomme Abousir. Son rôle religieux est considérable du fait qu'elle était la patrie d'Osiris qui passait pour y avoir été enseveli par Isis. Au temps d'Hérodote, on y célébrait de grandes fêtes au moment du deuil d'Osiris.
(BIBL. : Labib Habachi, *Tell Basta*, Suppl. « Annales du Service des Antiquités », Le Caire, 1957.)

BYBLOS
Aujourd'hui Djebaïl, à une quarantaine de kilomètres au nord de Beyrouth, Byblos s'appelait *Keben* en égyptien et avait donné son nom aux vaisseaux de haute mer. Les relations de l'Égypte avec Byblos remontent à la période thinite. Les Égyptiens rapportaient du Liban en particulier des conifères qui leur étaient indispensables tant pour leur flotte que pour la charpente ou le mobilier funéraire. Sous les pharaons, Snefrou, Sahourê, Pépi Ier, furent organisées plusieures expéditions commerciales vers Byblos. Au Moyen Empire, des objets au nom d'Amménémès III et IV montrent que le trafic était toujours important. Le prince Ypshemuabi faisait inscrire son nom en hiéroglyphes égyptiens sur des armes et des bijoux. Après l'intermède hyksos, Byblos devient un point d'appui de l'empire égyptien en Asie. Et lorsque l'empire s'effondre sous Aménophis IV, le gouverneur de Byblos, le fidèle Ribbaddi, appelle le pharaon à son secours dans une série de lettres extrêmement intéressantes. Plus tard, lors de la reconquête, Ramsès II gravera une stèle au Nahr el-Kelb, entre Beyrouth et Byblos. Au début du XIe siècle, quand la puissance de l'Égypte est anéantie, Ouenamon rencontrera, pour obtenir le bois nécessaire à la barque d'Amon, mille difficultés auprès du prince de Byblos. Le rôle de cette ville comme intermédiaire entre l'Asie et l'Égypte ne saurait être surestimé, même au point de vue religieux. La mythologie, d'après Plutarque, y faisait aborder le cercueil d'Osiris.

(BIBL. : Montet, *Byblos et l'Égypte*, 2 vol., Paris, 1928; M. Dunand, *Fouilles de Byblos*, 5 vol., Paris, 1939-1958.)

C

CALENDRIER

Les Égyptiens mirent au point très tôt, peut-être à partir d'observations répétées sur le retour périodique de la crue du Nil ou bien en repérant le lever héliaque de Sirius, un calendrier solaire qui se substitua, en tant que calendrier civil, au vieux calendrier lunaire.
(BIBL. : R.-A. Parker, *The Calendars of Ancient Egypt*, Chicago, 1957.)

CANOPES

Ce nom fut donné au XIXe siècle aux quatre vases dans lesquels on déposait les viscères des défunts, parce qu'ils ressemblaient à des statuettes d'Osiris en forme de vases surmontés d'une tête et provenant de Canope (aujourd'hui Aboukir). Anciennement, les viscères étaient placés dans un coffre de pierre quadripartite, comme on le voit pour Hetepherès, la mère de Khéops. Plus tard, on les répartit dans quatre vases contenant séparément le foie, les poumons, l'estomac et l'intestin. A l'époque amarnienne, souvent les couvercles ont la forme d'une tête reproduisant les traits du défunt. Mais déjà, et l'usage prévalut par la suite, on les couronna de la tête des quatre fils d'Horus auxquels était dévolue la protection des organes momifiés : Amset avait une tête d'homme, Douamoutef, de chien, Hâpi, de singe, et Qebehsenouf, de faucon.

CARRIÈRES

Elles abondaient en Égypte. On en a retrouvé beaucoup, et, dans les déserts, beaucoup sont encore inexplorées. On exploitait la quartzite rose au Gebel el-Ahmar, près du Caire, le beau calcaire blanc à Toura, près d'Hélouan, le porphyre au Gebel Doukhan, plus au sud. Du Ouadi Hammamat, on tirait le schiste et la brèche verte, nécessaires aux statues aussi bien qu'aux naos inamovibles des temples. Près du fleuve, au Gebel Silsileh, on débitait un grès de bonne qualité qui avait l'avantage d'être à quelques pas du Nil. A Assouan étaient les carrières de granit et, dans le désert, les mines de Ouadi el-Houdi. Dans le Sinaï, au Ouadi Magharat, étaient des mines de turquoises et de cuivre. Il y en avait aussi une grande quantité au Soudan, surtout des mines d'or. On extrayait également l'or au Ouadi Fawakhir et au Bir Kanaïs, non loin d'Edfou. Les rois, notammennt Ramsès II, se préoccupèrent de rendre moins dure la vie des carriers ou des mineurs. Ce dernier fit creuser un puits pour approvisionner les travailleurs en eau dans le Ouadi Allaqi, près de Qouban, en Nubie, où les pertes étaient sévères. Dans beaucoup d'inscriptions pourtant, les fonctionnaires se vantent d'avoir ramené tout leur personnel sain et sauf de ces redoutables expéditions. Mais, à l'époque grecque, les condamnés qui travaillaient aux mines paraissent avoir connu des conditions de vie lamentables. Les procédés égyptiens pour exploiter les richesses du Gebel diffèrent selon les roches et les minerais. Mais ils ne manquaient pas d'habileté, et les débris de quartz aurifère qu'ils ont laissés ont donné peu de métal.

CARTOUCHE

C'est un lien qui enserre le nom royal et le protège. Seuls les noms de *Roi de Haute et Basse-Égypte* et de *Fils de Rê* étaient normalement entourés du cartouche. Souvent le fond en est peint en jaune, figuration de l'or qui donne au nom la vie divine. Les cartouches sont d'ailleurs souvent placés sur le signe de l'or.

CHADOUF

Machine très simple permettant d'élever l'eau. On en trouve en Égypte à partir du XIIe siècle avant Jésus-Christ. Le chadouf est composé d'un pilier-support sur lequel oscille une barre de bois aux extrémités de laquelle sont placés un seau en cuir et un gros contrepoids. Le préposé au chadouf abaisse le seau en le tirant jusqu'au niveau de l'eau. Une fois le seau plein, il le laisse remonter, entraîné par le contrepoids, jusqu'au niveau supérieur où il veut verser l'eau. On peut établir trois chadoufs superposés pour faire monter l'eau plus haut. Le procédé est encore couramment utilisé dans tout le Proche-Orient.

CHARRERIE

C'est le nom que l'on donne aux éléments de l'armée égyptienne équipés de chars de combat, à partir de la XVIIIe dynastie. Le char, emprunté par les Égyptiens à l'Asie Antérieure, était attelé de deux chevaux et ne comprenait qu'un caisson de bois garni de cuir sur deux roues. Il n'était monté que par deux hommes : le combattant et le conducteur. Les unités de charrerie jouèrent un rôle capital dans les guerres du Nouvel Empire. D'autres chars de transport sont connus dès le Moyen Empire. Ils possédaient quatre roues et ne furent pas utilisés lors des batailles.

CHASSE

Ce fut un moyen de se procurer à la fois la nourriture et les animaux que l'on voulait domestiquer. Mais pour l'Égyptien, la chasse était chose sacrée. Elle permettait d'étendre l'organisation divine à des parties du monde qui paraissaient participer encore du chaos primordial. Les inscriptions des chasses royales ne laissent aucun doute à cet égard. Et il est probable que la chasse privée participait de cet état d'esprit. Certaines représentations, la chasse aux oiseaux avec un bâton de jet par exemple, étaient une survivance symbolique et rituelle de gestes préhistoriques. D'autres chasses, au lion, à l'autruche, aux taureaux sauvages — et même à l'éléphant, en Asie ou au Soudan — avaient un caractère réel, sans perdre leur signification symbolique. A l'époque classique (Karnak) et encore au temps des Ptolémées (Edfou) ou des empereurs romains (Esna), les rites de la chasse au filet, célébrés dans les temples, assimilaient les animaux capturés aux ennemis du dieu ou du roi.

CHEVAL

Introduit en Égypte, peut-être par les Hyksos, il était attelé aux chars de combat et ne fut que très rarement utilisé comme monture. Les rois eurent pour leurs chevaux, animaux de guerre, de luxe et de parade, de grands égards. Aménophis II nourrissait les siens de sa propre main et Piankhi se préoccupait d'eux dans les villes conquises. Nous savons le nom des chevaux de Ramsès II à Qadech. L'Égypte devint éleveuse de chevaux et en fournit à son tour au monde ancien.

CHOU

Dieu de l'air qui sépare le Ciel de la Terre, Geb de Nout, comme on le voit sur mainte représentation des papyrus. Son nom signifie le *vide*. Sa parèdre est Tphénis, l'élément humide. On les honorait tous deux à Léontopolis, dans le Delta, sous forme d'une paire de lions. Il a symbolisé le souffle de vie et la vie elle-même, c'est-à-dire l'ordre du monde. C'est pourquoi les *Textes des Sarcophages* contiennent des chapitres de transformations en *baï* de Chou.

CHRONOLOGIE

Les Égyptiens ont toujours daté les événements par les années du roi régnant, de sorte qu'il est très difficile de fixer une chronologie absolue. D'autant plus qu'aucun document complet ne nous donne les années de règne de chaque roi et que plusieurs dynasties ont régné simultanément, comme ce fut le cas pour les IXe et X[e] dynasties héracléopolitaines et la XIe dynastie thébaine. On a tenté de remédier à ces carences en cherchant à établir des dates naturelles. Ainsi, nous savons par un document égyptien que le lever héliaque de Sothis eut lieu en l'an 7 de Sésostris III ; on a pu établir ainsi que ce roi avait commencé à régner entre 1888 et 1885 av. J.-C. Mais au-delà, on a cru nécessaire, jusqu'à une époque récente, de faire partir le calendrier d'un jour où le 1er de l'an égyptien a coïncidé avec un lever héliaque de Sothis. Cette coïncidence se produisait tous les 1461 ans, parce que les Égyptiens avaient une année de 365 jours seulement, et que le décalage de 1/4 de jour était rattrapé au bout de ce nombre d'années. Anciennement, les égyptologues Brugsch, Wiedemann, Petrie, Maspero faisaient remonter les périodes primitives au déburt du cinquième millénaire. On les a maintenant abaissées au début du troisième. Le premier type de ces calculs aboutissait à ce qu'on a appelé la chronologie longue, le second à la chronologie courte. Mais aucun argument ou aucun fait péremptoire n'oblige à admettre l'une des deux. La première avait pour elle une indication de Diodore qui admettait avant lui 5000 ans d'histoire égyptienne. La seconde a pour elle les synchronismes avec les civilisations voisines. Malheureusement, ces derniers ne sont nets qu'à une époque récente. Aujourd'hui, tout le monde se sert de la chronologie brève — ce qui n'est pas une raison suffisante pour la croire plus vraie. Au troisième millénaire, les dates sont tout à fait approximatives ; au second millé-

naire, elles sont approchées et ne deviennent un peu sûres que par la possibilité que nous avons de les calculer par rapport aux olympiades grecques.
(BIBL. : E. Meyer, *Chronologie égyptienne*, trad. Moret, Paris, 1912. Moret, *le Nil*, pp. 18-27, Paris, 1926, et, tout récemment : W. C. Hayes, M. A. Rowton, I. H. Stubbings, *Chronology, Egypt ; Western Asia ; Aegean Bronze Age*, fasc. de la « Cambridge Ancient History », 1962.)

CIRCONCISION
Elle fut pratiquée, dès une haute époque, par les Égyptiens. La plupart des personnages nus dans les mastabas de l'Ancien Empire sont circoncis. Au tombeau d'Ankhmahor, à Saqqara, au temple de Mout, à Karnak, on voit des scènes de circoncision. Sa signification ne nous est pas claire. Mais, d'après Hérodote, les prêtres devaient être circoncis.
(BIBL. : Voir dans Pritchard, *Ancient Near Eastern Texts Relating to the Old Testament*, 1re éd., p. 326, Princeton, 1950 ; et Pillet, *Les Scènes de naissance et de circoncision...* dans « Annales du Service des Antiquités », t. LII, pp. 77 et suiv., Le Caire, 1952.)

CLÉOPÂTRE
Il y eut à l'époque ptolémaïque (323-330) plusieurs reines de ce nom. La plus célèbre fut la septième et dernière du nom.

COIFFURE
Considérant, au dire de Plutarque, cheveux et poils comme des sécrétions impures, les prêtres se rasaient soigneusement la tête et le corps, et cela dès les temps anciens. Mais, dans les autres classes sociales, les soins donnés à la coiffure n'étaient pas moindres que dans nos civilisations, et on se rend encore bien compte des variations qu'imposa la mode. D'une manière générale, les hautes classes de la société portèrent la perruque qui avait certainement une signification sociale. Elle faisait partie de certaines tenues générales et n'avait pas pour but de remplacer les cheveux absents. A la Ve dynastie, Ranefer, en changeant de costume, change de coiffure, comme on peut le voir par ses belles statues du musée du Caire. Et la princesse Nofrit, à la IVe dynastie, portait une lourde perruque aux nattes finement frisées, au-dessus de sa chevelure qu'on apercevait sur le front. Les femmes, à toute époque, ont aimé porter les cheveux longs et frisés, comme font encore les petites filles de l'oasis de Siouah. La princesse Kaouit, à la XIe dynastie, passait des heures à se faire friser. Jusqu'au Moyen Empire, les modes furènt relativement sobres. Mais les statues des porteurs d'offrandes de Tanis sont coiffées de perruques somptueuses et compliquées. A la XVIIIe dynastie, les pleureuses elles-mêmes coiffaient leurs cheveux en longues mèches frisées. Les élégantes, au contraire, serraient leurs nattes par un riche bandeau qu'ornaient des fleurs, et leurs mèches descendaient harmonieusement sur le dos et la poitrine. Elles plaçaient sur leur tête un cône d'onguent parfumé qui s'écoulait peu à peu dans les cheveux, et jusque sur le col des vêtements, comme dans le Psaume 133. La mode des chevelures calamistrées gagna même les hommes au Nouvel Empire, et les muscadins de l'époque, souvent représentés dans les tombeaux, laissent dépasser de leur chevelure bouffante et ramassée de courtes mèches bouclées. On prenait d'ailleurs grand soin du cuir chevelu. Les textes médicaux ont des sections réservées à cette partie du corps. Le papyrus Ebers donnait même une recette pour faire pousser les cheveux, *confectionnée pour Chechi, mère de Sa Majesté le roi de Haute et Basse-Égypte, Téti-juste-de-voix*. Elle devait être efficace ! On laissait pousser sur le côté de la tête des enfants une mèche que l'on bouclait. Celles des petits princes étaient particulièrement ornées et soignées.

COLLINE PRIMORDIALE
L'Egyptien se représentait le chaos qui avait précédé la création comme un vaste abîme aqueux. Il s'était demandé où résidait le dieu qui avait organisé notre monde hors de cet océan appelé Noun. Il avait imaginé l'apparition du premier monticule comme celle des premiers bancs de sable hors des eaux de l'inondation décroissante. C'est cette place que l'on appelait colline primordiale. Chaque grande école théologique la plaçait dans sa ville : il y en avait une à Hermopolis et une à Karnak, au moins. Quand on identifia le défunt au dieu créateur pour le faire participer à la vie éternelle, on le percha sur cette colline, figurée comme un petit piédestal flanqué de neuf degrés formant escalier. Au

sommet une mortaise permettait de placer une statuette du mort.

COLONNES

Les colonnes de pierre dérivent de supports en bois et en nervures de palmier, employés dans les constructions destinées aux vivants. Parmi ces supports, les simples fûts de bois égalisés à l'herminette selon une forme polygonale sont à l'origine des colonnes dites protodoriques. Quand aux colonnes palmiformes, elles pourraient être dérivées d'un tronc de palmier surmonté des feuilles. Mais jamais aucune architecture n'a pu posséder des supports constitués par des tiges de papyrus liées et encore moins par des bottes de lotus. Ce sont là des thèmes symboliques de la colonne qui expriment la vie infusée à l'édifice ou son épanouissement. D'ailleurs, les colonnes dites campaniformes représentent une seule ombelle de papyrus. Même quand la stylisation a arrondi complètement le fût, comme dans l'allée axiale de la salle hypostyle de Karnak, on a pris soin de marquer par des traits les trois angles de la tige triangulaire du papyrus, et de dessiner clairement les folioles de la base. La colonne, devenue élément architectural autonome, comprend une base, un fût, un chapiteau et un abaque. Selon les besoins de l'expression symbolique, ces divers éléments prendront plus ou moins d'importance. Une colonne hathorique, par exemple, comprendra un chapiteau (têtes de la déesse Hathor) et un abaque considérable. Parfois une même colonne sera végétale et hathorique (salle de l'Apparition à Dendara). Dans certains mammisis, les abaques des colonnes végétales prendront des dimensions démesurées pour porter une effigie de Bès dansant (mammisi romain de Dendara et mammisi d'Edfou). On voit apparaître à l'Ancien Empire les colonnes palmiformes (temple d'Onnos à Saqqara), les colonnes fasciculées lotiformes. On retrouve ces dernières au Moyen et au Nouvel Empire. On trouve aussi la colonne-poteau, simple transcription en pierre d'un poteau original en bois destiné à soutenir une toile de tente (salle des fêtes à Karnak). A l'époque tardive, les colonnes deviennent composites, c'est-à-dire que tous les végétaux sont appelés à figurer dans le chapiteau qui prend un aspect surchargé. Pratiquement, la variété est extrême : Philae, Kom Ombo, Edfou, Esna, Kalabcha fournissent des chapiteaux très divers et souvent d'un bel effet.

(BIBL. : Borchardt, *Die aegyptische Pflanzensaule*, Berlin, 1897 ; et Chevrier, *Étude sur les colonnes de Karnak*, dans « Mélanges Maspero », I, pp. 665-671, Le Caire, 1935-1938.)

CONTE

Genre littéraire très cultivé par les Égyptiens.

COPTE

C'est le nom donné aux habitants de l'Égypte chrétienne et à leur langue. Cette dernière représente l'état ultime de l'égyptien pharaonique. Elle fut écrite à partir du IIIe siècle de notre ère avec les lettres de l'alphabet grec auxquelles on adjoignit sept caractères tirés de l'écriture démotique, pour transcrire des sons qui n'existaient pas en grec. Le copte se divise en différents dialectes : le bohaïrique, parlé dans le nord du pays, est encore la langue liturgique des Coptes. Le saïdique, illustré par une riche littérature, le fayoumique, l'assioutique (ou subakhmimique) et l'akhmimique constituent les dialectes majeurs. La langue copte est tout à fait analytique par comparaison avec l'ancien égyptien. Le verbe, par exemple, comporte toujours un auxiliaire accompagné d'une forme invariable, infinitif ou qualitatif. Les substantifs peuvent se former avec des préfixes qui marquent soit le caractère abstrait, soit l'appartenance à une catégorie sociale, etc. La littérature copte est presque uniquement religieuse : textes patristiques, hymnes, liturgies, homélies, théologies, œuvres hérétiques, surtout gnostiques et manichéennes.

(BIBL. : M. Chaîne, *Eléments de grammaire dialectale copte*, Paris, 1933 ; Till, *Koptisch-Sahidische Grammatik*, Wiesbaden, 1961.)

COURONNES

Pour l'ancien Égyptien, la couronne n'était pas une simple coiffure distinctive, mais un emblème et une protection. Les deux principales étaient *la blanche* et *la rouge*, réunies en *pschent* qui donnait au pharaon pouvoir sur les deux Égyptes. Le *Kheprech* semble avoir eu une signification guerrière. L'*atef* était la couronne d'Osiris. Peu à peu, elles se compliquèrent davantage et se chargèrent de plus de symboles. On en parait les dieux lors de cérémonies qu'on appelait *Coiffer les couronnes*.

(BIBL. : A. J. Abubakr, *Untersuchungen über die aegyptischen Kronen*, Glückstadt, 1937.)

CRÉATION

La création du monde inspira aux Égyptiens des mythes cosmogoniques très importants. Héliopolis, Memphis, Hermopolis, plus tard Thèbes expliquèrent de façon originale l'apparition du monde organisé. Mais à l'époque où apparaissaient des documents relativement abondants, déjà les diverses explications ont réagi les unes sur les autres et ont été mêlées les unes aux autres. Le document le plus typique à cet égard est un traité memphite de la création écrit en démotique et récemment publié ; pratiquement tous les mythes y ont été utilisés. A Héliopolis, Atoum, seul, avait créé par un procédé brutal le premier couple Chou et Tphénis, d'où tout le reste était issu. A Memphis, à la IIIe dynastie, sans doute, on avait expliqué comment Ptah avait créé le monde en le pensant dans son cœur et en l'exprimant par sa langue. C'est déjà une création par le Verbe. Pour Hermopolis, Thot, apparu sur la colline primordiale, avait couvé l'œuf du monde. Amon avait créé par la parole, mais apparemment aussi en asséchant le sol de Thèbes pour s'y poser. D'autres images complétaient celles-là. Le Soleil était sorti d'un lotus primordial monté à la surface des eaux du Noun. Un oiseau appelé le Grand Caqueteur avait poussé un cri. Tel dieu était né de la semence d'un taureau primordial... Toutes ces traditions superposées, emmêlées les unes dans les autres, rendent les mythes de la création difficiles à débrouiller.

(BIBL. : Sauneron-Yoyotte, *La Naissance du Monde*, dans « Sources orientales », I, pp. 19-91, Paris, 1959.)

CRÈTE

L'île de Minos entretint, dès l'Ancien Empire, des rapports avec l'Égypte. On trouve quelques objets égyptiens en Crète, et quelques objets crétois en Égypte. Mais, à la fin du Moyen Empire, on discerne des influences plus profondes, puisqu'un prêtre jouant du sistre, instrument typiquement égyptien, figure dans une procession de gauleurs d'olives sur un vase crétois. A la XVIIIe dynastie, le général Thoutiy portait le titre d'*Homme de confiance du Roi* (Thoutmosis III) *dans tout pays étranger et dans les îles au milieu de la Très Verte* (coupe en or du Louvre). A la même époque, des Minoens apportaient des tributs à Thèbes, comprenant avec quelques beaux vases, de grands lingots d'argent que les Égyptiens semblent avoir particulièrement appréciés. Le papyrus médical de Londres va jusqu'à donner une conjuration médicale en langue crétoise. Et, au XIVe siècle, les représentations funéraires du sarcophage d'Hagia-Triada ont peut-être été influencées par l'Égypte. Il est possible que les Égyptiens aient navigué vers la Syrie d'où ils gagnaient la Crète. Puis, poussés par le *meltem*, le vent du nord qui souffle souvent l'été, regagnaient-ils directement l'Égypte ? Les rapports qu'entretinrent les Égyptiens avec les Crétois préparent ceux qui se développeront plus tard avec les Grecs.

(BIBL. : Vercoutter, *Essai sur les relations entre Égyptiens et Préhellènes*, Paris, 1954.)

CUIVRE

Connu dès l'époque badarienne, il ne fut employé dans l'industrie qu'à partir de la période thinite, concurremment d'ailleurs avec la pierre qui continua d'être utilisée pour la confection de nombreux outils. On le trouve, à Saqqara, dans les tombes royales, en quantités appréciables sous forme de couteaux, scies, vases, épées, épingles, perçoirs, ciseaux, plaques, herminettes et houes. Le minerai égyptien venait essentiellement du Sinaï, mais il ne suffisait pas. A la XVIIIe dynastie, on en importait de Syrie et de Chypre. On faisait fondre le minerai avec du charbon de bois dans une cavité bien exposée au vent, dans une vallée par exemple. Bien que la température de fusion du cuivre soit de 1 083°, une température voisine de 800° suffit à traiter la malachite (carbonate de cuivre). Le métal était ensuite travaillé au marteau. Plus tard, on utilisa des soufflets qui permirent d'élever la température, et des moules d'argile ou de pierre pour couler le métal. (Les coffrets en cuivre trouvés à Tôd, et certainement exécutés en Égypte, sont un exemple sûr d'objets coulés.) Dès l'Ancien Empire, des statues de cuivre furent exécutées avec une perfection extraordinaire. Une des plus belles réussites en ce genre est le groupe de Pépi Ier et Merenrê, trouvé à Hiérakonpolis. Le métal est

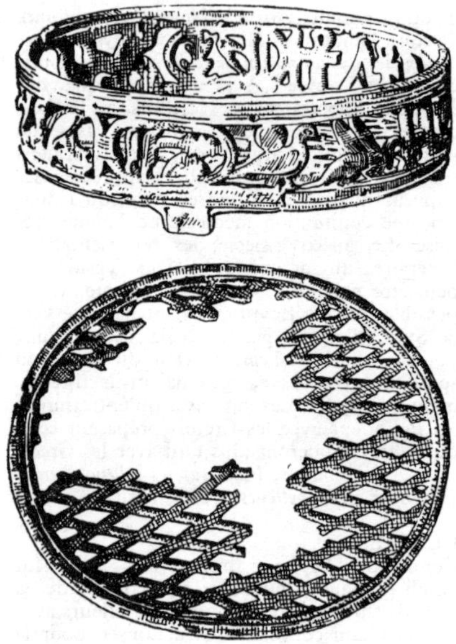

28. *RÉCHAUD DU ROI AKHTOÈS MERYIEBRÊ*

Récipient ovale en cuivre dont le fond est ajouré de trous en forme de losange (haut. 5 cm ; larg. 15 cm). Le pourtour est décoré au nom du roi fondateur de la IXe dynastie héracléopolitaine. (Musée du Louvre.)

martelé. Le pagne, aujourd'hui disparu, était d'or.

CULTE DES MORTS
Comme les dieux, les morts ont besoin que l'on s'occupe d'eux pour empêcher les forces hostiles de les anéantir. C'est la raison du culte des morts, service offert pour leur entretien. Il comprend d'abord les aliments déposés journellement sur la table d'offrandes du mastaba puis, plus tard, dans les chapelles du culte. On faisait d'autres offrandes particulières lors des fêtes des morts, comme la fête-*ouag*. De véritables fondations, sanctionnées par des actes juridiques comme les contrats d'Hapidjefa à Assiout, vinrent tenter de donner à ce culte une durée indéfinie. Mais ces précautions ne suffisaient pas. On se rendait compte que le culte n'était pas éternel. On y remédia de deux façons. On écrivit sur les parois des tombes, près de la porte d'entrée, une formule funéraire qui devait faire apparaître, à la voix de celui qui la lisait, pain, bière, volaille, viande et toute bonne chose pour le défunt. Mieux encore, quand le propriétaire était assez riche ou l'obtenait de la faveur royale, il fit graver sur les parois des chapelles accessibles, depuis l'Ancien Empire jusqu'à la fin de la civilisation indigène, toutes les scènes capables de produire pour lui ce dont il avait besoin. Peu à peu, les immenses nécropoles à demi désertes et les tombeaux pillés connurent la visite de personnages pieux qui rendaient le dernier culte en récitant les formules et en versant d'une situle rituelle les quelques gouttes d'eau de la libation aux morts. Mais plus d'une fois les vieux sages de l'Égypte conseillèrent d'exercer sans cesse la justice et de se conformer à la vérité. L'homme trouvait dans cette attitude morale le plus solide des tombeaux et la plus durable des inscriptions.

CYNOCÉPHALE
C'est un singe honoré de toute antiquité en Égypte. Il est lié à Thot, dieu de la sagesse, et on le représente, au Nouvel Empire, perché sur les épaules d'un scribe qu'il est en train d'inspirer. Des hymnes à Thot décrivent aussi le dieu sous la forme d'un cynocéphale. On plaçait un cynocéphale près de la clepsydre, et, peut-être tout simplement parce que Thot était le dieu du calcul, l'eau s'écoulait par le phallus de l'animal. Mais Horapollon explique gravement que le cynocéphale urine toutes les heures à l'équinoxe.

D

DACHOUR
Ce village a donné son nom à une vaste nécropole qui continue celle de Saqqara, située à quelques kilomètres seulement plus au nord. Les deux monuments les plus remarquables sont les pyramides de Snéfrou : au nord, une pyramide régulière, encore non fouillée. Au sud, la rhomboïdale, que distingue sa double

sépulture intérieure. On a dégagé récemment son temple de l'est et son temple de la vallée. Tout à côté, une petite pyramide de reine. La plus haute des pyramides en brique crue est celle de Sésostris III. Comme celles du Moyen Empire qui se trouvent à l'entrée du Fayoum, elle était autrefois revêtue de calcaire. Près d'une seconde pyramide de brique construite par Amménémès III se trouvait la tombe du roi Hor dans laquelle on a retrouvé la statue en bois du *ka* royal. Enfin, une pyramide d'Amménémès II, très ruinée. Dachour a encore fourni au musée du Caire les bijoux des princesses Ita et Khnoumit.
(BIBL. : J. de Morgan et ses collaborateurs, *Fouilles à Dachour*, 2 vol., Vienne, 1895 et 1903.)

DANSE
Les Égyptiens ont connu les danses de divertissement et les danses religieuses. Ils les ont abondamment représentées les unes et les autres. Depuis l'Ancien Empire, les femmes de la haute société s'adonnaient aux premières. Tandis que des musiciens jouaient, et que des hommes et des femmes donnaient le rythme en frappant dans leurs mains, les danseuses exécutaient leurs mouvements. Les tenues, vêtements et coiffures, étaient très variées. Mais il y avait aussi des danses sacrées dont l'exécution, apparemment, ne différait pas beaucoup de la danse profane. On dansait à l'érection du pilier-*djed*, à la fête du nouvel an, à la fête de l'ivresse. On dansait, lors de la célébration des mystères d'Hathor, et en particulier dans les propylées ou la cour des mammisis durant la nuit. Les danses prenaient parfois un caractère orgiaque, et les chanteurs étaient, comme dit un texte, enivrés de danser.
(BIBL. : Brunner-Traut, *Der Tanz im alten aAegypten*, Glückstadt, 2e éd., 1958 ; Wild, *Les Danses sacrées de l'Égypte ancienne*, dans « Sources orientales », 6, 1963, pp. 35-117.)

DEBEN
Poids d'argent, de cuivre ou d'or pouvant servir d'étalon monétaire.

DÉCANS
Pour diviser le temps de la nuit, les Égyptiens avaient noté l'apparition à l'horizon, aux différentes heures, de certaines constellations. Comme durant une dizaine de jours ce sont les mêmes constellations qui apparaissent aux mêmes heures, on leur donna le nom de *décans*. On en compta trente-six dans l'année ; ils furent transformés en génies protecteurs et reçurent un nom. On en a des listes depuis le Moyen Empire et on les retrouve sur des plafonds astronomiques des grand temples ptolémaïques et romains.

DÉCRETS TRILINGUES
Ce sont des décrets sacerdotaux pris par les collèges de prêtres égyptiens réunis à des intervalles irréguliers, au temps des rois grecs. Ils étaient rédigés en grec, puis traduits en démotique (langue égyptienne vivante) et en hiéroglyphes. Les principaux sont ceux de Canope et de Memphis. Un exemplaire de ce dernier, dit pierre de Rosette, a permis le déchiffrement des hiéroglyphes.

DEIR EL-BAHARI
Le *Couvent du Nord* (c'est le sens du mot arabe) s'élevait dans les ruines d'un temple construit par la reine Hatchepsout au pied de la falaise qui sépare la plaine thébaine de la Vallée des rois. Déjà, auparavant, Mentouhotep Nebhepetrê avait logé un peu au sud de l'immense cirque de rochers son temple funéraire, formé d'une pyramide apparaissant audessus d'un portique et précédé d'un jardin. L'architecte Senenmout eut l'idée géniale de dresser deux immenses terrasses successives pour éviter que l'édifice ne paraisse écrasé. Le temple de la plaine communiquait avec l'enceinte sacrée par une longue montée analogue à celles de l'Ancien Empire. On entrait dans un jardin où étaient plantés les arbres à résine odoriférante que la reine avait fait venir d'Oponé. Une rampe axiale permettait d'atteindre une première terrasse soutenue par un portique. Au fond, le portique de la seconde terrasse était orné, au sud, de bas-reliefs représentant l'expédition à Oponé, destinée à alimenter le trésor et à fournir les parfums liturgiques du temple de Karnak. Elle se terminait, vers l'axe, par les offrandes à Amon. Au nord, on avait représenté le mystère de la Naissance divine. De part et d'autre de ces deux galeries s'ouvraient des sanctuaires en partie souterrains à l'Hathor funéraire (sud) et à Anubis (nord). Au nord, le portique, dit protodorique, clôturait le terrain sacré. Sur la

terrasse supérieure, un dernier portique à piliers osiriaques de la reine couronnait le tout. Derrière, une cour (de là provient le relief de la reine Ahmosis) donnait accès au sanctuaire souterrain. Des niches creusées dans la paroi ouest contenaient des statues de la reine. Dans la cour septentrionale se dressait un autel héliopolitain et, au sud, dans une première chapelle, figurait la stèle de culte en granit. C'est là que Senenmout avait osé placer son effigie derrière la porte ! Puis venait une salle dont les bas-reliefs bien conservés représentent les interminables files de porteurs d'offrandes. Thoutmosis III fit sauvagement marteler les bas-reliefs de la reine qui l'avait tenu vingt ans durant à l'écart, au point que, dans le portique de la Naissance une des rares figures intactes est celle de la reine Ahmosis. Les fouilles américaines ont, malgré tout, récupéré pas mal de têtes provenant des statues d'Hatchepsout. Mais Aménophis IV a fait, plus tard, marteler Amon et les dieux en général. Ramsès II a gauchement restauré les divinités sur des couches de plâtre, de sorte que l'ensemble est dans un triste état, que l'anastylose n'a pas toujours arrangé. Thoutmosis III avait encore trouvé moyen de loger au-dessus du temple de la reine, au sud, un autre temple qui le dominait. On a dégagé récemment ce qu'il en reste.
(BIBL. : E. Naville, *The XIth Dynasty Temple at Deir el-Bahari*, 3 vol. Londres, 1907-1913.)

DEIR EL-MEDINA
Littéralement : *le Couvent de la ville*. C'est l'emplacement, vers le sud de la nécropole thébaine, du village et du cimetière des ouvriers de la Vallée des rois. Il était isolé de l'ensemble funéraire de la rive gauche. Dégagé surtout par les fouilles françaises de 1920 à 1952, il a fait l'objet de multiples publications dont les principales sont dues à B. Bruyère. Un temple à Hathor funéraire, transformé plus tard en couvent, se trouve tout auprès. Aménophis Ier divinisé, patron de ces lieux, y avait un naos. On a trouvé dans cette petite vallée une masse d'objets quotidiens, de papyrus, d'ostraca, de mobilier funéraire. Le village, au fond du thalweg, était enfermé dans un mur d'enceinte percé d'une seule porte. On a pu identifier les possesseurs de certaines maisons. Mais les monuments les plus remarquables sont les tombeaux des artisans qui s'appelaient eux-mêmes *Serviteurs dans la Place-de-vérité*. La plupart appartiennent à la XIXe dynastie. Celui de Sennedjem contient une représentation remarquable des Champs-Élysées. Beaucoup se contentent de reproduire des scènes funéraires : passes magiques autour de la momie ou vignettes du *Livre des morts*. Mais d'autres, comme celui d'Ipy, donnent, en tout petits tableaux, des scènes fort vivantes de la vie quotidienne.
(BIBL. : B. Bruyère, *Deir el-Medineh*, 17 vol., dans « Fouilles de l'Institut français d'archéologie orientale », Le Caire, de 1924 à 1953.)

DÉMOTIQUE
Tandis que l'écriture égyptienne cursive, le hiératique, se déformait et se figeait en Haute-Égypte, les écoles de scribes, en Basse-Égypte, faisaient évoluer rapidement la cursive du Nord qui aboutissait à un type bien caractérisé et distinct du hiératique, le démotique. Les formes anciennes sont tellement stylisées en démotique qu'elles sont méconnaissables et souvent fort difficile à lire. La langue, du reste, s'était profondément transformée aussi, et le démotique constitue une étape importante dans le développement de l'ancien égyptien. Il est caractérisé par l'abondance des formes verbales analytiques, la raréfaction de la conjugaison suffixale, les substantifs composés. Une abondante littérature, documents privés de la vie quotidienne, textes juridiques, compositions littéraires, nous renseigne sur la civilisation égyptienne tardive, depuis l'époque saïte jusqu'à l'époque romaine.
(BIBL. : F. Lexa, *Grammaire démotique*, Prague, 1947-1951 ; W. Erichsen, *Demotische Lesestücke*, Leipzig, 1937.)

DENDARA
En égyptien, ce nom signifie *de la déesse*. Il opposait *On-« de-la-déesse »* à *On-« du-Nord »* (Héliopolis) et à *On-« du-Sud »* (Ermant). La ville, sise près du coude que fait le Nil au nord de Louxor, non loin de l'actuelle Qena, était en effet consacrée à Hathor. Le temple, qu'on voit encore à la lisière du désert, date du siècle qui précède et de celui qui suit l'ère chrétienne. Presque intact, il constitue une mine de renseignements importants sur la religion égyptienne. La ville a une origine fort reculée. Elle conserve une nécropole de l'Ancien Empire et les traditions sacerdotales

remontent au temps des Serviteurs d'Horus. L'organisation générale du temple avait été retouchée sous Khéops, Pépi Ier, Thoutmosis III. Aujourd'hui, on peut encore voir, dans les ruines de la ville antique, celles de deux temples assez importants, dont un dédié au dieu Ihy, le *musicien*, fils d'Hathor, possède encore son porche monumental. Mais le sanctuaire essentiel était celui d'Hathor, entouré de ses hautes murailles de brique crue. Dans ce péribole sacré qui s'ouvrait à l'est et au nord par des portes monumentales, on pouvait voir, outre le temple majeur, deux mammisis (l'un de Nectanébo désaffecté lors de la construction du mur d'enceinte romain, l'autre commencé peut-être sous Néron et orné sous Trajan et Antonin, une basilique copte, un sanatorium, deux puits sacrés, une chapelle datant de Mentouhotep Nebhepetrê (aujourd'hui transportée au musée du Caire), un lac sacré, un temple où était née Isis. Nous avons décrit ailleurs l'essentiel du temple d'Hator. Les éléments originaux qui le caractérisent sont d'abord ses cryptes, dont dix sur douze sont ornées, depuis celles qui, au sous-sol, servaient de tombeaux aux statues, jusqu'aux cryptes de l'étage conservant effigies prophylactiques et archives. Puis, sur le toit, la chapelle du Nouvel An et les tombeaux osiriaques qui nous donnent le texte et, en partie, le commentaire du rituel de la résurrection d'Osiris au mois de Khoïak.
(BIBL. : A. Mariette, *Dendérah. Description générale du grand temple de cette ville*, 4 vol. in-folio et 1 vol. de texte, Paris, 1870-1880; Chassinet, *Le Temple de Dendara*, 5 vol. parus, Le Caire, 1935-1952, continué par Chassinat-Daumas, t. VI, Le Caire, 1965.)

DIDOUFRI
Roi de la IVe dynastie, dont la mémoire semble avoir été poursuivie par son successeur Khéphren.

DIODORE DE SICILE
Historien grec qui vécut au Ier siècle avant J.-C. Il publia, aux environs des années 30 avant notre ère, une *Bibliothèque historique* dont le premier livre, qui nous est parvenu, est relatif à l'Égypte. Outre les informations qu'il avait retirées de ses nombreux voyages et d'un séjour au bord du Nil entre 60 et 57 av. J.-C., il s'inspira, pour rédiger son ouvrage, d'Hécatée d'Abdère. Ce dernier, contemporain de Ptolémée Ier, avait été le compagnon de ce prince et connaissait bien le pays. Il avait rédigé un ouvrage, aujourd'hui perdu, intitulé *Études égyptiennes*. Le livre de Diodore est une source précieuse de renseignements que nous pouvons aujourd'hui contrôler grâce aux documents originaux.
(BIBL. : consulter l'édition Dindorf (Teubner) ou l'édition Didot (avec trad. latine). Une édition moderne fait défaut; plusieurs traductions françaises anciennes; la plus récente est celle de Hoeffer, 1846.)

DJED
C'était un pilier se terminant par quatre évasements successifs à sa partie supérieure. Il fut rapidement lié au culte d'Osiris et de Sokaris. Un acte royal important, célébré lors de la fête-*sed*, consistait à dresser ce pilier-*djed*. Il symbolisait la durée.

DJÉSER
Puissant roi de la IIIe dynastie qui s'était fait construire par son architecte Imouthès un tombeau en pierre à Saqqara. C'est la pyramide à degrés, entourée de son extraordinaire complexe de monuments.

DROMOS
C'est le nom qu'ont donné les Grecs à l'allée d'accès au temple, généralement bordée de sphinx. A Louxor, selon un texte tardif, des arbres l'ombrageaient et un ruisseau y coulait. A Dendara, des bassins et des fontaines permettaient, à l'extrémité du dromos, de faire des ablutions avant d'entrer dans l'enceinte sacrée. Strabon décrit le dromos au livre XVII de sa *Géographie*.

DYNASTIES
Manéthon avait établi dans ses *Aegyptiaca* la liste des rois qui avaient régné successivement sur l'Égypte, et il les avait répartis en trente dynasties, depuis Ménès jusqu'à Ptolémée II Philadelphe, sous lequel il vivait. Son livre n'est plus connu que par des abréviateurs tardifs qui ont altéré, de façon parfois divergente, les noms égyptiens et même le contenu des dynasties. De sorte que nous avons bien de la peine à faire concorder les noms transmis par les listes hiéroglyphiques et les monuments, et ceux qu'il avait transcrits en grec.

D'autre part, nous ne savons pas sur quel principe il a fondé sa division en dynasties. Elle est toutefois si commode que nous l'avons conservée. Mais l'histoire que nous avons restituée est seulement celle des dynasties puissantes et qui ont laissé de nombreux monuments. Les autres, dont les traces ont disparu, sont réduites pour nous aux listes de Manéthon, privées des faits qui les concernent.

E

ÉCOLE

Allaient à l'école ceux qui se destinaient à être scribes ou prêtres (pp. 380-381). L'école était située dans l'entourage du roi. Il devait y en avoir aussi près des principaux temples. Lorsqu'il y eut des *Maisons de Vie*, elles furent sûrement des écoles supérieures. Mais l'école n'était qu'une partie d'une institution plus vaste. On a même appris aux scribes destinés aux Affaires étrangères la langue égéenne et l'accadien, au moins au Nouvel Empire. Nous avons conservé des exercices d'écriture de cette époque. Le maître a corrigé dans la marge les signes défectueux, mais il ne paraît pas s'être trop préoccupé du sens. On avait constitué des recueils de morceaux littéraires choisis pour exercer les étudiants aux différents styles. Les programmes comportaient encore la géographie, l'enseignement du vocabulaire, de l'histoire naturelle, de la médecine. Les parents étaient tenus de nourrir les enfants à l'école. Le roi, dès l'époque ancienne, pouvait faire participer à l'enseignement donné aux princes de jeunes nobles qui devenaient pupilles royaux.
(BIBL. : H. Brunner, *Altägyptische Erziehung*, Wiesbaden, 1957.)

ÉCRITURE

L'écriture égyptienne a été inventée un peu avant le début du IIIe millénaire au bord du Nil. En effet, elle comporte des signes particuliers qui appartiennent à la géographie du pays. Elle commença par dessiner les objets, mais fut amenée à joindre à un dessin qui pouvait laisser place au doute, des dessins d'objets homophones. Ce détail lui permit ainsi de noter les termes abstraits par le moyen du rébus. Le verbe *aimer* s'écrira par une houe parce que cet instrument comprenait les mêmes consonnes. L'invention du déterminatif, signe général permettant de classer le mot qu'il suit dans une catégorie (nom d'homme, nom de femme, matière pulvérulente, nom géographique, idée morale) donne à une écriture qui pourrait être compliquée une grande clarté. Quelques conventions complètent ces principes simples. On ajoute un petit trait vertical à un signe qui désigne alors l'objet même dont il est l'image. Si l'on met ce trait sous le dessin de la bouche, il faut lire *la bouche* et non *r*, consonne du mot *bouche* en égyptien. Trois petits traits derrière un mot marquent le pluriel. La structure linguistique de l'égyptien présentait un système consonantique stable dont les variations vocaliques marquaient les flexions grammaticales. Aussi se contenta-t-on d'écrire seulement les consonnes. Peu de temps après son invention, l'écriture égyptienne fut déformée dans la graphie cursive, sur peau, sur papyrus ou même sur pierre ou sur vase d'argile. C'est la naissance de l'écriture dite *hiératique*, qui évolua durant plus de deux mille cinq cents ans. On cessa d'écrire le hiératique anormal en Haute-Égypte, à l'époque saïte. Dans le Delta, où la vie égyptienne active s'était concentrée, on utilisa désormais une cursive tellement éloignée des hiéroglyphes primitifs qu'elle se présente comme une succession de signes extrêmement stylisés, souvent difficiles à lire pour nous. C'est le *démotique*. Mais jamais les hiéroglyphes ne cessèrent d'être employés dans l'épigraphie monumentale et même dans certains papyrus.

1) Écriture hiéroglyphique. Spécimen : début de la stèle de Bakhtan, provenant du temple de Khonsou à Karnak et conservée aujourd'hui à la Bibliothèque nationale (Paris). Le fragment est donné d'après la reproduction imprimée avec les caractères de l'Imprimerie impériale pour l'Exposition universelle de 1856 à Paris. Les lignes du texte imprimé ne correspondent pas à celles de l'original. (Voir la reproduction directe d'un monument égyptien en hiéroglyphes : stèle de victoire de Thoutmosis III, *ill.* 53.)

2) Écriture hiératique. Spécimen : Papyrus Prisse, p. 12, l. 1-5, de la Bibliothèque nationale (Paris). Il s'agit des *Enseignements* de Ptahhotep, dans une copie datant du Moyen Empire. On reconnaît encore facilement un certain nombre de signes qui sont seulement

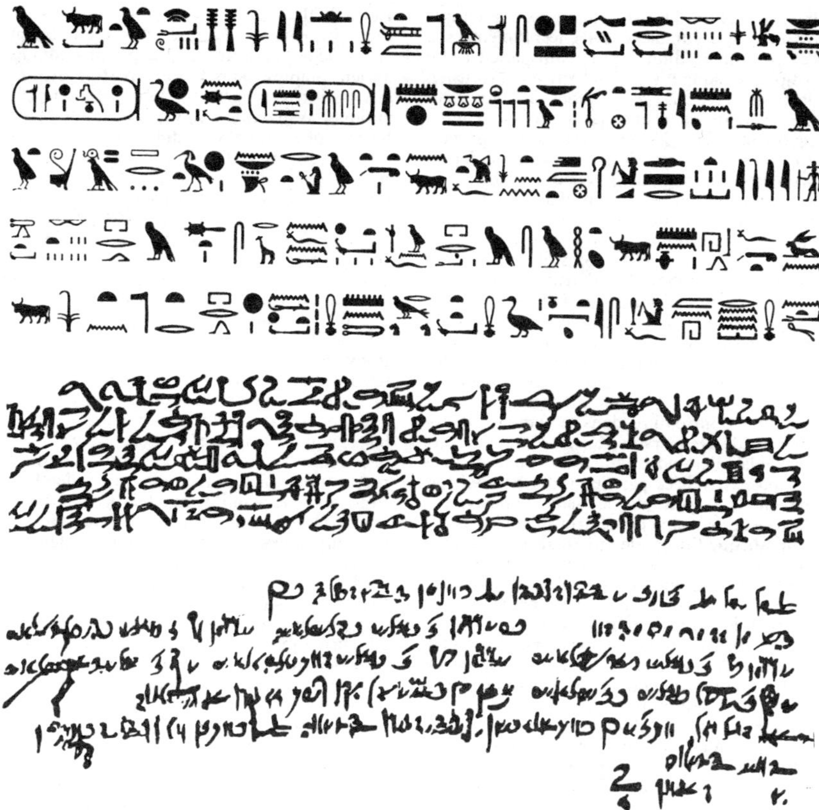

29. *SPÉCIMEN D'ÉCRITURES HIÉROGLYPHIQUE, HIÉRATIQUE, DÉMOTIQUE*

un tracé cursif de l'hiéroglyphe correspondant. En démotique, on ne distingue plus à première vue aucun signe qui rappelle encore l'image primitive.

3) Écriture démotique. Spécimen : Papyrus n° 215 de la Bibliothèque nationale (Paris), col. 2, recto, l. 1-7. C'est le commentaire, écrit au début de l'époque ptolémaïque, d'une prophétie se rapportant aux derniers rois de l'Égypte indépendante. Il est connu sous le nom de *Chronique démotique*, qui ne lui convient guère. Écriture du Delta. Provenance probable : Memphis.

(BIBL. : Sottas et Drioton, *Introduction à l'étude des hiéroglyphes*, Paris, 1922 ; G. Lefebvre, *Grammaire de l'égyptien classique*, 2e éd., Le Caire, 1955.)

EDFOU

Ville située à 113 km au sud de Louxor, au

bord du Nil. Elle est célèbre par le temple d'Horus qui fut élevé sous les Ptolémées à l'emplacement d'un temple plus ancien. Ce temple, presque intact, contient une profusion de textes et de représentations du plus haut intérêt pour la connaissance de la religion égyptienne. Tout à côté, une colline de décombres recèle les restes de la ville antique depuis l'Ancien Empire jusqu'à l'époque arabe. On y a retrouvé le tombeau d'un vizir divinisé, Izi. Dans l'enceinte du temple principal se trouvaient un mammisi, qu'on voit encore, un temple du faucon sacré, presque en face du mammisi, et aujourd'hui détruit, un lac sacré situé sous les maisons de la ville actuelle. Le temple d'Horus comprenait un pylône datant des tout derniers Ptolémées, puis une cour entourée de portiques, dite Cour du peuple. Elle est percée de quatre portes. Celle de l'angle nord-est permettait au cortège du mois d'Epiphi d'introduire dans la temple Hathor arrivant de Dendara et Horus, son époux, qui était allé l'attendre en aval. Six colonnes composites, reliées par des murs bahuts, formaient la façade de la salle hypostyle, à l'intérieur de laquelle se trouvaient la petite bibliothèque liturgique et la maison du Matin, où les prêtres se purifiaient. La *salle de l'apparition*, soutenue par douze colonnes, s'ouvrait à l'est et à l'ouest pour faciliter l'entrée des prêtres dans le temple, quand les portes axiales restaient fermées. Elle était flanquée du trésor et du laboratoire de parfumerie sacrée qui nous a livré mainte recette de parfums liturgiques. La *salle des offrandes*, d'où partaient les deux escaliers d'accès au toit, précédait la *salle intermédiaire* ou *de l'Ennéade*. Celle-ci possédait une chapelle du dieu Min et une ouverture sur la cour du *siège-de-la-première-fête* et la *chapelle-pure*. Au centre, le saint des saints contenant encore son naos et le support de la barque sacrée. Autour se déroulent le Couloir mystérieux et les chapelles. L'ensemble est pris dans un immense couloir d'enceinte, d'où l'on peut directement descendre dans le puits sacré. Il est entièrement couvert de reliefs. Les plus célèbres sont ceux du mur ouest qui portent le mythe d'Horus, drame sacré célébrant la victoire remportée par Horus sur son vieil ennemi Seth.

(BIBL. : Rochemonteix, puis E. Chassinat, *Le temple d'Edfou*, 14 vol., Le Caire, 1897-1934.)

ÉGYPTOLOGIE

Depuis qu'au VIe siècle de notre ère la langue ancienne et l'écriture de l'Égypte pharaonique avaient sombré dans l'oubli, parfois quelque érudit, intéressé par un débris d'inscription antique, avait tenté de percer le mystère des hiéroglyphes. Le plus connu et le plus remarquable fut, au XVIIe siècle, un père jésuite : Athanase Kircher. En dépit de sa connaissance du copte, il ne parvint pas à lire l'égyptien, égaré qu'il fut par Horapollon dont les *Hieroglyphica* n'ont un sens clair que si l'on connaît déjà la langue. L'expédition d'Égypte, conduite par Bonaparte, donna l'élan par ses publications magistrales et fournit le document qui allait permettre la découverte : la pierre dite de Rosette (d'après le nom du lieu de la trouvaille, à l'est d'Alexandrie). Elle portait le texte d'un décret écrit tour à tour en grec, en démotique (langue et écriture égyptiennes d'usage courant à l'époque grecque) et en hiéroglyphes (langue et écriture sacrées — un peu comme notre latin d'Église). Ce fut la préparation scientifique admirable de Jean-François Champollion qui lui permit de lire dès 1822 les noms propres des rois grecs et des empereurs romains mentionnés dans les inscriptions (*Lettre à Monsieur Dacier...*). Seul, il sut vérifier brillamment la double hypothèse que les noms propres n'étaient écrits qu'avec des consonnes et que les signes en surnombre étaient non pas phonétiques mais déterminatifs. Il alla en Égypte, y recueillit une masse de documents, put établir les grandes lignes de l'histoire ancienne du pays, rédiger une grammaire et un dictionnaire de l'égyptien ancien, qu'il avait pu interpréter grâce au copte. Mais tout faillit sombrer avec Champollion lui-même, mort prématurément, à 42 ans (1832). Heureusement, Lepsius en Allemagne, E. de Rougé en France reprirent le flambeau. Lepsius dirigea en Égypte une nouvelle campagne de recherches et publia, en énormes in-folio, ses *Denkmäler*, encore précieux aujourd'hui. Rougé précisait la grammaire et traduisait le premier de longs textes suivis. Un négociant en vins de Chalon-sur-Saône, le génial François Chabas, fondait la lecture de la cursive ancienne, appelée hiératique. Puis Henri Brugsch, au prix d'un labeur ininterrompu, copiait les inscriptions inédites, lisait le démotique et composait son précieux *Dictionnaire*. Pendant ce temps,

Mariette fouillait avec bonheur les sites les plus fameux de l'Égypte et y fondait le service des Antiquités. Maspero lui succédait, découvrait et publiait aussitôt les plus anciens rituels du monde : les *Textes des pyramides* et composait sa monumentale *Histoire des peuples de l'Orient classique*. Erman, en Allemagne, dans l'ombre de son cabinet, débrouillait la conjugaison égyptienne et établissait l'histoire de la langue dans laquelle il distinguait trois périodes : ancien, moyen et néo-égyptien. Il donnait enfin des modèles d'édition de textes, suivi en cela par Sethe et Gardiner, un peu plus jeunes que lui. Tandis que Loret, Chassinat, Lacau, Lefebvre poursuivaient en France ou en Égypte l'œuvre de leur maître, Gaston Maspero, des fouilleurs infatigables, comme sir William M. Flinders Petrie, exploraient l'Égypte antique. Des philologues de tout premier ordre, comme Griffith, s'attaquaient à la fois à l'égyptien ancien, au démotique, au nubien, et même commençaient à débrouiller l'écriture méroïtique. Spiegelberg apportait son abondante moisson de textes démotiques, littéraires ou documentaires, dont il rédigeait une grammaire, maniable et riche à la fois. Golenischeff, en Russie d'abord puis en France, Naville et Jéquier en Suisse, Reisner et Breasted en Amérique conjuguèrent leurs efforts. Des institutions comme l'Egypt Exploration Fund à Londres, l'Institut français d'archéologie orientale (1880) et l'Institut archéologique allemand au Caire, la Fondation égyptologique Reine Élisabeth à Bruxelles, l'Oriental Institute à Chicago assurèrent la pérennité de l'œuvre entreprise par les pionniers de la science égyptologique. Mais il s'en faut encore que le travail soit près d'être terminé. Nous commençons à peine à entrevoir ce que fut vraiment dans sa complexité et sa profondeur la civilisation égyptienne. Les trois quarts des monuments existants ne sont pas intégralement publiés. Et que de choses encore sont à découvrir dans l'inépuisable et féconde vallée du Nil !

(BIBL. : Warren R. Dawson, *Who Was Who in Egyptology*, Londres, 1951 : incomplet et sommaire, mais très commode. Pour l'égyptologie française, G. Maspero, *L'Égyptologie*, dans « La science française », pp. 5-40, Paris, 1915.)

ÉLÉPHANTINE

Ile septentrionale de la première cataracte du Nil, juste en face de la moderne Assouan. Elle doit son nom à l'ivoire qu'elle importait du Soudan et dont elle faisait le commerce dès une époque ancienne. Elle était consacrée à Khnoum, dieu à tête de bélier, et à ses parèdres Satis et Anoukis. Le temple du dieu, très ruiné, se dresse encore au sud de l'île. Il existait d'autres monuments, dont le périptère d'Aménophis III, mais ils furent détruits au cours du XIXe siècle. On a retrouvé récemment un lieu de culte dédié à un prince de l'Ancien Empire, divinisé à la période suivante : Hekayeb. Une forteresse gardait la vieille frontière entre l'Égypte et la Nubie ; dans ce lieu de passage naturel, elle servit aussi de base de départ sous certains pharaons (Pépi Ier et Sésostris III) pour des expéditions en Nubie. Une colonie juive, installée à Éléphantine après la prise de Jérusalem, a laissé des papyrus en araméen, datant du Ve siècle, et de la plus haute importance pour l'histoire des idées religieuses.

EL-KAB

El-Kab, située entre Edfou et Louxor, sur la rive droite du Nil, est le nom moderne d'une très ancienne ville de Haute-Égypte : Nekheb, qu'il ne faut pas confondre avec la ville voisine (rive gauche) de Nekhen, la Hiérakonpolis des Grecs. On y adorait la déesse-vautour Nekhbet. L'enceinte de son temple, en brique crue, frappe encore le regard, mais le sanctuaire en pierre est ruiné et l'on n'a pas atteint les couches profondes qui pourraient livrer des monuments de très haute époque. Des tombeaux, parmi lesquels celui d'Ahmosis, fils d'Abana, contemporain de l'expulsion des Hyksos, et des temples plus petits se trouvent à l'entrée de la vallée désertique. Un autre, d'Aménophis III, est plus loin dans le ouadi.

ENCENS

C'est une gomme-résine obtenue par incision ou par écoulement spontané de diverses espèces d'arbres subtropicaux de la famille des térébinthacées burséracées. Les anciens Égyptiens ont utilisé beaucoup de gommes-résines dans le culte de leurs dieux. Lorsque le héros du célèbre *Conte du Naufragé* veut honorer comme un dieu le serpent qui l'accueille et lui promet le retour, il lui annonce l'envoi de cinq matières odoriférantes qui semblent être des gommes-résines. De ces cinq mots égyptiens, un seul paraît déterminé, c'est la résine de térébinthe *(sontjer)*. Il est probable que le produit appelé *ântyou* est l'oliban ou véritable encens ; c'est également une gomme-résine provenant du *Boswellia sacra L.*, du *Boswellia papyrifera* (Arabie méridionale et Côte des Somalis) et même du *Commiphora pedunculata* (Soudan du Sud et Abyssinie). On ne s'étonnera donc pas de la voir apporter du pays d'Oponé sur les bas-reliefs de Deir el-Bahari. Mais les Égyptiens connaissaient encore la myrrhe, le styrax, le galbanum, le ladanum... Nous sommes toutefois incapables, dans l'état actuel de la recherche, de préciser à coup sûr le nom égyptien de chacune de ces matières. La myrrhe est la sécrétion d'un arbrisseau, *Balsamodendron ehrenbergianum* (Berg). D'autres arbustes très voisins fournissent des produits similaires qu'on mélange à la myrrhe, mais cette dernière à l'état pur provient exclusivement des régions avoisinant la mer Rouge (Yémen, Hadramaout, Côte des Somalis). Le styrax est produit par un petit arbre des contrées méditerranéennes, surtout orientales. Ses fleurs blanches sont parfumées comme celles de l'oranger. C'est le *Styrax officinalis* (Styracinées). On nomme aussi styrax une exsudation du *Liquidambar orientale* (famille des Hammamelidées). Le ladanum était extrait du *Cistus villosus L.*, petit arbuste croissant sur les bords de la Méditerranée. A la saison propice, on frappe la plante avec des lanières de cuir qui s'imprégnaient de la substance visqueuse émise par les feuilles. C'est peut-être le *iber* des Égyptiens. Presque tous ces produits avaient un usage médical. Du point de vue religieux, ils ont joué un rôle considérable, mais nous ne connaissons guère le sens de leur emploi. Employée seule, la résine de térébinthe servait à purifier, avec l'eau, les repas servis aux dieux, lors des liturgies quotidiennes ou solennelles. On l'utilisait aussi dans les rites funéraires. Elle était brûlée soit dans des encensoirs longs au bout desquels était un godet supportant un charbon ardent, soit dans de petits vases sur la braise desquels on la déposait. Peut-être certaines fumigations étaient-elles faites avec un mélange d'aromates, comme cela se produisait au Temple de Jérusalem.

(BIBL. : Lucas, *Ancient Egyptian Materials and Industries*, 4e éd. revue par Harris, pp. 90-97, Londres, 1963, et, sur un détail pour montrer la complexité des problèmes : V. Loret, *La Résine de térébinthe...*, Le Caire, 1959. Il y a beaucoup à puiser dans Chassinat, *Le Mystère d'Osiris au mois de Khoïak*, fasc. I, Le Caire, 1965.)

ENNÉADE

Ce sont des groupements en lesquels les théologiens ont rangé les dieux pour ordonner le panthéon égyptien. On connaît la plus ancienne ennéade, celle d'Héliopolis : Atoum, Chou, Tphnénis, Geb, Nout, Osiris, Isis, Seth, Nephthys. On dut inventer une petite *Ennéade*, par opposition à la précédente, dite la *Grande*, pour y ranger des dieux comme Horus, qui n'avaient pas pris place dans la première. Plus tard, Amon, à Thèbes, se constitua aussi une ennéade, souvent représentée sur les murs de Karnak, mais elle comprend quinze dieux. Au mammisi de Dendara, c'étaient Montou, Atoum, Chou, Tphénis, Geb, Nout, Osiris, Isis, Horus, Nephthys, Horus d'Edfou, Hathor, Harsomtous, Tjenenet et Iounit. C'étaient évidemment des divinités de Haute-Égypte. A l'époque plus ancienne, Seth et, plus tard, Sobek avaient occupé la place d'Horus, et ce n'est que tardivement que ces deux dieux, devenus odieux, avaient été mis à l'écart. Il y eut d'ailleurs aussi à Karnak une petite ennéade à côté de la grande, sans que son contenu ait réussi à être moins flou que celui de la petite ennéade d'Héliopolis.

ENSEIGNEMENTS

Genre littéraire très original et très cultivé en Égypte. Il correspondait *grosso modo* à ce qu'est le livre des *Proverbes* bibliques. Beaucoup de ces compositions se sont perdues. Voici celles qui nous restent par ordre chronologique : Ve dynastie : *Enseignement de Ptahhotep* (pp. 389-390) ; XVIIIe dynastie : *Enseignement d'Anii ;* XXIIe dynastie : *Enseignement d'Aménopé ;* époque ptolémaïque : *Enseignement d'Onchsheshonqy* (pp. 422 et suiv.) ; époque romaine : *Papyrus Insinger*. On peut aussi ranger dans cette catégorie deux ouvrages royaux : l'*Enseignement d'Akhtoès pour Mérikarê*, son fils, et l'*Enseignement d'Amménémès Ier pour Sésostris Ier*. Ces deux derniers, s'adressant à un souverain, sont d'un caractère un peu spécial ; mais leur doctrine est fondamentalement celle de la Maison de Vie. Ces œuvres furent si importantes qu'on en relève sans cesse l'influence dans la littérature biographique.

ENSEIGNES SACRÉES
C'étaient un certain nombre de figurations symboliques que l'on fixait sur des pavois et qui étaient portées devant le roi ou devant le dieu pour ouvrir et protéger leur marche. Devant le roi qui se rendait du palais au temple, on portait à Dendara, à l'époque tardive, Ophoïs, Thot, Horus, un objet appelé Tekenou et l'enseigne du nom de Dendara. Dans la procession qui accompagnait Hathor sur le toit du temple, pour le nouvel an, il y avait des enseignes en plus grand nombre, et beaucoup sont de sens moins clair encore que ces dernières. Seul Ophoïs, dont le nom signifie *Ouvreur des chemins*, est explicable au premier abord. Beaucoup d'autres constituent probablement des symboles des dieux parèdres qui forment la Cour du dieu principal et doivent le protéger dans ses déplacements. On représentait aussi les emblèmes des nomes sur des pavois. Enfin les soldats possédaient des étendards, représentés sur les bas-reliefs de la XVIIIe dynastie. Si ces deux dernières catégories ont pu avoir un caractère religieux à l'origine, il est très atténué à l'époque historique, bien qu'en Égypte les phénomènes sociaux ne soient jamais tout à fait séparables des phénomènes religieux.

ERMOUTHIS
C'était la déesse des récoltes. On la représentait avec une tête de serpent. Parfois elle allaite Népri, le dieu du grain qu'on lui donne pour fils. On la fêtait particulièrement durant le neuvième mois de l'année ; finalement ce mois fut appelé Pharmouthi, du nom de la déesse.

ESCLAVAGE
L'esclavage proprement dit n'a en somme pas existé en Égypte. Mais toute une série d'états sociaux très bas étiquettent sans doute des conditions qui vont de serviteur à serf. Il y eut pourtant de véritables esclaves de guerre au Moyen et surtout au Nouvel Empire, au moment des conquêtes d'Asie et de Nubie ; mais on peut dire que ces esclaves étaient très rapidement absorbés dans la population laborieuse du pays. Les contrats de vente de soi-même, à l'époque tardive, sont certainement destinés à obtenir légalement certains résultats juridiques auxquels on ne pouvait parvenir par des moyens plus directs.
(BIBL. : Bakir, *Slavery in Pharaonic Egypt*, Le Caire, 1952.)

ESNA
Les Grecs l'appelaient Latopolis, car le poisson *Latès* y était sacré. A 64 km au sud de Louxor, elle s'élève à l'emplacement de la ville ancienne consacrée au dieu-bélier Khnoum, flanqué de la déesse Nebetouout et de Neïth. De son temple, il ne subsiste plus que la salle hypostyle que surplombent les maisons modernes. Mais ses colonnes conservent des hymnes très importants et le rituel de plusieurs fêtes. Ces textes apportent beaucoup à la connaissance des cérémonies et de la théologie égyptiennes.
(BIBL. : Sauneron, *Les Fêtes religieuses d'Esna*, Le Caire, 1962.)

F

FAYOUM
C'est une oasis située dans le désert libyque à 70 km environ au sud du Caire. Elle est très étendue. Un lac saumâtre occupe le fond de la cuvette qu'elle constitue. Elle aurait été aménagée en réservoir d'eau pour l'Égypte au Moyen Empire. Les Ptolémées y étendirent et intensifièrent les cultures. Des villes grecques, aujourd'hui reprises par le désert, telles Dimeh et Karashis, y avaient été édifiées et ont livré beaucoup d'objets et de papyrus. Dans la ville appelée aujourd'hui Médinet Fayoum, on adorait le dieu-crocodile, Sobek. Amménémès III et Sésostris III construisirent leurs pyramides à l'entrée du Fayoum.

FER
Le minerai de fer se trouve en Égypte et le fer météorique était employé dès l'époque préhistorique pour fabriquer des perles. Une des herminettes nécessaires à l'ouverture de la bouche devait être en fer, celui-ci ayant valeur plus ou moins sacrée. Puis on signale quelques objets en fer, mais il faut attendre la XVIIIe dynastie pour trouver des instruments en fer

en quantité appréciable. Il est remarquable que Toutankhamon n'ait possédé qu'un poignard en fer dans son très riche mobilier. Ce métal devient de plus en plus abondant au cours des dynasties suivantes. Il semble que ce soit les Hittites qui aient mis au point le travail du fer, vers le milieu du second millénaire, sur le plateau d'Anatolie. Mais il ne devient aussi commun que le bronze, en Égypte, qu'à la XXVIe dynastie. On connaît des fonderies dans le Delta. Il est probable que si le cuivre et le bronze ont été seulement employés au début, c'est que, en dépit de leur température de fusion, on pouvait les marteler à froid tandis que le fer devait se forger chaud.

FONDATION D'UN TEMPLE
Toute une série de rites étaient nécessaires pour fonder un temple. Ils sont dépeints sur les parois de nombreux monuments. Il fallait d'abord déterminer l'orientation, puis tendre le cordeau pour tracer le plan, ensuite piocher à l'endroit où l'on creuserait les fondations, damer le sol, placer ensuite le dépôt de fondation, qu'on a préalablement offert au dieu, puis purifier le temple au natron et le consacrer. Tous ces actes étaient symboliquement exécutés par le roi ou son délégué. Un texte du Moyen Empire montre d'ailleurs que le roi délibérait avec son conseil de courtisans avant d'entreprendre l'érection du temple, qui était un des devoirs essentiels de sa fonction.

G

GEB
Dieu de la terre, parèdre de la déesse du ciel, Nout. C'est un dieu surtout théologique, l'un des quatre éléments qui ont formé le monde. Dans la mythologie, il passait pour le premier roi d'Égypte, dont le trône est dit Trône de Geb.

GEBEL SILSILEH
A 155 km au sud de Louxor, le Nil est rétréci entre deux avancées de la falaise. Dans le grès très beau on a exploité des carrières situées au bord même de l'eau, ce qui facilitait beaucoup le transport des blocs. Sur la rive gauche du fleuve, Horemheb a creusé un speos ; des chapelles (Séthi Ier et Ramsès II) contenant un hymne au Nil se trouvent un peu plus au sud.

GIZA
Village situé à 15 km à l'ouest du Caire. Tout à côté, sur la falaise libyque, se trouvent les trois pyramides de Khéops, Khéphren et Mykérinos, et les nombreux tombeaux qui les entourent, ainsi que le Sphinx. On est loin d'avoir achevé les fouilles de cette immense nécropole de l'Ancien Empire.

GRÈVE
Un document tout à fait curieux nous apprend comment les ouvriers de la nécropole royale, sous la XXe dynastie, ont fait grève parce qu'ils n'étaient pas payés. C'est la première manifestation de ce genre que nous ait conservé l'histoire.
(BIBL. : Papyrus célèbre de Turin, traduit par Spiegelberg, *Arbeiter und Arbeiterbewegung im Pharaonenreich unter den Ramessiden*, Strasbourg, 1895 ; on dispose maintenant du texte transcrit par Gardiner, *Ramesside Administrative Documents*, Londres, 1948, pp. 52-59.

GUERZÉEN
Époque de la préhistoire égyptienne caractérisée par une civilisation dont les vestiges typiques ont été retrouvés à El Guerzeh, près de Meidoum, sur l'emplacement d'une nécropole.

H

HAPIS
Nom de taureau sacré de Rê.

HAPY
C'est le nom que les Égyptiens donnaient au Nil en crue. Il était d'importance si vitale pour eux qu'ils avaient fixé le début de leur année au moment où l'inondation arrivait. Le Nil n'était pas autre chose à leurs yeux qu'une résurgence de l'océan primordial qui entourait le monde. Il jaillissait du sol, pour l'Égypte, près d'Éléphantine, dans les remous de la cataracte. Mais le principe de dualité amena à admettre aussi qu'il jaillissait, pour la Basse-Égypte, du côté de Roda. Il n'avait pas de temple, mais entretenait la vie des dieux et des hommes. C'est lui qui, sur les soubassements des temples, apportait les offrandes de toutes les propriétés qui alimentaient le sanctuaire.

Un ventre replet et de longs seins féminins symbolisaient sa fécondité inépuisable.

HARMAKHIS
Horus-de-l'horizon, c'est le nom qu'on donnait au sphinx de Gizâ, gardien de la nécropole. Les rois de la XVIIIe dynastie l'honorèrent d'un culte et de stèles fort intéressantes, qu'on voit encore sur place.

HARPOCRATE
Horus l'enfant, c'est le nom que l'on donna à Horus, fils d'Isis et d'Osiris. On le représentait comme un enfant, le doigt à la bouche. Mais, peu à peu, ce geste devint celui du silence mystique et fut interprété comme tel surtout à l'époque gréco-romaine.

HARSAPHÈS
Dieu à tête de bélier qui était honoré à Héracléopolis. Les Grecs donnèrent ce nom à la ville parce qu'ils identifièrent ce dieu à leur Héraclès. Son nom signifie : *Celui-qui-est-sur-son-lac*. Les spéculations théologiques en firent un dieu du ciel dont le Soleil et la Lune étaient les yeux.

HATCHEPSOUT
Fille de Thoutmosis Ier et de la reine Ahmosis, on la maria à un prince qui n'était pas de sang purement royal, Thoutmosis II, pour qu'il puisse légitimer son accès au trône. Thoutmosis II mourut au bout de peu de temps, ne laissant que deux filles légitimes et un fils, né d'une concubine. C'est ce dernier qui devait devenir roi sous le nom de Thoutmosis III.

HATHOR
La-Demeure-d'Horus : C'est le nom de la déesse céleste primitive qui mettait au monde le dieu Horus lui-même. Elle était aussi déesse de la beauté, de la joie et de l'amour. Cette maternité divine l'avait apparentée à l'une des vaches célestes très anciennes. Elle en avait conservé les oreilles qui apparaissent sur toutes ses représentations, lorsqu'elle est munie de l'encombrante perruque qui la caractérise. Mais il est rare qu'on lui donne une tête de vache. Son aspect maternel fait que les morts retournent à elle, et elle a pris un caractère funéraire qu'elle ne semble pas avoir eu au début et qui apparaît nettement dans la nécropole thébaine. Elle était adorée en Égypte en de nombreux endroits, mais Dendara lui était particulièrement consacré. Elle régnait aussi au Sinaï, à Byblos et dans le lointain pays d'Oponé. Déesse de l'ivresse, elle recevait, à l'occasion de la fête de l'ivresse, l'offrande d'un vase de vin, accompagné de chants et de danses. Assimilée à l'*Œil-de-Rê*, elle avait été ramenée par Thot et Chou du fin fond de l'Afrique.

HEB-SED
Fête royale remontant à la préhistoire. Elle était célébrée, en principe, au bout de trente ans de règne, puis répétée à intervalles plus rapprochés ; mais il y a des pharaons qui l'ont célébrée plus tôt. Elle devait rendre au roi vieilli la force et la jeunesse. Elle comprenait des cérémonies devant différents dieux, des vêtures diverses de couronnes et de costumes dont chacun apportait l'appoint de sa protection ou de sa puissance. Nous n'en possédons pas une représentation complète, et les textes concernant ses rites sont très lacuneux.

HÉLIOPOLIS
Son nom égyptien, que l'on retrouve dans la bible, était *On*, ou mieux *On-du-Nord*. Son temple, dédié à Atoum, puis à Rê, s'élevait près de l'obélisque de Sésostris Ier que l'on voit encore à Mataria, au nord du Caire. On a retrouvé quelques-uns des taureaux Mnévis, animaux sacrés du dieu Rê. C'était une ville très ancienne, et son clergé avait fondé, dès l'aube de l'histoire, une des écoles théologiques les plus remarquables d'Égypte, si bien que les théories héliopolitaines se répandirent à travers tout le pays et que les autres écoles, celle de Thèbes surtout, subirent fortement son influence. Les voyageurs grecs vinrent prendre contact avec l'Égypte antique à Héliopolis, Platon et Eudoxe en particulier.

HÉLOUAN
On a retrouvé à Hélouan, au sud du Caire, une nécropole comptant une grande quantité de tombes. La plupart remontent à l'époque thinite (Ire et IIe dynasties). Les plus pauvres ne sont que des fosses creusées à même la terre, mais les plus importantes comportent, au fond d'un puits, un caveau dont les parois étaient revêtues de briques et quelquefois de dalles de calcaire. Il est possible qu'Hélouan

ait été la nécropole d'Héliopolis sous les premières dynasties.
(BIBL. : Zaki Y. Saad, *Royal Excavations at Helwan*, Suppl. « Annales du Service des Antiquités », Le Caire, 1947-1951.)

HÈQET
Déesse à tête de grenouille originaire de Hirour (Antinoüpolis) en moyenne Égypte. Elle était associée au dieu Khoum et participait avec lui au mystère de la Naissance divine en tendant la vie au jeune roi que Khnoum venait de modeler à son tour.

HÉRACLÉOPOLIS
Aujourd'hui Ahnas el-Médina, un peu au sud de l'entrée du Fayoum. La ville, l'ancienne Nennésout des Égyptiens, eut une importance réelle quand elle devint capitale sous les IXe et X^e dynasties, après la révolution qui engloutit l'Ancien Empire. Des rois, intelligents et lettrés, soutenus par une aristocratie intellectuelle, créèrent une littérature originale à tendance morale très accentuée. *Enseignement pour le roi Mérikarê*), mais elle perdit de son importance après la conquête du pouvoir par les Thébains. Elle retrouva un regain de vitalité bien tard, sous les dynasties saïtes, et des prophéties prêchaient, au début de l'occupation grecque, que le salut viendrait d'elle. On y adorait un dieu-bélier, Harsaphès. Sa nécropole est près de Sedment.

HERMONTHIS
Ville du dieu guerrier Montou, située à 25 km au sud de Louxor. Les ruines du temple s'y voient encore, mais le mammisi, intact jusqu'au milieu du siècle dernier, a été détruit à cette époque. On y a retrouvé aussi les tombeaux des taureaux Boukhis, consacrés à Montou. Deux déesses étaient les parèdres de ce dieu, Iounit et Tjenenet. Plus tard, Rattaoui devint l'épouse de Montou, et Harprê leur fut donné comme fils. La ville portait le nom de *On*, comme Héliopolis. Aussi, pour la distinguer, l'appelait-on *On-du-Sud*.
(BIBL. : Mond et Myers, *Cemeteries of Armant*, 2 vol., Londres, 1938 ; *Temples of Armant*, 2 vol., 1940 ; The Bucheum, 3 vol., Londres, 1934.)

HERMOPOLIS MAGNA
Ville de moyenne Égypte, sise au voisinage de Mellaoui. En égyptien, elle s'appelait *Chmoun*, Ville-des-huit-dieux, ce qui a donné le nom moderne de Achmounein. Les « Huit », ou l'Ogdoade, était le nom des quatre paires de dieux primitifs mis au monde par Thot, au début de la création. La ville était consacrée à Thot dont le temple, ruiné, subsiste encore. Ce dieu avait été assimilé par les Grecs à Hermès, d'où le nom d'Hermopolis. Dans le désert, près de la nécropole, à Touna el-Gebel, s'élevait un autre grand temple du dieu. Les idées cosmogoniques de ses prêtres et leur enseignement moral eurent sur la spéculation égyptienne une grande influence. Le tombeau de Pétosiris, à Touna el-Gebel, nous a conservé quelques-uns des textes les plus beaux de la littérature religieuse égyptienne. Dans le Delta, près de l'actuelle Damanhour, s'élevait une autre ville consacrée à Thot, Hermopolis Parva.
(BIBL. : G. Roeder et coll., *Hermopolis 1929-1939*, Hildesheim, 1959.)

HÉRODOTE
Hérodote (484-425 av. J.-C.) naquit à Halicarnasse au sud-ouest de l'Asie Mineure. Mêlé à des luttes politiques, il dut finalement s'expatrier (444) à Thourioi, fondation destinée à remplacer Sybaris en Italie méridionale. Il avait entrepris une vaste *Enquête* sur les relations des Grecs et des Perses et voyagea dans un grand nombre de pays dont il devait parler. Il visita l'Égypte vers la fin de la première domination perse et lui consacra tout son livre II (auquel on donna le nom d'*Euterpe* — chacun des neuf livres de l'œuvre portant le nom d'une muse). Il y revient souvent dans les autres parties de l'ouvrage. C'est qu'il la trouvait plus riche de merveilles que n'importe quel autre pays. Plus nous pénétrons dans la connaissance précise de l'Égypte antique, plus les documents originaux témoignent en faveur de l'exactitude d'Hérodote.
(BIBL. : Voir l'édition Legrand, coll. Budé, surtout le tome II, Paris, 1937, et la traduction de A. Barguet, coll. « La Pléiade », Paris, 1964, très au point, avec les notes, utilisant la bibliographie la plus récente, de P. Barguet.)

HIÉRATIQUE
Forme cursive de l'écriture hiéroglyphique.

HIÉROGLYPHES
Nom donné aux caractères d'écriture égyptiens, lorsqu'on croyait qu'ils avaient un emploi exclusivement religieux.

HOREMHEB
Ancien général qui devint roi après la mort de Ayé, à la fin de la XVIIIe dynastie. Il s'employa à rétablir l'orthodoxie amonienne par des décrets, et à restaurer l'ordre social que la réforme religieuse d'Akhenaton avait troublé. Il avait fait élever à Saqqara une très belle tombe ornée de bas-reliefs rappelant la manière amarnienne et annonçant déjà l'art de la XIXe dynastie. Puis il se fit enterrer dans un tombeau inachevé de la Vallée des rois, préparé sans doute pour un de ses prédécesseurs immédiats.

HORUS
Ce seul nom recouvre sans aucun doute plusieurs entités divines. Un ancien dieu dynastique donna son nom aux rois d'Égypte qui, dès l'origine, furent des Horus. Son nom fut écrit par le faucon qui était son animal sacré. On en élevait à Edfou, à l'époque tardive, dans un temple placé en face du mammisi, et aussi à Athribis, en Basse-Égypte. Primitivement, il était représenté face au dieu Seth, avec qui il ne s'entendait pas toujours très bien, mais qui formait avec lui une dualité chère à l'esprit égyptien. Peu à peu, on fit entrer Horus dans le système théologique hiéliopolitain, et il devint le fils d'Isis et d'Osiris. Il incarna donc le principe du bien comme son père Osiris. Ayant réussi à échapper aux pièges de Seth, il finissait par reconquérir son juste héritage après avoir vaincu Seth, devenu l'incarnation du mal et des étrangers. Un autre Horus encore était un ancien dieu céleste, dont le nom signifie peut-être *Celui-qui-est-loin*. Un de ses yeux était le Soleil, l'autre la Lune. On le retrouve sous différentes épithètes. Il avait symbolisé, non seulement par le faucon, mais par un soleil ailé, qui devint dans l'art égyptien un symbole protecteur.
(BIBL. : Mercer, *Horus, Royal God of Egypt*, Grafton, 1942.)

HYKSOS
Littéralement, en égyptien, *Régents-des-pays-étrangers*. C'étaient des rois d'origine asiatique qui s'étaient implantés dans le Delta oriental, à partir du dix-huitième siècle avant notre ère. Ils formèrent les XVe et XVIe dynasties. Leur capitale fut Avaris, peut-être devenue plus tard Tanis. Ils avaient adopté la civilisation égyptienne et même la titulature pharaonique. Ils paraissent avoir adoré Seth qui recouvrait sans doute un Baal. Le mouvement nationaliste vint des princes de Thèbes (XVII^e^dynastie) qui chassèrent les Hyksos de la moyenne puis de la Basse-Égypte, surent empêcher leur liaison avec la Nubie, et finalement prirent leur capitale et mirent fin à leur domination. Ahmosis Ier, qui accomplit cet exploit, fonda la XVIIIe dynastie.

I

ICHTAR
Déesse accadienne de l'Amour et de la Guerre. L'Ichtar de Ninive, qui avait aussi des pouvoirs thérapeutiques, fut envoyée à Aménophis III vieilli et malade.

IMOUTHÈS
Transcription grecque du nom porté par l'architecte et ministre de Djéser, à la IIIe dynastie.
(BIBL. : Sethe, *Imhotep, der Asklepios der Aegypter*, Leipzig, 1902.)

IMPÔTS
On n'en peut rétablir exactement ni le nombre ni l'histoire, mais on possède des extraits de rôles du Moyen Empire et des représentations de mensurations préliminaires à la taxation au Nouvel Empire.

IMYT-PER
Acte juridique relatif au droit de propriété.

ISIS
Nous ne savons d'où elle vient. Peut-être du Delta, de l'Iseum de Behbet el-Haggar. De très bonne heure, elle fut jointe à Osiris comme épouse. Mais elle avait une forte personnalité. Elle sut retrouver les fragments du cadavre dépecé du dieu assassiné par Seth et les réunir, puis les ressusciter grâce à ses connaissances magiques. Son fils Horus, conçu après la résurrection d'Osiris, est l'objet de tous ses soins, et sa sollicitude maternelle n'est pas inférieure à son amour d'épouse. Ces

qualités remarquables la firent accéder, avec Osiris, aux plus hautes destinées. A l'époque romaine, elle devint la grande déesse unique qui réunit en elle toutes les déesses. Des textes tardifs égyptiens font, en ce sens, pressentir ceux d'Apulée. On célébrait pour elle des cérémonies secrètes, des mystères qu'adaptèrent les sectaires isiaques de la civilisation classique. On connaît des Iseum un peu partout dans le monde hellénistique et dans le monde romain des premiers siècles, mais ceux de Délos, de Pompéi et de Rome sont particulièrement célèbres. C'est Plutarque qui nous a le mieux transmis sa légende, connue seulement par des allusions dans les textes égyptiens. Elle eut un sanctuaire célèbre à Philae. (BIBL. : Plutarque, *Isis et Osiris*. Texte grec publié par Parthey, 1850; trad. franç. de Mario Meunier, Paris, 1924.)

J

JEU DE MOTS
Comme le mot, pour l'Égyptien, exprime l'essence même de la chose, deux réalités différentes qui ont le même nom doivent avoir une essence identique. Le scarabée *(Kheperer)* représente le soleil levant, Khepri, le dieu *qui est venu à l'existence (kheper) de lui-même*. Ce n'est donc pas un jeu aux yeux d'un ancien, mais la découverte d'une identité métaphysique. Amon est un dieu caché *(amon)* et par là même inconnaissable. C'est à partir de ce nom qu'on a construit toute une théologie de l'incognoscibilité divine. Les exemples abondent.

JEUX
Hérodote prétendait que les jeux de patience avaient été inventés par les Lydiens assiégés dans Sardes, pour tromper leur faim. Mais il en existait déjà dans l'Égypte antique. A l'Ancien Empire, le jeu du serpent enroulé devait ressembler à notre jeu de l'oie; six personnes pouvaient y participer. On connaît plus tard un jeu qui se pratiquait sur un damier rectangulaire à trente cases. Les fouilles ont rendu une tablette percée de trous sur laquelle on faisait évoluer cinq chiens et cinq chacals. Mais nous ne connaissons pas les règles de ces jeux. Ils semblent avoir tenu un rôle dans les rapports entre vivants et morts. On peut gagner au jeu les âmes des défunts qui doivent céder aux instances des vivants quand elles perdent. Les enfants pouvaient avoir, pour jouer, des pantins articulés, des poupées d'étoffe, des toupies.

JUGEMENT DES MORTS
Les Égyptiens semblent avoir admis, dès l'Ancien Empire, que les morts étaient jugés dans l'au-delà. La chose est tout à fait claire lors des dynasties héracléopolitaines. L'*Enseignement pour Mérikarê* établit un jugement dont les normes sont purement éthiques. L'homme ne peut cacher aux juges aucun fait de sa vie, même s'il est ancien. Ses actes demeurent après la mort auprès de lui. Le jugement était codifié dans le chapitre CXXV du *Livre des Morts*. On se heurte à des impossibilités sans fin si on veut en faire un moyen de salut purement magique. C'était un code enseigné aux fidèles d'un groupe religieux peut-être restreint. Les biographies font sans cesse allusion à ce jugement jusqu'à l'époque grecque et romaine. Il paraît être à la source du mythe du jugement exposé par Platon dans le *Gorgias*.
(BIBL. : Drioton, *Le Jugement des âmes dans l'ancienne Égypte*, *Pages d'égyptologie*, Le Caire, 1957; et J. Yoyotte, *Le Jugement des Morts*, dans « Sources orientales », IV, pp. 15 à 80, Paris, 1961.)

K

KA
Ce mot, peut-être apparenté à celui qui signifie aliments, désignait une partie du composé humain. Il était fondamental et ne quittait pas l'homme depuis sa naissance. Le roi est toujours suivi par son *ka* dans les actes cultuels importants, à la bonne époque. Aussi, anciennement, Maspero l'appelait-il le *double*. Mais il et plus que cela. Il exprime la puissance fondamentale de l'homme, peut-être même sa puissance sexuelle. Il finit par s'identifier avec le nom. Il a besoin de se nourrir, mais ne prend que l'essence des aliments qu'on lui présente. Le simulacre, du reste, lui suffit. Il peut utiliser des monuments qui ne possèdent que des façades, et sans doute même des monuments enfouis dans les fondations de constructions postérieures. Il a donc une fluidité considérable. Mais, faute d'une analyse

égyptienne de ce concept, nous avons encore beaucoup de peine à le saisir entièrement.
(BIBL. : Derniers travaux : L. Greven, *Der Kain Theologie... des alten Reichs*, Glückstadt, 1952 ; et U. Schweitzer, *Das Wesen des Ka...*, Glückstadt, 1956.)

KAGEMNI
Vizir du roi Téti. Il avait écrit un *Enseignement* dont une partie nous est parvenue.

KAMOSIS
Dernier des énergiques dynastes thébains (XVIIe dynastie) qui contribuèrent, avant Ahmosis, à chasser les Hyksos d'Égypte.

KARNAK
Nom du village arabe actuel près duquel se trouve le grand temple dynastique d'Amon dans l'ancienne Thèbes. Une partie du terrain au nord avait été réservée au dieu Montou, très important dans la région thébaine. Au centre du territoire d'Amon, il y avait des constructions du Moyen Empire aujourd'hui disparues. Au Nouvel Empire, d'une part, le temple avait été agrandi vers l'est d'une partie qui semble empruntée à un plan héliopolitain et qui concernait sans doute l'union de Rê et d'Amon. Vers l'ouest, d'autre part, les constructions n'avaient cessé d'être ajoutées les unes aux autres ; un reposoir des barques sacrées, deux salles hypostyles, des obélisques. Finalement Séthos Ier puis Ramsès II ajoutèrent la salle hypostyle géante et le deuxième pylône ; Taharqa, le kiosque qui précède et un de ses successeurs, le premier pylône. Dans l'enceinte d'Amon se trouvait encore un temple de Ptah au nord, un temple d'Osiris à l'est et un autre au sud, un temple de Khonsou plus au sud encore. Hors de l'enceinte d'Amon, vers Louxor, se trouvait le temple de Mout, muni d'un lac semi-circulaire appelé Achérou et comprenant plusieurs constructions. Cette immense série d'édifices sacrés est de la plus grande importance pour comprendre le dieu Amon et rassemble des souvenirs de toute l'histoire égyptienne.
(BIBL. : P. Barguet, *Le Temple d'Amon-Rê à Karnak*, Le Caire, 1962.)

KEFTIOU
Nom d'un peuple que les Égyptiens situaient vers le nord, en liaison avec la mer. Ce sont très probablement les Crétois.

KHASEKHEMOUI
Dernier roi de la IIe dynastie.

KHENTAMENTYOU
Très ancien dieu d'Abydos supplanté par Osiris. Patron des morts et de la nécropole ; son nom signifie : *Celui-qui-est-à-la-tête-des-Occidentaux*.

KHÉOPS
Pharaon de la IVe dynastie, constructeur de la grande pyramide de Gizâ.

KHÉPHREN
Successeur de Khéops. A construit l'une des pyramides de Gizâ.

KHÉPRI
Celui-qui-vient-à-l'existence, nom du dieu solaire qui sans cesse recommence à naître à une vie nouvelle. C'est un dieu primordial à Héliopolis. On lui donne forme de scarabée parce que les consonnes du mot scarabée sont les mêmes que celles du verbe *venir à l'existence*.

KHNOUM
Dieu à tête de bélier qui, sur son tour à potier, avait façonné l'humanité. Il symbolisait la force créatrice. C'est lui qui modelait l'enfant-roi dans le mystère de la Naissance divine. On l'adorait en beaucoup de lieux d'Égypte. Mais il régnait particulièrement à Éléphantine et à Esna, où les textes tardifs gravés sur les colonnes de son temple nous révèlent à la fois son rituel et sa théologie.
(BIBL. : Ahmad Badawi, *Der Gott Chnum*, Glückstadt, 1937.)

KHONSOU
Anciennement, c'était sans doute un dieu lunaire dont le nom paraît signifier *le Voyageur*. A Thèbes, on lui éleva un temple au sud de celui d'Amon. Il avait été joint à Amon et Mout comme dieu-fils de la triade. Il avait aussi un autre temple et un nom particulier : *Khonsou-le-Conseiller ;* sous cette forme, il devint un dieu guérisseur et même un dieu de Salut, comme il appert de la fameuse stèle de Bakhtan.

30. LE GRAND TEMPLE D'AMON A KARNAK

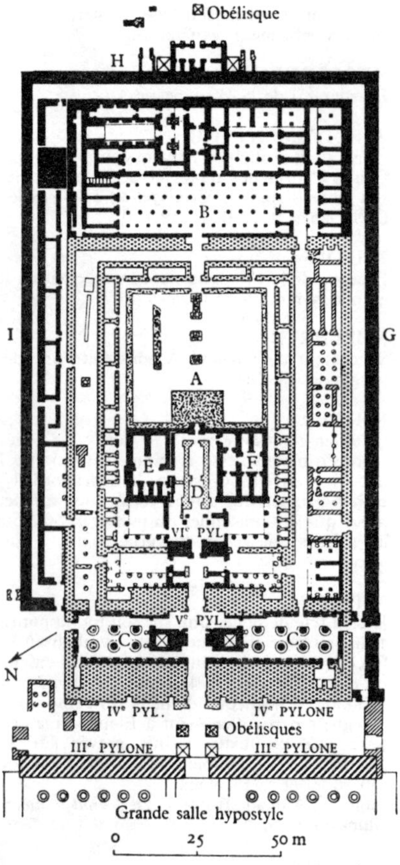

Moyen Empire
Thoutmosis Ier
Hatchepsout
Thoutmosis III et attribué à Thoutmosis III
Aménophis III
Ptolémaïque et Romain
Attribué à Ramsès IX ou non daté

(D'après J. Vandier, Manuel d'archéologie égyptienne, *t. II, fasc. II, plan de H. Chevrier, Paris, 1955.) Le temple dynastique de Karnak a joué un tel rôle depuis que le dieu Amon avait porté au pouvoir Amménémès Ier, fondateur de la XIIe dynastie, que chaque souverain, depuis ce moment, a cru bon d'ajouter quelque construction ou d'y sculpter quelque relief. S'il n'était pas détruit, il nous relaterait tous les fastes religieux, et même politiques ou militaires, des pharaons qui se sont succédé depuis le début du Moyen Empire. Les chaufourniers du Moyen Age et des temps modernes ont envoyé impitoyablement au four à chaux tout ce qui était en calcaire, si bien que le centre (A) datant du Moyen Empire a complètement disparu, à l'exception d'un socle en albâtre de Sésostris Ier. A partir de Thoutmosis Ier et surtout de la reine Hatchepsout, on bâtit certaines parties en grès ; quelques-unes ont subsisté. Dès l'époque de Thoutmosis Ier, le temple possédait un* Akhmennou *(les constructions qui s'étendent de B jusqu'à l'est), dont nous ignorons le plan, et commençait sans doute au IVe pylône, à l'ouest. C'est à l'intérieur même de la salle hypostyle de ce roi que la reine fit dresser ses deux obélisques de plus de 30 mètres de haut (en C). Elle construisit le sanctuaire de la barque (D) et les chambres qui l'entourent (E, L, F). Thoutmosis III refit en grès les colonnes de la salle hypostyle de Thoutmosis Ier (C), remplaça le sanctuaire en quartzite rose de la reine (D) par un nouveau sanctuaire en granit, couvrit, dans la mesure du possible, les murs ornés par la reine d'autres constructions (E, F), refit entièrement le* Akhmennou *et entoura l'ensemble d'un nouveau mur d'enceinte (G, H, I). Aménophis III construisit le IIIe pylône ; Taharqa dressa le kiosque qui précède ; Ramsès III, le temple-reposoir du sud ; Séthos Ier celui du nord ; les Bubastites, un portique au sud ; Philippe Arrhidée remplaça le sanctuaire de la Barque (D). Sous les Ptolémées, on orna la porte du IIe pylône et l'on édifia au sud le temple de la naissance d'Osiris. Encore ne tenons-nous compte ni des temples de Montou et de Ptah au nord, ni des temples de Mout et de Khonsou au sud !*

KOM OMBO
Nom actuel d'une ville ancienne, à 178 km au sud de Louxor. Un grand temple ptolémaïque et romain s'élève encore sur une colline qui domine le Nil. Il présente une particularité unique : il est divisé longitudinalement en deux sections dont chacune est consacrée à un dieu : Haroéris d'un côté, Sobek de l'autre. Bien qu'il soit plus ruiné que Dendara ou Edfou, on y retrouve aisément, à partir de l'entrée, les différents éléments des temples de basse époque : salle hypostyle, salle de l'Apparition, salle des offrandes, salle de l'Ennéade, sanctuaire. Il était entouré d'un couloir de ronde, sur un bas-relief duquel se voient des instruments chirurgicaux. Puits sacré, mammisi, pylône subsistent encore plus ou moins intacts à côté du temple majeur.
(BIBL. : Alex. Badawy, *Guide de Kom Ombo*, Le Caire, 1952.)

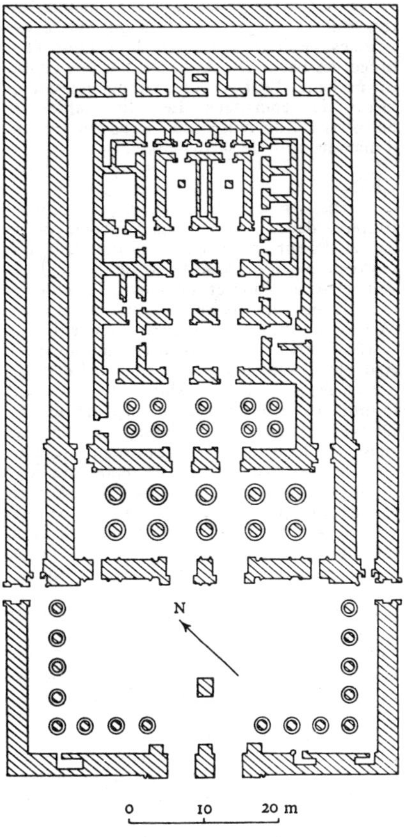

31. LE TEMPLE DE KOM OMBO

(D'après Morgan.) Le temple de Sobek et d'Haroéris à Kom Ombo présente la particularité unique d'avoir toutes ses portes dédoublées pour servir à la fois ces deux divinités. Le monument possède donc deux axes parallèles.

KOPTOS
Aujourd'hui Qeft, au nord de Louxor. C'est le point au bord du fleuve où aboutissait la route qui venait de la mer Rouge par le Ouadi Hammamat. La ville fut enrichie par le commerce. Elle était consacrée au dieu Min. On y a retrouvé des décrets royaux de l'Ancien Empire accordant des privilèges (exemption de taxes et de corvées) au clergé.

KOUCH
Nom du pays qui s'étendait au sud de la deuxième cataracte, conquis par l'Égypte au Moyen Empire, asservi à la XVIIIe dynastie. Un roi kouchite conquit l'Égypte en 730 av. J.-C. et fonda la XXVe dynastie égyptienne. Après la disparition de ces rois de Napata, un autre royaume se forma, plus au sud, à Méroé. Sa langue et son écriture particulières le montrent plus éloigné de la culture égyptienne. Mais tous deux la conservaient en plein cœur de l'Afrique, et les rois de Napata, en dépit de l'hostilité des nationalistes égyptiens, ne faisaient qu'à peine figure d'étrangers en Égypte.

L

LABYRINTHE
Temple funéraire d'Amménémès III au Fayoum, décrit par Hérodote et Strabon. Il était composé d'une multitude de chambres et de couloirs qui ont fait donner au mot le sens de construction dont les communications sont

inextricables. Les restes qui en ont été retrouvés sont extrêmement ruinés.

LAC SACRÉ
Tous les temples d'Égypte possédaient un lac sacré, dont l'eau, jaillie du fond de la terre, était censée venir du Noun, l'océan primordial égyptien.

LANGUE ÉGYPTIENNE
Parente, d'un côté, des langues sémitiques, et, de l'autre, des langues berbères, nubiennes, somalies, l'égyptien entre dans la grande famille chamito-sémitique. Mais implanté sur un terrain africain, il semble devoir à son substrat un développement très particulier. Parti d'une morphologie de type synthétique, tant pour le verbe que pour le substantif, il aboutit à des formes verbales purement analytiques dans le copte qui constitue le dernier état linguistique de l'égyptien ancien.
(BIBL. : G. Lefebvre, *Grammaire de l'égyptien classique*, Le Caire, 1955.)

LETTRES AUX MORTS
On écrivait aux morts dans l'ancienne Égypte, surtout sur des poteries, parfois aussi sur des papyrus, qu'on laissait dans les tombeaux. On leur demandait soit de cesser de tourmenter les vivants, soit de les aider dans des circonstances pénibles.
(BIBL. : Gardiner et Sethe, *Egyptian Letters to the Died...*, Londres, 1928.)

LIBYE
Ce pays, qui s'étend au bord de la mer, à l'ouest de l'Égypte, a joué souvent un rôle important dans son histoire. Dès l'époque thinite, on connaît des expéditions dirigées contre les habitants de la Libye. A plusieurs reprises, ceux-ci firent peser sur l'Égypte une menace et finalement, ce fut un dynaste libyen, Chéchanq Ier, qui fonda la XXIIe dynastie. Il appartenait à une famille de princes libyens assimilés depuis longtemps et commandant des mercenaires de son pays engagés dans l'armée pharaonique.
(BIBL. : U. Hölscher, *Libyer und Aegypter*, Glückstadt, 1937.)

LICHT
Village moderne en bordure du désert libyque, à une soixantaine de kilomètres au sud du Caire. Tout près s'élèvent les deux pyramides, de Sésostris Ier au sud, et d'Amménémès Ier au nord. La capitale de ces rois, Itjtaoui, devait s'élever non loin de là, dans la vallée. Les deux pyramides sont maintenant très ruinées, mais les fouilles ont révélé des vestiges de leurs enceintes dont l'une était ornée, en bas-relief, de beaux faucons coiffés du pschent. Tout autour s'élevaient les tombeaux des courtisans. Les dix statues de Sésostris Ier, du musée du Caire, proviennent d'une chambre de sa pyramide.

LION
Ce carnassier se trouvait encore, au Nouvel Empire, dans le désert au voisinage de la vallée. Il avait impressionné les Égyptiens qui voyaient en lui quelque chose de divin. Aussi vénéraient-ils Chou et Tphénis à Leontopolis sous forme d'une paire de lions. Sekhmet, à Memphis, avait des lionnes pour animaux sacrés. Pakhet, près de Beni Hassan, au speos Artemidos, était une déesse lionne. Et Mout, à Karnak, assimilée à Sekhmet, avait souvent le mufle de la lionne sur un corps de femme. Deux lions du désert adossés formaient le signe sur lequel, mythologiquement, se couchait le soleil ; aussi les lits de repos royaux et divins avaient-ils des pieds se terminant en tête de lion, puisque le dormeur était assimilé au Soleil se plongeant dans le sommeil de la mort pour en ressortir renouvelé à l'aurore. Le roi eut le lion pour image. Et l'on voit sur les reliefs ou les peintures des lions qui secondent l'action victorieuse du roi et augmentent le carnage de ses ennemis.
(BIBL. : U. Schweitzer, *Löwe und Sphinx*, Glückstadt, 1941 ; De Wit, *Le Rôle et le sens du lion dans l'Égypte ancienne*, Leyde, 1951.)

LIVRE DES MORTS
Recueil de chapitres provenant parfois de compositions plus anciennes, placé auprès de la momie d'un certain nombre d'Égyptiens. Son nom ancien était *Formules pour sortir au jour*. Il apparaît au Nouvel Empire et on le trouve jusqu'à la fin de la civilisation égyptienne. Il contient des hymnes aux dieux qu'il convient d'adorer, des rituels symboliques pour identifier le défunt aux suivants d'Osiris, des chapitres dits de transformations en un certain nombre d'animaux (exprimant sans doute l'acquisition par le défunt de quel-

ques qualités indispensables à sa béatification finale), des exposés de géographie infernale, des indications sur les dispositions morales nécessaires au défunt, en dehors des connaissances théologiques, pour être admis dans le royaume d'Osiris (chap. VI et CXXV par exemple). Cet ensemble se présente comme un compendium des enseignements donnés de leur vivant à des groupes d'initiés religieux qui emportaient ce mémento dans la tombe. Les variantes de rédaction, sur plus de quinze cents ans, sont nombreuses. Aussi l'ouvrage est-il difficile à traduire, d'autant plus que les copies, nombreuses et exécutées hâtivement, sont souvent mauvaises.
(BIBL. : La plus récente traduction est celle de Th. G. Allen, *The Egyptian Book of the Dead...*, Chicago, 1960. Une traduction française due à la science de P. Barguet, est sous presse.)

LOTUS
Deux sortes de lotus flottaient sur les eaux douces dans l'Antiquité : le bleu *(Nymphaea cerulea L.)* et le blanc *(Nymphaea lotus L.)*. Sur le tard, le *Nymphaea nelumbo* s'introduisit ; ses feuilles sont beaucoup plus grosses. La partie inférieure de la tige des uns et des autres est comestible. Est-ce la couleur bleue du premier qui lui donna valeur céleste ? Toujours est-il qu'on l'emploie pour redonner vie au mort qui le respire (on en dépose des guirlandes sur le cercueil) et qu'on l'offre aux dieux. D'ailleurs, le bouton, qui monte lentement dans les eaux pour s'épanouir à la surface, suggéra l'image du soleil primordial qui sortit d'un lotus d'or apparu sur le Noun. On le représente tardivement comme un petit enfant, le doigt sur la bouche, assis sur un lotus épanoui. Avec les boutons de lotus, ses fleurs ou ses tiges à sections triangulaires, on orna les colonnes fasciculées ou campaniformes de l'ordre dit lotiforme.

LOUXOR
Petite ville de Haute-Égypte située au sud de l'ancienne Thèbes, capitale des rois du Moyen et du Nouvel Empire. Un temple d'Aménophis III, Toutankhamon, Horemheb, Ramsès II est encore en grande partie debout. Outre les renseignements historiques qu'il nous transmet, ses colonnades merveilleuses donnent une idée de ce que fut la splendeur des temples thébains à la belle époque. Une allée de sphinx, formant dromos, reliait le temple de Karnak à celui de Louxor. Devant le pylône de Ramsès II se dressaient les colosses et deux obélisques offerts à la France par Méhémet-Ali. Celui de l'ouest se dresse aujourd'hui sur la Concorde. L'autre est en place. La première cour qui suit est ornée de colosses de Ramsès II, mais demeure encombrée par la mosquée d'Aboul Haggag. Ensuite se dresse la grande colonnade ornée par Toutankhamon et Horemheb. Sur les murs qui l'entourent se déroulent tous les épisodes de la belle fête d'Opet. Elle aboutit à une cour, entourée de portiques soutenus par des colonnes fasciculées, sauf au sud où se trouve une salle hypostyle, suivie d'une grande salle et du sanctuaire de la barque sacrée. Tout au fond, on ne parvenait au sanctuaire que par deux portes latérales ; il contenait une statue inamovible, dans un naos sans doute en bois, dont le socle de pierre subsiste encore en partie. Dans une des chapelles de l'est se trouvent les bas-reliefs de la naissance divine d'Aménophis III.
(BIBL. : Daressy, *Notice explicative des ruines du temple de Louxor*, Le Caire, 1893.)

LUMIÈRE
Les Égyptiens, très sensibles à la différence de luminosité du soleil, de l'ombre et de la nuit, surent en tirer un grand parti, aussi bien dans l'architecture de leurs édifices que dans le symbolisme religieux. L'ombre, la fraîcheur sont recherchées dans la construction des maisons. Aussi les recherchera-t-on pour les maisons des dieux, c'est-à-dire pour les temples. La salle hypostyle est éclairée par de grandes baies ménagées dans une dénivellation du toit à Karnak. Dans les temples tardifs, elle entre à grands flots par la partie supérieure de la façade. Mais à mesure qu'on avance vers l'intérieur, elle diminue. De petites lucarnes la distribuent parcimonieusement des plafonds ou du haut des murs. Le sanctuaire, lui, est plongé dans la nuit. C'est qu'il représente pour le dieu — toujours comparé au Soleil — l'horizon à l'intérieur duquel le soleil se régénère comme dans le sein de sa mère Nout. Lorsqu'il se lève dans la salle de l'apparition, la lumière légère de l'aube apparaît et il sort en procession vers la lumière extérieure tombant à flots. C'est que la lumière apporte la

vie. Aussi pour vivifier la statue divine, enfermée dans la ténèbre du temple, on l'expose aux rayons solaires et, par ce rite, accompli au début de l'année, on renouvelle l'acte créateur du démiurge et on entretient la vie cosmique. (BIBL. : F. Daumas, *Sur trois représentations de Nout à Dendara*, « Annales du Service des antiquités de l'Égypte », t. LI, pp. 373-400, 1951.)

M

MAAT

C'est d'abord l'équilibre qui fait que les objets tiennent à leur place. C'est tout ce qui, par suite, permet de conserver cet équilibre donné au monde dès l'origine par le créateur. C'est la norme juridique qui fait conformer les actes de chacun aux lois ; c'est la vérité qui fait adhérer la pensée aux choses, la justice qui permet d'agir selon le droit, la règle du monde qui fait tourner régulièrement le mécanisme de l'univers. Tout cela était incarné par une petite déesse portant sur la tête une plume d'autruche, qui écrivait son nom. Les théologiens en faisaient la fille du dieu Rê, répandant pour tous sa juste lumière. Gardienne de l'ordre même du monde, elle devint si indispensable au dieu que l'acte suprême du culte fut de la lui offrir, car il vivait d'elle, comme plus tard les dieux de Platon. Aussi la voit-on présentée à la divinité locale, au fond même du temple, à la place capitale. Cette offrande était accompagnée de la récitation d'une sorte d'hymne de la plus haute importance religieuse.

MAFDET

Déesse représentée par un carnassier qui ressemble à un chat. Primitivement, on l'associe à la répression des criminels. Elle se tient près du poteau où l'on a pendu leurs têtes. Puis elle a aussi des pouvoirs thérapeutiques, et c'est ce qui explique son épithète, conservée jusqu'à la fin de la civilisation égyptienne, *Dame de la Demeure-de-vie* (équivalent de sanatorium ou d'hôpital).

MAISON

La maison égyptienne nous est connue par un petit village d'ouvriers de la Ve dynastie (Gizâ), le village dit de Kahoun (Moyen Empire) et les maisons d'ouvriers ou de grands personnages de Tell el-Amarna (XVIIIe dynastie). Elle révèle une certaine complication dès l'Ancien Empire. Au Moyen Empire, les demeures, vastes, sont conçues pour toute une famille et non pour un ménage. Elles comprennent une partie destinée à la vie publique, une autre à la vie privée. Les demeures ouvrières d'Amarna ne peuvent abriter en principe qu'un ménage. Mais les demeures des grands, avec jardin et communs (fours, corps de métier), présentent des plans compliqués et savants allant de la salle de réception à colonnes, suivie de la salle à manger, jusqu'à la partie privée avec sa salle de bains et ses lieux d'aisance. La maison égyptienne, construite en matériaux légers, briques, troncs de palmiers, très peu de pierres, témoigne de la recherche d'un certain confort et même parfois de luxe. Les villes, à l'époque tardive surtout, connurent les maisons de location à étages, branlantes et inconfortables.
(BIBL. : Alex. Badawy, *La Maison mitoyenne de plan uniforme dans l'Égypte pharaonique*, « Bulletin of the Faculty of Arts », vol. XV, part. II, pp. 1-58, 44 fig., Le Caire, 1953 ; H. W. Fairman, *Town Planning in Pharaonic Egypt*, « The Town Planning Review », pp. 32-51, 16 fig., Liverpool, 1941.)

MAISON DE VIE

C'est le nom que l'on donnait à l'endroit où l'on copiait les textes, où l'on formait aussi les jeunes scribes à leur métier. La vie du monde entier y était l'objet de soins et d'études. Aussi s'occupait-on de théologie et de rituel (vie des dieux), de médecine et de pratiques funéraires (vie des hommes), de sciences annexes à celles-ci : astronomie servant à fixer exactement les temps, mathématiques pour calculer les proportions exactes, art de sculpter et de peindre (moyen d'étendre la vie des dieux et des hommes), morale, pour entretenir la vie des âmes et de l'État. Cette institution a joué dans l'Égypte ancienne un rôle intellectuel considérable.
(BIBL. : Gardiner, *The House of Life*, dans « Journal of Egyptian Archaeology », t. 24, pp. 157-179 ; et Volten, *Demotische Traumdeutung*, pp. 17 et suiv., Copenhague, 1942.)

MAMMISI

C'est le nom donné par Champollion à de petits temples construits près des temples

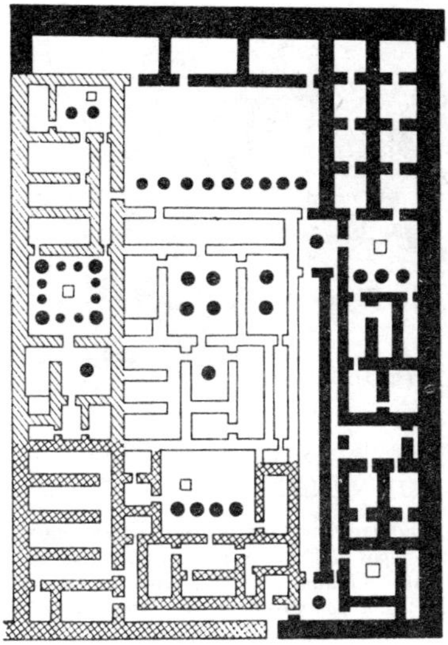

32. UNE GRANDE MAISON DE LA CITÉ DE KAHOUN

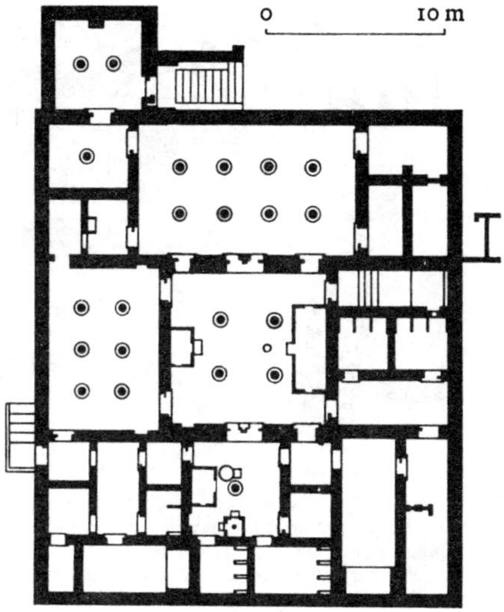

33. PLAN D'UNE MAISON DE TELL EL-AMARNA

(D'après Ricke : Der Grundriss des Amarnawohnhauses, *Leipzig, 1931.) A Kahoun, on construisit une ville artificielle destinée aux ouvriers de la pyramide de Sésostris II. A côté de maisons plus petites ne dépassant guère 100 m², il y avait de grandes demeures abritant toute la famille des grands fonctionnaires (elles dépassent 2400 m² de superficie). Elles comprennent, après une entrée en chicane qui ne permet pas de voir à l'intérieur, des magasins et des cuisines. Un long couloir donne accès à la cour dont la face exposée au sud est ombragée par un portique. Les appartements de réception comportent des salles plus vastes soutenues par deux ou quatre colonnes en bois supportées par des bases en calcaire. Le harem, sur la gauche, n'avait d'ouverture que sur la cour intérieure, où donnaient aussi des appartements destinés aux domestiques. Ces larges demeures étaient toutes groupées dans le quartier nord. (Voir aussi W. M.F. Petrie,* Ilahum, Kahun and Gurob, *Londres, 1891.)*

(D'après The Journal of Egyptian Archeology, *t. XIX, pl. IV.)*
La maison était légèrement sur-élevée. On y accédait par quelques marches basses : d'abord la loge du portier, puis petit vestibule introduisant à la grande salle de réception soutenue par quatre, six, ou huit colonnes Les hôtes prenaient place sur une dalle où l'on parfumait leurs mains et leurs pieds. De petites fenêtres, à la partie haute des murs, tamisaient la lumière et la poussière dans leur lacis de pierre. Les murs étaient couverts de stucs peints. De là on passait dans la partie réservée à la famille : grande salle de séjour soutenue par des colonnes et pourvue d'un divan et de jarres d'eau fraîche. Un escalier permet d'accéder au toit où l'on allait prendre le frais. Une chambre à coucher, unique, munie d'une alcôve et des lieux d'aisance où, près du siège percé, se trouve un récipient muni de sable. Ces dispositifs sont ceux encore ceux des riches maisons campagnardes dans l'Égypte actuelle.

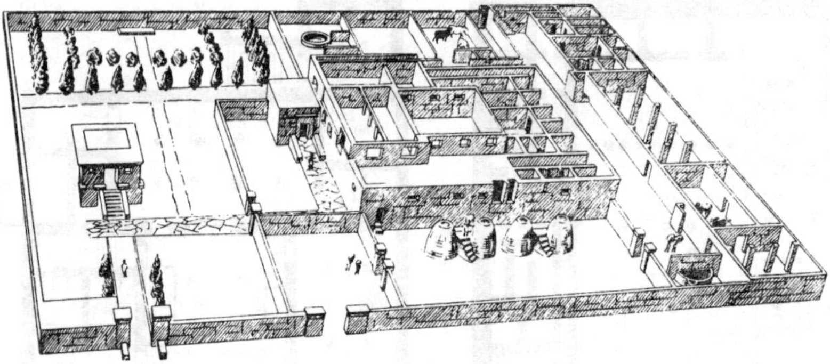

34. LA MAISON DU VIZIR NAKHT

(D'après Smith : The Art and Architecture of Ancient Egypt, *p. 201.) Les villas des grands fonctionnaires, à Amarna, reflètent ce goût du luxe et de la perfection, ce sentiment de la nature qu'on perçoit dès le temps d'Aménophis III et qui devait se manifester aussi à Thèbes. Un jardin, clos de murs, était planté de dattiers, de palmiers-doums, de sycomores, de grenadiers et de vignes sur treilles. Souvent, un bassin orné de lotus où nageaient des poissons agrémentait ce lieu de repos où l'on voyait aussi un kiosque. Des communs, d'autant plus nécessaires que les cités anciennes ne connaissaient pas l'organisation du commerce de détail, entouraient l'habitation : silos à grains, pressoir, étables, et, le cas échéant, écurie, basse-cour, boucherie, boulangerie ateliers, divers.*

majeurs à l'époque tardive. On y représentait, à certaines fêtes, le mystère de la Naissance divine, rite essentiel de la royauté égyptienne qui devait être joué, à l'époque classique, seulement dans les temples de la capitale. On y célébrait aussi, dans la cour ou les propylées, durant la nuit, des fêtes de musique et de danse pour Hathor. Les mammisis conservés sont ceux de Dendara, Edfou, Kom Ombo, Philae, Kalabcha.
(BIBL. : F. Daumas, *Les Mammisis des temples égyptiens*, Paris, 1958.)

MANÉTHON
Originaire de Sebennytos, fut grand prêtre d'Héliopolis sous Ptolémée Ier Sôter (IIIe siècle av. J.-C.). Il participa à la politique de rapprochement entre Égyptiens et Grecs en jouant un rôle important dans l'intronisation de Sarapis en Égypte, et surtout écrivit, d'après les sources égyptiennes, une histoire d'Égypte en grec. De l'ouvrage perdu, il ne subsiste que des listes chronologiques encore très précieuses.
(BIBL. : Waddell, *Manetho* [Loeb classical library], Cambridge, 1940.)

MASTABA
Nom arabe de la banquette. Il a été donné aux tombeaux de l'Ancien Empire dont la superstructure affecte cette forme. Ils comprennent un puits aboutissant à la chambre funéraire où repose le mort. Ce puits était soigneusement clos après les funérailles. La partie supérieure, en forme de masse rectangulaire à bords inclinés, comportait au début une simple stèle devant laquelle on célébrait le culte pour le défunt. Peu à peu la stèle s'enfonça et des pièces se développèrent autour jusqu'à donner une maison d'abord composée de quelques salles (Ptahhotep, Ti), puis très compliquée (tombeau de Mererouka à Saqqara). Les murs en sont ornés de représentations de la vie quotidienne et nous ont rendu quelques-uns

des plus beaux bas-reliefs de l'Ancien Empire. Le mastaba contenait un *serdab*, chambre secrète dans laquelle étaient présentées les statues de culte. Il y eut des mastabas royaux à l'époque thinite. Pour Djéser, on avait commencé d'en édifier un en pierre. On le transforma ensuite en pyramide. Chepseskaf, à la fin de la IVe dynastie, se fit un tombeau en forme de mastaba. Mais cette forme architecturale fut surtout celle des tombeaux de particuliers que l'on trouve en si grand nombre à Gizâ et à Saqqara.

MATHÉMATIQUES

Les documents mathématiques que nous possédons ne sont, comme on pouvait s'y attendre, que des recueils de problèmes ou de mathématique appliquée. Nous ne pouvons

35. *LE MASTABA DE NEFERMAAT A MEIDOUM*

(D'après Reisner, op. cit.*) A la IIIe dynastie, le mastaba privé comporte essentiellement, au-dessus de la chambre funéraire, une stèle fausse-porte au fond d'une petite chapelle où les* prêtres-du-ka *venaient célébrer le culte. Deux élargissements successifs du tombeau expliquent que la chapelle primitive de la stèle soit devenue cruciforme, puis qu'il ait fallu en construire une autre extérieurement.*

36. *LE MASTABA DE TI A SAQQARA*

(D'après Lauer, Le Tombeau de Ti, *fasc. I, Institut français, Le Caire, 1939.) Le dessin en pointillé représente la descenderie et le caveau qui ne contiennent aucune ornementation. Les parties décorées sont le portique d'entrée, les murs de la cour, le couloir et les deux salles. A l'ouest de la salle II se trouvent deux fausses portes devant lesquelles il y avait deux tables d'offrandes.*

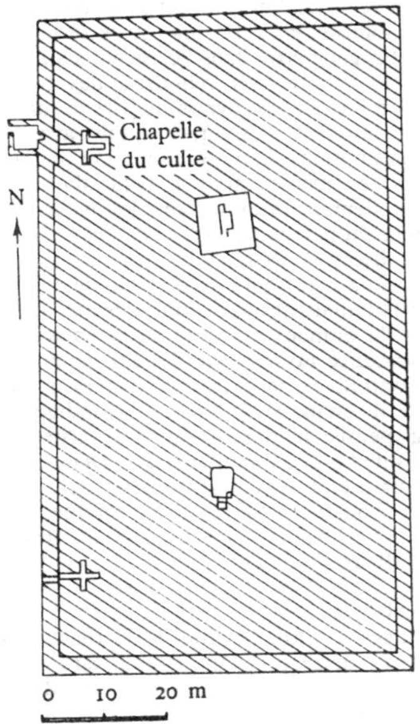

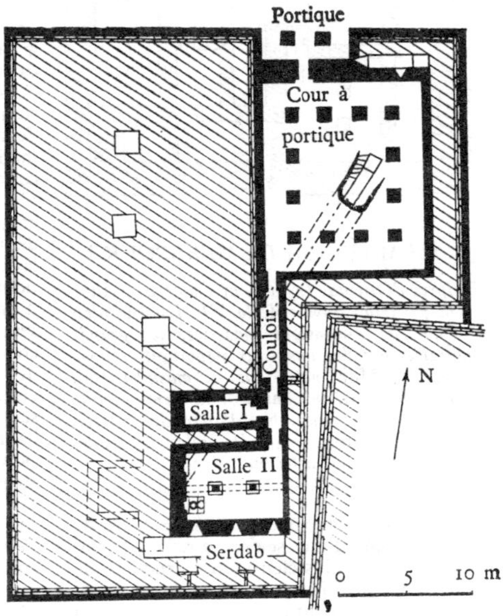

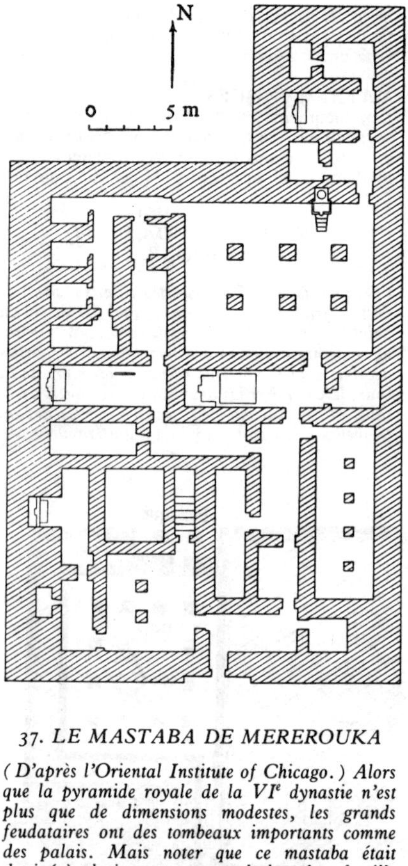

37. LE MASTABA DE MEREROUKA

(D'après l'Oriental Institute of Chicago.) Alors que la pyramide royale de la VIe dynastie n'est plus que de dimensions modestes, les grands feudataires ont des tombeaux importants comme des palais. Mais noter que ce mastaba était destiné à plusieurs personnes de la même famille puisqu'il présente cinq tables d'offrandes et stèles fausses-portes, situées dans les salles différentes et portant des noms différents.

donc pas porter un jugement sur le degré de développement d'une science aussi mal connue. Il est de la plus élémentaire prudence de ne pas conclure que la mathématique égyptienne était purement empirique et n'a connu ni démonstration ni théorie proprement dites. Des signes particuliers transcrivaient, dans un système décimal, 100 000, 10 000, 1 000, 100, 10 et 1. On n'écrivait pas le zéro. Les multiplications se résolvaient en additions, les divisions en soustractions. Les Égyptiens utilisaient les carrés et les racines carrées de plusieurs nombres. Ils avaient donc probablement une idée de ce que représentaient ces notions. Leur système fractionnaire était compliqué. Ils utilisèrent très peu de fractions à numérateur différent de 1. Mais il se peut aussi que les recueils pratiques sur lesquels nous raisonnons aient exigé cette manière de procéder pour faciliter les partages par unités. Nous ne savons pas exactement si, comme les Accadiens, ils surent traiter les équations du second degré. Leur géométrie plane était certainement fort avancée. Ils savaient calculer les surfaces des triangles, des rectangles et des trapèzes. Ils avaient idée des propriétés des triangles rectangles et avaient spéculé sur le triangle rectangle sacré, dont les côtés ont respectivement 3, 4 et 5 unités. Ils avaient calculé la surface d'un cercle et avaient approché le nombre π avec une justesse assez grande. En géométrie dans l'espace, ils surent calculer le volume des cylindres, des pyramides et des troncs de pyramide. Ces derniers résultats semblent impliquer qu'ils avaient dégagé des notions abstraites purement mathématiques, et même qu'ils avaient abouti à certaines démonstrations, sans lesquelles ils n'auraient pu parvenir à des méthodes exactes et généralisées. Mais nous ne pouvons pas le démontrer. S'il est donc impossible de suivre les esprits fantaisistes, qui tirent des mensurations de la grande pyramide la connaissance d'une « science mystérieuse des Pharaons », il serait contraire à la prudence historique de conclure du manque de sources à l'indigence de leur pensée mathématique. La vérité est entre les deux. N'oublions pas que Démocrite se vantait d'être aussi fort en géométrie que les Harpédonaptes (arpenteurs) d'Égypte.
(BIBL. : O. Gillain, *L'Arithmétique au Moyen Empire*, Bruxelles, 1927.)

MÉDAMOUD

Petit village à 5 km environ de Karnak. Les ruines très délabrées d'un temple tardif s'y voient encore. Mais les fouilles ont rendu le plan des temples de l'Ancien et du Moyen

Empire. Il était consacré à Montou, le dieu de la guerre, patron d'Hermonthis. On y élevait un taureau Boukhis, qui rendit des oracles.
BIBL. : Bisson de la Roque, Drioton, Clère, Cottevieille-Giraudet, *Médamoud*, dans « Fouilles de l'Institut français d'Archéologie orientale », 12 vol., Le Caire, 1925 à 1932. Le temple de l'Ancien Empire a été retrouvé par Robichon et Varille qui l'ont fait connaître par leur *Description sommaire du temple primitif de Médamoud*, Le Caire, 1940.)

MÉDECINE

Nous sommes moins mal renseignés sur la médecine que sur les mathématiques, six papyrus et des fragments divers traitant de cette science. La plupart sont sans doute des mémentos de praticiens plus que des ouvrages d'études théoriques. Mais la valeur des livres médicaux conservés dans le temple de Ptah à Memphis était telle que les médecins grecs venaient encore les consulter au temps de Galien. Quelques textes comprennent l'exposé des symptômes, le diagnostic et les remèdes à appliquer. Souvent le nom seul de la maladie est donné avant la composition des médicaments. La matière médicale est riche, mais demeure souvent pour nous très obscure. Dans bien des cas, un assez grand nombre de remèdes différents est donné pour une même maladie. Nos résumés ne précisent pas l'emploi particulier de chacun d'eux et les raisons de leurs différences. Parfois des récitations de formules interviennent. Mais jamais, dans les textes médicaux, le remède rationnel n'est absent. Le *Papyrus Edwin Smith*, de l'Ancien Empire, donne le début d'un traité chirurgical strictement rationnel et bien organisé. Il commence par les blessures à la tête, puis au tronc, etc. Chaque cas comprend une description clinique, un diagnostic, une indication sur les chances de guérison, et un traitement approprié. Ce détail montre à l'évidence que la médecine égyptienne au IIIe millénaire était déjà sur la voie de ce que sera la médecine grecque. Mais nous ne possédons plus que de rares débris des corpus médicaux anciens. Le médecin pouvait disposer d'auxiliaires : infirmiers, bandagistes. La spécialitsation médicale était assez poussée : il y avait des chirurgiens, des oculistes, des gastrologues. On soignait aussi les dents. On exécutait des plombages à la chrysocolle. Dans certains cas, l'utilisation de remèdes répugnants (emploi d'urine ou de matières fécales) doit être imputée au désir d'appliquer de l'ammoniaque, qu'on ne savait pas isoler. De véritables théories médicales apparaissent dans l'étude des vaisseaux ou du cœur. En dépit des lacunes énormes de notre documentation, on a la certitude que la médecine égyptienne est la mère de la médecine grecque. Les traités hippocratiques trahissent ces influences qu'ils ont reçues d'elle, et Dioscoride donne encore nombre de noms de matières médicales en égyptien.
(BIBL. : G. Lefebvre, *Essai sur la médecine égyptienne*, Paris, 1955 ; H. Grapow et ses collaborateurs, *Grundriss der Medizin der alten Aegypter*, 8 vol., Berlin, 1952-1962 ; Paul Ghalioungui, *Magic and Medical Science in Ancient Egypt*, Londres, 1963.)

MÉDINET HABOU

Village situé sur la rive gauche du Nil, en face de Louxor. Près de là se dresse le temple funéraire de Ramsès III, encore bien conservé. Dans l'enceinte de ce dernier, un temple d'Hatchepsout et de Thoutmosis III a été agrandi à la XXVe dynastie, sous Hakoris, puis à l'époque ptolémaïque. Un monument très original ornait l'entrée de l'enceinte de Ramsès III : il avait la forme des forteresses cananéennes et porte le nom de la tour en Hébreu : *migdol*. Un palais royal de la même époque était adossé au mur sud du temple. A la période copte, un village du nom de Djémé s'installa sur les ruines. Des reliefs importants et bien conservés ornaient les murs de l'édifice principal : bataille navale contre les Peuples de la Mer, sur les façades extérieures nord ; fête du dieu Min, dans le portique de la seconde cour ; chasse au taureau sauvage, sur le revers extérieur sud du premier pylône.
(BIBL. : L'Institut oriental de Chicago a donné sur ce temple une très belle publication.)

MEMNON

Nom du fils de Zeus et de l'Aurore, tué par Achille à Troie. Les Grecs pensaient que les deux colosses d'Aménophis III en quartzite rose — qui se dressaient jadis à Thèbes devant le temple funéraire de ce roi, mais qui déjà étaient isolés à cette époque — représentaient ce personnage mythologique. L'une des statues, brisée, faisait entendre un chant au lever du soleil et attira à cet endroit les touristes

grecs et latins. Ces derniers n'hésitèrent pas à la couvrir d'inscriptions. Mais lorsque Septime Sévère l'eut fait réparer, elle n'émit plus aucun chant.
(BIBL. : Lettronne, *La Statue vocale de Memnon*, Paris, 1833, réimprimé dans *Œuvres choisies de Letronne*, « Égypte ancienne », t. II, Paris, 1881 ; A. et E. Bernand, *Les Inscriptions du colosse de Memnon*, Le Caire, 1960.)

MEMPHIS
Ville fondée à la pointe du Delta par le roi Ménès, sous le nom de *Mur-Blanc*. Elle emprunta l'appellation de Memphis à la pyramide de Pépi Ier (VIe dynastie) qui se dressait, tout à côté, à Saqqara ; en égyptien : *la-Perfection-demeure*. Elle fut capitale durant tout l'Ancien Empire. Le dieu Ptah y possédait un temple et devint le dieu dynastique. Elle avait conservé les traditions royales et joua un grand rôle au Moyen Empire, bien que la résidence royale se fût déplacée vers le sud, probablement aux alentours de Licht. Au Nouvel Empire, elle devint le siège d'une garnison, et le prince héritier y exerçait, semble-t-il, le commandement militaire. Puis la capitale se déplaça vers l'est pour faire face plus facilement au danger asiatique, lorsque Ramsès II fonda Pi-Ramsès quelque part à l'est du Delta. Mais le clergé de Ptah conserva une influence considérable (pp. 296-297) et la ville demeurait très prospère à la jonction de la Haute et de la Basse-Égypte. Elle avait, outre son commerce, des arsenaux et des industries. Elle ne succomba que sous les coups des Arabes qui la détruisirent et la remplacèrent par Le Caire. Ses ruines, dans la palmeraie de Mit-Rahina, se réduisent à peu de chose. *(Ill. 6.)*
(BIBL. : Ahmad Badawi, *Memphis als zweite Landeshauptstadt im Neuen Reich*, Le Caire, 1948.)

MENAT
Instrument liturgique formé d'un contrepoids et d'un pectoral reliés par deux chaînettes. On pouvait le passer autour du cou ou le tenir à la main. A l'époque tardive, les menats étaient somptueusement ornées, comme celles d'Hathor dans le temple de Dendara.

MENDES
Ville du Delta, près de l'actuelle Simbellawein *(Atlas, carte I, 1, p. 513)*. Deux collines marquent l'emplacement des deux anciennes agglomérations qui la formaient (Ettmei et Tell el-Robâ). On y adorait un dieu de la fécondité qui s'incarnait en un bélier. C'est de cette ville que vinrent les derniers rois nationaux égyptiens (XXIXe dynastie de Manéthon). (P. 277.)

MEREROUKA
Ce grand personnage fut vizir du roi Téti, à la VIe dynastie. Il s'était fait construire à Saqqara une vaste tombe *(plan 37, p. 616* et p. 159*)*.

MÉROÉ
Ville du Soudan située sur le Nil, à 200 km au nord de Khartoum. Actuellement Kabouchia. Les rois du second royaume kouchitique en firent leur capitale d'à peu près 300 av. J.-C. jusqu'à 350 après. La civilisation égyptienne lui était parvenue à travers les traditions kouchitiques de Napata et y était fort détériorée. Des ruines de temples et des pyramides s'y voient encore.

MÉROITIQUE
Civilisation, langue et écriture du royaume soudanais qui avait pour capitale Méroé.

MINEPHTAH
Souverain de la XIXe dynastie, vainqueur des Peuples de la Mer, c'est de son règne que date le seul document égyptien portant mention d'Israël (stèle dite d'Israël).

MISANTHROPE
Nom donné par les modernes à une œuvre éthique et philosophique du Moyen Empire dont le titre ancien est perdu. Elle a pour thème le dialogue qu'un homme, complètement dégoûté de ses semblables, entretient avec son *baï* au sujet de l'immortalité et du suicide.
(BIBL. : Editions princeps, Erman, *Gespräch eines Lebensmüden mit seiner Seele*, Berlin, 1896. Trad. récente avec bibliographie, Faulkner, *The Man Who Was Tired of Life* ; « Journal of Egyptian Archaeology », t. 42, pp. 21-40, 1956.)

MNEVIS
Nom du taureau sacré de Rê à Héliopolis.

MOBILIER
Le climat particulièrement sec de Haute-Égypte nous a conservé de très belles pièces de mobilier et les tombeaux conservent des représentations de meubles ou des modèles réduits de menuiserie. Les gens de condition moyenne ou basse se contentaient pour leurs meubles des bois du pays : acacia, sycomore, tamaris. Les hauts dignitaires ou les rois faisaient venir du Liban pins, sapins, genévriers et même chênes. Du sud, ils se procuraient surtout de l'ébène. On fabriquait aussi des coffres en roseau. Les menuisiers ne clouaient pas mais assemblaient les pièces au moyen de tenons et de mortaises. Ils collaient également les morceaux à unir et pratiquaient l'incrustation. Des pieds de fauteuils et de lits, d'un très beau travail, montrent que les Thinites avaient déjà accompli des chefs-d'œuvre. A la IVe dynastie, le mobilier funéraire de la reine Hetepherès, mère de Khéops, comprenait entre autres un baldaquin, une chaise à porteur, un lit, un fauteuil et un coffre. Des bordures d'or ou des inscriptions en or sur fond d'ébène donnent à ces meubles une élégance luxueuse. Mais le style en demeure très sobre et d'une élégance sévère. Cette sévérité du style continue de se manifester au Moyen Empire ; cependant, nous avons de la peine à juger, car nous n'avons pas de mobilier royal, mais uniquement du mobilier privé. Au Nouvel Empire, une profusion de meubles privés et royaux enrichit les musées. Chaises et coffres, marquetés ou peints, lits et chevets, finement ouvragés, du temps de Thoutmosis IV ou d'Aménophis III, donnent une impression de sobriété quand on les compare au luxe des coffres avec ivoire et peintures ou incrustations de pierres semi-précieuses et verre de couleur, reproduisant des scènes de la vie royale, dans le mobilier de Toutankhamon. C'est un art plein de vénusté et de charme, mais un peu amolli par une vie fastueuse et trop facile. Le mobilier tardif est plus médiocre mais toujours abondant et varié.

MOÉRIS (lac)
Nom ancien de l'actuel lac Qaroun dans le Fayoum ; il signifiait *grand canal*. Amménémès III l'avait, par une digue, transformé en réservoir où l'on pouvait accumuler l'eau de l'inondation que l'on distribuait ensuite pendant longtemps pour les cultures.

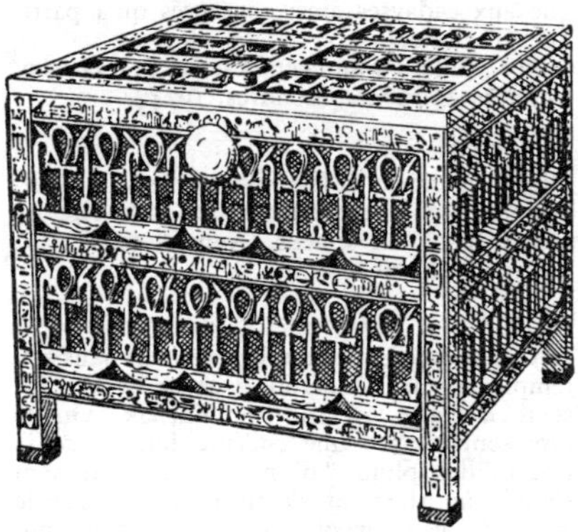

38. COFFRET DE TOUTANKHAMON

Bois plaqué de baguettes d'ivoire (long. 48,7 cm ; larg. 42,4 cm). Les inscriptions donnent le protocole de Toutankhamon et de la reine Ankhesenamon. Les motifs décoratifs en bois doré se lisent : Toute vie et toute stabilité. *(Musée du Caire.)*

MOMIFICATION
Procédés employés par les anciens Égyptiens pour conserver le corps de leur mort. Les moyens ont beaucoup varié au cours de l'histoire. Ils comprennent quelques actes fondamentaux : extraire et conserver à part les viscères et dessécher les chairs au natron. Les momies les plus soignées étaient revêtues de bandelettes, ornées d'amulettes prophilactiques et complétées par des visages plus ou moins ressemblants parmi lesquels, à l'époque romaine, les fameux « portraits du Fayoum ». Des rites devaient accompagner tous les gestes. Les momies les plus célèbres sont celles des rois des XVIIIe, XIXe et XXe dynasties découvertes dans la cachette de Deir el-Bahari ou dans le tombeau d'Aménophis II. Thoutmosis Ier, II, III et IV, Aménophis III, Séthos Ier, Ramsès II, Minephtah, Ramsès III et IV, etc. sont ainsi parvenus jusqu'à nous. Le mot *momie* provient de l'arabe et désigne le bitume dans lequel le cadavre était enrobé et qu'on utilisait comme médicament. Il ne fut appli-

qué aux cadavres ainsi conservés qu'à partir du XVIe siècle.
(BIBL. : Elliot, Smith et Warren R. Dawson, *Egyptian Mummies*, Londres, 1924.)

MONTOU
Dieu guerrier d'Hermonthis en Haute-Égypte. On le représente avec une tête de faucon et deux uraeus. Animal sacré : le taureau Boukhis.

MOUT
Déesse parèdre d'Amon. Elle résidait dans son temple appelé l'Achérou, à cause de son lac semi-circulaire au sud de Karnak. On la représentait avec une coiffure formée de la tête et des plumes d'un vautour. Son nom signifie *la Mère*, et s'écrit justement par le signe du vautour qui avait les mêmes consonnes.

MUSIQUE
Nous n'avons conservé aucune notation musicale égyptienne, ni aucune indication sur la musique antique des Égyptiens. Mais elle jouait chez eux un grand rôle dans la vie sociale et dans la vie religieuse (voir, par exemple, MAMMISI). On utilisait comme instrument la harpe, le luth, la trompette, la flûte, le hautbois et la double clarinette. Des sortes de castagnettes, les sistres, ainsi que les tambourins complétaient ces instruments auxquels la XVIIIe dynastie ajouta la lyre. Il est certain qu'il y avait de la musique concertante exécutée par de petits orchestres. On a pu refaire des instruments de musique sur le modèle de ceux qui nous sont parvenus et, ainsi, arriver à découvrir l'étendue de leurs mélodies. Mais l'essentiel nous échappe.
(BIBL. : Hickmann, *Instruments de musique*, dans le « Catalogue général du musée du Caire », Le Caire, 1949, et, du même auteur, *Quarante-cinq siècles de musique dans l'Égypte ancienne*, Paris, 1956.)

MYKÉRINOS
Pharaon bâtisseur de la plus petite et de la plus récente des pyramides de Gizâ. C'était un fils de Khéphren. On a trouvé dans son temple funéraire des triades en schiste représentant le roi et des divinités ainsi que d'autres statues aussi remarquables par leur perfection que par leur conservation. Sa pyramide, flanquée au sud de pyramides plus petites à degrés, avait la base revêtue de granit.
Le temple de l'est, très endommagé, laisse cependant apparaître le plan. Elle possédait, comme tous les monuments analogues, une enceinte, une rampe d'accès et un temple bas.
(BIBL. : G. Reisner, *Mycerinus*, Cambridge, Massachusetts, 1931.)

MYTHES
Ce sont les récits concernant les dieux, destinés à expliquer des phénomènes naturels ou sociaux. Si le soleil disparaît le soir et réapparaît au matin, c'est qu'il a été absorbé par la déesse du ciel, Nout, qui le remet au monde, toujours jeune, au petit matin. Pas plus que la mythologie grecque, celle d'Égypte n'évite les détails choquants. Mais il faut les replacer dans la perspective des Anciens, si on veut les comprendre. Rê, vieilli, prend sa retraite, parce qu'il faut expliquer l'arrivée de dieux plus jeune. Il faut ajouter que les représentations théâtrales et les romans s'emparèrent de la mythologie et la maltraitèrent autant que les Grecs dans leurs comédies. Le récit des mésaventures d'Horus et de Seth est caractéristique à cet égard. Il semble, d'ailleurs, que les Égyptiens aient répugné, au moins à l'époque tardive, à exposer certains mythes particulièrement choquants, tel celui d'Isis décapitée par Horus.
(BIBL. : R. Anthes *Mythology in Ancient Egypt*, dans « Mythologies of the Ancient World », New York, 1961.)

N

NAINS
Des nains, provenant du centre africain, étaient connus des Égyptiens. Quand ils en ramenaient de leurs expéditions vers le sud, ils les disaient venus des Pays-du-dieu et leur faisaient exécuter des danses rituelles. Mais il y avait aussi des Égyptiens atteints de nanisme pathologique qui remplissaient des fonctions auprès des grands. Ils arrivaient parfois à de hauts postes et devenaient les favoris de leur maître. Ils sont représentés en bas-relief et en ronde-bosse, surtout à l'Ancien Empire.

NARMER
Roi préhistorique qui a laissé à Hiéraconpolis

une palette votive en schiste, relatant ses succès contre la Basse-Égypte. Était-ce le premier conquérant de tout le pays ? Faut-il l'identifier à Ménès ?

NAUCRATIS
Port où les Grecs furent autorisés par Amasis à s'installer et à faire du commerce. Il était un peu à l'ouest de l'actuel Damanhour près du Tel Nikrash. On y a retrouvé une cité grecque du VIe siècle av. J.-C. Un temple commun aux huit cités fondatrices de la ville portait le nom d'Hellenion. D'autres temples grecs, dont deux dédiés à Héra et Apollon, s'y trouvaient aussi. Le commerce était intense. Les droits de douane qu'il rapportait avaient été affectés au temple de Saïs.
(BIBL. : Petrie et ses collaborateurs, *Naukratis I*, Londres, 1888 ; et Gardner et Griffith, *Naukratis II*, Londres, 1888.)

NEFERIRKARÊ
Roi de la Ve dynastie.

NEFERTARI
Nom de plusieurs reines d'Égypte, et en particulier de l'épouse de Ramsès II.

NEFERTITI
Épouse du pharaon Akhenaton. Il nous reste d'elle le célèbre buste de Berlin et la tête en quartzite du musée du Caire.

NEFERTOUM
Dieu qui représentait le lotus primordial, d'où était sorti le Soleil. Ce lotus figure toujours, par la suite, sur sa tête. Plus tard, il devint le dieu-fils de la triade de Memphis dont les parents étaient Ptah et Sekhmet.

NEGADA
Ville de Haute-Égypte, sur la rive gauche du Nil, à 35 km environ au nord de Louxor. Centre actuel d'un marché important. Une grande partie de sa population est copte. A la lisière du désert étaient des sites occupés dès l'époque prédynastique. Le faciès des objets découverts était assez particulier pour qu'on ait appelé cette culture négadienne. On y a mis au jour un très grand mastaba à redans datant des premières dynasties, tout à fait analogue à ceux qui ont été dégagés depuis vingt ans à Saqqara. Son attribution demeure incertaine.

NEÏTH
Déesse de la ville de Saïs dans le Delta. Elle avait pour emblème deux flèches croisées sur un bouclier et a sans doute été une guerrière. Les Grecs l'assimilaient à leur Athéna. C'était une déesse primordiale et créatrice. Pour expliquer son pouvoir, les Égyptiens la dotaient de la bisexualité.

NEKHBET
Déesse d'El-Kab, à 85 km au sud de Louxor. Elle avait la forme d'un vautour. Les ruines de son temple existent encore. Dès l'origine, elle forma avec Outo, déesse-serpent de l'extrême nord, une double protection pour le roi ; elle représentait la Haute-Égypte et était coiffée de la couronne blanche. Un des noms royaux était *Celui-des-deux-Dames*.
(BIBL. : J. Capart, *Quelques observations sur la déesse d'El-Kab*, Bruxelles, 1946.)

NEPHTHYS
Son nom signifie *Dame-de-la-demeure*. Sœur d'Isis et d'Osiris, épouse de Seth. Elle aidait Isis à retrouver les fragments du dieu assassiné et à les ensevelir. Avec Isis, elle est représentée auprès de tous les morts, accomplissant les gestes de la résurrection. On a conservé les chants qu'elle devait exécuter avec Isis sur le cadavre d'Osiris pour le ressusciter.

NIOUSSERRÊ
Roi de la Ve dynastie, constructeur d'une des pyramides d'Abousir et du temple solaire d'Abou Gourab.

NOMARQUE
Chef d'une des divisions territoriales de l'ancienne Égypte appelées nomes par les Grecs.

NOME
Division territoriale de l'Ancienne Égypte. Anciennement, on en comptait trente-huit, mais, à l'époque grecque, il semble qu'il y en eut quarante-deux, selon le nombre des assesseurs d'Osiris lors du jugement d'outre-tombe. Ils avaient quelque peu changé au cours de l'histoire, mais les textes religieux qui nous les transmettent (soubassements des temples

ptolémaïques) ont gardé souvent un modèle archaïque. Chaque nome avait son emblème : faucon, chacal, taureau, lièvre, sycomore, couteau, montagne, etc. Les animaux sacrés différaient de l'un à l'autre. Certaines nourritures ou certains actes étaient interdits dans un nome. Le signe qui représente le nom égyptien de cette division territoriale (rigoles dans un terrain cultivé) montre qu'elle avait une signification administrative et fiscale. Ce système a été encore utilisé par les Ptolémées et les Romains.
(BIBL. : Gardiner, *Ancient Egyptien Onomastica*, t. II, pp. 1*-204*, Oxford, 1947.)

NOUN
Océan primordial qui est à l'origine de la création et entoure le monde créé. Il fut divinisé et on l'appelle même *Père des dieux*, puisque tout est venu de lui. Les eaux qui sourdent au fond des puits viennent du Noun, et le Nil trouve en lui son origine.

NOUNET
L'océan supérieur, contrepartie féminine de Noun.

NOUT
Déesse du ciel, contrepartie du dieu de la terre, Geb. On la représentait courbée sur la terre qu'elle touchait d'un côté avec les pieds et de l'autre avec les mains. Elle mettait au monde les astres, comme le Soleil lui-même et les avalait pour les faire renaître à travers elle le lendemain. Comme les morts étaient assimilés, tantôt au Soleil, tantôt aux étoiles « impérissables », ils passaient pour trouver en Nout une mère qui les ressuscitait. Elle avait pour arbre sacré le sycomore, et on la représentait, sortant à demi d'un sycomore, en train de donner à boire au mort (Nouvel Empire). Parfois même le sycomore de la déesse donnait son sein au roi (tombeau de Thoutmosis III). On la peignait ou on la sculptait sous le couvercle du sarcophage ou dans les chambres osiriaques des temples tardifs où elle remplissait son rôle de déesse vivifiante.

NUBIE
C'est le territoire qui s'étend au-delà de la première cataracte vers le sud. Peut-être son nom signifie-t-il *Pays de l'or*. Il était habité par des races chamitiques voisines des Égyptiens. Leurs langues étaient parentes. Dès l'Ancien Empire, les Égyptiens y faisaient des expéditions pour en apporter des pierres, de l'or, de l'ivoire, des bestiaux. Les civilisations nubiennes étaient encore en pleine préhistoire quand l'Égypte commença à annexer le pays au Moyen Empire. Sésostris III arriva à le tenir jusqu'à Kerma, au sud de la troisième cataracte. Au Nouvel Empire, les pharaons doivent reconquérir la vallée jusqu'à la quatrième cataracte. La Nubie est alors administrée par un vice-roi appelé *Fils royal de Kouch*. Elle se couvre de temples purement égyptiens : Ouadi es Seboua, Abou Hoda, Dakka, Amada, Bouhen, Sedeinga, Soleb, Sesebi, Kawa, Napata (XVIIIe dynastie), Bet el-Ouali, Gerf Houssein, Derr, Abou Simbel (Ramsès II). Redevenue indépendante après la XXe dynastie, elle donne naissance au royaume de Napata (Gebel Barkal) qui conquiert l'Égypte sous Piankhi. Repoussés par l'Assyrie, les Nubiens ne reviendront plus, mais ils fondent encore à Méroé un nouveau royaume qui fleurit à l'époque ptolémaïque et romaine. La Nubie fut christianisée sans doute vers le VIIIe siècle.
(BIBL. : T. Säve-Söderbergh, *Aegypten und Nubien*, Lund, 1941 ; W.-B. Emery, *Egypt in Nubia*, Londres, 1965 ; B.-G. Trigger, *History and Settlement in Lower Nubia*, New Haven, 1965.)

O

OASIEN
Habitant des Oasis. L'un d'entre eux, originaire du ouadi Natroum, est le héros d'un conte célèbre, dit de l'*Oasien*.
(BIBL. : Lefebvre, *Romans et Contes égyptiens*, Paris, 1949.)

OASIS
Points d'eau qui permettent une culture limitée dans le désert. Les oasis de l'Égypte sont essentiellement, à l'ouest, Siouah, Baharya, Farafra, Dakhla, Kharga. Tout près de la vallée, le ouadi Natroum et le Fayoum sont de véritables oasis entourées d'étendues désertiques. A l'époque ancienne, plusieurs d'entre elles produisaient des vins qui apparaissent dans les menus des dieux. Un grand temple de l'époque perse se dresse encore à Hibis (oasis de Kharga).

OBÉLISQUE
Mot qui signifie « broche » en grec. Il a été employé pour désigner les grandes aiguilles monolythiques de granit qui se dressaient en général devant les pylônes des temples, au moins depuis le Moyen Empire. Ils symbolisaient la place primordiale sur laquelle le Soleil a pris pied lors de la création, et le Soleil lui-même. Le procédé qu'avaient les Égyptiens pour les dresser sans écraser leur socle demeure encore mystérieux pour nous. Pas un grand temple de capitale n'était dépourvu d'obélisques : Memphis, Héliopolis, Tanis, Thèbes. Mais ils ont été pillés dès l'Antiquité romaine pour orner les grandes villes. A l'époque moderne, on a continué à les emporter, tel celui de Louxor offert par Méhémet Ali à la France. Aussi n'en reste-t-il que cinq dressés en Égypte : celui d'Héliopolis, les deux de Karnak, celui de Louxor et celui du Caire.

OFFRANDE
C'est l'acte peut-être essentiel du culte, celui qui consiste à présenter aux dieux leur nourriture. Trois fois par jour, les prêtres spécialisés leur offraient viandes (essentiellement du bœuf), volailles (oies), légumes, fruits, fleurs, vins, bière, parfum. On les purifiait à l'encens et à l'eau et on les consacrait. Toutes les statues du temple participaient au repas, puis les prêtres desservaient et se partageaient les mets. L'offrande prit rapidement un sens symbolique : les animaux de sacrifice, par exemple, étaient les ennemis du dieu que l'on mettait à mort. L'offrande funéraire avait la même nature.

OGDOADE
Groupe de huit dieux primordiaux formé de quatre éléments mâles et de leur contrepartie femelle : Noun et Nounet : l'océan primordial ; Heh et Hehet : l'infini ; Kek et Keket : la ténèbre ; Amon et Amonet : le mystérieux. On les représentait avec des têtes de serpents ou de grenouilles, êtres encore frustes qu'engendre le limon humide au retrait des eaux. Les huit ont donné leur nom à la ville d'Achmounein.

OMBOS
Ville antique, près de l'actuel Kom Bellal, presque en face de Coptos. Elle était vouée au dieu Seth dont on a retrouvé le temple.

ONNOS
Dernier souverain de la Ve dynastie.

ONOURIS
Dieu de This que l'on représentait coiffé de plumes et tenant un harpon. Son nom signifie *Celui-qui-a-ramené-la Lointaine*. Le mythe racontait qu'il avait fait revenir en Égypte la fille de Rê, l'*Œil-du-Soleil*, qui, transformée en lionne et pleine de colère, s'obstinait à demeurer furieuse.

OPET DU SUD
Nom égyptien du temple de Louxor.

OPHOÏS
L'Ouvreur-des-chemins. C'est le nom d'un dieu chacal originaire d'Assiout. On le portait sur un pavois pour ouvrir et protéger le chemin du roi et des autres dieux.

OPONÉ
Ville située par les géographes anciens au sud du cap Gardafui. Elle correspond bien au pays que les Égyptiens écrivent avec les trois consonnes *P ou n (t)*. Au cours d'expéditions lointaines, ils allaient y chercher ivoire, or, galène, ébène, oliban et résine de térébinthe. Comme certaines peuplades du centre de l'Afrique, les indigènes habitaient des cases montées sur pilotis. Hatchepsout a fait graver sur le mur de la seconde terrasse de son temple la représentation de la mission qu'elle y envoya.
(BIBL. : Sur l'identité de cette région et de l'Oponé des géographes grecs, voir Alliot, dans « Revue d'Égyptologie », t. 8, pp. 1-7, 1951.)

ORACLE
Au nouvel Empire, nous voyons les habitants de Thèbes consulter les oracles des dieux, surtout celui d'Amon, mais aussi, au dire d'Hérodote, Aménophis Ier divinisé, ou même tardivement le taureau Boukhis ou la déesse Outo, pour répondre à bien des questions posées par la vie privée et, surtout, à des difficultés judiciaires : désignation des voleurs, des recéleurs. Tantôt on consultait le dieu lors de processions : s'il avançait, c'était une

approbation, et un refus dans le cas contraire. Parfois on tirait au sort des réponses toutes faites.
(BIBL. : Dernière étude, Černý, *Egyptian Oracles*, dans R. A. Parker, *A Saite Oracle Papyrus from Thebes*, Providence, 1962.)

ORFÈVRERIE

Le trésor de Zaqaziq, les bijoux des princesses Ita et Khnoumit, le trésor de Toutankhamon, ceux de Psousennès, des tombes inviolées de Tanis, et bien d'autres encore sans mentionner les trouvailles isolées, nous ont rendu un nombre considérable de bijoux égyptiens. L'étude des procédés de bijouterie montre qu'ils étaient extrêmement perfectionnés. Les joailliers disposaient d'outils à peu près semblables à ceux des modernes. Mais ils ne possédaient pas le tour qui permet beaucoup plus de rapidité dans l'exécution. Ils savaient ciseler, emboutir, graver, incruster. Ils fabriquaient des émaux et connaissaient la dorure. Ils utilisaient l'argent, l'or, l'électrum comme métaux, et les pierres précieuses et semi-précieuses : agate, onyx, améthyste, béryl, cornaline, calcédoine, feldspath vert, hématite, lapis-lazuli, malachite, quartz, turquoise. Ils savaient imiter les pierres précieuses ou obtenir des couleurs qu'ils ne trouvaient pas dans la nature en fabriquant des verres colorés. A l'époque ancienne, les bijoux témoignent d'une sorte de sévérité élégante. La double plume du faucon de Hiéraconpolis est à la fois sobre et belle. Au Moyen Empire, la finesse des diadèmes féminins trouvés par Morgan à Dachour est merveilleuse ; rosaces et fleurons d'or garnis de lapis-lazuli, de jaspe rouge et de feldspath vert, ou bien fin lacis de fils d'or coupé de six croix de Malte et parsemé de fleurs rouges et bleues. Les pectoraux royaux au nom des Sésostris et des Amménémès sont parfois très aérés, parfois plus lourds, mais toujours chargés de symboles dans la chatoiement des ors et des couleurs. L'incroyable richesse des bijoux de Toutankhamon défie l'imagination. On oublie la lourdeur des pectoraux à voir les feux lancés par les ors et l'éclat des lapis, des turquoises, des cornalines et des jaspes, cloisonnés dans l'or avec un art raffiné. Le moindre détail était calculé ; chaque pierre, chaque métal avait sa propre valeur à laquelle les motifs choisis ajoutaient leur sens, plein de mystère pour les profanes. Les formes qui nous sont parvenues sont des colliers, des bracelets, des périscélides, des diadèmes, des bagues, des boucles d'oreilles, des pectoraux. Mais les manches de poignards, les mouches d'or, les pendentifs, les amulettes, et même certaines vaisselles d'or ciselé appartiennent, par les procédés de fabrication, à la joaillerie.
(BIBL. : E. Vernier, *La Bijouterie et la Joaillerie égyptiennes*, Le Caire, 1907. Mais on a fait beaucoup de découvertes depuis cette époque, en particulier les bijoux de Toutankhamon !)

OSIRIS

Dieu de la végétation, a remplacé à Busiris l'ancien Andjety. Il a été incorporé à l'ennéade d'Héliopolis. Il a épousé sa sœur Isis. Mais, traîtreusement assassiné par son frère Seth, il est dépecé et jeté au Nil. Isis finit par retrouver ses morceaux, reconstitue le cadavre, le ressuscite et fait d'Osiris le roi des morts. Poursuivant son œuvre, elle réussit à faire rendre à son fils Horus l'héritage de son père (voir ISIS). Le caractère très humain de cette mythologie donne à Osiris un aspect particulier dans le panthéon égyptien, et il acquit tardivement une importance considérable. Si bien qu'il franchit même les frontières de l'Égypte avec sa sœur Isis. Plutarque lui a consacré un livre. On célébrait sa résurrection au mois de Khoïak, et c'était le gage d'une résurrection générale. Il est certain que le caractère funéraire d'Osiris fut pour beaucoup dans l'extension de son culte et de celui d'Isis à l'époque gréco-romaine. Sa mort suivie de résurrection en avait fait, en quelque sorte l'archétype que chacun voulait suivre pour ressusciter avec lui. Le défunt tâchait de s'identifier au dieu et devenait ainsi l' « Osiris un tel ». Sans doute ce résultat était-il obtenu par la connaissance exacte du mythe divin — probablement révélé au cours d'une initiation aux mystères du dieu — mais aussi par conformité consciente à l'idéal osirien fait de justice et de vérité. Car Osiris lui-même, aidé de Thot et d'Anubis, jugeait, pesait les actions du défunt. Ces exigences morales jouèrent un rôle important à côté du mystère lui-même et se retrouvent dans les développements tardifs du culte qui, débordant l'Égypte, aspirait à l'universalisme.
(BIBL. : W. Budge, *Osiris and the Egyptian Resurrection*, Londres, 1911, réimpression : New York, 1961 ; J. G. Frazer, *Atys et Osiris*, trad. franç. Paris, 1926.)

OSTRACON

Ce mot grec sert aux archéologues pour désigner des fragments de poteries ou des éclats de calcaire portant des textes ou des dessins. On les employait à cause de la cherté du papyrus. On y trouve des esquisses de dessins, des plans de tombes, des peintures ou des lettres, des copies de modèles classiques par des écoliers, des textes juridiques ou administratifs. Ils permettent de reconstituer la vie journalière d'un village, comme Deir el-Medina où on en a retrouvé des centaines, ou de restituer, en mettant bout à bout des fragments, des œuvres littéraires perdues.

OUADI HAMMAMAT

Dépression qui traverse le désert oriental, à hauteur de Coptos, c'était le passage le plus court pour aller du Nil à la mer Rouge. On y extrayait du schiste et de la brèche verte pour les statues, les sarcophages et les naos. Des mines d'or étaient exploitées tout à côté, au ouadi Fawakhir. Aussi les inscriptions gravées là par les chefs d'expédition sont nombreuses, amples, et importantes pour l'histoire. Elles ont été publiées par Couyat, P. Montet et G. Goyon.

OUADI NATROUN

Dépression située dans le désert, à l'ouest du Delta, à peu près à mi-chemin entre Le Caire et Alexandrie. Autour des lacs salés qui occupent le fond de la cuvette, on recueille du sel et du natron (carbonate de soude). En égyptien, cette dépression s'appelait *Oasis du sel*. A l'époque chrétienne, de nombreux couvents s'y installèrent, mais il n'en reste plus que quatre aujourd'hui. Elle portait alors le nom de Scété.

OUCHEBTI

En égyptien, *répondant*. C'étaient des figurines destinées à remplacer le mort dans les corvées qui lui seraient imposées dans l'autre monde. Il y en avait en principe un pour chaque jour de l'année. Ces ouchebtis abondent dans nos musées. Ceux de Toutankhamon sont particulièrement beaux.

OUNAMON

Héros d'une aventure située sous la XXIe dynastie. Chargé d'aller chercher, aux Échelles du Levant, le bois nécessaire à la barque sacrée d'Amon, il subit mainte humiliation avant d'arriver à son but. Malgré sa mutilation, cette œuvre est intéressante comme œuvre littéraire et comme document.

(BIBL. : Traduction dans G. Lefebvre, *Romans et Contes égyptiens*, Paris, 1949.)

OUTILLAGE

L'outillage égyptien se perfectionna sans doute au cours de l'histoire. Mais certains outils demeurèrent semblables à eux-mêmes. On se servait encore pour couper le blé mûr à la fin du deuxième millénaire av. J.-C., comme au temps de la plus lointaine préhistoire, de faucilles de bois dans lesquelles étaient coincées des fragments de silex dentelés. Le fer, parce qu'il était nécessaire de le forger à chaud, n'intervint que très tard. On n'employa que peu de cuivre pour construire les pyramides, qui font partie d'une civilisation encore à demi néolitique. Les Égyptiens, pourtant, surent créer ou adapter beaucoup d'outils assez perfectionnés pour produire tant d'œuvres artisanales remarquables. Les laboureurs utilisèrent la houe de bois, dont les deux parties étaient liées par une corde. La charrue n'était qu'une houe plus perfectionnée tirée par des animaux, mais dont la confection finit par devenir assez compliquée. Le bois du soc fut remplacé par du silex et même par du métal. Mais il est, pour le moment, prématuré d'essayer de dater ces transformations. La faucille métallique est connue. Mais on ne saurait dire à quel moment elle se répandit vraiment. La hache de cuivre apparaît sous la XVIIIe dynastie. Le couteau métallique avait remplacé depuis longtemps déjà les anciens couteaux de silex. Les maçons et les carriers connaissaient les différents burins ou ciseaux en cuivre, mais utilisèrent longtemps les maillets ou les pics de dolérite, employés directement à la main ou emmanchés. Le maillet de bois, de forme allongée, remplissait le rôle de notre marteau pour les opérations n'exigeant qu'un minimum de force. C'est lui qu'emploient les sculpteurs. Des moules pour les briques crues, des taloches de maçon nous sont parvenus. Des équerres et différents modèles de fil à plomb perfectionnés permettaient les constructions si régulières qui nous étonnent. Le levier et les rouleaux complétaient cet outillage. Les menuisiers et charpentiers employaient l'herminette, la scie, le

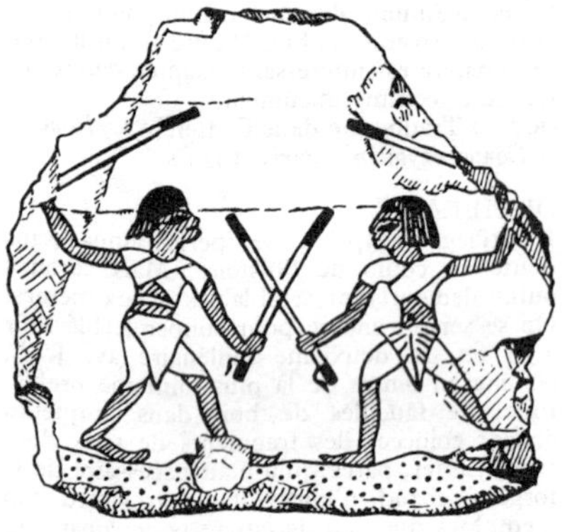

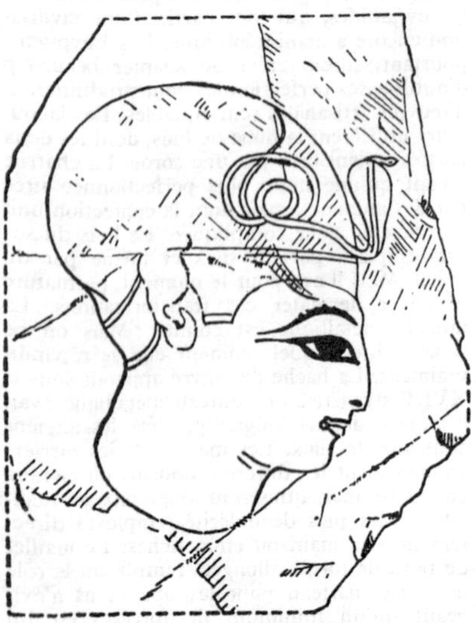

39. *OSTRACA*

En haut : Esquisse de combat. Éclat en calcaire (haut. et larg. 10 cm env.) provenant de Deir el-Medina. Sur un sol sablonneux, deux hommes, vêtus seulement d'un corselet croisé et d'un devanteau, se battent, tenant un bâton dans chaque main. (Musée du Louvre.)

En bas : Dessin d'une tête royale. Fragment de calcaire (haut. 32 cm ; larg. 17 cm) provenant de la tombe de Ramsès VI. Il s'agit certainement d'une esquisse, noir et rouge, d'ailleurs fort belle, faite par les artistes en vue de la décoration du tombeau royal. (Musée du Caire.)

maillet et le foret qui remplaçait notre vilebrequin. Des pierres servaient de polissoirs. Des forets munis de poids et maniés à l'archet permettaient même le creusement des vases de pierre dure. Les astronomes disposaient de cadrans solaires de différents modèles, dont certains transportables, très habilement agencés, et d'instruments simples pour déterminer le méridien et observer le lever des étoiles (voir ASTRONOMIE). Sur l'outillage plus perfectionné des dentistes, des chirugiens, nous savons peu de chose sinon qu'il existait puisqu'on plombait les dents à la chrysocolle et qu'on opérait. Comme à l'époque préhistorique chez nous, on pratiqua même la trépanation au foret. On fabriqua des gouttières d'argile pour obtenir certaines positions du corps favorables à la réduction des fractures. Les attelles étaient utilisées aussi pour les membres. Enfin un bas-relief de Kom Obo, à l'époque romaine, représente une série d'instruments qui paraissent chirurgicaux : pinces, ciseaux, couteaux, rasoirs... Il reste encore un gros travail à faire pour inventorier, classer, et étudier tous les instruments et outils des Égyptiens.

(BIBL. : Petrie, *Tools and Weapons...*, Londres, 1917.)

OUTO

Déesse de la ville de Bouto dans l'extême nord du Delta. Elle est souvent représentée sous forme d'un cobra. Avec Nekhbet, d'El-Kab, elle formait une paire et protégeait le roi. Plus tard on la donna comme parèdre au dieu Mandoulis de Kalabcha en Nubie.

OUVERTURE DE LA BOUCHE

Rite pratiqué sur les momies ou les statues divines et humaines pour leur donner la vie et les rendre capables de recevoir *baï* et *ka*. On le pratiquait avec différents instruments dont une herminette en fer. Il était coupé par d'importantes offrandes de victuailles.

(BIBL. : E. Otto, *Das aegyptische Mundöffnung Ritual*, Wiesbaden, 1961.)

OXYRHYNCHOS
Nom que les Grecs donnaient au poisson Mormyre. Il était sacré à Bahnasa, en moyenne Égypte ; aussi cette ville prit-elle son nom. On y a trouvé une grande quantité de papyrus grecs.

P

PAIN
Les céréales qui poussaient dans le limon du Nil formaient le fond de la nourriture. On en préparait toutes sortes de pains, tout comme aujourd'hui en Égypte. On connaît près de soixante mots pour dire pain, et les menus funéraires anciens en citaient quatorze. Mais c'est un peu comme si nous traduisions par le seul mot *pain*, cake, gâteau, biscuit, pain de Gênes, pain d'épices, biscotte, etc. Sans doute, en comparant soigneusement ce que l'on sait du pain antique et les coutumes ancestrales coptes au sujet des sortes de pâtes cuites, on éclaircirait beaucoup la question.

PAKHET
Déesse-lionne qui possédait un spéos à l'entrée d'une vallée au sud de Beni-Hassan. Hatchepsout et Séthos Ier l'avaient orné. Les grecs appelèrent ce sanctuaire speos Artemidos.

PALERME (pierre de)
Fragments de basalte ayant appartenu à une ou plusieurs grandes dalles sur lesquelles on avait gravé, à la Ve dynastie, probablement des extraits des annales royales égyptiennes. Ce monument devait appartenir à un temple memphite. Le plus gros morceau se trouve au musée de Palerme, d'où son nom..
(BIBL. : H. Schäfer, *Ein Bruchstück altägyptischer Annalen*, Berlin, 1902. A complémenter par Gauthier, *Quatre nouveaux fragments de la pierre de Palerme*, dans le « Musée égyptien », t. III, pp. 29-53, Le Caire, 1915 ; et Petrie, *New Portions of the Annals*, « Ancient Egypt », 1916, pp. 114 et suiv.)

PALETTES
Instruments plats en pierre (surtout en schiste) de tailles et de formes diverses, destinés, à l'époque prédynastique, à broyer le fard. Les rois prirent l'habitude d'en consacrer dans les temples pour commémorer des événements importants de leur règne. Elles constituaient des objets votifs. C'est ainsi que le roi Narmer déposa dans le temple de Hiéraconpolis une palette en schiste qui porte son nom. Elle rappelait sa conquête du Delta. C'est un des joyaux du musée du Caire. Il y en a beaucoup d'autres : Palette de la chasse (British Museum et Louvre), Palette aux canidés (Louvre), etc. La palette du scribe était généralement une planchette munie d'une cavité où l'on plaçait les calames et de deux godets pour les couleurs noire et rouge que l'on délayait avec de l'eau au moment d'écrire. Il en existe de fort beaux exemplaires en ivoire dans le mobilier de Toutankhamon.

PALMIER
L'Egypte connut plusieurs sortes de palmiers. Mais le plus important est le dattier. Outre ses fruits, on utilisait la nervure de la palme, les feuilles, la fibre destinée à faire des cordes, et même le tronc ligneux et mou. Certains détails architecturaux traduisent dans la pierre des éléments du palmier que l'on trouvait dans les constructions en brique crue des vivants.
(BIBL.. : I. Wallert, *Die Palmen im alten Aegypten*, Berlin, 1962.)

PAPYRUS
Aujourd'hui disparu de l'Égypte, le papyrus est une cypéracée qui croît dans les eaux peu profondes. Sa tige est triangulaire et se termine par une ombelle. On en mangeait les racines. Les tiges coupées servaient à faire des canots légers sur lesquels les grands personnages aimaient pêcher et harponner le gibier. Mais, surtout, en taillant la tige fibreuse en lamelles fines que l'on collait côte à côte sur deux couches de sens différent, on arrivait à fabriquer pour l'écriture un support qui tenait lieu de papier. On roulait les papyrus. Et l'on garda cette habitude, jusqu'aux premiers siècles de notre ère, où l'on vit apparaître les *codex*, analogues dans le principe à nos livres actuels. Grâce au climat très sec du pays, il nous est parvenu de très beaux papyrus de l'Égypte ancienne, auxquels on donne les noms de leurs premiers possesseurs. Le grand *Papyrus Harris* a plus de 40 m de long. Le contenu de ces rouleaux est très divers : com-

positions liturgiques, hymnes, écrits magiques, enseignements, contes, minutes de procès. Mais ils sont aussi très fragiles et se conservent moins bien que les tablettes mésopotamiennes.
(BIBL. : J. Baikie, *Egyptian Papyri and Papyrus Hunting*, Londres, 1925.)

PÉPI
Deux pharaons de la VIe dynastie portent ce nom que les Grecs transcrivent différemment : Phios pour Pépi Ier et Phiops pour Pépi II. Ce dernier mourut centenaire, et la faiblesse de son gouvernement dut être une des causes de la révolution qui engloutit l'Ancien Empire.

PERSEA
Nom que les Grecs donnaient à l'arbre *iched*, sur les fruits duquel Thot gravait le nom du roi pour qu'il prospère. Pour l'identifier, le choix semble circonscrit entre le *Balanites ægyptiaca* et — ce qui est plus probable — le *Mimusops schimperi*. Dans les processions du nouvel an, on portait des rameaux de persea, et il y en avait dans les bosquets sacrés.

PÉTOSIRIS
Grand prêtre de Thot au tout début de l'occupation grecque. Il fit graver dans son tombeau des inscriptions exposant ses doctrines morales.

PEUPLES DE LA MER
Ensemble de populations venues de l'Égée sous la poussée d'invasions indo-européennes, entre le milieu du XIIIe et le milieu du XIIe siècle avant notre ère. Elles durent anéantir l'Empire hittite et donnèrent beaucoup de mal à Minephtah et à Ramsès III qui réussirent à en protéger l'Égypte. Elles comprenaient des Danaens, des Achéens, des Lyciens, des Libyens, des Philistins, peut-être des Étrusques. On les retrouve dans les textes hittites. Ces noms apparaissent, depuis Ramsès II jusqu'à Ramsès III, dans beaucoup de documents historiques : textes concernant la bataille de Qadech, Stèle d'Israël, inscriptions de Médinet Habou... Dans ce dernier temple, une des batailles navales, sans doute localisée dans le Delta, est représentée sur le mur extérieur nord.

PHARAON
En égyptien : *la Grande Maison*. C'est un peu un équivalent de la *Sublime Porte*. Ce mot servit à désigner le roi et est passé, à travers le grec, dans nos langues où il est strictement réservé au roi d'Égypte dont le caractère est très particulier.
(BIBL. : A. Moret, *Du caractère religieux de la royauté pharaonique*, Paris, 1902; Frankfort, *La Royauté et les dieux*, trad. franç. Paris, 1953.)

PHÉNIX
Ce mot vient de l'égyptien *bennou*, qui désigne sans doute le héron cendré, cher au dieu Rê à Héliopolis. La légende transmise par les Grecs veut que cet oiseau revienne régulièrement au monde des cendres de son père.

PHILAE
C'est la transcription d'un nom égyptien désignant une île au sud de la première cataracte. La déesse en était Isis, dont le culte n'est peut-être pas très ancien en ce lieu. Mais, à partir de la XXXe dynastie, il devint très célèbre. Les barbares du Sud venaient adorer la déesse. Les Grecs y remontaient et ont laissé sur les murs du temple de nombreux graffites. Au sud, un débarcadère donnait accès à l'enceinte sacrée. Il était orné d'un portique à colonnes hathoriques datant de Nectanébo. Tout de suite, à droite, s'élevait le temple d'un dieu nubien : Arensnouphis. Puis une longue allée, bordée de portiques à colonnes composites, au milieu de laquelle s'ouvrait un des puits sacrés, conduisait au premier pylône. Sur la droite du portique, on passait dans un petit sanctuaire d'Imouthès, promu au rang de dieu de la médecine. A l'intérieur de la porte axiale du premier pylône, on lit une inscription lapidaire admirablement gravée par les soldats de l'expédition d'Égypte commandés par Desaix. On en voit encore une autre donnant la latitude et la longitude de Philae dans la cour du Siège de la première fête. Le pylône précède une cour, fermée au nord par un second pylône. A l'ouest se trouve le mammisi dont le sanctuaire ancien pourrait être de Nectanébo. Les réfections sont grecques (Ptolémée VI) et romaines. Au-delà du mammisi se trouvent un puits sacré et le portique d'Hadrien où est sculptée une représentation célèbre de la source du Nil. A

l'est, la cour, fermée par un portique donnant accès à la parfumerie sacrée et à la bibliothèque. Un passage conduisait jusqu'à une porte dans l'enceinte en brique. La salle hypostyle jouxtait le second pylône et, pour s'éclairer, prenait jour par une ouverture rectangulaire dans le plafond. Une partie de cette salle a été transformée en église au VIe siècle de notre ère. Puis viennent la salle de l'apparition, avec l'accès au toit à l'ouest et la cour du Siège de la première fête pour les cérémonies du nouvel an, ensuite la salle intermédiaire et les trois sanctuaires, datant de Ptolémée II Philadelphe. Sur le toit, comme à Dendara et comme à Edfou, il y avait un tombeau osiriaque, avec une représentation de la résurrection d'Osiris. Parmi les principaux monuments de l'île, il faut noter un temple d'Hathor où on rendait un culte à la déesse lointaine qui avait consenti à revenir. Des singes et des Bès lui faisaient de la musique et on lui apportait des offrandes, en particulier des gazelles du désert. Un grand kiosque, construit sous Trajan, ornait le quai à l'est et servait certainement de reposoir durant les processions. Tout à côté, à Biggeh, Osiris possédait un tombeau dans un abaton, et Hathor un temple.

PILLAGE DES TOMBES

Sous les faibles souverains de la XXe dynastie, les tombes de la nécropole thébaine et même les tombes royales furent mises au pillage par des ouvriers affamés qui avaient perdu toute moralité.
(BIBL. : E. Peet, *The Great Tomb-Robberies*, Oxford, 1930.)

PRÊTRES

Au début, les fonctions sacerdotales paraissent s'intégrer dans les autres fonctions sociales. Mais peu à peu, les prêtres, qui ont de multiples activités, se spécialisent. Ceux qui sont savants en rituel et guident, rouleau en main, les actes liturgiques, s'appelèrent *porteurs de rouleaux*, puis, à l'époque grecque, ptérophores. Ils avaient près d'eux des prêtres-purs chargés du service de l'offrande en particulier. Les prophètes, au contraire, occupaient un rang élevé. Dans les grands temples, il y en a quatre. Des chapelains, horoscopes, horologues s'occupent d'apporter les liquides nécessaires ou de fixer les temps sacrés par l'observation des astres. Les prêtres-à-mystère veillaient à la toilette du dieu. Mais, outre ces prêtres qu'on retrouvait dans toute l'Égypte pour chaque dieu un peu important, il y avait des prêtres particuliers à un dieu donné. Le grand prêtre d'Héliopolis s'appelait *Celui-qui-voit-le-Grand*, et celui d'Hermopolis Magna le *Grand-des-Cinq*. Les prêtres, pour être intronisés et pour que le roi leur délègue des fonctions sacerdotales qu'il était apte à remplir, devaient acquitter des droits. Mais ils touchaient des revenus en nature des temples. Ils devaient posséder une formation intellectuelle poussée. Certains d'entre eux, tel le célèbre Pétosiris, eurent une vie spirituelle profonde.
(BIBL. : Sauneron, *Les Prêtres de l'ancienne Égypte*, Paris, 1958.)

PROTOCOLE

C'est la totalité du nom royal que l'on désigne ainsi. Il est composé de cinq éléments : 1) Horus ; 2) *Celui-des-deux-Dames* ; 3) *Horus d'or* ou *Vainqueur-de-ses-adversaires* ; 4) *Roi de Haute et Basse-Égypte* ; 5) *Fils de Rê*. Souvent ce protocole constitue un programme, chaque nom ayant une signification précise (un des noms de Ramsès IV, par exemple, peut se traduire : *Administrateur-de-la-justice-de-Rê*). Les deux derniers étaient inscrits dans un cartouche.

PSYCHOSTASIE

C'est ainsi qu'on appelle la scène, représentée sur les papyrus funéraires, où Osiris juge les défunts en pesant leur « cœur », c'est-à-dire leur conscience. Dans l'autre plateau de la balance est la plume de *maât*. Malheur si Thot constate que l'équilibre est rompu ! On jette le coupable à la *Mangeuse*, monstre qui s'en repaît.

PTAH

C'est le dieu dynastique de Memphis à l'Ancien Empire. Son origine est inconnue. On le représente gainé comme une momie et tenant son sceptre. Les théologiens de la capitale conçurent à l'Ancien Empire que Ptah avait créé le monde par la pensée et la parole, que l'Égyptien, ne possédant pas de mots abstraits, désignait par leurs organes, le cœur et la langue. C'était un sculpteur et il était le patron des artistes. Il contribuait à donner des jubilés sans fin. Plus tard, on lui donna Sek-

hmet pour femme et Nefertoum pour enfant. Le taureau Hapis demeurait son héraut.
(BIBL. : Sandman-Holmberg, *The God Ptah*, Lund, 1940.)

PTAHHOTEP
Vizir du roi Izézi à la Ve dynastie, auteur d'un Enseignement. Son tombeau, très probablement le D 62 de Mariette, est tout près de celui de l'autre Ptahhotep dont on visite le très beau mastaba.

PTÉROPHORE
Nom donné par les Grecs aux anciens *porteurs de rouleaux*, parce qu'ils portaient sur leur tête, au moins depuis l'époque saïte, deux plumes. Parfois on les confond avec les *scribes du livre divin* ou hiérogrammates, même dans les textes égyptiens.

PYLONE
C'était une double tour à base rectangulaire enserrant entre ses deux massifs une porte indépendante à l'entrée d'un temple. Peu à peu, cette énorme construction fut comparée à la montagne sur laquelle apparaît le Soleil levant. Puis chacun des massifs symbolisa Isis et Nephthys, faisant renaître sur leurs mains le dieu assassiné, assimilé au Soleil. Le seul temple de Karnak possède dix pylônes. Ils étaient ornés de mâts et de banderoles et précédés d'obélisques et de statues colossales. Souvent, les bas-reliefs extérieurs représentaient de façon traditionnelle le roi assommant un groupe d'ennemis qu'il tient par la chevelure. Des pylônes subsistent encore à Philae (deux), à Edfou, à Louxor, à Karnak (dix), à Médinet Habou (deux), au Ramesseum. Plusieurs sont représentés sur les bas-reliefs anciens eux-mêmes (au temple de Khonsou ou à Louxor), ce qui nous permet fort bien de les imaginer dans l'Antiquité.

PYRAMIDE
Superstructure de tombeau en pierre ou en brique ayant la forme du volume de ce nom. On commença à les concevoir à degrés, comme des mastabas empilés les uns sur les autres pour permettre l'ascension du roi au ciel. Puis leur aspect fut celui d'une pyramide géométrique. Elles n'étaient que la partie la plus volumineuse d'un complexe architectural comprenant une enceinte, un temple haut et un temple de la vallée reliés par une rampe ouverte. A l'Ancien Empire, les pyramides se dressaient entre Abou Roache au nord et Meidoum au sud, au Moyen Empire entre Dachour et l'entrée du Fayoum. La tradition des tombeaux pyramidaux, abandonnée au Nouvel Empire, fut reprise par les rois de Napata et de Méroé, villes autour desquelles se voient encore des groupes de pyramides aux formes barbares. Si étrange que cela paraisse, on ne sait pas comment furent construites les pyramides. On en est donc réduit à des hypothèses : rampes en brique crue (admises généralement) ; machine élévatoires simples (que certains ne veulent pas admettre, mais sans raison péremptoire). Les Égyptiens disposaient, c'est certain, de leviers, de cordes, de rouleaux. Mais il se peut que nous ignorions l'existence d'autres outils. Il est certain aussi que des rampes en brique ont existé jusqu'à nos jours auprès de monuments inachevés, tel le premier pylône de Karnak. Mais leur état très délabré ne permet pas de se rendre compte exactement comment ces rampes étaient conçues ni jusqu'où elles montaient. Tant qu'on n'aura pas découvert un document précis et sûr, nous serons contraints de laisser s'exercer l'imagination, souvent ingénieuse, des archéologues.
(BIBL. : I. E. S. Edwards, *The Pyramids of Egypt*, 2e éd., Londres, 1962 ; J. P. Lauer, *Histoire monumentale des Pyramides*, t. I, seul paru, Le Caire, 1962.)

Q

QADECH
Aujourd'hui, Tell Nebi Mend, ville située sur les bords de l'Oronte. Son nom sémitique est apparenté à la racine *être saint*. Au début du XIIIe siècle, Ramsès II dut se battre sous ses murailles contre l'armée du roi des Hittites. Il y accomplit des prodiges de valeur personnelle qui furent magnifiés dans une œuvre poétique célèbre et maintes fois recopiée. Les bas-reliefs des temples l'illustrèrent : Ramesseum, Abou Simbel. Thoutmosis III et Séthi Ier y avaient déjà remporté des victoires.

QITE
Poids pouvant servir d'étalon monétaire.

R

RAMESSEUM
Temple mortuaire construit pour Ramsès II à la limite des cultures sur la rive gauche du Nil à Thèbes. Il est situé un peu au nord des colosses de Memnon. Son plan fut imité par Ramsès III à Médinet Habou. C'est probablement lui qui décrit Diodore sous le nom de tombeau d'Osymandias, qui pourrait transcrire assez bien un des noms de Ramsès II. Le pylône très endommagé se dresse encore en bordure des cultures. Ses reliefs, difficiles à voir, représentent des épisodes de la bataille de Qadech. Au-delà de la cour se dressait une statue colossale du roi haute de 17 m. Le second pylône est tout à fait ruiné. Mais sur une portion de la façade ouest conservée, et protégée par un portique, on voit encore des épisodes de la bataille de Qadech, ayant gardé une partie de leur couleur. La seconde cour est détruite aussi. Les colosses osiriaques placés contre les piliers ont presque tous disparu. La salle hypostyle, ensuite, a conservé son allée axiale au plafond exhaussé, permettant l'éclairage comme à Karnak, mais elle est beaucoup moins imposante que dans le temple d'Amon. Sur un des rares murs conservés, se trouve la représentation de la prise de la cité syrienne de Dapour. Le reste du temple est détruit. Mais dans l'enceinte, à côté, on a trouvé des magasins, des habitations et même de grandes salles en brique crue, ayant parfois pour supports des colonnes de bois sur base de pierre. De fausses voûtes en brique crue sont encore en place.

RAMOSÉ
Vizir d'Aménophis III qui vécut jusqu'au règne d'Akhenaton et se convertit à la doctrine atonienne. Son tombeau, dans la nécropole de Gourna, à Thèbes, contient de très beaux bas-reliefs et des peintures du temps d'Aménophis III, ainsi qu'un grand tableau remontant au tout début du règne d'Aménophis IV.
(BIBL. : N. de Garis Davies, *The Tomb of the Vizir Ramose*, Londres, 1941.)

RAMSÈS
Le-dieu-Rê-l'a-fait-naître, tel est le sens de ce nom rendu célèbre par le fils de Séthi Ier, Ramsès II. Monté jeune sur le trône, il fit des campagnes militaires brillantes en Palestine et en Syrie (bataille de Qadech). Profitant d'une situation difficile créée par la succession de Mouwatallis, roi des Hittites, il réussit à faire signer à Hattousilis III un traité qu'il fit graver sur les murs du temple de Karnak, mais dont on a retrouvé l'équivalent accadien dans la capitale hittite. Au comble de la puissance, bien qu'il n'ait jamais réussi à reconquérir l'empire jusqu'à l'Euphrate, Ramsès Meiamoun, doté d'un harem abondant, était l'image même du potentat oriental, sans cesse entouré de ses immombrables fils et filles. Il épousa encore sur le tard une princesse hittite qui venait sceller l'alliance des deux pays. Son activité de constructeur fut considérable. Il ne saurait être question d'énumérer tous les monuments que nous connaissons de lui depuis la Méditerranée jusqu'à Napata. Mais la salle hypostyle de Karnak et les deux temples d'Abou Simbel, qui joignent à des proportions colossales une finesse pleine de charme, méritent d'être signalés. Son interminable règne de soixante-six ans permit à plusieurs de ses fils de mourir avant lui. L'horizon, à sa mort, était menaçant, et l'invasion des Peuples de la Mer toute proche. Ramsès III eut encore quelque gloire et remporta sur les derniers bans des Peuples de la Mer une victoire décisive. Il se fit construire le temple funéraire de Médinet Habou, imposant sans doute, mais lourd. Une conspiration troubla son règne. Nous avons conservé une partie des pièces du procès qui suivit. Elles nous donnent une triste idée de la corruption qui commence à envahir la société égyptienne. Les règnes des derniers Ramsès, de Ramsès IV à Ramsès XI, sont mal connus ; ce n'est guère que l'histoire d'un irrémédiable déclin politique, social et moral.

RÊ
C'est « le Soleil ». Il ne semble être devenu dieu qu'assez tard, au début de l'histoire. Le lieu où son culte et sa théologie se développèrent, Héliopolis, ne lui appartint pas d'abord. Il était peut-être originaire de la ville de Sakhebou, au sud-ouest du Delta. Mais il s'imposa rapidement, tant à cause de sa nature propre que de la valeur de son clergé. Il avait créé le monde. Aussi ses prêtres furent-ils des pharaons, des *fils de Rê*, à partir de Khéphren, et créèrent-ils une liturgie, le mystère de *la*

Naissance divine, dans laquelle on représentait la venue au monde du roi-dieu, seul lieutenant juridique de son père divin sur terre. Ces conceptions durèrent jusqu'à la fin de l'Empire pharaonique. Sa mythologie exprimait en partie le sentiment qu'avaient les Égyptiens de la fragilité de la création. Sans cesse le serpent Apopis menaçait d'engloutir le dieu qui devait se battre contre lui, aidé d'autres dieux, dans sa barque ; car le ciel était un océan où il naviguait. Comme il se régénérait sans cesse, on imagina qu'il était avalé tous les soirs par sa mère Nout. Il passait toute la nuit en gestation et renaissait de la déesse, nouveau et jeune, au matin suivant. Son influence fut considérable, et beaucoup de dieux s'abritèrent derrière sa personnalité en accolant son nom au leur : Sobek-Rê, Khnoum-Rê. Le plus remarquable fut un dieu local obscur de la ville de Thèbes, Amon, qui, promu au premier rang par les princes qui l'adoraient (XIIe puis XVIIIe dynastie), se créa une théologie et s'adjoignit celle de Rê. Il devint non seulement dieu d'empire mais, de chthonien qu'il était, solaire et lumineux. Aménophis IV Akhenaton, lors de sa réforme, s'inspira certainement de la théologie et du culte de Rê. Mais les documents héliopolitains ont totalement disparu, de sorte que notre connaissance directe du dieu demeure très imparfaite.

RECHEP

Dieu cananéen de l'orage. Adopté en Égypte comme dieu protecteur au Nouvel Empire. On le représente tenant un bouclier et une hache de combat.
(BIBL. : Article de W. K. Simpson, *Reshep in Egypt*, dans « Orientalia », t. 29, pp. 63-74, 1960.)

ROSETTE

Aujourd'hui Rachid, à l'ouest du Delta, tout près d'une des bouches par où le Nil se jette dans la mer. Elle a été rendue célèbre par le fragment de stèle trilingue, dit Pierre de Rosette, découvert par le capitaine Bouchard en 1798. Un décret sacerdotal y était gravé en hiéroglyphes, en démotique et en grec. Il permit à Champollion de déchiffrer les hiéroglyphes, à partir du grec.
(BIBL. : C. Lagier, *Autour de la pierre de Rosette*, Bruxelles, 1927.)

S

SAHIDIQUE

C'est le nom donné à un dialecte copte que l'on situait autour de Thèbes, en plein Sahïd.

SAÏS

Aujourd'hui Sa el-Hagar sur la branche canopique du Nil. La ville est ancienne et adorait la déesse Neïth. Mais elle n'a joué un rôle politique important qu'à partir du VIIIe siècle avant notre ère. Elle devint capitale à la XXVIe dynastie, dite saïte, et le pharaon Amasis fut enterré dans l'enceinte du temple comme l'avaient été les pharaons de la XXIe dynastie à Tanis. Grâce au médecin Oudjahorresne, les Perses rendirent le temple et ses dépendances, dont la Maison de Vie, au clergé égyptien. C'est à Saïs que Platon situe l'entretien de Solon avec un prêtre égyptien qui aurait prononcé la phrase fameuse : « Solon, Solon, vous les Grecs êtes toujours des enfants. Un Grec qui soit vieux, il n'y en a pas. »

SAQQARA

C'est le village qui donne son nom à la partie la plus importante de la nécropole de Memphis, entre Abousir au nord et Dachour au sud. Elle est d'une richesse incroyable et n'a pas encore été entièrement fouillée. Dans la partie nord, en bordure du plateau, se trouvent d'abord les mastabas royaux à redans de l'époque thinite, construits en brique crue et de formes variées. Ils sont entourés de tombes secondaires, et parfois de barques. Malheureusement, leurs restes se détruisent avec une grande rapidité. Un peu plus au sud, on arrive à la pyramide de Téti, à l'est de laquelle se voient les ruines du temple haut. A droite, se dressent de grands mastabas de la VIe dynastie, ornés de bas-reliefs très bien conservés : l'immense tombeau de Mererouka, celui de Kagemni, puis toute une « rue de tombeaux ». En s'enfonçant dans le désert, à un kilomètre environ vers l'ouest, on arrive au tombeau de Ptahhotep, un des plus beaux de la Ve dynastie. Il est contemporain de celui de Ti, situé un peu plus au nord, après l'entrée du souterrain où l'on enterrait les taureaux Hapis. Cet hypogée fut en service de la XIXe dynastie jusqu'à l'époque grecque. Il ne constitue qu'une partie du Serapeum, découvert par Mariette en 1851. On a rétabli récemment le

groupe de statues placées en hémicycle à l'entrée du dromos, au début de l'époque ptolémaïque. Mais l'effet en est très décevant. En revenant vers le sud, on passe devant la pyramide, très détériorée, d'Ouserkaf (V^e^ dynastie). Puis on arrive à la pyramide à degrés du roi Djéser (IIIe dynastie) entourée de son prodigieux complexe architectural. Elle est aussitôt suivie par la pyramide d'Onnos (dernier roi de la Ve dynastie), dont le caveau funéraire contient la plus ancienne version des *Textes des pyramides*. Le temple et la chaussée ainsi que le temple bas (près de la route moderne) sont très ruinés, mais présentent de beaux chapiteaux de colonnes palmiformes en granit. Des logements de barques, taillés dans le roc, se voient à la partie supérieure de la chaussée. Des mastabas pleins d'intérêt se trouvent entre Onnos et le rebord du plateau : ceux de la reine Nebet, de la princesse Idout, de Mehou, d'un art un peu fruste, mais d'une fraîcheur merveilleuse. Des découvertes récentes viennent de mettre au jour un tombeau de la Ve dynastie ayant sans doute appartenu à des frères jumeaux. Derrière Onnos, vers le sud-ouest, se trouve une autre pyramide à degrés, très détruite, en cours de fouille. Au sud, on traverse le couvent copte de Saint-Jérémie dont les éléments les plus beaux et les plus fragiles ont été transportés au Musée copte. Puis on atteint, vers l'ouest, la pyramide non fouillée de Pépi Ier (VIe dynastie). Ensuite, tandis que Djedkarê-Izezi (V^e^ dynastie) a dressé sa pyramide au bord du plateau, Pépi II a placé la sienne plus à l'ouest, avec celle des reines Neïth et Oudjebten. Enfin le « Mastabat Pharaoun » élève le profil massif du tombeau de Chepseskaf (fin de la IVe dynastie). Il n'est pas une époque qui ne soit représentée à Saqqara, puisque Memphis n'a cessé d'avoir, durant toute l'histoire de l'Égypte, une importance considérable. Mais l'Ancien Empire l'emporte de beaucoup par le volume et la perfection des monuments.
(BIBL. : *Fouilles de Saqqara*, publiées par le service des Antiquités de l'Égypte à partir de 1907, 17 vol. parus, Le Caire.)

SARCOPHAGE
On désigne par ce nom toute cuve, de quelque forme qu'elle soit, contenant un cadavre. Elle peut être rectangulaire ou bien imiter la forme d'un corps couché ; dans ce cas on l'appelle sarcophage anthropoïde. Leur matière peut différer beaucoup. Certains sont en pierre : calcaire, albâtre, granit, quartzite... ; d'autres en bois ; d'autres en or ou plaqués d'or et de pierres semi-précieuses. Les particuliers pouvant avoir des sarcophages analogues à ceux des rois, bien qu'ils soient moins nombreux ou de matières moins précieuses, il n'y a pas lieu de faire entre les deux séries des distinctions fondamentales. Si les rois, par le privilège de leur naissance, ont droit à l'or, chair divine et incorruptible du dieu Rê lui-même, peu à peu les simples mortels tentent de l'accaparer aussi, et les visages de momies tardives, parfois même leur corps entier, sont dorés. Les cuves rectangulaires à l'Ancien Empire sont parfois tout à fait dépourvues d'ornementation : c'est le cas du sarcophage récemment découvert dans la pyramide détruite, voisine de celle de Djéser ; le sarcophage de Khéops, encore en place, ne possède aucune décoration. Celui de Mykérinos, au contraire, perdu en mer, figurait un édifice, comme plus d'un sarcophage privé de la même époque. Au Moyen Empire, une bande d'hiéroglyphes est quelquefois gravée sur la pierre. Mais beaucoup sont en bois et présentent deux yeux sur le côté. Ils sont couverts de compositions funéraires formant les *Textes des Sarcophages*. A la XVIIIe dynastie, la plupart des sarcophages royaux rectangulaires sont en quartzite rose ; ils sont ornés de reliefs et de textes peints en bleu (symbole de résurrection) et jaune (symbole d'incorruptibilité et de divinité). A la basse époque, des livres entiers avec leurs vignettes sont gravés sur les parois d'énormes cuves de pierre (sarcophage de Taho au Louvre). Les sarcophages anthropoïdes étaient généralement placés dans une cuve rectangulaire. Les rois en possédaient toujours plusieurs. Toutankhamon en avait trois emboîtés l'un dans l'autre et enfermés dans une cuve de quartzite. A partir du Nouvel Empire ils sont ornés d'images funéraires symboliques et de textes. Parfois leur ornementation est très fine. Celui de Pétosiris (époque grecque) est en bois très bien travaillé, muni d'un long texte incrusté avec des fragments de verre coloré.
(BIBL. : Les volumes du catalogue général du musée du Caire : Daressy, *Cercueils des cachettes royales*, 1909 ; Gauthier, *Cercueils anthropoïdes des prêtres de Montou*, 1913 ; Lacau, *Sarco-*

phages antérieurs au Nouvel Empire, 1906; G. Maspero, *Sarcophages des époques persane et ptolémaïque*, 1914 et 1939; Moret, *Sarcophages de l'époque bubastite à l'époque saïte*, 1913; ils constituent un répertoire excellent qu'on pourra compléter par W. Ch. Hayes, *Royal Sarcophagi of the XVIIIth Dynasty*, Princeton, 1935.)

SATIS
Déesse de la première cataracte, parèdre de Khnoum, formant avec lui et Anoukis une triade. On la représente avec la couronne blanche entourée de deux cornes pointues.

SCARABÉE
Le bousier sacré se dit en égyptien *kheperer*. Ce mot contient les mêmes consonnes que le verbe *venir à l'existence*. Si l'on ajoute que les scarabées de cette espèce poussent devant eux une boule de fumier pour y pondre leurs œufs, on comprend que les Égyptiens en aient fait le symbole du démiurge primitif *Qui-était-venu-à-l'existence* de lui-même et avait créé le Soleil. Voilà pourquoi Aménophis III avait fait dresser près du lac sacré de Karnak, symbolisant l'océan primordial, un autel portant un scarabée. C'est ainsi que l'on représentait le dieu Khepri, désignation du démiurge divinisé. Aussi mit-on des scarabées à la place du cœur du défunt assimilé au dieu créateur. Des amulettes en forme de scarabées sont très nombreuses (multipliées encore par de nombreux faux) et utilisées comme sceaux. Aménophis III fit graver sur de gros scarabées le récit d'événements importants de son règne : mariage avec Tiyi, creusement d'un lac de plaisance, chasse aux taureaux sauvages. Certains scarabées portaient à leur face inférieure des maximes morales, parfois très belles. Elles ont été étudiées par E. Drioton.

SCRIBE
Le scribe avait une grande importance dans une société très hiérarchisée et soumise sans cesse au contrôle de l'État. Dans l'administration civile, il était indispensable, et tout grand personnage avait dû d'abord apprendre le métier de gratte-papier. Ce sont des fonctionnaires de haut rang que les scribes du Louvre ou du Caire et, dès le Moyen Empire, les marques de leur vanité de caste apparaissent. Seuls, ils gouvernent toutes les autres classes du pays et n'ont à subir aucun des inconvénients des autres professions. Le titre de scribe royal fut porté au Nouvel Empire même par des princes. En tout cas, voyons-nous, au milieu des paysans vêtus du simple pagne, les scribes en fonction portant leurs chemises légères, leurs devanteaux empesés, endimanchés en quelque sorte, pour noter la mesure des récoltes sur pied ou des boisseaux de blé vanné. Beaucoup acquièrent dans leur profession le goût de la culture et même de la sagesse. C'est parmi eux que se recrutent les auteurs qui se firent un nom. Et, à la basse époque, le *scribe du Livre divin*, le hiérogrammate, occupe dans le clergé un rang élevé. Mais tous les prêtres savaient certainement lire et écrire.

SECHAT
Déesse qui partage avec Thot le patronage des lettres et des sciences. Elle écrit aussi les noms du roi sur le persea, ou ses années innombrables sur la tige du palmier. Elle détermine au cordeau, avec le roi, le plan du futur temple.

SEHEL
Grande île de la première cataracte où se trouve entre autres inscriptions une stèle gravée à l'époque ptolémaïque et appelée Stèle de la famine.

SEKHMET
Déesse à tête de lionne, originaire de la région de Memphis. On la donna comme épouse à Ptah. Avec Nefertoum, ils finirent par former une triade. Fondamentalement c'est une *puissance* (c'est son nom) destructrice. Sa mythologie raconte comment elle avait commencé à détruire les hommes révoltés contre Rê, avec tant de violence que les autres dieux ne pouvaient l'arrêter. Ils durent répandre du sang mêlé de bière. Elle en but et s'enivra, ce qui fit cesser le carnage. Elle est assimilée à l'uraeus qui protège le roi. Elle envoie la peste et la maladie. Apaisée, elle a un côté bienfaisant et peut procurer des charmes et même des remèdes. Des prêtres de Sekhmet furent des médecins.

SELKIS
Déesse portant sur la tête le signe distinctif du scorpion. C'est *Celle-qui-fait-respirer-la-*

gorge. Elle protégeait le corps d'Osiris avec Isis, Nephthys et Neïth. Elle fut commise à la garde des canopes avec les mêmes déesses, et il existe une très belle statue d'elle en bois doré, autour du naos à canopes de Toutankhamon.

SENENMOUT
Architecte et favori de la reine Hatchepsout. Devenu intendant des biens d'Amon, il construisit l'admirable temple de Deir el-Bahari. Il renonça à sa tombe de Cheikh Abdel Gourna et se fit creuser un nouveau tombeau près de celui de la reine. Il osa même se faire représenter dans le temple royal derrière une porte. Il fut tuteur de la petite princesse héritière Neferourê. Mais, à la mort d'Hatchepsout, il fut au moins chassé, et n'occupa jamais son tombeau. On martela partout son nom et ses images.

SÉRAPIS
Forme grecque du nom Osor-Hapis, désignant le taureau sacré de Memphis. Ptolémée Ier Sôter vit dans ce dieu la possibilité d'unir la religion hellénique et la religion égyptienne. Coiffé du boisseau, la barbe frisée comme Zeus, il eut une importance considérable tant à Alexandrie qu'à Memphis où les Serapeum virent dans leur enceinte affluer dieux et hommes pieux de toute espèce. Ce furent des lieux de haute culture et aussi de culte. Celui d'Alexandrie possédait une importante bibliothèque.

SERDAB
En arabe : *galerie souterraine*. C'étaient des pièces ménagées dans les mastabas de l'Ancien Empire ou des réduits dans les temples funéraires royaux, destinés à contenir les statues des défunts. Ils n'étaient accessibles que par des fentes étroites pratiquées dans la maçonnerie.

SÉSOSTRIS
Transcription grecque du nom porté par trois pharaons de la XIIe dynastie; le sens était : *l'Homme-de-la-Puissante*. Sésostris Ier était le fils d'Amménémès Ier (XIIe dynastie), et Sésostris III, le fils de Sésostris II (XIIe dynastie). Le dernier fut un grand conquérant et, son nom se confondit avec un surnom de Ramsès II. Ce qui a donné lieu à une légende, racontée par les Grecs, du plus grand conquérant de l'histoire de l'Égypte.
H. Chevrier a retiré des fondations du troisième pylône à Karnak les blocs en calcaire d'un petit temple reposoir, la chapelle blanche de Sésostris Ier. Il a réussi à le remonter avec une habileté extraordinaire. C'est l'un des joyaux de l'architecture égyptienne. Il fournit une foule de renseignements sur la géographie religieuse et la théologie d'Amon au Moyen Empire.
(BIBL. : K. Lange, *Sesostris*, Münich, 1954 ; P. Lacau et H. Chevrier, *Une chapelle de Sésostris Ier à Karnak*, t. I, Le Caire, 1956.)

SETH
Très ancien dieu qui s'oppose à Horus et lui est, à la fois, intimement lié. Il avait pour animal sacré une bête que l'on n'est pas parvenu à identifier : oreilles à extrémités carrées, museau très long et recourbé. Les partisans d'Horus et de Seth se sont peut-être fait la guerre par moments. Mais, anciennement, Seth n'était pas uniquement un brigand et défendait même Rê sur sa barque. Il avait à Ombos un lieu de culte important. Sous les Ramessides, il s'unissait à Horus pour purifier le roi. Mais la mythologie qui l'opposait à Horus avait fait de lui le meurtrier d'Osiris. D'autre part, son caractère belliqueux l'avait fait adopter par les Hyksos d'Avaris dont il représentait assez bien le Baal original. Si bien qu'il fut détesté peu à peu par les Égyptiens lorsque leur nationalisme s'exacerba et que la popularité d'Osiris s'accrut. A l'époque tardive, il personnifia le désert infécond et le mal, contre Osiris, dieu de la végétation, de la civilisation et du bien. L'âne et l'animal du sacrifice lui étaient consacrés. Les Grecs l'assimilèrent au géant Typhon.

SÉTHOS
SÉTHOS Ier, pharaon de la XIXe dynastie et fils de Ramsès Ier.
SÉTHOS II, pharaon de la XIXe dynastie.

SINAÏ
Péninsule qui se prolonge vers la mer Rouge entre les golfes de Suez et d'Aqaba, au nord-est de l'Égypte. Dans les montagnes, on trouvait du cuivre et des turquoises. Aussi, dès l'Ancien Empire, voit-on au ouadi Maghara les

inscriptions des rois qui y ont organisé des expéditions. Au Moyen Empire, on éleva au Serabit el-Khadem un temple à Hathor, *Dame-de-la-turquoise*. C'est dans les mêmes lieux qu'on a découvert les inscriptions dites proto-sinaïques, qui ont peut-être joué un rôle dans la découverte de l'alphabet. C'est enfin le Sinaï qui sert de cadre à la révélation de Dieu à Moïse. Le couvent de Sainte-Catherine s'élève sur le lieu où se serait passée la scène du buisson ardent, au pied de l'actuel Gebel Moussa.
(BIBL. : R. Weill, *Recueil des inscriptions égyptiennes du Sinaï*, Paris, 1904; Petrie, *Researches in Sinaï*, Londres, 1906; Gardiner, Peet, Černý, *The Inscriptions of Sinaï*, Londres, 1955.)

SINOUHÉ
Héros d'un roman historique égyptien du Moyen Empire. Ayant involontairement surpris un secret d'État lors d'une campagne de l'armée égyptienne en Libye, Sinouhé s'enfuit en Syrie et y mène, au prix d'aventures parfois peu ordinaires, la vie d'un grand chef bédouin, jusqu'au jour où, réconcilié avec son roi, il rentre en Égypte finir ses jours. Tant par son style que par sa composition, cet ouvrage est un chef-d'œuvre de narration fine et variée.
(BIBL. : Traduction Lefebvre, *Romans et Contes de l'Égypte ancienne*, Paris, 1949.)

SIOUAH
Oasis où Zeus-Ammon rendait ses oracles. Il reste à Aghourmi les ruines très délabrées de deux temples égyptiens tardifs et plusieurs tombes égyptiennes au Gebel Mota. C'est dans le temple haut d'Aghourmi qu'Alexandre fut appelé « fils de Zeus-Ammon ».
(BIBL. : A. Fakhry, *Siwa Oasis*, Le Caire, 1944.)

SISTRE
Instrument de musique, composé essentiellement d'un cadre métallique à travers lequel passaient des tiges de métal plus ou moins mobiles. Lorsqu'on l'agitait, il produisait un son. Comme le sistre était particulièrement consacré à la déesse Hathor, on lui donnait un manche qui se terminait par une effigie de la déesse. Il y avait deux sortes de sistres : l'un dont la pièce terminale était en fer à cheval; dans l'autre elle avait la forme quadrangulaire d'un naos. Ces instruments symbolisaient la joie dont s'entourait la déesse et chassaient d'elle la tristesse.

SNÉFROU
C'est le père du roi Khéops. Il possédait à Dachour la pyramide double dite rhomboïdale, et peut-être deux autres (Meïdoum et Dachour Nord). Les fouilles du temple de la vallée appartenant à la première ont rendu des fragments d'une belle statue de ce puissant roi de l'Ancien Empire qui devait devenir, au Moyen empire, héros de conte.
(BIBL. : A. Fakhry, *The Monuments of Snefru at Dachur*, 3 vol. parus, Le Caire, 1959-1961.)

SOBEK
Nom d'un dieu-crocodile adoré dans le Fayoum, à Kom Ombo et près de Gebelein. Apparemment, il est moins dieu de la crainte que de la fécondité.
On lui donnait pour mère Neïth, dès l'époque des pyramides. Les crocodiles sacrés étaient momifiés à leur mort. On en a trouvé abondamment.
(BIBL. : Dolzani, *Il dio Sobek*, Rome, 1960.)

SOKARIS
Dieu qui résidait à la bordure du désert occidental, en face de Memphis. Son caractère chthonien est très net. On le promenait en procession sous forme aniconique dans une barque très archaïque placée sur un traîneau. Le peuple portait à ces cérémonies des colliers d'oignons. Ces derniers jouent encore un rôle dans la fête copte de Cham el-Nessim. Il prit un caractère funéraire et fut joint à Ptah et à Osiris.

SONGES
Les rêves jouèrent un rôle important chez les Égyptiens qui leur accordaient une valeur prémonitoire. Mais ils avaient bien vu que certains rêves étaient décevants. Aussi pratiquaient-ils une sorte de sommeil cataleptique durant le jour. Les résultats en étaient sans doute meilleurs (incubation). Ils avaient aussi des livres d'interprétation des songes. Certains rois eurent en songe l'avertissement de leur future carrière. On connaît le rôle qu'ils jouèrent dans l'histoire de Joseph.
(BIBL. : Sauneron, *Les Songes et leur interpréta-*

tion dans l'Égypte ancienne, dans « Sources orientales », t. II, pp. 19-61, Paris, 1959.)

SOPDOU
Dieu de l'est du Delta qui conservait quelques traits sémitiques provenant des voisins des Égyptiens en cet endroit : barbe, plumes de faucon et pagne en lanières de cuir. Mais il fut rapidement identifié à Horus et fut représenté aussi en faucon.

SORCELLERIE
Déformation du sentiment religieux.

SOTHIS
C'est le nom de l'étoile Sirius en égyptien. Avec son lever héliaque commençait l'année.

SPHINX
Animal formé d'un corps de lion et d'une tête d'homme, qui doit reproduire souvent les traits royaux. Il symbolise la force irrésistible du roi qui attaque les ennemis. Il est très rarement féminin en Égypte. Le sphinx de Gizâ (IVe dynastie) a été identifié à Harmakhis au Nouvel Empire. Il ne faut pas le confondre avec le sphinx grec (féminin) dont il ne possède pas le caractère mystérieux. Les représentations en furent très composites dans l'ancienne Égypte : le sphinx d'Amon, à Karnak, avait une tête de bélier. Quatre sphinx de Ouadi es Seboua avaient une tête de faucon.

SPORT
Il était pratiqué par les particuliers (tombes de l'Ancien Empire ou du Moyen Empire, à Beni Hassan) : jeux d'adresse, lutte, saut, équilibre, etc. Mais les rois ne le dédaignaient pas et, pour des raisons religieuses, cherchèrent à atteindre des performances remarquables, comme Aménophis II (tir à l'arc dans des saumons en cuivre, maniement de l'aviron à contre-courant).

STATUES
Ce n'étaient pas de simples images, mais des *images-vivantes, des corps*, substituts des corps réels eux-mêmes. Il fallait donc les fabriquer puis les *mettre au monde*, selon des rites appropriés, dont l'ouverture de la bouche. D'hommes ou de dieux, elles devaient être capables du *ka* et du *baï* de celui qui avait servi d'original. D'où le caractère de la sculpture égyptienne qui a toujours été une sorte de compromis entre des tendances réalistes (le corps de remplacement devait être reconnu par *baï* ou *ka*) et le désir de donner à l'homme le maximum de perfection compatible avec ce qu'il fut (idéalisation du modèle).
(BIBL. : Choix très restreint. 1) Essence de la statue : Weynants-Ronday, *Les Statues vivantes*, Bruxelles, 1926 ; 2) Histoire de l'art : von Bissing, *Denkmäler ägyptischer Skulptur*, 3 vol., Münich, 1911-1914 ; Vandier, *La Statuaire*, 2 vol., t. III du « Manuel d'archéologie égyptienne », Paris, 1958.)

STÈLE DE L'AN 400
Inscription provenant de Tanis. Elle a été gravée sous Ramsès II, mais elle est datée de l'an 400 d'un roi qui pourrait être le dieu Seth lui-même. Elle doit permettre de faire remonter à cette époque la fondation du temple de Seth, et peut-être même l'arrivée des Hyksos en Égypte.
(BIBL. : Montet, *La Stèle de l'an 400 retrouvée*, pp. 191-215, Kêmi IV, 1931.)

STÈLE DE LA FAMINE
Inscription fort longue gravée sur un rocher de l'île de Sehel (première cataracte). Elle fait allusion à une famine qui aurait duré sept ans.
(BIBL. : Barguet, *La Stèle de la famine*, Le Caire, 1953.)

STÈLES
Qu'elles soient funéraires, royales, juridiques, sacerdotales, les stèles sont essentiellement des monuments rectangulaires de dimensions variées, souvent ceintrés à leur partie supérieure, destinés à commémorer par l'image et le texte le souvenir de certains faits ou de certains personnages. Par extension, on donne le même nom à des gravures, faites sur les roches naturelles, mais disposées comme les stèles isolées. C'est le cas des stèles frontières d'Amarna, sculptées à même la montagne, ou de la Stèle de la famine à Sehel. On déposait à Abydos une stèle représentant le défunt et sa famille pour commémorer un pèlerinage funéraire. On disposait une stèle dans son tombeau pour y raconter sa vie (Amenemheb sous Thoutmosis III) ou y exposer ses principes spirituels (Paheri, XVIIIe dynastie). Les rois y commémoraient des victoires (Stèle

d'Israël sous Minephtah). Des particuliers y perpétuaient des documents juridiques importants (Stèle juridique de Karnak), des synodes sacerdotaux y inscrivaient à l'époque grecque des privilèges accordés par les rois macédoniens au clergé. Elles sont en toutes les matières : calcaire, granit, basalte, grès, quartzite et même en bois. On donne le nom de stèle fausse-porte à une grande stèle, théoriquement en granit, au moins à l'Ancien Empire (quand elle ne l'était pas, on la peignait de la couleur du granit, comme chez Mehou à Saqqara), représentaant une porte, avec son store, encadrée de redans d'un style ancien. Devant était une table d'offrande. Le *ka* du défunt venait, pensait-on, en ce lieu pour son repas funéraire. Les titres essentiels et le nom du propriétaire sont écrits en colonne sur les redans. En l'absence d'annales royales, les stèles des rois ou des particuliers ayant joué un rôle important sont pour nous d'un intérêt historique inappréciable (Stèle d'Aménophis II à Gizâ, Stèle de la conquête de l'Égypte par Piankhi). Les stèles d'immunités (Ancien Empire), provenant de Coptos, ou les décrets de Canope ou de Rosette, émis par le clergé, constituent des documents très précieux de sociologie religieuse. Elles sont toutes des mines inépuisables pour l'histoire politique, juridique ou intellectuelle (Stèle de Chabaka).

STRABON

Né dans le Pont vers 60 av. J.-C., il mourut sans doute peu avant 25. Il écrivit en grec des *Études géographiques* dont le livre XVII et dernier est une description de l'Égypte. Il avait vécu à Alexandrie et parcouru l'arrière-pays vers l'an 20 avec Aelius Gallus dont il fut l'ami. Son livre XVII est d'une grande précision et fort précieux à qui étudie l'histoire et la géographie de l'ancienne Égypte.
(BIBL. : Exellente édition Didot, mais pas de travaux modernes.)

SYMBOLISME

La pensée égyptienne, à l'instar de la pensée médiévale, a été pétrie de symbolisme. Mais, sur ce terrain particulièrement glissant, on ne peut avancer qu'avec précautions sinon on risque d'attribuer aux penseurs anciens maint rêve purement moderne. Une méthode s'impose ; on ne doit attribuer un sens symbolique à des éléments archéologiques que si l'on y est autorisé par quelque texte. Ainsi, la présence de la déesse Nout sous le revers du sarcophage n'est pas une décoration. Elle est là pour entretenir en gestation durant la nuit le défunt assimilé au Soleil, de façon qu'il puisse renaître au matin comme l'astre. On dort sur des lits à tête de lion pour se coucher dans l'horizon-*aker*, symbolisé par des protomés de lions adossés, et se lever à nouveau revivifié, comme le Soleil. Il est défendu au commun des mortels de toucher l'or, car c'est la chair même du dieu Rê, la matière incorruptible de la vie divine. La lumière issue du même dieu n'est qu'un aspect de l'or. Le temple symbolise le monde créé par le dieu : à la base les végétaux, au plafond les étoiles. Le sanctuaire obscur est l'horizon. La chasse est une extension de la création divine : elle consiste à reculer les limites du chaos qui, sous forme de bêtes sauvages, subsiste toujours aux confins du monde organisé. Il serait facile de multiplier les exemples du symbolisme dont use sans cesse la pensée égyptienne. Tous ceux que nous avons donnés sont appuyés sur des textes suffisamment explicites. On en trouvera d'autres dans le cours de l'ouvrage, toujours avec quelque preuve à l'appui. Tout autre procédé est fantaisiste ou suspect. Vouloir trouver à tout prix dans des faits archéologiques obscurs l'expression symbolique d'acquisitions scientifiques modernes constitue, presque à coup sûr, une présomption d'erreur.

T

TABOU

Mot emprunté, non sans danger, au vocabulaire sociologique, mais qui a l'avantage de désigner simplement les interdictions religieuses, sociales ou magiques, frappant certaines nourritures et certains actes. Par exemple, il était interdit de sacrifier l'animal d'un dieu sur son territoire (on ne sacrifiait pas de bélier à Khnoum à Éléphantine). Certains actes étaient proscrits parce que sacrés : pêcher du poisson dans le lac sacré ; toucher de l'or dans certains nomes, et peut-être en général, parce qu'il constitue la chair même du dieu solaire. Beaucoup de ces interdictions, alimentaires ou autres, remontent à la lointaine préhistoire, et il nous est parfois difficile de les interpréter.

La grande liste géographique d'Edfou nous renseigne sur les interdits d'un grand nombre de nomes.
(BIBL. : Montet, *Le Fruit défendu*, dans « Kémi », t. XI, pp. 85-116, 1950.))

TANIS
Aujourd'hui San el-Hagar, à l'est du Delta *(Atlas, carte I, 1, p. 513)*. Devint capitale à partir de la XXIe dynastie dont plusieurs rois ont été enterrés dans l'enceinte de son grand temple. Ses ruines sont encore considérables, mais très ravagées
(BIBL. : Montet, *Tanis*, Paris, 1942.)

TEMPLE
Dès le début, la *maison du dieu* se composa d'un enclos orné des insignes de la divinité ; à l'intérieur de celui-ci une hutte contenait l'image divine. Ce modèle dut être transposé en brique et même en pierre à l'Ancien Empire, mais rien n'en est resté. Les temples des pyramides sont assez différents : ce sont des lieux de culte funéraire dont la disposition réunit les éléments empruntés à plusieurs rituels différents, mais aboutissant tous à la grande stèle fausse-porte devant laquelle était faite l'offrande. Au Moyen Empire, nous ne connaissons guère des temples que des sanctuaires, comme à Médinet Mâdi. Il comportait trois niches destinées à abriter les statues divines. Mais les parties accessoires nous sont mal connues, car on n'a pas de grand temple intact de cette époque. A la XVIIIe dynastie, autour du naos, les éléments architecturaux se multiplient et se compliquent : salle des offrandes et salle intermédiaire où résident les dieux parèdres et même les ancêtres royaux. Devant, sanctuaire où se trouvent les barques qui sortent en procession pour les grandes fêtes. Tout cela précédé de salles à colonnes, dites hypostyles, qu'on multiplie. Elles sont encore précédées de pylônes, d'allées de sphinx, de kiosques. Aux environs se trouvent des reposoirs, de petits temples annexes, des puits sacrés, la *demeure-de-l'or*, le lac sacré, les enclos destinés aux animaux sacrés, des magasins où se préparent les offrandes et tout ce qui est nécessaire au culte. De grandes obélisques se dressent au-dessus de cette ruche et pointent fièrement leur aiguille vers le ciel. C'est ce plan, systématisé, que l'on retrouvera dans les temples de la basse époque dont quelques-uns, comme Edfou, Dendara, Philae, sont fort bien conservés. Par contre, les temples d'origine héliopolitaine — surtout ceux de la révolution amarnienne — n'abritent pas de statues et le culte s'y pratiquait à ciel ouvert devant le Soleil lui-même. Peu à peu, du reste, le temple en était venu à symboliser l'univers que le dieu avait créé et sur lequel il régnait sans conteste. Le plafond en était orné d'étoiles, comme le ciel ; le pavage était le sol sur lequel poussaient les papyrus sculptés sur les soubassements ou les colonnes florales. Et, dans l'intervalle, le roi rendait le culte au dieu. Le sanctuaire lui-même, dans l'obscurité de la nuit, était l'horizon où le dieu apparaissait, lumineux, tel le soleil, au moment des processions.

TÊTES DE REMPLACEMENT
A Gizâ, on trouve dans les tombeaux de la IVe dynastie, dans la partie qui sépare le puits de la chambre sépulcrale, des têtes en calcaire qui paraissent des portraits individuels saisissants. Elles présentent généralement une fente sur le crâne et ont les oreilles mutilées. On a pensé qu'elles étaient destinées à permettre au *baï* de reconnaître le cadavre qui lui appartenait. Mais leur destination demeure, malgré ces explications, bien obscure.

TEXTES DES PYRAMIDES
Inscriptions qui couvraient les chambres souterraines des pyramides royales de l'Ancien Empire.
(BIBL. : Édition et traduction princeps : Maspero, *Les Inscriptions des pyramides de Saqqara*, Paris, 1894. Sethe republia le texte en parallèle et y ajouta *Uebersetzung und Kommentar zu den altägyptischen Pyramidentexten*, 6 vol., Glückstadt [s.d.], traduction et commentaire fondamentaux. Voir aussi : S. A. B. Mercer, *The Pyramid Texts in Translation and Commentary*, 4 vol., New York, 1952 et L. Speleers, *Traduction, index et vocabulaire des textes des pyramides égyptiennes*, Bruxelles [s. d.].)

TEXTES DES SARCOPHAGES
Longues formules écrites en hiéroglyphes cursifs sur les sarcophages du Moyen Empire. Ce sont des compositions funéraires souvent munies de titres (*Formule d'entrer dans le Bel Occident*, *Transformation en Crocodile*, etc.) qui donnent des indications sur l'au-delà, et

qui précisent ce qui est nécessaire au mort pour vivre outre-tombe. Ils ne sont pas réservés au roi, mais apparemment destinés à tous les hommes. Comme ils compilent des données empruntées un peu partout, on y trouve des fragments dramatiques mythologiques (apothéose d'Horus), des exposés de la création par le démiurge lui-même (auquel on assimile le défunt), des considérations sur la théologie de Chou et la cosmogonie primitive. C'est une des plus riches collections de textes religieux anciens.

(BIBL. : Traduction incomplète et insuffisante : Speleers, *Textes des cercueils du Moyen Empire égyptien*, Bruxelles, 1946.)

THÈBES

On ignore encore l'éthymologie de ce nom. C'est la ville d'Amon qui fut la capitale de l'Égypte au Nouvel Empire. Elle s'étendait entre Louxor et Karnak sur la rive droite du Nil. Ces deux grands temples, reliés par une allée de sphinx, en étaient les pôles. Mais la topographie de la ville des vivants, construite en brique, nous est inconnue aujourd'hui. Sur la rive gauche, à la lisière du désert, se trouvait la ville des morts. Au nord, en face de Karnak, les tombeaux des rois de la XIe ou de la XVIIe dynastie. Puis s'ouvrait la Vallée des rois. Ensuite, tandis que les tombeaux des nobles étaient creusés dans la falaise calcaire, les temples funéraires royaux (à l'exception de ceux de Mentouhotep III et d'Hatchepsout qui sont au fond du cirque de Deir el-Bahari) s'entassaient dans la plaine, à la limite des cultures. Dominées par les ruines imposantes des temples de Séthi Ier, Ramsès II et Ramsès III, on voit, ou l'on devine encore, les substructures des monuments de Ramsès Ier, Aménophis Ier, Thoutmosis II, Siptah, Aménophis II, Thoutmosis III, Thoutmosis IV, Taousret, Minephtah, Aménophis III, Aménophis fils de Hapou. Derrière, dans une vallée isolée, le village des ouvriers de la nécropole royale, la *Place-de-Vérité*, aujourd'hui Deir el-Médina, avec son petit temple dédié à Hathor et, dans un recreux au sud, la Vallée des reines.

(BIBL. : Pillet, *Thèbes, palais et nécropoles*, 2 vol., Paris, 1928-1930 ; Ch. Nims, *Thebes of the Pharaohs*, 1965.)

THINITES

On donne ce nom aux deux premières dynasties historiques parce qu'elles auraient été originaires de This (capitale du VIIIe nome de Haute-Égypte, non loin d'Abydos).

THOT

Dieu local à Hermopolis Magna (Achmounein). Il était lié à la lune et devint dieu du calcul, de la science et des lettres. Quand la lune croissait, c'est lui qui remplissait cet œil de la nuit. Cela le mit en rapport avec le cycle osirien. Il avait pour rôle d'être le *Scribe-aux-doigts-habiles-de-l'ennéade*. Les textes le disent tardivement *deux fois grand* et même peut-être *trois fois grand*. Les Grecs, qui l'assimilaient à leur Hermès, l'ont appelé pour cela Trismégiste. Il apparaît comme sagesse suprême dans un amalgame de conceptions gréco-égyptiennes auquel on donne le nom de philosophie hermétique. A Hermopolis, il paraît s'être superposé, à une époque antérieure à l'histoire, à l'Ogdoade et peut-être à une déesse-Hase. On ne sait pourquoi les ibis et les babouins lui étaient particulièrement consacrés. Il était patron des scribes et des fonctionnaires lettrés qui lui dédièrent de belles prières. Sa théologie, à Hermopolis Magna, est fort riche, car il était à la fois créateur du monde et providence divine, maintenant sa création à l'aide de *maât*. Il avait aussi un lieu de culte à Hermopolis Parva, près de l'actuelle Damanhour.

(BIBL. : Boylan, *Thot, the Hermes of Egypt*, Londres, 1922.)

THOUTMOSIS

Nom porté par trois rois de la XVIIIe dynastie et très courant chez les particuliers. De ces derniers, le plus célèbre est le sculpteur Thoutmosis, de Tell el-Amarna, dans l'atelier duquel on trouva des bustes d'Akhenaton, de Nefertiti, et des têtes de contemporains. Parmi les rois : Thoutmosis Ier, successeur d'Aménophis Ier ; Thoutmosis II, fils du précédent ; le plus important est Thoutmosis III, dont nous aurions pu connaître la vie avec assez de détails, parce qu'il en avait fait graver le récit à Karnak sur un mur ; malheureusement, celui-ci est aujourd'hui bien détruit. Sa tante, la reine Hatchepsout, le tint à l'écart du pouvoir durant ses vingt années de règne. Quand elle mourut, le roi chassa les partisans de la reine et fit marteler partout son nom. Il fit preuve d'une très grande activité architecturale. A Karnak, il refit le *Akh-mennou*, ajouta des pylônes, restaura la salle hypostyle et le sanctuaire de la barque. En Nubie, à Amada et Bouhen, il acheva les temples et en érigea un jusque dans la lointaine Napata où l'on a retrouvé de lui une stèle historique très importante. Ce fut peut-être le règne le plus brillant de l'antique Égypte, surtout si l'on ajoute que les arts plastiques y atteignirent une merveilleuse perfection.

TIYI
Épouse du pharaon Aménophis III.

TOUÈRIS
Ce nom signifie en égyptien *la Grande*. C'est une divinité composite : tête de crocodile, corps d'hippopotame, pattes de lion et mains humaines, tenant le signe de protection. Elle veillait sur les enfants et sur la naissance.

TOUR
Le tour à potier était l'instrument sur lequel Khnoum modelait les rois et les hommes. On voit ce dieu à Deir el-Bahari, à Louxor et à Dendara, actionnant de son pied le tour, et modelant l'enfant et son *ka*. A Esna, dont il était le patron, on offrait le tour au dieu, lors de fêtes solennelles.

TOURA
Village situé, avec Masara, un peu au sud du Caire, sur la rive droite du Nil. On y trouve un calcaire fin de qualité excellente que les Égyptiens ont exploité depuis l'aube de leur histoire pour en revêtir leurs monuments. Il était susceptible de donner des sculptures d'une grande délicatesse. Aux premiers siècles de notre ère, des ascètes chrétiens habitèrent dans les galeries des carrières qu'on n'exploitait plus. C'est dans l'une d'entre elles que fut trouvé, vers 1940, un lot de papyrus contenant en particulier des textes inédits d'Origène.

TOUTANKHAMON
Toutankhamon, deuxième successeur d'Akhenaton, dut, sous la pression du clergé d'Amon, revenir à Thèbes, changer son nom et rétablir le culte de l'ancien dieu dynastique. Il mourut jeune et n'aurait sans doute pas la célébrité dont il jouit aujour'hui si son tombeau inviolé n'avait été découvert en 1922 par lord Carnavon et Carter dans la Vallée des rois. On est stupéfait de la richesse, de l'abondance et de la perfection de son mobilier aujourdhui conservé au musée du Caire.
(BIBL. : Ch. Desroches-Noblecourt, *Toutankhamon*, Paris, 1963.)

TPHÉNIS
Personnification de l'élément humide couplé avec Chou, l'air, l'élément sec. C'est une conception théologique. Cependant elle fut adorée avec Chou sous forme de deux lions à Léontopolis.

TURIN (Canon royal de)
C'est un papyrus d'origine memphite, conservé au musée de Turin; il avait été rédigé sous la XIXe dynastie. Il donnait le nom de tous les rois d'Égypte et le nombre de leurs années de règne. Il commençait par les dynasties divines. Les prêtres, autrefois, en avaient montré de tels à Hérodote. Malheureusement, ce papyrus est très fragmentaire. Son importance pour établir la chronologie égyptienne est considérable. (BIBL. : Farina, *Il Papiro dei Re*, Rome, 1938; et Gardiner, *The Royal Canon of Turin*, Londres, 1960.)

U

URAEUS
Nom égyptien, transcrit en grec, du cobra qui s'enroulait autour de la couronne royale. Il protégeait le souverain et était redoutable à ses ennemis. Il en arriva à symboliser si bien le pouvoir du roi qu'on le donna à Horus et à d'autres dieux de caractère royal. Les rois de Napata arboraient deux uraeus tout comme le dieu Montou. Comme il était redoutable, on l'assimila aux déesses terribles et en particulier à *l'Œil-du-Soleil*.

V

VALLÉE DES ROIS
Ouadi complètement desséché s'ouvrant dans le désert, perpendiculairement au Nil, mais s'infléchissant en amont vers le sud pour se terminer en cul-de-sac au pied d'une mon-

tagne de forme pyramidale, dite la Cime. C'est la partie finale qui a abrité les tombeaux des rois des XVIIIe et XIXe dynasties. On peut en étudier l'évolution, car presque tous ont été retrouvés et plusieurs en très bon état. Mais la plupart avaient été pillés dès l'antiquité égyptienne, si bien que l'on avait retiré les momies de leurs tombeaux menacés et qu'on en avait caché une partie dans la tombe d'Aménophis II et une autre — très considérable — dans la cachette royale de Deir el-Bahari où elles n'ont été découvertes qu'à la fin du siècle dernier. Elles nous ont rendu le visage de quelques-uns des plus grands rois d'Égypte. La tombe de Toutankhamon, seule, était inviolée. Mais la Vallée des rois n'a peut-être pas dit son dernier mot. Les premières tombes furent d'abord assez simples. Celle de Thoutmosis Ier comprend la descenderie, une salle, puis la chambre sépulcrale, de forme ovale. Celle de Thoutmosis III a déjà un plan plus compliqué ; il s'y ajoute un puits, destiné peut-être à égarer les voleurs, et de petites chambres secondaires autour de la salle du sarcophage. Les parois de cette dernière, sans angles, forment une sorte de grand papyrus déployé, orné de vignettes et de textes empruntés au *Livre de ce qu'il y a dans l'au-delà*. Les hiéroglyphes en sont tout à fait cursifs. Puis le tombeau se développe encore : Aménophis II et Horemheb possèdent une chambre sépulcrale rectangulaire où l'orientation des angles est soigneusement notée. Les hiéroglyphes monumentaux sont sculptés. Des peintures très fines ornent les parties achevées. Avec Séthos Ier, l'hypogée devient immense : 100 mètres de long et neuf chambres, reliées par des corridors, entièrement sculptées de bas-reliefs et peintes. Le tombeau de Toutankhamon fait exception dans la série et semble avoir été très rapidement creusé : trois petites chambres peu profondes.

Les compositions et figurations de ces différents tombeaux sont empruntées aux livres funéraires royaux du Nouvel Empire qu'ils nous restituent entièrement :

Litanies de Rê, *Livre de ce qu'il y a dans l'au-delà*, *Livre des Cavernes*, *Livre des Portes*, etc. (BIBL. : Piankoff, *The Tomb of Ramses VI*, Bolligen Foundation, New York, 1954, 2 vol. ; *The Litany of Rê*, *ibid.*, 1964.)

VASES

Les Égyptiens donnèrent un grand soin à la fabrication de leurs vases d'argile, mais, en dépit des particularités de leur céramique, elle ne présente pas de différences radicales avec celle des peuples de culture semblable. Les seules poteries vraiment remarquables sont les faïences de luxe à glaçure verte ou bleue destinées à des onguents ou à des liquides précieux que l'on trouve dès le Moyen Empire. De fort beaux spécimens figurent dans le mobilier de Toutankhamon. D'assez nombreux vases de ce type datant de l'époque saïte ont été découverts dans des tombeaux étrusques ; ils étaient donc exportés parfois à l'étranger. A la XVIIIe dynastie, de belles jarres ocre rose étaient peintes de motifs floraux ou de Bès de couleur bleue. D'élégantes amphores ornées de pétales de lotus ou de formes géométriques colorées ont été trouvées dans les tombeaux. Puis l'usage des céramiques de luxe disparaît à peu près pour faire place à de la vaisselle plus commune. Les vases égyptiens les plus originaux sont ceux qui furent tirés de la pierre. il y en a en albâtre et en schiste mais aussi en matières fort dures : granits, diorites, porphyres. Les artisans savaient utiliser les veines de la pierre, dans l'albâtre surtout. C'est à l'Ancien Empire que se place l'apogée de leur fabrication qui remonte à l'époque prédynastique. Toutes les formes figurent, depuis les plus simples, marmites basses ou plats, jusqu'aux plus compliquées, tels ces vases à long bec imitant des prototypes en métal, les minces récipients en forme de feuilles ou des répliques d'originaux en bois. Puis les formes s'abâtardissent ; on trouve surtout de petits pots en pierre au Moyen Empire, et les vases d'albâtre du Nouvel Empire, en dépit d'une grande virtuosité de forme et d'exécution, comme beaucoup d'exemplaires de Toutankhamon, sont du plus parfait mauvais goût. Les vases de métal n'étaient pas moins nombreux ni parfaits, mais nous en avons conservé beaucoup moins. Certaines formes nous sont restituées par les vases de pierre. Il y en avait en cuivre, en argent et en or. Une belle série de coupelles en argent godronné a été trouvée dans le trésor de Tôd datant du Moyen Empire. Mais les formes paraissent syriennes ou même égéennes. Les peintures nous rendent, pour la XVIIIe dynastie, de grands vases d'or munis

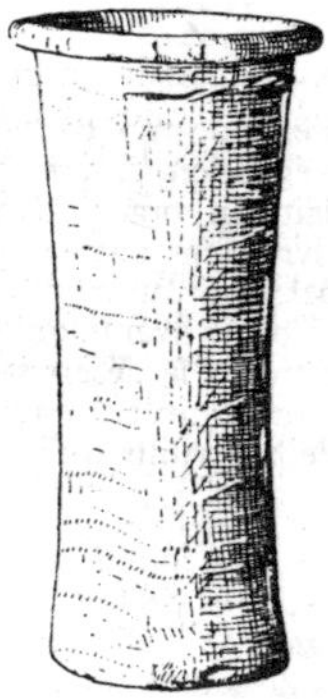

40. VASE DE L'ÉPOQUE ARCHAIQUE

Albâtre (haut. 31,4 cm ; diam. au col 15,5 cm ; à la base, 11,8 cm). Il provient probablement de Saqqara. Sa forme est presque cylindrique, mais élégamment incurvée au centre. Sous le col, on a sculpté dans l'albâtre la corde qui servait à renforcer le prototype en argile. (Musée du Louvre.)

d'un pied et ornés de fleurs de turquoise. Le Louvre possède la coupe d'or de Djehouty, ambassadeur de Thoutmosis III, d'une grande simplicité de lignes. Une cruche en argent du temps de Ramsès II possède une anse en forme de chèvre d'une grande perfection. Dans la tombe de Rekhmirê, on voit des artisans fabriquant des vases d'argent. Et le tombeau de Psounennès nous a rendu pour la XXIe dynastie une coupe en or gravée de nageuses et des récipients d'argent et de bronze. Toutes les formes existaient en toutes matières, depuis les assiettes, les plats, les cruches et les bols, jusqu'aux godets à encens, aux longs vases à onguents presque cylindriques, aux aiguières pour libations aux dieux, aux situles pour libations aux morts et aux bouteilles de nouvel an, plates et munies de deux anses latérales. Le répertoire en est aussi riche qu'en Grèce, mais encore insuffisamment classifié et étudié.

VIN

On en trouve en Égypte dès le début de l'histoire. Le détail de sa fabrication est illustré aussi bien par les mastabas de l'Ancien Empire que par les tombeaux de Thèbes. Mais il demeura plus ou moins un produit de luxe. Mainte cruche de vin scellée, portant le nom du cru et la date, nous est parvenue. A l'époque tardive, les meilleurs crus provenaient de la région de Bouto, du Delta, et des Oasis. On offrait le vin aux dieux. L'offrande du vin à Hathor pour la fête de l'ivresse revêtait une importance symbolique particulière.

VIZIR

Les historiens ont donné ce nom arabe au premier ministre de l'Égypte antique qui semble avoir existé dès les toutes premières dynasties. Son rôle fut considérable. Il était l'intermédiaire entre le roi et l'administration dont toutes les branches dépendaient de lui. Mais la justice lui incombait particulièrement. Son rôle a évolué durant la très longue histoire du pays. Mais des textes importants de la XVIIIe dynastie énumèrent ses devoirs. Ils nous sont essentiels pour comprendre l'institution elle-même. Vers le même temps, la charge étant devenue très lourde, elle fut répartie entre deux vizirs, un du nord l'autre du sud. A la basse époque, la fonction semble avoir perdu de son importance.

VOUTE

Un premier système de voûte, très ancien, consiste à fermer à angle droit deux murs à couvrir par un troisième mur plus élevé et à appuyer contre ce dernier des briques inclinées qui finissent par se rencontrer à l'extrémité. On procède sans support de bois. Ce système, employé encore couramment de nos jours en Égypte, a été pratiqué durant toute l'histoire des temps pharaoniques. Les magasins du Ramesseum, en brique crue, sont un bel exemple de ces fausses voûtes. La voûte à voussoirs, celle que nous employons, fut connue depuis la IIIe dynastie au moins. Mais elle ne fut à peu près pas employée dans les temples ou les tombeaux en pierre, certainement pour des raisons religieuses qui restent à déterminer. Au contraire on trouve assez souvent, lorsqu'il n'y a pas de poids à porter, la voûte en encorbellement qui consiste à placer chaque pierre de la couverture en saillie sur la précédente jusqu'à ce que les deux côtés se rejoignent. Puis on évide par-dessous en coupe arrondie. C'est le procédé utilisé à Abydos, par exemple, dans les sept chapelles du sanctuaire.

(BIBL. : Sur ces différents types — mais non sur leur emploi — voir : Jéguier, *Manuel d'archéologie égyptienne*, pp. 303-314, Paris, 1924.)

Z

ZEUS-AMMON

Les Grecs avaient, de très bonne heure, assimilé le dieu égyptien Amon à leur Zeus. Amon possédait un oracle dans l'oasis de Siouah. Les Cyrénéens allaient l'y consulter, mais ils l'appelaient du nom composite de Zeus-Ammon, bien avant qu'Alexandre le Grand ne tentât dans le désert son expédition épique. Il devait trouver auprès du dieu la confirmation de la divinité qu'il sentait en lui.

BIBLIOGRAPHIE
de la première édition

COMPLÉMENTS BIBLIOGRAPHIQUES
[1982]

La présente bibliographie ne représente qu'un choix très limité d'ouvrages généraux et ne renvoie qu'exceptionnellement à des études restreintes ou à des articles de revue, et seulement si elles illustrent une idée importante, si elles sont toutes récentes, ou si elles permettent seules de faire une synthèse qui n'existe pas encore. Une petite bibliographie de sujets plus spéciaux est donnée à la fin de certains articles de l'index.

Quinconque désire entrer plus à fond dans le domaine déjà vaste de l'égyptologie, bien que cette science n'ait pas encore un siècle et demi d'existence, devra consulter deux catalogues importants : IDA PRATT, *Ancient Egypt, sources of information in the New York public Library*, New York, 1925. Du même auteur : *Ancient Egypt* (1925-1941), *A Supplement*, New York, 1942. Le *Catalogue de la bibliothèque du Musée égyptien du Caire*, par H. MUNIER, Le Caire, 1928, est également fort utile. Il faut maintenant y ajouter la suite, 1927-1958, par le Dr DIA ABOU-GHAZI et le Dr ABD EL-MOGHSEN el KHASHAB, 4 vol. parus de 1967 à 1973. C'est un excellent instrument de travail. Depuis 1945, Jozef JANSSEN a publié une *Bibliographie égyptologique annuelle*, chez Brill, à Leyde. Elle est pratiquement exhaustive et comporte toujours une analyse, parfois ample, du livre ou de l'article. Seize volumes ont paru, dont un d'index pour les dix premières années. Après la mort prématurée du Pr JANSSEN, le Dr HEERMA VAN VOSS puis JAC. J. JANSSEN continuent cette publication capitale. Enfin l'égyptologie a la chance de posséder une bibliographie topographique des scènes, des inscriptions et des objets, unique dans le domaine archéologique : B. PORTER and R. MOSS, avec la collaboration de Mrs. BURNEY, *Topographical Bibliography of ancient Egyptian hieroglyphic Texts, Reliefs and Paintings*, 7 vol. parus, Oxford, 1927-1951. Le tome I vient de paraître en seconde édition, mais il a plus que doublé, part. I, 1960; part. II, 1964.

OUVRAGES GÉNÉRAUX

ERMAN-RANKE, *Aegypten und aegyptisches Leben im Altertum*, Tübingen, 1923. Cet ouvrage a été traduit en français en 1952 sous le titre : *la Civilisation égyptienne ;* malheureusement on a supprimé les notes et les références. MORET, *le Nil et la Civilisation égyptienne*, Paris, 1926, réédition avec additions, 1956, coll. « Evolution de l'Humanité ». H. KEES, *Aegypten*, Münich, 1933, dans « Kulturgeschichte des alten Orients », manuels de I. VON MÜLLER et W. OTTO. Résumé synthétique de A. AYMARD : *la Civilisation égyptienne* dans l'« Histoire générale des civilisations », tome I, Paris, 1953 ; pp. 1-109. G. POSENER, S. SAUNERON et J. YOYOTTE, *Dictionnaire de la Civilisation égyptienne*, Paris, 1959, très au point, mais sans références. J. PIRENNE, *Histoire de la Civilisation de l'Egypte ancienne*, 3 vol. in-4°, Neuchatel-Bruxelles, 1962-1963 ; nombreuses références, illustrations somptueuses. W. C. HAYES, *The Scepter of Egypt*, I et II, New York, 1953-1959, est une véritable histoire de la civilisation égyptienne illustrée avec les objets du Metropolitan Museum of Art, et munie d'excellentes bibliographies.

I. LE PAYS ET LES ORIGINES

HUME, *Geology of Egypt*, 2 vol., Le Caire, 1925-1935. J. BALL, *Contribution to the Geography of Egypt*, Le Caire, 1939, et *Egypt in the classical Geographers*, Le Caire, 1942. CH. DE LA RONCIÈRE, *la Géographie de l'Egypte à travers les âges*, t. I de l'« Histoire de la Nation égyptienne » de HANOTAUX, a un titre bien ambitieux par rapport à son contenu. H. KEES, *Aegypten, eine kleine Landeskunde*, Berlin, 1958. La traduction anglaise, *Ancient Egypt*, Londres, 1961, est plus commode à consulter, à cause d'un excellent index qui n'existe pas dans l'édition allemande. Pour la préhistoire, les deux ouvrages les plus récents sont ceux de MASSOULARD, *Préhistoire et Protohistoire d'Egypte*, Paris, 1942, et Miss BAUMGARTEL, *The Cultures of Prehistoric Egypt*, I, 2e éd., Oxford, 1955 ; II, Oxford, 1960. On trouvera dans ces ouvrages des compléments bibliographiques.

II. L'AUBE THINITE

Sur la période thinite, la documentation a été rassemblée autrefois par R. WEILL, *la Deuxième et la Troisième Dynastie*, Paris, 1908 ; complété par un ouvrage posthume du même auteur, *Recherches sur la Première Dynastie et les temps prépharaoniques*, 2 vol. in-8°, Le Caire, 1961. L'ouvrage ancien de J. CAPART, les *Débuts de l'art en Egypte*, Bruxelles, 1904, pourra toujours être lu avec profit. Bon résumé dans EMERY, *Archaic Egypt*, Harmond Worth, 1961. Ample collection d'inscriptions archaïques dans P. KAPLONY, *Inschriften der aegyptischen Frühzeit*, 4 vol., Wiesbaden, 1963-64.

III. TROIS MILLE ANS D'HISTOIRE

Pour l'histoire, on n'a que l'embarras du choix. Les livres de MASPERO, MORET, E. MEYER ont beaucoup vieilli, mais demeurent utiles. La mise au point la plus récente est celle de la *Cambridge ancient History*. Les fascicules confiés à HAYES, parus à part de 1960 à 1962, sont de premier ordre. La contribution de J. YOYOTTE à l'*Histoire universelle* de la Pléiade, Paris, 1956, est très bonne. J. H. BREASTED, *History of Egypt*, 2e éd., Londres, 1927, traduite en français sur la 1re éd., Bruxelles, 1927, est abondante et sûre, mais date déjà. DRIOTON-VANDIER, *l'Egypte*, coll. Clio, 4e éd. augmentée, Paris, 1962, est particulièrement utile par ses bibliographies et par ses états des questions, en fin de chapitre. Pour la période ptolémaïque, BOUCHÉ-LECLERCQ, *Histoire des Lagides*, 4 vol., Paris, 1903-1907 (réimpression 1963) demeure fondamental. Plus récent, dans l'*Histoire de la Nation égyptienne* de G. HANOTAUX, tome III, parties écrites par JOUGUET et CHAPOT, Paris, 1933. Le tome I du *Précis de l'Histoire d'Egypte*, Le Caire, 1932, contient : *l'Egypte préhistorique*, par le R. P. BOVIER-LAPIERRE ; *l'Egypte pharaonique*, par H. GAUTHIER ; *l'Egypte gréco-romaine de la conquête d'Alexandre à Dioclétien*, par P. JOUGUET. Est encore utile pour notre sujet, dans le tome II, *l'Egypte byzantine de Dioclétien à la conquête arabe*, par H. MUNIER. EDWYN BEVAN : *A History of Egypt under the Ptolemaic Dynasty*, Londres, 1927, a été traduit en français sous le titre *Histoire des Lagides, 223-30 av. J.-C.*, Paris, 1934. GRAFTON MILNE, *A History of Egypt under Roman rule*, 3e éd., Londres, 1924. La classification aujourd'hui adoptée des Ptolémées est celle que donne TH. CRESSY SKEAT, *The Reigns of Ptolemies*, Münich, 1954.

IV. THÉOCRATIE ET SOCIÉTÉ PHARAONIQUES

A. Moret, *Du caractère religieux de la royauté pharaonique*, Paris, 1903. J. Baillet, *le Régime pharaonique dans ses rapports avec l'évolution de la morale en Egypte*, Paris, 1913. Frankfort, *Kingship and the gods*, Chicago, 1948 ; trad. franç. : *la Royauté et les Dieux*, Paris, 1951. Ce qui concerne le mystère de la « Naissance divine » de Pharaon est fondé sur le livre II de F. Daumas, *les Mammisis des temples égyptiens*, Paris, 1958. Nous n'avons pu utiliser ici H. Brunner, *Die Geburt des Gottkönigs*, Wiesbaden, 1964.

Pour l'administration, consulter W. Helck, *Untersuchungen zu den Beamtentiteln des aegyptischen alten Reiches*, dans « Aegyptologische Forschungen », Glückstadt, 1954, et, du même auteur, *Zur Verwaltung des mittleren und neuen Reiches*, dans « Probleme der Aegyptologie », Leyde, 1958. Ces deux ouvrages sont plutôt des études et des analyses que des synthèses sur l'administration égyptienne. Beaucoup moins sûr, K. Baer : *Rank and Titel in the Old Kingdom*, Chicago, 1960.

Sur le vizir, Weil, *Die Veziere Aegyptens zur Zeit des neuen Reiches*, Strasbourg, 1908. Sethe, *Die Einsetzung des Veziers*, dans « Untersuchungen » Leipzig, 1909. La traduction des textes de Rekhmirê, fondée sur une étude minutieuse de l'original et une comparaison avec les parallèles, se trouve dans Davies, *The Tomb of Rekh-mi-Rê, at Thebes*, New York, 1943. Traduction de *l'Installation du Vizir*, revue et améliorée, par Faulkner, dans « Journal of Egyptian Archaeology », 1955, p. 18 *sqq.* Voir en outre pour l'époque ancienne Maspero, *Etudes égyptiennes*, tome II, extraits du « Journal asiatique », Paris, 1888 et 1890. Gauthier, *les Fils royaux de Kouch*, dans le « Recueil de travaux », t. XXXIX, 1921, pp. 179-238.

Pour la vie quotidienne, on dispose en français de deux études approfondies de P. Montet, *les Scènes de la vie privée dans les tombeaux égyptiens de l'Ancien Empire*, Strasbourg, 1925, et *la Vie quotidienne en Egypte au temps des Ramsès*, Paris, 1946. Ces deux ouvrages renvoient abondamment aux publications des monuments. F. Daumas, *la Vie dans l'Egypte ancienne*, Paris, 1968, insiste sur les prototypes mythiques des comportements humains.

V. LA VIE JURIDIQUE ET LES INSTITUTIONS

Les travaux anciens de E. Revillout (*Précis de droit égyptien*, 2 vol., Paris, 1899-1903. *Cours de droit égyptien*, I, Paris, 1884; *les Obligations en droit égyptien*, Paris, 1886; *la Propriété... en droit égyptien*, Paris, 1897) sont vieillis et même parfois fantaisistes, mais utiles par le nombre des documents qu'ils signalent et dont ils donnent un premier aperçu. Voir J. Pirenne, *Histoire des institutions et du droit privé dans l'ancienne Egypte*, 3 vol., Bruxelles, 1932-1935; ce livre s'arrête, pour le moment, à l'Ancien Empire. Il faut le compléter, pour les époques suivantes, par la *Civilisation* du même auteur, citée plus haut, et par des publications de détail dont on trouvera la liste dans la bibliographie de ce dernier ouvrage. Voici les plus générales : *Introduction bibliographique à l'étude du droit égyptien*, dans « Archives d'histoire du droit oriental », t. III, Wetteren, 1948, pp. 33-143. J. Pirenne et B. Van de Walle, *Documents juridiques égyptiens*, *ibid.*, Bruxelles, 1937, pp. 1-86. M. Malinine et J. Pirenne, *Documents juridiques égyptiens*,.II, *ibid.*, Anvers, 1950, pp. 11-91.

Il convient en outre de se reporter à la courte synthèse de E. Seidi dans Glanville, *The Legacy of Egypt*, Oxford, 1942, pp. 198-217. Le même juriste a publié, dans les « Aegyptologische Forschungen », *Einführung in die aegyptische Rechtsgeschichte bis zum Ende des neuen Reiches*, I, 1957; *Aegyptische Rechtsgeschichte der Saiten und Perserzeit*, 1956, et *Ptolemaische Rechtsgeschichte*, 2s éd. refondue, 1962.

Il faut signaler, sur la question matrimoniale, un ouvrage récent de Pestman, *Marriage and matrimonial Property in ancient Egypt*, Leyde, 1961.

On trouvera dans ces livres de nombreuses références aux travaux de détail, dont beaucoup sont importants. Il convient de noter particulièrement les études de A. Théodoridès dans la « Revue internationale des droits de l'Antiquité », de 1957 à 1963. Souvent, à propos de points particuliers, il est amené à définir des notions générales indispensables à la pénétration des textes juridiques.

VI. LA VIE ÉCONOMIQUE

L'ouvrage de DYKMANS, *Histoire économique et sociale de l'ancienne Egypte*, 3 vol., Paris, 1936-1937, ne tient pas les promesses du titre. Voir surtout S. SAUNERON, *l'Egypte*, dans l'« Histoire générale du travail », Paris, 1959. Le dossier relatif à l'esclavage a été réuni par BAKIR, *Slavery in Pharaonic Egypt*, Le Caire, 1952. Des documents nouveaux ont été publiés par HAYES, *A Papyrus of the late middle Kingdom*, New York, 1955. Voir aussi le compte rendu de THÉODORIDÈS, « Revue internationale des droits de l'Antiquité », VII, 1960, pp. 55-145.

Pour les ressources, consulter : F. HARTMANN, *l'Agriculture dans l'ancienne Egypte*, Paris, 1923. A. LUCAS, *Ancient Egyptian Materials and Industries*, 4e éd. augmentée par J. R. HARRIS, Londres, 1962. Aux ouvrages de LORET, *la Flore pharaonique*, 2e éd., Paris, 1892 ; et de L. KEIMER, *Die Gartenpflanzen im alten Aegypten*, Hambourg, 1924, il faut ajouter les nombreux articles de KEIMER, dont on trouvera la liste dans ses *Etudes d'égyptologie*, I, Le Caire, 1940, et « Chronique d'Egypte », n° 65, 1958, pp. 74-78 ; et même ceux de SCHWEINFURTH, dont on trouvera la liste dressée par Keimer, dans le « Bulletin de la Société royale de Géographie d'Egypte » Le Caire, 1926, pp. 73-112. Ajouter I. WALLERT : *Die Palmen im alten Aegypten*, Berlin, 1962.

VII. LA RELIGION ET LA PENSÉE

La bibliographie est innombrable, mais les résultats ne sont pas toujours au niveau du désir des auteurs. L'ouvrage fondamental est celui d'ERMAN, traduit en français par Wild sur la 3e éd. allemande, *la Religion des Egyptiens*, Paris, 1937. Erman avait l'avantage de connaître intimement toute la littérature religieuse accessible jusqu'en 1930 environ. Mais il n'avait pas de sympathie pour la vie religieuse. On trouvera dans VANDIER, *la Religion égyptienne*, coll. « Mana », Paris, 1944, un exposé des hypothèses et une bibliographie. Le récent livre de S. MORENZ, traduit en français, *la Religion égyptienne*, Paris, 1962, est fait avec beaucoup de sympathie, mais n'embrasse qu'un champ restreint.

Les deux ouvrages de BREASTED, *The Development of Religion and Thought in ancient Egypt*, New York, 1912 (réimpression récente), et *The Dawn of conscience*, New York, 1935, sont fondés sur l'hypothèse évolutionniste, mais fort suggestifs.

BIBLIOGRAPHIE

H. Bonnet, *Reallexikon des aegyptische Religionsgeschichte*, Berlin, 1952; et les deux ouvrages de H. Kees, *Der Götterglaube in alten Aegypten*, 2e éd., Berlin, 1956; et *Totenglauben und Jenseitsvorstellungen der alten Aegypter*, 2e éd., Berlin, 1956, sont fort précieux par les documents mis en œuvre, mais les deux derniers sont compacts et indigestes. Résumé récent : F. Daumas, *les Dieux de l'Egypte*, « Que sais-je ? », 4e éd. revue, 1982.

On dispose d'un grand nombre de traductions de textes religieux. Les plus nouvelles sont celles de Wilson, dans Pritchard, *Ancient Near Eastern Texts relating to the Old Testament*, Princeton, 1950; 2e éd., 1955. G. Roeder, *Urkunden zur Religion der alten Aegypten*, Iena, 1923; et *Die aegyptische Religion in Texten und Bildern*, 4 vol., Zürich, 1950-1961. S. Donadoni, *la Religione dell'antico Egitto, Testi religiosi*, Bari, 1959. Les traductions des *Textes des Pyramides* par Sethe, en allemand; par Speleers, en français; par Mercer, en anglais, rendent de grands services. *Le Livre des Morts* a été traduit récemment en anglais par Allen; les anciennes versions ne sont plus au point et l'on est encore loin d'avoir tout interprété correctement. Une traduction française, due à P. Barguet, excellent connaisseur des textes religieux égyptiens, a paru : *le Livre des Morts des anciens Egyptiens*, Paris, 1967, dans les « Littératures anciennes du Proche-Orient ». La même collection a publié les *Rituels funéraires de l'Ancienne Egypte* par J.-Cl. Goyon et *Les Hymnes et prières de l'Egypte ancienne* par A. Barucq et F. Daumas. Ces ouvrages et ceux qui sont en préparation vont constituer une série systématique de traductions des textes égyptiens. A. Piankoff a traduit en français et en anglais une bonne partie des livres religieux des tombes royales, et Hornung vient d'éditer et de traduire en allemand *le Livre de ce qu'il y a dans la Douat*. Pour les *Textes des Sarcophages*, voir Faulkner, *The Ancient Egyptien Coffin Texts*, Warminster, 3 vol. 1973-1978. La traduction française de P. Barguet va paraître dans L.A.P.O.

Pour les oracles, l'étude la plus récente et la plus complète est celle de Cerny dans Parker, *A saite oracle papyrus from Thebes*, Providence, 1962.

Sur la vie spirituelle, voir Drioton, *les Confessions négatives*, dans « Recueil... Champollion », Paris, 1922; F. Daumas, *Amour de la vie et sens du divin dans l'Egypte ancienne*, dans « Etudes carmélitaines ». « Magie des extrêmes », Paris, 1952, pp. 92-141; Drioton, *Scarabées à Maximes*, dans « Annals of the Faculty of Arts Ibrahim Pasha University, vol. I, 1951, pp. 55-71; A. Rosenwasser, *Monoteismo y piedad en el antiguo Egypto*, « Revista de la Universidad de Buenos Aires », V Epoca, año II, no 3, pp. 358-370.

VIII. LITURGIES SOLENNELLES ET QUOTIDIENNES

Sur les fêtes en général, voir S. SCHOTT, *Altaegyptische Festdaten*, Wiesbaden, 1950. Deux ouvrages décrivent en détail les fêtes de deux grands temples tardifs : M. ALLIOT, *le Culte d'Horus à Edfou au temps des Ptolémées*, 2 vol., Le Caire, 1949-1954 ; et, S. SAUNERON, *les Fêtes religieuses d'Esna aux derniers siècles du paganisme*, Le Caire, 1964. Un résumé des fêtes d'Edfou se trouve dans FAIRMAN, *Worship and Festivals in an Egyptian Temple*, « Bulletin of the John Rylands Library », Manchester, 37, 1954, pp. 165-203.

On trouvera la description de certaines fêtes particulières dans GAUTHIER, *les Fêtes du dieu Min*, Le Caire, 1931 ; W. WOLF, *Das schöne Fest von Opet*. Leipzig, 1931 ; S. SCHOTT, *Das schöne Fest von Wüstentale*, Wiesbaden, 1953, Pour la fête du Ier de l'an à Dendara, voir F. DAUMAS, *Sur trois représentations de Nout à Dendara*, « Annales du Service des Antiquités de l'Egypte », LI, 1951, pp. 373-400. Pour le mystère de la Naissance divine, voir du même auteur, *les Mammisis des temples égyptiens*, Paris, 1958.

Pour le rituel quotidien, A. MORET, *le Rituel du culte divin journalier en Egypte*, Paris, 1902 ; et H. NELSON, *Certain Reliefs at Karnak*, « Journal of Near Eastern Studies », VIII, 1949 ; pp. 201-232 et 310-345.

IX. LITTÉRATURE ET HUMANISME

Deux volumes en allemand sont à signaler : M. PIEPER, *Die aegyptische Literatur*, Postdam, 1928, qui date beaucoup ; le second est au courant des dernières acquisitions, mais étrangement composé et peu utilisable pour des non-spécialistes : *Handbuch der Orientalistik*, I, *Aegyptologie, Literatur*, par plusieurs collaborateurs, Leyde, 1952; 2e éd. revue et augmentée, 1970. L'ouvrage le plus clair et le meilleur est celui de DONADONI, *Storia della letteratura egiziana antica*, Milan, 1957.

Quelques-unes des lacunes énormes de nos connaissances — celles que les textes nous permettent de délimiter — sont signalées dans POSENER, *les Richesses inconnues de la littérature égyptienne*, « Revue d'égyptologie », VI, 1949 ; pp. 27 *sqq*.

Pour se faire une idée de cette littérature, il faut évidemment se reporter aux traductions : G. MASPERO, *les Contes populaires de l'Egypte ancienne*, 4e éd., Paris [1911], n'a pas été entièrement remplacé par G. LEFEBVRE,

Romans et Contes égyptiens de l'époque pharaonique, Paris, 1949. Un large choix de textes littéraires a été traduit par ERMAN, *Die Literatur der Aegypter*, Berlin, 1923 ; trad. anglaise, Londres, 1927, auquel il faut joindre maintenant l'excellente série de traductions sobrement annotées de E. BRESCIANI, *Letteratura e poesia dell'antico Egitto*, Turin, 1969. Bien qu'il se borne aux textes historiques, le recueil de BREASTED, *Ancient Records of Egypt*, 5 vol., Chicago, 1906-1907, contient beaucoup d'œuvres d'un grand intérêt littéraire. SCHOTT, *Altaegyptische Liebeslieder*, Zürich, 1950, a été traduit en français par P. KRIEGER, Paris, 1956.

Sur l'esprit de la littérature égyptienne, surtout sapientiale, voir F. DAUMAS, *la Naissance de l'humanisme dans la littérature de l'Egypte ancienne*, « Oriens Antiquus », I, 1962, pp. 155-184.

Trois ouvrages généraux sur les rapports de cette littérature avec la Bible : P. HUMBERT, *Recherches sur les sources égyptiennes de la littérature sapientiale d'Israël*, Neuchatel, 1929 ; E. PEET, *A comparative study of the literatures of Egypt, Palestine and Mesopotamia*, Londres, 1931 ; A. BARUCQ, *l'Expression de la louange divine et de la prière dans la Bible et en Egypte*, Le Caire, 1962.

X. UN ART A LA MESURE DE L'ÉTERNITÉ

Ici encore, la littérature est immense. Voici un choix : Le livre de MASPERO, *l'Egypte*, coll. « Ars una », Paris, 1911, n'est plus au courant, mais demeure excellent pour les monuments connus à l'époque. On peut le compléter par le petit livre commode de Mme NOBLECOURT, *l'Art égyptien*, Paris, 1962. Pour une étude de longue haleine, on se reportera au monumental et massif ouvrage de J. VANDIER, *Manuel d'archéologie égyptienne*, Paris, 1952 et suiv. ; 7 vol. parus.

Deux œuvres récentes : l'une incomplète, mais remarquable jusqu'à l'époque saïte, W. STEVENSON SMITH, *The Art and Architecture of ancient Egypt*, Penguins Books, 1958 ; l'autre, déparée par une tentative d'expression philosophique, examine cependant un nombre considérable de documents et donne une grande quantité de références et de reproductions : W. WOLF, *Die Kunst Aegyptens*, Münich, 1957. Deux très beaux ouvrages sur l'inépuisable art égyptien viennent de paraître : K. MICHALOWSKI, *l'Art de l'ancienne Egypte*, Paris, 1968, avec une illustration souvent nouvelle et fort belle et J. YOYOTTE, *les Trésors des Pharaons*, Genève, 1968, très informé.

Pour l'architecture, A. BADAWY, *A History of Egyptian architecture*, vol. I, *From the earliest times to the end of the old Kingdom*, Le Caire, 1954 ; vol. II, *The first intermediate Period, the middle Kingdom, and the second intermediate Period*, Berkeley, 1965; vol. III, *The Empire* (the New Kingdom), Berkeley, 1968. J.-L. DE CENIVAL, *Egypte, Epoque pharaonique*, dans « Architecture universelle », Fribourg, 1964.

Pour la peinture, outre l'admirable ouvrage de Mrs. DAVIES, *Egyptian Paintings*, 2 vol. in-folio et 1 in-4°, Chicago, 1935, on dispose maintenant de LHOTE et HASSIA, *les Chefs-d'œuvre de la peinture égyptienne*, Paris, 1954 et du beau livre d'A. MEKHITARIAN, *les Grands Siècles de la peinture égyptienne*, éd. Skira, Genève-Paris, 1954.

Belle série de reproductions dans SCHAEFER-ANDRAE, *Die Kunst des alten Orients*, Berlin, 1925 ; et LANGE-HIRMER, *l'Egypte*, éd. française, Paris, 1956, 2e éd. très augmentée, 1968. Elles ne dispensent pas de recourir aux publications des monuments, comme celles relatives au temple de Medinet Habou et au tombeau de Mererouka, de l'Oriental Institute of Chicago ; au temple de Séthos Ier à Abydos de Miss CALVERLY ; aux tombes thébaines, de Mrs. DE GARRIS DAVIES ; au tombeau de Ti et à un grand nombre de monuments tardifs, de l'Institut Français d'Archéologie. On en trouvera la bibliographie précise dans les ouvrages déjà cités. Les albums « Tel » du Département égyptien du Louvre et du musée du Caire sont remarquables. L'orfèvrerie a été récemment étudiée dans MILADA VILIMKOVA, *Chefs-d'œuvre de l'art égyptien*, Prague, 1968, avec de nombreuses planches en couleurs, très variées. On trouvera d'admirables planches en couleurs du fameux trésor dans le *Toutankhamon* de Mme NOBLECOURT, Paris, 1963 ; et des photographies saisissantes de certaines pièces d'art amarnien dans l'*Extraordinaire Aventure amarnienne*, du même auteur, Paris, 1960.

COMPLÉMENTS BIBLIOGRAPHIQUES
(1982)

Aucune publication parue après 1964 ne nous eût amené à modifier profondément le texte de cette nouvelle édition, s'il nous avait été possible de le faire. Toutefois, comme beaucoup de travaux ont rapporté des éléments nouveaux, nous avons ajouté des compléments bibliographiques qui permettront au lecteur de mettre à jour nos exposés.

P. 655, IDA PRATT, *Ancient Egypt* et le *Supplement* ont été réimprimés chez Olms en un volume en 1975. Les volumes III et IV du *Catalogue de la bibliothèque du Musée égyptien du Caire* ont paru en 1970 et 1973. JAC. J. JANSSEN a pris la suite de HEERMA VAN VOSS pour la *Bibliographie égyptologique internationale ;* les volumes concernant les publications de 1971 et 1977 ont paru en 1975 et 1981. La *Topographical Bibliography* de PORTER et MOSS a paru en seconde édition pour le tome II par les soins de Miss MOSS et de Mrs E. BURNEY; pour le tome III, une première partie a vu le jour en 1974, avec la collaboration de JAROMÍR MÁLEK. Les trois premiers fascicules du tome III ont paru de 1974 à 1979 par les soins du Dr JAROMÍR MÁLEK, qui continue cette précieuse publication. Sous la direction de W. HELCK et E. OTTO, paraît un monumental *Lexikon der Ägyptologie* (3 vol. parus sur 6 prévus de 1975 à 1980), rédigé par un grand nombre d'égyptologues.

I. LE PAYS, p. 656. La *Geology of Egypt* de HUME ne comporte pas deux volumes mais trois tomes en six volumes; elle demeure incomplète.

III. HISTOIRE, p. 657. Les deux premiers tomes de la *Cambridge Ancient History*, confiés à une pléiade de spécialistes, ont été entièrement refaits; chaque tome comporte deux volumes, dont le dernier a paru en 1975. Le DRIOTON-VANDIER a été réédité sans changement la même année.

V. VIE JURIDIQUE, p. 659. On trouvera une excellente mise au point du droit en Égypte, due à la plume d'A. THÉODORIDÈS, dans la seconde édition de *The Legacy of Egypt*, édité par Harris, Oxford, 1971, pp. 291-322.

VI. LA VIE ÉCONOMIQUE, p. 660. Ajouter : ČERNÝ, *Prices and Wages in Egypt in the Ramesside Period*, dans « Cahiers d'histoire mondiale », I, Paris, 1954, pp. 903-921. W. HELCK, *Materialien zur Wirtschaftsgeschichte des neuen Reiches*, 6 vol., Wiesbaden, 1961-1969, et 1 vol. d'index par I. HOFMANN, 1970. JAC. J. JANSSEN, *Commodity Prices from the Ramesside Period*, Brill, 1975. Sur l'aspect métaphysique de l'économie égyptienne, voir F. DAUMAS, *Le Problème de la monnaie dans l'Égypte antique avant Alexandre*, M.E.F.R.A., 89, 1977, pp. 425-442.

VII. RELIGION, pp. 660-661. Une 4e éd. des *Dieux de l'Égypte*, collection « Que sais-je? », paraîtra en 1982, avec corrections et munie d'un index. Ajouter une très bonne traduction des hymnes égyptiens par ASSMAN, *Ägyptische Hymnen und Gebete*, dans « Die Bibliotek der alten Welt », Zurich, 1975. La même collection s'est enrichie de HORNUNG, *Ägyptische Unterweltsbücher*, 1 vol., 1972 et *Das Totenbuch der Ägypter*, 1979. La dernière et meilleure traduction des *Textes des Pyramides* est maintenant celle de FAULKNER, *Ancient Egyptian Pyramid Texts*, 2 vol., Oxford, 1969. Malheureusement, elle suit l'arrangement purement philologique de Sethe, ce qui complique singulièrement le problème de l'interprétation générale. PIANKOFF a tenté, peut-être encore trop timidement, de rétablir l'ordre que devaient suivre les anciens manuscrits dans son beau libre *The Pyramid of Unas*, Bollingen Series XLV,-5, Princeton, 1968. Ce livre contient aussi de fort belles et précieuses planches des textes. Dans la collection « L.A.P.O. », les *Rituels funéraires* de GOYON ont paru en 1972; la traduction des *Textes des Sarcophages* de BARGUET est achevée. D'autres ouvrages sont déjà très avancés. Une traduction en anglais de FAULKNER a commencé à paraître : *The Ancient Egyptian Coffin Texts*, vol. I, *spells* 1-354, Warmington, 1973. *Les Sources historiques sous l'Ancien Empire égyptien*, par A. ROCCATI, est sous presse. E. BRESCIANI, *Les Œuvres littéraires en démotique*, est achevé.

Sur la vie mystique, ajouter : DAUMAS, *Maîtres spirituels de l'Égypte ancienne*, dans « Hermès », vol. IV, « le Maître spirituel », Paris, 1967, pp. 10-35. J. BERGMAN, *Mystische Anklänge in den altägyptischen Vorstellungen von Gott und Welt*, dans « Mysticism », symposium tenu à Stockholm et publié dans cette ville en 1970.

VIII. LITURGIES. Ajouter : DAUMAS, *Y eut-il des Mystères en Égypte?* « Les Conférences de l'Atelier d'Alexandrie », Alexandrie, 1972, pp. 37-52 et 1 pl.

IX. LITTÉRATURE. Ajouter un exposé de POSENER : *Litterature*, pp. 220-256, dans HARRIS, *The Legacy of Egypt*, Oxford, 1971. Deux autres recueils de traductions ont paru : W. K. SIMPSON et collaborateurs, *The Litterature of Ancient Egyptian*, New Haven, 1972; M. LICHTHEIM, *Ancient Egyptian Litterature*, 3 vol., Los Angeles, 1973-1980.

X. ART. La troisième édition de l'ouvrage de H. SCHÄFER, *Von ägyptischer Kunst*, a été réimprimée en Allemagne avec une introduction de E. BRUNNER-TRAUT en 1963. Cette dernière édition a été traduite en anglais par J. BAINES sous le titre très clair de *Principles of Egyptian Art*, Oxford, 1974. Enfin une refonte totale du SCHÄFER-ANDRAE a paru dans la nouvelle collection « Propyläen der Kunstgeschichte », *Das Alte Ägypten*, 1975, par un groupe de spécialistes avec une introduction générale de C. VANDERSLEYEN. Dans la collection « l'Univers des Formes », Gallimard, un groupe d'auteurs a donné en trois volumes somptueusement illustrés : I. *Le Temps des Pyramides*, 1978; II. *L'Empire des Conquérants*, 1979; III. *L'Égypte du Crépuscule*, 1980. Dans la *Storia universale dell'arte* a paru, de S. DONADONI, *L'Egitto*, Turin, 1981.

TABLE DES MATIÈRES

Aubin Imprimeur
LIGUGÉ, POITIERS

Achevé d'imprimer et broché en novembre 1990
N° d'édition 1871 / N° d'impression L 36524
Dépôt légal, janvier 1988
Imprimé en France